大方

大方文丛

中国革命法制史

张希坡　韩延龙　主编

中共党史出版社

图书在版编目（CIP）数据

中国革命法制史 / 张希坡，韩延龙主编 . -- 北京：中共党史出版社，2024.1

ISBN 978-7-5098-6376-3

Ⅰ . ①中… Ⅱ . ①张… ②韩… Ⅲ . ①新民主主义革命—法制史—中国 Ⅳ . ① D929.6

中国国家版本馆 CIP 数据核字（2023）第 171875 号

书　　名：中国革命法制史
作　　者：张希坡　韩延龙

出版发行：中共党史出版社
责任编辑：申宁
责任印制：段文超
社　　址：北京市海淀区芙蓉里南街 6 号院 1 号楼　邮编：100080
网　　址：www.dscbs.com
经　　销：新华书店
印　　刷：北京君升印刷有限公司
开　　本：710mm × 1000mm　1/16
字　　数：700 千字
印　　张：41.5
版　　次：2024 年 1 月第 1 版
印　　次：2024 年 1 月第 1 次印刷
书　　号：ISBN　978-7-5098-6376-3
定　　价：100.00 元

此书如有印装质量问题，请联系中共党史出版社读者服务部 电话：010-83072535

再版说明

《中国革命法制史》系1983年全国哲学社会科学规划领导小组批准的“六五”社会科学基金项目。1999年9月获国家社会科学基金项目优秀成果二等奖。

《中国革命法制史》原为上下两册，由中国社会科学出版社于1987年出版，2001年再版时将上下两册合并为一册，并列为“社科学术文库”。

本专著采用专题史的体系结构，除导论、结束语外，共分十一章，编写分工如下：导论，张希坡；第一章，杨永华；第二章，方克勤；第三章，常兆儒；第四章，常兆儒；第五章，张希坡；第六章，韩延龙；第七章，韩延龙；第八章，雷晟生；第九章，郑治发；第十章，常兆儒、韩延龙；第十一章，杨永华；结束语，韩延龙。

全书由张希坡、韩延龙统编定稿。

本书编写过程中，曾得到张友渔同志的大力支持和指导，谨志于此，以矢弗忘。

2024年1月由中共党史出版社再版。常兆儒、韩延龙、杨永华三位同志不幸离开我们，谨以此书的再版，表示深切怀念。

作者

2024年1月

目　录

导 论

中国革命法制史，即中国新民主主义革命法制史，是指中国共产党领导人民，在新民主主义革命时期创建的人民民主法制产生和发展的历史。新民主主义革命法制史经历过哪几个发展阶段？具有哪些基本特征？其历史地位和意义如何？这是需要首先阐明的重要课题。

一、新民主主义革命法制的历史发展阶段

我国新民主主义革命法制史的发展阶段，是与中国现代革命史的划分相一致的。在新民主主义革命过程中，随着政治形势和阶级关系的变化，革命政权的阶级结构及其具体任务也随之发生变化。与此相适应，在法制建设方面，必然产生一系列的变更和发展。从新民主主义革命时期革命政权和法制的演变情况看，基本上可以划分为萌芽——初创——形成——胜利四个发展阶段。

（一）大革命时期——新民主主义革命法制的萌芽阶段

中国共产党成立初期，以从事工人运动作为中心任务，发动工人罢工，形成了 1922 年 1 月至 1923 年 2 月第一次罢工高潮，在全国人民面前表现了中国工人阶级的伟大力量。1922 年 8 月发起的劳动立法运动，拟定了《劳动法案大纲》，这是我党最早提出的劳动立法的斗争纲领。1923 年“二七”大罢工失败后，工人运动转入低潮。实践证明帝国主义和封建军阀的联合力量，大大地超过了当时已经组织起来的工人革命力量。因此，中国共产党和工人阶级，要取得革命的胜利，就必须联合一切可能联合的革命力量，建立革命的统一战线。1923 年 6 月召开的党的第三次全国代表大会，决定与孙中山领导的国民党合作，并帮助孙中山把国民党改造成为革命统一战线的组织形式。1924 年革命统一战线的形成，推动了工人运动的新发展。继 1925 年五卅运动之后，掀起了

著名的省港大罢工。在广州成立了“省港罢工委员会”。该委员会执行了革命政权的某些重要职能，制定了许多革命的新法规，建立了革命法庭。它在团结罢工工人，制裁帝国主义的走狗及反革命分子的破坏罪行方面发挥了相当的威力，开辟了工人阶级创制革命法律的历史先例。

与此同时，农民运动也由海陆丰地区逐步扩展到广东全省，建立了各级农会，领导农民争得了部分的自由权利。1926 年随着北伐战争胜利进军，农民运动在湖南、湖北、江西等省得到迅速发展，真正做到“一切权力归农会”。革命农民在建立革命政权和农民武装以及制定惩治土豪劣绅法令等方面，发挥了创造才能。

1927 年 3 月，上海工人举行了第三次武装起义，从反动军阀手中解放了上海市，建立了上海市民代表会议和市政府，制定了革命纲领，这是工人阶级领导人民大众在大城市中建立革命政权的初步尝试。

总之，在大革命时期的工农运动中，广大革命人民建立起各种具有政权性质的革命组织，制定了一系列规约禁令，在保护人民的民主权利和向反动分子实行专政方面，取得了一定的经验，成为新民主主义革命时期人民民主法制最早萌发的一批幼芽。但可惜由于当时共产党处在幼年时期，特别是在后期，陈独秀等右倾机会主义者对于帝国主义和反动派的进攻，一再妥协退让，结果，反动派相继发动“四一二”和“七一五”反革命政变，使轰轰烈烈的第一次国内革命战争遭到失败。人民民主法制这颗珍贵的幼芽，也随即受到严重摧残。但是，它所提供的宝贵经验，对于后来革命根据地的法制建设，具有重要参考价值。

（二）土地革命战争时期——新民主主义革命法制的初创阶段

1927 年的中国大革命失败后，革命形势和阶级关系发生了急剧的变化。代表大地主大资产阶级的国民党反动派取代了北洋军阀，在南京建立起以帝国主义为靠山，以地主买办阶级为基础的反革命军事独裁政府，制定了一整套反动的法律。“从此以后，内战代替了团结，独裁代替了民主，黑暗的中国代替了光明的中国。”[①] 但是，革命的火焰并未熄灭，广大革命人民并没有被吓倒，被杀绝，他们在中国共产党的领导下，仍然高举革命的旗帜，顽强地继续战斗下去。

---

①《论联合政府》,《毛泽东选集》第三卷，人民出版社 1991 年版，第 1036 页。

大革命失败后，中国的社会性质并未改变，由此产生的各种社会矛盾，更没有解决。中国依然是个半殖民地半封建的社会。这就决定了中国革命仍然处在资产阶级民主革命的阶段。这一革命的基本任务及其革命纲领是："对外推翻帝国主义，求得彻底的民族解放；对内肃清买办阶级在城市的势力，完成土地革命，消灭乡村的封建关系，推翻军阀政府。必定要经过这样的民权主义革命，方能造成过渡到社会主义的真正基础。"①

民主革命的中心任务和最高形式是武装夺取政权，是战争解决问题。大革命的失败，使中国共产党进一步认识到掌握军队实行武装斗争对于中国革命的极端重要性，于是有了南昌起义、秋收起义和广州起义，进入了创建红军和建立农村革命根据地的新时期。1927 年 8 月 1 日南昌起义，组成了革命委员会，发布宣言，提出了革命政纲。八一南昌起义打响了武装反抗国民党反动派的第一枪。从此开始了中国共产党独立领导革命武装斗争的新时期。

1927 年 8 月 7 日，中共中央在汉口召开紧急会议，即著名的八七会议，坚决纠正和结束了陈独秀的右倾机会主义，确定了实行土地革命和武装起义的方针，并把发动农民举行秋收起义作为当前的主要任务。会后在许多地方领导举行了秋收起义。毛泽东同志作为中央特派员到湖南负责领导秋收起义。于同年 9 月 9 日在湘赣边界地区举行起义，创建了工农革命军第一师。起义部队 10 月到达井冈山地区，创立了党领导的第一个农村革命根据地（湘赣革命根据地）。朱德、陈毅同志领导的南昌起义部队于 1928 年 4 月到井冈山会师，组成了中国工农红军第四军。1929 年 1 月，红四军向赣南、闽西进军，开辟了赣南、闽西两块根据地，后来发展成为中央革命根据地。

1927 年 12 月 11 日发动的广州起义，成立了广州苏维埃政府，颁布了革命政纲。

除此之外，在全国各地领导发动了一系列武装起义，并在武装起义的基础上，逐步开辟了革命根据地，发展了工农红军。从 1927 年秋收起义至 1935 年，在全国先后创立了十几个革命根据地。除上述井冈山（湘赣）根据地和中央革命根据地之外，还有海陆丰、琼崖、赣东北（闽浙赣）、湘鄂西、湘鄂赣、鄂豫皖、左右江、川陕、湘鄂川黔、陕甘等根据地。工农红军逐步发展为第一、第二、第四方面军和其他许多红军和游击队。在各根据地，先后建立起各级红色政权，制定了各种革命法规。

---

①《井冈山的斗争》,《毛泽东选集》第一卷，人民出版社 1991 年版，第 77 页。

红色政权的性质，是“工人、农民和城市小资产阶级联盟的政府”①，也就是无产阶级领导的，以工农联盟为基础的，反对帝国主义、反对封建主义的工农民主专政。当时所以要建立这种性质的政权，是由当时国内阶级关系的变化所决定的。1927 年大革命失败后，“资产阶级尤其是大资产阶级既然退出革命，而且投靠帝国主义和封建势力，变为人民的敌人，则革命的动力便只剩下了无产阶级、农民和城市中的小资产阶级；革命的政党，便只剩下了共产党；革命的组织责任，便不得不落在唯一的革命政党共产党的肩上。仅仅共产党继续高举革命的旗帜，保持革命的传统，提出工农民主共和国的口号，且为此口号而艰苦奋斗了许多年。”②

“工农民主共和国的口号，不是违背资产阶级民主革命任务的，而是坚决地执行资产阶级民主革命任务的。我们在实际斗争中没有一项政策不适合这种任务。我们的政策，包括没收地主土地和实行八小时工作制在内，并没有超出资本主义范畴内私有财产制的界限以外，并没有实行社会主义。”③

土地革命战争时期，从红色政权革命法制的发展状况看，基本上可以划分为以下三个阶段：

第一阶段，自 1927 年秋收起义创建工农民主政府开始，至 1931 年 11 月成立中华苏维埃共和国之前，是红色政权和革命法制发展的初期阶段。在这个阶段里，各革命根据地都先后建立起边界（省）、县、区、乡（村）各级地方政权。由于没有全国统一的中央政权机关，因此各根据地的红色政权互无隶属关系，而是以各根据地的边界（省）政府，作为各该地区的最高政权机关。它们在党中央和各根据地的党委或军事机关的领导下，负责领导各根据地的政权和法制建设工作。1928 年 7 月，中国共产党第六次代表大会通过的《十大政纲》《苏维埃政权组织问题决议案》《土地问题决议案》，是当时各根据地工农民主政府的施政方针和立法依据。根据上述政纲和决议，各边界（省）的工农民主政府制定了许多地区性的法律法令。在政权和法制建设方面，积累了初步的经验，为中华苏维埃共和国的成立，创造了极为有利的条件。

---

①《论反对日本帝国主义的策略》,《毛泽东选集》第一卷，人民出版社 1991 年版，第 156 页。

②《中国共产党在抗日时期的任务》,《毛泽东选集》第一卷，人民出版社 1991 年版，第 260 页。

③《中国共产党在抗日时期的任务》,《毛泽东选集》第一卷，人民出版社 991 年版，第 260 页。

第二阶段，自 1931 年 11 月中华苏维埃共和国成立，到 1934 年 10 月工农红军撤离南方革命根据地，是红色政权和法制建设的中期阶段。在这一阶段里，已经建立了中央工农民主政府，召开了两次全国工农兵代表大会，制定了统一的法律和制度，在政权建设方面取得了更大的成绩，在法制建设方面，初步形成了新民主主义的法律体系，包括宪法大纲、选举法、中央和地方苏维埃组织法，各种主要行政法规、惩治反革命条例和其他刑事法规、司法机关组织条例和诉讼程序法规、劳动感化院章程，以及土地法、劳动法、婚姻法和各种经济法规。这些革命法规，为后来新民主主义法制的发展，打下了坚实的基础。但是，在这一时期内，由于王明"左"倾冒险主义的错误政策，给红色政权和革命法制的发展带来极大危害，使中国革命遭受严重挫折。

第三阶段，自 1935 年 1 月遵义会议后，党中央到达陕北根据地，至 1937 年 7 月抗日战争全面爆发，是红色政权和革命法制发展的后期阶段。在这一阶段里，由于结束了王明"左"倾冒险主义在党中央的统治，确立了毛泽东同志在红军和党中央的领导地位，使党和红军在严重危机时刻转危为安，这是中国革命史上生死攸关的转折点。

党中央在 1935 年 12 月召开的瓦窑堡会议上，根据当时国际国内形势的新发展，适时地提出了抗日民族统一战线的政策和"人民共和国"的口号。中央工农民主政府在陕北成立了"西北办事处"，具体领导根据地的政权工作。在政策法律方面，依照抗日民族统一战线的基本要求，作了相应的调整和改变，为后来陕甘宁边区的抗日民主政权和法制建设奠定了基础。这一阶段的政权和法制建设，是由工农民主专政过渡到抗日民主专政的准备阶段。

（三）抗日战争时期——新民主主义革命法制的形成阶段

日本军国主义继 1931 年九一八事变侵占我国东北地区之后，又在 1937 年发动七七事变，妄图以武力吞并全中国。全国人民奋起抗战，从此中国革命进入了伟大的全面抗日战争时期。抗战时期，国际形势和国内阶级关系，发生了一系列变化。中华民族与日本军国主义的矛盾，上升为主要矛盾，全国各阶层人民，除少数汉奸反动派之外，都是要求抗日的。

1937 年 8 月 22 日至 25 日，中共中央政治局在陕北洛川举行会议，通过了《关于目前形势与党的任务的决议》和《抗日救国十大纲领》，确定了抗日战争时期各抗日根据地的施政方针和立法原则。

为了同国民党建立抗日民族统一战线，中共中央于 9 月 6 日，将中华苏维埃中央临时政府西北办事处改为陕甘宁边区政府。陕甘宁边区及其首府延安，就成为中共中央、中央军委所在地，也就是全国人民革命斗争的指导中心。

8月25日，中共中央军委发布命令，将中国工农红军改编为国民革命军第八路军（9月改称第十八集团军），下辖第一一五师、一二〇师、一二九师。八路军改编后，除陕甘宁边区留守兵团外，遵照中共中央指示，立即开赴华北抗日前线，从敌人的铁蹄下，解放了广大的地区和人民，逐步创立了华北各抗日根据地（解放区）。

10月2日，又将活动在湘、赣、闽、粤、浙、鄂、豫、皖八省边界十个地区的红军游击队，改编为国民革命军陆军新编第四军，下辖四个支队。新四军立即开赴华中前线对日作战，逐步开辟了华中各抗日根据地。

1938年底，活动在广东东江和琼崖地区的红色游击队，先后改编为“东江人民抗日游击队”和“琼崖人民抗日游击独立纵队”，建立了华南抗日根据地。

抗日根据地的政权和法制建设，经历了以下三个主要发展阶段。

第一阶段，自1937年抗日战争爆发至1940年，是敌后根据地和抗日民主政权的创立和初步发展阶段。到1940年7月抗战三周年时，除陕甘宁边区外，在敌后开辟了六个大的解放区，即晋察冀、晋冀鲁豫、晋绥、山东、华中和华南抗日根据地，成立了边区、县、区、乡（村）各级抗日民主政府，广泛地武装了群众，建立了各种抗日群众团体，初步实行减租减息，获得广大群众的热烈拥护。

第二阶段，自1941年至1942年底，是坚持抗战，克服困难，为抗日根据地的巩固而斗争的阶段，也是抗日战争最艰苦的阶段。解放区的军民，在党中央和毛泽东同志正确方针的指引下，粉碎了日、伪、顽的夹击，获得了对敌斗争的胜利。同时在各解放区实行了精兵简政和“三三制”的政权政策，深入减租减息运动，开展整风和大生产运动，在极端困难的条件下，坚持了敌后抗战。

第三阶段，自1943年至1945年8月，是抗日根据地的恢复和扩展阶段，也是抗日战争由局部反攻到取得最后胜利的阶段。1943年敌后根据地大都得到恢复和发展。1944年八路军、新四军开始局部反攻。1945年4月，中国共产党在延安召开了第七次全国代表大会，制定了争取全国胜利的总政策，“就是放手发动群众，壮大人民的力量，在我们党领导之下，打败侵略者，建设新中国。”①

经过艰苦奋战，抗日根据地北起内蒙古，南至海南岛，包括19个省（辽宁、热河、察哈尔、绥远、陕西、甘肃、宁夏、山西、河北、河南、山东、江苏、浙江、安徽、江西、湖北、湖南、广东、福建等省）的一部或大部，共建立了19个抗日根据地。除陕甘宁边区是由原来的老苏区转化而来之外，其余18个敌后抗日根据地是：

华北地区：晋察冀、冀热辽、晋绥、晋冀豫、冀鲁豫及山东等六个抗日根据地。

华中地区：苏北、苏中、苏南、淮北、淮南、皖中、浙东、鄂豫皖、湘鄂赣及河南等10个抗日根据地。

华南地区：东江、琼崖两个抗日根据地。

包括陕甘宁边区在内，全国的抗日民主政权，共有行政公署22个，专员公署90个，县政府635个。抗日根据地的人口已达9550万人，拥有正规军91万，民兵220万人。这一切充分说明，我强大的抗日根据地已成为打败日本帝国主义的中坚力量，建立新中国的战略基地。

抗日根据地的法制建设工作，是我国新民主主义革命法制史上的一个承上启下的重要发展阶段。它继承并发扬了老苏区的优良成就及其革命传统，纠正了土地革命战争时期的左倾错误，把马克思主义普遍原理，创造性地运用于我国的革命实践。抗日民主政权的人民民主制度日益完善，法制建设的经验更加成熟。各边区政府依照党中央的指示，制定了正确的施政纲领。根据抗日战争时期的历史特点，提出了“三三制”的政权政策，并以“参议会”作为各级抗日民主政权的权力机关，实行普遍、平等、直接、无记名的选举制度，贯彻“精兵简政”方针，制定各项行政法规。此外，还颁布了适合当时形势需要的地权条例、减租减息条例、劳动保护条例、婚姻条例以及财政经济等项法规。各级司法机关都以制裁汉奸反革命当作中心，把保护抗日人民合法权益作为天职。在诉讼制度、审判作风以及在推行人民调解制度方面，都作出了显著的成就。这一切都充分说明我国新民主主义的政治法律制度，到抗日战争时期也已基本形成，并且进入日趋完善的重要阶段。

---

①《两个中国之命运》，《毛泽东选集》第三卷，人民出版社1991年版，第1027页。

（四）解放战争时期——新民主主义革命法制向全国发展的阶段

抗日战争胜利后，中华民族与日本帝国主义的矛盾解决了，代表大地主大资产阶级利益的国民党反动派和广大人民的矛盾，立刻上升为主要矛盾。国民党反动派在美帝国主义的支持下，积极准备发动内战，妄图消灭以中国共产党为代表的人民革命力量，坚持其独裁、内战、卖国政策，继续维护大地主大资产阶级专政的半殖民地半封建的社会制度。但是，战后的国际形势和国内阶级关系，却发生了对中国革命极为有利的变化。中国人民的革命力量日益壮大，中国共产党在人民中的威信空前提高，中国新民主主义革命已经进入了准备武装夺取全国政权，为彻底推翻帝国主义、封建主义、官僚资本主义在中国的统治，为建立一个独立、民主、统一和富强的新中国而斗争的决战时期。

在这个历史时期内，从政权和法制建设的角度看，大体上可以分为两个阶段。第一阶段，自抗战胜利至 1947 年 6 月解放战争进入大反攻之前。抗战胜利之后，在解放区内，积极开展练兵、减租和生产运动，加紧自卫战争的准备工作。战争开始后，全力支援前线，为粉碎敌人的战略进攻而斗争。在这个阶段里，各解放区政府继续适用抗日战争时期确定的政治法律制度。在某些地区根据形势和任务的变化，重新修订了施政纲领和部分法律。如《晋察冀边区行政委员会施政纲领》（1945 年 9 月颁布）、《陕甘宁边区宪法原则》（1946 年 4 月陕甘宁边区第三届参议会通过）以及《苏皖边区惩治叛国罪犯（汉奸）暂行条例》（1945 年 12 月公布施行）。

第二阶段，自 1947 年 7 月至 9 月，人民解放军由战略防御转入战略进攻之后，至 1949 年 9 月中华人民共和国成立，为争取人民革命战争在全国胜利而斗争的阶段。随着人民解放军的胜利进军，特别是占领了若干大城市之后，解放区的面貌，发生了根本变化，革命根据地已逐渐由小到大，由分散而连成一片，由乡村进入城市。于是，从 1927 年以来，以乡村作为党的工作重心，在乡村保存发展革命力量，以乡村包围城市的战略方针，发生了历史性的变化，开始以城市作为它的工作重心，由城市领导乡村，实行城乡兼顾，恢复与发展生产，为建立人民共和国而奋斗。“这是一个历史的转折点。这是蒋介石的二十年反革命统治由发展到消灭的转折点。这是一百多年以来帝国主义在中国的统治由发展到消灭的转折点。”①

①《目前形势和我们的任务》,《毛泽东选集》第四卷，人民出版社 1991 年版，第 1244 页。

这一伟大的转折，在政权和法制建设方面引起了一系列变化，因而相应地创造了许多新的制度和法规。例如：大解放区的形成，大解放区人民政府的成立，对于统一领导各该地区的政权和法制建设工作，发挥了重要作用。在大城市中实行的军事管制制度，是人民民主专政在特定历史条件下采取的特殊形式。各界人民代表会议，是在实行普选的人民代表大会制度以前的一种过渡形式。内蒙古自治政府的成立，证明民族区域自治是我国解决民族问题的基本政策。在土地立法方面，1947 年 10 月公布的《中国土地法大纲》，是这个时期进行土地改革的主要法律根据。在劳动立法方面，1948 年 8 月第六次全国劳动大会通过的《关于中国职工运动当前任务的决议》，确定了劳动立法的一般原则。在经济和民事立法方面，公布了有关没收官僚资本、保护民族工商业和保护城市房屋的政策法令。在刑事立法方面，由于当时反动统治阶级处于最后崩溃阶段，所以解放区的革命刑法面临着一项十分紧迫的任务，就是摧毁一切反动组织，镇压一切反革命活动。为此制定了有关惩治战争罪犯、肃清政治土匪、镇压地主恶霸分子、取缔反动党团及一切特务组织、解散一切反动会道门的法令。此外，为了巩固革命秩序保护人民的安全，还制定了许多惩治其他刑事犯罪分子的法令。在司法机关建设方面，也取得很大成绩。在土地改革中的人民法庭和军管时期军事法庭的基础上，新老解放区逐步建立起各级人民法院。在诉讼制度和监狱管理方面，也制定了新的法规。1949 年 2 月，中共中央发布了《关于废除国民党的六法全书与确定解放区的司法原则的指示》，为划清新旧法律的原则界限和解放区司法制度的改革，指出了明确方向。这一《指示》的发布，是当时政治形势发展的必然趋势，由于解放区制定了一系列革命法律，已为废除一切旧法，提供了客观的可能性。正如 1949 年 4 月 1 日《华北人民政府为废除国民党的六法全书及一切反动法律的训令》所指出："人民的法律已有了解放区人民相当长期的统治经验，有的已经研究好，写在人民政府、人民解放军发布的各种纲领、法律、条例、命令、决议等规定里，有的正在创造。"因而宣布"各级司法机关办案，有纲领、条例、命令、决议等规定的从规定，没有规定的，照新民主主义的政策办理"。《训令》还进一步指出："应该肯定，人民法律的内容，比任何旧时代统治者的法律，要文明与丰富，只须加以整理，即可臻于完备。"① 所有上述关于政治法律制度的新建树，都为中华人民共和国成立后的政权和法律建设，创造了极为有利的条件。

①《华北人民政府司法法令汇编》，华北人民政府司法部 1949 年 10 月印行。

1949年9月21日，中国人民政治协商会议，在北平召开，会议通过了《中国人民政治协商会议共同纲领》《中国人民政治协商会议组织法》《中华人民共和国中央人民政府组织法》，选举产生了以毛泽东同志为主席的中央人民政府委员会。1949年10月1日，在首都北京天安门广场举行开国大典，毛泽东主席庄严宣读了《中央人民政府公告》，向全世界宣布中华人民共和国中央人民政府正式成立。

中国革命的胜利和中华人民共和国的成立，是第二次世界大战以后最重大的国际事件，对世界人民革命特别是对殖民地半殖民地人民争取民族解放，具有深刻而久远的影响。中华人民共和国的诞生，开辟了中国历史的新纪元，从此，我国结束了帝国主义、封建主义和官僚资本主义统治广大人民的历史，进入了社会主义革命和建设的新时期，同时也就揭开了我国社会主义法制史的新篇章。

二、新民主主义革命法制的基本特征

（一）由中国共产党领导创建，以马克思列宁主义、毛泽东思想为指导方针

1917年俄国十月社会主义革命，开辟了世界无产阶级革命的新纪元，它为中国人民带来了马克思列宁主义这个放之四海而皆准的普遍真理，给中国革命指明了新的奋斗方向。1919年五四运动，促进了马克思主义和中国工人运动的结合。1921年7月诞生了中国共产党。

中国共产党成立后，破天荒地提出了彻底反帝反封建的革命纲领和“真正民主共和国”的口号。为了实现这个革命纲领，中国共产党领导人民在长期革命战争中，在革命根据地里建立了革命政权，制定了人民民主法制。

革命根据地的人民民主法制建设是以马克思列宁主义为根本指导思想的。但是在实现马克思列宁主义的普遍真理同中国革命法制建设相结合方面，却经历了一个艰苦的探索过程。如大革命时期，由于陈独秀右倾机会主义放弃革命领导权，没有及时制定保护工农运动的革命法律，致使革命遭受失败。土地革命战争时期红色政权的法制建设虽然取得了重大成就，但由于缺乏经验，加以“左”倾教条主义盲目照搬别国经验，在许多法律文件中包含有过左的内容。例如土地法中一度规定土地国有，农民只有使用权而没有土地所有权；选举法中剥夺一切剥削者的参政权；劳动法中规定过高的福利待遇以及对中小工商业

者采取打击消灭的政策等。这些都给革命事业造成严重损失。抗日战争时期，总结了法制建设正反两方面的历史经验，依据抗日民族统一战线的总方针，从农村抗日根据地的实际情况出发，制定了许多革命法规，既纠正了“左”倾错误，也防止了右倾偏差。如在政权组织法中，根据当时的政治形势实行“三三制”的原则，改变了红色政权时期共产党员完全独占的局面。在劳动和经济立法中，实行8—10小时工作，切实保障民族工商业，纠正了极左的劳动政策和经济政策。历史经验证明：中国共产党是革命政权的领导核心，党的方针政策是革命法制的灵魂。不论任何时候或任何地区，只有实现共产党的正确领导，把马克思列宁主义普遍原理同中国革命的具体实践相结合，革命政权才能得到巩固，革命法制才能沿着正确的方向发展，发挥其应有的威力和作用；反之，如果在政权和法制建设中失去了共产党的正确领导，背离了马克思列宁主义毛泽东思想，那里的革命斗争就会受到挫折或失败，人民政权和法制建设以及人民争得的民主权利就会随之丧失。由此可见，坚持共产党对革命政权和法制的正确领导，并以马克思列宁主义毛泽东思想作为制定法律的指导方针，是确保革命法制建设胜利发展的根本保证。

（二）反映无产阶级领导的以工农联盟为基础的人民大众的根本利益和要求

旧民主主义革命失败的一个重要原因，就是没有始终紧紧依靠广大人民群众，没有制定切实保障工农基本权益的革命法律。无产阶级领导的新民主主义革命，则以工农联盟作为基本原则，以保护广大人民群众基本权益为己任。中国共产党的革命策略，是把工人阶级、农民阶级、城市小资产阶级和民族资产阶级以及其他可以联合的社会阶层，团结在自己的周围，组成广泛的革命统一战线，建立人民自己的政府，制定保护人民利益的法律。

在中国社会各阶级中，农民是无产阶级坚定的同盟军，城市小资产阶级也是可靠的同盟军，民族资产阶级则是在一定时期中和一定程度上的同盟军。而工农联盟则是人民民主专政的基础。中国的农民占总人口的80%。因此，农民是中国革命的主力军，农民问题就成为中国革命的基本问题。正如毛泽东同志所指出的“新民主主义的政治，实质上就是授权给农民。”[①] 可见，中国革命如果没有农民参加，必将一事无成。因此，在新民主主义革命政纲和法律中，除

①《新民主主义论》，《毛泽东选集》第二卷，人民出版社1991年版，第692页。

了规定全国人民争取民族独立和民主权利等共同要求外，有关保护农民利益的法律（如减租减息或土地改革法等），与保护工人基本权益的法律（如劳动法等），居于特别突出的地位。同时还制定了保护各阶层人民特殊利益的法律，如实行男女平等原则、保障婚姻自由的婚姻法，实行“公私兼顾，劳资两利”、保护民族工商业的法律以及实行民族平等原则、保护少数民族利益的法规，等等。这些都是新民主主义革命法制的重要组成部分。

（三）以彻底反对帝国主义和封建主义为根本任务，对国内外的敌人坚决实行专政

1922 年 7 月，《中国共产党第二次全国代表大会宣言》中提出的目前奋斗目标是：“一、消除内乱，打倒军阀，建设国内和平；二、推翻国际帝国主义的压迫，达到中华民族完全独立”。这就确定了中国新民主主义革命的主要对象，是帝国主义和封建主义。为了反对帝国主义的侵略和奴役，1931 年 11 月《中华苏维埃共和国宪法大纲》明确宣布一切与反动政府订立的不平等条约无效，无条件地收回帝国主义的租界，没收帝国主义手中的银行、铁路、矿山、工厂等归国家所有。抗日战争时期《陕甘宁边区施政纲领》规定：“团结边区内部各社会阶级、各抗日党派，发挥一切人力、物力、财力、智力，为保卫边区、保卫西北、保卫中国、驱逐日本帝国主义而战。”与此同时，新民主主义革命法律，在惩治国内外阶级敌人和镇压反革命罪犯方面，也发挥了巨大威力。如大革命时期工农运动中制定的制裁工贼、反革命的法令和惩治土豪劣绅条例，土地革命战争时期制定的惩治反革命条例，抗日战争时期制定的惩治汉奸条例，解放战争时期制定的惩治战争罪犯和取缔一切反动组织的法令，就是各个时期具有代表性的主要刑事法规。

毛泽东同志在《论人民民主专政》中，总结了多年的斗争经验，指出：要对帝国主义的走狗即地主阶级和官僚资产阶级以及代表这些阶级的国民党反动派及其帮凶们实行专政。只许他们规规矩矩，不许他们乱说乱动。如要乱说乱动，立即取缔，予以制裁。新民主主义革命斗争实践证明，向国内外反动派实行专政的这种职能和权力，“对于胜利了的人民，这是如同布帛菽粟一样地不可以须臾离开的东西。这是一个很好的东西，是一个护身的法宝，是一个传家的法宝，直到国外的帝国主义和国内的阶级被彻底地干净地消灭之日，这个法

宝是万万不可以弃置不用的。”[①] 这是一条马克思主义的普遍真理。

（四）始终贯穿人民民主的原则

新民主主义法制以其崭新的人民民主原则表明了自己同以往一切剥削阶级法制的根本区别。早在大革命时期农民运动兴盛的地区，革命人民亲自上台掌握政权，执行法律，行使了人民当家做主的民主权利。土地革命战争时期，在红色区域内，建立了各级工农兵代表大会制度，使过去受奴役受压迫的劳动人民，获得了选举权和被选举权。通过自己的代表在各级代表大会上“讨论和决定一切国家的地方的政治事务”。但在政权建立的初期，有些地区的党员干部，由于封建专断恶习没有扫除干净，遇事贪图便利，把政权机关搁在一边，不喜欢麻烦的民主制度。毛泽东同志在《井冈山的斗争》一文中强调指出：“民主集中主义的制度，一定要在革命斗争中显出了它的效力，使群众了解它是最能发动群众力量和最利于斗争的，方能普遍地真实地应用于群众组织。”[②] 抗日战争时期，民主与抗日更具有密不可分的关系。毛泽东同志曾给以精辟的论述，指出：把独立和民主结合起来，就是民主的抗日，或叫抗日的民主。没有民主，抗日是要失败的。没有民主，抗日就抗不下去。有了民主，则抗他十年八年，我们也一定会胜利。后来又在《新民主主义论》中，再次强调将民主加以制度化，提出在全国、省、县、区、乡，建立人民代表大会的系统，并由各级代表大会，选举各级政府。只有民主集中制的政府，才能充分地发挥一切革命人民的意志，也才能最有力量地去反对革命的敌人。由此可见，在革命法制建设中确定了人民民主的原则，是新民主主义革命胜利的一大成果。

上述关于新民主主义革命法制的基本特征，也就是新民主主义革命总路线和毛泽东同志关于人民民主专政学说的具体体现。

三、新民主主义革命法制的历史地位和意义

我国新民主主义革命法制虽然只有二十几年的历史，但它在中国法制史学科中却居于特殊重要的地位。新民主主义革命法制史，开辟了中国法制史的新纪元。它与历史上各种类型的剥削阶级的法律，具有根本性的区别。各类剥

---

①《为什么要讨论白皮书》,《毛泽东选集》第四卷，人民出版社 1991 年版，第 1502—1503 页。

②《井冈山的斗争》,《毛泽东选集》第一卷，人民出版社 1991 年版，第 72 页。

削阶级的法律有一个共同的鲜明的特点，就是它们都是少数统治阶级意志的反映，是少数人剥削压榨多数劳动人民的工具。而新民主主义革命法制，则是无产阶级和广大人民意志的体现，是维护人民的基本权益，向国内外敌人进行斗争的锐利武器。

新民主主义革命法制与现行的社会主义法制联系最密切，它距离现在时间最近，内容最丰富，和社会主义法制属于同一类型，并处于直接历史渊源的地位。

当然从性质上来说，新民主主义法制和社会主义法制毕竟有所不同，这是因为中国社会的特殊历史条件决定了中国革命必须分作两步走，即首先完成新民主主义革命，然后再进行社会主义革命。前者是后者的必要准备，后者是前者的必然发展趋势。因此，在革命进程中产生的革命政权和法制，也必然同样划分为两个大的发展阶段。由于两个阶段的革命性质和任务的不同，就决定两个阶段的革命政权和法制，也具有原则性的区别。前者是属于新民主主义性质的革命法制，即无产阶级领导的，以工农联盟为基础的，反对帝国主义、封建主义和官僚资本主义的人民民主专政的法制。后者是社会主义性质的革命法制，即工人阶级领导的，以工农联盟为基础的人民民主专政，实质上即无产阶级专政的法制。这是我国法制建设史上两个既有原则区别又有密切联系的发展阶段，它经历了从无到有，由简到繁、由低级到高级、由量变到质变，不断丰富完善，日趋成熟的发展过程。

研究新民主主义革命法制史具有十分重要的意义。

第一，认真研究新民主主义革命法制建设的历史经验，对于创建具有中国特色的社会主义法制，有着重要参考价值和直接借鉴作用。创建具有中国特色的社会主义法制，需要切实了解中国的国情，既要深入调查研究当前社会主义革命与建设中的新问题新经验，同时也应从古今中外的历史经验中吸取某些可供借鉴的东西。在我国新民主主义革命时期的革命根据地里，制定了数以千计的法律文献，积累了十分宝贵的经验，初步形成了具有中国特色的适合当时需要的政治法律制度和优良的革命传统。例如议行合一的人民代表大会制度、民主集中制的组织原则、精兵简政政策、群众自治组织、人民调解制度以及乡规民约等。在坚持人民民主专政方面，我国革命根据地的法制建设经验证明，必须正确区分敌我界限，对人民实行民主，对敌人实行专政。如果敌我不分或麻痹轻敌，会给革命带来重大危害；但若夸大敌情，打击面过宽，也会给革命带来严重损失。这些宝贵的经验和优良传统，对于当前社会主义法制建设，具有重要参考价值和直接借鉴作用，并对今后社会主义法制的发展，具有深远的影响。因此，必须大力搜集整理革命根据地的法制资料，认真研究人民民主法制的历史沿革及其发展规律，考察其成功的经验和失败的教训，然后根据社会主义建设的实际需要与可能，不断完善社会主义的法律制度。

第二，新民主主义革命时期革命根据地的法制建设，为社会主义的法律制度和各法律学科奠定了坚实的历史基础。

我国现行的社会主义政治法律制度，追根溯源，基本上都是从新民主主义革命时期革命根据地里发展起来的，是长期实践经验的总结。这是中国社会主义法制建设的一大特点和优点。毛泽东同志在《关于正确处理人民内部矛盾的问题》中指出："我们的人民共和国是经过革命根据地逐步发展起来的。"在法律制度方面，也是如此。革命根据地的人民政权制定了大量的革命法规，包括宪法性文献（宪法大纲、宪法原则或施政纲领）、政权组织法、选举法、行政法、刑事法规以及法院组织、诉讼程序和狱政法规，此外还有土地法、劳动法、婚姻法以及经济法规。上述法规，确定了许多重要的基本制度、指导原则、方针政策以及正确的思想路线和工作方法。其中许多东西，至今仍在贯彻执行，只是在内容和形式上，更加充实和发展。例如罪刑相适应、罪责自负不得株连无辜者的刑法原则，镇压与宽大相结合的刑事政策，思想教育与劳动改造相结合的劳改政策；坚持重证据不轻信口供、严禁逼供信、错案必须平反的原则，实行便利群众的诉讼制度，深入调查研究贯彻群众路线的马锡五审判方式；男女平等、自主自愿、一夫一妻、保护妇女儿童的婚姻家庭政策和妇女享有与男子平等的财产继承权的继承制度；实行男女同工同酬，保护劳动者合法权益的劳动政策，等等，都是多年来行之有效的好经验。为了在新的历史条件下，使这些好经验得以发扬光大，就有必要从历史上考察这些制度是怎样产生的，在发展进程中遇到过什么问题，走过什么弯路，其所以成功或失败的主要原因是什么？只要从历史上弄清楚它的来龙去脉，就会进一步理解和掌握它的精神实质。这对正确认识社会主义法律的作用，增强执行法律的自觉性，避免可能产生的偏差，具有重要的现实指导意义。从事各个部门法律学科的研究工作者，如果不了解本学科在新民主主义革命时期的历史脉络和基本经验，就会产生割断历史的现象，或者出现理论的、常识性的错误。只有历史基础打得愈深厚愈牢靠，才有可能盖起优质坚固的科学大厦。

第三，新民主主义革命法制史，也是对青年学生和政法干部进行政治思想教育以及革命优良传统教育的重要教材。

通过学习革命法制史，可以了解到中国人民在旧社会受奴役受压榨的悲惨处境，是怎样通过长期反复的斗争，才解脱了政治上无权经济上受盘剥的羁绊。从而清醒地认识到中华人民共和国的建立，人民的政治权利和一切斗争成果的取得，都是革命的先烈付出巨大的代价换来的。从而教育和激励每个青年人更加热爱社会主义制度，维护祖国的尊严，更加珍视人民当家做主的权利，为加速四个现代化的建设而贡献力量。

此外，新民主主义革命时期的人民民主政权不仅制定了各种法律法令，而且培养了相当数量的政法干部。这些干部，在激烈的战争年代，克服各种艰难困苦，坚守工作岗位，审理了大批民刑案件，完成了人民赋予的各种工作任务，并且在工作中创造了许多好经验，形成了革命政法工作的优良传统。今天生活在社会主义制度下的广大政法工作者，应当向老一辈无产阶级革命家和政法战线上的老同志学习。学习他们爱憎分明的无产阶级的坚定立场，大公无私刚直不阿的革命情操，密切联系群众和全心全意为人民服务的思想和作风。在继承和发扬革命根据地优良传统的基础上，涌现出更多的符合四化要求的模范法律工作者。

第一章
宪法性文件的制定及其演变

第一节　旧中国制宪的破产和中国共产党的革命纲领及其宪政主张

一、旧中国制宪的破产

鸦片战争失败后，中国人民反帝反封建、争取民族独立和民主自由的斗争，揭开了我国宪政历史的序幕。

外国资本主义的侵入，把中国变成了半殖民地半封建的社会，也促进了中国封建社会内部商品经济的发展。还在19世纪下半期，就有一部分商人、地主和官僚投资于新式工业。到了19世纪末和20世纪初，中国民族资本主义便有了初步的发展，与此相适应，社会经济和阶级结构也发生了某些变化。他们的先进代表人物，为了本阶级的利益和国家的富强，向西方国家寻找救国真理，于是制定宪法、建立民主共和国的要求，就在中国提出来了。

早在1898年的戊戌变法中，资产阶级改良派的代表人物康有为、梁启超，就请求光绪皇帝"采万国之良规，行宪法之公议"，主张"举国君民，合为一体"，"立宪法以同受其治"，认为只有"宪章草定"才能"奉行有准，然后，变法可成，新政有效"。建议设制度局于宫中，执掌"草定宪法"，并把实行宪法的全部希望，寄托在皇帝恩赐和"毅然断行"上。康梁的立宪要求与设想，在当时是一面先进的旗帜，推动了维新运动的实践，唤起了中华民族的觉醒，具有重大的进步意义。但是，资产阶级改良派的代表毕竟是从地主官僚中转化而来的上层资产阶级，他们脱离人民和敌视革命，幻想在不触动封建制度的条件下，乞求皇帝恩赐宪政，争得一些政治权利，以发展资本主义。结果，在以慈禧太后为首的顽固派的残酷镇压下，以失败而告终。

虽然清王朝是不要任何民主和自由的，更反对束缚和限制其手脚的宪法，但它迫于迅猛发展的革命形势和人民宪政运动的冲击，不得不于1908年8月颁布《钦定宪法大纲》，继而于1911年11月3日颁布《重大信条十九条》，妄图以此平息人民群众的革命斗争，延缓其反革命统治。

以孙中山为代表的资产阶级革命派，看穿了清王朝玩弄宪政的反革命目的，认识到“不革命决不能立宪”的道理，在1911年发动了具有伟大历史意义的辛亥革命，推翻了清王朝，结束了在中国绵延两千年之久的封建君主专制制度，把梦寐以求的欧美各国的民主政治移植于中国，建立了南京临时政府，并于1912年3月11日颁布了中国历史上仅有的一部具有资产阶级宪法性质的《中华民国临时约法》。这个约法相当广泛地宣传了民主共和的观念，把自由平等博爱的思想深种在君主专制土地上，极大地促进了中国人民的民主觉醒，为后来的宪政运动提供了宝贵的经验和深刻的教训。

后来，辛亥革命的胜利果实被以袁世凯为首的北洋军阀所篡夺，《临时约法》也因失去支柱和依托而变成了一张废纸。尽管北洋军阀政府由于其阶级本质所决定不能承受资产阶级民主和宪法的遗产，但它慑于辛亥革命后民主共和国和宪法的观念深入人心，阶级力量对比关系发生了不利于自己的明显变化，便先后抛出了1913年的天坛宪草、1914年的袁记约法、1923年的贿选宪法、1925年的宪法草案，以粉饰封建军阀独裁统治，并作为剪除异己的根据和军事镇压的补充。

继承北洋军阀衣钵的国民党反动派，集中了中国近代历史上封建买办阶级的一切反革命经验，玩弄了二十多年的宪政把戏。1931年5月5日，由国民党反动派包办的“国民会议”通过的《中华民国训政时期约法》，公开确认了国民党一党专政和蒋介石个人独裁统治，为国民党新军阀的法西斯统治披上“合法”外衣。1936年，适应大地主大资产阶级强化统治的需要，从抵制抗日民主运动潮流出发，公布了《五·五宪草》。后怕宪草一出，难以收拾，便借口战事，草草收场，重操训政的破旗。1946年，国民党反动派为了给反革命的独裁、内战和卖国政策制造“法律”根据，在美帝国主义的导演下，演出了“国民大会”的丑剧，通过了《中华民国宪法》。这部伪宪法确认蒋介石独裁统治的法西斯国家制度，剥夺人民的基本权利和自由，保护四大家族的垄断利益和以美国为首的帝国主义在华特权。中国人民在中国共产党领导下，坚决反对和不承认这部伪宪法，因此，出笼不久，便随着国民党反动政权的垮台，被人民所废除，化作历史的陈迹。

旧中国各个时期反动统治者的制宪活动都是在其政权出现深刻危机或人民革命强大压力下进行的，是他们反革命欺骗政策的重要组成部分，是作为革命的对立物出现的，因而没有也不可能给人民带来民主权利。

在中国，资产阶级改良派的立宪要求无法实现，资产阶级革命派的宪政主张根本行不通，反动派的立宪骗局又遭到人民的唾弃。那么，中国需要什么样的宪政呢？这个宪政，一要符合历史发展的客观要求，二要反映广大人民的愿望。这就是新民主主义的宪政。毛泽东同志指出，我们中国需要的民主政治，既非旧式的民主，又还非社会主义的民主而是合乎现在中国国情的新民主主义。目前准备实行的宪政，应该是新民主主义的宪政。

二、中国共产党的革命纲领及其宪政主张

1921 年 7 月，中国共产党成立。从此，资产阶级领导的旧民主主义革命便为无产阶级领导的新民主主义革命所代替，资产阶级共和国方案让位于无产阶级领导的人民民主共和国方案。新民主主义时期的革命法制，就是在这样的历史条件下，逐步产生和发展起来的。

1922 年 7 月《中国共产党第二次全国代表大会宣言》提出了党的最高纲领和最低纲领，在此之前于同年 6 月 15 日公布的《中国共产党第一次对于时局的主张》提出了十一项基本原则。这两个早期文献，基本形成了党在民主革命时期的政纲，其主要内容如下：

第一，明确提出反帝反封建的革命纲领和“真正民主共和国”的口号。党的第二次全国代表大会宣言规定当前中国革命的奋斗目标是：“（一）消除内乱，打倒军阀，建设国内和平；（二）推翻国际帝国主义的压迫，达到中华民族完全独立；（三）统一中国本部（东三省在内）为真正民主共和国”。以上三点是密切相联的，正如宣言所说的“真正的统一民族主义国家和国内的和平，非打倒军阀和国际帝国主义的压迫是永远建设不成功。”在关于时局的主张中，又提出以下具体要求：“（一）改正协定关税制，取消列强在华各种治外特权，清偿铁路借款，完全收回管理权；（二）肃清军阀，没收军阀官僚的财产，将他们的田地分给贫苦农民。”

1923 年 8 月《中国共产党第二次对于时局的主张》进一步提出由工会、农会、商会、学生会及其他职业团体选派代表，组成国民会议。“只有国民会议

才真正代表国民，才能够制定宪法，才能够建设新政府统一中国，……由此国民会议所产生之新政府，须以真正国民革命的势力，扫荡全国军阀及援助军阀的外国势力，然后才不愧为统一全国的人民政府”。

第二，提出要实现人民的各项自由权利。无论男女一律实行无限制的普遍选举权。保障人民享有集会、结社、言论、出版和罢工的自由权。为此，坚决要求必须废止北洋军阀政府颁布的旨在限制人民自由权利的《治安警察条例》和压迫工人镇压罢工的刑律。

第三，制定保障工人的法律，改良工人待遇，具体要求是：（一）废除包工制；（二）八小时工作制；（三）工厂设立工人医院及其他卫生设备；（四）工厂保险，制定工人保险法；（五）保护女工和童工；（六）保护失业工人等。

第四，制定保护农民和其他社会阶层的法律。如规定限制田租率的法律，改革税制，废止丁漕等重税，废除厘金和一切额外税则，规定全国（城市及乡村）的土地税则，实行累进所得税。

第五，其他。（一）废除一切束缚女子的法律，女子在政治上、经济上、社会上、教育上，一律享受平等权利。（二）改良教育制度，以强迫义务教育，实现教育普及。（三）改良司法制度，废止死刑，实行废止肉刑，等等。

以上各项纲领原则，尽管有些规定尚不够全面和完善，但是，在 20 世纪 20 年代的初期，能够提出这一革命政纲的，只有中国共产党。这便在全国人民面前，高举起彻底反帝反封建的旗帜，使全国人民的革命精神为之振奋，给灾难深重的中国人民指出了一条争取解放的正确道路。从而宣告了旧民主主义宪政运动的破产，开辟了新民主主义宪政历史的新纪元。

党的革命纲领的提出，也为人民民主法制的创建确定了基本的指导方针。20 世纪 20 年代末期，在这一革命纲领的指引下，先后由各地革命政权制定了几个施政纲领，其中具有代表性的是，1927 年上海工人第三次武装起义中由上海市民代表政府制定的《上海特别市临时市政府政纲草案》，广州起义中颁发的《广州苏维埃宣言》，红色政权建立初期由湘赣边区革命委员会制定的《革命政纲》。

三、革命政权初创时期的施政纲领

（一）《上海特别市临时市政府政纲草案》

大革命后期，上海工人阶级为了配合北伐战争，消灭盘踞上海的军阀，在中国共产党的领导下，于1926年10月23日至翌年3月21日，发动了三次武装起义。在第三次武装起义中，打败了统治上海的反动军队，解放了上海市，建立起史无前例的上海市民代表政府。它是我国人民在大城市创建革命政权，行使人民民主专政的最初尝试。上海市民代表政府是以共产党为领导的，以工人阶级为主体的，联合全市各革命阶级、社会团体，反对帝国主义、封建主义及一切反动派的人民民主专政的政权。它于4月4日和10日分别通过了《上海各界之总要求》和《上海特别市临时市政府政纲草案》，具体地阐述了各项方针政策。

第一，反对帝国主义和封建主义。政纲要求继续扩大反对帝国主义运动，废除不平等条约，收回租界，撤退外国陆海军。以革命的民众力量与革命的武力合作，继续北伐，反对南北妥协，肃清军阀残余、土豪劣绅、贪官污吏、洋奴等一切反动势力。

第二，保护人民政治权利。首先，"废除一切束缚言论出版之苛法"，规定"人民有集会、结社、言论、出版、罢工等绝对自由"，并提出："今后非经市民代表会议执行委员会通过之市政府紧急命令，不受任何限制。"其次，肯定了上海总工会、学联会、学总会、三省联合会、各马路商界联合会的法定地位，保护它们的合法权利。鉴于这些组织，在建立市民代表政府中的贡献，特别是总工会的主力军的作用，政纲要求充分发挥"民众组织"的积极性，团结各阶层的人民共同对敌，巩固政权。再次，规定由人民自己的武装维持革命秩序，巩固社会治安。市政府从工人纠察队中，选出2700人，用缴获的武器装备起来，实行政治军事训练，分编成14个大队，驻守各区，保卫人民政权。

第三，确保工农的经济利益。规定颁布劳动法，工会有代表工人之权，实行八小时工作制，提高工资，废除包工制，厂主不得打骂工人，不准滥罚工资，不得随意修改厂规及雇佣契约。资本家不得借故关闭工厂，不准任意开除工人。开除工人须经工会同意，恢复因从事工人运动而被开除失业工人的工作，男女同工同酬。改良学徒制度，不准虐待学徒或指使学徒为私人服役，学徒期限不超过二年并酌发工资。女工产期休假，工资照发。改良工厂设备与卫生条件，对因工作而伤亡者，给予医疗费和抚恤金。对于保护农民，规定要限制封建剥削，即限制地租高利贷。农民所得不少于收获量的60%，月息最高不超过八厘。还规定不得预征钱粮，禁止土豪劣绅混入农民协会或破坏农民运动。

第四，保护妇女的合法权利。按照政纲的规定，妇女与男子一律平等，妇女有参政权和继承权。男女职业平等、教育平等。保障结婚离婚自由，废除童养媳制度及蓄婢纳妾制度。颁布保护女工的法律，设立社会育儿院，保护私生子女。

第五，改革旧社会恶习，实行革命裁判。严格取缔不良游艺场所，限期禁绝鸦片赌博，严禁卖淫，现有妓女准其自由择配，严惩拐匪及买卖人口，荡涤旧社会污泥浊水，铲除封建统治的痼疾恶习。政纲要求，建立新的司法制度，实行陪审制，由各界代表参加陪审。坚决剔除诉讼积弊，禁止差役勒索人民。

第六，关于教育、财政和商业。规定要普及教育，注意发展平民教育，减轻学费，学校经费公开，学生有权派代表参加校行政会议。提高教师地位和待遇，废止教会学校强迫学生读经及祷告，军队不准驻扎学校，蹂躏学府。对于财政，规定要废除苛捐杂税，减轻人民负担，重捐外国卷烟及各种奢侈品，重征烟酒税，减少米麦捐，统一上海集市和度量衡。政府财政公开，市民有稽查之权。取缔不正当的营业，平定米价，限制房租，限制物价上涨，限制典当息金，减轻市上存放款利率。

上海市民代表政府的政纲是在同北洋军阀和国民党新军阀的尖锐复杂的斗争中产生的，充满了反帝反封建的革命战斗精神，代表了广大人民的革命意志，维护了工农大众和各阶层人民的基本权益。上海市民代表政府虽然存在时间不长就被蒋介石淹没在血泊之中，但却放射着人民民主的灿烂光辉，照耀着革命人民继续前进。

（二）《广州苏维埃宣言》

为了反对国民党新军阀的反动统治及其屠杀政策，保卫大革命的胜利成果，1927 年 12 月 11 日在中国共产党的领导下，广州工人和士兵举行了有名的广州起义，“占领了一切交通机关，解除了公安局警察及反动军队的武装，释放了一切政治犯，在两小时内完全赤化了广州城。暴动的第二天（12 日）已经破坏了旧的国家机关，建立起新的中国第一个工农兵苏维埃政府。”① 起义后发布的《广州苏维埃宣言》和《苏维埃告民众书》提出了以下政纲：第一，公开宣布广州苏维埃是中国共产党领导的工农民主专政的政府。“一切政权属于工人、农民、兵士”，只有工人、农民、兵士和一般劳苦贫民才有“集会、结社、言论和出版的绝对自由”权。消灭一切反革命，严厉禁止它的一切活动。如有

① 张闻天:《广州公社与中国苏维埃运动》，见《红色中华》1933 年 12 月 8 日。

为反革命作宣传者，应该交革命法庭，进行制裁。第二，规定没收大资产阶级财产，“大工业、大运输业、银行，均收归国有”，由“工人监督生产”。“一切土地收归国有”，“完全归农民耕种”，“消毁一切田契、租约、债券”。为此，“各村各区立即成立苏维埃政权”，镇压地主土豪劣绅的破坏与反抗，保护土地革命的进行。第三，建立工农红军，保卫苏维埃政权。宣言指出，红军的性质和宗旨是“为给米与工人吃，给土地与农民耕，解放一切被压迫阶级”，它“是志愿的革命军队”，“不是军阀的军队”。苏维埃政府号召“一切工人、农民、兵士及下级革命军官，应该到红军中去，反抗帝国主义军阀及反革命派”，保卫革命的胜利成果。广州苏维埃的宣言和政纲，勾勒了工农民主专政的最初蓝图。然而，它与上海市民代表政府一样，企图在国民党新军阀残酷统治下，首先夺取反革命势力强大的城市，并以此为中心，坚持革命斗争，是不可能赢得胜利的，其施政纲领因失去政权的依托和支撑，也就无法付诸实现。

（三）《湘鄂赣边革命委员会革命政纲》

1927 年秋收起义后，各革命根据地的工农民主政权先后制定了一批地区性的施政纲领。1929 年《湘鄂赣边革命委员会革命政纲》，大体上反映了红色政权建立初期制定施政纲领的基本情况，该政纲共二十七条，主要内容是：

第一，“彻底推翻帝国主义在华统治。”“没收外国资本的企业、银行和工厂。”“废除一切不平等条约，收回租界占领地，撤消领事裁判权，收回海关，驱逐帝国主义在华海陆军。”

第二，推翻国民党政府的反动统治，建立工农兵代表会议政府。政纲坚持革命的根本问题是政权问题的立场，分析了湘鄂赣边七县豪绅地主国家机器的构成情况，提出了打碎地方政权的主要措施：摧毁国民党各级党部、压迫民众的政府机关，以及欺骗民众的反动团体；解除国民党军队、靖卫队、挨户团的武装；摧毁湘鄂赣边七县（浏、平、修、铜、万、萍、醴）联防的反动组织、团防局、自治筹备处、清乡委员会、区董会等。对于被反动政府强迫成立的守望队、难民团、自首团，一律解散，招抚其群众；摧毁剥削民众的机关，如厘金局、杂税局等。在推翻豪绅地主阶级在乡村的反动统治之后，立即着手建立工农兵代表会议（苏维埃）政府，实行义务的征兵制，建立红军赤卫队，扩大工农武装。

第三，保障工农劳动群众的基本权利和利益。政纲宣布，保障工人的罢工、结社、集会、言论、出版之绝对自由。增加工资、实行八小时工作制，推行社会劳动保险和失业救济，废除包工制，严禁压迫学徒店员，实行男女同工同酬，保护童工和女工。对于妇女，保证她们与男子在政治上经济上教育上的平等权；严禁买卖婚姻、蓄婢纳妾，实行离婚和结婚自由。针对工农兵长期受剥削受压迫而造成的没有文化的状况，政纲特别规定提倡平民教育，创办红色学校，成人补习班，允许失业工农兵及贫民子弟免费入学。

第四，实行土地革命，发展农业生产。政纲从民主革命的基本问题出发，结合湘鄂赣边土地的实际状况，采取革命措施，进行土地革命，解放生产力，发展农业生产。规定没收一切地主阶级的土地和财政，由当地苏维埃政府分配给无地或少地的农民及退伍的红军士兵使用。对于一切祠堂、庙宇、教堂的地产及其他公田公地，也予以没收，由当地苏维埃政府分配农民使用。废除一切高利贷借约，焚毁借券，规定今后借贷年利不得超过一分五厘，禁止高利贷者盘剥贫苦人民。取消湘鄂赣三省反动政府颁布的一切苛捐杂税，由苏维埃政府制定单一农业累进税。

第五，改善士兵生活待遇，给士兵土地和工作，抚恤革命死难烈士的家属，优待投诚来归的敌军士兵及俘虏士兵。

第二节 《中华苏维埃共和国宪法大纲》

一、中国共产党关于起草《中华苏维埃共和国宪法大纲》的原则

随着各个革命根据地的发展与扩大，建立工农民主共和国，制定宪法，便成了党中央和各根据地政权的共同要求。首先，制定宪法是肯定工农兵已经争得的权利的需要。在毛泽东同志的直接指导和影响下，革命风起云涌，根据地连成一片。到 1930 年，先后在全国建立了十几个革命根据地，范围涉及江西、福建、湖南、湖北、安徽、云南、广东、广西、浙江等九省。在这些根据地里，建立了工农民主政权，工农兵和劳苦大众享受最广泛的民主自由权利，制定了劳动法，保护工人的利益，没收地主的土地，分配给无地或少地的农民耕种。同时开始了革命根据地的经济建设，以保障革命战争的供给，改善群众生活。因此，用根本法的形式，把人民争得的胜利成果确立下来，便成了广大人民的迫切要求和愿望。其次，制定宪法是统一法制的需要。在四周白色政权包围中的彼此分散孤立的革命根据地，虽然受到井冈山革命根据地政权与法制的

影响或指导，但是，由于敌人分割和封锁，总的来讲，还是采取独立自主、各自为战的形式。这样虽然使得各个根据地的法律能够因地制宜，容易收到机动灵活的效果。可是，也会产生各个革命根据地的法律不统一的缺陷。毛泽东同志在领导井冈山的斗争中，已经深感创建统一法律的重要性，他倡议由“中央制定一个整个民权革命的政纲，包括工人利益、土地革命和民族解放，使各地有所遵循”。第三，制定宪法也是揭露国民党法西斯独裁统治和扩大红色政权政治影响的需要。蒋介石在南京建立反动统治不久，为了给国民党一党专政和蒋介石个人独裁提供法律根据，1928 年 10 月，由国民党中央常务委员会公布了《训政纲领》。1931 年 5 月，又召开了由国民党指派的代表参加的国民会议，按照蒋介石的心意炮制出一个《中华民国训政时期约法》。反动阶级的奴仆们大肆吹嘘国民会议，为蒋介石的法西斯统治涂脂抹粉，对苏维埃政权则恶意咒骂，肆意诬蔑。在两个政权尖锐对立之时，苏维埃共和国的成立和宪法的制定，将会在全国各阶层引起强烈反响，人们在两种政权和两种宪法的对比中，会看到民主的曙光，会找到只有苏维埃能救中国的希望。正如毛泽东同志当时说的，“在帝国主义国民党的反革命政策之下，受尽压迫剥削的民众，对于苏维埃每一具体的施政，简直如同铁屑之追随于磁石。这种情形，造成了反动统治阶级的极大恐慌，反动统治阶级因此不惜以一切最无耻的造谣，来诬蔑苏维埃的施政。然而铁的事实是给无耻造谣的有力回答，每一个有眼睛的中国人，只要不是丧心病狂的帝国主义者和国民党地主资本家，便不能不承认苏维埃政府的政策与国民党政府的政策有何等天渊之别。”①

鉴于这种情况，中国共产党积极筹备苏维埃共和国的成立和宪法的制定工作。1930 年 5 月 20 日，党中央在上海召开了中国苏维埃区域会议。这次会议，分析了全国的政治形势，提出了召开第一次全国苏维埃代表大会的任务。7 月，党中央决定由在上海的少共中央、全国总工会、互济会、上海总工会、自由大同盟、反帝大同盟、社会科学家联盟、左翼作家联盟组成“中国工农兵苏维埃第一次全国代表大会中央准备委员会”。23 日，举行第一次临时常委会，通过了《临时常委会组织大纲》和《中准会工作大纲》。9 月 12 日，召开中准会全体会议，苏区代表、红军代表、许多省总工会的代表，也参加了会议。这次会

① 毛泽东:《中华苏维埃共和国中央执行委员会与人民委员会对第二次全国苏维埃代表大会的报告》，见《苏维埃中国》第二集，中国现代史资料编辑委员会 1957 年翻印，第 254—255 页。

议决定，中准会为筹备全苏大会的最高机关，由25名委员组成，设立于巩固的苏区中心，由它负责草拟宪法。原定于1930年12月11日广州起义纪念日，召开全国苏维埃第一次代表大会，通过宪法，后因他故，推迟召开。到了1931年9月，革命根据地取得了粉碎国民党第三次反革命“围剿”的胜利，又有了进一步的巩固扩大，特别是以江西瑞金为中心的各个根据地已经联成一片，这就使中央政权机关的建立和制定宪法的条件更加成熟。同时，九一八事变后，民族危机日益加重，全国人民掀起了抗日救亡的高潮，为了迎接和促进全国革命的新形势，扩大红色政权在全国人民中的影响，召开全国苏维埃第一次代表大会便成了当务之急。因此，为了指导中准会起草宪法的工作，中国共产党中央提出了制定宪法的七大原则。第一，“实现代表广大民众真正的民权主义”；第二，“实现劳动群众自己的政权”；第三，“实现妇女解放”；第四，“实行民族自决”；第五，“争取并且确立中国经济上政治上真正的解放”；第六，“实行工农民权的革命独裁”；第七，“拥护工人利益，实行土地革命，消灭一切封建残余”。

党中央认为，召开中国工农兵会议第一次全国代表大会的目的，是集中革命势力，为推翻帝国主义和国民党的统治，实现全国苏维埃政权而斗争。这一斗争“正在日益剧烈和扩大，而苏维埃政权的建立还没有普遍到全中国，所以这次大会还不能够立刻就决定详细的国家根本法的具体条文。但是必须明确地规定苏维埃国家根本法的原则”。制定宪法大纲，以便在黑暗的中国土地上，树起人民宪法的旗帜，使全国劳动民众深刻地认识苏维埃是他们自己的政权，鼓舞他们热烈地坚定地为这一政权而奋斗。

在代表大会召开之前，中央根据地召开了党代表大会，讨论并通过了拟交全国工农兵代表大会的各项决议草案，还起草了《中华苏维埃共和国宪法草案》。该草案分四篇，共七十八条。由于条件不够成熟，该草案没有提交大会通过，而决定以宪法大纲作为中华苏维埃共和国的临时根本法。

二、《中华苏维埃共和国宪法大纲》的制定、修改和主要内容

1931年11月7日，第一次全国工农兵代表大会在江西瑞金的叶坪隆重开幕。出席大会的代表610人。会上毛泽东同志代表中共苏区中央局向大会作了《政治问题报告》，项英同志作了《宪法问题报告》。代表们经过充分讨论，通过了《第一次全国工农兵代表大会宣言》，宣告了中华苏维埃共和国的成立。这次大会通过的《中华苏维埃共和国宪法大纲》，全文共十七条。1934年1月

第二次全国工农兵代表大会曾作过某些修改，除了几十处文字上的修改以外，最主要的是在第一条内增加了“同中农巩固的联合”，这是带有政策性的重大补充，是毛泽东同志及其他坚持正确路线的同志同王明的“左”倾错误进行斗争的积极成果。本来，在民主革命或土地革命中，联合和团结中农，是毛泽东同志早就有的重要思想，而工农武装割据斗争的实践，更加证明是完全正确的主张。这样一个关系到革命阶级路线的重大问题，没有反映到宪法大纲里，既不是文字的疏忽，也不是观点的遗忘，而是王明排斥了毛泽东同志在中央苏区对党的正确领导的产物。但是，侵犯乃至打击中农的严重错误，教训了广大干部和群众，他们从痛苦的经验中觉悟了起来，要求恢复毛泽东同志的正确主张。1933 年，张闻天同志在《斗争》上，以“苏维埃政权下的阶级斗争”为题，针对一些同志的“中农不愿牺牲自己的利益，为苏维埃革命而斗争”的“左”倾说教，明确指出：“我们不要一刻忘记联合中农”，联合中农“对于我们有极重大的意义，如若我们不能巩固同中农的联合，苏维埃革命是没法胜利的”。中农这个阶层，在半殖民地半封建的旧中国，受到帝国主义和军阀的压迫和剥削，有着革命的要求。这种经济地位和政治态度，决定他们是无产阶级的可靠同盟者。特别是在苏维埃区域内解放较早的地方，中农占最大数量，有的地方虽然贫农出身的农民占多数，但是，在土地革命之后，他们将逐渐变为中农。王明一伙教条主义者，脱离农村实际，看不到中农力图改变受压迫受剥削地位的革命要求，又用形而上学的观点看待土地革命后农村阶级关系的变化，无法认清大量贫农上升为中农的客观事实，结果采取使其破产，逼迫他们参加革命的极端错误的政策，给苏维埃革命带来了很大损失。

苏维埃革命的敌人早就看到了这一点，利用一切方法，“挑拨中农和苏维埃政府的关系，抓住侵犯中农的某些错误，煽动他们对苏维埃不满”。这就需要苏维埃政府，以实际行动向中农表明，它是代表工农劳苦大众利益的政权，并且想尽一切办法，帮助中农解决生产和生活上的一切困难。绝对不允许剥夺他们的土地进行分配，要使他们觉得这些土地不是苏维埃的，而是他们自己的，从而更加爱护自己的土地，努力提高生产。

在全国苏维埃第二次代表大会召开的日子里，广大干部、群众和代表，纷纷起来，抵制王明的错误，要求恢复毛泽东同志的正确主张。1934 年 1 月 22 日，《红色中华》发表“迎接中国苏维埃胜利的大革命”的社论，把联合中农提到党的阶级路线的高度。1 月 31 日，在项英同志的宪法报告里，就增加了联合中农的内容，受到代表们的热烈欢迎。

《中国苏维埃共和国宪法大纲》，用根本法的形式把人民革命的胜利成果固定下来，体现了中国人民反帝反封建的革命意志，反映了工农兵和一切劳苦大众争取民主自由的愿望，是中国共产党领导中国人民创建革命政权早期经验的总结。这个宪法大纲的任务和目的，“在于保证苏维埃区域工农民主专政的政权和达到它在全中国的胜利。这个专政的目的，是在消灭一切封建残余，赶走帝国主义列强在华的势力，统一中国，有系统的限制资本主义的发展，进行苏维埃的经济建设，提高无产阶级的团结力与觉悟程度，团结广大贫农群众在它的周围，同中农巩固的联合，以转变到无产阶级的专政。”

《中华苏维埃共和国宪法大纲》的主要内容是：

（一）阐明了中华苏维埃共和国的国家性质

大纲规定“中华苏维埃所建设的，是工人和农民的民主专政国家”。苏维埃政权属于工人、农民、红色战士及一切劳苦民众。“在苏维埃政权下，所有工人、农民、红色战士及一切劳苦民众都有权选派代表掌握政权的管理。”中华苏维埃政权保证工农劳苦民众言论、出版、集会、结社、信仰的自由，铲除国民党反动统治束缚劳动者和农民自由的一切障碍。以政权的力量，取得印刷机关、开会场所及一切必要设备，以保障他们能够行使这些自由权利。苏维埃政府还吸引广大民众，对自己的工作，实行批评和监督。每个革命民众都有揭发苏维埃工作人员的错误和违法行为之权。苏维埃对工作人员的错误缺点，毫不姑息，对其违法犯罪行为，则坚决惩办。

苏维埃政权对地主、买办资产阶级，则实行专政。宪法大纲规定：军阀、官僚、地主、豪绅、富农及一切反革命分子，是没有选举代表参加政权和政治上的自由权利的。“反革命的一切宣传和活动，……在苏维埃政权下都绝对禁止”。

在这个历史时期，建立工农民主专政的政权，不是偶然的，它与大革命失败后的国内阶级关系的变化，有着直接的联系。大革命后期，由于帝国主义和封建阶级的分化收买，大资产阶级叛变了革命，并建立起以蒋介石国民党为代表的南京政府，立即在全国范围内对共产党人和工农革命群众进行了空前残酷的血腥屠杀和白色恐怖，在这种情况下，民族资产阶级和上层小资产阶级也退出了革命营垒，革命的动力便只剩下无产阶级、农民和城市中的小资产阶级，革命政党便只剩下了共产党，革命的组织责任，便不得不落在唯一的革命政党共产党的肩上，只有共产党继续高举革命的旗帜，保持革命的传统，在农村建立革命根据地，领导工农武装割据，提出了工农民主共和国的口号，并为此艰苦奋斗了十多年。

（二）规定了中华苏维埃共和国的政治制度

《宪法大纲》规定："中华苏维埃共和国之最高政权为全国工农兵苏维埃代表大会，在大会闭会的期间，全国苏维埃临时中央执行委员会为最高政权机关，在中央执行委员会下组织人民委员会，处理日常政务，发布一切法令和决议案。"按照这一规定，工农兵代表大会是中华苏维埃共和国的基本政治制度。这个制度是由工农民主专政的政权性质决定的，是实现工农兵权力的组织形式。它是党根据革命斗争的实践，吸取列宁、斯大林领导下的苏联政权建设经验而建立起来的。总之，工农兵苏维埃代表大会的实施，奠定了我国人民代表大会制度的历史基础。

中华苏维埃共和国的政治制度保证了千百万工农大众参加国家管理，便于实行民主集中制的原则，既能表现广泛的民主，使各级人民代表大会有高度的权力，又能使政府集中处理政务，发挥它的巨大革命作用。这种议行合一的代表大会制度，把议会制的长处和直接民主制的优点结合起来，形成了苏维埃的新式民主制度。

（三）规定了中华苏维埃共和国的经济制度

根据《宪法大纲》，苏区经济由三部分构成。一是国营经济。它在各种经济成分中处于领导地位，是社会主义的因素。二是私人经济。它符合于苏维埃当前的根本利益和需要，在不超出苏维埃法律范围之外，提倡和奖励私人经济的发展。这种经济，当时占绝对优势，一般采取小规模经营的方式。三是合作社经济。主要是消费合作社、粮食合作社和生产合作社。苏维埃政府对三种经济成分采取的方针是：尽可能的发展国营经济，大规模地发展合作社经济，奖励私人经济的发展。

（四）规定了中华苏维埃共和国公民的权利和义务

《宪法大纲》规定，在苏维埃政权领域内，工人、农民、红色战士及一切劳苦民众和他们的家属，不分男女、民族、宗教，在苏维埃法律面前一律平等，皆为苏维埃共和国的公民。公民依法享有下列权利：

第一，政治权利。

1. 管理国家的权利。苏维埃政权下，所有工人、农民、红色战士及一切劳苦民众，都有权选派代表掌握政权的管理，讨论和决定国家的和地方的一切大事。

2. 选举与被选举的权利。凡苏维埃公民，年十六岁以上者，都有选举权与被选举权。

3. 享受各项民主自由权利。公民有言论、出版、集会、结社及信教的自由。

4. 参加革命战争的权利。手执武器，参加革命战争的权利，只属于工农劳苦民众。

5. 享受托庇于苏维埃区域的权利。凡因革命行动而受到反动统治迫害的中国民众，给予托庇于苏维埃区域的权利。

第二，经济权利。

1. 工人的权利：实行八小时工作制，确立最低限度工资标准，创立社会保险制度和国家失业津贴。工人有监督生产之权。

2. 农民的权利；没收一切地主阶级的土地，分配给雇农、贫农和中农使用，消灭封建剥削，改善农民生活。

第三，受教育权利。

在革命战争许可的范围内，施行免费普及教育，保证工农受教育的权利，首先在青年劳动者中施行，积极引导他们参加政治的和文化的革命生活，发展新的社会力量。

第四，保证劳动妇女的权利。

承认婚姻自由，采取各种措施，使她们逐渐摆脱家务束缚，参加社会经济政治文化生活。

第五，保障少数民族自决权利。

中华苏维埃政权，承认中国境内少数民族的自决权，可以建立自己的自治区域。

苏维埃政府认为，当前面临的任务，是帮助这些弱小民族，脱离帝国主义、国民党、军阀、王公、喇嘛、土司等的压迫和剥削，得到解放和完全自主，还要帮助这些民族发展他们自己的民族文化和民族语言。

（五）规定了中华苏维埃共和国外交政策的基本原则

《宪法大纲》宣布，中华民族完全自由与独立，不承认帝国主义在中国的一切特权和一切不平等条约，废除反革命政府的一切外债。在苏维埃领域内，帝国主义的海、陆、空军不许驻扎，帝国主义的租界、租借地无条件地收回，帝国主义的银行、矿山、工厂等，一律收归国有，只有在服从苏维埃法律时，才允许外国企业重订租约继续生产。

《宪法大纲》宣告，世界无产阶级与被压迫民族，是与中华苏维埃共和国站在一条革命战线上的，无产阶级专政的苏联，是它的巩固同盟者。中华苏维埃共和国的目的，是联合全世界无产阶级和被压迫的民众，反对帝国主义对于殖民地与半殖民地的侵略和压迫。因此，中华苏维埃共和国，对于凡因革命行动而受到反动统治迫害的世界革命战士，给予托庇于苏维埃区域的权利，并帮助他们重新恢复革命斗争的力量，一直达到革命的胜利；居住在苏维埃区域内，从事劳动的外国人，一律享有苏维埃法律所规定的一切政治权利。

另外，1934 年召开的全国苏维埃第二次代表大会，通过了关于中华苏维埃共和国国徽和国旗的决定。中华苏维埃共和国的国徽是，在地球形上，插交叉的镰刀和锤子，右为谷穗，左为麦穗，架悬地球形之下和两侧，地球之上为五角星，上书“中华苏维埃共和国”，再上则书“全世界无产阶级和被压迫民族联合起来”。地球形为白色底子，轮廓经纬为黄色，地球上的镰刀锤子为黑色，五角星为黄色。中华苏维埃共和国的国旗为红色底子，加国徽于其上，旗柄为白色，横为 5 尺，直为 3.6 尺。

三、《中华苏维埃共和国宪法大纲》的历史地位和伟大意义

《宪法大纲》是中国共产党领导下的工农革命群众，在部分地区打碎国民党军事官僚机器，建立政权，实践民主革命纲领的产物。它是中国共产党领导人民制定的第一部宪法性文献，具有根本法与施政纲领的双重特点。尽管这个大纲由于缺乏经验和王明错误路线的影响规定了某些过左的条文，给革命事业带来过重大损失，但它仍不失为中国人民宪政运动史上第一部由劳动人民当家做主、确保人民民主制度的根本大法，不失为中国共产党领导人民进行彻底反帝反封建，实行工农民主专政的伟大纲领。它同资产阶级的约法以及旧中国反动政府制定的旨在压迫人民，欺骗人民的宪法，有着本质的不同。它的颁布和实施，对于促进全国革命运动的发展，起过极其重大的作用。

首先，调动了根据地人民的积极性，鼓舞他们为工农民主专政政权的巩固和革命战争的胜利而英勇斗争。比如，在工农民主政府领导下，土地革命的威力扫荡了一切封建势力，农民阶级夺取了地主阶级的全部土地财产，废除了高

利贷剥削，取消了苛捐杂税，他们从长期的黑暗中惊醒，一跃而成为国家的主人。《宪法大纲》肯定了这场翻天覆地的变化，确认了农民阶级从土地革命中获得的实际利益和自己用鲜血换来的胜利成果。而国民党反动派则反其道而行之，一方面妄想用反革命军事进攻，消灭正在成长壮大的工农民主政权，重新把广大农民打入地狱；另一方面，企图在他们复辟的地方，施行所谓《剿匪区内各省农村土地处理条例》，倒算已经分配了的土地，使农民再度陷入被剥削的深渊。广大农民从两个政权，两种法律的鲜明对比中，深深地认识到工农民主政权是自己的政府，革命的法律是保护自己利益的。这样，激发了广大农民的极大积极性和革命热忱，为保卫自己的土地、政权和法律，同地主豪绅阶级和国民党的反革命“围剿”，进行英勇而坚决的斗争。

其次，把党的民主革命纲领具体化，为全国人民指明了革命的道路和奋斗的方向。中国共产党在第二次全国代表大会之后，就领导全国人民，为实现民主革命阶段的最低纲领，进行英勇的战斗。针对不同时期斗争的形势和特点，提出不同的政治、经济要求，逐步把新民主主义革命运动引向深入。《中华苏维埃共和国宪法大纲》总结了红色政权建设的初步经验，描绘出了工农民主专政国家的轮廓，比较系统全面地体现了民主革命的纲领，不仅对根据地的革命斗争起了有利的指导和推动作用，而且对全国革命也产生了很大影响。全国人民从中华苏维埃共和国的宪法大纲及其施行中看到，只有工农民主专政，才能把劳动人民从地主买办阶级压迫剥削下解放出来，工农民主共和国在革命根据地里，放射着民主的曙光，寄托着全国人民解放的希望。

再次，《宪法大纲》是人民制宪的最初尝试，为后来的民主宪法提供了宝贵的经验和教训。《宪法大纲》对工农民主专政的国家性质、政治制度、经济制度、公民权利与义务、民族政策和外交原则都做了规定，是人民宪法的雏形。成功的经验被后来的制宪所继承，某些过左政策作为历史借鉴而加以避免。

第三节　抗日民主政权的施政纲领

一、抗日民主政权施政纲领的制定和发展

由于日本帝国主义疯狂地侵略中国，中华民族同日本帝国主义的矛盾上升为主要矛盾，国内矛盾变为次要矛盾，并降到服从的地位。全国各阶级各阶层

人民，除少数汉奸、反动派外，都是赞成抗日的。为适应新的形势，1935 年 12 月 25 日，中国共产党在陕北瓦窑堡召开了中央政治局会议，通过了《关于目前政治形势与党的任务决议》，提出了建立抗日民族统一战线的方针，宣布将工农民主共和国改为“人民共和国”。人民共和国政府是抗日民族统一战线的政权，与国民党政府的大地主大资产阶级专政有根本区别，也和前期的工农民主专政不同。它是一切赞成抗日又赞成民主的人们的政权，是几个革命阶级联合起来，对于汉奸和反动派的民主专政。随着政权性质的变化，抗日人民政权的施政纲领，与苏维埃时期相比，有很大的差异。

抗日人民政权的施政纲领，在毛泽东同志新民主主义理论指导下，以团结抗战为基本内容，把建立强盛、独立、民主的新中国作为奋斗的根本目标。以抗日战争发展的不同阶段为标志，施政纲领明显地划分为三个时期。

第一，抗战初期。在全国人民抗日高潮的压力和中国共产党的推动下，国民党及其政府被迫抗日。可是，它从大地主大资产阶级利益出发，实行了一套片面抗战，即反对人民抗战的路线。在这种路线指导下，国民政府的军队，一溃千里，节节败退。中国共产党分析和研究了这种局势，英明地指出，当时争取抗战胜利的关键，在于反对国民党片面抗战，实行全面抗战，即实行发动全民抗战的路线。为此，在 1937 年 8 月 25 日，发布了《抗日救国十大纲领》。具体规定了全面抗战的路线，其内容是：打倒日本帝国主义；全国军事总动员；全国人民总动员；改革政治机构；实行抗日的外交政策；实行战时的财政经济政策；改良人民生活；实行抗日的教育政策；肃清汉奸卖国贼亲日派，巩固后方；建立抗日的民族团结。《抗日救国十大纲领》粉碎了国民党反人民的片面抗战路线，发动了全民族的抗战，成了建立最早的抗日人民民主政权制定施政纲领的指导方针。如 1938 年公布的《晋察冀边区军政民代表大会宣言》，1939 年 1 月陕甘宁边区第一届参议会通过的《陕甘宁边区抗战时期施政纲领》，都是依据《抗日救国十大纲领》制定的。虽然产生的环境不同，条文有某些差异，但其基本内容是一致的。

陕甘宁边区是从苏区转化而来的，在抗日政权中建立最早，且在党中央和毛泽东同志的直接领导下，纠正了议会主义倾向，坚持了人民代表会议的政治制度。因此，《陕甘宁边区抗战时期施政纲领》便成了抗战初期具有代表性的施政纲领。这个纲领包括三部分：

1. 民族主义。纲领规定，团结全边区人民与党派，动员一切人力、物力、财力、智力，为保卫边区，保卫西北，保卫中国，恢复一切失地而战。为此，要高度地发扬边区人民的民族自尊心与自信心，反对一切悲观失望、妥协、投降，实现蒙、回民族在政治上经济上与汉族的平等，联合蒙、回民族共同抗日。在不损害边区主权的原则下，保护一切同情中国抗战的国家的人民、工商业者、教民在边区进行生产、经营与文化事业的活动。厉行锄奸工作，提高边区人民的警觉性，彻底消灭汉奸、敌探、土匪的活动，以巩固抗日后方和根据地。

2. 民权主义。纲领规定要发扬民主政治，采用直接、普遍、平等、无记名的选举制，健全民主集中制的政治机构，增强人民的自治能力。建立便利人民的司法制度，保障人民有检举与告发任何工作人员的罪行之自由。发扬艰苦作风，厉行廉洁政治，肃清贪污腐化，铲除鸦片赌博。建立工作检查制度，发扬自我批评，以增进工作的效能，实行干部教育，培养抗战人才。

保障人民言论、出版、集会、结社、信仰、居住、迁徙与通信的自由，扶助人民抗日团体与民众武装的发展，提高人民抗战的积极性。以政治工作与组织力量的配合，实行兵役与参战的动员，充实抗日武装力量，发展与健全人民抗日自卫军、抗日少先队，加紧其政治、军事、文化上的教育与训练。发展民众教育，消灭文盲，提高边区成年人的民族意识与政治文化水平。实行普及免费的儿童教育，以民族精神与生活知识教育儿童，造成中华民族的优秀后代。

实行男女平等，提高妇女在政治上、经济上、社会上的地位，实行自愿的婚姻制度，禁止买卖婚姻与童养媳。

3. 民生主义。纲领规定，确认私人财产所有权，保护边区人民由土地改革所得的利益。奖励开垦荒地，兴修水利，改良耕种，增加农业生产。要组织春耕秋收运动，废除苛捐杂税，实行统一累进税。发展手工业及其他可能开办的工业，奖励商人投资，提高工业生产，保护商人自由营业，发展边区商业。废止高利贷，举办低利借贷，奖励合作社之发展。

确定八小时工作制度，改善劳动待遇，保护工人利益；同时，提高劳动热忱，增加生产效能。优待抗日军人与工作人员之家属，使抗战军人安心作战，工作人员安心工作。抚恤老弱孤寡，救济难民灾民，不使其流离失所。

厉行开源节流，在各机关、学校、部队中，提倡生产运动与节约运动，增加收入，减少支出，以解决战时财政经济之困难。

陕甘宁边区政府坚定地执行了《施政纲领》确定的方针，坚持了团结抗战，克服了一再笼罩边区周围的危机，度过了重重的难关，坚决保卫了边区和大西北，发展了边区抗日的政治经济文化建设，增进了边区人民的福利，初步地建立起民主政治，为各抗日根据地树立了光辉榜样。

第二，抗战中期。这是中国人民抗日战争最艰难的时期，其标志有三，一是日寇对抗日根据地的残酷进攻。日寇为了把中国变为它侵略亚洲战争的后方基地，加紧实行“治安强化”运动，对华北、华中抗日根据地，进行大“扫荡”，推行极其野蛮残忍的“三光”政策，妄想摧毁我抗日根据地。因此，抗日根据地的军队、机关、工厂以及一切老弱妇孺，连同粮食、衣服、牲畜、工具，都成为日寇掠夺破坏的对象和烧杀的目标。二是国民党顽固派发动反共高潮，玩弄“曲线救国”阴谋。在日寇采取诱降和威迫相辅而行的方针下，国民党顽固派调兵遣将包围和封锁陕甘宁边区及其他根据地，接二连三地发动反共高潮，丧心病狂地指使其部队投降日寇，跟随侵略者对抗日根据地实行最残忍的“扫荡”。因此，抗日民主政权不仅抗击日本帝国主义，同时还得抵抗伪军和蒋介石的反共军。三是抗日战争面临严重困难局面。在敌伪军和国民党反共军的进攻和夹击下，根据地的财政和经济到了崩溃的边缘，八路军的人数减少，根据地的面积缩小，人口下降，抗日根据地处于极端困难境地，抗日军民面临军事与经济交困的严重局面。

抗日战争出现的新的复杂情况向各抗日根据地的民主政府，提出了许多新的问题。制定什么政策才能最大限度地调动一切人民（包括地主、资本家），特别是农民的抗日和生产的积极性，克服财政和经济的极端困难，粉碎日寇的进攻和残酷的大“扫荡”，争取抗日战争的胜利？制定什么政策才能坚定不移地发展和巩固抗日民族统一战线，发展进步势力，争取中间势力，孤立顽固势力，有理、有利、有节地回击国民党反动派的反共活动，团结其尚能抗日的一面，获得整个中国社会的同情，争取时局好转？等等。

这个时期制定的施政纲领（如 1940 年 8 月《晋察冀边区目前施政纲领》、1941 年 7 月《晋冀鲁豫边区政府施政纲领》、1941 年 5 月《陕甘宁边区施政纲领》、1942 年 10 月《对于巩固和建设晋西北的施政纲领》等），在政权建设上，提出了“三三制”原则和精兵简政政策。在人民权利方面，规定了一切抗日人民在法律面前人人平等的原则，确认了地主、资本家享有同工人、农民一样的人权、地权和财权。在经济立法上，调节各阶级的关系，规定地主减租减息，农民交租交息；规定改良工人生活，又使资本家有利可图。在刑事政策上，提出了镇压与宽大相结合，教育感化的原则，及时而正确地解决了实践中提出的问题，大大发展和丰富了前期的施政纲领。

第三，抗战后期。由于中国共产党的英明领导和执行了正确的政策，沉重地打击和消灭了日本侵略者的有生力量。中国人民度过了战争最艰苦的岁月，迎来了抗日战争局部反攻的新胜利。就在这胜利在望的时刻，国民党顽固派企图消灭人民革命力量，准备抢夺抗日胜利果实。联系到国民党反动派在整个抗日战争时期消极抗日，积极反共的倒行逆施行为，全国人民痛切感到，要缩短战争时间，准备反攻力量，争取抗日战争的最后胜利，一定要彻底改革国民党反动统治机构，废止蒋介石个人独裁和国民党一党专政，建立民主联合政府。后期颁布的施政纲领，都反映了这个时期的历史特点和复杂情况。以 1944 年 2 月 28 日公布的《山东省战时施政纲领》为代表，它不仅规定了共产党人愿与国民党及其他抗日党派、抗日军队、抗日人民共同抗战，团结到底，克服困难，粉碎日寇的一切“扫荡”“蚕食”，打倒汉奸伪政权，争取反攻胜利的内容；而且提出了“反对暗藏在抗日阵营内的日寇特务奸细（日寇第五纵队）挑拨内战，反对分裂投降，反对法西斯主义，反对反民主反人民的反动政策，为建设新民主主义的新山东而奋斗”的光荣任务。

二、抗日民主政权施政纲领的内容

毛泽东同志在《抗日根据地的政权问题》一文中指出：“抗日统一战线政权的施政方针，应以反对日本帝国主义，保护抗日的人民，调节各抗日阶层的利益，改良工农的生活和镇压汉奸、反动派为基本出发点。”① 这一方针全面系统地反映了我党抗日民族统一战线的要求和在抗日战争时期的宪政主张，是各地抗日民主政权制定施政纲领的基本指导原则。因此，陕甘宁边区和其他抗日根据地的施政纲领，内容形式虽各有差异，但没有原则的区别，都是抗日民族统一战线指导下各根据地带有根本法性质的政纲，是引导和鼓舞根据地人民争取抗战胜利，建设新中国的战斗纲领。

首先，这些纲领提出了保障抗战的规定。纲领立足于中华民族与日本帝国主义的主要矛盾之上，把抗日摆在高于一切的地位，明确规定，团结边区内部各社会阶级，各抗日党派，发挥一切人力、物力、财力和智力，为保卫边区、保卫中国、驱逐日本帝国主义而战。为此，第一，扩大各边区的武装力量，实行全民武装自卫，加强抗日民兵、自卫军、少先队的组织与训练，广泛开展游击战争。第二，改善兵役制度和后方勤务动员制度，提高武装部队的战斗力。第三，实行优抗条例，保护军婚，优待抗日军人家属，抚恤荣誉军人和烈士遗

① 《毛泽东选集》第二卷，人民出版社 1991 年版，第 743 页。

孤。第四，严厉镇压死心塌地的汉奸、托派和汪派，以及反共分子。对罪大恶极的汉奸，要没收土地和财产，对胁从分子和愿意改悔者，争取感化转变，实行宽大政策。对敌伪军官兵俘虏，除罪大恶极为群众痛恨者外，一律释放，决不杀害或施以任何强迫或侮辱行为，如自愿参加抗日者，予以优待。

其次，这些纲领作出了加强团结的规定。纲领从团结是保障抗战胜利的根本和关键出发，坚持抗日民族统一战线方针。规定团结边区内部各抗日阶级、工人、农民、地主和资本家。其主要措施是，调整各抗日阶级的关系，地主减租减息，农民交租交息，改善工人生活，使资本家有利可图，加强团结共同对敌。加强军队和人民的亲密团结。不准歧视游民分子。对会门组织，实行争取、团结与教育政策，争取他们站到抗战行列中来。坚持与边区境外友党友军及全国人民的团结，反对投降分裂倒退行为，巩固与扩大抗日民族统一战线。

第三，这些纲领作出了健全民主的规定。纲领把健全民主，提到促进、加强和保证全国人民团结的基础的高度，采取几项重大措施以健全根据地的民主。首先实行普遍、直接、平等、无记名投票的选举制度，保障一切抗日人民的选举权与被选举权。同时规定抗日民族统一战线的政权，实行“三三制”原则，在人员分配上，共产党占1/3，非党人士占2/3，以加强共产党在政权中的领导地位，使各党派及无党无派人士均能参加边区民意机关的活动和边区行政机关的管理，共产党员应与党外人士实行民主合作，不得一意孤行，把持包办。保障一切抗日党派、团体、人民的人权、政权、财权及集会、言论、结社、出版、居住、迁徙、信仰之自由权利。除司法机关、公安机关依法执行其职务外，任何机关、团体和个人均不得对任何人加以压制、逮捕、拘禁、审问、处罚、游街或施以任何侮辱人格的行为，而人民则有用无论何种方式控告任何公务人员非法行为的权利。另外，纲领还规定，实行男女平等，提高妇女地位，保护妇女特殊利益。反对民族歧视，实行民族平等的原则，建立民族自治区，尊重少数民族宗教信仰和风俗习惯。

第四，这些纲领规定了发展经济的指导方针。纲领从发展经济、保障供给的总方针出发，规定确保抗日人民土地财产所有权，加强经济建设，发展农业、林牧业、手工业和工业生产。奖励扶助私人企业、保障经营自由。优待和发展合作事业。欢迎华侨和敌区同胞向根据地投资。对外实行贸易统制，对内贸易自由，活跃市场。实行统筹统支的财政制度，征收统一累进税，调整金融关系，巩固边区货币。

第五，这些纲领规定了普及文化教育的政策。纲领把爱国主义和提高民族意识作为教育的主要内容，要求加强边区文化教育建设，大力举办各类学校，实行普及免费义务教育，开展社会教育，扫除文盲，加强干部教育，奖励自由研究，尊重知识分子，提高教学质量，改善教师生活，以提高人民的政治文化水平。

从以上内容可以看出，这些纲领贯穿着“团结、抗战、救中国”的基本精神。只有发扬民主，才能促进团结，只有加强团结，才能保证抗战。因此，团结抗战是纲领的核心。

三、抗日民主政权保障人权条例的制定及其内容

制定专门法律以保障人权，是抗日战争时期中国共产党的重大决策，是各抗日民主根据地法制建设的一条重要历史经验。在抗战中期各施政纲领确保人权的原则指导下，几乎所有根据地都制定了保障人权条例。如1940年11月《山东省人权保障条例》、1941年11月《冀鲁豫边区保障人民权利暂行条例》、1942年2月《陕甘宁边区保障人权财权条例》、1942年11月《晋西北保障人权条例》、1943年《渤海区人权保障条例执行细则》等等。这些人权条例的公布和执行，在我国人民民主法制史上揭开了用法律保障人权的新篇章。

抗日民主政权之所以制定人权条例，是建筑在这样认识基础上的：从来的革命运动，都是人民争取民主自由的伟大运动。革命与反革命的分野，只在于要不要民众，给不给民众以民主自由。对于正在进行英勇抗日斗争的中国，民主自由始终是团结与进步的基础。离开了民主自由就不能把全国人民团结起来战胜日本帝国主义，也就没有新民主主义在中国的胜利，而民主自由的尺度，主要地要看人民的人权及其他自由权利是不是得到切实的保障。

当时，制定保障人权的法律之所以十分必要，还因为长期封建社会专制主义残余的影响，小生产者家长制的耳濡目染，非法武装斗争的生活经历，分散独立作战形成的游击习气，使一些干部缺乏民主思想和法制观念，遇事贪图便利，不喜欢麻烦的民主制度，习惯于独断专行。一些区、乡干部和军队基层干部，往往借口战争动员和情况紧急，失去约束和纪律，作出违法侵权的事情来。有的干部和群众长期生活在苏区，未能适应抗战时期变化了的形势，仍然以苏维埃工农民主专政的眼光，对待抗日的地主、富农和资本家，甚至错误地说：“就因他是地主，侵犯他点权利这也没啥。”这就背离了抗日民族统一战线的政策和边区的民主政治。因此，“提高抗战纪律”，“发扬民主”，“动员全民参战”，“保障边区人民之人权不受非法之侵害”，“维护社会秩序”，“巩固抗日

民主根据地”，便成了保障人权立法的目的。

各抗日民主政权的保障人权条例，包括两方面的内容：

（一）规定了人权的法律概念

对于人权的人的解释，分两种情况。一是把人解释为人民。陕甘宁、晋西北、冀鲁豫边区的保障人权条例就属这一类。如《陕甘宁边区保障人权财权条例》规定，“边区一切抗日人民，不分民族、阶级、党派、性别、职业与宗教”，都享有人权。具体说来，就是工人、农民、地主、资本家的人权，一律受法律保护。二是把人解释为国民和人民的综合，《山东省人权保障条例》，就是这样规定的。

统观各条例，由于各根据地斗争现状的不同和保护权利的侧重面各异，对人权内容的具体规定，也有比较大的区别。

第一种，以《山东省人权保障条例》为代表，它规定的人权内容有三：

1. 民主平等权利。“凡中华民国国民，无男女、种族、宗教、职业、阶级之区别，在法律上、政治上一律平等”。

2. 四大民权。“中华民国人民均享有建国大纲所定选举，罢免、创制、复决之权”。

3. 各项自由权。“在不危害抗战范围内，人民有下列之自由：（1）人民有身体与抗日武装之自由；（2）人民有居住与迁徙之自由；（3）人民有言论、著作、出版、集会、结社与通讯之自由；（4）人民有信仰宗教与政治活动之自由。”

第二种，以《陕甘宁边区保障人权财权条例》为代表。条例规定：“边区一切抗日人民，不分民族、阶级、党派、性别、职业与宗教，都有言论、出版、集会、结社、居住、迁徙及思想、信仰之自由，并享有平等之民主权利。”可见，其人权内容有二，一是各项自由权，二是民主平等权。据边区权威人士解释，所谓人权，主要是指人身自由权。

第三种，以《晋西北保障人权条例》为代表。它规定人权的内容主要是人民的各项自由权，具体包括：“人民之身体，非依法不得逮捕、拘禁、审讯或处罚”；“人民有行动之自由，非依法不能搜查、留难”；“人民有居住之自由，其住所非依法不得侵入、搜索或禁锢”；“人民之财产，非依法不得查封或没收”；“人民有集会、结社、言论、出版及思想、信仰之自由权”。

人权的三种法律形态虽有差别，但也有其共同之点，这就是保障人民的各项自由权，特别是人身自由权。这样，就抓住了人民权利的要害和关键，从根本上促进了法制建设，保证了边区的民主政治的彻底实施。

（二）规定了保障人权的重要措施

1. 司法机关或公安机关逮捕人犯，应有充分证据，依法定手续执行。凡人民如有汉奸嫌疑或其他犯罪行为，应由所住村镇乡区长将可疑之点呈报县政府侦察，不得随意拘捕。县政府在侦察后，要考虑嫌疑大小或罪行轻重，慎重办理，不得草率从事。如有逮捕之必要者，非持首长亲自签押的逮捕状、拘票、捕票或证明文件，不得逮捕。县以上政权机关，团以上军队机关，始有签发逮捕状等文件之权。独立活动之正规营级部队，在与其上级或地方政府隔绝时，对重要人犯得签发逮捕票，进行逮捕，但须迅速转送其上级机关或该管地方政府核办，不得自行审理处决。执行逮捕，要取公正态度，在不妨碍军政机密原则下，应于捕获本人后出示捕票，并告知其最近亲属及该管村长或邻户。执行逮捕，必要时，得当场进行搜索人犯之身体及附近疑有藏匿赃物之场所。此外，其他之搜索，非有搜索令不得为之。搜索以获得犯罪证据或没收物为目的，办案负责干部须亲自搜索或发布搜索令，指挥一定人员执行。搜索物件应行带案者，应出立收据，交原主收存。此外，任何物品，绝对不许随意攫取，并应取具户主及在场证人之甘结，以资证明。

2. 机关、部队、团体和个人有依法逮捕现行犯之权。条例规定遇有下列情形之一者任何人均可实行逮捕：确有证据的汉奸、敌探有逃跑之虞者；持械抢劫、窃盗及行凶者；持毒品违禁物者；逃逸之罪犯；弃职潜逃或开小差者；其他现行犯。惟须将犯人连同证据于 24 小时内，送交检察机关或公安机关依法处理，不得假借任何名义私行拷打、捆绑、审讯、处罚。

3. 区镇乡村政府有调解、惩戒权。区镇乡村政府对所管区域居民争讼事件，得由双方当事人之同意为之调解，如不服调解，当事人得自由向司法机关告诉，不得拦阻或越权加以任何之处分。对违犯各种规约者，有惩戒权，对违警以外任何案件，绝无审问、拘留与处决权。

4. 司法机关要依靠证据，按照权限规定，处理民刑案件。接受人犯之检察或公安机关，应于 24 小时内开始侦讯。被捕人犯，如无犯罪行为时，应立即释放，并给予解释和安慰。审判采证据主义，严禁刑讯逼供，审讯人犯要郑重和蔼，使其自由陈述，笔录在人犯听明无讹后，由其签押或按手印。司法机关审理民刑案件，从传到之日起，不得逾 30 日，必为判决之宣告，使当事人不受积延讼累。民事案件非抗传或不执行判决及有特殊情形时，不得扣押。司法机关一般不得收受任何费用，审讯终结后，应制成判词，向犯人宣判，除终审级外，如有不服，应准其按级上诉。

5. 尊重犯人人格，保护其法律地位，对犯人不准实行侮辱、殴打、刑讯逼供和强迫自首。其个人财物，非经判决，不得没收，也不得随意调换和任意损坏。搜索扣押之财物、赃物，除依法裁判批准没收外，其他物品应及早发还原主，不得任意扣留或滥权处理。对监所之犯人，要进行严格管束，施以政治教育及个别感化，期其觉悟前非，改过迁善。其违犯看守规则者，应施以必要之处罚。只在有逃跑之虞时，方可施以戒具。犯人生活，从粮食、菜金到学习、卫生等权利，应按规定标准执行，不得加以任何克扣与虐待。病重者，尽量治疗，或准许保外就医。一般犯人经过批准，可接见亲友。

判决死刑犯人，已逾上诉期限而不上诉者，在华北等根据地须经主任公署批准，若无主任公署之地区，得经专员公署批准，方可执行。在陕甘宁边区须经边区政府审核，方可执行。但在战争紧急情况下，如受敌包围或追击中，为脱离危险，不在此限。执行时，应向群众公布罪状和判决理由。死刑概用枪决，严禁施以残酷野蛮行为。

6. 保护地主富农的公民权。地主富农依照法律规定享有公民权。凡因反对边区逃亡在外者，如返回边区，自愿遵守边区法令，一律不究既往，并受法律保护。

在保障人权措施中，有一些宝贵的经验，值得继承。

第一，公务人员违反人权条例，从严治罪。《渤海区人权保障条例》第二条规定："人民之身体、财产及其他一切之合法自由权利，非有法令的根据，任何部队、机关、团体及群众武装，不得任意侵犯。在争夺区或新辟地区，尤须严禁以任何名义、借口，乱行捕杀、吊打、掳架、就地处理等破坏政策的举动，违者依其所犯法条，加重一半处罚。"公务人员违反法律，侵犯人权，意味着人民公仆故意破坏革命法制，理应受到比一般平民为重的法律制裁，这体现了无产阶级严于律己的革命传统和民主精神。

第二，一人犯法，罪及本人，不准株连。株连是奴隶制和封建制法律的主要组成部分，是威吓、报复和重刑主义的产物。直到光绪三十一年（1905），清王朝迫于世界各国舆论的压力，为缓和国内阶级矛盾，才不得不宣布："缘坐各条，除知情者仍治罪外，余悉宽免"。从半殖民地半封建社会脱胎而来的抗日民主政权明文规定，一人犯法，罪及个人，不许株连，是十分可贵的。《晋西北保障人权条例》第二条规定："人民之一切权利，悉以本条例保障之，如有违反者，依法制裁其本人。"[①]《渤海区人权保障条例执行规则》第四条规定："逮捕、拘禁时，以有犯罪嫌疑人之本人为限。所有嫌疑人之家属亲友等，非有共犯或藏匿、故纵等显著情事，不得无故株连，违者应负法定罪责。"[②]

当然，其中也有值得吸取的教训。如《冀鲁豫边区保障人民权利暂行条例》第十三条规定："如有违犯七、八、九、十、十一、十二各条规定者，不论何人均以反坐论罪。"[③]渤海区规定："关于（违反）保障人权、财权之重大犯罪，如有挟嫌诬告、捏造证据或栽赃陷害者，予以反坐处罚。"[④]对于侵犯人权的行为，给以必要的惩罚，是完全正确的。但是，笼统地提出"反坐论罪"或"反坐处罚"，显然不够恰当。

陕甘宁边区和其他边区在司法实践中认真贯彻和执行了保障人权条例，从各边区法院的大量案例中可以看出，对妨害生命与人身安全、妨害个人自由、个人名誉与个人信用、妨害通信秘密与选举自由，以及诬告、伪证等罪行，都依法惩处，以保障人权。

四、抗日民主政权施政纲领和保障人权条例的历史意义

（一）奠定了抗日战争胜利的思想基础

施政纲领把抗日民族统一战线总政策具体化，采取调节各阶级利益的原则，使共产党与国民党、农民与地主、工人与资本家的矛盾，得到适当缓和，团结起来，共同对敌，造成抗日的铜墙铁壁和陷日本帝国主义于灭顶之灾的天罗地网。

（二）促进了边区民主政治的日趋繁荣

在施政纲领和人权条例的指导下，实行人民选举代表议事管事，在政府组织下，人民直接议事管事的新型民主，把政治变成群众的工具，建立了中国历

---

① 韩延龙、常兆儒：《中国新民主主义革命时期根据地法制文献选编》（以下简称《革命根据地法制文献选编》）第一卷，中国社会科学出版社 1981 年版，第 98 页。

② 韩延龙、常兆儒：《中国新民主主义革命时期根据地法制文献选编》（以下简称《革命根据地法制文献选编》）第一卷，中国社会科学出版社 1981 年版，第 101 页。

③ 韩延龙、常兆儒：《中国新民主主义革命时期根据地法制文献选编》（以下简称《革命根据地法制文献选编》）第一卷，中国社会科学出版社 1981 年版，第 97 页。

④ 韩延龙、常兆儒：《革命根据地法制文献选编》第一卷，中国社会科学出版社 1981 年版，第 101 页。

史上从未有过的民主政治，出现了人民当家做主，个人心情舒畅，团结抗日的生动活泼的新局面。

（三）加速了边区民主法制的深入发展

在施政纲领和人权条例确定的立法原则指导下，各根据地开展了前所未有的大规模的立法活动。立法内容广泛，通俗易懂，从实际出发，符合抗战和人民的要求。在陕甘宁边区存在的 13 年里，制定法律近 60 种，达 260 件之多，仅抗战中期就占 156 件。山东抗日根据地在同一时期里，制定法律 54 件之多。抗战中期是各边区抗日民主政权建立的黄金时代，不仅民主政治已经树立起来，向着繁荣阶段发展，而且法制建设初具规模，向着完善的方向发展，干部的游击习气和不民主思想逐步为法治精神所代替。

（四）提供了制定宪法的宝贵经验

抗日民主政权的施政纲领和人权条例的共同特点是：以马列主义与中国革命实际相结合的毛泽东思想为指导；以党的抗日民族统一战线总政策为立法原则；坚持调查研究，实事求是，从中国抗日的国情出发；相信与依靠群众，不断总结人民群众创造的丰富经验；纲领条例，言简意赅，通俗易懂。这些都是制定人民宪法的最宝贵的经验。

第四节　解放区人民政权的宪法性文件

抗日战争的胜利，标志着我国进入了一个新的历史时期，在打败日本帝国主义之后，中国人民同国民党反动派所代表的大地主大资产阶级的矛盾便突出起来，成为主要矛盾。特别是在国民党反动派悍然撕毁停战协定和政治协商会议决议，发动全面内战之后，全国人民面临的中心任务，就是坚决捍卫解放区，打败蒋介石集团的武装进攻，把革命战争进行到底，彻底推翻美蒋反动统治，为武装夺取全国政权而斗争。随着革命形势和阶级关系的变化，抗日民主政权也就为无产阶级领导的，以工农联盟为基础的，人民大众的，反对帝国主义、封建主义和官僚资本主义的人民民主专政所代替。因而，国民党反动派及其代表的地主阶级、官僚资产阶级就成了人民最凶恶的敌人和革命的对象。解放区人民政权的宪法性文件，就是在这样的历史条件下产生的。

这个时期的宪法性文件，一是各解放区政权根据人民革命战争的需要，结合本地区的实际，在不同发展阶段上颁布的宪法原则、施政要端或施政方针。二是中国人民解放军适应革命战争的要求，按照中国共产党的伟大战略决策而发布的宣言或布告。这些宪法性文件，伴随着人民革命战争在全国的胜利逐步走向统一，到1949年，自然地发展成为《中国人民政治协商会议共同纲领》。

一、抗战胜利后人民政权的宪法原则和施政纲领

抗日战争胜利之初，为适应全国人民迫切要求和平的愿望和开展解放区政治、经济、文化建设的需要，各解放区都开始制定施政纲领，确立符合新形势与新任务的施政方针。有的解放区在日本一投降就颁布了施政纲领，如《晋察冀边区行政委员会施政要端》（1945年9月26日）、《苏皖边区临时行政委员会施政纲领》（1945年12月31日）。有的解放区在筹备召开参议会，起草宪法。如陕甘宁边区制定的《宪法原则》（1946年4月23日）。此外，东北人民政府在其《共同施政纲领》（1946年8月11日）中也提出了制定省宪的要求。这些宪法原则或施政纲领，内容大同小异，都是国民党反动集团发动全国规模内战之前，我党领导人民争取国内和平与民主的方针的具体化。

《陕甘宁边区宪法原则》是解放战争时期前期具有代表性的重要立法文献。它是1946年4月23日边区召开的第三届参议会第一次会议上通过的，共分"政权组织""人民权利""司法""经济""文化"五部分。其主要内容是：

（一）关于政权组织的规定

《宪法原则》规定，人民采取普遍、直接、平等、无记名的选举方式选举各级代表，各级代表会选举政府人员。各级政府对各级代表会负责，各级代表对选举人负责。各级代表会每届大会应检查上届大会决议执行的情况，人民对各级政府有检查、告发及随时建议之权，每届选举时则为大检查。各级政府人员，违反人民的决议，或忽于职务者，应受到代表会议的斥责或罢免，乡村则由人民直接罢免之。各级人民代表会议，乡一年改选一次，县二年改选一次，边区三年改选一次。

在政权组织上，与过去施政纲领规定不同，确立了"边区、县、乡人民代表会议（参议会）为人民管理政权机关"。这个规定，意味着人民民主政权的各级权力机关，逐步由抗日战争时期的参议会过渡到人民代表会议，为中华人民共和国的基本政治制度奠定了初步基础。

（二）关于人民权利的规定

《宪法原则》规定，人民行使政治上各项自由权利，受到政府指导与物质帮助。政府采取各种方式，发展经济建设，实行减租减息与交租交息，改善工人生活与提高劳动效率，救济灾荒，扶养老弱贫困，使人民免于经济上偏枯与贫困。实行免费的国民教育和高等教育，优待优等生，普施社会教育，发展卫生教育与医药设备，消除人民的愚昧状态，改善群众的健康状况。《宪法原则》还特别规定，边区人民不分民族，一律平等。在少数民族聚居地区，可组织民族自治政权，在不与宪法原则抵触的情况下，得制定自治法规。妇女除有与男子平等权利外，还照顾其特殊利益。

除此以外，还确立了“人民有武装自卫的权利”。这个规定对于提高警惕、抵制国民党反动派的和平欺骗，准备武装自卫，起了很好的作用。

（三）关于司法制度的规定

《宪法原则》规定，除司法机关、公安机关依法执行职务外，任何机关、团体不得有逮捕审讯的行为。人民有不论用何种方法控告失职的任何公务人员之权。对犯法人采用感化主义。

在司法制度上，与过去施政纲领的规定不同，确立了“各级司法机关独立行使职权，除服从法律外，不受任何干涉”的原则。这项规定按照林伯渠主席在第三届参议会第一次会议上的政府工作报告的解释，就是“司法机关对法律负责，进行独立审判，不受任何地方行政的干涉”。这就为新中国确立司法领导体制提供了直接经验。

（四）关于经济文化的规定

《宪法原则》规定，在经济上用公营、合作、私营三种方式组织所有的人力、资力，为促进繁荣，消灭贫穷而斗争，做到劳动者有职业，企业者有发展的机会。欢迎外来投资，保障其合理利润，有计划地发展农工矿各种实业。在文化上，从速消灭文盲，减少疾病与死亡现象，普及和提高人民的文化水平，保障学术自由，致力科学发展。

在经济制度上，确立了“耕者有其田”的原则。这个规定对于把抗战时期的减轻封建剥削逐步转向彻底消灭封建剥削制度，对于即将到来的大规模的土地改革运动，做好了法律上的必要准备。

根据上述原则，陕甘宁边区参议会副议长谢觉哉同志，受边区政府和参议会常驻会的委托，聘任法律专家，着手起草具体的宪法条文。到1946年6月拟定了《陕甘宁边区宪法草案》，准备送交边区参议会常驻会审议修改后，提请边区第三届参议会第二次大会通过。不久，由于国民党反动派悍然发动全国内战，制宪工作即行停顿。但是，这个《宪法原则》却成了当时陕甘宁边区政府施行的临时大宪章。

二、解放区人民政府施政方针的主要内容

解放战争开始后，具有代表性的施政纲领是1947年4月《内蒙古自治政府施政纲领》和1948年8月《华北人民政府施政方针》。这两个施政纲领，反映了这个时期各解放区政权和法制建设的本质和特点。

首先，纲领确定了解放区人民政府的基本任务。这就是，继续以人力、物力、财力支援前线，继续配合人民解放军向敌人进攻，以争取人民革命在全国胜利，推翻美蒋反动派的统治；有计划地有步骤地进行各种建设工作，恢复和发展生产，在现有基础上，把工农业生产提高一步；继续建设为战争和生产建设服务的民主政治；继续培养为战争和生产建设服务的各种干部，大量吸收各种有用人才，参加各种建设工作，以奠定新民主主义新中国的基础。

这些纲领是根据中国革命的全局来确定本区基本任务的；纲领高瞻远瞩地明确指出，华北、内蒙古地区虽然基本上获得了解放，建立了人民政权，但是，它仅是中国革命已经取得胜利的一个组成部分，并不是中国革命的彻底胜利，作为中国革命战争基地之一的华北、内蒙古解放区，仍然面临着集中全部军民力量，配合全国人民革命战争，争取三年时间，从根本上打垮国民党反动统治的任务。这样，纲领把整体与局部有机地结合起来，为局部任务指明发展方向，使整体任务得到具体保障。

其次，纲领规定了实现基本任务的各项方针和政策。

1.军事方面。为了消灭国民党反动派在华北的军事力量，拔掉他们在华北解放区内部仅存的孤立据点，配合各兄弟解放区和人民解放军的胜利进攻，完成解放全中国的伟大任务，纲领规定要提高华北野战军的战斗力，加强部队攻坚战术教育，增强攻坚作战能力，巩固部队内部团结，密切军民联系，严格执行三大纪律，八项注意。

纲领强调要建设和健全人民武装组织，参战支前，配合军警，担负警戒治安工作。加强游击战争，配合主力，打击敌人。发挥地方兵团的作用，配合主

力军作战。

纲领要求动员华北的人力、物力和财力，有计划有效率地支援前线。为此，要加强军火生产和各种军需工业的建设，保证部队的供给。恢复和兴建铁路、公路，改进各种运输工具。加强野战和后方医院的建设，改善医疗护理工作。帮助军属烈士遗属解决困难，保障其生活。提高荣誉军人的社会地位，适当安置他们的生产和生活。前方战勤，精确计算，爱惜民力，合理使用，不许浪费。

2. 政治方面。纲领规定要整顿区村政权，建立各级人民代表会议制度。区村政权是民主建政的基础，它的状况如何关系到人民民主政权的根基是否巩固。纲领对区村干部进行了全面的分析，在肯定区村干部的主流之后尖锐地指出："强迫命令的作风和多占人民土地改革果实的现象，则相当普遍地存在着，其中甚至有少数村干部蜕化变节，违犯法纪，欺压人民，为群众所反对所痛恨。"这种现象的产生，除了高级领导机关教育帮助不够外，最主要是一些区村干部受了封建私有社会恶劣传统的影响，沾染了没落阶级的坏东西。

因此，整顿的基本方针，应该是开展批评与自我批评，采取治病救人的态度，加以争取、改造、教育和团结，而不是一脚踢开，也不是一手包容，相信教育万能。应该是表扬好的，批评坏的，处罚不可救药的。纠正一部分区村干部严重脱离群众的作风，进一步改善区村干部和群众的关系，使他们忠诚为群众服务，积极进行各项建设工作。但是，对作恶多端为群众所痛恨而又坚持错误，不改正错误或口头改正错误而实际上不改正错误的分子，则必须坚决给予惩处。

华北解放区的人民早已取得很多的民主，但由于长期抗日游击战争的关系，人民民主制度的形式还不够完备。这与华北解放区基本地区已经巩固地联成一片且不断扩大的形势，发生了矛盾。因此，要尽可能地建立人民的经常的民主制度，即定期举行各级人民代表会，选举各级人民政府。纲领要求从 1949 年上半年开始，逐步完成村、县各级的选举工作。在各级人民代表会及各级人民政府中，特别是县以上的这些机构中，必须有工人、农民、独立劳动者、自由职业者、知识分子、自由资产阶级和开明绅士的代表，使他们有职有权。共产党员有责任在各级人民代表会、人民政府中，在共同的纲领之下，与他们民主合作，没有把持包办、一意孤行的权利。

纲领规定要切实地保障人民的合法民主自由权利。人民的言论、出版、集会、结社、信仰、迁徙、旅行等自由，不得侵犯。保障人民的身体自由和安全，除司法机关和公安机关依法执行其职务外，任何机关、部队、团体和个人，不得执行逮捕、监禁、审问或处罚。凡年满十八岁的华北解放区人民，除精神病患者和依法判决褫夺公民权者外，不分性别、种族、阶级、职业、信仰、教育程度等，一律享有选举权和被选举权。依据男女平等原则，提高妇女在社会上政治上的地位，发挥妇女在经济建设上的积极性，禁止买卖婚姻，男女婚姻自由自主，任何人不得干涉。对会门组织及其盲从群众，采取破除迷信，争取教育和改造的方针，但假借名义、阴谋破坏秩序者，其倡首分子必须分别罪恶大小，依法惩处。

另外，对于居住在华北解放区的外国人或游历者，只要尊重中国主权和遵守华北人民政府法令，一律加以保护，并允许其从事合法的文化和宗教活动。

3. 经济方面。第一，要恢复和发展农业生产。在土地改革完成地区，立即普遍地颁发土地证，确定农民的地权。改订成分，补偿被侵犯的中农利益，安置扫地出门的地主与富农，使他们得到一份土地和财产。在土地改革已经进行尚未完成的地区，应分别不同情况，适当调剂土地，抽出地主富农封建的半封建的土地财产，分给无地或少地的贫农、雇农和中农，划定阶级成分，严禁侵犯中农的利益。在边缘区、游击区和新解放区，除有特殊情况外，一般应采取减租减息和合理负担的政策。

各阶层人民的土地财产，应受法律保障，不得侵犯。承认土地买卖自由以及在特定条件下出租土地的权利，只要不是游民、二流子，便一律不受限制。承认雇佣劳动自由，雇佣条件除法律已有规定者外，由双方自行议定。承认私人借贷自由，利率在政府未规定最高标准以前，由双方自由议定。

为了发展农业生产，要在自愿结合、等价交换的原则下，建立农民生产合作互助组织，以便在个体经济的基础上，把农村的一切劳动力都组织起来，发挥其应有作用。组织生产合作互助，应从农村实际需要与可能出发，反对强迫命令，反对包揽一切，反对追求大变工和大互助的形式主义。在此基础上提高农业技术，改良农具，选用优良品种，改良耕作方法，繁殖牲畜，蓄积肥料，消除虫害，改良土质，治河防水，兴修水利以及植树造林等。要发放低利无利农贷，解决农民缺乏资本、工具、牲口和种子等生产资料的困难。

为了促进农业生产，要普遍地组织供销合作社，通过这条经济纽带，把小生产者和国家结合起来。国营经济所生产的以及由国营贸易机关从国外贩买回来的日用必需品、手工工具、农业用具等，由供销合作社以公道的价格分配给小生产者。[1]国家贸易机关又可以经过供销合作社有计划地向农民订货，引导农民增产粮食和工业原料作物，并尽量给农民和小手工业者的生产品和原料找到市场。人民政府应制定合作社章程，促进城乡和工农经济交流。

第二，要贯彻公私兼顾、劳资两利方针，发展工商业。为了实现城市领导乡村，巩固无产阶级对农民的领导，有计划地进行工农产品交流，必须恢复和发展工商业。县以上党政各级领导机关，应把提高工农业生产和学会做生意的任务，摆在同等重要的地位，国营工商业应发挥领导作用。国营企业重点发展机器制造、军火、工业材料、化学药品等工业。所有工业，凡未经法令限制者都准私人经营。国营企业可以把自己暂时来不及经营的工矿业，采取国家资本主义方式，租让给私人或合作社经营。国营工业应有计划地供给对国民生计有益的私营工业及合作社所必需的机器、原料和动力，使私人工业和合作社得以发展。

国营商业应有计划切实地领导市场，沟通和调节广大生产者和消费者的需要，交换工农产品，保护他们双方利益，促进生产，稳定物价，使奉公守法的私营商业有利可图，对投机奸商，予以打击。要控制对外贸易，对内贸易原则上采取自由政策，保护和发展解放区的经济。欢迎海外华侨和国民党统治区工商业者来解放区投资经营对国民生计有益的工商业，保障合法营业，不受侵犯。

第三，要改革税制，减轻人民负担。在土地改革已经完成的区域，一律废除农业统一累进税，实行按土地常年应产量计算的比例负担制，以达到农村负担公平合理。农业负担最高不超过全区人口平均的农业总收入的 20%。工商业税以不妨碍一切有益于国民生计的工商业发展为原则，除战时特别所得税外，最高不超过以货币计算的纯收入的 25%，借以减轻人民负担，发展经济，保证供给。

4. 民族自治方面。纲领依据民族平等原则，具体规定要保障居住在华北解放区内的少数民族在政治、经济、文化上和汉族享有平等的权利，尊重他们的民族信仰和风俗习惯。

在蒙古民族聚居的地区实行民族自治。1947 年 5 月成立了内蒙古自治政府。它是由内蒙古蒙古民族各阶层联合内蒙古区域内各民族实行自治，以内蒙古各

---

① 参见《华北人民政府施政方针》（1948 年 8 月），载《华北人民政府法令汇编》第一集，华北人民政府秘书厅 1949 年编印。

盟、旗为自治区域，是伟大祖国的不可分割的组成部分。

内蒙古自治区域内蒙、汉、回各民族一律平等，消除一切民族间的隔阂和成见，建立各民族间的密切合作、团结互助关系。各民族互相尊重风俗、习惯、历史、宗教、信仰、语言、文字，各民族自由发扬本民族的优良历史文化与革命传统，自由发展本民族的经济生活，共同建设内蒙古。内蒙古自治政府确保人民享有身体、思想、宗教、信仰、言论、出版、集会、结社、居住、迁徙、通讯之自由。所有内蒙古人民（农人、牧人、工人、知识分子、军人、公务人员、技术人员、自由职业者、地主、牧主、工商业家、喇嘛以及以前王公等）的人权、财权，均受到自治政府的保障，对蒙汉奸、卖国贼等民族败类，如无悔改诚意，则应受到内蒙古自治政府法律之制裁。

凡内蒙古人民年满 18 岁以上，不分阶级、性别、民族、信仰、文化程度，除褫夺公民权及精神病者外，均有选举权与被选举权。以人民所选举之内蒙古参议会为权力机关，参议会选举内蒙古自治政府委员及主席、副主席。参议会闭会后，自治政府为最高行政机关，其下各级政府，由各级人民代表大会选举之。人民有罢免其代表及参议员之权，任何公务人员，如有不忠于人民利益的行为，人民有控诉之权。

自治政府得建设与发展内蒙古人民自卫军。军队必须忠于民族，忠于人民，拥护政府，遵守政府法令，加强团结，严整纪律，必须保卫民族与人民的利益，坚决粉碎大汉族主义者的进攻，争取自卫战争的胜利。

内蒙古自治政府保护蒙古民族土地所有权之完整，实行信教自由与政教分立，保护庙产，提倡喇嘛自愿投资经营农工商业与各种合作事业，奖励喇嘛自愿入学，参加劳动与行医。

内蒙古自治政府是我国建立最早、规模最大、发展最快的民族自治地区，为新中国解决国家结构问题和民族问题提供了重要经验。它证明在中国这样统一多民族的大国，只能实行单一制的国家结构，而不宜采取“联邦制”；民族区域自治是正确解决我国民族问题的基本政策，它既能保证祖国的统一，又能因地制宜地发挥民族自治地方的积极性，充分保障各民族人民管理本民族内部事务的权利。

5. 文化教育方面。纲领指出，为了适应新民主主义政治和经济建设的需要，支援大规模的解放战争，争取全国胜利，要有计划有步骤地发展文化教育事业。

第一，整顿各级学校，建立正规教育制度。中小学的学制，暂用旧制，在课程上加以改革，统一制定课程标准，编印适用教材。发展小学教育，并于适当时机，逐步推行义务教育。建立各种专科学校，办好华北大学，培养各类专门技术人才和高级知识分子，使之成为各方面的建设干部。改善教师生活与政治待遇。

第二，加强社会教育，提高人民大众文化水平和政治觉悟。一切革命文艺工作者，应深入农村、部队和工厂，反映人民战士的英雄气概和劳动人民团结生产的热忱。报纸应通俗易懂，反映群众的沸腾生活。鼓励乡村的黑板报、冬学和人民夜校，使其有计划地普遍发展。

第三，推广卫生行政，团结中西医，提高中医科学水平，增建医院，增加医药设备，培养妇婴医务干部，施种牛痘，进行卫生防疫，减少人民疾病和死亡。

第四，在文化工作上，建立广泛的统一战线。要纠正有些地方在土改与整党中曾经对知识分子采取的不正确态度——单纯地看他们的成分和出身，不看他们的思想和能力，因而发生不信任他们，排斥他们的倾向。要团结和教育一切知识分子，建立统一战线，共同为建设事业服务。

《华北人民政府施政方针》和《内蒙古自治政府施政纲领》的贯彻执行，对于配合人民革命战争，夺取全国的胜利；巩固和发展解放区，促进民主政权的经济文化建设；贯彻民族平等和自治原则，建立统一的多民族的国家，制定政治协商会议共同纲领，都起过伟大的历史作用。

三、中国人民解放军宣言和布告的发布

当人民革命战争发展到转折关头，中国人民解放军根据党中央和毛泽东同志的伟大战略决策，发布了著名的《中国人民解放军宣言》。

（一）《中国人民解放军宣言》

《中国人民解放军宣言》是毛泽东同志在陕甘宁边区佳县神泉堡于 1947 年 10 月 10 日为中国人民解放军总部所起草的政治宣言。简称《双十宣言》。它敲响了半殖民地半封建社会的丧钟，是国民党反动统治灭亡的宣言书。

宣言深刻地分析了当时国内政治形势，提出了“打倒蒋介石，解放全中国”的伟大口号。

从 1946 年 7 月，蒋介石集团向解放区发动全国规模的反革命内战以来，经过一年尖锐复杂而激烈的军事斗争和政治较量，人民解放军消灭敌人 97 个

半旅，78万人，改变了战争开始时敌强我弱的悬殊情况，人民解放军由战略防御转入战略进攻，国民党军队被迫由战略进攻转为战略防御，这是国内战争形势的根本转变，也是中国人民革命全局性的转变。二十多年来人民革命战争一直处在战略防御地位，由战略防御转入了战略进攻，就证明反动的统治即将宣告灭亡。战略进攻的到来和实现，一方面破坏了蒋介石毁灭解放区的罪恶计划，使解放区得以广泛地联成一片；另一方面，把革命战争燃烧到国民党统治区，扩大了革命的规模和影响，从而造成了革命在全国胜利的基础。

宣言指出："蒋介石二十年的统治，就是卖国独裁反人民的统治。""到了今天，全国绝大多数人民，地无分南北，年无分老幼，都认识了蒋介石的滔天罪行，盼望本军从速反攻，打倒蒋介石，解放全中国。"

"打倒蒋介石，解放全中国"这个口号的根本含意，就是摧毁蒋介石反动统治机器及其全部经济基础，把新民主主义革命进行到底。为了实现这个政治任务，宣言制定了中国人民解放军的基本政策，这就是：把打碎旧的国家机器，摆在革命的首位，号召全国人民，打倒蒋介石反动政府。逮捕、审判和惩办以蒋介石为首的内战罪犯，铲除国民党统治的腐败制度，肃清贪官污吏，否认蒋介石独裁政府的一切卖国外交，废除一切卖国条约，否认内战期间蒋介石所借一切外债。要求美国政府撤退其威胁中国独立的驻华军队，停止帮助蒋介石打内战的罪恶行径。

为了彻底摧毁国民党反动统治机器，挖掉它赖以存在的经济基础，消灭它借以复辟的条件，宣言规定没收蒋介石、宋子文、孔祥熙、陈立夫兄弟等四大家族和其他首要战犯的财产，没收官僚资本，废除封建土地剥削制度。

宣言总结了革命根据地政权建设的基本经验，规定在推翻国民党法西斯独裁统治之后，联合工农兵学商各被压迫阶级，各人民团体，各民主党派，各少数民族，各地华侨和其他爱国分子，组成民族统一战线，建立民主联合政府，实行人民民主专政制度。

（二）《中国人民解放军布告》

1949年，人民革命战争的形势发生了根本变化。特别是辽沈、淮海和平津三大战役，歼灭了国民党反动军队的主力。只要人民解放军向着残存在江南的国民党军队再作若干次巨大的攻击，全部国民党反动统治机构就将土崩瓦解。就在这个紧要时刻，国民党残余势力为了挽救败局，在美帝国主义指使下，发动了"和平攻势"，藉此赢得喘息时间，准备卷土重来，扑灭革命力量。中国共产党为了迅速结束战争，实现真正的和平，减少人民痛苦，提出了八项条件，同国民党进行谈判。在国民党反动派拒绝中国共产党提出的和平条件后，为了满足全国人民要求迅速消灭国民党反动统治的强烈愿望，1949 年 4 月 21 日，中国人民革命军事委员会主席毛泽东同志和中国人民解放军总司令朱德同志发出了“向全国进军的命令”。为了配合中国人民解放军的胜利进军，保证取得革命的最后胜利，4 月 25 日，毛泽东同志和朱德同志发布布告，宣布约法八章，命令中国人民解放军和全国人民共同遵守。

约法八章的内容是：

第一，宣布对国民党党政军人员实行区别对待政策。

布告规定：除怙恶不悛的战争罪犯及罪大恶极的反革命分子外，凡属国民党中央、省、市、县各级政府的大小官员，“国大”代表，立法、监察委员，参议员，警察人员，区镇乡保甲人员，凡不持枪抵抗，不阴谋破坏者，人民解放军及人民政府一律不加俘虏，不加逮捕，不加侮辱。上述人员要各安职守，服从人民解放军和人民政府的命令，保护各机关资财、档案等，听候接收处理。这些人员之中，凡有一技之长而无严重的反动行为或严重的劣迹者，人民政府准予分别录用。如有乘机破坏，偷盗，舞弊，携带公款、公物、档案潜逃，或拒不交代者，则须予以惩办。另外，一切散兵游勇，均应向当地人民解放军或人民政府投诚报到。凡自动投诚报到，并将所有武器交出者，概不追究。其有抗不报到或隐藏武器者，即予逮捕查究。窝藏不报者，亦须受相当的处分。以确保城乡治安，安定社会秩序。

第二，规定了消灭半殖民地半封建经济制度的重大政策和步骤。

要消灭官僚资产阶级的经济基础，没收官僚资本。凡属国民党反动政府及大官僚分子所经营的工厂、商店、银行、仓库、船舶、码头、铁路、邮政、电报、电灯、电话、自来水及农场、牧场等，一律由人民政府接管。在官僚资本企业中供职人员，在人民政府接管以前，要照旧供职，保护资财、机器、图表、账册、档案等，听候清点和接管。保护有功者奖励，怠工破坏者受罚。凡愿意继续服务者，待接管后，量才录用，不使流离失所。

要摧毁地主阶级生存的经济基础，废除旧中国的封建土地剥削制度。但是，二十多年革命的经验证明，废除农村中这一极不合理的制度，必须是有准备和有步骤的。一般说来，应先行减租减息，后行分配土地。并且需要人民解放军到达和工作一个相当长的时期之后，方才谈得到彻底的土地改革问题。在这以前，农民群众应当组织起来，协助人民解放军或人民政府，进行各项初步的改革工作。同时，要努力生产，改善自己生活，并供给城市商品粮食。

第三，规定了保护人民合法权益的具体措施。

各界人民，不分阶级、信仰和职业，均须采取和人民解放军合作的态度，保持社会秩序。如有反革命分子或其他破坏分子乘机捣乱、抢劫和破坏者，定予严办，以保护全体人民的生命财产安全。凡属私人经营的工厂、商店、银行、仓库、船舶、码头、农场、牧场等，一律保护，不受侵犯。在国民党政府和官僚资本企业中，如有民族工商农牧业家私人股份，经调查属实者承认其所有权，不在没收之列，以保护民族工商农牧业。

另外，人民解放军或人民政府，对一切公私学校、医院、文化教育机关、体育场所和其他一切公益事业，严加保护，禁止非法之侵犯。

第四，宣布了保护外国侨民的政策。

一切外国侨民，要各安生业，保持社会秩序，必须遵守人民解放军及人民政府的法令，不得进行间谍活动，不得有反对中国民族独立事业及人民解放事业的行为，不得包庇中国战争罪犯、反革命分子及其他罪犯。否则，当受人民解放军及人民政府法律的制裁。

四、《中国人民政治协商会议共同纲领》是人民制宪的光辉结晶

中国人民在中国共产党和毛泽东同志的领导下，经过22年的英勇斗争，终于用人民革命战争推翻了帝国主义、封建主义、官僚资本主义及其政治代表国民党的反动统治，于1949年10月1日建立了中华人民共和国。1949年9月21日中国人民政治协商会议第一次全体会议，制定了《中国人民政治协商会议共同纲领》。当时，中华人民共和国尚未正式成立，人民革命战争还在大片国土上继续进行，普选的人民代表大会无法召开，还不具备颁行正式宪法的条件，便由中国人民政治协商会议制定了一部中国各阶层人民和各民主党派共同遵循的《共同纲领》。这个《共同纲领》由序言和总纲、政权机关、军事制度、经济政策、文化教育政策、民族政策和外交政策七章组成，共60条。它是中国人民民主革命经验的总结，也是中国人民多年来争取民主宪政经验的光辉结晶。

总结二十多年的经验，《共同纲领》科学地规定了中华人民共和国的政权性质。《共同纲领》明确规定：中华人民共和国是“工人阶级领导的、以工农联盟为基础的、团结各民主阶级和国内各民族的人民民主专政”的国家。它“是中国工人阶级、农民阶级、小资产阶级、民族资产阶级及其他爱国民主分

子的人民民主统一战线的政权”。“反对帝国主义、封建主义和官僚资本主义，为中国的独立、民主、和平、统一和富强而奋斗”，是统一战线政权的共同的政治基础和奋斗目标。

总结二十多年的经验，《共同纲领》科学地规定了中华人民共和国的基本政治制度。《共同纲领》明确规定，“中华人民共和国的国家政权属于人民。人民行使国家政权的机关为各级人民代表大会和各级人民政府”。鉴于当时政治军事形势和历史条件的限制，《共同纲领》又规定，“在普选的全国人民代表大会召开以前，由中国人民政治协商会议的全体会议执行全国人民代表大会的职权”。“在普选的地方人民代表大会召开以前，由地方各界人民代表会议逐步地代行人民代表大会的职权。”

人民代表大会制度是新中国的基本政治制度，是人民民主专政的政权组织形式，具有很大的优越性。它把民主与集中有机的结合起来，既能表现广泛的民主，使各级人民代表大会有高度的权力，又能集中处理国事，使各级政府能集中地处理被各级人民代表大会所委托的一切事务。

总结二十多年的经验，《共同纲领》科学地规定了中华人民共和国的基本经济制度。《共同纲领》规定，新中国的经济由五种成分构成，一是社会主义性质的国营经济，二是半社会主义性质的合作经济，三是农民和手工业者的个体经济，四是国家资本主义经济，五是私人资本主义经济。各种社会经济成分，在国营经济领导之下，实行公私兼顾、劳资两利，城乡互助，内外交流的政策，分工合作，各得其所，达到发展生产，促进整个社会经济繁荣与发展的目的。

总结二十多年的经验，《共同纲领》科学地规定了中华人民共和国公民的基本权利和义务。《共同纲领》在确定权利与义务时，使用了人民和国民两个不同法律概念。明确指出，人民是指工人阶级、农民阶级、小资产阶级、民族资产阶级以及从反动阶级中觉悟过来的某些爱国民主分子。人民享有广泛的民主自由权利，他们有选举权和被选举权，有思想、言论、出版、集会、结社、通讯、人身、居住、迁徙、宗教信仰及游行示威的自由。国民除包括上述人民之外，还包括官僚资产阶级和地主阶级，以及代表这些阶级的国民党反动派及其帮凶。对于这些人，依法在必要时间内剥夺他们的政治权利，除严厉镇压其反动活动外，主要是强迫他们劳动，使他们改造成为自食其力的新人。但在他们改变成分或恢复政治权利以前，不属人民范畴，只是中华人民共和国的国民，要求他们必须依法遵守国民的义务。

《共同纲领》是我国宪政史上一个划时代的重要文献，它为各革命阶级和各民主党派及无党无派民主人士团结奋斗，奠定了共同的政治基础，实际上成了建国初期全国人民共同遵守的大宪章，是新中国的第一部根本大法。它一经公布，就在保卫新生的人民共和国，巩固人民民主专政，加强革命法制建设，保护人民合法权利，促进国民经济的恢复和发展等方面，发挥了极大的作用。

第二章
政权机构及其组织法的创制和发展

第一节　大革命时期人民政权组织法规的出现

中国共产党为了实现自己的纲领和主张，领导人民群众，积极投入到反帝反封建的伟大革命斗争中去，在三条战线上开展了卓有成效的工作：一是建立统一战线，促进了第一次国共合作，通过自己的党员给资产阶级革命领袖孙中山以积极的影响，改组了国民党；二是发动和组织工人运动，领导了规模最大、影响最深的省港大罢工，以及上海工人的三次武装起义，建立了省港罢工委员会和上海市民政府；三是领导全国各省的农民运动，形成了席卷全国的农民暴动。尤其是广东、湖南农民运动开展最普遍的地方，真正做到了“一切权力归农会”。在农民协会的基础上，建立了“乡村自治政权”和一些县的“公法团联席会议”等各民众团体联合战线的政权。

中国共产党及其领导工农群众建立的地方革命政府，都曾利用法律的手段，为确立新的政治制度提供依据和保证，制定体现新民主主义精神的各种革命法规，其中也包括以工农革命组织为基础的基层政府的组织法。如《上海特别市市民代表政府组织条例》、湖南省第一次农民代表大会的《乡村自治问题的决议案》等，成为人民民主政权组织法规的萌芽。

一、乡村革命政权的组织规程

大革命时期，在中国共产党领导下，农民运动在全国范围内轰轰烈烈地开展了起来。据 1927 年 6 月调查统计，全国有农民运动的省 16 个，已经成立省农民协会的有广东、湖南、湖北、江西、河南五省，县农民协会共有 201 个，区农民协会1102个，乡农民协会16144个。有组织的农民在900万以上。[①] 各省农民协会的组织大同小异。在农民运动蓬勃发展中，随着组织建设的需要，出现了实际是乡村革命政权的组织法规。由于在全国农民运动中兴起最早的省份是广东，而规模最大，人数最多，则属湖南。下面即以此两省组织法规为例。

（一）《广东省农民协会修正章程》

广东有组织的农民运动，发轫于1922年到1923年之间。在彭湃同志领导下，首先在海丰，继而在惠阳、广宁等数县先后组织了农民协会。1924年国民党改组后，农民运动因取得合法地位而在全省迅速发展起来。1926年5月1日，广东省第一次农民代表大会胜利召开。大会通过的农民协会成立宣言，历数了各帝国主义国家利用其卵翼下的各派系军阀，压迫掠夺中国人民，造成中国政局纷乱，民不聊生。而地主阶级则凭借军阀、贪官污吏、土豪劣绅的恶势力，用重租、押租及其他经济外的手段压榨农民。劳动农民面对帝国主义、军阀、贪官污吏和土豪劣绅的联合进攻，“因此认识解放我农民，只有靠我们自己团结本身奋斗的力量。更要认识因本身奋斗的经验而成立省农会的统一机关，从此为更有组织更统一的全国的普遍运动，其力量更大，其成功必速。”[②] 会议通过了《农民协会今后进行方针决议案》，大大推动了农民运动的猛烈发展。一年以后，农民协会从组织上，已由22县发展到61县。会员人数也由20万人猛增到62万人。1926年5月，第二次全省农民代表大会总结了广东农民协会运动的经验，制定通过了《广东省农民协会修正章程》。

《修正章程》的内容如下：

首先，规定了建立农民协会的宗旨。本着“解放劳动阶级之意志，集合广东受压迫之贫苦农民而组织之”。它建立的目的在于，“谋农民之自卫，并实行改良农村组织，增进农人生活”。

其次，规定了会员资格及其入会手续。第二条规定：“凡居住广东之自耕农、半自耕农、佃农、雇农、农村中之手工业者，及在农村中为体力劳动者，不分男女，凡年满十六岁而行第三条所列入会手续者（即填写志愿书、遵守会章、恪守协会纪律及缴纳入会金与月费），皆得为本会会员”。应当指出，农民

①《第一次国内革命战争时期的农民运动》，人民出版社1953年版，第19页。

②《第一次国内革命战争时期的农民运动》，人民出版社1953年版，第176页。

协会要以贫农为中心，因为他们最劳苦也最革命。此外，还须注意与自耕农、农村中的知识界、小商人、手工业者的联合，甚至可以和小地主合作。因为当时正值国民革命时期，只要是反抗帝国主义及其走狗——军阀者，都可以联合在一起，以便集中各阶层的力量对付共同的敌人。因此，规定农会拒绝入会的人员只有："有田地百亩以上者；以重利剥削农民者；与农民处于利益相冲突之地位者；为宗教宣教教师者，如神甫牧师僧尼巫等类；受外国帝国主义操纵者；吸食鸦片及嗜赌者"。由此可见，农民协会既不同于原始的、落后的，往往带有神秘色彩的民间秘密团体，也与农村旧式的农会不同。后者名曰农民会，或曰农务会，实为地主豪绅所控制，是专事欺压劳苦农民的地主阶级的组织。而中国共产党领导下的农民协会，则不分姓氏、民族、区域等界限，是领导农民参加国民革命，并为农民利益而奋斗的机关。

再次，规定了农民协会的组织。农民协会以乡农民协会为基本组织，其上有各分区农民协会、全区农民协会、全县农民协会及全省农民协会。各级农民协会由代表大会（乡则由会员大会）选举执行委员若干人组成执行委员会，执行日常会务。省执行委员任期一年，县、区、分区执行委员任期均为半年，乡执行委员任期为三个月。各级农民协会的组成，《修正章程》规定为，凡一农村有成年农民 1/3 以上之申请，由上级报告省协会，经省执行委员会认可，并派员到该乡召集全体会员大会，依法选出执行委员三人组成执行委员会，乡农民协会即宣告成立。小乡会员不足 30 人者，则组织一小组，选组长一人，此小组受附近乡农民协会之管辖。一行政区内，如有 1/3 以上的乡已成立乡农民协会，省执行委员会认为有组织区农民协会之必要时，即派员到该区召集区代表大会或会员大会，选举执行委员七人，组成区农民协会。如该区管辖范围辽阔，可在区下组织分区农民协会。一县有三个以上行政区已成立农民协会，省农民协会认为必要时，即派员到该县召集县代表大会，选举九人组成县执行委员会。省执行委员规定为 13 人，由全省农民代表大会选举产生。

农民协会的组织采取民主集中的原则。农民协会是贫苦农民当家做主的组织，既要发扬民主，又必须强调一切政策主张的集中统一。这样，它才能成为组织缜密而有战斗力的团体。其各级大会或执行委员会的决议，须经多数通过方为有效。决议一经通过，会员则必须服从。各级农民协会，统一于省农民协会之下。上级协会要督促和指导各下级协会的工作，下级执委会必须服从上级执委会，定期向其报告工作，报告农民的生活状况及要求，否则上级执委会有权解散或改组下级执委会。会员对于下级执委会的决议有异议时，有 1/5 赞成者，即可联署向上级执委会提出抗议，请求裁决。但在抗议期间，仍须服从下级执委会的决议，不得拒绝执行，否则予以纪律处分。

《修正章程》还规定，乡农民协会可以根据工作需要设立下属各部，如军事部、农业改良部、雇农部、佃农部、手工业部、妇女部、青年农民部、教育部、合作部等。

在革命实践中，广东省的农民协会除率领全省农民协助政府镇压反动势力，防御土匪，解散不法军队，参加统一广东的军事、政治斗争外，并从事减租抗捐运动，反抗高利贷，维持地方治安，反抗土豪劣绅，禁赌，修筑道路，兴办农民学校等活动。乡农民协会则更多地行使了基层政权的许多重要职权。

（二）湖南省《乡村自治问题决议案》

湖南省有组织的农民运动，除衡山岳北地区外，大部分地区是 1925 年在毛泽东同志领导下兴起的。随着北伐军进入湖南，农民运动迅猛地发展起来。农民协会会员人数由北伐战争前的 40 万人，到 1926 年 11 月就发展到 136.7 万多人，1927 年 6 月增到 451 万人，并且提出了农民本身迫切的政治和经济的要求，进而明确要求参与并管理政权，并付之行动。农民群众采取革命手段，推翻封建统治，打倒旧都团后，把一切权力集中于农民协会。在农民协会力量大的县份，县政府也只好唯农民协会之命是从，实际上农民协会代表群众参加了县政权。短短几个月的功夫，革命的农民把乡村兜了个底朝天，泥腿子做了政权的主人。毛泽东同志曾满怀激情生动地叙述了当时湖南农民的革命专政，他写道："农民的主要攻击目标是土豪劣绅，不法地主，旁及各种宗法的思想和制度，城里的贪官污吏，乡村的恶劣习惯。这个攻击的形势，简直是急风暴雨，顺之者存，违之者灭。其结果，把几千年封建地主的特权，打得个落花流水。地主的体面威风，扫地以尽。地主权力既倒，农会便成了唯一的权力机关，真正办到了人们所谓'一切权力归农会'。"① 这就是对当时农村政权变化的真实写照。

为了进一步铲除封建余孽，推翻军阀统治，巩固北伐后方，保障革命权力，总结经验，制定以后的工作方针和步骤，1926 年 12 月 1 日湖南省第一次农民代表大会与全省工人代表大会同时在长沙召开。大会完全支持农民用革命的手段进行政治经济的斗争，并产生了全省农民协会执行委员会。大会共讨

① 《湖南农民运动考察报告》，《毛泽东选集》第一集，人民出版社 1991 年版，第 14 页。

论通过了 39 个决议案，主要是保护农民利益和开展农村革命工作问题的决议案。其中《乡村自治问题决议案》是实行农民自治和建立乡村自治机关的法律依据。

迫于日益发展的农民运动，反动统治集团也不得不拾起区乡自治的旗帜，建立了区乡自治筹备会。湖南省旧式的乡村自治区划极不统一，名称也各异。长沙是都、团、牌甲三级；衡阳则称都、区、甲；常德又叫镇、保、甲；郴县则是区、团、小团。也有分为二级和四级的。这些组织徒有区乡自治之名，实际上仍是地主阶级在军阀势力的支持下把持乡政统治农民的工具。它们依靠地主团防武装，欺压劳苦群众，刑杀无辜，勒派捐税，无恶不作。依然是帝国主义侵略和军阀统治的基础。

《乡村自治问题决议案》则明确指出："为保障民主运动的胜利，必须发展革命的民权，建设民主的自治。此种民主自治，属于乡村一般民众，封建余孽及一切反革命分子，当然不许其参与。""其使命在集合乡村各种民众势力，树立民主革命的真实基础，实现乡民之要求，发展农村之经济。"从其阶级本质和任务可以看出，新的民主自治与旧的区乡自治是根本对立的，它是真正代表农民利益的农民群众的自治。

在农民运动发展深入的地区，为实现乡村自治，发扬民主自治，应由农民协会邀集其他革命的民众团体，共同组织乡村自治筹备机关，然后举行乡民会议，建立乡村自治机关。

乡村自治分为乡、区两级。乡民全体大会为乡自治的最高权力机关。由乡民全体大会和区代表会议选举委员组成的乡、区自治委员会为乡、区自治机关。根据各地具体情况和举办民食、财政、教育、农事、交通、水利、森林、公断等事业的需要，在自治委员会之下，设立各种事业的委员会或其他组织形式。可见，乡村自治委员会是农民协会的进一步发展，是农村基层革命政权的又一种形式。

此外，关于县以上政权的建立，在湖南省区的党组织和农民代表大会的宣言和决议中都有所规定。《中国共产党湖南区第六次代表大会宣言》提出："县政府改委员制，由人民选举。"① 湖南省第一次农民代表大会《对于农民运动报告决议案》在谈到今后工作时也提出：要更努力于民主制度的建设，即"以多

①《第一次国内革命战争时期的农民运动》，人民出版社 1953 年版，第 323 页。

数贫苦农民为领导之乡民会议与乡村新自治制之建设为基础，”① “实现乡民会议、县民会议、省民会议以至于国民会议。”② 在湖南省农民运动比较发展的湘乡、湘潭等县，都在农民协会的基础上，成立了由县长、县农民协会、县总工会、县商民协会、县女界联合会、县教职员联合会、县学生联合会以及国民党县党部等代表组成的联席会议，作为县的临时性的过渡政权，决定县政大事。其名称，或称“县公法团联席会议”，或称“县务会议”。这种县政权虽然是过渡性的，但无论其形式或实质，都是颇为民主的。与贪官污吏土豪劣绅的旧政权不同，它实质上是共产党领导的，以工农联盟为基础的，与城市小资产阶级和民族资产阶级结合成统一战线的，反对帝国主义和封建主义的人民民主政权。为了贯彻上述决议案的精神，湖南各民众团体已经组织了“省民会议筹备处”，筹备召开省民会议。后来由于陈独秀右倾机会主义的错误领导，蒋介石、汪精卫集团先后叛变革命，使轰轰烈烈的大革命归于失败。经人民选举的县民会议、省民会议未能召开。

二、上海市民代表政府组织法

1927 年 2 月 20 日，在发动第二次武装起义时，中共上海市执行委员会发表的《告上海市民书》，就提出召集市民代表大会，成立上海市民政府。22 日，在工人与反动军警进行巷战，起义达到高潮时，中国共产党联合国民党和上海各社会阶级（工人、商人、学生）的代表，成立了上海市民临时革命委员会。这个临时革命委员会是过渡到上海市民代表会议的临时政权组织。但是，这次武装起义失败了。后来在准备第三次武装起义的过程中，上海总工会联合各界于 3 月 7 日召开的各团体代表会议上，通过了《上海市临时代表会议组织法》，作出了召开上海市民代表会议，选举市民政府的决定。会后即根据这个组织法，各工会各民众团体陆续选出了出席市、区两级市民会议的代表。

3 月 12 日，上海第一次临时市民代表会议胜利召开，到会代表三百多人，代表着工、商、学、军、警等各职业团体二百多个单位。会议选举产生了 31 名执行委员，组成上海临时市民代表会议执行委员会。执行委员会选举汪寿华（总工会代表）等五人为常务委员，通过并发布了市民政府的《施政纲领》。临时市民代表会议执行委员会在组织领导与支援第三次武装起义中，发挥了重要

①《第一次国内革命战争时期的农民运动》，人民出版社 1953 年版，第 368 页。
②《第一次国内革命战争时期的农民运动》，人民出版社 1953 年版，第 368 页。

的作用。3 月 21 日，它发布了全市总罢工、罢市、罢课的命令，并由它组织了上海各界人民从各方面对起义工人进行有力的支援。

上海第二次市民代表会议，在 3 月 22 日起义胜利后的当天召开，到会代表四千多人。大会选出市政府委员 19 人，正式组成“上海特别市临时市政府委员会”。其中共产党和工人代表占多数，此外，有商界、学界、北伐军、国民党等各方面代表参加。可见，上海市民代表政府的性质是中国共产党领导的，以工人阶级为骨干，联合各界人民进行反帝反封建的革命政权。

3 月 25 日，在武汉的国民党中央执行委员会政治会议批准了上海市民代表政府的组成，并经武汉国民政府任命。实际上上海市政府委员会已于 3 月 23 日召开第一次会议，开始执行职权。3 月 29 日不顾蒋介石的阻挠，举行了市政府委员就职典礼，受到上海各界人民的热烈拥护。

3 月 26 日，上海市临时市民代表会议召开第三次会议，讨论通过了《上海特别市市民代表政府组织条例草案》。

根据上述组织法和实际情况，当时上海市的政权组织及其职权规定如下。

“上海特别市以市民代表会议为全市最高权力机关，定名市民代表会议政府”，简称“上海市民代表政府”或“临时市政府”。它是不隶属于省县行政范围的直辖市，以淞沪商埠公署原管区域及原有租界为范围，全市暂分为八个区。

市民代表会议分为两级：(1) 全市代表会议。(2) 区代表会议。市、区两级代表，均须由各工会、农民协会、商会、学生会、自由职业团体之全体群众，直接选出。代表任期一年，得连选连任。市、区代表会议均每月召集一次，有紧急事故时，应由执行委员会随时召集临时会。

市代表会议，行使全市最高权力机关的职权，主要包括：选举市执行委员；议决市立法、工资、粮食、房租、失业救济、教育、市政工程、市有产业等事件；议决市税收、公债及预算决算；议决各区管辖区域变更事件；议决市执行委员会之报告及提议事件以及全市一切应兴应革事件。

市执行委员会，由 31 名委员组成。由执行委员会选出常务委员五人，组成常务委员会。“市代表会议之议决，市执行委员会须绝对执行之”。

市政府委员会，由市民代表会议选出 19 名委员组成，为全市最高市政执行机关。下设教育、财政、建设、土地、司法、公安、劳动、卫生八局。局长分别由政府委员兼任。

但在《上海特别市市民代表政府组织条例草案》中规定，以后市执行委员会即为市政府委员会，不再另设市政府委员。此外，还准备设立监察机关，由市民代表会议选出监察委员七人，监察市内贪官污吏，搜集证据，控告于市代表会议。

各区设区代表会议，为区的权力机关。选出区执行委员会及其常务委员会，处理全区日常政务。

总之，上海市民代表政府的组织体制，实行立法权与行政权相统一的原则。市代表会议的决议，市执行委员会必须执行。执行委员会没有解散代表会议的权力；执行委员渎职时，则由原选举机关或团体议决撤回，另选他人，补足其任期。这些规定是与资产阶级国家议会制的“三权分立”原则根本不同的，是吸收了国际无产阶级政权建设的经验，体现了民主集中制的议行合一的原则。

可见，上海市民政府组织条例是新型的民主主义的政权组织法，它所体现的各界人民代表会议制的政府，是大革命时期党所领导的革命群众运动的伟大创造。但是，由于当时国共合作历史条件的限制，条例照例规定了市民政府必须接受国民党上海市党部的指导与监督，这就不能不影响革命政府主动性的发挥。上海工人阶级力量雄厚，但是帝国主义、军阀、大资产阶级、流氓集团等反动势力也较为集中，因此，斗争极为复杂。上海市民政府的缔造极其艰难。如 19 名政府委员中，北伐军将领、国民党右派白崇禧托故不参加政府委员会；国民党上海政治分会主席、资产阶级的代表钮永建则一再辞职。蓄谋叛变革命的北伐军总司令蒋介石，则以“恐起纠纷”为借口，强令市政府“暂缓办公”。[①] 但是会议代表却冲破了蒋介石的阻挠，一致热烈要求市政府委员即日就职。大多数市政府委员坚守岗位，开始行使职权。直到四一二反革命叛变后，这个代表市民利益的上海临时市政府，才在 4 月 14 日被强制查封。

综上所述，大革命时期，在工农群众运动中产生的地方政权（农村中的农民协会和乡村自治委员会，城市中的上海市民政府），尽管形式不同，但具有共同的特点，这就是在中国共产党领导下，直接由各界群众革命组织的代表，组成联合战线的政权，保证以工农为主体的人民群众的代表直接行使政权职能，并受人民群众的监督。它既不同于封建军阀军事独裁统治，也区别于把工农劳动群众排斥在政府之外，由少数人统治大多数人的资产阶级政权。它是我国人民民主政权的萌芽，其政权组织法规也是人民民主政权组织法的初现，因

① 1927 年 3 月 30 日《民国日报》第 67 册（影印本）。

而具有创造性的历史意义。

第二节　工农民主政权组织制度的创立

一、苏维埃政权组织法的立法概况和指导原则

大革命失败后，中国共产党在八七会议上坚决纠正和结束了陈独秀的右倾机会主义路线，确立了土地革命和武装反抗国民党反动派屠杀政策的总方针。1927 年 11 月中共中央临时政治局扩大会议指出："现时革命阶段之中，党的主要口号就是苏维埃——无产阶级领导下的工农民权独裁制性质的政权，只能在苏维埃制度的形式里建立起来"。"一切政权归工农兵士贫民代表会议，是武装暴动的总口号"。此后，1928 年 7 月中共六大政治决议案重申中国革命的任务是，驱逐帝国主义者，统一中国；实行土地革命；"力争建立工农兵代表会议（苏维埃）的政权，这是引进广大的劳动人民群众参加管理国事的最好的方式，也就是实行工农民主专政的最好方式"。依据党所规定的革命的总方针和任务，在各地武装起义后建立的革命根据地里，先后成立了各级工农民主政府。随着革命形势的胜利发展，1931 年 11 月 7 日，在江西省瑞金县召开了全国工农兵第一次代表大会，宣布成立中华苏维埃共和国，选举产生了临时中央政府——中央执行委员会和人民委员会。"苏维埃中央政府的建立，使全国苏维埃运动得着总的领导机关，对于中国革命有绝大的意义。"①

什么是苏维埃？苏维埃即代表会议，是俄国工人阶级于 1905 年革命时创造的一种新的政治制度。俄国十月革命后，苏维埃共和国成为无产阶级专政的社会主义国家的新型的政权组织形式。

我国各根据地的红色政权都采取了这种苏维埃的组织形式，因此，史称红色区域为苏维埃区域（简称苏区），红色政权为苏维埃政权。我国苏维埃政府就是工农兵自己选举代表组织的政权机关。与苏联无产阶级专政的政权性质不同，我国红色区域的苏维埃政府的性质，是与当时中国革命的性质相适应的，

① 毛泽东：《中华苏维埃共和国中央执行委员会对第二次全国苏维埃代表大会的报告》（1934 年 1 月），见《苏维埃中国》第二集，中国现代史资料编辑委员会 1957 年翻印，第 297 页。

是无产阶级领导的反帝反封建的工农民主专政，是我国新民主主义革命阶段人民民主专政政权建设的奠基阶段。

（一）苏维埃政权组织法的立法概况

为了建设和发展红色政权的组织，在这个时期，制定和颁布了大量的政权机构组织法规，以 1931 年 11 月 7 日为标志，立法分为两个阶段。

前一阶段，自 1927 年革命政权建立到 1931 年苏维埃第一次全国代表大会召开以前。各个边区除了党中央的统一领导外，没有全国统一的中央政权机关。各边区（省）工农民主政府，即为各该根据地的最高政权机关。各边区政府之间，互无隶属关系。因而，革命法制也是不统一的。各个革命根据地依据本地区政权建设的需要，各自颁布了只适用于本地区的苏维埃政权组织法。如《江西苏维埃临时组织法》《闽西苏维埃政权组织法》《湖南省工农兵苏维埃政府暂行组织法》《鄂豫皖区苏维埃临时组织大纲》等等。

后一阶段，即中华苏维埃共和国建立以后，随着革命根据地的巩固和扩大，若干根据地已联成一片，1931 年 11 月 7 日召开的苏维埃第一次全国代表大会，宣布成立中华苏维埃共和国，统一领导全国红色政权，建立了相对统一的革命法制。当时各根据地的各级苏维埃组织很不完善，表现在行政区域宽，政府级数多，选举手续不完备，特别是苏维埃的基本组织——乡与城市苏维埃，没有真正建立起来。鉴于这种情况，中华苏维埃共和国临时中央政府，于 1931 年 12 月 15 日发布了《关于苏维埃建设重要的训令》，要求各地各级政府依照宪法及中央颁布的各种条例、细则、重新划分行政区域，重新组织各级政府。为了加强各级苏维埃的建设，统一各根据地政权的组织与职权，临时中央政府先后颁布了规范性的政权组织法。如 1931 年 11 月中央执行委员会第一次全体会议通过的《苏维埃地方政府的暂行组织条例》、1933 年 12 月 12 日公布的《中华苏维埃共和国地方苏维埃暂行组织法（草案）》、1934 年 1 月《中华苏维埃共和国第二次全国苏维埃代表大会关于苏维埃建设的决议案》、1934 年 2 月 17 日《中华苏维埃共和国中央苏维埃组织法》等，成为红色政权建设的法律依据。

（二）苏维埃政权组织法的立法指导原则

在土地革命初期，中国共产党不仅提出了“一切政权归工农兵士贫民代表会议”的口号，而且党的第六次全国代表大会通过的《关于苏维埃政权组织问题决议案》，对苏维埃政权的建设作了详尽的规定，确立了苏维埃政权组织法的立法指导原则。

第一，无产阶级领导的原则。

苏维埃是工农民主专政的政权，只有强有力的无产阶级领导，才能使苏维埃彻底完成民主革命的任务，并成为将来向社会主义革命转变的杠杆。党的六大《关于苏维埃政权组织问题决议案》明确指出："选举苏维埃与进行苏维埃工作时产业工人应有特权，以保证其在苏维埃中领导的作用"。这不仅是由红色政权的性质与任务决定的，而且，也是总结了大革命失败的经验教训的结果。

为了巩固和加强无产阶级的领导，苏维埃必须置于无产阶级政党——共产党的绝对领导之下。党对苏维埃政权的领导具体表现在：第一，做好组织苏维埃的准备工作。党在领导武装起义前后，即应有组织苏维埃的准备，选举在起义部队中、地方民众中有影响的分子，秘密建设将来的政权核心。这些人必须能够"绝对保证党的训令的执行"。第二，"在苏维埃中组织有威望的，能工作的党团"。为了保证党对苏维埃的领导，使其绝对执行党的政策与决议，"党在各处苏维埃中均应有党团的组织，经过这些党团，经过党员所发的言论，表示党对苏维埃工作上各种问题的意见。党随时随地都应作苏维埃思想上的领导者，而不应限制自己的影响"。第三，党对党团的领导。各级苏维埃机关的党团，都必须绝对执行同级党委会的指示和决议，并将执行情况经常报告同级党委。同时，苏维埃政府的一切最主要的政策，都应由该地党委会批准后，方可执行。

《关于苏维埃政权组织问题决议案》在强调党在苏维埃机关中的领导作用的同时，又及时提出，"要预防以党代苏维埃或以苏维埃代党的危险"。既不能以当地党部代党团，也不能削弱当地党部的领导作用，发生苏维埃代党的现象。

第二，民主集中制的原则。

民主集中制是无产阶级最根本的组织原则。它是在民主基础上的集中，不同于封建的官僚集中制；它又是在集中指导下的民主，区别于无政府主义和极端民主化的错误倾向。

红色政权的民主集中制原则就是，一方面对人民实行最广泛的民主。劳动人民有选举代表参加国家管理的权利，并对不称职者有权撤回；各级苏维埃政府要对选举它的工农兵代表大会负责并报告工作。乡、市区苏维埃为基层政权，直接向选民报告工作。选民对之则有批评建议之权。建立于劳动群众直接选举基础之上的苏维埃必须有高度的权力，能够集中处理国事，即“一切权力归于工农兵代表大会”。这样就能使政府的各项决定和措施，真正反映人民群众的要求，代表劳动群众的利益。另一方面，又要实行高度的集中。政策、法令一经制定颁布，就必须遵守和执行。而各级政府之间，下级须服从上级，地方要服从中央。只有这样，苏维埃政权才能充分体现出人民民主政权的本质。然而，在红色政权建立之初，针对“各级民众政权”“名不副实”的情况，毛泽东同志反对以“一哄而集的群众会”代替工农兵代表会。他指出：“没有代表大会作依靠的执行委员会，其处理事情，往往脱离群众的意见。”[①] 认为这种倾向是“封建时代独裁专断的恶习惯。”[②] 同时指出，忽视集中，各自为政，也是苏维埃政权绝对不允许的事，它对革命斗争的领导，有极大的妨碍。接着，他强调：“民主集中主义的制度，一定要在革命斗争中显出了它的效力，使群众了解它是最能发动群众力量和最利于斗争的，方能普遍地真实地应用于群众组织。我们正在制定详细的各级代表会组织法（依据中央的大纲），把以前的错误逐渐纠正。”[③] 因此，民主集中制原则贯穿于苏维埃政权组织法之中。

第三，议行合一的原则。

决定和执行国家重大事务的权力，由国家权力机关及其选出的执行机关统一行使，称为议行合一。这一原则是 1871 年巴黎公社所首创。红色区域各级苏维埃政权机关，既是议事机关，又是工作机关，议决并执行各该地区内一切事宜，行使一切职权。各级苏维埃代表，一方面代表选举他们的选民到苏维埃去工作，传达选民的意见与要求；另一方面是将上级苏维埃所要进行的工作，经该级苏维埃讨论之后，传达到群众中去，并领导其所在范围内的居民，坚决执行上级苏维埃的命令和指示，及该级苏维埃的决议，这就保证了由工农劳动群众选出的各级代表大会，有充分的权力，不仅可以反映、讨论而且还可以直接实现、贯彻执行广大工农群众的意愿和要求。

第四，群众自治的原则。

红色政权时期，继承和发展了大革命时期乡村自治的经验，在乡苏维埃之下设立许多委员会，吸收大批工农积极分子参加苏维埃，成为乡苏维埃工作的重要部分。委员会“使苏维埃联结了更广大的群众，这是苏维埃工作发展到高

---

①《井冈山的斗争》,《毛泽东选集》第一集，人民出版社 1991 年版，第 72 页。
②《井冈山的斗争》,《毛泽东选集》第一集，人民出版社 1991 年版，第 72 页。
③《井冈山的斗争》,《毛泽东选集》第一集，人民出版社 1991 年版，第 72 页。

度时的很好的创造。”① 此外，为了开展苏维埃工作，必须与群众团体，首先是与工会、贫农团，发生密切的联系，经过这些团体去动员它们所代表的群众，来实现苏维埃政权的任务。可见，群众自治就是发动群众自己管理自己，就是最大限度地吸收劳动群众参加国家管理。实行群众自治的原则，对苏维埃政权的建设具有重大的意义。它密切了苏维埃与民众的关系，增强了他们的主人翁感，使苏维埃工作的执行得到更加雄厚的力量；同时，也可训练工农群众参加管理政权的实际能力，为全面实施民主政治奠定坚实的基础。

二、中央苏维埃政权的组织机构及其职权

1931 年 11 月，第一次全国苏维埃代表大会时没有制定中央苏维埃组织法，而是依照《中华苏维埃共和国宪法大纲》的规定，建立了临时的中央政权机构。后来经过两年多的实践，积累了许多新经验，到第二次全国苏维埃代表大会时，决定对中央一级的政权机构进行较大的调整。特于 1934 年 2 月 17 日，公布了《中华苏维埃共和国中央苏维埃组织法》。该组织法共十章五十一条，规定了中央苏维埃政权的组织体系与职权。现分述如下：

全国苏维埃代表大会。全国苏维埃代表大会是中华苏维埃共和国的最高政权机关，由各省苏维埃代表大会、中央直属市、直属县苏维埃代表大会及红军所选举出来的代表所组成。全国苏维埃代表大会由中央执行委员会负责召集，会期每两年一次。如遇特别情形，得延期召集。必要时，也可召集临时代表大会，或由中央执行委员会自动召集，或应代表全国人口 1/3 的地方苏维埃的要求，由中央执行委员会召集。大会的主要职权是：制定和修改宪法；制定和修改其他法律；决定全国的大政方针；选举和改选中央执行委员会委员；听取并讨论中央执行委员会的工作报告。

中央执行委员会。中央执行委员会是全国苏维埃代表大会闭会期间的最高政权机关，由大会选举产生，向其负责并报告工作。规定委员名额不得超过 185 人。中央执行委员会全体会议，每六个月由主席团召集一次，如遇特殊情况可延期召集，必要时也可召开临时会议。它有权颁布法律和法令；审核和批准一切关于全国政治上经济上的政策和国家机关的变迁。中央执行委员会对其主席团、人民委员会及其他机关的法令和决议，有停止执行和变更之权。

《中央苏维埃组织法》还专章规定了全国苏维埃代表大会及中央执行委员

① 《毛泽东农村调查文集》，人民出版社 1982 年版，第 300 页。

会可以共同行使的权力，如决定内政外交的大政方针；颁布苏维埃组织法、法院组织法及民事、刑事、诉讼、劳动、土地、选举、婚姻等单行法律；规定工、农、商业及交通事业的政策和计划；制定度量衡和币制；发行公债；审查和批准预算决算；制定税率；宣布大赦和特赦；制定国民教育一般原则；确定地方苏维埃的权力，解决地方苏维埃间的争执；划分行政区域，并有权建立、合并、改造或解散地方政权机关；选任和撤销人民委员会的委员和主席；撤换和变更下级苏维埃执行委员会委员；有权对外宣战、媾和、订立各种条约和批准各种国际条约；改定国家的边界；组织并指导陆海空军等。

中央执行委员会主席团。中央执行委员会主席团是中央执行委员会闭会期间全国最高政权机关。由中央执行委员会选举产生，规定委员名额最多不超过25人，并选举主席一人，副主席2—4人，主席团对中央执行委员会负责并报告工作。

第一届中央执行委员会没有设立主席团。第二届中央执行委员会时，由于革命形势发展的需要，而决定增设主席团，并赋予较大的权力，使其能够及时处理中央政府的日常工作。根据《中央苏维埃组织法》的规定，其职权是：监督工农民主共和国宪法（宪法大纲）及全国苏维埃代表大会执行委员会的各种命令及决议之实施；颁布各种法律和命令，审查和批准人民委员会和各人民委员部及其他所属机关所提出的法令、条例和命令；停止或变更人民委员会、各人民委员部的决议、法令和各省苏维埃代表大会及其执行委员会的决议、命令；负责解决人民委员会和各人民委员部之间的关系问题，及各省苏维埃之间的关系问题。

人民委员会。人民委员会是中央执行委员会的行政机关，负责指挥全国政务。人民委员会由主席、各人民委员及工农检察委员会主席、国家政治保卫局局长等组成，中央执行委员会可根据工作需要情况，增加或减少人民委员。人民委员会对中央执行委员会负责并报告工作。人民委员会的职权是：在中央执行委员会所指定的范围内颁布各种法令和条例，其所作出与大政方针有关的决议和所颁布的法令和条例，均须报告中央执行委员会或其主席团审核批准，但遇有紧急事项，得先行解决，然后报告备案。有权审查修改或停止各人民委员部所提出的法令及其决议。各人民委员部及各省苏维埃执行委员会如对人民委员会的决议和各种法令有不同意见时，可向中央执行委员会及其主席团提出意见，但不得停止执行。

各人民委员部。在人民委员会之下设立外交、劳动、土地、军事、财政、国民经济、粮食、教育、内务、司法各人民委员部。法律规定，只有人民委员会的委员才能使用人民委员这一名称，中央和地方的其他委员不得使用。各人民委员部除人民委员外，设副人民委员 1—2 人，由中央执行委员会主席团委任，协助人民委员进行工作。人民委员因故缺席，由其代理人民委员职务。为便利工作起见，各人民委员部下设部务委员会，为讨论和建设该部工作的机关。各部委员会以各该人民委员为当然主席，委员由人民委员会任命，人数多少由人民委员会随时增减。各部部务委员会有权讨论该部工作中的重要问题。如委员会对人民委员所作的决定有异议时，有提交人民委员会或中央执行委员会主席团审核之权。

在人民委员会之下还设有革命军事委员会、工农检察委员会和国家政治保卫局。

此外，法律还规定在中央执行委员会下，设立审核国家财政收支，监督国家预算执行的审计委员会和中央审判机关最高法院。这些机关的组织和职权，详见其他有关章节。

以上是中华苏维埃共和国中央工农民主政府组织机构和职权的原则规定。关于当时国家最高权力机关的实际活动情况是，在这个时期内，共召开过两次全国苏维埃代表大会。1931 年 11 月 7 日在瑞金县的叶坪召开第一次大会。各根据地的代表、红军代表和白区工作的代表，共计 610 人参加了大会，其中 90%以上是工农劳动群众的代表。会议通过了《中华苏维埃共和国临时中央政府对外宣言》，宣告中华苏维埃共和国临时中央政府正式成立。同时，通过了我国历史上第一个人民民主的宪法——《中华苏维埃共和国宪法大纲》，还通过了《中华苏维埃共和国土地法》《中华苏维埃共和国劳动法》《关于经济政策的决议案》《关于红军问题的决议案》《关于中国境内少数民族问题的决议案》和《关于中国工农红军优待条例决议》等重要法案，选举产生了由 63 人组成的中央执行委员会。11 月 27 日，中央执行委员会召开第一次会议，推选毛泽东同志为中央执行委员会主席兼任人民委员会主席。也选出了各部的人民委员。12 月 1 日，中央执行委员会发布第一号布告，公布了上述人选。经过两年艰苦的岁月，1934 年 1 月，在瑞金的沙洲坝又召开了第二次全国苏维埃代表大会，出席代表八百多人，大会修正通过了《中华苏维埃共和国宪法大纲》《关于苏维埃建设决议案》和《关于红军问题决议案》，并选出 175 人组成第二届中央执行委员会。2 月 3 日，第二届中央执行委员会再次推选毛泽东同志为主席，张闻天同志被选为第二届人民委员会主席。

三、地方苏维埃政权的组织机构及其职权

苏维埃政权“是工农兵士劳苦群众以团结暴动的力量，推翻反动的统治，由群众自己创造的革命政权”①。随着各地武装起义的胜利，革命根据地的开辟，各级工农民主政府相继建立并开展了工作。1930 年前后，各革命根据地在总结本地区政权建设实践经验的基础上，相继颁布了各省区苏维埃政权组织法。初期，各根据地的建制极不统一。各地政府根据本地区的实际情况和管辖范围大小，建立了不同层次的政权机构。如江西省苏维埃政府有四级，即省苏维埃、县（市）苏维埃、区苏维埃、村苏维埃。鄂豫皖区苏维埃政府则有六级，即在鄂豫皖苏维埃下设有皖西北特区苏维埃，以下为县、区、乡、村苏维埃。

各省区苏维埃组织法规定的政权组织机构也有不尽相同之处。如江西省规定在各级苏维埃代表大会闭幕期间，推选执行委员会为各该级最高政权机关，执行委员会下设立主席团，乡苏执委会下则不设主席团，只设秘书处。闽西与湖南省各级苏维埃执行委员会下则设常务委员会。鄂豫皖区执行委员会下设主席团，以下各级苏维埃执行委员会下则设常务委员会。

中央苏维埃政权组织系统表（1934 年）

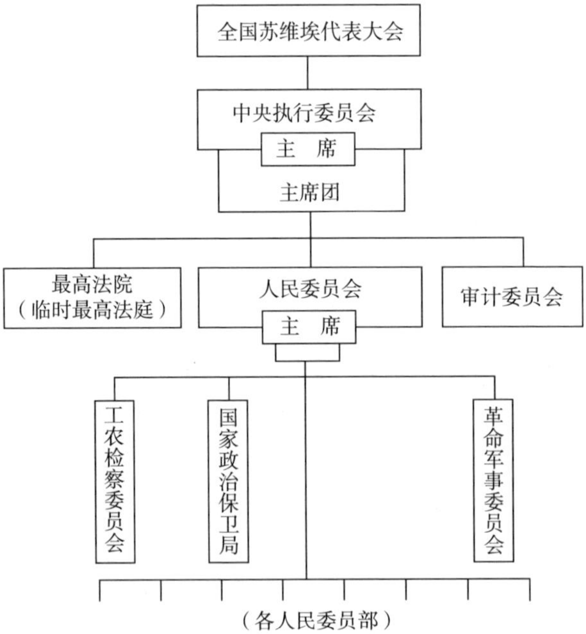

① 《湖南省工农兵苏维埃政府暂行组织法》，参见韩延龙、常兆儒：《革命根据地法制文献选编》第二卷，中国社会科学出版社 1981 年版，第 127 页。

此外，在政府内部职能部门的设置与职权的划分，以及组织原则的贯彻也有不同之处。

以上情况表明，在中华苏维埃临时中央政府成立之前，各个根据地苏维埃政权组织法的规定是很不统一的，这在当时历史条件下，是难以避免的。同时，由于战争的环境及苏维埃政权处于初建阶段，各级干部缺乏政权建设的经验，因此，各级苏维埃组织很不完善，表现在："第一，行政区域太宽，使行政的实施不便。第二，政府级数太多，使指挥迟钝，联系不灵。第三，尤其重要的，是选举手续不完备，不是用简单的群众大会，就是不按选举程序去召集代表会议或主席联席会议以选举各级政府。特别是苏维埃的基本组织——乡与城（市）苏维埃，没有真正的建立起来。第四，各级政府内部的分工和工作方法，多不适当。"① 随着革命形势的发展，有些地区已连成一片，革命战争和苏区内部建设的巨大任务，要求将各个根据地的地方政权组织加以整顿，建立统一的组织机构和健全的制度原则。因此，在 1931 年 11 月，中央执行委员会第一次全体会议上同时通过了《划分行政区域暂行条例》和《苏维埃地方政府的暂行组织条例》。同年 12 月 15 日，又发布了《关于苏维埃建设重要的训令》，要求各省区必须依照宪法大纲及中央颁布的各种条例细则重新划分行政区域，重新建设各级政府。并决定江西、福建两省和瑞金直属县，从 1931 年 12 月 20 日起至 1932 年 3 月 31 日止开展地方苏维埃建设运动。1933 年 7 月 21 日，中央执行委员会总结两年来地方政权建设的新经验，又公布了《重新划分行政区域的决议》，同年 12 月 12 日又颁布了《中华苏维埃共和国地方苏维埃暂行组织法》（草案），作为地方苏维埃建设的法律依据。

重新划分行政区域是整顿地方政权首先要解决的问题。因为红色政权是在白色恐怖统治薄弱的地区建立起来的，因此，革命根据地多位于偏僻的边界地带。许多边区只是一省、一县的一部分而不是全部（如闽西根据地），或界于数省、数县、数区之间（如鄂豫皖根据地等），如果按照旧有行政区域进行领导，极为不便。特别是基层政权，辖区过大，既不利于密切同人民群众的联系，又有碍于集中领导与指挥。因此，根据上述文件的规定，精简了村级政权，设立省、县、区、乡（市）四级地方政权组织。按照人口多少结合辖地面积，以及政治历史环境和地势等情况，调整、缩小了行政区划。如规定每乡土

①《中华苏维埃共和国临时中央政府关于苏维埃建设重要的训令》（1931 年 12 月 15 日），载 1931 年 12 月 18 日《红色中华》。

地面积不超过五里，人口5000以下；山地不超过15里，人口3000以下。每区辖山区9个乡，或平地12个乡。每县辖山区12个区，或平地15个区。省的划分则视根据地发展情况由中央决定。苏区行政区域的重新划分与缩小，是苏维埃政权民主精神的体现。毛泽东同志在第二次全国苏维埃代表大会的报告中指出："苏维埃的民主精神，还见之于其行政区域的划分。苏维埃取消了旧的官僚主义的大而无当的行政区域，把从省到乡各级苏维埃的管辖境界都改小了。这是什么意义？这是使苏维埃密切接近于民众，使苏维埃因管辖地方不大，得以周知民众的要求，使民众的意见迅速反映到苏维埃来，迅速得到讨论与解决，使动员民众为了战争为了苏维埃建设成为十分的便利。"

《地方苏维埃暂行组织法（草案）》就是根据新的行政区划分别规定了各级政权的组织与职权。内容详尽、具体，全文7章，共208条，是当时篇幅最长、条文最多的一项法律。其基本内容如下：

（一）省县区苏维埃代表大会及其执行委员会

省、县、区苏维埃代表大会（亦称工农兵代表大会）是各该级地方最高政权机关，由其下一级的代表大会和相应的红军单位选出的代表组成。各级代表大会召开的期限，法律规定省每年召集一次，县六个月一次，区三个月一次，由各级执行委员会负责召集。各级苏维埃代表大会的任务是：听取和讨论该级执行委员会的工作报告；讨论决定该级地方政府的工作方针和计划；选举和改选该级执行委员会。县执行委员会每年改选一次，区执行委员会半年改选一次。

省、县、区工农兵代表大会的执行委员会，是大会闭会期间该地区的最高政权机关，由代表大会选举产生。省执行委员会由委员55—95人、候补委员11—19人组成。县执行委员会由委员35—55人、候补委员7—11人组成。区执行委员会由委员21—35人、候补委员5—7人组成。各级执行委员会的全体会议由其主席团负责召集，会期为省四个月一次，县两个月一次，区每月一次，有重要问题急需讨论决定时，均得召集临时会议。各级执行委员会除向同级工农兵代表大会做工作报告外，还要定期向上级执行委员会报告工作，省每四个月一次，县、区至少每月报告一次。此外，各级执行委员会还必须向其所由产生的下级工农兵代表大会报告工作，以体现选民对其代表工作的监督。

省、县、区执行委员会主席团，是执行委员会闭会期间该地区最高政权机关，由执行委员互相推选组成。各级主席团人数不等，省13—19人、县9—

15 人、区 7—11 人组成。省、县、区执行委员会主席团互推主席一人，副主席 1—2 人。省、县、区每七、五、三天由主席召集主席团会议，处理日常政务，如有临时重要问题发生，可召集临时会议。

省、县、区苏维埃执行委员会之下设有各种行政机构，即劳动、土地、军事、财政、国民经济、粮食、教育、内务、裁判等部和工农检察委员会。省不另设军事部，由省军区指挥部代行其职权，负责领导县、区军事部。以上机构均为双重领导关系，即除隶属其上级同名称各部之外，还受同级执行委员会及其主席团的领导与监督。

依据《地方苏维埃暂行组织法》的规定，省、县、区苏维埃拥有以下权力：执行中央政权机关的一切法律、命令、决议与指示；执行各该上级机关的命令、决议与指示；决定并执行本区域内关于各种苏维埃建设工作的计划；解决一切地方性质的问题；统一本区域内各级苏维埃机关的行政工作。此外，根据民主集中制的原则，规定各级苏维埃之间的关系是：省苏维埃代表大会及其执行委员会对于全省各级苏维埃有监督之权。县苏维埃代表大会及其执行委员会则对全县各级苏维埃有监督之权。下级苏维埃机关必须服从上级苏维埃机关，它的决议、命令及指示，有违背中央政权机关的法律、命令、决议、指示，上级苏维埃可将其取消。下级苏维埃机关如果违抗上级苏维埃机关的命令、决议、指示，各该上级苏维埃机关可将其一部加以改造或全部予以解散。各自为政是不能容许的。

为了加强政权工作，服务于革命战争，强调各级政权的集中与统一是十分必要的。毛泽东同志特别强调加强省苏维埃的工作，他说：“省苏维埃是地方政府最高领导机关，是中央政府与各县区苏维埃之间的连锁，必须极大地加强中央政府对于各个省苏的领导，密切中央政府与各个省苏之间的联系（中央区各省与中央区以外各省），严密检查各个省苏的工作。”① 只要省级政权的工作正确、得力，革命事业的顺利发展就有了保证。

（二）乡（市）苏维埃及其主席团

乡苏维埃、市苏维埃（区属市及 4000 人以下的市）和市区苏维埃（4000

---

① 毛泽东：《中华苏维埃共和国中央执行委员会与人民委员会对第二次全国苏维埃代表大会的报告》，载《苏维埃中国》第二集，中国现代史资料编辑委员会 1957 年翻印，第 297 页。

人以上的县辖市设市区）是工农民主政权的基本组织，是密切联系广大人民群众，便于吸取群众意见的基层政权机关。“一切苏维埃的法律、命令与决议，都要经过乡苏维埃与市苏维埃传达到群众中去，并由他们发动群众来执行。”[①]乡（市）苏维埃经常的代表会议制度是苏维埃民主制度的一个体现。

根据1933年12月公布的《地方苏维埃暂行组织法（草案）》的规定，乡苏维埃是全乡的最高政权机关，由全乡选民选举之代表组成。每半年改选一次，连选可以连任。乡苏维埃的全体代表会议，每十天由主席召集一次。其职权是：执行中央政权机关及上级机关的一切命令、决议和指示；决定并执行本乡各种建设计划；决定一切地方性的问题；选举主席团。乡苏维埃对选民负责，每两个月须召集选民开会，做工作报告一次。选民对乡苏维埃的报告，有提出批评和建议的权利。乡苏维埃至少每月须向区苏维埃做工作报告一次。以实现上级苏维埃对下级的监督职权。

乡苏维埃不设执行委员会，只设主席团，由全体会议选举五至七人组成，为代表会议闭会期间全乡最高政权机关。主席团要执行乡代表会议的决议和上级的指示，一切工作都要通过它贯彻执行，负责领导全乡的工作。因此，这是乡政权工作的重要环节。主席团推选主席、副主席各一人，负责领导并处理日常事务。主席团会议每三天由主席召开一次，必要时得召集临时会议。

在乡苏维埃主席之下设有各种专门委员会。这些委员会的性质不同于一般群众团体，而是乡苏维埃的组成部分。委员会的出现是群众智慧的结晶，是苏维埃工作高度发展时期的一种创造。1933年11月毛泽东同志实地考察并总结了长冈乡、才溪乡设立各种委员会的经验，认为“这一制度的明确的统一的建立，将使苏维埃与民众的关系更加密切，将使一切苏维埃工作的执行得到雄厚的力量。”[②]随后，临时中央政府通过立法形式把乡、市基层政府设置各种委员会正式固定下来。

依照法律规定，乡、市苏维埃设立的各种专门委员会，分工管理基层各项行政事务。适应城乡的不同情况，乡可设立25个委员会，市可设立28个委员会，必要时可以增加或减少。这些委员会的重要特点之一，是组织形式灵活多样。它们有些是常设的，如扩大红军委员会、优待红军委员会、慰劳红军委员

①《中华苏维埃共和国第二次全国苏维埃代表大会关于苏维埃建设的决议案》（1934年1月），载《苏维埃中国》第二集，中国现代史资料编辑委员会1957年翻印，第315页。

②《毛泽东农村调查文集》，人民出版社1982年版，第340页。

会、土地登记委员会、粮食委员会、备荒委员会、水利委员会、山林委员会、桥路委员会、运输委员会、教育委员会、卫生委员会、赤色戒严委员会、防空防毒委员会、户口委员会、义务劳动委员会、工农检查委员会等等；有些是临时的，如选举委员会、查田委员会、开荒委员会、没收征发委员会、公债发行委员会、农业税征收委员会等等，它们在完成各自的任务后即行撤销；有些是城市专设的，如工业委员会、工业研究委员会、房屋委员会、失业救济委员会、贫民委员会、商业税征收委员会等等；有些是农村或郊区专设的，如农业委员会、农业研究委员会等等；有些是适应特殊情况设立的，如在有国家财产的市区或乡村设立国有财产委员会。

上述不同形式的委员会，主要设在乡、市一级，各委员会设主任一人，委员 3—15 人不等。在行政区域较大或工作高度发展的乡，也可以村为单位组织某些委员会，由乡委员会委员兼主任，另设委员 3—5 人，作为乡委员会的分会。

无论乡、市或村的委员会，其组成人员都十分广泛。广泛的群众性是各种委员会又一个显著的特点。它们不仅包括乡、市苏维埃代表和工农青妇等群众团体的代表，而且大量吸收工人、农民和知识分子中的先进人物和积极分子参加。由于各委员会担负的任务不同，其人员具体构成也不尽相同。例如，工业委员会主要由国营工业职工、工业生产合作社的代表及其他独立生产者组成；农业委员会的主要成员则是富于生产经验，老于农事的农民；教育委员会除各群众团体代表外，列宁小学校长、补习夜校校长、俱乐部主任在其中占有重要地位；选举委员会的工作涉及面广，其成员比其他委员会具有更加广泛的代表性，几乎包括各群众团体的代表和各方面的积极分子。乡、市苏维埃政府成员一般不直接参加委员会，主要是领导和监督各委员会的活动，只是在必要的时候，他们才以基层政权代表的身份参加特定的委员会。例如为加强查田运动的领导，乡、市苏维埃政府主席、副主席和文书均亲自参加查田委员会。而乡、市苏维埃代表则与之不同，他们必须参加一至两个委员会，在其中工作，并发挥自己的领导作用。这表明，乡、市苏维埃代表不单是政务的议决者，同时也是政务的实际推行者。

村虽不是一级政权，但它仍是乡的工作重心。特别是当乡的辖区比较辽阔或工作高度发展时，对于村的组织与领导则尤为重要。法律规定，可以村为单位组织某些必要的委员会，作为乡的委员会的分会，每一委员会由 3—5 人组成，其主任由乡的一个委员担任。毛泽东同志在《长冈乡调查》中指出：“长冈乡的村委员会（许多的委员会在村都有），使苏维埃联结了更广大的群众，这是苏维埃工作发展到高度时的很好的创造。因为村有了五人的委员会，乡的委员会许多也只要五个人就行了，而乡的每个委员会的五个人，其中四个就是四个村委员会的主任，这就把工作组成了网，对于乡代表会议的工作的帮助是极大的。”①

这些委员会的特点是：分工较细并有专人负责，从而保证了乡苏维埃周密地进行工作，取得良好的工作效果。特别是委员会吸引了大量的不脱产的工农劳苦群众参加政府工作，如福建上杭的上下才溪二乡，各吸收110人来参加乡苏维埃下各委员会的工作。瑞金的石水乡吸收了118人参加工作。这就使得苏维埃更加广泛地联系了群众，极大地发挥了群众自治的才能，充分表现了红色政权的民主性与群众性，而且是红色政权具有强大威力的根源。

乡苏维埃代表以不脱离生产为原则。代表的任务一方面是代表选举他们的选民到苏维埃去工作，传达选民意见，将选民所要进行的工作，提到乡苏维埃去讨论；另一方面是将上级苏维埃所要进行的工作，经过代表会议或主席团的讨论之后，传达到群众中去，领导各代表所在范围内的居民坚决执行上级苏维埃的命令与指示，执行乡苏维埃的决议。为了使乡苏维埃的代表与当地居民建立更密切的联系，便于吸收他们的意见，也有利于对工作的领导，根据代表与居民住所的远近，将全体居民适当分配于各个代表的领导之下。通常一个代表领导居民30—70人，使各个代表对于其领导下的居民发生固定的联系，这样做就使人民群众与苏维埃在组织上联成一片。另外，在3—7个代表之中，由乡苏维埃主席团指定一人为代表主任，其任务是在乡苏维埃主席团允许的范围内分配和指导其领导下各代表的工作，向各代表传达主席团的通知，召集其领导下的居民开会，解决较大的问题。在一村之内有两个以上代表主任，应指定一个总的代表主任，负领导全村工作之责。这样便使乡苏维埃主席团与代表之间密切地联系起来，并使村的工作得到了有力的领导。

对于不称职的代表，选民有撤回权。条件是：代表在违背选民公意的行为；或无故连续两个月不出席代表会议；或违抗代表会议决议，经过警告仍不改变；或犯其他重大错误者，得由选民10人以上的提议，经选民半数以上之同意将其撤回，或由代表会议通过，经选民半数以上之同意将其开除。这样才能充分保障人民群众的民主权利，使不良分子不可能长期驻足于苏维埃机关之

①《毛泽东农村调查文集》，人民出版社1982年版，第300页。

中，从而保证了苏维埃政权的纯洁性。

当时苏区有许多群众团体，都各自联系着不同方面的广大群众。为了苏维埃工作的群众化，“为着进一步开展苏维埃工作，必须与群众团体，特别是工会与贫农团，发生更密切的关系。……还必须与其他民众团体，如合作社、反帝拥苏同盟、革命互济会、女工农妇代表会、儿童团等等，发生密切的关系，经过他们各方面地去动员群众，来实现苏维埃政权的任务。”① 这就使苏维埃政权有了更加广泛的群众基础，苏维埃决议的执行，也就有了更加可靠的保证。毛泽东同志在总结乡苏维埃建设的经验时称赞说：“依靠于民众自己的乡苏代表及村的委员会与民众团体在村的坚强的领导，使全村民众像网一样组织于苏维埃之下，去执行苏维埃的一切工作任务，这是苏维埃制度优胜于历史上一切政治制度的最明显的一个地方。”② 依靠乡和村的民主制度，苏维埃与广大群众最密切地结合起来，从而使苏维埃成为最能发扬群众的创造力，最能动员民众力量以适应国内战争和苏区革命建设的强有力的人民政权机关，这就是苏维埃制度优越于历史上一切政治制度的最本质的特征。

四、临时革命政权——革命委员会

红色区域是从无到有，从小到大，不断地出现新区。对新区的政权机关——革命委员会，1933 年 12 月的《地方苏维埃暂行组织法（草案）》专章做了规定。

首先，确认革命委员会是临时地方政权机关。关于革命委员会的性质，早在 1928 年党的第六次全国代表大会《关于苏维埃政权组织问题决议案》中就明确指出：“革命委员会是临时政府，代表会议（苏维埃）是正式政府。革命委员会仿佛是代表会议的筹备会议。”可见，各级革命委员会在苏维埃建立以前，是各区域内的临时政权机关。

其次，规定了革命委员会建立的两种方式。这是由新区开辟的两种不同方式而决定的。第一种是暴动的方式。该地区先有革命群众团体的组织，已经开展了工作，武装暴动后，由乡（市）的革命群众团体选派代表组成乡（市）革命委员会。然后由乡（市）革命委员会选派代表与区一级的革命群众团体的

---

①《中华苏维埃共和国第二次全国苏维埃代表大会关于苏维埃建设的决议案》（1934 年 1 月），载《苏维埃中国》第二集，中国现代史资料编辑委员会 1957 年翻印，第 318 页。

②《才溪乡调查》，见《毛泽东农村调查文集》，人民出版社 1982 年版，第 336 页。

代表共同组织区革命委员会。县、省革命委员会的建立方式与区革委会类同。“革命委员会中，能吸收农民运动中最坚决的革命领袖，尤其要吸收乡间住的产业工人及出身城市或归自城市的工人”。其人选名单须报上级革命委员会或苏维埃执行委员会审查批准，被白区隔离交通断绝的地方除外。第二种是红军或游击队占领的方式。这些地区原来没有革命群众团体的组织，各级革命委员会建立的方式是由在该地工作的红军或游击队的政治机关指定委员名单，并须召集当地工农贫民群众开会宣布，还应向附近上级苏维埃或革命委员会呈报加委。

第三，革命委员会的组织机构。各级革命委员会设主席团，由该级革命委员推举，报上级苏维埃或革命委员会委任，或者由上级苏维埃或革命委员会直接委任。乡革命委员会不设主席团。各级革命委员会由主席团会议推举主席一人，副主席 1—2 人，报告上级政府委任，或直接由上级政府委任。各级革命委员会下设有各部会，如土地部、劳动部、肃反委员会等，各部除隶属于各该部的上级外，还同时受同级革命委员会的指导与节制。

第四，革命委员会的任务。根据组织法的规定革命委员会的任务是，发展工农贫民对地主豪绅的斗争；夺取地主阶级武器，武装工农；发展革命战争，消灭一切反革命武装力量；建立强有力的肃反委员会，领导群众镇压已被推翻而仍暗中活动的一切反革命分子；宣传并执行工农民主政府的政策和法令，领导群众没收并分配土地，实行劳动法；帮助群众组织工会、贫农团等革命群众团体，使之成为革命委员会的坚强支柱；在城市领导工人监督资本家的工厂企业与商店；召开工农兵代表大会，选举正式政权机关——苏维埃。革命委员会何时转变为苏维埃，由当地的最高政权机关，视工农贫民群众革命斗争发展的程度而定。

第三节　抗日民主政权组织法的健全和发展

一、抗日民主政权建设的指导原则和立法概况

1937 年，七七事变爆发后，根据党中央决定，9 月 6 日撤销中央工农民主政府西北办事处，成立陕甘宁边区政府。八路军、新四军挺进敌后，开展抗日游击战争，开辟了 18 块较大的敌后根据地。而延安则是党中央的所在地，所

有解放区的指挥中心。“在所有这些解放区内，实行了抗日民族统一战线的全部必要的政策，建立了或正在建立民选的共产党人和各抗日党派及无党派的代表人物合作的政府，亦即地方性的联合政府。”① 这就是说，除陕甘宁边区政府系由苏维埃政府转变而来以外，其他都是在敌后开展游击战争取得胜利而建立起来的抗日民主政权。这个时期，鉴于国共合作的历史条件，没有建立统一的中央民主政府。各根据地抗日民主政权统一由中国共产党中央及中央代表机关领导，它们彼此之间无隶属关系。

抗日民主政权的性质，既与大地主大资产阶级的反动政权具有根本区别，也与土地革命时期的工农民主专政有所不同。“这种政权，是一切赞成抗日又赞成民主的人们的政权，是几个革命阶级联合起来对于汉奸和反动派的民主专政。”② 抗日民主政权的这一根本性质，也反映在政权建设的指导原则中。

（一）抗日民主政权建设的指导原则

第一，共产党对政府的领导原则。

抗日民主政权必须实现共产党的绝对领导，这是由抗日民主政权的本质决定的。因为革命的敌人是富有侵略经验的日本帝国主义者，它极端凶恶与狡猾，因而斗争更为残酷，民主政府的任务更加艰巨；同时由于革命阵营内部成分较前复杂，既要克服中等资产阶级的动摇性，还要与统一战线内右翼势力的投降活动及分裂统一战线的阴谋进行斗争，因此，只有加强共产党对政权的领导，才能粉碎敌人的阴谋，巩固与发展革命统一战线和抗日民主政权，实现“团结、抗战、救中国”的历史重任。

为了加强党对政府工作的领导充分发挥政权组织的积极作用，1942 年 9 月 1 日中央政治局通过了《关于统一抗日根据地党的领导及调整各组织间关系的决定》③（以下简称《决定》，引文不注出处者，均引自《决定》）。

《决定》首先确立了党的领导一元化的基本原则，政府必须置于党的领导之下。《决定》指出：“党是无产阶级的先锋队和无产阶级组织的最高形式，它应该领导一切其他组织，如军队、政府与民众团体。根据地领导的统一与一元化，应当表现在每个根据地有一个统一的领导一切的党的委员会（中央局、分

① 《论联合政府》，《毛泽东选集》第三卷，人民出版社 1991 年版，第 1044 页。
② 《抗日根据地的政权问题》，《毛泽东选集》第二卷，人民出版社 1991 年版，第 741 页。
③ 《中共中央文件选集》第十三册，中共中央党校出版社 1991 年版，第 426—436 页。

局、区党委、地委），因此，确定中央代表机关（中央局、分局）及各级党委（区党委、地委）为各地区的最高领导机关，统一各地区的党政军民工作的领导。”因此，各级党委的成分，“必须包括党务、政府、军队中主要负责的党员干部（党委之常委亦应包括党务、政府及军队三方面的负责干部），而不应全部或绝大多数委员都是党务工作者”。各级党委有权讨论与检查党政军民各方面的工作，而不仅限于党的地方工作。中央代表机关及区党委地委的决议、决定或指示，下级党委及同级政府党团、军队的政治部和民众团体的党团及党员，均须无条件执行。上级政府的重要决定、命令和法令，须经同级党委批准，或事先商得党委负责人同意，然后再颁布。一经颁布，不仅下级政府，而且下级党委都必须无条件执行；如有不同意见，可向上级党委报告。《决定》进一步指出：“党的领导的一元化，一方面表现在同级党政民各组织相互关系上，又一方面则表现在上下级关系上。在这里，下级服从上级，全党服从中央的原则之严格执行，对于党的统一领导，是有决定意义的。”

其次，《决定》总结了实践经验，确定了党如何实现对政权系统的正确领导。指出：“党对政权系统的领导，应该是原则的、政策的、大政方针的领导，而不是事事干涉，代替包办。下级党委无权改变或不执行上级参议会及政府的决定与法令”。就是说，由党来决定政治路线、各种政策、督促检查政府对路线政策执行的情况，并总结其经验教训，而不能党政不分，越俎代庖。同时还进一步规定党要实现对参议会和政府工作的领导，“只能经过自己的党员和党团，党委及党的机关无权直接命令参议会及政府机关”。如果党团没有能够说服参议会和政府的大多数接受自己的意见时，必须少数服从多数，不得违反民主集中制的原则。但是，“党团必须服从同级党委”，如果党团成员不坚决执行党委的决议，视为违反党纪的行为，应受到处分。总之，“在政权系统中工作的党员和干部，必须服从党委和党团的决议、决定与纪律，不得利用自己的地位自由行动”，以保证党的领导的实现。在实行“三三制”的条件下，必须派遣得力的党员干部到参议会和政府中去工作。党委不能随便调用政权系统中的党员，如工作确实需要，必须经过党员本人向政权机关辞职的手续，以尊重政府的职权。

由此可见，党对抗日民主政权的领导，是政治上的领导，路线上的领导，是经过在政权中工作的党员组织党团去领导，经过党员的模范作用去体现领导，党不能直接指挥和命令政府，也不能依靠党员的多数强要非党人士服从自己的主张，而是要经过多方磋商，耐心解释，使大家心悦诚服地接受党的路线与政治主张。

在各根据地抗日民主政权创建初期，确曾存在过党对政权工作包办代替的现象，使党的领导陷入了日常事务之中，从而削弱了党的政治领导，客观上也影响了政权工作的开展。这种现象的产生，在政权建立之初是难以避免的。自从党中央发布这一《决定》后，各抗日根据地都从本地区的实际出发，作出具体规定，认真贯彻《决定》精神，这对改善党政关系，充分发挥抗日民主政权的积极性，具有十分重要的意义。

第二，"三三制"原则。

《陕甘宁边区施政纲领》规定："本党愿与各党各派及一切群众团体进行选举联盟，并在候选名单中确定共产党员只占三分之一，以便各党各派及无党无派人士均能参加边区民意机关之活动与边区行政之管理。"这是抗战中后期政权建设的一条重要指导原则。其内容是，在政权中的人员分配上，共产党员占1/3，代表无产阶级和贫农，这是在政权机关中实现共产党领导权的必要保证；非党进步分子占 1/3，代表广大的小资产阶级，从而团结大多数；中间分子占1/3，代表开明士绅和中等资产阶级，争取这些阶级是孤立顽固派的重要步骤。"这种人数的大体上的规定是必要的，否则就不能保证抗日民族统一战线政权的原则。"①

"三三制"原则是我党在总结抗日民主政权建立初期的经验的基础上，于1940 年 3 月提出来的。已经建立的民主政权和新区的政权都必须遵循这一原则进行改选和建设。党中央强调指出："这种人员分配的政策是我们党的真实政策，必须认真实行，不能敷衍塞责。"② 因此，《陕甘宁边区施政纲领》明确规定："在共产党员被选为某一行政机关之主管人员时，应保证该机关之职员有三分之二为党外人士充任"；要尊重党外人士的职权，在其职权范围内的事，放手让他们去做，主动帮助他们完成任务，以提高其积极性和责任心；还要提倡民主作风，遇事多商量，鼓励党外人士多提意见。

在各抗日根据地，"三三制"原则都得到了认真贯彻执行，取得了很大成绩。如陕甘宁边区第二届参议会选出的 18 名政府委员中，共产党员占 6 名；9 名参议会党驻议员中，共产党员占 3 名。乡参议员中，共产党员平均占 1/3 左

①《目前抗日统一战线中的策略问题》，《毛泽东选集》第二卷，人民出版社 1991 年版，第 751 页。

②《目前抗日统一战线中的策略问题》，《毛泽东选集》第二卷，人民出版社 1991 年版，第 751 页。

右，如延安乡参议员共1291人，其中共产党员546人，占42%；而绥德乡参议员2889人，共产党员仅占26%。县参议会情况大致相同。"三三制"原则的贯彻执行，团结了各抗日阶级和阶层，扩大了政权的基础，提高了抗日民主政权在各阶层群众中的信仰，这对于调动各边区人民的抗日积极性，发展与巩固抗日根据地，有力地支援前线，起了极其重要的作用。

第三，精兵简政原则。

1941年11月，在陕甘宁边区第二届参议会第一次会议上，参议员、党外人士李鼎铭先生等提出一份《政府应彻底计划经济，实行精兵简政主义，避免入不敷出，经济紊乱之现象》的提案。提案指出："……政府应实行简政主义，充实政府机构，以人少事精，胜任职责为原则，避免机关庞大，冗员充塞，浪费人力、财力等现象。"此案当即被边区参议会通过，决议交边区政府速办。

1941年12月初，中共中央向全党发出了关于精兵简政的指示。中央认为，1941年，抗日战争进入了第五个年头，抗战初期那种长驱直入向敌后进军的蓬勃发展的形势，已经成为过去。五年来敌后抗战的结果，使我各抗日根据地与敌占区犬牙交错地存在着、斗争着，形成互相包围的相持局面。日、伪军继续不断对敌后根据地进行残酷"扫荡"和逐步"蚕食"，国民党顽固派军队也对解放区进行封锁和夹击，使我解放区军民面临根据地缩小和极端严重的物质困难，因此，要战胜困难，必须适应已经变化了的情况，紧缩自己，保存力量，渡过难关，准备将来的反攻。同时，敌后战争频繁，机关部队流动性很大，机构庞大，非战斗人员过多，会造成行动不便，影响战斗，也必须紧缩机构精减人员，以适应战争的需要。加之，各抗日根据地多处于经济发展落后的农村，人民的财富有限，兵多政繁，致使人民负担过重，会发生"鱼大水少"的矛盾，如果根据地的物力财力濒于枯竭，抗日战争的前途就难以设想，革命就会遭殃。因此，只有精兵简政，才是既合乎敌后当时的实际情况，而又照顾到将来发展的"一个极其重要的政策"，是我们党在抗日战争紧急关头，战胜严重物质困难，准备胜利反攻的有效措施。

党中央指示下达以后，各抗日根据地都结合本地区情况进行深入传达与动员，建立了各级领导机关的整编委员会，统一领导，专人负责，有计划有步骤地进行精兵简政。这项工作，成为各根据地1942年到1943年的一项中心任务。为此，各边区政府制定发布了有关简政的实施纲要、整编方案等文件，并根据精兵简政和"三三制"的原则，颁布或修正了各级政权组织法。

简政的方针是精简机构，淘汰冗员，坚持民主集中制，建立工作制度，提高工作效率，减轻人民负担。根据“紧缩上级，加强下级，政事分开，合署办公”的要求，各地都裁减了骈枝机构和多余人员，克服人浮于事、头重脚轻的弊病。抽调有能力有文化的干部充实基层，以提高区乡政权的工作效能。总之，实行精兵简政政策，最终达到“精简、统一、效能、节约、反对官僚主义的目的”。从而表明，1942 年以后，精兵简政成为各抗日根据地政权建设的一项指导原则，并以其巨大的成就载入我国人民民主政权的光辉史册。

上述抗日民主政权建设的三项指导原则是互相联系的。党领导的抗日民族统一战线，是抗日民主政权的基础，“三三制”原则是统一战线政策在政权组织上的体现，加强与改善党的领导和在政权工作中贯彻简政原则，是“三三制”政权人民民主本质的要求，是实现抗日民主政权保护抗日人民，调节各抗日阶层的利益，调动一切人力物力财力，为镇压汉奸反动派，驱逐日本帝国主义出中国而奋斗的任务的根本保证。

（二）抗日民主政权组织法的立法概况

抗日战争时期，处于抗日民族统一战线的形势下，中国共产党领导的解放区与国民党统治的区域并存于中国大地，解放区军民不仅在对日作战中，抗击着绝大多数日伪兵力，起着英勇抗敌的先锋作用，解放区政权在团结抗日人民执行各项民主政策方面，也必须发挥模范作用。为此，各抗日根据地都十分重视民主政权的建设工作，先后颁布了许多各级政权机构的组织法规。大体可以分为以下三个发展阶段。

第一个阶段，时间约在 1938 年至 1940 年。随着解放区抗日民主政权的建立，或边区参议会、临时参议会的召开，及时颁布政权机构组织法，作为抗日民主政权建设的法律依据。例如，晋察冀边区行政委员会 1938 年 2 月 7 日公布《晋察冀边区县政府组织大纲》和《晋察冀边区县佐公署组织章程》、2 月 11 日公布《晋察冀边区政治主任公署组织法》，1940 年 5 月 2 日公布《晋察冀边区行政督察专员公署组织大纲》，1940 年 6 月公布《晋察冀边区县区村暂行组织条例》以及《晋察冀边区区政会议组织大纲》等。1939 年 2 月，陕甘宁边区第一届参议会通过了《陕甘宁边区各级参议会组织条例》及《陕甘宁边区政府组织条例》。1940 年 7 月 30 日山东省联合大会通过了《山东省临时参议会组织条例》、11 月 7 日公布了《山东省战时县区乡村各级政府组织条例》等。

第二个阶段，随着“三三制”政策的提出，并总结了几年来政权工作的经验，1941 年到 1942 年期间颁布的组织法较前有了一些变化。以陕甘宁边区为例，1941 年 11 月边区第二届参议会修正通过，边区政府 1942 年 4 月公布施行的《陕甘宁边区各级参议会组织条例》，较之 1939 年颁布的同名称条例，有以下变化：一是适应统一战线政策在政权工作中的进一步贯彻，某些提法上采用了与国民党政府相同的形式，如边区参议会职权中，将“议决边区之单行法规”，改为“创制及复决边区之单行法规”，及增加“三民主义”字样等。二是体现统一战线中的独立自主原则，总结政权建设的经验，发扬革命的优良传统。例如 1941 年条例第九条规定：“乡市参议会采用立法行政合一制，不设议长，副议长……休会期间不设常驻委员。”同时增补一条规定：“边区县参议员被选为政府委员者，不退出参议会”（第十一条），以区别资产阶级三权分立的政治制度。这一时期为了加强各级政权建设，颁布了许多政权机构组织法。如陕甘宁边区第二届参议会通过了《陕甘宁边区行政督察专员会署组织暂行条例》、《陕甘宁边区县政府组织暂行条例》、《陕甘宁边区各县区公署组织暂行条例》、1942 年 1 月边区政府又公布了《陕甘宁边区各乡市政府组织暂行条例》等。其他根据地，也对前一时期的政权机构组织法进行修正，如 1942 年 11 月 6 日晋西北临时参议会修正通过了《晋西北临时参议会组织条例》、《晋西北县区村各级政府组织条例》、1942 年 4 月修正公布了《晋西北村政权组织暂行条例》等。

第三个阶段，各解放区自执行精兵简政政策以来，深刻地影响着政权组织的变化，简政成为政权组织法的立法指导原则。1943 年各根据地对政权组织法又进行修正，贯彻了精兵简政的原则。如 1943 年 1 月 21 日晋察冀边区第一届参议会通过，2 月 4 日边区行政委员会公布的《晋察冀边区县区村组织条例》是对 1940 年暂行条例的修正。1943 年 9 月山东省临时参议会修正通过了一系列条例，修正了 1940 年颁布的相应条例，这些条例有，《修正山东省临时参议会组织条例》《修正山东省县政府组织条例》《修正山东省区公所组织条例》等。陕甘宁边区也依据简政的原则，由边区政府委员会讨论通过，修正了 1941 年颁布的组织法规，如边区政府 1943 年 2 月公布《修正陕甘宁边区行政督察专员公署组织条例》、《修正陕甘宁边区各县区公署组织条例》，4 月 25 日颁布《修正陕甘宁边区县政府组织暂行条例草案》，10 月公布《修正陕甘宁边区乡（市）政府组织暂行条例草案》等。修正的要点有：强调贯彻民主集中制的原则；组织机构裁并；编制人数普遍减少等，体现了精简、节约、统一、效能等精兵简政的原则。

特别是陕甘宁边区于 1943 年 3 月边区政府委员会通过的《陕甘宁边区简

政实施纲要》[①] 和同年 4 月 25 日颁布的《陕甘宁边区政纪总则草案》,[②] 是实行精兵简政的经验总结，也是这一时期政权建设中具有指导性的重要文献。它确认并重申了以民主集中制和议行合一为组织和活动原则的参议会制度，说明抗日根据地的参议会，也就是我国的人民代表大会制度在抗日战争这一特定历史条件下的具体体现，它为后来人民代表大会制度的确立和具体实施，取得了丰富的实践经验。

二、边区、县参议会的组织和职权

抗日战争时期，各抗日根据地一般设立边区、县、乡（村）三级政权机构。

首先来看边区和县参议会的组织和职权是如何规定的。各边区颁布的各级参议会组织条例，一致规定了边区、县参议会为抗日根据地边区和县抗日民主政权的最高权力机关。如陕甘宁“边区各级参议会，为边区各级之人民代表机关”、“晋西北临时参议会为本区最高人民权力机关”、《山东省县参议会组织条例》规定，“县参议会为代表全县人民之最高权力机关”。

边区、县参议会的权力机关的性质，从条例规定的组织与职权中，可以更明确地体现出来。

根据各边区参议会的组织条例与选举条例的规定，边区和县参议会主要由边区人民按普遍、平等、直接、无记名投票的方式选出的参议员组成。“但同级政府认为必要时，得聘请勤劳国事及在社会、经济、文化各方面有名望者为议员，其名额不得超过议员总数十分之一。”[③]1940 年 6 月公布的《晋察冀边区参议会暂行条例》则规定：“但因环境之必要，得由边区行政委员会聘请抗战有功之名流、学者、士绅、少数民族，为聘任参议员，被聘人选由边区行政委员会与边区抗日党派、团体、部队、学校商定之。聘任参议员名额，不得超过参议员总额十五分之一。”1943 年《晋察冀边区参议会组织条例》把聘请参议员的名额增加到“不得超过参议员总额五分之一”。各抗日根据地对于边区参议员任期的规定，三年或二年不尽相同，县参议员一般任期为二年，连选均可连任。

边区和县参议会设议长、副议长各一人，议长、副议长由参议员无记名投

---

① 《陕甘宁革命根据地史料选辑》第一辑，甘肃人民出版社 1981 年版，第 268、293 页。

② 《陕甘宁革命根据地史料选辑》第一辑，甘肃人民出版社 1981 年版，第 268、293 页。

③ 《陕甘宁边区各级参议会组织条例》(1941 年 11 月)，载《陕甘宁边区第二届参议会汇刊》，1942 年。

票民主选举产生。

边区参议会每年召开常会一次，县参议会每半年开会一次。未届会期，经同级政府之请求，或部分议员之请求，或该管辖区域内民众团体之请求，或经该参议会常驻委员会之决定，以及该区域公民百分之二十或三十之请求，得召集临时会议。各边区的上述规定大同小异。开会时，由正、副议长主持会务工作。在参议会闭会期间由议员选出常驻议员若干人，主持参议会的日常事务。

为了保障参议员正常行使职权，条例专门规定："各级参议会议员，在议会中之言论，对外不负责任。""各级参议员在任期内，除现行犯外，非经各级参议会或常驻委员会之许可，不得逮捕或罢免。"（1941 年 11 月《陕甘宁边区各级参议会组织条例》）

边区参议会的职权是：选举和罢免政府主席、副主席，政府委员及边区高等法院院长；监察及弹劾边区各级政府、司法机关之公务人员；制定边区之单行法规；批准关于民政、财政、粮食、建设、教育及地方军事等各项计划；通过边区政府提出之预算，并审查其决算；决定征收、废除或增减地方捐税；决定发行地方公债；议决边区政府主席、政府委员会及各厅厅长、高等法院院长提交审议之事项；议决边区人民及民众团体提请审议之事项；督促及检查边区政府对参议会决议之执行；决定边区应兴应革之重要事项等。

县参议会的职权是：选举和罢免县长、副县长，县政府委员和地方法院院长；监察及弹劾县政府、司法机关之公务人员；决定本县地方经费之收支；制定本县单行法规；审议批准县政府民、财、建、教等各项计划方案；议决本县人民及群众团体提请审议事项；督促与检查县政府执行参议会决议情况；决定本县应兴应革之重要事项等等。边区和县的参议会常驻委员会，是参议会两次大会之间的常设机构。这个机关各地人数不等，名称各异。在陕甘宁、晋西北边区称为常驻委员会，晋察冀边区称为驻会参议员办事处，晋冀鲁豫边区则由议长或副议长驻会。常驻委员会对参议会大会负责，但它不是权力机关，也不是执行机关。其职权是：（1）根据大会决议精神，处理会内日常事务，如完成大会未竟的工作，经常与参议员联系，随时了解与掌握人民的意见与要求，与上下级参议会或常驻会取得联系，以加强了解，取得协助，推动工作。（2）监督同级政府执行参议会的决议。（3）听取同级政府的工作报告。政府应定期向常驻委员会报告工作，边区政府三个月一次，县政府两个月一次，以了解政府工作情况。（4）向同级政府提出建议与询问，以帮助和监督政府工作。（5）为了了解政府的工作及提出可行的意见，常驻会有权派代表出席同级政府委员会会议。（6）根据需要，决定召开参议会临时大会。（7）在特殊情况下，常驻委员会与政府委员会有权召开联席会议，决定紧急措施事项。但嗣后须经参议会追认。

抗日民主政权的参议会制度，是便于一切抗日的阶级与阶层行使自己的权力和参加国家管理的政权组织形式。但它的建立与完善经历了一个过程。以陕甘宁边区为例，1939年1月边区第一届参议会召开，虽然也经过普选，但非党员和富有者当选为议员的很少，边区政府聘请的十位地方绅士，由于对他们重视不够，没有发挥应有的作用。那时不仅各阶层的意见得不到充分反映，积极性得不到调动与发挥，而且政权机关也因缺乏监督，从而妨碍政权工作的改进与加强。直到1941年11月召开边区第二届参议会时，由于认真贯彻了“三三制”的原则，才使得边区各级参议会成为真正的抗日民族统一战线的政权。以后在党的领导下，团结广大抗日人民，充分调动他们的政治积极性，使他们在边区政权管理、生产建设、支援战争等各方面表现出主动精神，贡献才能与力量。从而，使得抗日民主政权在夺取抗战胜利的正义事业中，发挥了巨大的组织、动员的作用。

三、边区、县政府的组织机构和职权

各抗日根据地边区政府公布的政府组织条例，具体规定了边区和县政府的组织机构和职权。

（一）边区政府委员会

边区政府委员会是综理全边区政务的统一领导机关，由边区参议会选举委员若干人组成。“在边区参议会闭幕期间，边区政府为边区最高权力机关，对边区参议会负责，领导指挥全边区政务。”[①] 它的职权是：对于边区行政，得颁发命令，并得制定边区单行条例及规程，但关于增加人民负担、限制人民自由、确定行政区划以及重要行政设施，须得边区参议会之核准或追认；对于所属各机关所为之命令或处分，认为有违背法令，逾越权限，或其他不当情形时，得停止或撤销之。边区政府委员会为民主集中制之组织，一些重要事项，诸如选举，执行边区参议会议决案、编制预算决算、确定或变更行政区域、任

① 《陕甘宁边区政纪总则草案》（1943年4月25日），载《陕甘宁革命根据地史料选辑》第一辑，甘肃人民出版社1981年版，第294页。

免所属行政人员、咨调地方部队及督促所属军警维持地方治安、处分公产及筹划边区公营事业事项，均须依据边区政府委员会之决议执行。

边区政府设主席一人、副主席 1—2 人，由参议会在边区政府委员中选举产生。边区政府正副主席为边区最高行政长官，对边区参议会及边区政府委员会负责，统一领导全边区政务。其职权有：召集边区政府委员会，开会时为主席；代表边区政府，执行边区政府委员会之决议案；代表边区政府，监督全边区行政机关执行职务；以及处理边区政府日常及紧急事务等。“在两次政府委员会之间，所有关于政策命令制度之设施，人事之进退，以及重要的指示，概须经正副主席裁决。”①

边区政府执行日常政务的领导机关是政务会议。举凡一切行政方针及具体计划、立法原则及单行法规，治安司法行政以及专员、县长、各级法官之任免事项等，通过政务会议讨论决定，可分发各厅、处、院立即执行，以提高行政效率。可见，政务会议是全边区行政最高的执行机关，对政府委员会和参议会负责。边区政府主席为政务会议当然主席，政府委员及执行政务之各厅、处、院等负责人都出席政务会议，有发言权和表决权。

在边区政府内设有各厅、处、部等职能机构，如陕甘宁边区政府设立民政、财政、教育、建设各厅和秘书、保安、审计等处，以及保安司令部。边区高等法院也受边区政府统一领导。

晋察冀边区政府名称为“行政委员会”，山东解放区则称“战时工作推行委员会”，后改为“战时行政委员会”，由主任委员、副主任委员领导。名称虽异，组织与职权与陕甘宁、晋冀鲁豫边区政府基本相同。

有些敌后抗日根据地，在边区政府之下，还设有“行政公署”。如《晋察冀边区行政委员会组织条例》规定：“因战争环境之需要，得于适当地区设置行署，代行其职务。”《山东省行政公署组织条例》规定：“将全省划分为若干行政区，设行政公署”。“行政公署为行政区之行政最高领导机关，在不抵触省法令范围内，带有地方性的应兴应革事项，得依照本行政区参议会之决议发挥其独立自主的精神，但重大行政设施须呈请省行政委员会核示。”

各边区皆将所属两个以上的县，划为一个行政分区，设行政督察专员公署。它是边区政府的辅佐机关，在边区政府或其行政公署的领导下，指导督察

①《陕甘宁边区政纪总则草案》（1943 年 4 月 25 日），载《陕甘宁革命根据地史料选辑》第一辑，甘肃人民出版社 1981 年版，第 294 页。

辖区内各县政务。

（二）县（市）政府

“县（市）政府为边区政务推行之枢纽。县（市）政权工作的领导机关，对上级政府及县（市）参议会负责，领导和执行全县（市）政务。”① 县政府由县参议会选举县长一人，必要时增选副县长一人，委员若干人，组织县政府委员会，呈请边区政府加委。在县参议会未成立以前，则由边区政府直接委任。县政府委员会的任期，一般与县参议员同，连选得连任。如未届期满，上级政府欲调升县长和委员时，县政府须通知县参议会改选，不能选举时，则由上级政府派员代理。县政府委员会在边区政府领导和县参议会监督下，总理全县行政事务。其职权有：在不抵触边区政府法规下，得颁布县的单行法规，但须呈请边区政府核准；决议县政府各部门的工作计划；执行县参议会决议及边区政府和主管机关令行各事项；编制县的财政收支及县政经费预决算；任免所属政务人员；全县应兴应革之事项；其他县政府委员会认为应讨论事项。

县长、副县长为一县之行政长官，对边区政府、县参议会、县政府委员会负责，统一领导县政府政务。他有权召集县政府委员会议，开会时为主席；领导所属执行上级政令及县政府委员会决议；处理县政府之日常工作与紧急任务。

县政府下设各室科，分别掌握民、财、建、教、司法、保安等事项。

为增强县政府机构，加强县政府对乡（市）政府的领导，各县根据县境环境及需要，划分为若干区，设立区公署。晋察冀边区和山东解放区称为区公所。作为县政府执行政务的协助机关。区公署（所）根据县政府的命令和指示，直接指导各乡（市）政权工作。

四、乡政权的组织与职权

乡（市）② 政权是民主政权的基础。它最接近群众，直接反映民意，是人民群众可以直接议事管事的基层组织。所以，各抗日根据地都十分重视基层政权的建设和改造，把加强乡（市）政权，视为当务之急。精兵简政在政权工作方

①《陕甘宁边区政纪总则草案》（1943 年 4 月 25 日），载《陕甘宁革命根据地史料选辑》第一辑，甘肃人民出版社 1981 年版，第 293 页。

② 陕甘宁边区的基层政权称“乡”，与乡同级的市镇称“市”。

面，贯彻了精简上层，充实与加强基层的原则。

各抗日根据地制定的有关基层政权的条例和指示，具体规定了乡（市）政权的组织与职权。

乡（市）参议会由人民选出的参议员组成。“乡（市）参议会采用立法行政合一制，不设议长、副议长，开会时推举主席团三人主持会务，乡（市）长为当然主席团之一，休会期间不设常驻委员会。”①

“乡（市）参议会为全乡（市）政权最高机关，乡（市）参议会休会时，乡（市）政府委员会为乡（市）政权最高机关。”② 实行精兵简政以后，1943 年 10 月《修正陕甘宁边区乡（市）政府组织暂行条例草案》则规定：“乡（市）参议会休会期间，乡（市）长负乡（市）行政最高责任。”③

乡（市）参议会每年改选一次，乡（市）长及政府委员同时改选，但连选得连任。乡（市）长当选后，须呈请县政府加委。乡（市）长对本乡（市）参议会负责并报告工作，同时对上级政府负责，掌理全乡（市）政务。乡（市）长及政府各委员如有违法失职，乡（市）参议会可以随时将其罢免，或由县政府将其撤免，然后由参议会改选。乡（市）政府除乡（市）长和文书脱离生产外，其他委员均不脱产。

乡（市）参议会每两月开会一次。但未届会期，乡（市）长认为确有必要，或辖区内的村长、行政村主任（市的坊长、甲长）联名请求，或 1/10 以上选民请求时，得召集临时会议。与边区、县不同，乡（市）参议会开会时，非参议员之村长、行政村主任（坊长、甲长），不仅可以出席会议，而且他们与一般参议员一样有发言权和表决权。

乡（市）参议会的职权有：选举并罢免乡（市）长及乡（市）政府委员；监督与弹劾乡（市）及村（坊）行政人员；议决并执行本乡（市）应兴应革事项及上级政府交办事项；议决本乡（市）经费之收支；议决人民公约；议决并执行本乡人民及民众团体提交审议之事项等。

为了工作的需要，同时也为了吸收更多的积极分子或有某些经验和技能的人参加政府工作，1941 年 11 月边区第二届参议会通过的《陕甘宁边区各乡市

---

①《陕甘宁边区各级参议会组织条例》第九条，1942 年 4 月公布。

②《陕甘宁边区各乡市政府组织暂行条例》（1942 年 1 月），载《抗日根据地政策条例汇集——陕甘宁之部》，1942 年。

③《修正陕甘宁边区各乡（市）政府组织暂行条例草案》（1943 年 10 月），载《陕甘宁边区政策条例汇集》续编，1944 年。

政府组织暂行条例》规定，在乡（市）政府下常设：优待救济、文化促进、经济建设、锄奸、卫生保育以及人民仲裁委员会。必要时，乡（市）政府还可设立其他临时委员会。各委员会由3—5人组成，委员与主任委员，均由乡（市）政府聘任，主任委员多为乡政府委员，委员为不脱产的劳动群众。

其他各敌后抗日根据地基层政权的组织与职权，与陕甘宁边区略有不同，名称也不一样。如晋察冀边区、晋冀鲁豫边区的基层政权单位是村，由全村公民组成的村民大会为村政最高权力机关。村民大会闭会期间，由村民代表会代行其职权。村民代表会由村公民选举代表组成。村民代表会选举主席、副主席、秘书各一人。村民代表会每月开会一次，其职权与陕甘宁边区乡（市）参议会相似。村公所为村政执行机关，由村民代表会选举委员3—5人、治安员一人、人民武装中队长及指导员各一人组成村公所村务会议，讨论决定村政重要事项。

总之，各抗日根据地政权组织法所规定的基层政权的组织制度，是便于接近与领导群众，充分发扬民主，实现"直接民权"的组织系统。它拥有广大的群众基础，与人民武装相结合，吸收群众参加政府工作，而又有坚强的统一领导，它高度地发挥了抗日民主政治的效能，为基层政权民主化提供了宝贵的经验。

第四节 解放区人民政权组织制度的特点

解放战争时期，人民民主政权的建设经历了两个阶段。第一阶段，从抗战胜利到1946年6月国民党反动派发动全面内战，这时，民主政权的性质及其组织形式，与抗战时期基本相同。如1946年4月召开的陕甘宁边区第三届参议会仍然贯彻"三三制"的原则。其他根据地政权也还采取参议会的形式。1946年1月16日颁布的《辽西区各市县临时参议会暂行组织条例》、1946年3月18日颁布的《张家口市参议会组织暂行条例》等都是这一时期具有代表性的政权组织法规。第二阶段，从1946年7月到1949年10月中华人民共和国成立。由于国民党反动派破坏和平统一，点燃了内战的烽火，国内阶级关系发生了重大变化，城乡人民政权也有了进一步的发展。随着解放战争的胜利发展，解放区不断扩大并逐渐连成一片。为适应新形势的需要，成立了大解放区的人民政府。在大批新解放的城市中，则以军事管制委员会作为过渡性的政权机构。在政权组织形式方面，出现了由参议会向人民代表大会过渡的各种形式，如农村中的区乡两级人民代表会、城市中的各界代表会议等。此外，这个时期还成立了我国第一个相当于省级的民族自治政府——内蒙古自治政府。与此相适应，各解放区分别颁布了各种形式的政权组织法规。它们体现了解放战争时期人民民主政权组织形式多样化的特点，为建国后的人民政权建设奠定了基础。

一、大解放区的人民政府

（一）大解放区的形成和大区人民政府的建立

随着军事战线上的胜利推进，解放区成倍的扩大。1949 年 6 月统计，解放区面积已达 296 万余平方公里，占全国领土总面积的 30%强，解放人口两亿七千九百万人，占全国总人口的 58%以上。解放了北平、天津、南京、上海、武汉、西安等大城市。原来分散的根据地，逐步连成大片，形成了几个大的解放区，这就为解放区政治、经济、文化等各项工作的统一创造了条件。大解放区是依据军事上的战略区而划分和命名的。除华东解放区外，其他解放区在地方政权建设的基础上，都先后成立了大区的人民政府，统一领导各该地区的政务工作。

陕甘宁边区即西北解放区。人民解放军转入外线作战后，陕甘宁边区迅速扩大，到 1949 年初，已与晋绥解放区连接。为了适应迅速发展的革命形势，集中力量支援前线，争取祖国大西北的早日解放，同年 2 月 8 日，陕甘宁边区参议会常驻议员、边区政府委员与晋绥解放区的代表举行联席会议，接受晋绥行署及晋绥临时参议会的请求，决定两个解放区合并，将晋绥边区划归陕甘宁边区政府领导。为此，陕甘宁边区政府 2 月 21 日发布通令，并于 4 月 9 日通过了《陕甘宁边区政府暂行组织规程》，其主要内容是：陕甘宁和晋绥两边区合并后，边区最高行政机关仍称陕甘宁边区政府。原晋绥边区行政公署撤销，划分为晋南、晋西北两个公署，归陕甘宁边区政府统一领导；由于边区辖区的扩大，需要增补政府委员，由原来的 16 人增到 31 人；同时扩大政府组织机构，并规定其具体职权。西安解放后，边区政府迁至西安。建国后，1950 年 1 月建立西北军政委员会，陕甘宁边区政府完成了光荣的历史使命后，建制撤销。

华北解放区，是 1948 年 5 月下旬由晋察冀解放区和晋冀鲁豫解放区合并而成，设立华北联合行政委员会为华北解放区最高行政机关。同年8月7日，华北临时人民代表大会在石家庄市召开。代表大会由区域代表、职业或团体代表及聘请代表组成。16日，大会通过了《华北人民政府组织大纲》，[①] 规定“华北人民政府综理全华北区政务，并根据华北临时人民代表大会及华北人民代表大会所通过之施政方针及决议案制定实施条例及规程”。会议选出政府委员27人，组成以董必武同志为首的华北人民政府，统一了华北解放区的政权，陆续建立起华北区的省、县（市）、村各级政权。华北解放区政权的统一，不仅对华北人民的政治、经济、文化生活有很大意义，而且对其他解放区也有着积极的影响。因为，华北区位于各大区之间，便于联系各大区，处于重要的战略地位，在支援南线作战，恢复与发展生产中，发挥了重大的作用，特别是为建国后中央人民政府各机关的建立奠定了基础。1949年10月25日，政务院呈请中央人民政府委员会宣布由政务院接管华北人民政府，其所辖五省二市划归中央直辖，27日华北人民政府因完成其历史任务而奉命结束。

东北解放区的政权建设，是从解放战争初期开始。1946年8月7日在哈尔滨召开了东北各省市代表联席会议，通过了《东北各省市民主政府共同施政纲领》和《东北各省市（特别市）行政联合办事处组织大纲》，组成了东北各省市行政联合办事处的行政委员会，简称东北行政委员会。1948年11月2日，辽沈战役取得了彻底的胜利，东北全境解放。此后在有3400万人口的整个东北地区建立了村、县、省各级民主政权。1949年8月21日，东北人民代表会议在沈阳开幕，选举41人为东北人民政府委员，27日，东北人民政府成立。从此，东北解放区政权建设进入了一个新阶段。

中原解放区，1947年7月，我军转入战略大反攻后，晋冀鲁豫解放军与华东解放军配合作战，迅速扩大了中原解放区的领域，先后建立起豫西、豫皖苏、鄂豫、皖西、桐柏、江汉、陕南等七个行政公署。1949年3月3日，中原解放区召开临时人民代表大会，选举产生政府委员和主席，成立了中原临时人民政府。1950年2月奉命撤销，为中南军政委员会所取代。

华东解放区，包括山东解放区、苏北、皖北等行署，以及淮海战役后人民解放军南下在长江下游新解放的广大地区和上海、南京等大城市。中华人民共和国成立前，华东解放区未建立大区人民政府，直到1950年1月才成立华东军政委员会。

---

① 载《华北人民政府法令汇编》第一集，华北人民政府秘书厅1949年编印。

（二）大解放区人民政府的组织机构和职权

各大解放区人民代表大会（会议）都通过了大解放区人民政府组织法。如1948年8月16日《华北人民政府组织大纲》、1949年3月《中原临时人民政府组织大纲》[①] 和1949年4月9日《陕甘宁边区政府暂行组织规程》。[②]

根据这些组织法规的规定，各大区人民政府为各该区最高行政机关，统一全区行政领导。政府委员由21—39人组成，设主席一人、副主席二人。华北解放区由于辖区广阔，人口众多，设副主席三人。正副主席由政府委员会委员互选产生。

大解放区人民政府的职权是：根据本区人民代表大会通过的施政方针及决议案制定实施条例、法令及规程；制定全区生产建设、财政、金融贸易、文化教育、公安、司法的方针和计划；决定全区人力、物力、财力的负担政策及动员支前事项；决定行政区划及各级人民政府之组织设施；决定全区各级人民代表大会选举事项；任免大区政府各部、院、厅长、委员会主任、银行经理及行署主任级以上人员；审核全区预算决算事项；组织全区人民武装及其他重大事项。执行上述职权，必须由政府委员会作出决议。

大解放区人民政府主席的职权是：召集政府委员会，并为主席；领导、督促和检查各级人民政府执行本区人民代表大会及人民政府委员会决议之情况；处理本府日常政务及紧急事项，但应由政府委员会决议之事项，须提请追认；对外代表本区政府等。

大解放区人民政府下一般设有民政、教育、财政、农业、公营企业、交通、公安、司法厅（部）、银行、法院、秘书处等机构，在主席领导下，分掌各该主管事项。陕甘宁边区政府还设有财政经济委员会、人民监察委员会和少数民族事务委员会。各厅（部）、行、院、处、会对其主管的业务问题，有权监督、指导下级政府执行，并可发布命令和指示。如大解放区人民法院即可就司法工作的有关问题向全区各级司法机关发布命令、通令和指示等。

为了执行大区人民政府委员会的决议，解决所属各部门相互之间有争执的工作问题，设立政务会议。由主席、副主席、秘书长、各厅（部）、行、院、处、会的领导组成。政务会议讨论的问题，系执行中的问题，而非决议的问题。因此，为了提高工作效率，加强责任制，法律规定赋予主席以最后决

---

① 载《中原政报》1949年第1期。

② 载《陕甘宁边区重要政策法令汇编》，陕甘宁边区政府秘书处1949年编印。

定权。

（三）大解放区人民政府的地位与作用

在解放战争时期，全国性的中央政权机关还没有建立，各大解放区人民政府之间没有隶属关系，都在党中央的统一领导下，作为本地区最高政权机关，统一领导辖区内各级地方政府。

这样做，一方面由于我国幅员辽阔，解放区有广大的乡村，又有众多的城镇，各个地区发展不同，地理条件各异，解放的时间又先后不一，工作发展极不平衡，具有十分复杂的地区性的特点。因此，在一定时期内，全国各个地区的政权建设和经济建设等工作，不可能实行完全一致的步调或采取毫无区别的措施。必须在党中央集中统一的领导下，照顾到地区性的差别和各自的特点，赋予大解放区人民政府以较大的职权，让它们依据党中央统一的政策方针，因地制宜地采取适合于当地情况的办法和措施，来完成各项革命和建设任务。另一方面，建立大解放区政府，在较大范围内统一行政权力，克服原来小块根据地各自为政的分散状态，是革命形势迅猛发展和解放区日益扩大所提出的要求。无论是全地区的各项政策的制定与执行，军事的战略和部署，生产建设以及政权建设等方面都要求权力的集中和统一，以便服务于解放全中国的总任务，并为全国政权的建立创造条件。如华北人民政府成立后，制定了许多新的法令条例，整顿了全区政权组织体制，统一财政收支，规定新的税收制度，确定工商企业和贸易的管理办法，整顿发展文教事业，建立统一的司法制度，并在1948年12月与华东、晋绥、陕甘宁等解放区联合成立了中国人民银行，发行人民币，统一币制；还决定由华北人民政府“将华北、华东和西北三区的经济、财政、贸易、金融、交通和军事工业的领导和管理工作统一起来，以利支援前线，并且准备在不久的将来，将东北和中原两区的上述工作也统一起来”①，为建立全国政权准备条件。由此可见，大解放区人民政府的建立，既有利于统一和集中，又照顾了不同地区的特点，使它成为当时政权体系中贯彻民主集中制的重要环节。同时，大解放区人民政府的建立，也为全国行政体制的统一奠定了基础。中华人民共和国成立以后的大行政区就是以这个时期的大解放区为基础形成的最高地方行政单位，大区人民政府（华北人民政府除外）就

① 《中共中央关于九月会议的通知》,《毛泽东选集》第四卷，人民出版社1991年版，第1345页。

是大行政区军政委员会的前身。

二、新解放城市中的军事管制委员会

当人民解放军转入战略进攻，革命逐步走向全国胜利的时候，解放了大量的城市。仅 1947 年 7 月到 1948 年期间，人民解放军就解放了 164 座城市。城市是经济发展的中心和工人阶级集中的地方，在发展生产、继续支援解放战争中，居于极为重要的地位。同时，在旧中国，城市曾是敌人统治的据点，反动组织比较严密，反动势力比较顽固，情况极为复杂。我们虽然在军事上取得了胜利，夺得了城市，但在政治、经济、文化各个领域却面临着非常尖锐和复杂的斗争，暗藏的、不拿枪的敌人时刻在窥测方向，妄图颠覆人民的政权。因此，如何顺利接管城市，成为革命发展的新课题。

对于新解放区的城市工作，党的政策是：消灭一切反动力量，解散一切反动党派和团体，依法严惩罪恶极大的反革命罪犯；没收官僚资本，接收并保护一切公共机关、公共产业和公共物资；保护民族工商业，严禁任何破坏；建立革命的政权机关和生产物资的管理机关；逐步建立革命的群众组织；留用国民党经济、文化机关和企业中可以留用的人员，责成他们看守原单位的财产和文件。并且规定了贯彻这些政策的界限。

在城市政策执行的过程中，对于城市管理的组织形式问题，党中央及时总结了各地成功的经验，于 1948 年 11 月 15 日发布《关于军事管制问题的指示》，确定在新收复的大城市中实行军事管制制度是最好的组织形式。

军事管制的目的是，为了迅速肃清反动残余势力，建立革命新秩序，以保障国家和人民生命财产的安全。实行军管的城市，成立军事管制委员会，作为新解放区城市的过渡性的政权组织形式。如 1949 年 2 月，北平市军事管制委员会成立，开始接管工作，并公布《中国人民解放军北平市军事管制委员会组织条例》（草案）。4 月 23 日解放南京市，成立南京市军事管制委员会。5 月 6 日武汉解放、20 日西安解放、27 日上海解放，也都相继成立了军事管制委员会。

军事管制委员会在人民解放军总部、军区及前线司令部的领导下，为该城市军事管制期间统一的军政领导机关。根据《北平市军事管制委员会组织条例》规定，军管会的任务是：（1）镇压反革命分子的活动，肃清一切残余的敌人、扰乱社会秩序的散兵游勇，以及进行武装抵抗的分子，逮捕战犯及罪大恶极的反动分子，收缴一切隐藏在民间的军火武器及其他违禁品，解散国民党、三青团及南京政府系统下的一切反动党派和团体，收缴其反动证件，登记其各级负责人员，对其中少数分子实行管制。（2）接管一切公共机关、公共产业、公共物资及其他一切公共财产，没收那些应该没收的官僚资本。（3）保障我国人民及守法外侨生命财产的安全，保护工农商学各界一切正当的权利，迅速恢复市政建设，建立正常的社会秩序，消灭一切混乱现象。（4）动员一切公私力量沟通与建设城乡正常经济关系，特别要解决好城市人民的粮食及燃料的供应，稳定物价，力求安定人民生活。（5）发动与组织革命的群众团体，帮助建立系统的人民民主政权机关。为执行上述军事管制任务，军管会有权发布戒严令，并依据中共中央及人民解放军的政纲，发布临时法令。

军事管制委员会的组织，各城市大同小异，设主任、副主任、秘书长各一人。其下属机构，以长沙市军管会为例，设有：

警备司令部兼防空司令部，主要负责镇压进行阴谋活动的破坏分子，肃清一切反革命武装及散兵游勇，执行军纪、军法及戒严、解严等事项，并有效地组织防空。

市政府，设市长、副市长。市政府主要负责市区内民政、教育、公安、交通、司法、卫生、消防等一切市政建设工作。管理财政、贸易、金融及有关外国侨民等事项。根据工作需要，可设立民政局、财政局、建设局、公安局、工商局、劳动局及人民法院等机构。

财经接管部，负责接收和处理敌伪产业及公共物资财产，没收官僚资本，代管属于国家之企业，以待将来移交给全国性的人民政府。对其他属于本市的公营企业，则协助有关主管机关进行接收管理，并负责动员一切公私力量，沟通城乡关系，指导、组织对城市粮食、燃料及人民日常生活必需品的供应。根据工作需要，可设工矿处，金融处、贸易处、财粮处、农林水利处及后勤处等，分别管理各项工作。

交通接管部，负责接受铁路、航运、公路、邮电等国民经济命脉的重要部门，并设立铁道处、邮政处、电讯处、航运处、公路处等管理各项事业。北平市军管会则将交通、邮电与财经等统由物资接管委员会一并管理。

文化接管部，负责接受一切属于国家的公共文化教育机关及一切文物古迹。设立学校教育处、文艺社教处、新闻出版处。文物古迹多的城市则专设文物部（或处），主管博物馆、文物、遗址及图书馆等工作。

公安处，为建立革命秩序，保障人民安全而设立的独立工作部门，统一掌握地方治安、机关保卫和警政建设事宜。北平军管会无此组织，这些工作概由市政府公安局负责。

在秘书长领导下设秘书处、行政处，负责处理军管会日常的内部管理、生活供应及文牍等工作。

军事管制委员会不是由人民选举产生，而是由解放军总部及军区委任人员组成。因为新解放的城市，反革命势力盘根错节，人民对党还缺乏深入的理解，群众尚未组织起来，在这种情况下，根本不具备实行民主选举的条件。军事管制委员会，从形式上看，确是一个军事性质的高度集中的对敌专政机构，但是它为实现人民民主、筹建民主政权，做了大量的准备工作。待其任务基本完成，该城市系统的政权机关已经建立，并经上级主管机关批准后，军管会即将一切权力移交当地人民政府和警备司令部。那时军事管制委员会即可宣布撤销。

总之，军事管制委员会是在一定历史条件下，在特定地区，实行人民民主专政的一种过渡性的组织形式，它对于肃清反革命势力，镇压敌人的破坏和捣乱，安定社会秩序，帮助建立革命政权等方面，发挥了巨大的作用，是人民民主政权建设中创造的成功经验。

三、各级人民代表会议和各级人民政府

（一）各解放区行政区划的统一，省市建制的确立

随着解放战争的胜利推进，解放区政权建设的发展，特别是五大解放区形成后，各大解放区都根据革命形势和生产建设发展的要求，参照各地政治、经济、交通、人口以及历史和自然状况等条件，对根据地行政区划进行了较大的调整，其总趋势是区划扩大，统一集中。一种情况是在老解放区和半老区，撤销行政公署制改为行省制，即以省（市）作为大解放区的构成单位。如华北解放区，1948 年 8 月华北人民政府成立后，10 月曾将全区划分七个行政公署（北岳、冀中、冀南、冀鲁豫、太行、太岳、晋中）和石家庄、阳泉两个直辖市。1949 年华北全境解放后，7 月又进行了一次大的调整，即将原有的七个行署撤销，以旧省界为基础，并考虑到经济发展、历史关系和自然条件等，把大区划为河北省、山西省、察哈尔省、绥远省，并在鲁西南、豫北、冀南接壤地带设立以新乡为省会的平原省，另有北平、天津两个直辖市。这时将石家庄、阳泉等城市改为省辖市。从此，华北区辖五省二市。另一种情况是合小省为大省。如东北解放区，在原来实行小省制的基础上，1948 年划为八个省，即松江、合江、嫩江、黑龙江、吉林、辽北、安东、辽西省和沈阳、哈尔滨、长春三个特

别市。为了适应经济恢复与生产建设的需要，1949 年 4 月 21 日又重新划为六省四市，即辽宁、辽西、吉林、黑龙江、松江、热河六省，沈阳、抚顺、鞍山、本溪四市。

新解放区则与老区不同，鉴于政权建立之初，环境复杂，战勤等工作任务繁重等情况，为加强对县的领导，提高工作效能，在一定时期内，仍有建立行署的必要，如川东行署、苏南行署等，在全国解放后还存在了一个时期。边区制及行署制是我国解放区的行政区划管理制度，它的产生和发展，是与我革命根据地的历史发展和革命任务的要求相适应的，在我国革命政权建设史上发挥过重要的作用。一俟战争任务结束，土地改革完成，经济建设开始，地区性差别缩小，以及群众组织程度的提高和人民民主政权已经巩固的条件出现之后，废除行署制就提上了日程。这一变化过程直到中华人民共和国成立后才最终结束，而在全面范围内普遍实行统一的省（市）建制。

（二）在贫农团和农会基础上建立区乡（村）两级人民代表会议

在新解放区和半老区的农村开展反对封建土地制度的斗争中，广大农民群众在党领导下建立的农民协会和贫农团就成为农村临时性的基层政权，从而排斥了地主富农和其他反动分子参加，保证了基层政权切切实实地掌握在基本群众的手里。农民协会和贫农团在领导农民完成土改、支援前线及其他各项工作中确实发挥了政权机关的作用。

1947 年冬，晋绥边区的崞县、华北解放区的平山县等地区，实行土地改革过程中，在贫农团和农会的基础上，建立起区、村两级人民代表会议，并选出了政府委员会。这种由农民群众选举产生的权力机关一经产生，就显示出它的权威性，发挥了重要的作用。1948 年 4 月，毛泽东同志及时发现和总结了华北、晋绥等地的新经验，指出："在反对封建制度的斗争中，在贫农团和农会的基础上建立起来的区村（乡）两级人民代表会议，是一项极可宝贵的经验。只有基于真正广大群众的意志建立起来的人民代表会议，才是真正的人民代表会议。""这样的人民代表会议一经建立，就应当成为当地的人民的权力机关，一切应有的权力必须归于代表会议及其选出的政府委员会。到了那时，贫农团和农会就成为它们的助手。"① 接着，他进一步指出："在区村两级人民代表会议普

①《在晋绥干部会议上的讲话》,《毛泽东选集》第四卷，人民出版社 1991 年版，第 1308 页。

遍地建立起来的时候，就可以建立县一级的人民代表会议。有了县和县以下的各级人民代表会议，县以上的各级人民代表会议就容易建立起来了。”[①] 以上就是解放区的干部和群众在反封建斗争中创造的，毛泽东同志总结制定的解放区政权建设的具体途径。同年 12 月 20 日，党中央发布了《关于县、村人民代表会议的指示》，指出，在土地改革结束以后，一切有关扩兵、战勤和生产建设等重要工作，都必须经过人民代表会议讨论通过，以充分发挥它密切联系群众，决定本地区重大问题的政权机关的职能。未建立人民代表会议的地方，应根据上述经验，迅速建立起来。

党中央的指示和毛泽东同志的讲话推动了各解放区的政权建设工作。在 1948 年 9 月到 1949 年 3 月，在老解放区和半老区开展了群众性的建政活动，普遍建立了区村（乡）两级人民代表会议。许多地方开始或筹备建立县和省的各界人民代表会议。由此可见，在贫农团和农会基础上建立的区乡（村）两级人民代表会议，是解放区政权建设的基石，为中华人民共和国的成立及其政权建设奠定了坚实可靠的基础。

（三）城市各界代表会议是人民代表大会制度的过渡形式

如前所述，城市曾是国民党政府长期统治的中心，情况极为复杂。解放之初，马上召开民主选举的人民代表大会是不现实的。但人民的政权必须与人民群众保持密切的联系，才能体现出政权的人民民主本质。

为了找到人民政权与广大群众联系的最适当的组织形式，新解放的城市进行了多种形式的探索。比如，石家庄市试图先将群众组织起来，使其成为人民政权的支柱和党的耳目。但是，由于准备工作不充分，突然召开了工厂的职工大会和市区的贫民大会，成立了工厂的工会和街道的贫民组织，结果给敌人以可乘之机，造成组织严重不纯，未能达到预期的目的。另一种组织形式，是在各城市解放之初，即由军管会和市政府邀请各界或各业的代表举行座谈会，在会上报告党和政府的政策及有关施政措施，并征询各界代表对各项工作的意见，以此作为联系各界群众的一种组织形式。各界各业座谈会是临时性的不固定的协商组织形式，在许多城市解放初期曾采用过，起了一定的作用。但是，由于它没有固定的组织和制度，解决不了与群众的经常联系，所以它不能成为

---

①《在晋绥干部会议上的讲话》,《毛泽东选集》第四卷，人民出版社 1991 年版，第 1309 页。

政权组织。还有一种形式，即有的城市解放不久，就仿照老区城市的做法由军管会和政府聘请参议员成立临时参议会。由于参议会这种形式，在国民党统治时期给群众留下很坏的印象，被聘请的参议员往往又是社会的上层分子占多数，而缺乏广泛的代表性，并且临时参议会仅为咨议机关，所以新解放地区的人民群众对参议会不感兴趣，因而，这一组织形式，同样不可能成为与群众建立密切联系的组织形式。

中共中央总结了新解放城市工作的经验，于1948年11月30日发布了《关于新解放城市中组织各界代表会的指示》，明确指出："在城市解放之后实行军事管制的初期，应以各界代表会为党和政权的领导机关联系群众的最好组织形式"。在人民团体没有组织起来以前，由军管会及临时市政府出面邀请若干各界的代表人物，组成各界代表会，它是军管会及临时市政府传达政策联系群众的协议机关，对政府无约束权，是向人民代表大会过渡的半政权性的组织形式。

各界代表会议人数不拘，以劳动人民及革命知识分子占多数，代表必须来自群众，与群众有密切联系。对代表中干部的数量要有适当控制。各工厂、学校、机关、部队，以及革命团体都可推选代表，经军管会和市人民政府审查后，加以聘请，这样既增强其代表性，又保持其纯洁性。

各界代表会选出主席、副主席，并设秘书处执行日常事务。会议一般一至两个月召开一次，有准备地集中解决一两个重大问题。

根据党中央的指示，北平市首先于1949年8月召开了第一届各界代表会议，会上听取了军管会和市政府的工作报告，经充分讨论后，通过了大会宣言和《北平市第一届各界代表会组织条例》，并建立了各界代表会议的常设机构——市协商委员会。根据条例规定，北平市各界代表会由332名代表组成。军管会主任、秘书长、市长、副市长、市府秘书长、各局局长和法院院长为当然代表，共15人。其他党派代表由共产党和各民主党派的市级机关自行派出；团体代表则由工、农、青、妇、学等革命群众组织的代表由各该团体自行选派；军队及各机关自选代表；少数民族及工商业、新闻、文艺界、爱国民主人士等各界代表，则由军管会和市政府聘请。

各界代表会的任务是：听取军管会和市政府的施政方针、政策、计划及工作情况的报告，经过代表充分讨论后，提出批评与意见；向军管会和市政府反映各界人民的意见与要求，并提出市政建设的建议；向其所代表的群众，传达并解释军管会和市政府的施政方针、政策、法令及实施办法，并动员各界人民协助政府推行各项工作。

8月13日，毛泽东同志亲自参加了北平市第一届各界代表会，他在关于政权建设问题的讲话中指出：希望全国各城市都能迅速召集同样的会议，加强政府与人民的联系，协助政府进行各项建设工作，克服困难，并从而为召集普选的人民代表大会准备条件。又说：一俟条件成熟，现在方式的各界人民代表会议即可执行人民代表大会的职权，成为全市的最高权力机关，选举市政府。[①]毛泽东同志在这里明确指出了在城市中由各界人民代表会议向人民代表大会过渡的具体途径问题。党中央的指示和毛泽东同志的号召，得到了全国各解放区的热烈响应，上海、南京、天津、武汉、西安、杭州、福州等大中城市纷纷召开各界人民代表会议。据统计，1949年9、10两个月，东北解放区召开人民代表会议的就有25个市。时隔不久，在北京市（1949年9月中国人民政治协商会议第一届全体会议决议北平改为北京）社会治安根本好转，生产发展，市政建设走上了正轨的条件下，于11月20日，军管会和市政府及时召开了北京市第二届各界人民代表会议，开始代行人民代表大会的职权，选举了北京市人民政府及北京市协商委员会，北京市政权的民主建设又向前推进了一步。

各界人民代表会议是人民代表大会制度的过渡形式，在解放区人民民主政权建设史上具有重要的地位，发挥了巨大的作用。

第一，各界人民代表会议是新解放城市实行军管时期，人民政府联系群众的最好组织形式。通过召开各界人民代表会议可以集中各阶层人民的意见，使人民政府更清楚地了解社会生活的各个方面和存在的问题，便于更准确地制定施政方针和适时地采取重要措施；同时，又可以把政府的施政情况和政策法令传达到人民中去，取得群众的拥护，使政府的政策法令成为人民群众自觉的行动纲领，动员人民积极参加城市建设工作。

第二，通过各界代表在会议上的讨论和工作，可以使各阶层人民的利益和要求得到充分表达，不同的意见得到沟通，特别是公私关系、劳资关系以及房屋租赁的主客关系等，涉及人民生活而又容易发生纠纷的重大问题，通过讨论可以谋取一致的协议，使各界人民在政府的领导下达到亲密团结，同时也有利于人民政府在今后工作中妥善照顾各阶层人民的利益。

总之，各界人民代表会议切实发扬民主的精神，使人民政权以崭新的面貌呈现在人民群众面前，提高他们对人民民主专政的认识，激发了政治热情，增

①《人民日报》1949年8月14日。

强了主人翁感，使人民政府获得了更加深厚的群众基础。当时，凡是召开各界人民代表会议，并且真正开得成功的城市，人民政府的施政效率都有很大的提高，政府与人民之间的联系也就更加密切。

从以上分析可以看出，在解放战争时期，人民代表大会制度，根据城市乡村的区别，各自通过具体的步骤，日益健全地发展起来，为建国后，在全国范围内实行统一的基本政治制度创造了经验，准备了条件。广大农村地区，在贫农团和农会的基础上建立区乡（村）两级人民代表会议，区乡（村）人民代表会议普遍建立后，即可进一步建立县和省的人民代表会议。在情况较为复杂的城市中，人民代表大会制度的产生和发展，经历了几个步骤：首先，在解放之初，召开各界各业座谈会——临时性的不固定的非政权的组织；进一步发展为各界人民代表会议——经常性的固定的半政权性质的地方协商组织；条件成熟时，由各界人民代表会议代行人民代表大会的职权——代行的权力机关；召开普选的人民代表大会——正式的权力机关。在中华人民共和国成立以前，各解放区城市政权建设的重点是积极推行各界人民代表会议。但是，华北、东北、中原等大解放区则召开了人民代表会议或临时人民代表大会，选出了大解放区人民政府，行使了权力机关的职权。此外，1949 年 7 月召开的石家庄市第一届人民代表大会则是在地方政权上为全国开创的第一个先例。

四、民族自治区人民政府

早在 1922 年 7 月中国共产党第二次全国代表大会上，就明确提出了民族平等和在“蒙古、西藏、回疆三部实行自治”的纲领。其后经过多年的斗争实践，积累了丰富的经验，最后确定在少数民族聚居的地方实行民族区域自治，这是解决我国国内民族问题的基本政策。就是说，一切聚居的少数民族，有权建立少数民族自治地方和自治机关，按照本民族广大人民的意愿管理本民族内部地方性的事务，参加国家管理，实现少数民族当家做主的权利。解放战争时期，内蒙古自治政府的成立就是一个典范。

抗日战争胜利后，内蒙古人民在中国共产党的领导下，为了筹备建立内蒙古自治政府，在 1945 年 11 月 5 日成立了“内蒙古自治运动联合会”。经过一段时间的准备，于 1947 年 4 月 23 日，内蒙古人民代表会议在王爷庙（后改为乌兰浩特）召开。出席会议的有内蒙古地区各盟旗、各民族、各阶层的代表共 298 人。会议讨论通过了《内蒙古自治政府施政纲领》和《内蒙古自治政府暂行组织大纲》，选举产生了内蒙古临时参议会和内蒙古自治政府。5 月 1 日内蒙古自治政府宣告正式成立，这是内蒙古人民自治运动的伟大成果，也是中国共产党的民族政策的辉煌胜利。

依据《内蒙古自治政府施政纲领》的规定："内蒙古自治政府是内蒙古蒙古民族各阶层联合内蒙古区域内各民族实行高度自治的区域性的民主政府"，是共产党领导的，以工人、农民、牧民、革命知识分子以及其他劳动人民为主体，团结一切拥护自治区民主政府，反对美蒋反动派，赞成民主改革的各民族、各阶层（包括工商业家、地主、牧主、喇嘛和以前的王公在内）的极其广泛的民族民主统一战线的政权。内蒙古自治区是未来新中国的最高地方自治单位之一，是统一的多民族的伟大祖国不可分割的一部分。

另据《内蒙古自治政府暂行组织大纲》规定："内蒙古自治区域内，以内蒙古参议会为权力机关，参议会由内蒙古蒙古民族人民及其他民族人民选举之，参议会闭会期间，以内蒙古自治政府为最高行政机关。"

内蒙古自治政府实行民主集中制的组织原则。自治区临时参议会由内蒙古人民代表会议选举产生，行使最高权力。参议会主要为蒙古族和适当名额的汉、回各族参议员组成，任期三年。临时参议会选出议长、副议长和驻会参议员若干人。驻会参议员对临时参议会负完全责任。

内蒙古自治政府由临时参议会选出主席、副主席及委员若干人组成，任期三年，自治政府对临时参议会负完全责任。自治政府下设办公厅、民政部、军事部、财政经济部、文化教育部、公安部、民族委员会、参事厅和最高法院分院等机构。各厅、部长及委员长由政府主席从委员中任命。《组织大纲》还规定，在不抵触中央民主联合政府（尚未建立）法令范围内，自治区政府有权制定公布单行法。

内蒙古自治区地方行政区划为三级。自治区以下辖有：（1）盟；（2）旗、县、市；（3）区（称努图克，游牧区称苏木）、街或村（称嘎查，游牧区称巴格）。各级地方行政区域之权力机关为各级代表大会。各级地方政府均为民选，由自治区政府和各旗县政府分别加委。

内蒙古自治政府是我国少数民族第一个区域自治的民主政府，它不仅对于国家的统一，民族的团结，本地区的繁荣和发展，支援解放战争的胜利，作出了重要的贡献，而且鼓舞了其他少数民族，为他们实行区域自治树立了成功的榜样。

第三章
选举立法与选举制度

我国人民政权的选举制度，发轫于大革命时期。1925 年 6 月，在中国共产党领导发动的震惊中外的省港工人大罢工中，罢工工人用民主选举的方式选出八百名代表组成省港罢工工人代表大会，作为领导罢工斗争的最高权力机关，并由罢工工人代表大会选举产生 13 名委员，组成指挥罢工斗争的最高执行机关——省港罢工委员会。这是中国工人阶级通过民主选举组建具有政权性质的代表机关和执行机关的最初尝试。在北伐战争胜利进军中蓬勃兴起的农民运动，以急风暴雨之势摧垮地主豪绅把持的乡村政权之后，也采取民主选举的办法组织新的基层政权机关。当时，省、县、区、乡各级农民协会的权力机关——农民代表大会（乡为会员大会）及其执行委员会，均由会员大会或会员代表大会选举产生，各级农民代表大会代表和执行委员会委员任期届满，按照一定程序重新选举。在农民协会基础上建立的区、乡两级自治机关，其组成人员也一律经由民主选举产生。由于区、乡民主自治属于乡村一般民众，所以土豪劣绅、买办阶级、贪官污吏、盗匪、吸食鸦片者、革命政府宣告褫夺公权者以及一切反对革命的分子，都属于被剥夺选举权之列。《湖南区乡自治条例》规定：凡居住于本区域内年满 15 岁的中国国民，不论男女，皆享有选举权和罢免权。1927 年 3 月，上海工人第三次武装起义创建的上海特别市市民代表政府，以法律形式对选举制度的基本原则作了明确规定。如选举权和被选举权只给人民，不给民主革命的敌人；市民代表会议的代表以职业团体为单位，由群众直接选举产生；代表受人民监督，向人民负责，有溺职行为者原选举单位有权随时撤换。[①] 这些原则尽管还很不完善，但却显示了人民选举制度的民主特色，为后来根据地选举制度的形成与发展提供了宝贵的历史启示。

---

① 参见《上海特别市市民代表会议政府组织条例草案》（1927 年 3 月），载《上海工人三次武装起义》，上海人民出版社 1983 年版，第 430—433 页。

第一节 工农民主政权的选举立法与选举制度

一、选举法规的制定及其基本原则

土地革命战争时期，中华苏维埃区域的选举立法是同工农兵代表大会制度的建立紧密联系在一起的。1928 年 7 月，中国共产党第六次全国代表大会通过的《苏维埃政权组织问题决议案》指出，工农武装起义后，“地方政权已经巩固，便应组织苏维埃”，“苏维埃应在劳动群众直接选举的基础上组织起来，……代表成分的分配，应使大多数为直接选出的工人和贫民，并应随地酌定选举条例”。根据这一指示，各红色区域在创建工农兵代表大会制度（即苏维埃）的过程中，积极开展选举立法活动，为建立新型的民主选举制度作出了不懈的努力。当时，由于人民政权和革命法制处于初建阶段，客观上还不具备制定健全的选举法规的必要条件，因此，这个时期各地工农民主政权制定的选举法规一般都比较简单，而且大多包含在政权组织法规之中，基本上没有形成专门的、独立的法律文件。例如，1930 年 3 月闽西第一次工农兵代表大会通过的《闽西苏维埃政权组织法》，就把选举条例列为该法的第二章，作为它的一个组成部分。同一时期颁行的《江西苏维埃临时组织法》、《湖南省工农兵苏维埃政府暂行组织法》和《鄂豫皖区苏维埃临时组织大纲》，也分别对选举制度作了规定，都含有选举法的大量内容。可以说，政权组织法是当时选举法最基本的渊源。当然，这期间某些苏区也曾颁布过单一的选举法规，如 1930 年 5 月《鄂豫皖六安第六区苏维埃（选举）条例》和《修正闽西工农兵代表会议代表选举条例》，但总的说来这类法规数量很少，尚未成为该时期选举立法的主要形式。就内容而言，当时的选举法规主要着重于解决选举权和被选举权的归属问题，至于有关选举的组织、程序和方法的规定，则失于笼统，而且各地差别颇大。

1930 年 9 月，由筹备中华苏维埃第一次全国代表大会的最高机关——中央准备委员会发布的《中国工农兵会议（苏维埃）第一次全国代表大会选举暂行条例》《中国工农兵会议（苏维埃）第一次全国代表大会苏维埃区域选举暂行条例》和《中国工农兵会议（苏维埃）第一次全国代表大会反动统治区域选举法公函》，对于代表产生的人口比例、代表的社会成分以及选举方式作了比较具体的规定。它们是红色区域早期选举立法的重要组成部分之一。

1931 年 11 月，中华苏维埃临时中央政府成立后，以《中华苏维埃共和国宪法大纲》为立法依据，相继制定发布了《中华苏维埃共和国的选举细则》（1931 年 11 月）、《中华苏维埃共和国选举委员会的工作细则》（1931 年 12 月）、《苏维埃暂行选举法》（1933 年 8 月），以及有关选举的若干训令和指示。这些选举法令具体规定了选举的原则、组织、程序和方法，以较为充实的内容和相对完善的形式把红色区域的选举立法提高到一个新的阶段。它们的颁布施行，是人民革命斗争的胜利成果，是革命根据地开辟以来各苏区制定和贯彻选举法规的经验总结，对于建立与健全苏维埃民主制和工农兵代表会议政权，有着重要的意义。

从工农民主政权初建到中华苏维埃共和国成立，中央和地方发布的选举法规贯穿着一个总的精神，就是着眼于实际民主，切实保障劳动群众行使当家做主、管理国家的权利。从这个总的精神出发，在立法中确立并贯彻了以下基本原则：

第一，选举权和被选举权属于劳动群众，不给剥削者和反革命分子。这是各个时期选举立法的一项共同原则。1930 年《江西苏维埃临时组织法》宣布，在苏维埃政权下，选举权和被选举权属于广大劳动者，剥夺地主、土豪劣绅、资本家、反动军政官吏、工贼、农贼和依附于反动统治阶级进行危害苏维埃活动的敌对分子的选举权和被选举权。该法确认，产业工人、手工业工人、雇农、佃农、半自耕农、自耕农、红军士兵以及自食其力的新闻记者、教职员和医生，均有选举权与被选举权。1930 年 5 月，《鄂豫皖六安第六区苏维埃（选举）条例》也明文规定，受雇于农工商业的工人，手工业者和体力劳动者，不以剥削为目的而自己劳动的农民，从事有益于社会的劳动并以之为谋生手段的小学教员、医生、自由职业者，以及红军兵士和努力无产阶级革命事业者，一律享有选举权和被选举权。而这种权利则不给地主豪绅，剥削雇用劳动和开行放账之人，脱离生产的地痞流氓，有反革命行为的伪警察、宪兵和马弁，以及宣传迷信的人。其他苏区颁布的选举法规也作了类似的规定。

选举权和被选举权只属于劳动群众，不给剥削者和反革命分子，作为红色区域早期选举立法的一项普遍原则，为《中华苏维埃共和国宪法大纲》所肯定。《宪法大纲》规定，在苏维埃政权领域内，所有工人、农民、红军兵士和一切劳苦民众以及他们的家属，年龄在 16 岁以上，“均享有苏维埃选举权和被选举权，直接选派代表参加各级工农兵会议（苏维埃）的大会，讨论和决定一切国家的地方的政治事务”。只有军阀、官僚、地主、豪绅、资本家、富农、僧侣和一切剥削人的人和反革命分子，“没有选派代表参加政权和政治上自由和权利。”[①]1933年8月9日中央执行委员会发布的《苏维埃暂行选举法》用列举选举资格的办法，把《宪法大纲》的原则规定进一步具体化、条文化。按照该法，凡具有下列资格之一者，皆有选举权和被选举权：“（一）一切被雇用的劳动者及其家属，与一切自食其力的人及其家属（如工人，雇员，贫农，中农，独立劳动者，城市贫民等）；（二）在中华苏维埃共和国海陆空军服役者及其家属；（三）以上二种人民中，在选举时失却劳动能力，或失业者。”凡下列各条之一的人，没有选举权和被选举权：“（一）雇用他人的劳动以谋利者（如：富农，资本家）；（二）不以劳动，而靠资本、土地及别的产业的盈利为生活者（如：豪绅，地主，高利贷者，资本家）；（三）地主、资本家的代理人，中间人（仲介人，牙人之类）及买办；（四）一切靠传教迷信为职业的人，如各宗教的传教士、牧师、僧侣、道士及地理和阴阳先生等；（五）国民党政府及其他反动政府的警察、侦探、宪兵、官僚、军阀及一切参加反对工农利益的反动分子；（六）犯神经病者；（七）经法庭判决有罪，而在执行判决期间及被剥夺选举权的期限未满期者；（八）一、二、三、四、五各项人的家属。”[②]

选举权和被选举权是公民权利中最基本、最重要的权利，它为谁享有，直接决定于并且鲜明地标志着国家政权的性质。红色区域选举立法如此明确地、一贯地确认这种权利属于劳动群众，充分体现了苏维埃制度的民主本质。它使数千年来政治上毫无地位、备受摧残压迫的工农劳苦大众获得了管理国家事务的权利，成为政权和社会的主人。这无疑是中国历史上前所未有的伟大变革。基于保证劳动群众广泛、平等地行使选举权利的目的，工农民主政权还从立法上采取了一系列有效措施：（1）劳动群众不分性别、职业、民族、种族、宗教、居住期限和经济状况的差别，一律享有平等的选举权利，没有任何附带条件和限制；（2）劳动群众的选举权利具有可靠的保障。如工农群众对违反法律规定的选举有权向市、区苏维埃直至中央执行委员会提出控告，选举经费统一

---

① 参见《中华苏维埃共和国宪法大纲》（1931年11月7日中华苏维埃第一次全国代表大会通过），载《苏维埃中国》第一集，中国现代史资料编辑委员会1957年翻印，第17—18页。

②《苏维埃暂行选举法》第五条附注：“靠传教迷信为职业者的家属，如靠自己的劳动为生活者，仍有选举权和被选举权”。

由国库开支等；（3）降低选举年龄，尽量扩大民主范围。中央和地方颁布的选举法规一致明文规定，凡在选举日年满16岁的劳动群众，不但有选举权同时也有被选举权。有的地区（如江西苏区）并且专门规定，15岁以下12岁以上有选举权而无被选举权。[①]这种规定虽然有失妥当，而且没有被其他苏区和临时中央政府所采纳，但其出发点显然在于扩大劳动人民及其家属享有选举权的范围。

在王明"左"倾路线统治时期制定的选举法规（如《中华苏维埃共和国的选举细则》《苏维埃暂行选举法》等）有关剥夺选举权的规定，明显地存在着打击面过宽的错误偏向，一切剥削者均无选举权，甚至连宗教职业者的选举权也被剥夺。这是王明"左"倾冒险主义政策在选举立法中的反映，其在政治上造成的危害是严重的。

第二，代表名额的分配，以有利于加强工人阶级领导为原则。中华苏维埃选举立法在切实保障劳动群众选举权利的同时，在代表名额分配上确认工人阶级有优越于其他居民的地位。早期工农民主政权颁布的选举法规对工人和其他居民产生代表的人口比例就作了不同的规定。在江西，产业工人每五百人选举代表一人，手工业工人每1000人选举代表一人，农民每1500人选举代表一人。在闽西，工人代表在乡、区、县、省四级代表会议中，分别占30%、35%、40%和45%[②]，按人口数量计算，其比例大大超过农民和其他居民。《鄂豫皖六安第六区苏维埃（选举）条例》规定，区苏维埃代表会议代表的名额，按照工人每四人选举代表一人、城市贫民每100人选举代表一人、农民每500人选举代表一人的原则加以分配，工人代表与其他居民代表的比例上的差别更大。中华苏维埃临时中央政府成立后，为保证工人阶级在国家政权中的领导作用，对各级苏维埃代表大会代表名额的分配作了统一的规定，但具体比例在不同时期略有区别。初期，关于城乡代表的比例为：选举县苏维埃代表大会的代表，农村每一代表所代表的人口数为城市每一代表所代表的人口数的三倍；选举省和全国苏维埃代表大会的代表，农村每一代表所代表的人口数为城市每一

① 参见韩延龙、常兆儒：《革命根据地法制文献选编》第二卷，中国社会科学出版社1981年版，第104页。

② 参见韩延龙、常兆儒：《革命根据地法制文献选编》第二卷，中国社会科学出版社1981年版，第121页。

代表所代表的人口数的5倍。[①]之后，根据形势的发展，相应地调整了各级苏维埃代表大会代表名额的分配标准。1932年1月28日中央执行委员会第八号训令规定：乡苏维埃，工人（包括苦力和雇农，下同）每13人选举正式代表一人，贫农、中农和独立劳动者每50人选举正式代表一人；县属市苏维埃，工人每20人选举正式代表一人，城市贫民和市苏维埃管辖范围内的贫农、中农和独立劳动者每80人选举正式代表一人；省属市苏维埃，工人每100人选举正式代表一人，城市贫民和市区附近的贫农、中农每400人选举正式代表一人；县苏维埃，城市居民每400人选举正式代表一人，乡村居民每1200人选举正式代表一人；省苏维埃，城市居民每2000人选举正式代表一人，乡村居民每5000人选举正式代表一人。

1933年8月9日《苏维埃暂行选举法》基本上沿用了上述规定，同时作了若干变更和补充。依照该法，工人每选举一名乡、区属市、县属市、省属市和中央直属市苏维埃代表所需选民人数，是其他居民的1/4。在区苏维埃代表大会代表中，工人须占20%—25%；在县苏维埃代表大会代表中，工人须占20%—30%；在省苏维埃代表大会代表中，工人须占25%—35%；在全国苏维埃代表大会代表中，工人须25%—30%。这些规定，反映了工人阶级在苏维埃政权中的领导地位，体现了工农民主专政国家的性质。它既保证了工人阶级的代表在权力机关中占有较大的比重，又使农民和其他阶层在各级苏维埃中各有与其地位相适应的代表。

第三，直接选举与间接选举并用。依照《苏维埃暂行选举法》，乡、区属市、县属市、省属市和中央直属市苏维埃代表大会的代表，由乡或市选民大会选举产生，实行直接选举。区、县、省和全国苏维埃代表大会的代表，分别由下一级苏维埃代表大会选举产生，实行间接选举。这种直接选举与间接选举同时并用的原则，是基于当时的客观环境和斗争形势确定的。一方面，根据地建立于偏僻的农村，社会经济十分落后，群众文化水平很低，交通极不发达；另一方面，国民党反动派疯狂的军事“围剿”和严密的经济封锁，使得根据地长期处于敌人的分割包围之中，始终面临严酷的斗争形势。在这种情况下，从地方到中央全部实行直接选举显然没有可能。因此，《苏维埃暂行选举法》规定区、县、省和全国苏维埃代表大会的代表实行间接选举，是切合实际的。就民

① 参见《中华苏维埃共和国的选举细则》（1931年11月）第五章第三十七、三十八、三十九条，载湘赣省苏维埃执行委员会《各种法令条例汇集》。

主的形式而言，直接选举的确比间接选举更加完备，但是直接选举实现的程度和范围却不可避免地受到具体历史条件的制约。在激烈的国内战争环境中，如果不顾及主客观因素的限制，片面地追求完备的民主形式，势必脱离实际，给选举工作带来种种困难，难以取得成功。着眼于民主的实质，而不追求条件尚不具备的民主形式，表现了中华苏维埃选举立法坚持实事求是，从实际出发的精神。

第四，选民对代表拥有监督权和罢免权。选民对自己选出的代表有权实行监督和罢免，是民主制的一项重要原则。正如列宁所说："任何由选举产生的机关或代表会议，只有承认和实行选举人对代表的罢免权，才能被认为是真正民主的和确实代表人民意志的机关。这是真正民主制的基本原则。"① 我国红色区域的选举立法从一开始就对选民的监督权和罢免权给予了高度的重视。1930 年 3 月《闽西苏维埃政权组织法》在总纲部分载明："各级代表会有不能代表它所选出区域或机关之意见者，为该区域或机关所不信任时，原区域或原机关得将该代表撤回另派"，"各级（执行委员会）委员有舞弊或失职时，各该级代表会得随时撤换之。"②1931 年 7 月《鄂豫皖区苏维埃临时组织大纲》也明确规定："公民有选举与撤换代表之权"，代表在任职期间，"有不能胜任之处，由选民随时撤换之。"③ 中华苏维埃共和国成立后，在有关法律文件中对此作了更加详明的规定。依照 1931 年 11 月 7 日中华苏维埃第一次全国代表大会通过的《中华苏维埃共和国宪法大纲》，苏维埃代表"须按期地向其选举人做报告。选举人无论何时，皆有撤回被选举人及实行新选举的权利"。根据《宪法大纲》确定的原则，《苏维埃暂行选举法》第四十四条规定：代表"如有不执行自己的职务，违背选民的付托，或有犯法的行为"，"经过全体代表会议得开除之；选举该代表的选民，也有随时召回该代表之权，并得另行选举之。"④1933 年 12 月中央执行委员会发布的《中华苏维埃共和国地方苏维埃暂行组织法（草案）》更对行使罢免权的条件和要求罢免代表的人数比例作了具体规定：代表凡有以下情形之一者，即：（1）违背选民公意；（2）无故连续两个月不出席代表会议；（3）违抗代表会议决议经警告而不改正；（4）犯有其他重大错误；得由选民十

① 《罢免权法令草案》，《列宁全集》第 26 卷，人民出版社 1959 年版，第 314 页。

② 参见《闽西第一次工农兵代表大会宣言及决议案》（1930 年 3 月 25 日）。

③ 参见《鄂豫皖区第二次苏维埃代表大会文件之三》（1931 年 7 月）。

④ 参见韩延龙、常兆儒：《革命根据地法制文献选编》第一卷，中国社会科学出版社 1981 年版，第 162 页。

人以上的提议，经选民半数以上之同意撤回之；或由代表会议通过，经选民半数以上之同意开除之。

上述关于选民对代表监督、罢免权的规定，体现了列宁倡导的“真正民主制的基本原则”。这一原则不但见之于《宪法大纲》和有关法律，更重要的是它实际贯彻于苏区的政治生活中。1933 年 7 月江西兴国县长冈乡根据选民意见撤换四个工作消极、对群众态度生硬的乡苏代表，福建上杭县上才溪乡某代表因为经常不出席会议、工作敷衍疲沓被代表会议开除。就是在实践中具体运用监督权和罢免权的生动例证。而监督、罢免权的实际运用，不但起到了督促代表忠实履行选民付托，增强责任感，密切同选民联系的作用，而且加强了人民群众对政权机关的监督，推动它们努力改进工作，克服官僚主义和命令主义，不断提高自身的工作效能。

二、选举的组织、程序与方法

（一）选举委员会

1931 年 11 月以前，各红色区域的选举工作大多由当地苏维埃政府直接主持，一般不设置办理选举的专门机构。中华苏维埃临时中央政府成立后，为搞好乡市基层选举，妥善处理有关选举的各项事宜，决定于城市和区、乡设立选举委员会。市选举委员会和区选举委员会均由政府成员和群众团体代表共同组成。前者负责主持本级苏维埃代表大会代表的选举，设委员 7—11 人；后者领导全区各乡的选举工作，设委员 9—13 人。委员须经市苏维埃或区执行委员会主席团会议通过，并报请县执行委员会主席团审查批准。按规定，市苏维埃和区执行委员会的主席均不得任选举委员会委员，委员主要由工作或居住在本地的人担任，在特殊情况下，上级政府也可从他地选调合适人员充任。选举委员会委员不脱离原有职务，只在办理选举期间暂时解除原来担负的工作，以集中处理选举事宜。乡选举委员会由乡苏维埃代表、各群众团体代表和其他方面的积极分子组成（乡苏维埃主席不参加选举委员会）。委员一般为 9—13 人，在区选举委员会的直接指导下进行工作。市、区、乡选举委员会都不是常设机构，它们于选举开始前组成，选举结束后撤销，其在办理选举期间也不单独设立办事机关。例如，市、区选举委员会可以在市苏维埃或区执行委员会内办公，并借用市、区苏维埃的工作人员帮助工作，必要时也可添雇某些办事人员。依照法律规定，选举委员会的任务是：宣传选举法，划分选区，登记选民，公布选民名单，规定选举日期和开会地点，搜集选民提案，召集和主持选举大会以及编制选举预算等。选举工作结束后，选举委员会除应将有关选举的全部文件（选民登记表、选举大会记录等）送交市苏维埃或区执行委员会以备审查外，并须作出工作报告和财政决算报告。

（二）选区划分

按照生产单位和居住状况相结合的原则划分选区，是中华苏维埃选举制度的重要特点之一。1931 年 11 月《中华苏维埃共和国的选举细则》依据列宁以生产单位为主划分选区的思想，结合农村根据地的实际情况，确定城市工人以生产为单位，乡村以村为单位划分选举区域。这种选区划分，不仅为选民参加选举活动和进行选举的组织工作提供了方便，而且便于选民了解代表候选人，选举自己熟悉和信赖的人作代表，同时也有利于代表密切联系选民和选民对代表实行有效的监督。但是，《选举细则》确定的选区划分原则，在苏区 1932 年的两次选举中，不少地区却没有严格执行。一方面，按居住情况划分选区不是以村为单位，而是以乡为单位，选区过大，造成选民到会困难；另一方面，没有认真按生产单位划分选区，工人与农民混合开会，致使工人难于选出自己的代表。[①] 鉴于这种情况，《苏维埃暂行选举法》再次明确规定，工人必须以生产或以其职业与产业的组织为单位进行选举，不能以生产为单位选举者，按居住区域划分选区；农民则以小村为单位召开选举大会，进行投票选举。这一规定着重强调了两点，即在城市，工人坚持以生产为单位单独选举；在农村，必须以小村为选举单位，选区不能过大。划小选区，在当时是一个重要的改变，毛泽东同志认为，“这一个改变，与争取选举完满胜利有很大关系，因为选举单位小不但可使选民的多数甚至全体都到选举会，并且可使选民对于被选举人的选择更加容易，选民的提案必定更好更多，日后的撤回权也更容易行使。”[②]

（三）选民登记

选民登记是选举的一项重要程序和制度。根据法律规定，选民登记于选举开始前两星期，由选举委员会主持按选区进行。有组织的选民经其所在组织

① 参见《中华苏维埃共和国中央执行委员会训令第二十二号》（1933 年 8 月 9 日），载《选举运动周报》第一期。

②《今年的选举》，载《红色中华》1933 年 9 月 6 日。

（如工会、贫农团等）进行登记，无组织的选民由选举委员会任用专职登记员负责办理。登记时按照中央执行委员会制发的选民登记表逐项填写，并由选举委员会组织专人审查，以防出现差错，做到不错、不漏。选民登记结束后，依照《中华苏维埃共和国的选举细则》的规定，只公布被剥夺选举权者的名单，选民则由选举委员会发给选举通知书，作为参加选举的法律依据，其名单不予公布。后来，为适应战时环境，便于选举工作的进行，改用公布名单代替发给选举通知书的做法。即于选举日前三天或五天用红纸抄写选民名单（即红榜），用白纸抄写被剥夺选举权者名单（即白榜），分别在选区内张榜公布。同时公布选区的选民总数、应选正式代表与候补代表名额以及召开选举大会的时间和地点。选民参加选举以是否列入选民名单为准。

如前所述，在苏维埃制度下，工农劳动群众享有完全的选举权和被选举权，但是一些因受欺骗胁迫而加入反革命组织或反水的工农分子，在他们自首、自新后是否仍有选举权，这是当时选民登记中遇到的一个带有政策性的重要问题。在一段时间里，由于对此没有作出明确的规定，以至在选举时有些地方感到难以处置，有些地方则错误地把他们排除于选举之外，一概不予登记。为了纠正这种偏向，1932 年 1 月 13 日中央执行委员会专门发布第七号训令，明确宣布，凡受欺骗胁迫加入反革命组织或反水的贫苦工农分子，觉悟后能主动向苏维埃政府自首，或者被捕后如实交代反革命组织的情况，决心脱离反革命组织，有悔过自新表现，或者判决剥夺公民权的期限已满，并已恢复公民权者，“仍然与普通工农分子一样可以参加选举，有选举权和被选举权”。① 只有极少数虽属工农出身但系反革命组织或反水的主要分子、首领和拒不悔悟的坚决反革命分子，才剥夺其选举权，不准参加选举。以上规定，对于做好选民登记工作，保障一度在政治上犯了错误但已觉悟改正的工农分子的政治权利，团结大多数，缩小打击面，彻底肃清暗藏在苏区内的反革命组织，有着十分重要的意义。

（四）选举大会

工农民主政权初建时期；各地的选举多是采用群众大会的方式进行，选举程序很不完备。中华苏维埃共和国成立后，废止了用群众大会选举的做法，确

① 参见韩延龙、常兆儒:《革命根据地法制文献选编》第一卷，中国社会科学出版社 1981 年版，第 149 页。

定以选举大会作为基层选区投票选举的法定形式。

选举大会选举乡、市苏维埃代表有一套比较严格的规则和程序。按规定，选举大会只有经过选民登记列入选民名单的人才有资格出席，因未满选举年龄而没有选举权或依法被剥夺选举权的剥削者和反动分子不能参加。选民参加大会须于进入会场时履行签到登记手续，并由选举委员会的登记人员依照选民名单进行核对。选举大会必须有该选区半数以上选民到会始能开会，若不足法定人数须延期举行，另行召集。1931 年 11 月《中华苏维埃共和国的选举细则》规定，选举大会以延期三次为限，即第一次和第二次大会到会选民均不足法定人数，则延期举行第三次大会，但第三次大会无论是否达到法定人数均可开会，投票选举代表。1933 年 8 月《苏维埃暂行选举法》对这一规定作了修正，把选举大会延期举行的次数改为两次，即重新召集第二次大会时，无论到会选民达到法定人数与否，均得开会选举，不再延期召集第三次大会。为避免大会因不足法定人数延期举行，《苏维埃暂行选举法》针对以往的经验教训，专门作了这样一条规定：选举委员会“在选举大会的前三天须将开选举大会的地点和时间公布，并通知该区域内的选民”，使选民事先安排好生产、工作、家务和其他事情，能够按时参加大会，行使自己的民主权利。

选举大会由大会主席团主持。主席团以三人组成，二人由大会推选，一人为选举委员会的代表，选举委员会的代表为大会主席团的当然主席。另外推选书记一人，担任大会记录。选举大会的一般议程是：首先，主席宣布到会选民是否符合法定人数，同时根据选举法说明什么人有选举权和被选举权，什么人被剥夺选举权和被选举权。其次，选举产生代表，这是大会最重要的议程。鉴于当时选民多不识字，选举不用书面投票，一律采取举手表决的方法，取得举手多数者当选。在选举顺序上，先选举正式代表，后选举候补代表。[①] 候选人须逐个提出，逐个表决，不得把整个候选名单一次交付表决。选举过程中，要切实尊重选民的意志和权利，鼓励他们积极发表意见，对候选名单展开认真地讨论和热烈地批评，凡是为多数选民所反对的候选人，应当予以撤换，另行补充群众满意的合适人选，使革命的民主精神充分体现于选举之中。第三，通过提案。大会前选举委员会搜集的选民提案，特别是有关政策法令、革命战争和

① 依照《苏维埃暂行选举法》，每选举正式代表五人，增选候补代表一人，候补代表递补为正式代表之前，可以参加会议，有发言权无表决权，正式代表因故离职或撤职，候补代表依次补充。这项规定是适应战时代表流动性大、补选代表比较困难的实际情况作出的。

群众生产、生活的提案，须提交大会通过，交苏维埃政府，作为确定行政方针的重要依据。

按照《苏维埃暂行选举法》，选举大会结束后，大会记录、选民到会登记表和一切有关选举的文件均须报送上级苏维埃政府。市、区苏维埃收到上述文件后，立即组织审查委员会，对于符合选举法规定的选举，应予承认；对于部分违反选举法规定的选举，得将违反规定部分的选举取消；如果选举全部违反选举法的规定，取消选举之权属于上一级苏维埃执行委员会。在选举效力上发生争执时，一般由市、区苏维埃负责解决，解决不了时，移交上级政府处理。对于违反选举法规定的选举，选民有权向市、区苏维埃提出控告。市、区苏维埃必须认真审查，及时处理。其不能解决时，选民可以按级上诉，选举上诉的终审机关为中央执行委员会。

三、军队系统的选举

《苏维埃暂行选举法》设专章对红军的选举作了适合于战时情况的特别规定。其总的精神是军队系统单独进行选举，而有关选举的组织、程序和方法则与地方大体相同。

（一）红军方面军的选举

红军方面军及其直接指挥的部队，直接选举出席全国苏维埃代表大会的代表。代表产生的标准，每 600 人选举正式代表一人，不足法定人数但达到法定人数半数以上，亦得选举正式代表一人。同时，实行候补代表制度，即每选举正式代表五人，增选候补代表一人，不足选举正式代表所需法定人数的半数，也得选举候补代表一人。候补代表同正式代表一样，有权参加全国苏维埃代表大会，不同的是候补代表只有发言权而无表决权。正式代表和候补代表均以团为选举单位召开选举大会，采用举手代投票的方法选举产生。团的选举大会选出代表后无须履行复选手续，就是说，不必再经过师的复选。选举期间，有关选举的各项事务由团政治处指定 3—5 人组织选举委员会负责办理，选举结束后，选举委员会随即撤销。

（二）地方部队的选举

红军地方部队的选举，依据隶属关系的不同，分别选举出席地方各级苏维埃代表大会的代表。即属于区苏维埃政府管辖的红军（如游击队等），直接选举区苏维埃代表大会的代表；属于县苏维埃政府管辖的红军（如独立团等），直接选举县苏维埃代表大会的代表；属于省苏维埃政府管辖或者虽不属其管辖，但在该省内负有长期工作的红军（如独立师和湘鄂赣、湘赣、闽浙赣以及其他苏区的各军团），直接选举省苏维埃代表大会的代表。代表产生的标准为，每 25 人选举区苏维埃代表大会正式代表一人，每 100 人选举县苏维埃代表大会正式代表一人，每 400 人选举省苏维埃代表大会正式代表一人。不足上述法定人数但人数超过法定人数半数以上，也可选举正式代表一人，半数以下得选举候补代表一人。为保证选举工作有领导、有秩序地进行，隶属于区、县、省苏维埃政府的红军地方部队，均须设立专责处理选举事宜的选举委员会。选举委员会分别由连政治指导员、独立营政委、团政治处指定 3—5 人组成。至于投票方式，则以连、营为单位，或者以营、团为单位，采取召开选举大会用举手表决的方法进行。在地方部队的单独选举中，有一个例外情况，就是警卫部队（如警卫连、警卫团和政治保卫队等）参加所在地乡、市苏维埃的选举，其代表产生标准与工人相同。

（三）后方部队和军事机关的选举

红军后方部队和军事机关的选举，与前方部队有许多共同之处，诸如二者都单独进行选举，产生代表的标准相同，选举工作统由选举委员会主持进行，等等。但是，在具体做法上它和前方部队又有若干差别。例如：红军前方部队不参与地方选举，在后方，直接受中央革命军事委员会指挥的部队除按军事系统单独进行选举外，还可以参加地方选举。当然，它们参加地方选举的目的主要在于了解情况，并不向地方提出自己的候选名单，也不当选地方选区的代表；前方部队的选举单位实行单一制，即以连、营、团为单独的选举单位，后方部队和军事机关的选举单位有些是单一的，有些却是联合的。如补充师，团，新编师，红军学校，直属医院，总兵站和通讯学校，各为独立的选举单位，而中央革命军事委员会，总政治部，无线电队和电话总队等则合组为一个选举单位。前者分别单独进行选举，后者联合进行选举；前方部队一律不实行复选，各级苏维埃代表大会代表均直接选举产生，后方有的军事机关，如总兵站则由其下属各中小站政治部自行确定初选代表的标准，先进行初选，然后再由总兵站进行复选。

在军队系统的选举中，如何正确确定被俘白军军官和士兵的选举资格，是一个十分重要的问题。在这个问题上，临时中央政府注意分别情况，区别对待，采取不同的法律措置。被俘白军士兵凡出身属于工人、雇员、贫农、中农、城市贫民和独立生产者，不论在红军服务时间长短，皆有选举权和被选举权；被俘白军连排长系工农出身，排长在红军服务一年以上，连长服务二年以上，经考察证明确能坚决为工农利益奋斗，由师政治部正式作出决议，或由红军军事裁判所判决确认，也可以恢复选举权；被俘白军营长以上军官，原则上剥夺选举权，但工农出身的白军营长经过五年以上考察，被获准恢复选举权者，也可以取得选举权。至于团长以上的俘虏军官，则剥夺选举权。[①]

中华苏维埃共和国各级苏维埃代表大会选举系统表

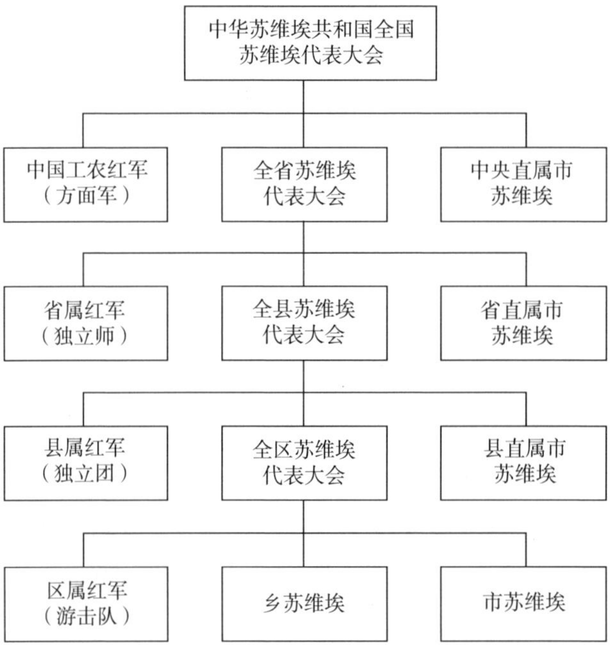

四、选举法的实施

中华苏维埃共和国在建设新型民主制的政治制度的过程中，始终把切实执行选举法，认真实行民主选举，视为劳动群众管理国家的重要步骤和巩固革命政权的基本措施。1933 年毛泽东同志在一次有关选举问题的报告中指出，工农群众要保持和发展已经取得的政权，“使之能尽打击内外反革命势力、增进工农生活福利的重大作用，……就要用选举的方法，把大批最觉悟最先进最积

① 参见《二次全苏大会在红军中怎样进行选举》（1933 年 9 月），载《红星报》1933 年 10 月 22 日第 12 期。

极的分子选进苏维埃去，而把旧人员中那些不中用的分子淘汰出来，这是最重要的一件事。”[①] 正是基于这样的认识，尽管当时处于白色政权的严重包围之中，“围剿”与反“围剿”的战争异常激烈，但是各级工农民主政权都把贯彻执行选举法作为一项重大任务，积极领导开展群众性的选举运动。据史料记载，仅1931年11月中华苏维埃第一次全国代表大会以后到1933年下半年的两年时间里，在全苏区范围内就进行了三次民主选举。其中1933年下半年为准备召开中华苏维埃第二次全国代表大会而进行的选举运动，规模最大，各地普遍掀起了选举热潮，使选举法在实际生活中得以全面地贯彻实施。

认真贯彻选举法、积极开展民主选举的结果，极大地调动和增强了劳动群众参加国家管理的积极性和主人翁责任感。他们从民主选举的实际中深切感受到，作为新政权的主人，严格挑选忠实于人民利益和革命事业的先进分子代表自己管理国家事务，既是庄严的权利，也是重大的责任。因此，广大群众非常关心并踊跃参加选举。例如在三次选举中，多数地区参选人数占选民总数的80%以上，部分地区达到95%。许多地方候选人名单一经公布，群众立即用各种形式积极发表自己的意见，有的写墙报，有的编诗歌，有的直接在候选人名下签注“好”“同意”或者“不好”“消极”等意见，反映出群众对选举的高度重视和强烈的政治责任感。民主选举的实践还使苏区人民认识到，由自己选举组成的政权机关，需要用自己的实际行动来加以保卫，因而不少地方在选举过程中出现了群众踊跃报名参加红军，积极要求参军参战，争相购买革命战争公债的热潮。

选举法的贯彻实施也教育了干部，使那些由于深受封建专断恶习影响而不喜欢民主制度的人，确立了民主与法制观念。在选举法实施过程中，有些干部贪图便利，甚至以家长制作风包办选举，他们有的对选举持敷衍态度，有的用命令方式强迫群众通过候选名单，有的根本不履行选举手续擅自指派代表。这些干部，经过临时中央政府的严厉批评，特别是在民主选举的伟大实践中受到启迪和教育，多数提高了认识，转变了态度，逐步清除了头脑中残存的专制主义遗毒，树立了尊重人民民主权利和革命法制的新观念。选举法的贯彻执行教育了干部，而干部思想认识的提高反过来又为选举法的顺利实施创造了条件。

认真贯彻执行选举法还有力地推动了国家机关建设。通过民主选举，一批在斗争中成长起来的先进分子和优秀干部被选入各级苏维埃，而那些不负责

①《今年的选举》，载《红色中华》1933年9月6日。

任、消极渎职和相形见绌的分子则从政权机构中被淘汰出去，从而提高了政权机关的质量和效能。毛泽东同志在《才溪乡调查》一文中曾经记载了这样的情况：上才溪乡原有53名代表，1933年10月选举时只有21名再次当选，落选32名。下才溪乡原73名代表有31%落选，新选代表41名，占了代表总数的45%。[①]这种人员变动的情况，不只在基层而且在区、县以上各级苏维埃代表和执行委员会的选举中也普遍可以看到。这说明，民主选举促进了干部队伍的更新，使得国家机关不断增添新的生机和活力，更好地担负起领导革命战争和各项建设的重任。

在干部队伍的更新中，妇女干部的逐渐增多是一个值得注意的特点。随着工农民主革命的胜利，广大妇女摆脱了政权、神权、族权、夫权的沉重压迫，在政治上、经济上获得了翻身解放，同男子享有同等的管理国家事务的权利。但是，由于旧的传统观念和习惯势力的影响，许多地方对吸收劳动妇女参加苏维埃工作注意得非常不够，妇女当选为乡、市苏维埃代表和区以上各级执行委员会委员的数量很少，部分乡、市苏维埃甚至连一个妇女代表也没有。为了改变这种不正常的状况，1933年8月临时中央政府专门发布训令，提出乡、市苏维埃代表构成比例，劳动妇女至少占25%，省、县、区各级执行委员会委员中，妇女干部最少要占20%。根据临时中央政府的指示，通过1933年下半年的选举，多数城乡苏维埃妇女代表达到25%以上，有些地区高达60%—65%。大批妇女干部被选进苏维埃机关，实际参加国家管理，这是有划时代意义的重大事件，反映了苏维埃区域社会解放的深刻程度。

中华苏维埃共和国贯彻实施选举法不仅取得了如此显著的成绩，而且在选举实践中采取了一些行之有效的做法，创造与积累了若干有益的经验。

第一，广泛深入地开展宣传鼓动工作，为搞好民主选举打下良好的思想基础。脱胎于半封建半殖民地的农村革命根据地，由于历史的原因，既缺乏民主传统，经济、文化又十分落后。在这样的社会历史条件下贯彻实施选举法，首先需要切实做好宣传工作，向群众灌输民主意识，使他们真正了解选举对于巩固苏维埃政权和实现劳动人民当家做主权利的重要意义。只有这样，选举法规定的民主原则才能为广大群众所掌握，选举运动在群众的积极支持和自觉参加下才能获得成功。因此，临时中央政府十分重视选举期间的宣传鼓动工作，并且具体规定了宣传工作的组织领导和主要方式。根据1933年8月9日中央执

① 参见《毛泽东农村调查文集》，人民出版社1982年版，第338页。

行委员会发布的第二十二号训令，有关选举的宣传工作由中央内务人民委员部和教育人民委员部共同领导，宣传材料由中央教育人民委员部和省县教育部提供，政府机关报《红色中华》负责对选举运动作系统的报道，并成为选举运动有力的宣传者和组织者。在宣传方式上，组织选举宣传队，深入基层讲解选举的意义和作用。有些地方选举宣传队白天讲演，夜间演戏，深受群众欢迎。此外，城乡俱乐部、识字班、夜校、小学校和列宁室也要围绕选举积极开展活动，使选举宣传工作普及城乡，做到家喻户晓。

第二，重视乡、市基层选举。乡和区属市苏维埃是工农民主政权的基础组织，它们最接近民众，直接担负着贯彻执行苏维埃的各项政策法令，组织动员群众支援革命战争和进行经济文化建设的艰巨任务。乡、市基层政权是否坚强有力，对于整个苏维埃政权的巩固具有极其重大的意义。1933 年 9 月，毛泽东同志以瑞金正在修建的红军纪念塔为例，形象深刻地指出："我们要建立一个坚固的塔，就要从打下坚固的塔脚做起，我们要建立坚固的苏维埃，也要打下坚固的苏维埃脚，这就是城乡代表苏维埃。"① 因此，搞好乡、市基层选举，使乡、市苏维埃真正掌握在人民手中，是政权建设的一个最重要的环节。不仅如此，乡、市选举又是各级苏维埃选举的基础。正如 1933 年毛泽东同志在中央苏区南部 18 县选举运动会议上所指出的那样："城乡苏维埃的选举，是基本最重要的选举"，因为"要全苏大会开得好，就必须要省苏大会选出很好的代表来；要省苏大会开得好，必须要县苏大会选出很好的代表来；要县苏大会开得好，就要区苏市苏大会选出很好的代表；要区苏大会开得好呢？就要乡苏代表会选出很好的代表；这样看来，市苏乡苏的选举，岂不是关系全区全县全省全国的整个苏维埃选举吗？"② 由于乡、市基层选举在整个苏维埃选举中占有如此重要的地位，当时各地都着力于搞好乡、市民主选举，在选举的宣传、组织和力量配备等方面采取了一系列切实有效的措施，从而保证了乡、市选举的圆满成功，大大加强了基层政权建设，奠定了苏维埃大厦的强固基础。

第三，在选举中坚持"三个结合"。所谓"三个结合"，其一，是选举与中心工作特别是与革命战争相结合。苏区的选举是在特殊的战争环境中进行的，由于革命战争是当时的中心任务，因而选举工作同其他各项工作一样，必须紧密环绕革命战争进行，并以推动革命战争为基本出发点。一方面通过选举要建

①《今年的选举》，载《红色中华》1933 年 9 月 6 日。
②《今年的选举》，载《红色中华》1933 年 9 月 6 日。

立一个能够组织与领导革命战争的强有力的政权工作系统，使政权机关更加适合于革命战争的需要；另一方面通过选举激发人民群众参军参战的热情，自觉地为保卫工农民主政权和争取革命战争的胜利而斗争。其二，是选举与检查政策法令的执行情况相结合。当时各地在选举运动中都把检查土地法和劳动法的贯彻执行情况作为一项重要内容。例如，选举期间，中央土地人民委员部着力指导各级土地部深入开展查田运动，中央劳动人民委员部负责指导各级劳动部检查劳动法的实施情形，广泛发动工人和农民同违反土地法与劳动法的现象进行斗争，并把斗争中涌现出来的积极分子推荐给选举委员会。其三，是选举与揭发苏维埃工作人员中的贪污腐化、消极怠工和官僚主义分子相结合。中央工农检查委员会在选举期间的重要任务之一，就是指导各级工农检查委员会系统地开展思想斗争，揭发各种不良现象，以便通过选举把那些阶级异己分子、官僚腐化分子和怠工渎职分子从苏维埃机关中驱逐出去，保证选举运动达到巩固与发展苏维埃政权的目的。

第四，选举之前，各级政府分别向选民或代表机关报告工作。具体做法是，乡、市苏维埃于选举前一星期，以村为单位召集选民大会，按照中央内务人民委员部拟定的报告大纲，直接向选民报告工作，发动选民对政府工作提出批评和建议，使基层苏维埃政府的工作在群众中得到检验，并以选民的批评建议作为下届政府改进工作的依据。区苏维埃政府须向各乡、市苏维埃全体代表会议报告工作，并吸收广大群众参加旁听。县、省苏维埃政府和临时中央政府分别向区、县、省苏维埃代表大会报告工作。按规定，区以上各级政府除各自向下一级苏维埃代表大会报告工作以外，还要向同级苏维埃代表大会报告工作。为防止流于形式，代表大会对工作报告要详细加以讨论，并将讨论结果按级报告上级政府，其中人民群众对政府工作的意见和建议，则要直接送到临时中央政府，以便使苏维埃的最高机关能够了解群众的情绪与要求，并据以制定符合实际和符合群众利益的施政方针。

土地革命战争时期，红色区域贯彻实施选举法所取得的成就及其创造和积累的经验，在我国人民政权和法制建设史上有着不可低估的意义，应当充分予以肯定。但是，这个时期选举法的制定与实施由于受到王明“左”倾冒险主义的干扰，也曾发生过给革命事业带来严重损害的左的错误。这突出地表现在不加区别地剥夺一切剥削者及其家属的选举权和被选举权，把他们统统排除于政权之外，使本来可以争取、团结的人被推向敌人一边，扩大了敌人营垒，削弱了自身力量，使革命势力遭到孤立。这是值得深刻记取的一个历史教训。

1935 年 1 月党的遵义会议结束了王明“左”倾冒险主义在党中央的统治，事实上确立了以毛泽东同志为主要代表的新的中央的正确领导。这是党的历史上一个伟大的转折，也是根据地法制建设得以彻底纠正“左”的错误的重要开端。同年 12 月党的瓦窑堡会议提出了“人民共和国”的纲领和政策，决定给予小资产阶级、知识分子及其他拥护反帝反封建纲领的分子以选举权和被选举权。[①] 抗日战争全面爆发前，1937 年 5 月 12 日通过的《陕甘宁边区选举条例》明文规定：“采取普遍的、直接的、平等的、无记名的选举制，保证实现彻底的民主”，除有卖国行为经法庭判决的人，经法庭判决有罪而剥夺公权期限未满的人，以及神经病患者没有选举权利以外，“凡居住陕甘宁边区区域的人民，在选举之日年满十六岁的，无男女、宗教、民族、财产、文化的区别，都有选举权和被选举权。”[②] 这一规定，既是对以往选举立法中“左”的错误偏向的否定，也是根据地选举立法进入成熟阶段的新起点。

第二节　抗日民主政权选举制度的发展变化

一、选举立法的指导方针和立法概况

抗日战争时期，中共中央根据国内政治形势和阶级关系的变化，修改了土地革命战争时期的选举政策，确立了新形势下抗日根据地选举立法的指导思想和基本方针。

1940 年初，毛泽东同志在论述新民主主义政治制度时，曾经指出：“必须实行无男女、信仰、财产、教育等差别的真正普遍平等的选举制，才能适合于各革命阶级在国家中的地位，适合于表现民意和指挥革命斗争，适合于新民主主义的精神。”[③] 同年 3 月 6 日，中共中央发布《抗日根据地的政权问题》的指示，明确提出：“在抗日时期，我们所建立的政权的性质，是民族统一战线的。这种政权，是一切赞成抗日又赞成民主的人们的政权，是几个革命阶级联合起

① 参见《论反对日本帝国主义的策略》，《毛泽东选集》第一卷，人民出版社 1991 年版，第 160 页。

② 参见《陕甘宁边区选举须知》，1941 年。

③《新民主主义论》，《毛泽东选集》第二卷，人民出版社 1991 年版，第 677 页。

来对于汉奸和反动派的民主专政。”[①] 与政权性质相适应，抗日统一战线的选举政策，“应是凡满十八岁的赞成抗日和民主的中国人，不分阶级、民族、男女、信仰、党派、文化程度，均有选举权和被选举权。”[②] 接着，毛泽东同志在延安党的高级干部会上作了题为《目前抗日统一战线中的策略问题》的报告，进一步阐明了抗日民族统一战线政权的性质及其选举政策。[③]1940 年 12 月 25 日，党中央再次发布指示，强调:“一切不反对抗日的地主资本家和工人农民有同等的人权、财权、选举权和言论、集会、结社、思想、信仰的自由权，政府仅仅干涉在我根据地内组织破坏和举行暴动的分子，其他则一律加以保护，不加干涉。”[④]

党和毛泽东同志关于抗日民主政权的性质及其选举政策的科学规定，从根本上纠正了王明推行的过左的政权政策，指明了抗日根据地政权和法制建设的正确方向，为这个时期选举立法的健康发展提供了重要保证。遵照中共中央制定的选举政策，各地抗日民主政府相继颁布了一系列选举法规。这些法规按其内容大致可分为三类:

第一，关于规定选举的基本原则和程序的法规。如《陕甘宁边区选举条例》(1939 年 2 月通过),《陕甘宁边区各级参议会选举条例》(1940 年 11 月修正通过),《晋察冀边区暂行选举条例》(1940 年 6 月公布),《晋察冀边区选举条例》(1943 年 1 月 20 日通过),《晋冀鲁豫边区参议员选举条例》(1944 年 11 月 22 日修正公布),《晋冀鲁豫边区县议员选举条例》(1944 年 11 月 22 日通过),《晋冀鲁豫边区村政权选举暂行条例草案》(1943 年 7 月),《晋绥边区参议会选举条例》(1945 年 4 月 5 日公布),《晋绥边区县议会选举条例》(1945 年 4 月 5 日公布),《晋西北临时参议会参议员产生办法》(1942 年 1 月 1 日公布),《晋西北村选暂行条例》(1940 年 10 月公布),《山东省行政区参议会参议员选举办法》,《山东省县参议会参议员选举办法》(1945 年 6 月 7 日),《胶东区村选举暂行条例》,《苏中区人民代表会议代表选举条例 (草案)》(1945 年 7 月 4 日) 等。

第二，关于实施选举条例的细则、通则、具体办法和法律解释。如《陕甘宁边区各级参议会选举条例的解释及其实施》(1942 年 5 月),《晋冀鲁豫边区

---

①《毛泽东选集》第二卷，人民出版社 1991 年版，第 741 页。
②《毛泽东选集》第二卷，人民出版社 1991 年版，第 743 页。
③ 参见《毛泽东选集》第二卷，人民出版社 1991 年版，第 750—751 页。
④《论政策》,《毛泽东选集》第二卷，人民出版社 1967 年版，第 768 页。

参议员选举条例施行细则》(1944年10月20日公布),《晋冀鲁豫边区政府关于选举工作中几个问题的补充说明》(1944年10月20日),《晋绥边区参议员、县议员选举办法》(1945年4月5日公布),《晋西北临时参议会参议员选举通则》,《晋西北临时参议会参议员妇女团体选举办法》等。

第三，关于调整选举机关组织与活动的法规。如《陕甘宁边区各级选举委员会组织规程》(1941年1月),《晋西北临时参议会参议员行政区级选举委员会组织条例》,《晋西北临时参议会参议员县级选举委员会组织条例》以及《盐阜行政公署区选举委员会组织法》等。

除上述三类法规以外，各根据地政府颁布的各级参议会组织条例以及为进行民主选举而发布的大量指示和决定，也都包含有选举法的内容。

根据毛泽东同志在中国共产党第七次全国代表大会上提出的“尽可能迅速地在延安召开中国解放区人民代表会议”[①]的建议和号召，由陕甘宁边区政府和边区参议会发起，于1945年7月13日召开了中国解放区人民代表会议筹备委员会全体会议。会议讨论通过的《关于中国解放区人民代表会议选举事项的决议草案》，按照抗日民族统一战线和民族平等的原则，具体规定了代表名额、代表成分、代表资格和代表产生方法。周恩来同志对这个《决议草案》作了全面、深刻的说明，指出:“不论工人成份、农民成份、军人成份(包括指挥员、战斗员、军队的各项工作人员)，不论工商界，自由职业界，不论文化教育界，科学界，学生界，或是公务人员，不论是绅士，我们都希望能有他们的代表人物当选，使在十一月要开的人民代表会议上，真正能代表中国解放区及其他区域的各阶层、各党派、各军队以及各种职业的团体。”[②]《关于中国解放区人民代表会议选举事项的决议草案》是抗日战争胜利前夕制定的一个非常重要的选举法规。

总的说来，各抗日根据地发布的选举条例和有关的指示、决议、决定，虽因各地的战争形势和客观条件不同，在某些具体规定上存在着若干差异，但它们的基本精神则是一致的。例如：它们都以党的抗日民族统一战线政策为依据，立法宗旨全在于保障人民实现管理国家的根本权利，建立一个真正民主的选举制度；它们既吸收了土地革命战争时期苏区选举立法的有益经验，又修正

---

①《论联合政府》,《毛泽东选集》第三卷，人民出版社1991年版，第1092页。

②《〈关于中国解放区人民代表会议选举事项的决议〉草案的说明》(1945年7月13日),载《解放日报》1945年7月16日。

了那些与新形势不相适合的规定，特别是坚决摒弃了那些过左的条文；它们首先着眼于民主的实质，同时注意尽可能完善民主的形式。所有这些都表明，在党的正确路线和政策的指导下，抗日民主政权的选举立法更趋成熟与完善。这是我国新民主主义政治法律制度在其前进途程中取得的光辉成就之一。

二、选举制度的新变化

随着形势的发展和阶级力量对比关系的变化，抗日民主政权的选举制度与中华苏维埃选举制度相比，无论选举原则和选举程序都发生了若干新的变化。研究这种变化，有助于搞清我国根据地选举制度的发展脉络，掌握其在不同时期的历史特点。

（一）选举权更加具有普遍性

抗日根据地选举制度的变化，首先表现在享有选举权利的人比土地革命战争时期明显地扩大。依照各地选举条例的规定，除极少数汉奸特务、依法被剥夺公民权的犯罪分子和神经病患者没有选举权以外，凡居住于解放区境内的人民，年满 18 岁，不分民族、阶级、党派、性别、职业、宗教信仰、财产状况、文化程度和居住期限，都有选举权和被选举权。就是说，工人、农民、小资产阶级和一切赞成抗日与民主的地主、富农、资本家以及国民党人士，均享有同等的选举权利，他们可以不受任何限制地参加各级权力机关（参议会）的选举，而且都有被选为人民代表（参议员）和公职人员的权利。1940 年晋察冀边区的秋季大选中，根据定南、深极、安平、饶阳、博野、清苑、蠡县等七县的统计，各抗日阶级、阶层参加选举的情况是：从性别看，男女公民参加选举的比例，村选分别为 84.9% 和 82.9% ；区选为 83.1% 和 80.89%，妇女参选率仅低于男子的 2%。从年龄看，青年、壮年和老年参选的比例，在村选中分别为 90.7%、87.6% 和 74.9%；在区选中分别为 91.79%，86.58% 和 71.24%。从文化程度看，在村、区选举中不识字者分别占 86.2% 和 84.05%；小学程度分别占 81.8% 和 79.85%；中学程度分别占 60.2% 和 60.02%；大学程度分别占 60.9% 和 58.92%。从各阶层在村、区两级选举中参加投票的人数占各自人口总数的比例看，工人分别占 93.1% 和 94.23%；贫农占 85.5% 和 85.92%；中农占 82.7% 和 79.02%；富农占 83.7% 和 72.56%；地主占 90.7% 和 84.6%。商人因大多经商在外，参选率低于其他阶层，在村选为 56.7%，在区选为 50.02%。[①] 这些数字突出地说明了抗日根据地选举权的普遍性和广泛性。

当然，这只是问题的一个方面。另一方面，就被选举权而言，在各地，各抗日阶级、阶层和党派的代表被选入各级政权机关也是极为普遍的现象。上述冀中区七县的选举结果，各阶层当选人数在各级代表机关中所占的比重为：工人和贫农在村代表会议中占 49.2%，在区代表会议中占 44.6%，在县议会中占 30.5%；中农在村、区、县当选为代表的，分别占 37.9%、47% 和 51.6%；地主、富农和商人当选的比例是，在村代表会议中占 12.9%，在区代表会议中占 8.4%，在县议会中占 17.9%，他们当选的比例实际上大大超过了他们的人口数量仅占公民总数 7.9% 的比重。[②] 再如，1939 年陕甘宁边区第一次普选中，民主选举产生的县、区、乡参议员也包括有各阶层人士。以固林、延长、安定、曲子四县为例，县参议员中，工人和贫农占 69%，中农占 25%，知识分子占 2%，地主、富农和商人占 4%；区参议员中，工人和贫农占 71%，中农占 22%，知识分子占 2%，地主、富农和商人占 5%；乡参议员中，工人和贫农占 77%，中农占 17%，知识分子占 1%，地主、富农和商人占 5%。[③]1941 年 7 月，晋冀鲁豫边区为召开首次临时参议会选出的 197 名参议员中，同样包含着广泛的社会成分。就阶层来说，有工人、贫农、中农、商人、富农和地主；在学历上，有留学生、大学生、中小学生和不识字的文盲；在经历上，有过去的非常国会议员、省议员、县议员，以及大学教授、文艺家、实业家等等；参议员中有 18 岁的青年和年已古稀的老者，有汉族也有少数民族；在宗教上，有的信仰回教，有的信仰基督教和天主教；在党派上，有共产党、国民党和无党派人士。其中共产党员 72 人，国民党民主人士不下 50 人，国民党员邢肇棠和宋维周并当选为边区临时参议会副议长。[④] 除陕甘宁、晋察冀和晋冀鲁豫边区以外，其他抗日根据地也毫无例外地贯彻了选举的普遍原则，选民参选率都相当高，各抗日阶级、阶层和党派都有与其地位相适应的代表被选进各级民意机

① 参见彭真：《关于晋察冀边区党的工作和具体政策报告》（1941 年 9 月），中共中央党校出版社 1981 年版，第 33—34 页。

② 参见彭真：《关于晋察冀边区党的工作和具体政策报告》（1941 年 9 月），中共中央党校出版社 1981 年版，第 39—43 页。

③ 参见林伯渠：《陕甘宁边区政府对边区第一届参议会的工作报告》（1939 年 2 月），载《陕甘宁边区第一届参议会实录》，1939 年。

④ 参见齐武编著：《一个革命根据地的成长》，人民出版社 1957 年版，第 93 页。

关，实际参加国家管理。这样，就使得各地建立的抗日民主政权具有广泛的群众性和代表性，有效地团结了一切可以团结的力量，极大地调动了各阶层的抗日积极性。

（二）平等原则的进一步发展

按照各地颁行的选举条例，选举的平等原则主要包括两层含义：一是所有选民不受性别、职业、财产等限制，平等地享有选举权和被选举权，每个选民在一次选举中只有一个投票权，每票效力相同；一是各级参议会名额和代表的产生均以一定人口数为基础，即每一代表所代表的人口比例相等。前者与中华苏维埃选举立法确定的原则是相同的；后者则修正了中华苏维埃选举法关于工人与农民之间选举代表不同人口比例的规定。这是一个重要的修正，它标志着抗日根据地的选举向着更加平等的方向迈进了一步。

关于以人口比例作为分配代表名额和产生代表的基础，各根据地都作了明确规定。在陕甘宁边区，1944 年以前，乡、市（等于乡的市）参议员由 20—60 人组成的居民小组产生，每组选举参议员一名；市（等于区的市）参议员由 60—250 人组成的居民小组选举，每组产生市参议员一名；每 400—800 人选举县（或等于县的市）参议员一名；每 8000 人选举边区参议员一名。①1944 年以后，产生代表的人口比例有所变化，即不满 400 人的乡市选举乡市参议员 15 名，400 人以上的乡市，每增加居民 100 人增选参议员一名；不满 5000 人的市（等于区的市）选举市参议员 20 名，5000 人以上的市每增加居民 1000 人增选参议员一名；不满二万人的县市（等于县的市）选举县（市）参议员 30 名，二万人以上的县（市），每增加居民 3000 人增选参议员一名；不满二万人的县（市）选举边区参议员二名，二万人以上的县（市），每增加居民二万人增选参议员一名。② 在晋察冀边区，根据 1943 年 1 月 20 日通过的《晋察冀边区选举条例》，每 15—45 人组成的公民小组选举村民代表会代表一人；二万公民以下之县，选举县议员 20 名，二万公民以上之县，每增加 2500 人增选县议员一名，所增尾数超过 1250 人时得增选县议员一名；三万公民以下之县，选举边区参议员二名，三万公民以上之县，每增加三万公民增选参议员一名，所增尾

① 参见《陕甘宁边区各级参议会选举条例》（1941 年 11 月），载《陕甘宁边区第二届参议会汇刊》，1942 年。

② 参见《陕甘宁边区各级参议会选举条例》（1944 年 12 月），载《陕甘宁边区第二届参议会第二次大会撮录》，1945 年。

数超过 15000 人时，亦得增选参议员一名。在晋冀鲁豫边区，村民代表会代表由公民小组产生，按得票最多当选的原则，每组选出代表一人；[①] 县参议员以居民 1500 人产生一名为标准，议员名额依县人口多寡而定，但每县不得少于 30 名多于 80 名。[②] 边区参议员名额，在太行区不满四万人口之县选举一名，4 万以上至 8 万人口之县选举二名，8 万以上至 12 万人口之县选举三名，12 万以上至 16 万人口之县选举四名，16 万以上人口之县选举五名。[③] 在晋绥、晋西北、山东等抗日根据地，各级参议员的名额和参议员的产生也都以一定人口比例为基础，只有个别地区（如苏中区）按照解放程度、人口、地区、交通等多种因素确定代表名额的分配，而不以人口数作为唯一标准。[④]

各地在取消工农之间选举代表的不同比例的同时，从实际情况出发，也相应地采取了一些照顾民族和单位的法律措施。例如，本着实行民族平等、加强各民族团结的精神，各地在选举条例中除确认少数民族与汉族享有同等的选举权利以外，还在选区划分和代表人数比例方面给予必需的照顾。陕甘宁边区规定，少数民族选举不受一般选区划分的限制，得以各级参议会的区域为选举单位（即将分散居住于各地的少数民族联合起来进行选举），其代表产生如果不足法定人数，在乡（市）只要达到当地选举每一代表所需人口数的 1/5，县（市）达到 1/7（后改为 1/5），边区达到 1/8（后改为 1/10），即可单独进行民族选举，选出各该级参议会参议员一名。晋察冀边区则明确规定少数民族代表的名额，如边区参议员中必须有蒙古族、藏族、满族参议员各一名，回族参议员五名。晋绥边区规定，凡居住边区境内的各少数民族，不足 500 人即可选举边区参议员一名，每增加 500 人增选一名。这种比例大大低于该边区选举一般代表所需的人口数。[⑤] 山东抗日根据地规定，少数民族以县为单位选举县参议员，

---

① 《晋冀鲁豫边区村政权选举暂行条例草案》（1943 年 7 月），参见韩延龙、常兆儒：《革命根据地法制文献选编》第一卷，中国社会科学出版社 1981 年版，第 293 页。

② 参见《晋冀鲁豫边区县议员选举条例》（1944 年 11 月），载晋冀鲁豫边区政府《边区政报》1944 年第 44 期；《晋冀鲁豫边区县议会组织条例》（1945 年 4 月），载太行行署《一九四六年重要文件汇集》。

③ 参见《晋冀鲁豫边区参议员选举条例》（1944 年 11 月），载晋冀鲁豫边区政府《边区政报》1944 年第 44 期。

④ 参见《苏中区人民代表会议代表选举条例（草案）》（1945 年 7 月 4 日），载《苏中报》1945 年 7 月 7 日。

⑤ 按照 1945 年 4 月 5 日《晋绥边区参议会选举条例》规定，三万人口以下之县，选举边区参议员五名，三万人口以上之县，每增加一万人增选一名。

其人数达到法定比额即单独进行民族选举，不足法定比额但超过比额 1/3，也可单独选举，并得选出参议员一名。[①] 各地在选区划分和代表人数比例方面对少数民族实行特殊照顾，目的在于保证各级参议会都有相当数量的少数民族代表，以利于加强各民族的团结，巩固和扩大抗日民族统一战线。

再如，为了照顾抗日部队、工厂、机关、学校和人民团体的特殊情况和利益，法律规定，它们可以单独进行选举（当时称职业选举），其应选代表名额由法律专门加以规定。依照《晋察冀边区选举条例》，实行单独选举的除少数民族以外，另有军区部队、边区各产业工会、抗大、联大等四个单位。军区部队共选举边区参议员 20 名，各产业工会共选举边区参议员三名，抗大、联大各选一名。在太行区，以职业和妇女界为单位选举边区参议员的名额为：军界（包括正规军和游击队）六名，工厂职工界三名，新闻界和文化界各一名，商界二名，中等以上学校教职员和学生各一名，外国革命团体各选一名，妇女界选举 5—9 名。在晋西北，抗日军队选举参议员九名，行政区级以上之工会和工厂工人选举参议员五名，小学教员、中等以上学校师生员工共选举参议员六名，新闻界和文化团体各选举参议员二名，妇女团体选举参议员十名，行政区级以上机关、团体选举参议员五名。陕甘宁边区早期发布的选举条例规定，现役军人、保安部队、学校、工厂、机关一律参加区域选举，与一般公民相同。[②]1941 年以后，有关法律才正式规定，边区保安部队、抗日驻防部队、较大工厂和专门以上学校实行单独选举。根据 1944 年 12 月《陕甘宁边区各级参议会选举条例》，驻防边区抗日部队、边区保安部队、抗日军政大学共选举边区参议员 13 名，50 人以上各产业工厂共选举边区参议员六名，专门以上学校选举边区参议员一名。此外，陕甘宁边区还有这样的规定：专门以上学校和百人以上（后改为 50 人以上）产业工厂的职员，“除参加其生产单位选举外，并得参加其所在地乡市选举”。上述各地的规定表明，抗日部队、较大工厂、大专学校和人民团体在选举中实际上处于比较优越的地位。

（三）直接选举范围的扩大

抗日战争时期，各地抗日民主政府为进一步完善选举制度，根据本地区的

---

① 参见《山东省县参议会参议员选举办法》（1945 年 6 月），载《山东省战时行政委员会时期法令汇编》，1945 年。

② 参见《陕甘宁边区选举条例》（1939 年 2 月），载《陕甘宁边区第一届参议会实录》，1939 年。

形势和环境，在不同程度、不同规模上都扩大了直接选举的范围。概括起来，大致有如下四种情况：

第一，各级参议会的参议员一律由选民直接选举产生，自下而上全部实行直接选举。陕甘宁边区即属于这种情况。1939 年 2 月边区第一届参议会通过的选举条例就明确规定，“采取普遍、直接、平等、无记名之投票选举制，选举边区、县及乡三级参议会之议员”。之后，1941 年 11 月边区第二届参议会修正通过的选举条例和 1944 年 12 月边区第二届参议会第二次大会通过的选举条例，一致肯定了这一原则，重申：“自乡市至边区各级参议员，皆由各参加选举之公民直接选举之”。各级参议员的选举区域为：乡参议员以行政村为选举单位（1941 年后一度改以居民小组为选举单位，1944 年又恢复以行政村为选举单位），县参议员以乡为选举单位，边区参议员以县为选举单位。根据上述原则，1938 年至 1945 年期间，陕甘宁边区先后开展了三次规模巨大的边区、县、乡三级普选运动，200 万边区人民运用自己的民主权利直接选举产生了各级参议会参议员，使法律规定的直接原则在实践中得到切实地贯彻施行。

第二，根据地的巩固区实行直接选举，游击区、边缘区和沦陷区实行间接选举。属于这种情况的有晋察冀边区和晋绥边区。按照两边区发布的选举条例，边区和县参议会参议员在环境稳定、基础较好的巩固区，由选民直接选举产生，边区参议员以县为单位，县参议员以区为单位。游击区、边缘区和沦陷区因条件限制实行间接选举。在晋绥边区，间接选举的办法是，由村公民大会、村代表会或村扩大会在全村公民中选出代表，代表数目按行政村公民或人口实数分配，但其名额须相当于应选议员的两倍。间接选举之候选人，除由各抗日党派、民众团体提出外，也可由代表会中 10 人联名、1/4 附议提出。[①]

第三，边区一级实行间接选举，县和县以下实行直接选举。在晋冀鲁豫边区，边区参议会参议员的选举，分为区域选举和职业选举，二者均以县为单位，由各区选民和县工、农、青、妇、文、武各团体分别选举代表若干人，另由县政府聘请公正士绅若干人，组成代表会，选举产生边区参议员。县参议会参议员和村民代表会代表，则由选民直接选举产生。前者以区为选举单位，除县地方武装和少数民族单独选举外，全县公民不分职业均参加区域选举，不同于边区参议员采取区域选举和职业选举两种形式；后者以公民小组为选举单

① 参见《晋绥边区参议员、县议员选举办法》（1945 年 4 月），载《晋绥边区参选县选法令》，1945 年。

位，公民小组依村公民多寡，由 9—35 人在街道范围内自由组织，但一村之内各公民小组的人数必须相等。

第四，晋西北与上述地区的做法均不相同，属于另一种情况。晋西北临时参议会参议员的选举，采取直接选举与间接选举两种方式。抗日军队（包括一二〇师、新军和游击队）、中等以上学校、文化团体、新闻界和行政区级以上机关团体（包括行政公署、专员公署、中共晋西区党委、抗联、武委会等），按分配名额直接选举各自系统的参议员。至于以县为单位的区域选举以及晋西北行政区级以上工会与工厂、参加晋西北商联会的大小商业户、晋西北各地小学教员和晋西北妇女团体，则实行间接选举。即分别召开“各县临时参议员选举代表会”和晋西北工厂、商界、小学教员与妇女团体代表大会，选举产生各该应选之参议员。基层村代表会代表由自然村公民直接选举产生，选举单位为公民小组，公民小组数目与村代表名额相等。

上述四种情况表明，各地直接选举的规模和形式因地而异，不尽相同。但总的来说，直接选举的范围毕竟比土地革命战争时期是扩大了。这是抗日民主政权选举制度的一个进步。当然，限于历史条件，除陕甘宁边区以外，各敌后抗日根据地没有也不可能从下到上一律实行直接选举。在这些地区，不仅间接选举依然保留和使用，而且为适应战时的非常情况，在特定范围内还采取了聘请办法。

聘请作为选举的一种补充形式，主要适用于无法进行选举的游击区和沦陷区。各地规定，聘请边区参议员的权限属于边区政府；聘请县参议员有的由边区政府决定，有的由县选举委员会提名、行政公署批准，有的由县政府与县选举委员会或者与各抗日党派、团体会商确定。村代表大多不采取聘请方式，只在必要时以县政府名义聘请。被聘者必须具备一定条件，如抗战有功，勤劳国事，素孚众望，以及在社会、经济、文化各方面有一定声望和影响等。聘请名额一般以不超过参议员总数五分之一为原则。①

（四）选举中贯彻“三三制”政策

“三三制”是中国共产党关于抗日民族统一战线政权组织成分的一种政策

---

① 抗日战争时期，陕甘宁边区政府 1939 年 2 月和 1941 年 11 月先后通过的边区各级参议会组织条例规定：“各级参议会之议员，由人民直接选举，但同级政府认为必要时，得聘请勤劳国事及在社会、经济、文化各方面有名望者为议员，其名额不得超过议员总数十分之一。”

规定，也是党领导民主选举的重要方针。1941 年 5 月 1 日中共中央政治局批准的《陕甘宁边区施政纲领》宣布："本党愿与各党各派及一切群众团体进行选举联盟，并在候选名单中确定共产党员只占三分之一，以便各党各派及无党无派人士均能参加边区民意机关之活动与边区行政之管理"。中共中央晋绥分局提出、1942 年 10 月 19 日晋西北临时参议会通过的《对于巩固与建设晋西北的施政纲领》第三条规定："民选各级民意机关及政府，贯彻三三制，在各级民意机关及政府中，共产党员只占三分之一，其他各抗日党派及无党无派的人士占三分之二"。其他根据地政府颁布的《施政纲领》也作了类似的规定。

为了贯彻党中央提出的"三三制"政策和施政纲领的有关规定，各地边区政府发布了一系列指示和决定，强调在选举中必须认真贯彻实行"三三制"。晋察冀边区行政委员会《关于民主大选举准备阶段工作的指示》明确提出："民主大选举的目的，就是更进一步地建设边区民主政治，贯彻实行三三制，更好地巩固边区各阶层人民的团结，扩大抗日民主政权的影响于沦陷区。"① 晋冀鲁豫边区政府《关于边区参议员选举问题的指示》也强调："在边选过程中必须坚决贯彻三三制。须知，三三制是我们的基本政策之一，只有三三制的彻底执行，才能促进各阶层同心协力，共同抗战共同建国，把革命事业办得更有成绩。"② 从各地的选举实践看，由于党和抗日民主政府的重视和卓有成效的工作，"三三制"政策普遍得到贯彻执行。1941 年陕甘宁边区普选中，共产党员当选乡参议员者平均占 1/3，而在若干县份还低于 1/3 的比额。据安塞、绥德、吴堡、米脂、合水、镇原、环县、新宁等八县的统计，在选出的 10511 名乡市参议员中，共产党员为 2079 名，仅占 19.8%。③ 当然，也有不少地区共产党员当选比例高于 1/3，如 1940 年晋察冀边区北岳区阜平、满城、曲阳等 13 县，共选举县议员 656 名，其中共产党员 326 名，占 49.7%，非党进步分子 186 名，占 28.35%，中间分子 144 名，占 21.95%；建平、定县、行唐等 12 县所属各区代表会，共选举区代表 4231 名，其中共产党员 1987 名，占 46.94%，非党进步分子 1759 名，占 41.57%，中间分子 485 名，占 11.49%。④ 上述地区共产党员当选人数虽然高于 1/3，但由于某些当选为参议员的共产党员用辞职的

① 参见晋察冀边区行政委员会《现行法令汇集》上册，1945 年。

② 参见晋冀鲁豫边区政府《边区政报》1944 年第 44 期。

③ 参见李普：《我们的民主传统》，新华出版社 1980 年版，第 178 页。

④ 参见彭真：《关于晋察冀边区党的工作和具体政策报告》（1941 年 9 月），中共中央党校出版社 1981 年版，第 46—48 页。

办法主动减少所占比例，仍然使“三三制”大体上得到实现。这种主动辞退以减少比例的做法，当时在各地曾广泛采用。陕甘宁边区第二届参议会常驻议员51名候选人中，因共产党员人数较多，即有6名党员自动退出。政府委员39名候选人中，共产党员超过了1/3，谢觉哉、马锡五等12名党员也主动申请退出。1942年10月晋西北临时参议会选出正式参议员145名，共产党员占49名，实际上超过1/3比例不到一人，共产党员却自动退出二人。由于我党严格限制自己的候选人和当选人的数目，尽量创造各种条件让更多非党人士当选，使他们在代表机关和政府机关中获得说话做事的机会，这种民主合作的至诚精神赢得了各阶层人士的热烈称赞和衷心拥护，大大增强了各抗日阶级、阶层的团结，巩固和扩大了新民主主义政权的基础，壮大了抗日力量。总之，在民主选举中贯彻实行“三三制”，是抗日根据地选举制度的一个突出特点，也是这个时期选举制度最重要的变化之一。

（五）候选人的提名和竞选

代表候选人的提名，是整个选举过程的一个重要环节，是搞好民主选举的关键。各抗日根据地继承了苏区民主地提出和确定代表候选人的优良传统，并在不断总结实践经验的基础上逐步完善了代表候选人提名的法律程序。按照各地选举条例的规定，代表候选人的提名方式主要有三种：（1）各抗日党派、群众团体联合推荐代表候选人；（2）各抗日党派、群众团体单独推荐代表候选人；（3）任何选民有一定人数的联署可以推荐代表候选人（关于联署人数，各地规定不等，晋冀鲁豫边区为30人，晋察冀和晋绥等边区为50人，苏中和山东分别为500人与1000人）。这种党派、团体和公民联合或单独提名的方式，有利于发扬民主，表达与照顾各方面的意愿和利益，把那些在对敌斗争及生产建设中涌现的先进分子和各方各界的代表人物列入候选人名单，使选举取得为广大群众满意的结果。

按规定，各抗日党派、群众团体和公民联署推荐的代表候选人，统一由选举委员会审查、登记，并予以公布。候选人名单公布后，要广泛地发动选民认真地、反复地酝酿讨论，根据多数选民的意见确定正式代表候选人名单。正式代表候选人的名额，应多于应选代表的名额，实行差额选举。陕甘宁边区规定，每个居民小组选举一名乡（市）参议员，但代表候选人应在二人以上，县、边区代表候选人名额要比应选参议员人数多二倍，“仅照应选人数准备候选名单是不对的。”[1] 晋冀鲁豫边区规定，正式候选人名单由选民大会或代表大会讨论确定，其名额应多于应选人数的二分之一至一倍。[2] 其他根据地对候选人与应选代表的差额也作了相应的规定。

实行差额选举，给选举人以更多的选择余地，这一点相对于中华苏维埃选举制度说来是一个进步。土地革命战争时期，中央工农民主政府先后颁布的几个选举法令对差额选举都没有作出明确规定，实践中各地做法不一。有的实行差额选举，如1933年下才溪乡选举乡苏维埃代表，列入候选名单的人数为一百六十余人，而应选代表为91人，候选人比应选代表多76%。同一时期，长冈乡进行选举时，候选人与应选代表均为55人，实行的则是等额选举。毛泽东同志不赞成这种做法，他在《长冈乡调查》一文中指出：“长冈乡此次选举的缺点：……（2）候选名单人数恰如应选人数，没有比应选人数增加一倍，因此群众对于候选名单没有批评。”[3] 抗日根据地明确规定实行差额选举制，应当认为是选举制度的一项重要改革。

各抗日党派、团体和公民不但有权联合或单独推荐代表候选人，而且可以自由竞选，开展竞选活动。竞选在不妨害选举秩序，即不捣乱、不破坏、不搞贿选和威胁利诱的情况下，受法律保护，任何人不得加以干涉和阻止。参加竞选的党派、团体和个人，均可提出竞选纲领和施政意见，或公诸于报刊，或公开在群众集会上演讲宣传。他们除为本党本团体和个人竞选外，并得为他人作竞选活动，竞选者本人也可以委托他人代为竞选，其赞助人亦得协助竞选。如果几个抗日党派团体政治主张相同，选举意见一致，还可以组织竞选联盟，共同竞选。而各级抗日民主政府和选举委员会对于不妨害选举秩序的竞选则积极加以支持，并给予各种方便与帮助（如为竞选人提供发表演说的机会和场所等）。同时，为加强领导与监督，一些地区规定，候选人的竞选纲领、竞选传单或讲稿须送交选举机关，以保证竞选运动有组织地进行。

竞选活动最先开始于陕甘宁边区。早在1939年2月边区公布的第一个选举条例就明确宣布，各抗日政党和各职业团体可以进行竞选运动。1941年边区第二次大规模三级普选中，中共陕甘宁边区中央局提出了《陕甘宁边区施政

① 参见《陕甘宁边区各级参议会选举条例的解释及其实施》（1942年5月），载《抗日根据地政策条例汇集——陕甘宁之部》（上），1942年。

② 参见《晋冀鲁豫边区参议员选举条例施行细则》（1944年10月），载晋冀鲁豫边区政府《边区政报》1944年第44期。

③ 参见《毛泽东农村调查文集》，人民出版社1982年版，第297页。

纲领》，作为共产党人参加竞选的主张和活动准则。在党和边区政府的领导下，竞选运动自下而上、从城镇到乡村迅速形成热潮。各抗日阶层、各抗日党派的候选人在选民大会或其他场合，纷纷发表竞选演说，申明自己的政见、抱负和决心。如抗大、鲁艺等八院校选区，有八位候选人参加竞选，并分别发表了竞选演说。延安市南区召开了有二千五百多人参加的选民大会，各个候选人先后登台演讲，其中一位候选人介绍了自己的施政意见，最后说："请你们对我来一个估计吧！如不相信，请把票投给别人，如相信，请投我的票！"被提名为候选人的行政领导干部，在竞选中还认真地向选民报告工作。如志丹县县长参加竞选时首先向选民报告工作，欢迎大家提出批评。群众肯定了他的成绩，也批评了他的缺点，并提出今后改进的建议。毫无疑问，这对于改进工作，密切干群关系，是很有意义的。在偏僻的乡村，竞选运动也相当热烈。绥德县第四保的选民大会上，一位农民候选人竞选时说："我没有念过书，但我做事公道，公平。"有的妇女候选人当众表示决心："妇女受封建势力的压迫，如果大家选了我，我一定替妇女办事。"一位候选人在竞选活动中形象生动地介绍自己的长处："我没有什么长处，就是三多：1. 穿鞋多。有事情就亲自跑腿；2. 自我批评多。我乐意接受别人的批评帮助，我也乐意作自我批评；3. 说话多。有事多同群众商量，有问题多做说服教育工作。"广大选民在竞选活动中，审慎、仔细地对每一个候选人加以比较，从中选择最合心意的先进、正直的人作自己的代表。

竞选运动在晋察冀和晋冀鲁豫等边区也曾普遍展开。1940 年 6 月，晋察冀边区公布了暂行选举条例，对竞选作了专章规定，确认边区参议员、县议员、区代表的选举可以"自由竞选"。同年秋季边区即掀起了竞选热潮。各地相继召开竞选大会，不仅工农群众的代表候选人公开发表竞选演说，地主士绅也积极参加竞选活动，出现了各阶层代表候选人之间自由竞选的局面。晋冀鲁豫边区的竞选运动也搞得十分活跃。1941 年 7 月边区临时参议会成立前夕，各抗日党派、开明士绅以及军界、新闻界、妇女界的参议员候选人纷纷发表竞选政见。各县的竞选运动尤其紧张热烈，选民到处张贴标语，搭设彩楼，全力支持自己的候选人参加竞选。[①]1944 年 12 月至 1945 年 3 月为迎接边区参议会第一届大会进行的民主选举中，各阶层群众参加竞选更加热烈，左权县参议员亲自竞选的有 88 人，其中三人跑了 25 个地方竞选 32 次。[②]

---

① 参见《解放日报》1941 年 6 月 23 日。

② 参见《解放日报》1945 年 3 月 3 日。

中国共产党和抗日民主政府领导开展的竞选运动，既是活跃热烈的，又是在不妨碍选举秩序的原则下有组织地进行的，它反映了抗日民族统一战线政权的特点和民主实质，也是用以揭露国民党反动派坚持独裁、扼杀民主的一种斗争手段。在当时的历史条件下，抗日根据地用法律形式确认并保障竞选自由，为全国树立了实行民主政治的榜样，曾经给予全国民主运动以深刻的影响和有力的推动。

（六）投票选举方式的某些改变

关于投票选举方式，抗日根据地与苏区相比，既有相同之处，也有一些新的改变。

第一，抗日根据地的基层选举采用召开选举大会的方式进行，这是和苏区相同的，但有关选举大会的规则和程序则更趋完备。主要表现在：

首先，选举大会必须有原登记选民半数以上到会（有的地区规定须有登记选民 2/3 到会）才能举行，否则不能进行选举，须延期开会。选举大会的日期和地点事先布告周知选民。在有的地区（如晋西北），选举机关还专门印制选民入场证，编号盖章，选民持有这种法定证件方能进入会场，参加投票选举。

其次，选举大会除由选民选出主席团（主席团主席由选举委员会主任或委员担任）主持选举工作外，还设置有投票管理员（也称司票员），负责清点到会人数，收发选票，解释投票方法，维持投票秩序；开票管理员，负责清算投票数目，检查选票真伪，计算被选人得票多少，维持开票秩序；监票员（或称监选人），负责监察投票有无弊端，核对投票人数与到会人数有无出入，选举是否合法有效；记录员，负责记录大会的报告和讲词，到会人数和大会动态，选举的票数及结果。有的地区规定，监选人、投票管理员和开票管理员由上级政府遴选委派，但不得遴派本区域内之人民与行政人员。①

最后，为保证选举大会顺利而有秩序地进行，制定了选举规则。其内容是：选举人不许随便谈笑和来往串通，不许私带票纸企图舞弊，不准携带武器，服从大会主席领导等。

第二，随着直接选举范围的扩大，一些抗日根据地在选举边区参议员和县参议员时，从实际出发，采取分散投票选举的方式。当时，分散投票主要有两

① 参见《盐阜区区级政府选举法》，载盐阜区临时参议会第二次大会《法令及提案决议》，1945 年。

种情况：

一种是陕甘宁边区采用的"背箱子"办法。所谓"背箱子"实际上就是流动票箱。选举委员会于选举开始前，准备若干票箱，上锁加封，选择忠实可靠的司票员，事先把选票发给选民，到了投票日，司票员背着箱子分途收票，选票收齐后，召开居民大会当众开票。"背箱子"是陕甘宁边区适应农村环境创造的一种投票选举方式，它的好处在于：一是能够保证多数选民参加边选和县选（如 1941 年普选时，延川 90%、个别地方 100%的选民都投了票）；二是先发选票，使选民有充分思考、选择的时间，以更好地表达自己的意志；三是有利于克服选举单位大和交通阻隔给选民带来的投票不便的困难。

另一种做法是，在边区参议员和县参议员的选举中，以行政村（或几个自然村联合）为单位分散投票，由区、县集中宣布选举结果。晋绥边区采取的就是这种办法。以行政村为单位投票后，当场开票，宣布本村投票结果，然后把选票和本村投票结果呈送上级选举委员会。县参议员由区选举委员会于各村选票交齐后综合开票，宣布选举结果。开票时要有各村选举委员会代表、各村选民代表和驻地群众参加。边区参议员由县选举委员会于各区选票送齐后综合开票，宣布选举结果。县选举委员会开票时需要在各区选举委员会代表、各区选民代表与驻地群众参加下进行。

无论基层选举采取选举大会的方式，还是边区和县两级选举实行分散投票的办法，按规定，都需要通过一定程序计算选票，以确定选举结果。各抗日根据地关于选票计算方法实行相对多数当选制。所谓相对多数当选制，是指候选人只要获得比较多数的选票，即使所得选票不到半数，就可当选。[①]《晋察冀边区选举条例》第十三条规定："边区参议员、县议员均以得票较多数者为当选，次多数者为候补。"[②] 为防止票数过少当选，妨碍选民表达意愿，有些根据地对当选的最低得票比额作了限制性的规定。1944 年 10 月 20 日《晋冀鲁豫边区参议员选举条例施行细则》第二十一条规定：参议员以得票最多者当选，"但如

① 相对多数当选制是多数当选制的一种，多数当选制还包括绝对多数当选制，即候选人在一个选区内获得过半数选票，始能当选。

② 关于得票"次多数者为候补"的规定，除晋察冀边区而外，其他根据地也有明文规定，只是候补参议员的比额各地不同。在陕甘宁边区，按照各选举单位当选人数选出五分之一候补参议员，如该选举单位没有五个议员也得选出候补参议员一名。晋冀鲁豫、晋绥、山东等，候补参议员在每个选举单位内以不超过当选参议员 1/3 为限，但当选参议员不足三人亦设候补参议员一名。晋西北候补参议员名额多于上述地区，一般以不超过该选举单位应选参议员数额为原则。

最多票数不及出席人数十分之三时，不得当选，应即举行补选”。晋西北也有与此相同的规定：“被选举之参议员以得票最多者为当选，但票数不及选举人十分之三者，应行补选。”[①] 如果两个或两个以上获得多数选票的代表候选人票数相等，不能确定由谁当选时，各地采取的处理办法多有不同。有的就票数相等的候选人重新投票，以得票多者当选；有的由选举大会主席或者由本人当场抽签决定；有的则由上级政府确定当选人。

相对多数当选制作为一种简单的选举制，它所以被各抗日根据地普遍采用，是同当时的战争环境密切相关的。因为实行这种制度通常经过一次投票即可确定当选人，投票过程简单而不繁杂，便于选举工在紧张激烈的战争形势下迅速、有效地进行。如果采取复杂的当选计票制度，把投票过程搞得过于繁琐，不必要的拖延选举期日，其结果，不但会使大量选民难于参加投票，而且势必影响民族解放战争，同时也不符合经济文化都很落后的农村根据地的客观现实。

三、适合于人民群众行使民主权利的投票方法

无记名投票，是抗日民主政权选举制度的基本原则之一。为贯彻这一原则，各地基本上废止了土地革命战争时期普遍实行的举手表决的公开投票方法，依据选举的秘密原则，适应选民不同的文化程度，创造了多种富有特色的投票方法。如票选法、画圈法、画杠法、画点法、投豆法、烙票法、投纸团法等等。

票选法，是适合有一定文化程度的选民采用的投票方法。选票由选举委员会统一制发，上面不印代表候选人姓名，而由选民自己填写。有的地区规定，填写被选人的本名、字、号、乳名、绰号均为有效选票，如涂改模糊难于辨认选举对象者，则为废票。选举人可以写列入候选名单的人，也可以写未列入候选名单的其他任何选民，但每张选票所选人数不能多于应选代表人数，超过规定应选代表人数的作废，少于规定应选代表人数的有效。

画圈法、画杠法、画点法，是识字不多的选民通常采用的投票方法。它们是票选法的另一种形式，但与上述票选法又有区别。如选举委员会制发的选票均印有代表候选人姓名，选民无需另行填写，只在自己同意作正式代表的候选

① 参见《晋西北临时参议会参议员选举通则》，载《晋西北临时参议会参议员选举条例汇集》。

人名字上画圈、画杠或画点。这种方法简便易行，而且选票上没有选举人的笔迹，具有更大的秘密性。它的不足之处在于，选民如果想选候选名单以外的其他选民，则往往因不会书写而受到限制。

投豆法、烙票法和投纸团法，是不识字的选民普遍使用的投票方法。它们主要来自人民的创造，是群众智慧的结晶。所谓“投豆法”，是以投豆代投票的做法。多数地区开始实行时，一般是在候选人背后放一个碗，选举委员会按照应选正式代表的名额发给选民相应数量的豆子，选民信赖谁就把豆子投在谁的碗里。后来发现候选人坐在那里太不方便，选民在这种公开场合“投豆”也很不秘密，容易碍于情面而不能真正表达自己的意志。于是改变做法，在每个碗上贴上候选人的名字，把碗摆在会场一角，由监选人告诉选民哪个碗是哪个候选人的，选民“投豆”时除监选人之外，尽量不让其他人看见。这样做，虽然多了一道向选民介绍候选人姓名的程序，比碗放在候选人背后直接“投豆”麻烦一些，但更适合于秘密投票的原则。这是投豆法在选举实践中不断完善的一种表现。当然，投豆法也有某些不足，正如1944年10月20日《晋冀鲁豫边区政府关于选举工作中几个问题的补充说明》所指出的：投豆法“难于检查，豆子人人可以自带，易于舞弊，坏人可能多投几颗豆子，破坏选举。投豆对候选人有限制，如欲选举候选人名单以外的人，则豆子无处可投。”[①] 为防止出现和解决上述问题，各地在实行豆选时都十分注意避免发生流弊，并相应地采取了一些有效措施，从而使这种投票方法不断得到改进。由于投豆法适合不识字的选民进行投票选举，因而在各抗日根据地广泛被采用，深受群众欢迎。

烙票法，是指选民在自己满意的候选人名字上用香火烧洞的办法，故又称“烧洞法”。实行这种办法，事先要印好候选人名单，并设法让选民记熟。在不少地方，广大选民尤其是细心的妇女，在正式选举前像学生背诵课本一样把候选名单背得极熟。因此，尽管他（她）们并不识字，但选举时却能从名单排列的次序上找出各自要选的名字，拿香火在上面烧个洞，投出自己庄严的一票。烙票法的运用虽然不及投豆法广泛，但在当时也是一种常用的投票方法。

投纸团法，是把选举机关加盖印章的票纸团成小团，选民赞成那个候选人作为正式代表，就把纸团投在谁的名下，一个纸团即为一张选票。如果选民不愿选候选名单上的人，可以在小纸团里写另外的人。这种以纸团代选票的做法

① 参见晋冀鲁豫边区政府《边区政报》1944年第44期。

是太行区人民的发明，主要用于区村基层选举。[①]

适应选民的不同情况，采取多种多样的、便于人民行使民主权利的投票方法，是抗日根据地的一大创举，也是党和民主政府致力于民主政治的必然结果。根据地人民正是运用这些适合于自己情况的选举方法，积极参加民主选举活动，认真行使当家做主的权利。据不完全的统计，陕甘宁边区第一届参议会选举，全边区参加投票的选民平均占选民总数的70%以上，不少地方达到80%—90%。[②]1941年第二届参议会选举时，边区人民参选热情更高，80%的选民参加了投票选举，其中绥德、清涧、延川各县均在95%左右。[③]晋察冀边区1940年大选中，全边区参加投票的人数占选民总数的70%以下，中心地区各县达到90%以上，灵寿县7区和平山县15区竟高达97%—99%。[④]

以上事实说明，人民群众一旦认识了民主选举的重要性，并且找到了适合于自己行使民主权利的选举方法，他们蕴藏着的参政热情就会不可遏制地迸发出来。

四、实施选举法的保障

（一）组织保障

贯彻执行选举法，搞好民主选举，是一项重大的政治任务，也是一项极其复杂的工作。为此，需要设立处理有关选举事宜的专门机构，以使选举法的贯彻实施获得可靠的组织保障。

在抗日根据地，办理选举事项的专门机关是选举委员会。依照各地颁行的选举条例，选举委员会大体有下述三种类型：

第一，按行政区域设立的各级选举委员会。这是抗日根据地选举机构的基本形式。法律规定，在选举期间，边区、县（市）、乡（村）均须设立选举委员会（晋冀鲁豫边区在县以下的区、晋西北和山东抗日根据地在行政区也设

① 参见《晋冀鲁豫边区政府关于选举工作中几个问题的补充说明》（1944年10月），载晋冀鲁豫边区政府《边区政报》1944年第44期。

② 参见林伯渠:《陕甘宁边区政府对边区第一届参议会的工作报告》（1939年2月），载《陕甘宁边区第一届参议会实录》，1939年。

③ 参见林伯渠:《边区政府工作报告》（1941年11月），载《陕甘宁边区第二届参议会汇刊》，1942年。

④ 参见《晋察冀边区行政委员会工作报告》（1938—1942年），第36页。

有选举委员会）。各级选举委员会一般由当地政府聘请各抗日党派、抗日部队、机关和群众团体的代表以及战斗英雄、劳动模范、名流学者、公正士绅等组成。其人选在多数地区并不固定，主要由当地政府根据具体情况聘任邀请。只有少数地区选举委员会的部分成员是固定的。如晋察冀边区规定，县、村选举委员会除聘请群众团体和抗日士绅代表参加外，县议会议长、副议长、县长和民政科长，村民代表会主席、副主席和民政委员，分别为县、村两级选举委员会的固定组成人员。各级选举委员会设正副主任各一个和委员若干人，并为处理选举具体事务设置办事机构。选举委员会在同级政府和上级选举委员会的领导下进行工作。边区选举委员会负责主持全边区各级选举事宜，县（市）选举委员会主持本县（市）各级选举事宜，乡（村）选举委员会主持本乡（村）选举工作。

第二，进行单独选举的单位依法设立的选举委员会。这种选举机构，在晋察冀边区称为特种选举委员会，晋冀鲁豫边区叫做特别选举委员会。它们的组织机构因各地实行单独选举的单位不同而多有差别。在陕甘宁边区，边区保卫团、警备团、驻军和抗日军政大学联合组成选举委员会，由边区后方留守兵团政治部提出委员人选，呈请边区政府聘请。延安大学、党校、医大等学校联合组成选举委员会，由各该校部共同提出委员人选，呈请边区政府聘请。50人以上各产业工厂，由各该主管机关联合提出委员人选，呈请边区政府聘任组成选举委员会。在晋察冀边区，以部队为单位选举的，由军区司令部和军区政治部组织特种选举委员会。抗大、联大由各该学校组织特种选举委员会。而单独进行选举的各产业工会则不专门组织选举委员会，有关选举事项由边区产业工会直接办理。在晋冀鲁豫边区，实行单独选举的各选举单位大都不采取联合组织选举委员会的形式。比如，军界由各战略区司令部、政治部分别组织特别选举委员会，工厂、新闻界、文化界、商界、妇女界分别由各战略区总工会、报社、文联、商联总会、妇救总会组织各自的特别选举委员会。只有中等以上学校才由各战略区中等以上学校师生员工联合组织特别选举委员会。

第三，少数民族选举委员会。这是依据民族平等原则，在少数民族单独进行选举的地区特设的选举机构。陕甘宁边区规定，少数民族选举委员会由少数民族中提出委员人选，呈请上级政府聘任组织之。晋察冀和晋冀鲁豫等边区也设有少数民族选举委员会，并根据本地区的实际情况对其组成作了相应的规定。

上述三种类型的选举委员会，于选举开始前成立，选举结束后撤销，都不是常设机构。它们的主要任务是制定与执行选举工作计划，进行选举动员，划分选区，办理选民登记，审查选民和代表资格，公布选民名单和候选人名单，制发选民和代表登记表，依照各该选区人口实数拟定应选代表名额，规定选举日期，主持选举大会，监督选举，检查选举违法事项，宣布选举结果，颁发当选证书，等等。

与多数根据地略有不同，晋西北除了在行政区、县、村设立选举委员会，负责主持各该地区的选举工作而外，有关法律还确认某些机关和团体拥有直接办理选举之权。例如，晋西北临时参议会筹备委员会可以直接处理晋西北行政公署及其直属机关和全区商界参议员的选举事宜。晋西总工会、晋西北文联、晋西教育协会、晋西学联筹备会以及晋西妇联，依照法律有权办理各自系统参议员选举事项，实际执行选举机构的职能。赋予这些机关和团体以办理选举之权，是晋西北根据地适应敌后游击战争的特殊环境，为顺利实施选举法而采取的一项组织措施。

（二）物质保障

为人民群众充分行使选举权利提供必要的物质条件，是贯彻执行选举法的重要保障之一。各地颁布的选举条例明确规定，选举经费统一由抗日民主政府开支。这一规定，反映了抗日根据地选举制度的优越性，也是它根本区别于资产阶级选举制度的显著标志。

在资本主义国家，选举是以金钱为基础的，没有大量的财产或金钱就难于参加议会选举，更谈不上当选为议员。这是剥削者用以限制和剥夺劳动群众选举权利的一种手段。抗日根据地的选举与之完全不同，人民参加选举不受任何财产资格的限制，他们被确定为候选人也不像资本主义国家那样要交纳巨额保证金。恰恰相反，抗日民主政府在战时财政经济十分困难的情况下，总是尽一切可能给广大选民和候选人自由参加选举提供物质保障。依照规定，县、乡（村）选举经费，一般由各该县政府开支，如果县经费不足，边区政府予以补助。行政区选举经费，由行政公署审核支付。边区选举经费，经边区政府核准统一由财政厅开支。各级选举委员会负有编制选举经费预算之责，并按规定报请上级政府支付，选举完毕后实支实销。

（三）法律保障

关于选举法实施的法律保障，概括地说，包括三方面的内容：

第一，选举必须严格依法进行。是否严格依照法律进行选举，直接关系到选举法的民主原则和程序能否得到贯彻，关系到人民的选举权和被选举权能否真正实现。有鉴于此，各根据地政府除授权选举委员会对选举活动实行切实有效地检查监督外，还以法律形式严肃规定有下列情形之一者，选举无效，予以撤销:（1）出席选举大会的选民不足原登记选民半数以上，不得进行选举，否则选举无效;（2）每次选举投票数超过参加选举人数无效，重新选举;（3）选举人名册因舞弊涉及该区选举人 1/3 以上，经判决确定后，宣告选举无效;（4）当选人当选票数不实或以贿赂等非法手段当选的，经判决确定后，当选无效，上级政府拒绝加委（如事后发现则收回委令），并依法改选，或以候补代表递补;（5）其他违背法律规定进行的选举。

第二，及时处理选举诉讼。基于保障选民自由行使选举权利的目的，各根据地明确规定依法制裁各种破坏选举的违法行为。凡以暴力、威胁、欺骗等非法手段妨害选举自由的，违法竞选、贿选和捣乱会场破坏选举秩序的，办理选举人员受贿舞弊的，都要追究责任，依法处理。至于敌特汉奸破坏选举的言行，则严加惩治。公民个人或机关团体对上述违法行为有权提起诉讼，司法机关必须及时受理。有关当选问题的诉讼，选举人或落选人确认当选人票数不实，或者落选人所得票数应当选而未当选，可向该管司法机关起诉。人民对公布的选民名单有不同意见得向选举委员会提出，要求重新审定。如果对选举委员会的解释处理仍有异议，有向上级政府提起诉讼之权。

选举诉讼一般由司法机关受理解决。有的地区，如胶东区由县长、民政科长、司法科长合议审判。[①] 选举诉讼通常先于各种诉讼之审理，以一审为终止。

第三，切实保障选民行使罢免权。罢免权是选举权的补充和延伸，没有罢免权，选举权就会流于形式，选举法也不可能彻底实施。因此，各根据地对罢免权普遍给予高度注意，并在选举条例和有关法律中作了具体规定。1941 年 11 月修正通过的《陕甘宁边区各级参议会选举条例》第十六条规定:“各级参议员在任期内如有不称职的，得由该级议员选举之法定人数十分之一以上的选民提议，经由该选举单位投票罢免之”。1940 年 6 月《晋察冀边区参议会暂行条例》第十三条规定:“参议员违法失职时，由各该选区公民过半数之决议，随时罢免另选之”。1945 年 3 月 3 日通过的《晋冀鲁豫边区参议会组织条例》第二十条规定:“边区参议员违法失职时，得由原选举单位罢免之。其由政府聘请

① 参见《胶东区村选举暂行条例》，载山东省胶东行政公署《法令汇编》，1944 年。

者，得由政府解聘之。参议员资格解除后，其违法部分，依法制裁”。其他抗日根据地也有类似的规定。这些规定既同土地革命战争时期《苏维埃暂行选举法》确定的选民有权召回代表的原则相一致，又在新的历史条件下有所发展，进一步明确了以下几个问题：(1) 罢免代表的条件，一是代表不称职，二是代表违法失职；(2) 罢免代表必须有一定数量选民的提议；(3) 罢免代表由原选举单位投票表决，须经原选区过半数选民通过；(4) 聘请代表的解聘权属于原聘请部门（政府）。有关罢免代表的上述规定，体现了抗日根据地选举制度的民主本质，它有利于激励代表忠实履行职责，密切同选民的联系，自觉接受选民的监督。这对人民群众行使当家做主的权利和选举法在实际生活中的彻底实施，无疑是一种有力的保障。

第三节 解放区人民政权的选举制度

一、选举立法概述

抗日战争胜利后，根据党中央争取国内和平民主的方针，为了扩大解放区民主政治的影响，教育和动员人民反对国民党一党专政，促成全国性的民主联合政府早日实现，各解放区在全面内战爆发以前，仍然继续实行抗日战争时期确立的民主选举的各项原则和制度（如不分阶级、党派、民族、男女、信仰、财产和教育等差别的普选原则，候选人自由竞选制度，以及在选举中贯彻“三三制”政策等）。当时，一些解放区开展的民主选举运动和颁行的选举法规都反映了这种情况。

从选举实践看，1945 年 10 月至 1946 年初，陕甘宁边区为召开第三届参议会首次大会进行了乡、县、边区三级普选。这是抗日战争胜利后解放区进行的一次规模最大的普选运动，为中外所瞩目。根据 1946 年 3 月 20 日边区选举委员会公布的选举结果，这次选举产生的 170 名边区参议员广泛包括各社会阶层的代表，其中工人 6 人，贫农 18 人，中农 69 人，城市贫民 2 人，城市小资产阶级 3 人，中小商人 9 人，工业资本家 3 人，富农 26 人，地主 34 人。在党派关系上，共产党员 61 人，国民党员 19 人，救国会员 1 人，无党无派人士 89 人。边区妇女、蒙回少数民族和天主教徒都有各自的代表当选为参议员。1946 年 4 月 2 日至 27 日在延安隆重举行的第三届边区参议会第一次大会，选出 19

名政府委员，其中共产党员占6名，12名参议会常驻议员中，共产党员占4名。出席大会的非党人士一致赞扬共产党忠实执行“三三制”政策，“陕甘宁边区真正实现了民选的各民族、各党派、各阶级代表人物合作的联合政府。”[①]这说明，解放战争初期陕甘宁边区的选举制度仍然继承了抗日战争时期的原则和政策。在当时争取和平民主的斗争形势下，这样做不仅在解放区而且在全国范围内产生了重大的影响，有力地推动了全国的民主运动。

从立法情况看，这个时期制定的选举法规在内容上与抗日战争时期也大体相同。举例来说，1946年4月24日修正公布的《张家口市参议会选举暂行条例》，在选举原则和选举程序方面直接沿用了抗日战争时期《晋察冀边区选举条例》的规定。[②]比如，关于选举权的普遍原则，二者的规定几乎完全一样，即除了经判决确定有汉奸行为的人、依法被褫夺公权尚未恢复的人、通缉有案尚未撤销的人以及患有精神病的人以外，凡居住解放区境内“年满十八岁之中华民国人民，不分性别、职业、民族、阶级、党派、信仰、文化程度”，经选举委员会登记后，“均有选举权与被选举权。”[③]此外，关于参议员的名额和参议员的产生均以一定人口比例为基础，同时照顾民族和单位，关于区域选举与职业选举相结合，关于相对多数当选制，以及各党派、团体、机关、工厂、部队、学校和公民自由组合，均得提出候选名单，在不妨碍选举秩序下可以自由竞选等等，二者的规定也基本相同。

再如，1946年1月16日东北解放区辽西区行署发布的《辽西区各市县临时参议会暂行组织条例》有关选举原则和当选计票制度的规定，也同抗日根据地大抵相仿。《条例》规定，临时参议会参议员由选民普遍、直接、不受任何约束、无记名投票选举产生。“凡居住各市县年满十八岁以上之公民，不分性别、职业、民族、阶级、党派、信仰、文化程度、居住年限，均有选举权及被选举权”。只有伪满时期的警察、宪兵、特务，有汉奸和战争罪犯嫌疑的人，褫夺公权尚未恢复的人，经民主政府通缉有案的人和精神病患者，“停止或暂时停止其选举权与被选举权”。《条例》确认，“各党派、群众团体均可提出候

---

①《记边区人民的民主团结大会》，载《陕甘宁边区第三届参议会第一次大会汇刊》，1946年。

② 当时张家口市隶属于晋察冀边区行政委员会管辖。

③ 参见《晋察冀边区选举条例》（1943年1月），载晋察冀边区行政委员会《现行法令汇集》上册，1945年；《张家口市参议会选举暂行条例》（1946年4月），载晋察冀边区行政委员会《现行法令汇集》续编，1946年。

选名单，自由竞选”，参议员以得票较多数者当选，次多数者为候补。[①] 抗日战争胜利后成立的苏皖边区政府基于“加强民主建设，普遍开展民主运动，贯彻三三制政策，民选各级政府，废除保甲制，健全各级人民代表机关”的精神，[②] 于1946年5月颁行了《苏皖边区乡镇选举条例》。这个《条例》对选举权的普遍性作了下述规定：除因叛国投敌和受刑事处分而被褫夺公权的人，吸食鸦片毒品尚未戒除的人以及被宣告禁治产者外，“凡年满十八岁之中华民国国民，无论其为原籍居民或外籍居民，在公民登记前到达该选举区域，经公民登记，取得公民资格者，不分男女、阶级、党派、宗教信仰、职业、教育程度之差别，一律享有选举权与被选举权”。乡镇选举由选举委员会领导进行，选举委员会由本乡镇各机关、团体、学校和士绅代表联席会议选举组成，负责选举的宣传动员、选民登记与审查、分配候选人名额和组织竞选活动等。[③] 如果拿这些规定同抗日根据地有关规定加以比较，可以看出它们在总的方面并没有明显的差别。

总之，上述张家口市、辽西行署区和苏皖边区的选举法规，虽然颁行于抗日战争结束以后，但有关民主选举的原则与程序却同抗日民主政权选举条例规定的内容基本相同。它们是抗日根据地选举法规在新形势下的继续和延伸。

1946年6月国民党反动集团发动全国规模的反革命内战，国内政治形势急遽变化，中国人民同地主买办阶级之间的矛盾空前加剧。为了粉碎国民党反动派的军事进攻，夺取人民革命的彻底胜利，这个时期，各解放区人民政权主要集中力量进行革命战争和变革封建土地制度，大都未及颁布新的选举法规。解放战争后期，随着解放区不断巩固扩大和民主建政的普遍开展，选举立法相应地提上议事日程。1948年10月，华北人民政府根据华北临时人民代表大会和第一次政府委员会的决议，组织专门会议详细研究了村、县人民代表选举条例，并草拟了村、县人民代表选举条例施行细则和选举手册，[④] 用以指导即将开始的村、县两级人民代表会议的普选运动。1949年1月1日东北行政

---

① 参见辽宁省辽西区行署《法令辑要》。

② 参见《苏皖边区临时行政委员会施政纲领》（1945年12月），载《新华日报》（华中版）1946年1月1日。

③ 参见《新华日报》（华中版）1946年5月9日。

④ 参见董必武：《关于本府成立以来的工作概况报告》（1949年2月21日在华北人民政府第二次委员会会议上的报告），载《华北人民政府法令汇编》第一集，华北人民政府秘书厅1949年编印。

委员会颁发了《东北解放区县村人民代表选举条例草案》，稍后，山东省人民政府发布了《关于召开山东省人民代表会议及代表选举办法的决定》。此外，一些地区在有关召开人民代表会议的决议中也规定了选举产生代表的原则和方法。

对上述选举条例和办法所作的综合分析表明，它们的一个重要变化，就是对享有选举权与被选举权者的范围和条件作出了不同于抗日根据地的规定。例如，《东北解放区县村人民代表选举条例草案》第二章关于选举权与被选举权的规定，没有采用“不分阶级、不分党派”的提法。这自然不是偶然的疏漏，而是变化了的国内阶级关系在法律上的反映。1949 年 6 月《东北行政委员会关于召开东北人民代表会议的决议》明确地把“赞成反对帝国主义、封建主义、官僚资本主义，建设新民主主义新中国”，列为被选为人民代表会议代表的首要条件。[①] 就是说，只有赞成反对美蒋反动派而不是与之相勾结，赞成而不是反对土地改革，赞成建设新中国而不是维护国民党反动统治的人，才享有选举权利。关于这一点，其他解放区颁布的选举法规也有类似的规定。这是全面内战爆发后解放区选举立法的一个重要发展变化。

二、选举制度的主要特点

解放区人民政权的选举制度，是适应当时的革命形势和阶级力量对比关系，在继承抗日根据地民主选举的原则和程序的基础上建立起来的。概括地说，它具有如下一些特点：

第一，依据党的政策，正确处理选举权问题。人民解放战争期间，整个地主阶级和官僚资产阶级已经成为革命的敌人。不言而喻，人民政权必须坚决剥夺它们的选举权与被选举权。这是解放区选举制度的一项基本原则。在贯彻实行这项原则的时候，各解放区按照党的政策，注意分别不同情况，区别对待。例如，严格地把开明绅士同封建的地主、富农加以区别。开明绅士是指从地主和富农阶级中分裂出来的带有民主色彩的开明人士。他们既同帝国主义和官僚资本主义有矛盾，也同封建的地主、富农有某种矛盾。在抗日战争时期，党对他们的要求是赞成抗日，赞成民主，赞成减租减息；在解放战争时期，要求他们赞成反美、反蒋，赞成民主，赞成土地改革。只要他们能够这样做，就应采取团结的政策。1948 年 3 月 1 日毛泽东同志为中共中央起草的《关于民族资产

① 参见《东北行政公报》1949 年 6 月 7 日第 14 期。

阶级和开明绅士问题》的指示中，明确指出："我们不要抛弃那些过去和我们合作过、现在也还同我们合作、赞成反美蒋和土地改革的开明绅士。例如晋绥边区的刘少白、陕甘宁边区的李鼎铭等人，在抗日战争和抗日战争以后的困难时期内，曾经给我们以相当的帮助，而在我们实行土地改革的时候，他们又并不妨碍和反对土地改革，因此对他们仍应采取团结的政策。"① 这种团结的政策，表现在选举问题上，就是保障他们的选举权与被选举权，并且在各级人民代表会议中尽可能也要有他们的代表参加进去。② 这样，就把开明绅士与封建的地主、富农严格区别了开来。前者作为反帝反封建反官僚资本主义革命统一战线中的一分子，享有参政权；后者则被剥夺选举权与被选举权，成为解放区人民政权的专政对象。

剥夺地主、富农的选举权，是解放战争期间的一项重要选举政策。而在执行这一政策的过程中，基于分化瓦解敌人营垒的目的，一些地区（如东北解放区、内蒙古自治区等），在土地改革完成以后，曾经给少数地富分子恢复公民权，让他们参加基层选举。东北地区规定，恢复地富公民权的比例为不超过其本阶级法定年龄人数的10%—20%。③ 在处理革命对象选举权问题上，把原则性与灵活性恰当地结合起来，区别对待，不采取"一刀切"的做法，这就避免了王明"左"倾冒险主义统治时期在苏区曾经发生的不加区别地剥夺一切剥削者及其家属选举权的偏向，从而收到了分化瓦解敌人的效果。可以说，这是解放区选举制度的特点之一。

第二，普选制与特定历史条件下的推选制。解放战争初期，老解放区实行的仍然是普选制，如前述1945年10月陕甘宁边区的乡、县、边区三级普选。随着国内政治形势的变化和政权建设发展的客观要求，解放区人民政权逐步以人民代表会议取代原来参议会的组织形式。这种转变，最先开始于陕甘宁边区的基层乡市政权。1947年冬，晋察冀解放区的平山县和晋绥解放区的崞县，在土地改革运动中，在贫农团和农会的基础上，采用直接选举的方式建立起区、村（乡）人民代表会议，它"一经建立，就应当成为当地的人民的权力机关，一切应有的权力必须归于代表会议及其选出的政府委员会。"④ 之后，各解放区

①《毛泽东选集》第四卷，人民出版社1991年版，第1288页。

② 参见《在晋绥干部会议上的讲话》，《毛泽东选集》第四卷，人民出版社1991年版，第1309页。

③ 参见《松江行政导报》1949年6月第14期。

④《在晋绥干部会议上的讲话》，《毛泽东选集》第四卷，人民出版社1991年版，第1203页。

（主要是老区和半老区）也相继建立了区、村（乡）两级人民代表会议。在这些地区，人民代表会议的代表均由民主选举产生，实行普遍直接的选举。与农村情况不同，在城市，当时重点是推行各界人民代表会议。依据1948年11月30日《中共中央关于新解放城市中组织各界代表会的指示》，各界代表会议为“市人民代表会议召开以前的临时政府的协议机关”，是半政权性质的组织形式，有别于农村作为权力机关的区、村（乡）人民代表会议。这种不同的政权组织形式，反映在选举制度上必然有明显的差别。

如上所述，在农村，区、村（乡）人民代表会议的代表是在普遍直接选举的基础上产生的，而城市各界人民代表会议的代表则主要采取推选制。以北平市为例，1949年8月9日北平市军事管制委员会和北平市人民政府联合召开的第一届各界代表会议，由332名代表组成。除一少部分代表为聘请以外，大部分代表分别由各民主党派、人民团体、部队和机关按系统自行选派。其他城市组织各界代表会议，也普遍实行这种推选制。至于当时城市之所以采取不同于农村的选举办法，除反映了城市和农村政权组织形式的差异而外，更重要的是因为城市长期是敌人统治的中心，情况十分复杂。城市解放以后，无论在政治、经济、文化各方面仍然存在着尖锐的斗争，加之把城市人民完全组织起来又需要一定的时间和过程。因此，刚刚收复或收复不久的城市事实上并不具备实行普选的条件。在这种情况下，如果普遍的登记选民，划定选区，按人口比例进行普选，不仅会使选举流于形式，而且很可能给反动分子以可乘之隙，使他们借机钻进政权机关，危害人民革命事业。由此可见，在当时特定的历史条件下采取推选制，是符合实际的。当然，这只是一种过渡性的措施，在条件具备时即为普选制所代替。

第三，代表候选人提名制度的进一步完善。民主地提出和确定代表候选人，是选举制度的重要组成部分。解放战争时期，各地认真总结和吸收了土地革命战争时期和抗日战争时期的成功经验，并在新的形势下有所发展。主要表现在：(1) 根据自由选举的方针，放宽对选民提名候选人的限制。1945年10月，陕甘宁边区在三级普选中，改变了先前代表候选人的提名办法，规定代表候选人除由各民主党派、人民团体提出以外，任何选民均有直接提出乡（市）代表候选人的权利，取消十人联署的限制；县议员候选人，由选民10人以上联合提出，边区议员候选人由选民20人以上联合提出，取消原选举条例关于

“各级增选议员之法定人数十分之一以上选民联署”的规定。[①]（2）发动群众充分酝酿代表候选人，以保证好人当选。延安市北区所辖北郊乡、文化乡和北关乡，提名和酝酿代表候选人一般采取三个步骤：首先，用群众会、漫谈会等形式讨论代表候选人的条件，使选民明确什么样的人才有当选代表的资格。其次，讨论和提出代表候选人初步名单，并对列入初步名单的人加以介绍，由群众作具体比较。最后，经过比较和会后的充分酝酿，确定代表候选人正式名单。但正式名单还要发动群众再次充分讨论，然后才进行选举。[②]东北解放区合江省在村选中也十分重视代表候选人的酝酿工作，有的村为保证好人当选，防止不良分子混入政权机关，还根据选民意见明确定出代表候选人的条件，即历史清楚；生产积极；办事公正；团结群众。（3）实行差额选举制。当时，各地在乡或村的直接选举中，均实行差额选举制。一般是代表候选人名额多于应选代表名额的1—2倍。如果候选人过多，有些地区还创造了预选的办法，即经过选民反复讨论，最后用表决方式确定正式代表候选人名单。陕甘宁边区和东北解放区在基层选举中都采用过预选制。

此外，这个时期在投票方法上也有新的创造。有的地区在村级选举中采取了一种特殊的票选方法。选票不印代表候选人姓名，只将选票编号，加盖选举委员会公章（或以村长图章代替），正式选举时发给选民。选民按照自己的意愿选哪个代表候选人即把选票投入谁的票箱。每个候选人设一个票箱，并注明姓名，由选民选出的监票员监督投票，并负责向不识字的选民介绍票箱上候选人的名字。票箱设在选举会场，选民投票前在另一个屋子里，一个一个地进入会场投票，投票后退出会场。代表候选人同选民一样参加投票，投票后也退出会场。投票结束后，在全体选民的监督下开票检数，公布选举结果。采取这种投票方法，一般地说，更符合选举的秘密原则。

第四，基层选举单位的变化。1945年10月14日，陕甘宁边区参议会驻会委员会和边区政府发出《联合通知》，决定把乡（市）选举单位由原来的行政村改为自然村。人口过少的村庄，可与邻近村庄联合选举代表，人口多的村庄按照产生代表的法定人口比额，可选举一名以上的代表。改变基层选举单位，正如《联合通知》指出的，是“为便于人民选举自己所熟悉的人为代表，并便

① 参见《陕甘宁边区参议会驻会委员会、政府联合通知》（1945年10月14日），载《陕甘宁边区重要政策法令汇编》，陕甘宁边区政府秘书处1949年编印。

② 参见《解放日报》1946年1月30日。

于代表领导居民推行工作”。

三、民主选举的意义和作用

解放战争时期，除抗战胜利之初陕甘宁边区曾开展三级普选而外，这个时期的民主选举，主要是人民解放战争进入战略反攻阶段以后，在土地改革基本完成的广大农村进行的。如果说土地改革运动消灭了封建剥削制度，使亿万农民成为土地的主人，那么，民主选举运动则在政治上加速了人民民主制度建设的进程，使广大农民成为新政权的主人，从而使解放了的农村不但在经济上而且在政治上发生了面目一新的历史性变化。

解放区的实践表明，实行民主选举，保障人民群众实际享有管理国家的权利，极大地增强与提高了人民的主人翁感和政治积极性。他们积极投身于民主选举运动，认真行使自己庄严的选举权利。陕甘宁边区1945年10月普选中，不少县份选民参选率平均达87%，有的地区高达96%。在东北解放区，选民参加村选的比率许多地方在80%以上，有的村庄97%的选民参加了投票选举。他们严格地挑选公正、积极、先进的分子作代表，尚志县群众广为传诵的“瞪大眼睛认清人，沙里淘金选好人，站稳腿步坚定心，选举代表要认真”，真切地表达了广大选民的心声。民主选举激发了翻身农民当家做主的责任感，他们努力生产，积极用建设的成果支援革命战争。为了保卫土地改革的胜利果实和自己选举组成的革命政权，他们舍生忘死的参军参战。解放战争期间，华北解放区近百万农民参加人民军队，东北解放区参军人数达160万，至于随军转战的支前民工更是数以千万计。

通过民主选举，在土地改革后的广大农村建立了以无产阶级为领导的、劳动人民为主体的人民民主政权，为解放区人民政权的巩固与发展奠定了坚实可靠的基础。以东北解放区为例，经过民主选举产生的村政权，一个突出的特点，就是以劳动人民为主体的，政权真正为劳动人民所掌握。如嫩江省泰来县特克吐村人民代表会议41名代表中，雇农19人，贫农17人，中农5人。吉林省延吉、汪清、和龙、安图4县所属中安等5个村人民代表会议选举的结果，工人25人，占代表总数的13.2%，贫雇农139人，占73.5%，中农25人，占13.2%，另有教员1人。上述延吉等4县所属富兴等6个村村政府委员的成分为：工人9人，占委员总数的11.5%，贫雇农57，占74%，中农9人，占11.5%，其他2人。这些数字说明，在村人民代表会议和村政府委员会中牢固地树立了劳动人民的优势，昔日为地主阶级把持的村政权已被彻底推翻。毫无疑问，这对加强农村基层政权建设，巩固整个解放区人民政权的根基，有着重大的作用。

民主选举有力地推动了政权机关工作的改进与提高，密切了政府同广大群众的联系。解放战争时期，解放区人民政权继承和发扬了苏区和抗日根据地的优良传统，坚持民主选举同检查政府工作紧密结合，把民主选举作为鞭策国家机关改进工作的重要途径。1945 年 10 月 5 日陕甘宁边区选举委员会《关于今年乡选工作致各专员县市长的信》指出：检查工作是“整个选举过程中的重要关键和中心步骤”，为此，首先必须使干部认识到放手发动群众检查工作的重要性，打破“怕民主”“怕放手”的错误观点，敢于放手让人民批评政府的工作，敢于在人民面前承认自己的错误与缺点，不怕人民指责自己，切实做到人民对政府“知无不言，言无不尽”，干部对人民“言者无罪，闻者足戒”[①]。1947 年 1 月 22 日晋察冀边区行政委员会《关于今年村选工作的指示》也强调要“发动群众检查村政权，特别着重检查土地改革、村财政、拥军优抗工作及干部作风”，“务期做到群众知无不言，言无不尽”[②]。检查工作的目的在于发现问题，解决问题。根据各地的经验，在选举期间，各级干部利用一切机会和形式（如开会、报告工作、个别访问）广泛接触群众，进行诚恳的自我批评，才能启发群众说出心里话，打消群众“怕得罪人”“怕不顶事”的顾虑。由于深入细致的思想发动工作，人民群众在选举过程中提出了大量的有关革命战争、生产建设和切身利益的问题。根据 1945 年陕甘宁边区的乡选材料，仅 28 个县市的选民就提出了 48078 个问题。[③] 对于选民提出的问题，各解放区人民政府都采取积极措施迅速加以解决。松江省宾县在村选中，发现某村房屋产权问题十分严重，不仅影响了群众的生产和生活，而且影响参加选举的积极性。当群众提出这个问题后，政府工作人员很快就把久拖不决的三百多间的房屋产权问题解决了，群众情绪为之一振。这既扭转了政府工作中的拖沓作风，也为民主选举的顺利进行创造了条件。陕甘宁边区在 1945 年 10 月开始的乡选中，对于延安、鄜县、延川、志丹、曲子、合水、镇原、新正、新宁、赤水、吴旗等县

① 参见《陕甘宁边区重要政策法令汇编》，陕甘宁边区政府秘书处 1949 年编印。

② 参见晋察冀边区行政委员会《边政导报》1947 年第 7 卷第 4 期。

③ 参见谢觉哉:《关于人民民主建政工作报告》（1950 年 7 月 17 日），载《人民民主政权建设工作》，人民出版社 1953 年版，第 37 页。

选民检查发现的21000多个问题，到1946年4月初即解决了17000多个。[①]由于各级政府及时地解决了一系列为人民兴利除弊的问题，赢得了人民群众的赞扬和拥护，政府工作通过选举也大大前进了一步。

民主选举还促进了干部作风的转变，增强了广大干部的事业心。各解放区人民政府普遍把民主选举视为教育干部，自下而上整顿政风的运动，要求干部用自我批评的精神检讨自身的思想和工作，总结经验，发扬优良作风，改正缺点错误，并认真向人民报告工作，自觉接受人民群众的检验。人民基于爱护干部的心理，在选举过程中也确实对干部的工作尤其是思想作风提出了许多批评意见。上述群众提出的大量问题，不少就是批评干部作风的。在群众性的民主大考核中，许多干部受到了深刻教育。

总括说来，解放区的民主选举运动对于保障人民当家做主，激发群众特别是广大农民努力生产和支前参军的政治热情，对于加强政权建设，提高政府工作效能和干部队伍素质，都收到了巨大成效，其所创造和积累的经验时至今日仍不失为我国人民的一项宝贵财富。

---

① 参见李鼎铭:《关于选举工作的报告》(1946年4月6日)，载《陕甘宁边区第三届参议会第一次大会汇刊》，1946年。

第四章
行政法规的制定和实施

第一节　工农民主政权的行政立法

一、行政法规的产生及其立法概况

行政法作为法制建设的重要组成部分，同其他法律部门一样，有一个产生、形成和发展的过程。行政法规同行政机关的组织与活动紧密相连。早在大革命时期工农运动中产生的具有政权性质的革命组织，就建立了不同形式的行政机构，并制定了行政法规。如1923年成立的海丰县总农会以及稍后成立的广东省农会，都设有财政部、仲裁部、交际部、卫生部、宣传部、调查部、庶务部、文牍部，分别执行各项有关行政事宜。1925年6月，省港大罢工中成立的省港罢工委员会在特定历史条件下执行了革命政权的若干重要职能。根据《省港罢工委员会组织法》的规定，省港罢工委员会是领导罢工工人向帝国主义作斗争的最高指挥机关，由执行委员13人组成，推选正副委员长主持日常工作，下设干事局、法制局、审计局、财政委员会、纠察队委员会、筑路委员会、调查处、工商检验货物处、保管拍卖处等机构。干事局在局长领导下，分部办事，下设文书、会计、宣传、庶务、招待、游艺、交通、交际各部。由最高权力机关省港罢工工人代表大会先后通过的《法制局组织法》《财政委员会组织法》《审计局组织法》《纠察队委员会组织法》《纠察队委员会各地办事处组织法》《筑路委员会组织法》和《调查处组织法》等，分别规定了各行政机构的组织和职权。上海工人第三次武装起义中建立的上海市民代表政府，也根据城市的特点，设立各种行政机构。根据1927年3月制定的《上海特别市市民代表会议政府组织条例草案》的规定，在市政府执行委员会之下，分别设置财政、公安、教育、建设、卫生、土地、司法、劳动等八局，由执行委员兼任各局局长，分别执行各项行政任务。

土地革命战争时期，工农民主政府的行政立法，也经历了一个形成和发展的过程。如果以中华苏维埃共和国成立为分界，大体上可以划分为两个发展阶段。

第一阶段，从 1927 年 10 月江西井冈山革命根据地创建，到 1931 年 11 月中华苏维埃临时中央政府成立。这个阶段，各红色区域苏维埃政府在集中领导苏区人民变革封建土地制度的同时，积极着手建立服务于革命战争和劳动群众利益的新型行政管理制度，相应地把行政立法提上历史的议事日程。当时，统一的中央革命政权尚未建立，各地苏维埃政府根据政权初创时期的客观需要，从本地区的实际情况出发，相继制定颁行了各自的行政法规。这些法规，其法律效力只及于各该根据地苏维埃政府的管辖区域，带有明显的地方色彩。这是该时期行政立法的重要特点之一。就法律渊源而言，各地苏维埃政府虽然也发布了一些有关军事、经济、民政、文化教育等方面的单行管理法规，但大量的行政法规范则散见于其他法律文件之中，特别是集中地反映在政权机构组织法之中。1930 年 3 月至 1931 年 7 月各红色区域先后颁布的《江西苏维埃临时组织法》《闽西苏维埃政权组织法》《修正闽西苏维埃政权组织法》《湖南省工农兵苏维埃政府暂行组织法》及《鄂豫皖区苏维埃临时组织大纲》，都包含着许多有关行政法的条款。上述法律文件，一方面规定了苏维埃权力机关——各级工农兵代表大会的性质、组成和职权；另一方面对行政机关的组织机构、行政管辖、人员编制和工作方式，也作了比较具体的规定，这些规定显然属于行政法的范畴。

由于这个时期的行政立法分别由各地苏维埃政府主持进行，因而在立法内容上不可避免地存在这样或那样的差异。例如关于政府体制，江西和闽西规定为省、县、区、乡四级，鄂豫皖和湖南则为省、县、区、乡、村五级。至于各级政府内部的机构设置、职责权限和办事规程就更不一致，而且都有欠详密、具体。这些差异和不足，表明这个阶段的行政立法正在摸索中前进，处于不成熟的幼年时期，有待进一步发展完善。尽管如此，在紧张激烈的战争环境中，各根据地在政权初建时期就重视创制行政法规，注意用法律手段调整行政管理活动，这无疑是一种有益的尝试和可贵的探索。

第二阶段，中华苏维埃临时中央政府成立后，认真总结和吸取了各红色区域行政立法的经验，为适应共和国建立后形势的发展变化，积极开展立法活动，先后制定颁布了一系列适用于整个苏维埃辖境的行政法规，从而把行政立法推向一个新的发展阶段。

1931 年 11 月 27 日中央执行委员会首次全体会议通过的中华苏维埃共和国《划分行政区域暂行条例》，是这个时期颁行最早的重要行政法规之一。《条例》按照接近群众、减少层次、便于战争动员和开展经济与文化建设的原则，对各根据地原先沿用的旧的过大的行政区划作了调整，确定地方苏维埃为省、县、区、乡四级，取消村一级行政设置，基本上统一了红色区域的政府体制。与此同时，全会基于划一地方各级政府内部组织的目的，通过了《苏维埃地方政府暂行组织条例》。这个《条例》成功地概括了红色区域开辟以来创造和积累的经验，以简洁的语言明确规定了省、县、区、乡各级政府的机构、任务、编制、活动方式和工作制度，为地方各级行政机关的组织与活动提供了重要的法律依据。

与上述立法活动相联系，同年 12 月 15 日临时中央政府又发布了《关于苏维埃建设重要的训令》，指示各地认真贯彻中央执行委员会通过的两个条例，“重新划分行政区域，重新（组织）各级政府，……从城乡苏维埃直到省苏维埃一律重新建设起来。”[①] 自 1931 年 12 月下旬开始，首先在江西、福建两省和瑞金直属县，接着在其他苏区普遍开展了苏维埃建设运动，有步骤地调整、缩小了行政区划，整顿和健全了地方各级行政机关。可以说，上述条例和训令的公布实施，标志着相对统一的行政法规范在红色区域已经初步形成。

相对统一的行政法规范的形成有力地推进了各地的政权建设，而政权建设的发展反过来又要求进一步健全行政立法。1933 年 7 月临时中央政府发布了《关于重新划分行政区域的决议》，再次决定划小省、县、区、乡的行政管辖，以利于地方各级政府在激烈动荡的战争环境中迅速执行各项行政措施，提高自身的工作效能。同年 12 月，毛泽东同志签署颁发了《中华苏维埃共和国地方苏维埃暂行组织法（草案）》，进一步明确规定了地方各级行政机关的体制结构、职责范围、相互关系和工作方式，大大丰富和发展了 1931 年 11 月《苏维埃地方政府暂行组织条例》的内容。稍后公布的《中华苏维埃共和国中央苏维埃组织法》，专章规定了共和国最高行政机关——中央人民委员会及其所属各部、委的组织体制、职权范围和法律地位。中央和地方苏维埃组织法的颁行，

① 参见《红色中华》1931 年 12 月 18 日。

不仅对红色区域各级行政机关的建设具有重要的意义，而且它们所确立的国家行政管理的基本原则，对于以后年代我国的行政立法也有十分深远的影响。

在这个阶段里，中央人民委员会或由它授权所属各部、委，还制定了若干单行组织章程。如《各级劳动部暂行组织纲要》《各级国民经济部暂行组织纲要》《财政部暂行组织纲要》《教育部暂行组织纲要》《省、县、市、区土地部暂行组织纲要》《工农检查部控告局组织纲要》《国有企业管理局简章》《贸易局简章》《粮食调剂局简章》，等等。这些规范部门行政机关组织与活动的专门法规，是红色区域行政立法的重要组成部分，它们的出现展示了行政立法日益完善的发展趋向。

除上述行政组织法规以外，这个时期临时中央政府还制定了有关军事、民政、公安、财政、经济、文教、卫生等一批行政管理法规。这些法规在当时发布的各种法律文件中占有相当比重，广泛调整着各个领域的行政法律关系。它们直接地或者间接地服务于革命战争，反映了特定的国内战争条件下红色区域行政立法的时代特征。

二、行政机关的组织体制和职权

（一）机构设置

中华苏维埃各级国家行政机关是在摧毁国民党反动官僚机构的基础上建立起来的。中华苏维埃共和国成立之前，各红色区域即设置了各自的行政管理机关。例如，江西苏区在省、县、区、市苏维埃执行委员会之下，设立军事、财政、土地、教育、内务、劳动、建设等委员会，分工管理各项行政事务。闽西苏区于省、县、区、乡各级权力机关之外，单独设置办事机关（即执行机关）。办事机关在省一级由主席、秘书长、秘书处、文化建设部、土地部、军事部、经济部、财政部、裁判部、粮食部等组成；县一级由主席、秘书长、秘书处、粮食科、财政科、军事科、文化建设科、裁判科、土地科组成；区和乡不设部或科，只设秘书、军事委员、粮食委员、财政委员、土地委员、文化委员、裁判委员，在区、乡主席的领导下分管日常行政工作。鄂豫皖苏区由苏维埃执行委员会主席团任命若干人组成人民委员会，设委员长一人，副委员长二人。人民委员会下设外交、军事、财政、经济、内务、土地、粮食、劳工、文化教育等委员会以及政治保卫局和革命法庭。其他苏区也分别建立了自己的行政管理机构。总的说来，这个时期各红色区域创设的行政机关还只是一种雏形，它们的机构设置和体制结构差别很大，没有形成统一的行政工作系统。

中华苏维埃共和国成立后，为统一各地行政机关的设置作了大量的工作，逐步把从中央到地方的行政机关组织体系确立了起来。

1. 中央国家行政机关

中华苏维埃中央国家行政机关由人民委员会及其所属各人民委员部和各委员会组成。依照法律规定，人民委员会是最高国家行政机关，在行政组织系统中居于最高领导地位。它根据行政工作的需要和分工负责的原则，设立各种专业性的部门行政机关，主要是各人民委员部和各委员会。各部、委作为人民委员会的组成部分，各自拥有法定的专门权限，是人民委员会行使国家行政权的职能机关。1933 年以前，人民委员会下设九部、一局。即：

外交人民委员部　　劳动人民委员部
内务人民委员部　　军事人民委员部
财政人民委员部　　司法人民委员部
土地人民委员部　　教育人民委员部
工农检查人民委员部
国家政治保卫局

除上述部、局外，1932 年 7 月在反击国民党反动派第四次“围剿”中，人民委员会为加强战争动员和后方工作，专门设立了劳动与战争委员会，周恩来任主席，朱德等为委员，集中实行“一切军事上、经济上、劳动上的动员的计划和指挥”。劳动与战争委员会虽然不是人民委员会的常设机构，但在粉碎敌人第四次“围剿”、保卫红色根据地的伟大斗争中进行了大量的组织与动员工作，在中华苏维埃国家机构中占有重要的地位。

1933 年以后，根据形势的发展，人民委员会的组织机构有若干新的变动，增设了国民经济人民委员部和粮食人民委员部，原工农检查人民委员部改为工农检查委员会①。这个时期，人民委员会下设十部、二委、一局，图示如下：

各人民委员部设人民委员一人，副人民委员 1—2 人。人民委员的任免权属于中央执行委员会，被选任为人民委员的，必须是中央执行委员会委员。就是说，只有中央执行委员会委员才具有担任人民委员的法定资格。副人民委员由中央执行委员会主席团委任，协助人民委员工作，并在人民委员因故缺席

① 1933 年以前，中央设立“工农检查人民委员部”，地方设立“工农检查部”。1933 年以后，一律改称“工农检查委员会”。

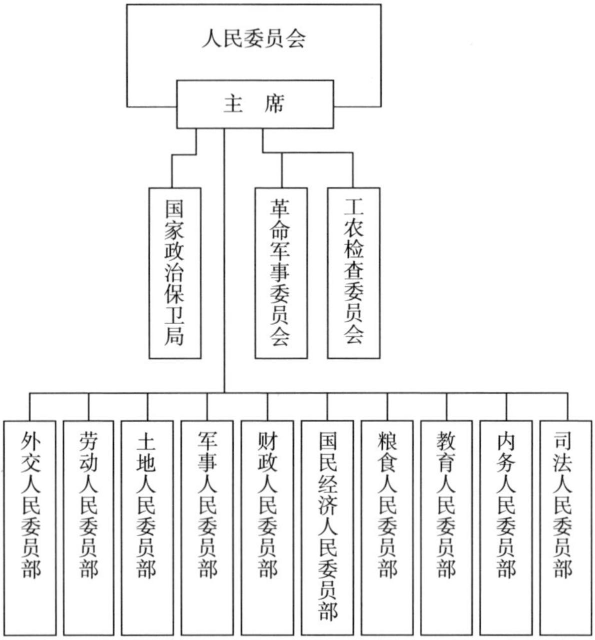

时，代理人民委员的职务。

各人民委员部根据业务性质和实际需要设立各种工作机构。如国民经济人民委员部设有调查统计局、设计局、粮食调剂局、对外贸易局、国有企业管理局、合作社指导委员会。局、会以下有的分设科或股，有的则不设置科或股。劳动人民委员部下设局、科两个级层，如劳动保护局之下设立劳动检查科、技术检查科和卫生检查科；失业工人介绍局之下设立统计科、救济科；经济评判局之下设立统计科、指导科。各局、科的人员构成及其主管事务，由各部制定的组织章程具体规定。

2. 地方国家行政机关

中华苏维埃地方国家行政机关的组织机构，因各地的具体情况不同而有所差异。大体说来，中央苏区以及同中央苏区连成一片的其他苏区，可以作为一种类型，未同中央苏区连成一片的苏区，可以作为另一种类型。现分别加以概述。

第一，中央苏区以及同中央苏区连成一片的其他苏区，在省、县、区以及隶属于中央、省和县的市，均设立执行委员会。各级执行委员会由委员和候补委员若干人组成，并以互推方式组织主席团，设主席一人，副主席 1—2 人。执行委员会为领导和管理所辖行政区域的政治、军事、经济、文化等各项行政事宜，设置各种工作部门。中华苏维埃共和国成立初期，省、县、区执行委员会下设土地、财政、劳动、军事、文化、卫生、粮食、内务、工农检查等部。之后，又陆续增设了一些部。1933 年 12 月 12 日临时中央政府颁布《中华苏维埃共和国地方苏维埃暂行组织法（草案）》，对各级执行委员会的组织机构作了统一的规定，从此，省、县、区、市的行政机构逐渐趋于定型化。

按照该法，省、县、区、市执行委员会设置的工作部门，有：

劳动部　　教育部
土地部　　内务部
财政部　　裁判部
军事部[①]　　粮食部
国民经济部
工农检查委员会
政治保卫分局[②]

基于加强财政监督，严肃财经纪律的需要，省和中央直属市执行委员会均设置审计委员会，这是我国地方人民政权设立审计机关之始。

各部、委具有平等的法律地位，不能相互指挥，但彼此在工作上要密切配合，遇有事关两部或几部的问题应协商解决，重要问题须经执行委员会主席团讨论决定。各部部长可以由各该执行委员会委员中选任，也可以遴选执行委员会以外的合适人员充任，这一点与中央各部人民委员的选任有所不同。按规定，各部正、副部长的选任，要报告上级执行委员会或主席团，同时须经上级主管部门审查同意后方可委任。为了保持部一级干部的相对稳定，避免频繁调动而影响工作，法律对各部领导人的调动与更换作了较为严格的限制："各级苏维埃非得各部上级的同意，不能随便调动主要的负责工作人员（部长、副部长等）"，"各部部长、副部长除不称职者外，不随执行委员会的改选而更换。"[③]

各部、委根据工作需要分别设立与自身业务性质相适应的工作机构。这些工作机构在各级部、委之间以及同级部、委之间虽然不尽相同，但是有一个共同之点，就是机构层次少。绝大多数部、委之下只设科（或局、委员会）一个级层。以粮食部为例，其下设调剂科、备荒科、仓库保管科、红军公谷管

---

① 省不设军事部，军事行政工作由军区指挥部管理。

② 政治保卫分局设于省和中央直属市、县和省属市，而区和县属市只设特派员。

③《中华苏维埃共和国地方苏维埃暂行组织法（草案）》，参见韩延龙、常兆儒：《革命根据地法制文献选编》第二卷，中国社会科学出版社 1981 年版，第 50—51 页。

理委员会、土地税谷保管委员会和粮食调剂局（县为分局，区为支局）。上述科、会、局属于同一序列的级层，它们之下都不另设其他层次。军事、财政、土地、内务、教育、国民经济等部下属的工作机构，同粮食部一样，也只有科（局、委员会）一个层次。当然，由于它们的业务性质和实际需要不同，各自设立的工作部门在数量上多少不等。如教育部只设置普通教育、社会教育和编审出版等三科，财政部设置会计、税务、国有财产和总务等四科，而国民经济部设置的工作部门则相对多于其他部、委，计有工业科、商业科、设计科、调查统计科、国有企业科、合作社指导委员会、贸易局和运输管理局。国民经济部之所以设立较多的工作机构，主要是因为它直接担负着组织与领导苏区经济建设的繁重而艰巨的任务。

与多数部、委的结构层次不同，劳动部在所属各科之下另设一个级层，部内采取两级结构。例如劳动保护科下设劳动检查所，在工业发展区域并设置卫生检查所、技术检查所和经济评判所；失业劳动科下设劳动介绍所，在失业工人较多的区域还设有失业劳动救济委员会。

上下级部、委的工作部门大体对口，是当时机构设置的一个重要特点。一般说来，上级部、委特别是省和中央直属市部、委设立的工作机构，比之下级部、委要完整一些，但上下基本对口，差别不大，甚至完全相同。举例来说，土地部从省县到区市均设有没收分配科、土地建设科、山林水利科、调查登记科以及农事试验场和农产品展览所。只是在彻底解决了土地没收分配的县、区、市，才不单独设立没收分配科，而将其工作归并于土地建设科。

这里有必要提及红色区域人民警察机关的设置及其职能。按规定，红色区域的人民警察机关属于内务部系统。各省于省内务部所在地设立省民警分局，直属于中央内务人民委员部民警管理局。省民警分局之下，大城市设民警厅，小城市设民警所。各级民警机关为垂直的组织系统，同时受所在地各级内务部的指导和节制。至于民警机关的详细组织特别是职责权限有关法律没有作出具体规定，但有一点可以肯定，就是它们对一切反革命案件和重大刑事案件并不拥有侦查、逮捕和预审之权，因为这种权力在当时依法由政治保卫局行使。可见，红色区域民警机关的职能与后来的人民公安机关是有区别的，它只“管理各市民警事务”。

乡、区属市和市区作为中华苏维埃国家行政系统的基层单位，它们的组织形式不同于省、县、区、市，而其自身的体系结构在不同时期也有若干变化。

中华苏维埃共和国成立初期，乡苏维埃的组织机构十分简单，它没有执行委员会和主席团的设置，也没有自己的下属工作机构，只设主席一人（大乡可设副主席一人）综理全乡事务。如果有需要处理的临时事件，即临时组织委员会，工作结束后委员会随即撤销。区属市和市区苏维埃（以下简称市苏维埃）则设置由同级苏维埃全体代表会议产生的主席团，并且设科分职，主席团之下分设土地、劳动、内务、军事、文化、卫生、粮食、工农检查等科，同时还专门设立处理机关日常事务的总务处，处下设文书、印刷、会计、事务、收发各股。这个时期，乡、市苏维埃的组织结构很不相同，乡苏维埃的机构不健全，市苏维埃的组织过大，两者在不同的方面都存在一些不足。后来，为了适应农村革命根据地的客观需要，便利工农群众参加基层社会生活的管理，根据 1933 年 12 月 12 日《中华苏维埃共和国地方苏维埃暂行组织法（草案）》的规定，乡、市苏维埃均设主席团，并在主席团之下普遍设立分管各项行政事务的专门委员会，从而使基层行政管理制度日趋完善。

第二，未同中央苏区连成一片的苏区在行政机构设置上有其特殊性。试以川陕革命根据地为例。依照《川陕省苏维埃组织法》，川陕苏区的行政组织结构为省、县、区、乡、村五级，不同于中央苏区实行的四级结构形式。至于各级政府内部的工作机构与中央苏区地方行政机关也有较大的差别。

川陕省苏维埃执行委员会作为该地区的最高行政机关，下设常务委员会和主席，其工作机构分为中央集权和地方分权两类。属于中央集权的有：省军区指挥部，归西北革命军事委员会直接指挥；财政委员会（下设工农银行、税务总局、会计处）；经济委员会（下设合作总社、建设局）；外交委员会；交通委员会（下设运输处、交通局、电报局、赤色邮电局）；政治保卫局；革命法庭（下设审判委员会、国家公诉处、申诉登记处和执法管理处）。属于地方分权的有：土地委员会（下设没收分配局、水利局、土地培养局）；劳工委员会（下设社会保险局、劳动介绍所、劳动检查所）；粮食委员会（下设粮食储藏所、粮食调查统计处、粮食运输处、种子储藏所）；文化教育委员会（下设学校教育局、社会文化局、国家出版局）；内务委员会（下设婚姻登记处、户口登记处、卫生局、戒烟局、抚恤执行局和赤色民警局）。此外，在省苏维埃代表大会之下设立省工农监察委员会，与行政系统并列，二者没有隶属关系。

县苏维埃执行委员会常务委员会和主席之下，设置 11 个工作机构，即县军区指挥部、财政委员会、经济委员会、政治保卫局、交通局、革命法庭、土地委员会、劳工委员会、粮食委员会、文化教育委员会、内务委员会。县工农监察委员会也设于同级苏维埃代表大会之下，与县执行委员会是平行的机构。

区和乡的组织机构大体相同，均设置执行委员会和常务委员会，由主席委员综理全部行政事宜。主席委员以下，区设土地委员、劳工委员、经济委员、粮食委员、裁判委员、内务委员、文化教育委员和政治保卫局代办处。乡设土地粮食委员、劳工内务委员和裁判委员。区、乡于执行委员会之外均单独设立工农监察委员会，分别隶属于各该级苏维埃代表大会。

村是川陕苏区的基层行政单位，也设立执行委员会，但村苏维埃政府主席和土地委员、劳工委员均不脱离生产。村政权之下设“十家代表”，协助村苏维埃推行各项工作。所谓“十家代表”，就是由每十家工农劳动群众选举代表一人，地主、富农和无公民权的人不属于十家之列。“十家代表”的主要任务是传达、解释并督促所属十家执行苏维埃的政策法令和村苏维埃的决议，组织与领导十家群众严密监视地主、富农和暗藏反革命分子的活动，负责了解土地革命后群众的生活状况和优待红军家属的情况，并及时向上级报告。“十家代表”没有直接处理行政事务的权力，是基层群众性自治组织，而不是村政权的组成部分。

（二）职责权限和领导体制

明确划分和具体规定各个行政机构的职责权限，是行政立法的一项重要任务。红色区域早期制定的行政法规，有关这一方面的规定都比较笼统，缺乏严格的划分。这个问题是在临时中央政府成立后逐步解决的。关于中央人民委员会和地方各级苏维埃政府的职权，第二章已作了阐述，这里侧重对各级政府所属各工作部门的职责权限加以说明。

按照权限的性质，中央各人民委员部和地方苏维埃各部属于专门权限的行政机关。它们在法定的权限范围内分工管理各项行政事务，相互协调地实现国家的职能。为了充分发挥中央和地方各部的作用，使它们职责分明，事权确定，各司其职，临时中央政府在不断总结实践经验的基础上，对各部以及各部下属单位的权责职守作了较为明确的划分。例如，1932 年 4 月 20 日人民委员会批准发布的《中华苏维埃各级劳动部暂行组织纲要》规定，各级劳动部的主要职责是“执行和监督苏维埃保护工人阶级各种法令的实施以保障工人的权利”。劳动部下属各单位的任务和职责为：中央劳动部所属劳动保护局和省、县、市劳动保护所（科）主要负责监督劳动法的实行，执行劳动检查、技术检查和卫生检查，并依法拥有决定私营工商业开业或停业的权力；中央劳动部失业工人介绍局和省、县、市失业工人介绍所（科），管理失业工人登记，介绍工作，失业救济，监督社会保险金的分配；中央劳动部经济评判局和省、县、市经济评判所（非工业区之县、市只设评判员），负责审查与登记集体合同和劳动合同，评判劳资纠纷。其不能解决的纠纷或者资本家不遵守评判决定，有责任提交劳动法庭予以裁决。中央劳动部依据并为了执行宪法大纲和劳动法，可以制定和颁布个别法令，省、县、市劳动部则没有这种权力。但在未同中央苏区打成一片的其他苏区，省劳动部根据劳动法和中央劳动部发布的法令，也可以制定颁行临时性的个别法令。

再如，1933 年 4 月 28 日公布的《中华苏维埃共和国各级国民经济部暂行组织纲要》，对各级国民经济部所属单位的职掌权限也作了比较明确的规定。中央国民经济人民委员部设计局主管全国农业、工业、商业、矿业、交通运输业和一切有关国民经济的设计工作；调查统计局管理全国国民经济的调查统计事宜；粮食调剂局负责粮食的籴粜、运输、保管和粮食的合理分配；合作社指导委员会管理合作社的建设，监督合作社的活动，调整物品的需给，平准物价的低昂，抵制商人的操纵；对外贸易局主管苏区对外贸易，打破封锁，保证苏区产品与境外商品的经常交换；国有企业管理局管理各种国有企业和度量衡事宜。省、县国民经济部各科的工作权限是：设计科负责拟定地区经济计划，提高各业生产，参与省、县范围内国有企业和交通运输业的监督和管理；调查统计科主管省、县内一切国民经济部门的调查与统计事项；粮食科负责调节地方粮价，保证红军给养和群众民食；合作社指导委员会指导并监督合作社的发展及其活动。各级国民经济部为履行上述职责，得聘请专门人才，设立专门机构，协助进行工作。

各部及其下属工作单位的权限除由单行组织章程加以规定之外，当时颁布的政权机构组织法也有较为详细的规定。依照 1933 年 12 月 12 日《地方苏维埃暂行组织法（草案）》，省、县、区、市苏维埃执行委员会各部的职责为：土地部主管土地与财产的没收、分配和检查，组织与发展农业生产和互助合作事业，指导农事试验场和农产品展览所，兴修水利，保护山林，进行土地的调查、登记、统计和颁发土地证；军事部管理地方部队的编制与训练，扩大红军，实施战争动员，保管和分配武器弹药；财政部负责商业税、农业税、山林税的征收与检查监督，财政的预决算，国有财产的登记和管理；粮食部负责调剂粮食的产销，红军公谷的收集，土地税谷的保管，备荒事宜的筹划；教育部负责成年补习教育、儿童教育和中等教育，编辑与审查各种教材，管理俱乐部、图书馆、革命博物馆、影剧院和出版事业；内务部主管选举、优抚、社会救济、户籍、市政、交通设施、医疗卫生等等。

各部在履行上述职责的时候，必须严格遵循下级服从上级的原则，接受同级政府和上级主管业务部门的领导。在中央，各人民委员部在人民委员会的统一领导下进行工作，它们必须坚决执行人民委员会的决议和命令，并按时向其报告工作。各部如果对人民委员会的决议和命令有不同意见，可以向中央执行委员会及其主席团提出，但没有自行停止执行的权力。在地方，省、县、区、市苏维埃各部按照纵横两个系统发生从属关系，实行双重领导原则。从横的方面说，各部受本级执行委员会及其主席团的指导和节制；从纵的方面说，各部分别隶属于上级各有关主管部门，即“区及县属市的各部，直隶于县的各部；县及省属市的各部，直隶于省的各部；省及中央直属市的各部，直属于中央的各部。”[①] 横的从属，有利于各部在同级政府的领导和支持下，根据地方特点因地制宜地开展工作，而纵的从属则有利于迅速贯彻上级主管部门的指示和命令，保证统一任务的完成。在纵横结合的双重领导中，上级主管部门的领导占有更为重要的地位。法律规定，地方苏维埃政府各部“成为直的组织系统，下级绝对服从上级”，执行委员会及其主席团“没有停止各部执行各该部上级命令之权”，如果有异议，只能提到“上级执行委员会或主席团去解决，未得上级执行委员会或主席团的指示之前，不得停止各部执行上级的命令。”[②] 这种侧重于部门垂直领导的体制，是与国内战争的特定历史条件相联系的。

就行政机关本身的领导体制而言，当时主要采取合议制和首长负责制两种形式。

中央人民委员会和地方各级苏维埃执行委员会均实行合议制。中央人民委员会设立常务会议，凡属人民委员会职权范围内的各项重要事宜，如制定行政法规，规定行政措施，部署重大任务和发布决议、命令等等，都要经由合于法定人数的常务会议集体讨论决定。参加常务会议的每个成员在对重大问题进行决策的过程中，有权发表意见，提出建议，充分发挥自己的作用，并对集体作出的决定负有共同的责任。地方各级苏维埃执行委员会组织主席团，区由 7—11 人、县由 9—15 人、省由 13—19 人组成。主席团依照法定期限定期举行会议，集体讨论、决定属于各自权限内的重大事务。主席团主席有权召集和主持

① 《中华苏维埃共和国地方苏维埃暂行组织法（草案）》，参见韩延龙、常兆儒：《革命根据地法制文献选编》第二卷，中国社会科学出版社 1981 年版，第 50 页。

② 《中华苏维埃共和国地方苏维埃暂行组织法（草案）》，参见韩延龙、常兆儒：《革命根据地法制文献选编》第二卷，中国社会科学出版社 1981 年版，第 50 页。

会议，但并不享有对重大问题的最后决定权。

中央人民委员会所属各部和地方苏维埃执行委员会所属各部，在领导体制上采取另一种形式。法律规定，中央各部人民委员“在他的权限内有单独解决一切问题之权”，地方苏维埃政府各部部长“管理本部全部工作”。这表明，中央各部和地方各部实际上都是首长负责制。这种领导体制适合于部门行政机关的性质和特点，因为它们主要是从事具体的执行和指挥活动，而这种活动贵在责任明确，事权集中，决断迅速，讲求效率。实行首长负责制恰恰具有这样的优点。但是，不管中央各部还是地方各部实行的首长负责制，都是建立在民主基础之上的、同集体相结合的首长负责制，与一般意义上的“一长制”并不相同。

在中央，各人民委员部均设有部务会议，作为“讨论和建议该部工作的机关”。部务委员会委员由中央人民委员会任命，委员人数由人民委员会规定，以各部人民委员为当然主席。从法律上看，各部部务委员会讨论各该部权限内的各种事务并不以少数服从多数的原则形成决议，因为它们并不拥有最高决策权，决策权属于各部首长。但是，各部工作中的重大问题却必须提交部务委员会讨论，以利于发扬民主，集思广益，充分发挥集体的智慧和力量，使行政首长在决策过程中能够听取各方面的意见和建议，周密地考虑各种情况，避免囿于个人的智能精力造成决策失误。如果部务委员会对行政首长的决定持有异议，有权提交人民委员会或中央执行委员会主席团审议。

在地方，各级苏维埃政府所属各部，除军事部之外，其余各部也一律设立“讨论和建议本部工作”的委员会。如土地部之下设土地委员会，财政部之下设财政委员会，等等。各部委员会以各部部长为主任，委员经同级苏维埃主席团审查通过，报上级主管部门批准。委员数额按照实际需要确定。一般说来，各部委员会的组成人数，省为 11—25 人，县为 9—19 人，区为 7—17 人，市按市之大小分别为 7—21 人。各部委员会在人员构成上，不仅包括各该部的正、副部长和部内其他负责人员，同时吸收部外有关方面的代表参加。例如：劳动委员会由劳动部正、副部长、各科科长、社会保险局长、国民经济部、土地部和职工会的代表，以及委员会所在地的下级劳动部长等组成；教育委员会除教育部正、副部长和各科科长而外，还包括政府机关报主笔、当地学校校长、共青团、少先队、儿童团、工会和各种文化团体的代表，以及委员会所在地的下级教育部部长。委员会的这种构成形式，使得它在讨论各部工作的时候，有可能全面反映各方面的意见和要求，为行政首长决定问题提供多方面的情况和切实中肯的建议，从而保证行政决策的正确性和可行性。

由上可见，中央人民委员会所属各部和地方苏维埃政府所属各部实行的首长负责制，不同于单一的首长集权制，它是建立在发挥集体作用之上的、具有合议制长处的首长负责制。从某种意义上说，它是“首长制”与“合议制”的有机结合。这种领导体制，不但在当时有利于各部正确地行使法律赋予的职权，及时地完成各项行政任务，而且给以后我国行政机关领导体制的不断完善留下了可资借鉴的经验。

（三）提高行政效能的措施

中华苏维埃共和国在建立从中央到地方的行政工作体系时，十分重视提高各级行政机关的工作效能。1934 年 1 月毛泽东同志曾经指出：“争取苏维埃工作的速度与质量，使一切苏维埃工作完全适合于革命战争的要求，这是苏维埃工作的总方向。”① 为提高苏维埃工作的速度与质量，真正建立起有效率的、适合于革命战争要求的政府工作系统，当时除坚持开展反对官僚主义的斗争，倡导深入实际调查研究，密切联系群众的工作作风以外，着重采取了两个方面的措施。

其一，坚持实行精简原则，力求使行政机构精干，避免庞大臃肿，人浮于事。考察红色区域有关法律规定和政权建设的实际情况，可以看到，无论中央或地方各级行政机关的组织机构，总的说来都比较精简。以中央人民委员会为例，它只设有 13 个部、委、局，其中有些部，如国民经济人民委员部和粮食人民委员部是 1933 年以后才增设的。每个人民委员部只有一间很小的办公室，工作条件十分艰苦，而担负的任务却异常繁重。地方各级政府的组织规模都不大，层次不多，具有轻装灵活、适合于战争环境的优点。当时，有关法律对各级政府应当设立什么机构逐一详列出来，严格禁止随意设置法律规定以外的工作机构。如果确因形势的发展，需要设立新的工作部门，必须履行一定程序。比如，1932 年人民委员会增设劳动与战争委员会，1933 年中央和省、县、区增设国民经济部，都是先经人民委员会常务会议讨论通过，呈请中央执行委员会批准后才正式设立的。不仅中央和省、县、区设立新的机构必须遵循一定程序，就是基层乡、市增加或减少各种委员会，也要报经上级政府批准，乡、市苏维埃政府无权自行决定。

---

①《苏维埃中国》第二集，中国现代史资料编辑委员会 1957 年翻印，第 301 页。

严格编制定员是坚持精简原则的一个重要环节。1931 年 11 月共和国成立伊始，就对地方各级政府的人员编制作了明确规定：大乡 3 人，城市 19 人，区 15 人，县 25 人，省 90 人。这是各级政府最高的编制定额，不得超出，超出法定编额必须报经上级机关批准。法律还规定，在经费困难的情况下，人员要相应减少，乡苏维埃可减为一人，城市不得超过 9 人，区不得超过 7 人，县不得超过 15 人。① 按照临时中央政府确定的编制定额，各地苏维埃政府参酌本地区的情况也作了相应的规定。这些规定表明，苏区的干部队伍是比较精干的，同机构臃肿冗员充塞的旧式庞大官僚机构形成了鲜明的对照。这支人数不多的干部队伍，在严酷的战争环境中始终站在斗争的最前列，为人民的解放事业英勇奋斗，表现了高度的政治热情和无畏的献身精神。他们与群众同甘苦共命运，不领取任何薪饷，物质待遇十分微薄。在闽西，各级政府工作人员每月伙食费 4.5 元，仅有的 2 元零用钱，在战事紧张，经济困难时还往往停发。在江西，城市机关工作人员每天伙食费 0.15 元，乡村每人每天 0.1 元，即每个工作人员每月只有 3—4.5 元的伙食费。川陕省规定，县、区、乡工作人员每月津贴包括伙食费在内分别为 4 元、5 元、6 元。那时政府工作人员的待遇比苏区普通工人最低月工资 7 元还要低，② 可以说这是当时世界上最廉洁的政府。特别值得称赞的是，许多政府工作人员为节省一切经费供给红军，自动不要公家的伙食补贴，自带干粮坚持工作。这种不计报酬，一心为公的崇高品德，赢得了苏区人民的普遍赞扬。

随着根据地各项事业的蓬勃发展，各级行政机关的任务日益加重，工作人员也相应有所增加，这无疑是必要的。但有的地方却一度出现盲目扩大编制，致使人员增加过多，产生人浮于事的现象。针对这种情况，临时中央政府及时提出要“将一切闲散不能做工作的人员一概裁去，使每个工作人员都能努力地去做工作，”③ 并且采取实际步骤坚决裁减不必要的人员。1934 年中央人民委员会各部精简人员 169 人，其中中央总务厅即减少 46 人。瑞金县苏维埃精简人员三分之一，下属各区苏维埃平均减少 30 人左右。尤其是战区和边区，在第

① 参见《苏维埃地方政府暂行组织条例》（1931 年 11 月），载《苏维埃中国》第二集，中国现代史资料编辑委员会 1957 年翻印，第 161—172 页。

② 根据 1932 年 4 月中央劳动人民委员部第一号训令的规定，苏维埃区域所有工人的最低真实工资每月为 7 元（包括伙食费在内），只能高于此数，不能低于此数。

③《中央执行委员会检查瑞金工作后的决议》（1932 年 3 月 29 日），载《红色中华》1932 年 4 月 6 日。

五次反“围剿”中精简了一大批政府干部，把他们派到游击队中工作，充实了军事斗争的领导力量。

减少副职，不设虚职，是实行精简原则的又一个重要内容。在苏区，各级行政机关的主要负责人实行限额制，副职人员一般较少。按规定，中央各人民委员部仅设副职1—2人，各部之下的局、处，最多设副职一人，有些根本不设副职。地方苏维埃各部，省设副部长1—2人，县、区、市均为一人，而省工农检查委员会只设副主席一人，省审计委员会只设主任，不配备副职。至于地方各部所属的科或局，则一律不设副职。毫无疑问，副职人员少有利于避免因领导过多而减低工作效率，有利于防止官僚主义和形式主义的滋长。

为使各级行政领导人能够集中精力做好本部门的工作，当时还规定，各部主要负责人首先是部长，实行专职专责，一般不兼任其他工作。各部不设虚职，部长和委员不能只挂名而不做实际工作。1932年3月中央执行委员会关于检查瑞金工作的决议尖锐指出：“少数人应付日常事务，秘书专政，包办一切，主席和委员多是挂一空名而不负责任，……这样的苏维埃自然不能执行自己的任务”，必须“使主席及委员各能负起自己的责任”。[①]1933年4月中央工农检查人民委员部发布的第三号训令也指出，各级工农检查委员会委员以能够经常到会工作为条件，“凡只挂名而不到会的，要另行委任”。其他各部也有类似的规定。行政机关主要负责人一不兼职，二不挂名，对于保持机构精干，增进工作效能，显然有着重要的意义。

其二，加强干部教育，提高干部队伍素质。红色区域各级政府工作人员的绝大多数来自工农群众，他们具有斗争坚决，熟悉情况，联系群众的长处，但一般都缺乏必要的文化知识。这种情况在地方政府工作人员中尤其突出。正如1932年3月2日中央人民委员会第六号命令所指出的，“有许多地方的政府往往因负责人的文化程度太低，了解问题太差，以及不能把政府的经常工作好好地建立起来，对于上级的命令和文件，多半不能了解，也就不能执行，政府本身的日常工作大抵不能有计划地推动和进行，甚至连本地方的零细问题都不能解决。因此，大大地减低了苏维埃政府的威信和作用，这是一个很大的缺憾。”有鉴于此，《命令》要求“每一个在政府工作的人都应加紧学习，尽量提高自己的文化程度和工作能力”，从省、县到区、乡各级政府都要设立识字班，对不识字的工作人员实行强迫教育制度，“初学识字的人，平均每人每日至少要

---

①《红色中华》1932年4月6日。

记住五个生字”。文化程度稍高的要成立读书班，以中央颁发的训令、通令、法令、条例和《红色中华》为教材。上级政府应当经常检查学习情况，凡是不积极学习的人，经过教育而不改正，就不能担负政府的领导工作，如果有意忽视学习敷衍了事，则以“怠工论”。①

除强调干部的平时学习以外，临时中央政府还有计划地举办政府工作人员训练班，采取集中学习的方式培养干部。1933 年中央开办了第一期苏维埃工作人员训练班，各地选派学员 350 人，何叔衡同志担任训练班主任，课程设置由人民委员会常务会议专门讨论决定。为适应苏区政治、军事、经济、文化各项事业对干部的迫切需求，1933 年 8 月临时中央政府决定创办苏维埃大学，毛泽东同志任校长。这是当时在瑞金创设的一所规模宏大的学校，拥有学员五千余人。后来学员不断增加，苏维埃大学分为马克思共产主义大学（中央党校）、中央红军大学、中央农业学校、中央教育干部学校、无线电学校和高尔基戏剧学校。此外，在沙洲坝还创办了女子大学。1932 年由徐特立同志主持开设了专门培养师资人才的闽瑞师范，同年又创立了列宁师范。1933 年中央在瑞金九堡设立了军事性质的彭杨学校，并于瑞金县城开设中央政府政治学校。在临时中央政府大力兴办各种干部教育的同时，地方苏维埃政府根据各地的需要与可能，也分别设立了各类学校，如瑞金、万泰、兴国、于都、胜利、寻邬等县开办了工人学校；赣西根据地创办了劳动学校和红军学校；川陕根据地设立了苏维埃学校、妇女学校和各种干部训练班，并仿照中央苏区的做法，对在职干部实行强迫读书识字制度，每 10 人编为一组，每天中午 12 点到下午 1 点为法定学习时间。总之，中央和地方通过各种形式积极推行干部教育的结果，培养了一批党、政、军、工会和妇女干部，大大提高了干部队伍的素质，从而为增进各级政府的工作效能，为中国革命的更大发展提供了必不可少的干部条件。

三、对行政机关及其工作人员的检查监督制度

红色区域各级行政机关肩负着组织和管理根据地政治、军事、经济、文化等多方面事务的重任，它们的工作状况如何，同工农民主政权的巩固、革命战争的发展以及劳动群众的切身利益息息相关。因此，对于行政机关及其工作人员实行广泛的、严格的、经常的检查监督，并使这种检查监督形成制度，是人民政权建设不可忽视的一个重要问题，也是行政立法应当着力解决的重要课题

① 参见《红色中华》1932 年 3 月 2 日。

之一。

各级苏维埃政府是在中国共产党的领导下建立起来的，接受党的领导与监督是它们必须遵循的根本原则。除此，各级行政机关还必须接受来自下述四个方面的检查与监督。

（一）人民的监督

在红色区域，国家的一切权力属于工农劳动群众。工农群众对各级行政机关及其工作人员有权进行监督，是苏区人民当家做主的重要标志。这种监督，就其表现形式而言，包括自上而下和自下而上两种方式。所谓自上而下，是指人民权力机关的监督，自下而上是指人民群众的直接监督。这两种相互结合的监督方式，构成了体现工农民主制度本质特征的监督体系。

人民权力机关对行政机关的监督，主要表现在这样几个方面：

1. 各级行政机关的领导成员由人民权力机关选举和罢免。在中央，人民委员会正、副主席和各部人民委员由全国苏维埃代表大会的常设机关中央执行委员会选举和罢免。在地方，乡、市苏维埃主席团由乡、市苏维埃全体代表会议选举产生；省、县、区执行委员会委员和候补委员由各该级苏维埃代表大会产生和改选。而全国苏维埃代表大会和中央执行委员会对地方各级执行委员会成员的撤换和变更则拥有全权。

2. 各级行政机关向权力机关负责并报告工作。法律规定，中央人民委员会对中央执行委员会及其主席团负责，定期向它们报告工作。根据同样的原则，地方各级政府分别向相应的权力机关负责并报告工作，但在具体执行上前后有所变化。1933 年以前，省、县、区苏维埃政府直接向选民报告工作。区苏维埃每两个月、县苏维埃每四个月、省苏维埃每六个月分别向各该区、县、省的选民报告工作一次，选民有权批评政府工作。1933 年以后，省、县、区苏维埃政府改变向选民直接报告工作的做法，实行向下级和同级苏维埃代表大会报告工作的制度。按照这一制度，区苏维埃政府一方面向全区各乡苏维埃代表会议报告工作，同时向区苏维埃代表大会报告工作；县苏维埃政府既向全县各区苏维埃代表大会报告工作，又向县苏维埃代表大会报告工作；省苏维埃政府既向全省各县苏维埃代表大会报告工作，同时向省苏维埃代表大会报告工作。与省、县、区不同，乡、市基层苏维埃政府一直实行向选民直接报告工作的制度，初期每个月报告一次，后来改为两个月报告一次，“选民对于工作报告有批评和建议之权”，而乡、市政府则以选民的批评和建议作为改进自身工作的依据。

3. 权力机关对行政机关贯彻执行宪法大纲、法律、法令的情况进行监督，即法制监督。根据当时的规定，法制监督包括三方面内容：（1）中央执行委员会及其主席团严格监督行政机关贯彻执行宪法大纲、法律、法令以及最高国家权力机关的决议和命令；（2）权力机关有权停止或变更行政机关的不适当的决议和命令。例如，人民委员会、各人民委员部以及省苏维埃代表大会及其执行委员会制定和发布的行政法规、决议、命令，如果同宪法大纲和法律相抵触，中央执行委员会及其主席团有权停止执行和予以撤销；（3）行政机关颁布法令、条例要向权力机关报告，发布涉及大政方针的决议和命令事先要提请权力机关审查批准。按规定，人民委员会在中央执行委员会指定的范围内得颁布各种法令、条例，必须报告中央执行委员会及其主席团，人民委员会作出的与大政方针有关的重要决议，应提交中央执行委员会或它的主席团审查批准后，才能付诸施行。

与权力机关的监督紧密结合、相辅而行的，是人民群众对行政机关的直接监督。一般说来，人民群众的直接监督以批评、建议、检举和控告为基本方式，内容十分广泛。依照规定，苏区人民对各级政府和经济机关不切实执行土地法、劳动法、婚姻法和各种经济政策，在扩大红军、发展地方武装和战争动员中发生的错误，以及对混入苏维埃机关的阶级异己分子、官僚腐化分子、贪污浪费分子和消极怠工分子，均有批评、揭发和控告之权。负责接受并处理群众揭发控告的机关是隶属于工农检查部的控告局。1932 年《工农检查部控告局组织纲要》规定，控告局的任务是“接受工农劳苦群众对苏维埃机关或国家经济机关的控告及调查控告的事实”。控告局由局长主持工作，下设调查员若干人，除匿名控告和私人争执不予受理外，凡属人民群众对国家机关和公职人员的揭发控告，它都要认真负责地查明情况，提出处理意见，报告直属工农检查部决定处置办法。在一般情况下，控告局接到人民的揭发控告后，须发给调查员以证书，调查员凭借证书到有关部门进行调查。在紧急情况下，控告局可以直接通知有关机关和部门对控告事项及时进行调查。为便于群众同国家机关及其工作人员的违法失职行为作斗争，切实保障人民行使监督权。当时特别强调人民的检举控告不拘形式，既可以写成书面材料投入特设的控告箱或径行邮寄，也可以口头提出或电话报告。但无论采取什么形式，都不得“挟嫌造谣，借端诬控”，如有意诬告陷害，要追究法律责任，“送交法庭受苏维埃法律的严厉制裁。”①

在苏区，人民拥有监督国家行政机关及其工作人员的权利，而各级行政机关及其工作人员则自觉地把接受人民监督当作自己的义务，二者在实践中和谐地结为一体。各级苏维埃政府尤其是最接近群众的乡、市基层政府，注意通过各种形式有意识地把自己的活动置于人民群众的监督之下。比如，乡、市苏维埃政府的工作会议，通常不是在办公室召开，而是主动到与会议内容有关的机关、企业和村落中举行，吸收当地群众参加会议，听取他们的意见，在群众的直接参与下决定工作部署和实施方案。这是群众路线在政权工作中的生动体现。

（二）工农检查机关的监督

在我国人民政权建设史上，法律规定设立人民监察机构最早见于 1927 年 3 月《上海特别市市民代表会议政府组织条例草案》，但当时并未设立，监察机构的实际设立起始于苏区。早在中华苏维埃共和国成立之前，鄂豫皖苏区就建立了工农监察委员会。当时，工农监察委员会设于鄂豫皖区及其所辖的县、区、乡，分别由同级苏维埃代表大会产生，在代表大会的直接领导下工作，与同级苏维埃执行委员会处于同等的法律地位，相互之间不存在隶属关系。②工农监察委员会的职权是：考察各级政府执行政策法令的情况；检查苏维埃工作人员的官僚腐化和违法失职行为；接受工农群众对公职人员的控告和申诉事件。工农监察委员会的人员可以参加苏维埃各种会议，查阅有关文件、记录和账册，并于必要时与执行委员会共同决定，由工农监察委员会“颁布清洗苏维埃机关的条例，领导并执行这一工作”。③

临时中央政府成立后，从中央到省、县、区、市普遍设置了工农检查委员会（初期叫做工农检查部）。工农检查委员会是国家行政机关的组成部分，隶属于同级苏维埃政府，在组织体制上与早期鄂豫皖苏区的工农监察委员会有所不同。各级工农检查委员会的任务，主要是监督行政机关、国有企业以及它们的工作人员，坚决保护工农利益，正确执行苏维埃政纲和各项法律、法令，受

---

① 参见《红色中华》1932 年 9 月 6 日。

②《鄂豫皖区苏维埃临时组织大纲》（1931 年 7 月），参见韩延龙、常兆儒：《革命根据地法制文献选编》第二卷，中国社会科学出版社 1981 年版，第 149 页。

③《鄂豫皖苏区苏维埃政府工农监察委员会条例》（1931 年 7 月），参见《鄂豫皖苏区第二次苏维埃代表大会文件之十》，1931 年。

理工农群众对机关、企业和工作人员的控告，领导人民同苏维埃机关中的官僚主义作斗争。为执行上述任务，工农检查机关根据不同情况可以对有关机关、企业和公职人员进行有计划的检查，也可以进行临时的突然检查。有计划的检查通常组织专门检查委员会进行，如检查土地法令的执行情况，即组织土地分配检查委员会，检查租税政策的执行情况，即组织租税检查委员会，等等。临时的突然检查，一般不组织专门检查委员会，而是在工农检查机关的领导下，由青年团员、工会会员、少先队员以及其他群众团体的成员组成突击队进行。无论有计划的检查还是临时的突然检查，工农检查机关都要把检查结果公诸于众，即一方面向被检查部门的全体人员报告检查情况，一方面在报刊上公布检查结果，以期引起各方面的广泛注意。向有关部门的人员乃至社会舆论公布检查结果，是红色区域工农检查机关活动中的一个重要特点。

当然，公布检查结果并不等于问题的实际解决。法律规定，工农检查机关对于检查发现的问题有责任分别情况认真处理。一般地说，属于工作设施上的问题，可以直接向被检查部门提出改进建议，被检查部门如果不予采纳，得提请执行委员会以命令执行；属于工作人员违反纪律的问题，建议执行委员会给予纪律处分；属于触犯刑律、构成犯罪的案件，工农检查机关须将案件移送司法机关，由司法机关依法处理。

历史表明，红色区域工农检查机关的建立，为有效地监督国家行政机关及其工作人员开辟了一条重要渠道。但是，如同在革命斗争中诞生的其他新事物一样，工农检查机关也经历了一个由不健全到比较健全的发展过程。初期，不少地方的工农检查机关组织不健全，工作人员多不固定，主要领导人普遍兼职，而且调动频繁，严重影响了正常工作的开展。为改变这种状况，临时中央政府在不断总结实践经验的基础上，提出了一系列加强工农检查机关的原则和措施。其中主要的有：第一，充实中央工农检查机关的领导力量。1933 年 2 月 26 日人民委员会第三十五次常务会议议决，呈请中央执行委员会批准委任董必武、刘少奇同志为中央工农检查委员会委员。第二，加强地方各级工农检查机关的组织机构，规定省和中央直属市由 13—21 人、县和省属市由 9—11 人、区和县属市由 5—7 人，分别组成工农检查委员会。工农检查委员会委员必须具备以下条件：“（1）有阶级觉悟、最忠实于苏维埃政权的工人、农民、贫民及其他有革命历史的分子，但工人至少占百分之四十。（2）没有受过苏维埃法庭的刑事处分者。”[①] 第三，实行主要负责人不兼职、不轻易调动的原则，如果确因需要必须调动者，要报请有关上级批准。第四，确定编制定员和工作人员职守，建立一支专职的监察工作队伍。依照 1933 年 4 月 13 日中央工农检查人民委员部发布的第三号训令，省工农检查机关配备固定工作人员 9—10 人，县 7—9 人，区、市 5—7 人。他们各司其职，分工处理各项日常工作，不担负与检查工作无关的其他任务。第五，在一切国家机关、企业、工厂、作坊、学校、社会团体和城市街道与广大乡村中，广泛发展通讯员，组建通讯网，吸收公正无私、密切联系群众的活动分子参加检查监督工作。上述措施的贯彻实行，有力地推进了工农检查机关的建设，使它们的工作逐步走上正轨，日益显示出在国家行政监督中的重要作用。

（三）主管部门的监督

主管部门的监督，系指上级国家行政机关对下级国家行政机关的监督。这种监督基于行政隶属关系而发生，是实现行政领导的一种重要方式，与前述两种监督在性质上有所区别。

从法律规定看，主管部门的监督有两点颇值得注意。首先，它是一项法定的制度。1931 年 11 月《苏维埃地方政府暂行组织条例》规定，省、县、区苏维埃执行委员会主席团对所属工作部门（各部或各科）的工作，至少每两个月检查一次，对下级苏维埃政府的活动，至少每三个月检查一次。同时，上级苏维埃政府各部对下级有关业务部门的工作，也要依照规定按时进行检查。其次，设置专职的检查人员，使行政监督有组织上的保证。1933 年以前，省、县、区、市苏维埃政府均设有指导员，专门巡视和指导下级政府的工作。之后，指导员改称巡视员，主要设在省、县两级，其职责是根据执行委员会主席团的指示，经常外出巡视，检查下级机关的工作，保证政策法令的贯彻实施。

从实践上看，主管部门的监督当时主要采取三种形式：

第一，由共和国中央发布命令，规定统一的时间和要求，各地集中进行自上而下的工作检查。1932 年 3 月 2 日中央人民委员会发布了《切实执行工作检查》的命令，确定是年 3 月各地政府普遍开展工作检查，上级政府除首先检查自身的工作外，省派人到县，县派人到区，区派人到乡，逐级进行检查。检查

---

①《中华苏维埃共和国地方苏维埃暂行组织法（草案）》，参见韩延龙、常兆儒：《革命根据地法制文献选编》第二卷，中国社会科学出版社 1981 年版，第 68 页。

着重于政策法令的执行情况，同时对工作人员实行考核。命令强调指出，对于不认真执行政策法令的地区和部门，必须严肃进行批评，如果发生严重错误，给工作造成损失的，要采取组织措施，直至将政府负责人撤职。对于工作人员中消极怠工，惰于职守，甚至腐化堕落的分子，必须给予必要的制裁，以严明政纪和法纪。这次检查，是共和国成立初期进行的一次范围较广、规模较大的工作检查，不仅解决了当时政府工作中存在的不少问题，增强了干部的纪律观念和革命责任感，而且开创了在行政系统内部实行严格检查监督的风气。

第二，上级领导机关的主要负责人深入下层，实地检查和指导下级政府的工作。据有关史料记载，1932 年至 1933 年间，中央人民委员会多次派人到江西、福建两省和瑞金、兴国、石城、宁都、雩都、会昌、宁化、博生、胜利、汀东、长汀等县、市进行巡视检查。参加检查的人员除专职巡视员（指导员）以外，中央人民委员会一些主要领导成员都曾亲自参加。他们或者就某一项工作的实施情形进行专门检查，或者着重于考察全面工作，帮助下级政府总结经验，解决在贯彻政策、部署工作和工作作风上存在的问题。这种检查是认真的而不是形式主义的。参加检查工作的领导人员不但要全面听取下级干部和人民群众的意见，实际动手解决属于职权范围内的各种问题，而且检查结束后要向人民委员会常务会议作报告，对检查发现的重要问题集体进行研究讨论，并形成相应的指示和决议，下达给地方各级政府，用以指导全盘工作。当年临时中央政府机关报——《红色中华》如实地记录了这一历史活动。

第三，下级行政机关按时向上级领导机关报告工作。按规定，基层乡、市和区、县苏维埃政府每月向各自的直属上级机关报告工作，即乡、市政府向区苏维埃政府报告工作，区向县苏维埃政府报告工作，县向省苏维埃政府报告工作。省按照两个系统分别向中央有关领导机关报告工作，即省苏维埃执行委员会向中央执行委员会报告工作（每四个月一次），省苏维埃执行委员会主席团向中央人民委员会报告工作（每月一次）。

除报告制度之外，中央人民委员会为及时了解各地情况，还有计划地指定某些地区行政领导人到中央单独汇报工作。这种汇报通常由人民委员会常务会议集体听取，一次会议只请一个地区的行政领导人列席，专门讨论该地区的工作。江西、福建、赣东北、湘赣以及长汀等省、市苏维埃政府负责人，都先后在人民委员会常务会议上汇报过本地区的工作。常务会议一方面听取汇报，一方面同列席会议的地方苏维埃负责人开展讨论，肯定成绩，指出缺点，共同商定改进措施。这种形式是对法律规定的报告制度的重要补充，有利于沟通并密切中央与地方的关系，不失为行政监督的一种有效方法。

（四）审计监督

人民审计制度最早产生于大革命时期。根据省港罢工委员会公布的《审计局组织法》的规定，“审计局有审计自省港罢工委员会以下各机关所有经常费用之审计权”，“审计局如审计出各机关之进支数目及购办物件有舞弊事情，应即据实呈报省港罢工委员会查办之。”①

土地革命战争时期，红色区域的审计监督制度是在中华苏维埃共和国成立之后逐步建立起来的。在此之前，各苏区财政自收自支，各自为政，存在许多混乱现象。1931 年 11 月临时中央政府决定在地方设立财政审查委员会，负责审查与监督地方苏维埃政府的财政活动。随着中华苏维埃国家财政制度的建立与健全，1933 年下半年临时中央政府决定在中央和省、中央直属市设置审计委员会，作为实施审计监督的专门机关。

中央审计委员会设于中央执行委员会之下，同最高国家行政机关人民委员会并列，具有独立于行政系统之外的法律地位。中央审计委员会由 5—9 人组成，由中央执行委员会主席团委任。“其职权是：（1）审核国家的岁入与岁出；（2）监督国家预算的执行。”②

省和中央直属市审计委员会设于各该执行委员会之下，由 7—9 人组成，工农检查委员会主席、国民经济部部长、裁判部部长和省一级军事行政机关的首长，为当然委员。在领导关系上，省和直属市审计委员会隶属于中央审计委员会，同时受各该执行委员会及其主席团的指导和节制。这种领导体制，有利于中央审计委员会加强对省和直属市审计机关的统一领导，保持审计监督的独立性和权威性，也有利于审计机关在地方政府的指导与帮助下，顺利开展工作，有效地行使审计监督职能。

根据《地方苏维埃暂行组织法（草案）》的规定，省、直属市审计委员会的任务为“审核省苏维埃及全省一级苏维埃、市苏维埃及全市各市区苏维埃财政收支的预算与决算，审核财政机关的临时收支账目，并得向中央审计委员会提出该省或该市预算的原则”。由于县一级不设置审计机关，省审计委员会还

---

①《工人之路》第 274、275 期，1926 年 3 月 29、30 日。

② 参见《中华苏维埃共和国中央苏维埃组织法》（1934 年 2 月），载《红色中华》1934 年 2 月 22 日。

负有审核各区和县属市苏维埃预算和决算之责。省和直属市审计委员会在执行上述任务的过程中，如果查出各级苏维埃和地方部队的财政收支有违背法令或不正当的事情时，得向省、市执行委员会主席团提出解决办法，并报告中央审计委员会。如果认为下级苏维埃财政收支事项有调查必要时，得径行派遣审核员实地调查。

中央和省、直属市审计机关建立后，依据法律赋予的职权积极开展活动。特别是中央审计委员会受最高国家权力机关的委托，在国家财政监督中做了不少工作：1933 年冬，审核了中央行政机关和军事机关的预算和经费开支，发现有些部门预算不实，浮支浪费，及时提出改正措施，并报告中央执行委员会；1934 年春，审查了粤赣省和瑞金直属县的预决算，一方面肯定成绩，如瑞金县苏维埃注意节约行政开支，1934 年 2 月比 1933 年 10 月减少 2/5，工作人员“涓滴归公”，上缴剩余谷子 19 石。同时指出在财政预算和精简人员中存在的问题，提请他们注意并认真加以解决；1934 年 3 月，检查了中央印刷厂、造币厂、邮政总局和贸易总局的财务收支状况，指出上述厂、局的共同缺点是会计制度和管理制度不健全，忽视成本核算，不计盈亏，存在比较严重的浪费现象。积极推动了这些部门健全财会制度，改善经营管理，收到了良好的效果。此外，还审查了互济总会和反帝拥苏同盟等革命群众团体的财政收支活动，针对会费管理混乱、开支项目不当以及把救济费用于机关开支等问题，明确提出了严格财会制度，实行专款专用的原则，促使革命团体的财务活动走上了轨道。所有这一切，对于防止和揭露错误，堵塞漏洞，消除弊端，严肃财经纪律，完善财政管理制度，维护正常的财政经济秩序，都具有积极的意义。

从有关的法律规定和审计机关的实际活动中，可以看出，当时审计机关的审计范围，或者说审计对象，是相当广泛的。就被审计的环节和项目来说，包括审核预算和决算、预算的执行、财政收支事项以及检查财务经济活动等等。就被审计的部门和单位而言，从各级苏维埃政府和它们所属的财政机构，到企业事业组织、红军军事机关和地方部队直至革命群众团体。审计范围的广泛性是红色区域审计制度的一个显著特点。

第二节 抗日民主政权的行政立法

一、行政立法概述

抗日战争时期，是根据地人民民主法制基本形成并不断向前发展的重要历史时期。同这个时期法制建设的总的情况相适应，抗日民主政权的行政立法也取得了重大的进展，无论法律形式还是立法内容都呈现出日臻健全和完善的趋势。

这种趋势，首先表现在大量的行政管理法规的制定和颁行。据不完全统计，抗日战争时期各根据地抗日民主政府发布的法律文件共约一千一百五十余件，其中具有行政法规范性质的文件所占比重最大，涉及行政管理的各个方面。这些法规数量众多，难以详举，大体可以划分为：(1)军事战勤法规。这类法规的重要作用在于调整军事行政管理活动，直接服务于民族解放战争，是当时行政法规的极其重要的组成部分；(2)民政法规。包括优抗、抚恤、褒奖、农村救灾和社会救济；(3)治安管理法规。包括违警处罚、户籍管理、交通管理、枪支登记、警察服务规程以及禁烟禁毒、防奸防特等；(4)经济管理法规。这类法规数量大，内容相当丰富，对于实行工业、农业、商业和财政金融的法律调整，具有重要的意义；(5)文教卫生法规。包括干部教育、普通学校教育、社会教育以及医疗卫生和防疫保健等。

上述各类行政管理法规涉及的范围十分广泛，采用的具体名称也多种多样。有的叫做条例、决定、命令，有的称为指示、决议、章程、规定、通令、布告、办法、纲要、规程、施行细则，等等。这些不同称谓的行政法规，当时分别由各根据地政府制定和发布。它们的共同特点是，以党的抗日民族统一战线政策为依据，适合于本地区政治、经济尤其是战争形势的需要，因而在推动革命战争，巩固抗日民主政权，维护根据地的法律秩序，促进人民经济和文化教育事业方面，发挥了重要的作用。

这种趋势，还表现在行政组织立法的进一步充实与加强，有关国家行政机关的组织、任务和职责权限的法律规范更加详密完整。当时，各抗日根据地民主政权在立法上采取了一项有别于红色区域的重要措施，就是对各级行政机关的组织与权责由各个单行法规分别加以规定，使每一级行政机关的组织与活动都有相应的专门法规予以调整。例如，晋察冀边区根据行政机构的设置，分别制定了《晋察冀边区行政委员会组织条例》《晋察冀边区政治主任公署组织法》《晋察冀边区行政督察专员公署组织大纲》《晋察冀边区县政府组织大纲》和《晋察冀边区县区村组织条例》。陕甘宁、晋冀鲁豫、晋西北、山东等抗日根据地也都制定了类似的行政组织法规。这些法规由于以特定的国家行政机关的组织与活动为调整对象，因而内容集中、明确、具体，比之红色区域的有关立法大大前进了一步。同时，这些法规在结构形式上也不再像苏区时代那样，把权力机关和行政机关的组织体制、职权范围、工作程序规定在同一个法律文件之中，而是把二者加以区别，由不同的法律文件单独作出规定。1939 年 2 月陕甘宁边区第一届参议会首次分别制定了《陕甘宁边区各级参议会组织条例》和《陕甘宁边区政府组织条例》，最早把权力机关的组织法规与行政机关的组织法规区别开来，使法律结构形式发生了新的变化。陕甘宁边区的这一做法，为其他抗日根据地所普遍采用。

健全干部管理法规，使干部的选拔、任免、培养、考核与奖惩制度化，是抗日民主政权行政立法趋于完善的另一重要表现。限于客观历史条件，土地革命战争时期苏区工农民主政府没有颁布过单一的干部管理法规，有关干部任用、培养、考核、奖惩的规定，大都散见于其他法律文件之中。进入抗日战争时期以后，各根据地政府适应形势发展的需要，相继制定了一系列干部管理法规，其中主要的有:《陕甘宁边区各级政府干部管理暂行通则》《陕甘宁边区各级政府干部任免暂行条例》《陕甘宁边区各级政府干部奖惩暂行条例》《晋察冀边区行政干部任免考核奖惩暂行办法》《晋察冀边区村行政干部奖惩办法》《晋冀鲁豫边区政权干部制度》《晋冀鲁豫边区政权干部奖惩办法》《晋冀鲁豫边区退休政民工作人员安置办法》《冀鲁豫区各级行政干部任免暂行办法》《晋西北行政干部奖惩条例》《山东省行政人员暂行奖惩条例》等等。上述法规对于干部的管理、选任、培训、调动、考核与奖惩，作了比较详细的规定。它们的制定与施行，充实和丰富了抗日民主政权行政立法的内容，并在实践中发挥了积极的作用。

二、行政机关的设置及其职责权限

抗日根据地行政机关的组织体制，一般为边区、县、乡（村）三级结构，另外设置行政公署、专员公署和区公署，作为边区政府或县政府的派出机关。

各级抗日民主政府依据简政便民原则，设立各种工作部门，分工组织和管理各项行政事务，在法定权限内行使行政权。

（一）边区政府的工作机构和职责范围

抗日战争时期，各边区政府是综理各该地区政务的最高行政机关。它们设置的工作部门在名称和数量上不完全相同，但差别不大。总的说来，各地边区政府均设有民政、财政、建设、教育、公安等职能机构。这些机构的职责权限，大致可以概括如下：

民政厅（处） 主管选举，提请任免和奖惩地方行政人员，土地行政与卫生行政，户籍调查与登记，赈灾、抚恤、优抗、保育和其他社会救济，调处劳资和业佃争议，婚姻登记与礼俗、宗教，禁烟禁毒，战争动员和军事支差，人民团体登记，以及其他有关民政事项。

财政厅（处） 主管税务公款和公债，编制预决算，金库收支，金融的监督、调整和取缔，田赋公粮，公产管理，以及其他有关财政事项。

建设厅（或实业处） 主管农林、畜牧、水利、工业、商业、矿业的计划、管理、监督、保护和奖进，公营事业和合作事业的奖进与指导，道路、桥梁的建筑，农林、畜牧、工商、矿业出产品的陈列与检查，实业团体的指导，度量衡的检查监督，以及其他有关实业行政事项。

教育厅（处） 负责学校教育及社会教育，编审图书教材，登记并审查出版物，指导文化教育与学术团体，管理图书馆、博物馆和公共文娱体育设施，以及对敌文化斗争和文化宣传事项。

公安局（或保安处） 负责维护抗日根据地社会秩序，侦查、缉捕汉奸敌探，指导人民锄奸组织，以及其他有关公共安全事项。

此外，各地边区政府均设置办公机构——秘书处。秘书处在秘书长领导下，管理文书、印信、会计、庶务、编制统计和报告，并负责处理不属于各厅、处的事务。秘书处是边区政府的办公部门，其在性质上与其他厅、处有所不同。

除上述工作部门而外，有些抗日根据地依照本地区的具体情况，还单独设置了一些工作机构。比如，陕甘宁和晋冀鲁豫边区政府以及晋察冀边区行政委员会分别设有保安司令部、军区指挥部和人民武装部，用以绥靖地方，保卫边区，指导地方人民武装，处理各项军事行政工作；陕甘宁边区政府设有专司财政审核和检举贪污舞弊和浪费事件的审计处；山东省战时行政委员会设有主管工商行政、对敌经济斗争和出入口贸易的工商管理处。抗日战争时期各地边区政府均不单独设立司法行政机关，司法行政工作由边区高等法院（或高级审判处）兼理。

各厅、处作为专门权限的行政机关，一般说来，它们有权就主管事务发布行政命令，但各地的规定却不尽相同。1939 年 4 月 4 日《陕甘宁边区政府组织条例》和 1945 年 4 月 1 日《晋冀鲁豫边区政府组织条例》明确规定，各厅、处“在边区政府委员会决议之范围内，对于主管事务得颁发命令”；有的根据地（如山东）没有作出相应的规定；晋察冀边区在有关法律中则明确宣布，各工作部门“不单独对外发布命令”，各部门需要发布命令，以边区行政委员会正副主任委员连署，有关部门负责人副署。① 这说明，各地边区政府所属工作部门在发布行政命令的权限上是并不相同的。

（二）行政公署的工作机构和职责范围

处于敌人分割包围的敌后抗日根据地，战事频繁，交通阻隔，上下联系十分困难。各地边区政府（除陕甘宁边区外）为便于战时推行政务，加强对所属下级政府的领导，按照实际需要，划分行政区，设置行政公署，代行边区政府的职权。在通常情况下，行政公署并非一级政权组织，但由于各根据地的情况不同，有关行政公署的组成、地位和职权在不同地区存在明显的差异。主要有两种情况：

一种情况，行政公署依边区政府的命令组织，而不由权力机关选举产生。它们在法律上不是一级政权机关，只是边区政府的代表机关，在边区政府的授权下领导所辖区域的行政工作。其职责权限由边区政府规定，并得以命令随时变更。行政公署正副主任由边区政府委员会任命，对边区政府负责并报告工作。晋察冀边区和晋冀鲁豫边区设置的行政公署，即属于这种情况。

另一种情况，如晋西北行政公署则由晋西北临时参议会选举组成，为本地区最高行政机关，实际上是一级政权组织。它负责执行临时参议会的决议，有权决定有关行政工作的重大事宜。行政公署正副主任和行政委员由临时参议会选举和罢免，接受参议会的监督并向其报告工作。此外，华中抗日根据地由于没有建立统一的边区一级政权，其所辖各行政区参议会（或临时参议会）选举

---

① 参见《晋察冀边区行政委员会组织条例》（1943 年 2 月），晋察冀边区行政委员会《现行法令汇集》上册，1945 年。

产生的行政公署（如苏中、苏北、淮南等地行政公署），即为各该地区的最高行政机关。

上述两种情况的行政公署，虽然法律地位有别，但二者内部的机构设置大同小异。它们设立的工作机构主要有秘书处、民政处、财政处、教育处、建设处和公安局等。这些处、局的职掌分工与边区政府有关厅、处基本相似。不同的是，它们行使行政权的范围仅限于本行政区辖境。

（三）专员公署的工作机构和职责范围

专员公署的全称为行政督察专员公署。顾名思义，它不是一级政权组织。这一点，为各根据地有关法律所共同确认。但是，各地专员公署的具体设置和组织结构却因地而异。就设置而言，在陕甘宁、晋察冀和晋冀鲁豫，专员公署的设立和命名根据边区政府的命令而定，它们作为边区政府的派出机关，在边区政府的直接领导下执行督察和领导所辖各县行政的职能。在晋西北、山东和华中抗日根据地，专员公署的设立和命名由行政公署决定，它们代表行政公署督察和领导所辖各县政务，活动受行政公署的领导与节制。从专员公署的组织结构看，一方面各地之间多有不同。例如，晋察冀边区各专员公署分设秘书室、民政科、财政科、教育科、实业科、地政科和司法处。[①]晋西北各专员公署则合民政、教育为第一科，财政、建设和粮秣为第二科，司法为第三科，另设公安局和警卫连。[②]山东抗日根据地专员公署内部设六科、二局，即民政科、财粮科、教育科、司法科、卫生科、农林科、工商管理分局和公安局。另一方面，专员公署的组织机构在同一根据地的不同时期也多有变化。以陕甘宁边区为例，1943 年以前，绥德、陇东、关中、三边等专员公署，均设秘书室、民政科、财政科、教育科、建设科、粮食科和保安科。1943 年以后，取消秘书室，改设政务秘书和事务秘书，同时把民政、财政、教育、建设、粮食等五科合并为两科，保安科改称保安分处。1942 年 7 月晋冀鲁豫边区政府也发布了改变专员公署组织机构的决定，将此前分设的民政、财政、教育、建设和司法等科，合并为第一、二、三科，同时增设办公室，协助专员处理日常工作。

各地专员公署的机构设置尽管不尽相同，而且在不同时期变化较大，但各

① 参见《晋察冀边区行政督察专员公署组织大纲》（1940 年 5 月），晋察冀边区行政委员会《现行法令汇集》上册，1945 年。

② 参见《晋西北行政督察专员公署组织条例》（1942 年 11 月），载 1942 年 11 月晋西北临时参议会常驻委员会编印的《条例》。

工作部门的任务和职责从总体上说并没有改变。因为凡属专员公署辖区的民政、教育、财政、建设和治安等行政事宜，都由它们实际组织和管理，只不过由于机构数量多寡不同，各工作部门的具体职掌和相互分工有所不同而已。

（四）县政府的工作机构和职责范围

县政府是抗日根据地政务推行的枢纽，作为一级政权，它担负着十分繁重的任务。因此，各地县政府一般都建立了比较健全的工作机构，以便处理纷纭复杂的行政事务。

各地县政府工作机构的设置，从纵的方面看，与边区政府大抵对口。以山东抗日根据地为例，山东省战时行政委员会下设秘书处、民政处、财政处、教育处、工商管理处、高级审判处和公安局。[①] 其所属各县政府也相应设置民政、财粮、教育、工商管理、司法、公安等科、局。略有差别的是，各县根据地区特点和实际需要，设有武装科和农林科，用以领导地方抗日人民武装和管理农村经济。[②] 其他抗日根据地县政府工作机构的设置，类似于山东的情况。

各地县政府的组织机构分别由各该根据地有关法律或行政法规加以规定。在陕甘宁边区，县政府设有秘书室、一（民政）、二（财政）、三（教育）、四（建设）、五（粮食）科和保安科，以及审计员、保安大队部。在未成立地方法院的县份，于县政府内设置司法处。在晋察冀边区，县政府设立秘书室、民政科、财政科、教育科、实业科、公安局和人民武装部。秘书、科长由县长遴选或县参议会推荐，呈请边区行政委员会委任，公安科和武装部人员的任用，则由专门法规加以规定。晋冀鲁豫边区县政府的内部组织，与陕甘宁和晋察冀边区大致相同，只是不单独设置军事行政的专管机构。在晋西北，县政府设立第一、二、三科，第一科主管民政和教育，第二科主管财政、粮秣与建设，第三科主管司法。另外还设有公安局和保卫县政府并负责看管人犯的警卫连。山东抗日根据地县政府的组织机构已如前述，其各科、局负责人的任免权属于行政公署，而无须报请边区行政委员会批准备案。

关于县政府各工作部门的职责范围，上列同名机构的权责基本相同，名称不同的机构，其职掌也颇为近似。具体说来，各地县政府民政科主要管理民主

---

① 参见《山东省战时行政委员会组织条例》（1943 年 8 月），山东省胶东行署《法令汇编》，1944 年。

② 参见《修正山东省县政府组织条例》（1943 年 9 月），山东省胶东行署《法令汇编》，1944 年。

选举，抗战动员，登记与审查区村干部，优抗抚恤，赈灾救济，婚姻登记，社团登记，禁烟禁毒，以及户籍、区划、地政、劳资、租佃和民族与宗教等事务；财政科（或财粮科、粮食科）主管预算决算，粮食收支，仓库管理，征解田赋，整理公产和村财政，监督县金库，调整金融与物价，筹征、保管和分配救国公粮公草，调剂民食，以及其他有关财粮工作；建设科（或实业科、农林科）管理农林、畜牧、工商、矿业、水利、交通、合作事业，组织生产运动，进行社会经济调查，指导农事改进和农业试验场等；教育科主管全县学校与社会教育，审查登记教育工作人员，培养师资，保护古迹，修编县志，管理剧团、农村俱乐部、民教馆和图书馆，以及其他一切文化建设事宜；公安局（或保安科）主管锄奸、敌工，清查户口，缉捕、侦查和预审，开展人民锄奸教育，指导群众锄奸工作，维护公共安宁秩序；司法科（处）受理民刑案件，指导调解委员会，管理司法行政事宜；人民武装部（或保安大队部）主管兵役、自卫，领导自卫军和少先队，以及进行游击战争，保卫抗日民主政权和根据地人民。陕甘宁边区各县政府设置的审计员，负责审核县区征粮和金库收支、公产收入和县经费预决算，是实施审计监督的重要组织形式。

此外，有些边区政府于地域辽阔或情况特殊不便行政指挥的县份，还专门设立县佐公署（晋察冀边区）、县政府办事处（晋冀鲁豫边区）和县政府行署（山东抗日根据地）。它们在主管县政府的领导下处理本地区的各项政务，在行政上不算一级，其组织规模小于县政府，内部机构也比较简单。依据 1938 年 7 月《晋察冀边区县佐公署组织章程》，县佐公署置县佐一人，书记 1—2 人，办事员 4 人，政警 5 人，另设人民武装自卫队大队部。可见其组织机构比之县政府要简略得多。

（五）区公署的工作机构和职责范围

在多数根据地，区公署（或区公所）是县政府的助理机关，承县政府指令督导所属乡（村）行政，区长、副区长由上级政府任命，对县政府负责并报告工作。在个别地区，如盐阜行政公署所属区政府，则由权力机关区公民代表大会选举行政委员和候补委员若干人组成，区长为行政委员会主任委员，对区公民代表大会和上级政府负责并报告工作。这是两种不同类型的区级行政机关，后者实际上具有一级政权的性质。

区公署（所）和区政府都不设置科、室，而以助理员或区员分工处理各项行政事务。依照 1942 年 1 月《陕甘宁边区各县区公署组织暂行条例》，区公署设助理员 3—5 人，分管行政、教育、保安和经济建设，另设自卫军营长一人。晋察冀边区规定，区公所设助理员 3—5 人，人民武装大队长和指导员各一人，治安员一人（必要时设立派出所，所长由治安员兼任）。山东抗日根据地各区公所分设文书、民政助理员、财粮助理员、文教助理员、武装助理员和公安员，其中民政或财粮助理员由区长兼任，文教助理员由小学校长兼任，武装助理员由区武委会主任兼任。另设区中队，由区长兼任中队长。盐阜地区所属区政府除设置民政、财经、公安、文教区员外，根据工作需要还设有各种经常的或临时的委员会（如优待抗日军人家属委员会、文化教育委员会、水利建设委员会等），其工作机构比上述地区要健全一些，而且分工具体，职责分明。例如：民政区员负责户籍登记管理，村镇民主选举，战时后方勤务，社会救济和抚恤，拥军优属，调解地方纠纷；财经区员主管土地登记调查，编造区村镇预决算，征收、保管、支拨公粮公草，管理公产、学产和逆产，征解田赋与契税，组织生产建设和合作事业；文教区员管理村学，取缔奴化复古教育，改良风俗破除迷信，开展公共卫生保健；公安区员负责保卫辖境治安，维持社会秩序，领导群众锄奸斗争，缉捕盗匪、奸探和各种刑事罪犯。各区员一般由区行政委员兼任，如果违法失职或不胜任本职工作，区公民代表大会有权罢免，上级政府也得以命令调动或撤换。①

（六）乡（村）政府的工作机构和职责范围

乡或村是抗日民主政权的基层单位。各根据地关于乡或村行政机构的设置，既有相同之处，又各具特色。

陕甘宁边区以乡、市（等于乡或等于区的市）为边区政权的基础组织。乡（市）政府由乡（市）参议会选举产生，乡（市）长综理政务，另设文书和自卫军连长。文书是乡（市）长的助手，由县政府委任，为专职行政人员，自卫军连长协助乡（市）长管理民兵和治安工作，不脱离生产。乡（市）政府根据工作需要，设置优待救济委员会、文化促进委员会、经济建设委员会、锄奸委员会、卫生保育委员会和人民仲裁委员会。各委员会由 3—5 人组成，委员和主任委员由乡政府聘任。为便于实施行政管理，经县政府批准，乡（市）政府下设行政村（或关、街），行政村下设自然村（或坊、巷）。行政村由乡（市）长委任主任一人，协助管理所属自然村政务。自然村设村长一人，由村民大会

① 参见盐阜区临时参议会第二次大会《法令及提案决议》，1945 年 5 月编印。

选举，承乡（市）长和行政村主任之命，处理本村行政事务。行政村主任和自然村村长均不脱离生产。

与陕甘宁边区不同，多数根据地以村为基层单位，村公所是村政执行机关。但这些地区村政权的组织结构往往因地而异，很不划一。晋察冀边区各村公所设村长、副村长和民政委员、财政委员、教育委员、实业委员、粮秣委员。另设管理兵役、民兵、岗哨和自卫工作的人民武装中队部，以及负责锄奸、户籍管理和维持治安的治安员。正副村长由村民代表会正副主席兼任，民政、财政等委员由村民代表会选举。村公所为行政上的便利，按村民住区划全村为若干闾，由本闾公民代表互选闾主任一人，辅佐村公所执行村政。晋冀鲁豫边区各村公所，在村长、副村长领导下，设立民政委员会、财政委员会、生产委员会、教育委员会和锄奸委员会，分工处理基层各项行政事务。村公所之下，在人口众多之村分设若干街，街设街长，由本街公民代表互选。人口分散的小村，每村设村副。晋西北于行政村设立村公所，自然村设村代表和主任村代表，并组成代表团，按照村公所的指示进行工作。村公所下设各种委员会，在村长统一领导下，分管民政、财政、建设、教育、调解和锄奸等事宜。山东抗日根据地1941年以前实行中心村制，由5—8个村庄组成中心村，设立中心村村公所。1941年10月以后，改为行政村制，凡百户以上、400人以上的自然村，划为单一行政村，百户以下小村与附近小村合组联合行政村。单一行政村设行政村村公所，联合行政村于人口多、地点适中、工作基础好的村庄，设行政村村公所，其所属村庄户口在20户以上者，设副村村公所，不及20户者设置闾长。行政村村公所根据需要，设置文教宣传、经济建设、优待救济、人民调解和抗敌自卫等委员会。副村村公所则不设置这些委员会。此外，山东地区于重要市镇还单独设立镇公所，直接由县政府领导，与行政村不发生隶属关系。

三、行政机关的领导制度——集体领导与分工负责相结合

坚持集体领导是抗日根据地行政机关的一项重要指导原则。依照这一原则，凡属政府工作中的重大问题必须经过集体讨论决定，而不能由个人决断。这是民主集中制在领导制度上的具体应用和实际体现。

那么，哪些问题必须由集体而不能由个人决定呢？

根据法律规定，边区政府主管的各项政务中，下列问题应由边区政府委员会集体讨论，形成决议，然后付诸实行：（1）关于选举事项；（2）关于边区参

议会决议的执行;(3)规定行政措施，发布行政命令，制定单行法规;(4)确定或变更行政区划和行政组织;(5)停止或撤销下级政府不适当的决议和命令;(6)关于预算决算事项;(7)任免与奖惩所属行政人员;(8)咨调地方部队和督促所属军警绥靖地方事项;(9)处分公产或筹划边区公营事业;(10)边区政府委员会认为应行讨论决定的其他事项。

在县政府的实际工作中，须由县政府委员会（或县行政委员会）讨论决定的问题，主要有:(1)上级政府令行的重大事项;(2)执行县参议会决议事项;(3)县、区、村选举事项;(4)确定县政府各部门的工作计划;(5)制定与颁布县单行法规、条例和办法;(6)县政经费预决算事项;(7)任免与奖惩有关行政人员;(8)讨论并处理全县生产建设、文化教育、财政设施等重要事项;(9)关于人民负担事项;(10)地方武装和民兵的组织、训练、调整计划;(11)决定全县应兴应革的重要事项;(12)县政府委员会认为应当由它讨论决定的其他问题。

边区政府委员会和县政府委员会定期举行会议，必要时召开临时会议。定期会议或临时会议，都须有过半数委员出席才能生效，其决议案取决于出席会议委员的多数。边区政府主席和县长有权召集和主持会议，但无权改变集体作出的决议。如有不同意见，可以在下一次会议提出，或者向上级政府反映，但在本级政府委员会或上级政府没有新的决定之前，必须执行原决议，不得有所违反。

有些地区对于乡、村基层政府应当由集体决定的行政事宜，也作了具体规定。依照《山东省胶东区村政暂行条例》，下列问题须经村政委员会讨论决定:(1)执行县、区政府令办事项;(2)筹划推行村选事项;(3)审核人口，实行婚姻登记事项;(4)计划和审核土地陈报，清丈数量、等级;(5)组织领导优待抗属，救济灾难;(6)调整与实行减租减息;(7)审核公民战时服役事项;(8)关于村经费、村财政的收支;(9)田赋、公粮和公柴的征收;(10)领导农业生产、水利工程和合作事业事项;(11)计划与实施全村文化教育宣传工作;(12)实施战争动员，组织自卫团、青抗先和游击小组，推行参战自卫、警戒、锄奸事项;(13)调查与调解人民纠纷和争议事项;(14)有关全村应兴应革事项。

村政委员会主任委员负责召集和主持村政委员会会议，但他同委员之间不是领导与被领导关系，会议决定问题遵循少数服从多数原则，实行民主表决，主任委员对会议讨论的问题不享有最后决定权。

抗日根据地行政机关坚持集体领导，不仅表现在重大问题的决策权归属于集体，同时还表现在执行政务的过程中注意依靠集体智慧和力量，以保证各项行政措施的正确执行。陕甘宁边区政务会议就是基于这一目的而设立的。1942年1月《陕甘宁边区政务会议暂行规程》规定，政务会议是边区政府执行政务的领导机构，直接对边区政府委员会和边区参议会负责。政府委员为政务会议的当然成员，实际执行政务的各厅、处、院、会领导人均出席会议，边区政府秘书长兼任政务会议秘书长，边区政府主席为会议法定主席。政务会议主要听取各行政部门的工作报告，讨论有关民政、财经、建设、司法、公安等方面的工作方针和具体计划，并形成相应的决议。由于政务会议是政务执行机关，故其讨论与决定的问题注重于立即执行，因此，政务会议无论在性质上、决定问题的原则上，都有别于集体负责制的政府委员会。按规定，政务会议决定问题不实行少数服从多数的原则，而是在集体讨论的基础上，由行政首长（边区政府主席）集中正确的意见，最后作出决定。就是说，会议的决议取决于行政首长。

根据同样的原则，陕甘宁边区所属专员公署、县政府、区公署和乡（市）政府也都设有政务会议。专员公署政务会议由政务秘书、各科科长、保安分处长组成，必要时吸收驻在该地的驻军首长和边区政府附属机关负责人参加。专员召集和主持会议，为当然主席。县政府以秘书、科长和各工作委员会主任组织县政务会议，每周或两周开会一次。县政府委员不是会议当然成员，在人员构成上与边区政务会议有所不同。区公署政务会议定期举行例会，除区长、助理员作为正式组成人员参加外，可以邀请各群众团体负责人列席，以利广泛听取意见，便于工作进行。乡（市）政府政务会议由五人组成，乡长、文书、自卫军连长为法定成员，其余成员并不固定，由县、区政府依具体需要决定。上述专员公署和县、区、乡（市）政务会议，是集体研究处理各自权限内行政事务的领导机构，但决定问题的权力不属于会议全体成员，而由各该行政首长行使。

除陕甘宁边区而外，晋西北根据地各级政府也有政务会议的设置。按规定，晋西北行政公署政务会议由行署正副主任委员、秘书长、各处处长、高等法院院长组成，主任委员主持会议，如因故缺席，由副主任委员代理。政务会议在行政委员会休会期间进行工作，如行政委员会举行会议，政务会议即停止活动。行署下辖的专员公署，其政务会议的正式成员为专员（副专员）、秘书和各科科长，公安局长及各科副科长不是会议组成人员，但必要时可以列席会议。县政府政务会议由县长、秘书和各科科长组成，负责讨论处理全县重要行政事务。县以下，区公所设区务会议，村公所设村务会议。前者由区长、助理员、书记（即文书）组成；后者由村长、书记、各委员会会长和村自卫队队长组成，在村长主持下，每半月开会一次，集体研究有关村政的各种问题。

无论重大行政事务由集体讨论决定，还是实际执行政务注重发挥集体作用，都不意味着降低和减轻个人的作用与责任。列宁在谈到俄国苏维埃国家机关领导原则时，曾经强调指出："我们既需要委员会来讨论一些基本问题，也需要个人负责制和个人领导制来避免拖拉现象和推卸责任的现象"，[①]"任何时候，在任何情况下，实行集体领导都要最明确地规定每个人对一定事情所负的责任"。[②]就是说，必须把集体领导与个人分工负责有机地结合起来。

根据列宁的思想，早在土地革命战争时期，中央工农民主政府就明确提出，"在苏维埃的机关内必须实行集体的讨论，明确的分工，并建立个人负责制"。[③]抗日战争时期，各根据地政府在坚持集体领导的同时，更加重视建立个人负责制，从而在新的历史条件下充实和发展了集体领导与个人分工负责这一重要的领导原则与制度。主要表现在：

第一，政府工作中的重大问题一经拥有决策权的领导集体作出决议，各级行政首长必须切实负起贯彻执行决议的责任。法律规定，边区政府主席、各县县长和乡（村）长的重要职责之一，就在于领导所属部门和人员认真贯彻各该政府委员会通过的决议，保证决议在实际工作中落实、收效。这既是他们的法定职权，也是他们在法律上必须承担的责任。

第二，如前所述，政务会议就职权范围内执行政务所作的决定，取决于行政首长。所谓取决于行政首长，实际上就是个人负责制。因此，尽管会议在决定问题的过程中进行了认真的讨论，但行政首长对会议的决定必须负个人责任，不能借口经过集体讨论而推卸责任。

第三，适应急剧变化的战时形势，在特定情况下赋予行政首长以较大的权力。1943年4月25日《陕甘宁边区政纪总则草案》规定："在两次政府委员会之间，所有关于政策、命令、制度之设施，人事之进退以及重要的指示，概须经（边区政府）正副主席裁决"。1942年11月《晋西北县区村各级政府组织

①《列宁全集》第30卷，人民出版社1957年版，第213页。

②《列宁全集》第29卷，人民出版社1956年版，第398页。

③《苏维埃中国》第二集，中国现代史资料编辑委员会1957年翻印，第318页。

条例》规定:“在战争或紧急情况下，县长得全权机动处理一切事宜”。这一方面扩大了行政首长的权力，同时也加重了行政首长的个人责任。上述规定同集体领导原则并不矛盾。因为边区政府正副主席对重大问题的裁决，必须对边区政府委员会负责；县长全权机动处理的一切事宜，事后要请求县政府委员会追认。这是集体领导与个人负责相结合在战争条件下的一种特殊表现形式。

四、干部的管理和教育

（一）干部的标准、任免与调动

1943年4月25日《陕甘宁边区各级政府干部任免暂行条例》明文规定:“各级政府干部之任用，应依“三三制”精神行之。”[①] 为正确贯彻这一精神，吸收各抗日阶层中的合适人选参加政府工作,《条例》明确规定了任用干部的标准:“1. 拥护并忠实于边区施政纲领；2. 德才资望与其所负职务相称；3. 关心群众利益；4. 积极负责，廉洁奉公。”其他抗日根据地选任干部的标准与此基本相同。这些标准，首先强调政治表现，同时注重业务才能和思想品德，体现了德才兼备的原则。凡不符合上述标准的，一律禁止录用。具体说来，就是禁止录用有汉奸行为的人；有反对边区施政纲领或破坏抗日政府、抗日军队、抗日人民和抗日政党行为的人；破坏政府法令、危害群众利益以及贪污腐化、营私舞弊处罪有案而又不能改过自新的人；褫夺公民权尚未恢复的人。现任干部如果有上述情形之一者，即停止任用，或者予以惩戒，以保持抗日民主政权的纯洁性。

依照各根据地的有关规定，各级行政工作人员的任用，主要有两种方式，一种方式，经过人民代表机关（参议会）选举而任职。当时，边区政府主席、副主席和政府委员（或边区行政委员会主任委员、副主任委员和行政委员）、县长和县政府委员以及乡（村）长均由同级人民代表机关选举，他们随人民代表机关每届任期的变更而改变，连选得连任。如果违法失职或者不胜任职务，代表机关有权随时予以罢免。经选举而任职的行政人员，按规定要报经有关上级政府任命加委，其任职期内有违法行为或因工作需要另有任用，上级政府可以撤换或调动，但必须履行一定程序。比如，县长和县政府委员的撤换与调动，须向县参议会说明情况，并由县参议会决定递补人员或重新选举。在参议

① 参见《陕甘宁边区政策条例汇集》续编，陕甘宁边区政府办公厅1944年编印。

会休会期间不能立即补选时，上级政府得派人暂行代理。

另一种方式，是由有任免权的国家行政机关按照法定权限和程序直接任命。在陕甘宁边区，边区政府各厅处负责人、行政督察专员和大学校长，由政府主席任命；边区政府各厅处的秘书、科长以及主要直属机关负责人，由各主管行政首长提交民政厅审查合格后，呈请政府主席委任；各厅处及其直属机关科员以上干部，由各主管行政首长遴选委任；专员公署科长级干部由边区政府委派或由专员遴选提请边区政府主席委任，其余干部由专员委任；县政府科长、区公署区长由边区政府民政厅委派或由县政府提请民政厅委任，其余干部（县政府科员、区助理员、乡政府文书等）由县长遴选委任。晋察冀边区把行政干部划分为五级，并相应规定了任免权限。即边区行政委员会全体干部，边区直属机关科长以上干部，行政公署正副主任和秘书主任，专员公署专员和科长，非选举任职的县长、县佐以及县政府科长，由边区行政委员会任免；行政公署秘书主任以下的干部及其所辖县政府的科长级干部，由行政公署任免；专员公署科员以下、县政府科员和区长，由专员公署任免；县政府办事员、区助理员和治安员由县政府任免。在晋冀鲁豫边区，边区政府各厅处科员以上，公安、交通、工商、农林各局科长以上，行政公署正副主任和各处处长以及专员公署专员的任免权属于边区政府；行政公署科长和科员，专员公署科长和公安、交通、工商、农林各分局科长的任免权属于行政公署；专员公署科员，县政府科长和区长由专员公署任免；县政府科员、区助理员由县政府任免。不属于边区政府和行政公署任免范围的公安、交通、工商、农林系统的其他干部，由各该系统自行任免。

在一般情况下，各级政府干部的任用均由任免机关颁发委任状或通知书。在特殊情况下，不便发给委任状或通知书，任免机关得授权下级政府或干部所在机关以便函或口头通知代替。按规定，干部的任用、提拔、免职和调动，决定权属于各该任免机关。但上级对下级任命的干部有权加以调动或提升，而下级对上级任命的干部认为应行调动、升迁时，则必须请示上级同意，不得越权处理，只有在情况紧急亟须任免而来不及呈报时，才能委人代理，但要迅速报请上级批准。干部依法定程序正式委任后，如因故出缺，有关行政负责人可以指派适当人员代理，但代理有一定期限（陕甘宁边区规定为三个月），以防止用无限期的“临时指派”取代干部正式委任原则。有关条例还规定，干部调动应当交代工作，前任于 15 天内应“将印章、款项、移交清册等交代后任接收”；后任会同上级委派的监交人员于 10 日内应逐项盘查清楚，并“出具交代清结证明书予前任人员”。前任逾期三月交待不清，要受到行政处分，“如涉及司法范围者，得送请司法机关惩办之”；后任如对前任故意留难，或发现弊端徇情匿报，也要受到处分，如果伙同前任或监交人员从中作弊，按规定要分别追究舞弊者的行政责任或法律责任[①]。

（二）干部管理的权限与管理形式

抗日民主政权建立初期，各地关于干部的审查、使用、调配、培养、考核与奖惩，一般都缺乏明确的章程和制度，干部管理中程度不同地存在着各自为政、自行其是的混乱现象。为了改变这种状况，各根据地政府积极采取立法措施，相继制定和发布了一系列干部管理法规和有关指示，比较具体地规定了干部管理的原则、权限和形式，逐步把干部管理工作纳入了正常轨道。

1943 年 4 月 25 日《陕甘宁边区各级政府干部管理暂行通则》明确规定：“边区各级政府所属之干部，均由民政厅统一管理”。它第一次在全边区范围内把干部的登记审查、提拔培养、配备使用、任免调动、考绩奖惩和待遇保健，统一了起来。当然，统一管理并不排斥必要的分工。《通则》基于二者相互结合的原则，明确划分了各级干部的具体管理权限，规定了三种管理形式，即：（1）边区政府民政厅直接管理。包括边区政府各厅处秘书、科长和直属机关负责人，专员公署专员、秘书、科长、县长、县政府委员和县政府科长，以及区公署区长等；（2）民政厅委托专员公署管理，主要是县政府科长级干部；（3）有关部门分别管理，向民政厅备案。包括边区政府各厅处股长以下干部，各直属机关科长以下干部，各类行政文化技术干部，专员公署和县政府股长以下干部，区助理员，乡（市）长和乡（市）政府委员及文书等。民政厅直接管理、民政厅委托管理和向民政厅备案这三种形式，有机地把统一管理与分工负责联结起来，构成了边区干部管理制度的基本特征。

各级行政干部统一由民政部门管理，也是其他抗日根据地干部管理的一项重要原则。1943 年 10 月 31 日晋察冀边区行政委员会在《关于执行政权干部任免考核奖惩办法的指示》中提出，“干部管理统一由民政部门负责。”[②] 其管理范围涉及干部登记、任免、教育、考核、奖惩、保健、褒恤、家属补助以及幼儿

① 参见《陕甘宁边区政务人员交代条例》（1943 年 3 月），《陕甘宁边区政策条例汇集》续编，陕甘宁边区政府办公厅 1944 年编印。

② 参见晋察冀边区行政委员会《现行法令汇集》上册，1945 年。

保育等各个方面。在干部管理权限的划分上，总的原则是边区各级政府干部统一由边区行政委员会民政处管理，同时根据敌后的特殊环境，规定了相应的灵活措施。例如，冀中各专区和平北办事处，除办事处正副主任和科长级以上干部，专员公署专员、秘书主任和科长以及县长、县佐由边区民政处统一管理以外，其余干部均由各该办事处、专员公署和县政府分别管理。而冀热边行署所属各级行政干部则由该行署直接管理，只须将各级干部配备和干部工作概况报边区行政委员会备案。晋冀鲁豫边区各级行政干部的管理也统一于民政部门，凡属干部任免、提拔、调整、调动、培训、考核、奖惩，均由民政部门负责提出意见。该边区的公安、交通、工商、农林等系统虽然在一定范围内拥有任免权，并且按规定可以建立独立的干部管理系统，但在工作上必须接受同级政府民政厅（处）的指导，定期报告工作。民政部门不仅对同级公安、交通、工商、农林系统的干部负有教育、考核、奖励、批评之责，而且有权召集上述各系统的干部工作会议，听取汇报，了解情况，共同磋商和解决干部管理中的重要问题。[①] 此外，山东、晋西北等抗日根据地也实行各级行政干部统一由民政部门管理的原则，并在统一管理的前提下，建立了必要的分工负责制。

（三）干部的培训制度

为了造就一支既有高度政治觉悟又有一定文化水平和专业知识的干部队伍，党和抗日民主政府高度重视在职干部的培养教育工作。1942 年 2 月 28 日，中共中央专门发布了《关于在职干部教育的决定》，强调指出："干部教育工作，在全部干部教育工作中的比重，应该是第一位的，而在职干部教育工作，在全部干部教育工作中的比重，又应该是第一位的"。《决定》根据 1938 年 10 月党的六届六中全会以来干部教育的基本经验，对在职干部教育的方针、内容和方式作了明确具体的规定。[②] 各根据地政府依据党中央的《决定》，积极改革与加强在职干部教育，逐渐形成了一套适合于战争需要的干部培训制度。

干部不脱离工作岗位，以不妨碍业务特别是不妨碍战争为原则，坚持经常的、固定的学习，是当时在职干部教育的基本形式。各地规定，在条件许可的地区或部门，实行每日两小时学习制，在情况特殊或游击环境可以适当伸缩。

① 参见《晋冀鲁豫边区政权干部制度》，晋冀鲁豫边区《政权干部制度手册及有关法令汇集》。

② 参见《解放日报》1942 年 3 月 2 日。

教育内容包括业务、政治、文化和理论四个方面。业务教育本着“做什么，学什么”的精神，要求各工作部门的干部必须学会与精通自己的业务，这是在职干部教育的第一位任务。业务学习的范围:（1）关于与各部门业务密切关联的周围情况的调查研究;（2）关于与各部门的业务密切关联的政策法令指示决定的研究;（3）关于各部门业务具体经验的研究;（4）关于各部门业务的历史知识;（5）关于各部门业务的科学知识。政治教育以时事学习和一般政策学习为主。政治教育的目的在于使干部掌握一般情况与一般政策，开阔眼界，避免只了解本身业务的局部情况和局部政策而产生偏畸狭隘不懂大局的弊病。对于文化程度不高的干部，学习文化知识，提高文化水平，是学习的中心环节。依照中共中央《决定》，文化教育的课目为国文、历史、地理、算术、自然、社会、政治等。有条件的地方，开办文化补习班或文化补习学校，设置专职教员。在环境不许可的地方，采用小组学习制，由各该机关文化程度较高的干部兼任教员，也可专用教员。文化班或文化学校分初级与中级两种，初级班的目标达到高小程度，中级班达到中学程度。分班以文化程度为根据，不以职位高低为标准。具有相当文化程度的高中级干部，于业务和政治学习之外，均须学习理论，如政治科学、思想科学、经济科学、历史科学等等。学习坚持理论联系实际的原则，组织高级学习组和中级学习组，以自学为主，辅之以必要的集体讨论。

在职学习是一项长期的任务，其能否在繁忙的工作中不间断地、有秩序地进行，真正做到学有成效，关键在于领导重视并有必要的制度加以保证。为此，各地采取了一些行之有效的措施。首先，各级领导以极大的注意力关心干部教育，陕甘宁边区提出“首长负责，亲自动手”的口号，许多地区明确规定，领导机关和行政首长检查工作要同时检查学习，对于开展干部教育所必需的教职员优先予以调配，学习经费尽量供给，并把干部教育列入重要的议事日程。其次，严格考试、测验制度。晋冀鲁豫边区规定每半年考试一次，考试后，教育部门负责汇总上报，有关负责人要作学习方式和学习经验的总结，并经过《边区政报》交流情况，介绍经验。最后，把学习成绩列入干部考核的重要内容，作为实施赏罚的一种依据。

在职干部教育的另一种形式，是抽调干部入学学习，施以系统的教育。抗日战争时期，党中央和各根据地政府创办了许多培养干部的学校。如设在陕甘宁边区的抗日军政大学、延安大学（1941 年由陕北公学、女子大学和青年干部学校合并组成）、行政学院、鲁迅艺术学院、自然科学院、医科大学和民族学院；晋察冀边区的华北联合大学、抗日军政大学二分校和白求恩卫生学校；晋冀鲁豫边区的抗战建国学院、抗日军政大学六分校、鲁迅艺术学院分院和行政干部学校；等等。这些学校，有的以培养高中级干部为主，有的重点培养区县级干部，有的主要是培养科学技术等专门人才。此外，一些地区还在中等学校附设地方干部训练班，用以培养区、乡干部。据陕甘宁边区的统计，1943 年上期地方干部训练班仅有 32 人，1944 年下期即增至 320 人，规模逐年扩大。与学校教育相配合，各地边区政府和专员公署还积极创办干部训练班，分期分批培训现职干部。有的地区（如晋冀鲁豫边区）并且建立了在职干部轮训制度，有计划地抽调干部集中一段时间离职学习。具体做法是，村级干部由县政府培训，时间为 7—10 天；区级干部由专员公署培训，时间 2—3 周；区长级以上干部由边区政府培训，时间三个月至半年。干训班和短期轮训作为学校教育的重要补充，为在职干部提供了更多的学习机会，它们在整个干部培训制度中占有重要的地位。

（四）干部的考核与奖惩

实行干部考核，是全面了解和正确选拔干部的重要措施之一。根据 1943 年 10 月 31 日《晋察冀边区行政干部任免考核奖惩暂行办法》，干部考核的内容，主要包括：政治坚定性和进取精神；执行政策法令的情况；工作责任心、积极性与纪律性；工作能力和工作成绩；精力熟练与精通程度；学习勤惰，以及民主作风、个人道德品质之优劣。考核由干部所在机关进行，如果干部所在机关不是其任免机关，须将考核结果报告任免机关查核。考核的方式分为平时、定期和临时三种。平时考核没有固定程序，由干部所在机关或其任免机关的行政首长和主管部门负责人随时进行，考核结果只留存备查，作为实施奖惩的参考。定期考核（每年一次）和临时考核（干部调动离职时进行），则需召开会议，由干部所在机关根据会议考评意见填写干部考核表，机关首长或主管部门负责人签注意见。在特殊情况下，行政负责人可以根据平时考核情况直接填写干部考核表。按规定，考核会议应通知被考核干部出席，本人有权提出不同意见，并载入考核表。考核结果要逐级上报或者转送有关部门。临时考核的目的，主要在于使干部调往机关了解情况，以利于正确使用和教育干部。定期考核则通常与干部奖惩相联结，定期考核成绩的优劣是决定赏罚升黜的基本依据。

晋冀鲁豫边区实行干部鉴定制度。鉴定每年于年中和年末进行两次，在巩固区采取民主评议方式，游击区采取个别鉴定方法，即由干部本人作自我鉴定，有关领导分别收集意见，最后作出结论。鉴定结论一律要同本人见面，并征求本人意见。鉴定书一式两份，一份存于干部任免机关，以供了解干部，一份存于干部所在工作机关，归入干部档案。干部调动工作，必须携带鉴定书，无特殊事故不带鉴定书者，不予分配工作。一年两次的干部鉴定，旨在表扬先进，激励后进，赏功罚过，严明奖惩。

关于实施奖惩的具体条件，各根据地颁发的有关条例和办法作了大体相同的规定。归结起来，奖励的条件为：（1）正确执行政策法令，注重调查研究，恪守制度与纪律；（2）在险恶或困难环境中，坚持对敌斗争，努力开展工作，能够打开局面；（3）保持民族气节，在敌人威逼诱惑下，严守机密，英勇不屈；（4）积极领导群众进行生产建设，对发展人民经济有较大贡献；（5）关心群众生活，维护群众利益，尊重人民民主权利，爱惜根据地人力、物力和财力；（6）勤奋学习，钻研业务，有所创造，在完成任务和提高工作效率方面成绩显著；（7）忠于职守，积极负责，克己奉公，廉洁无私；（8）有其他功绩为上级政府或人民群众所承认。

具有上列条件之一者，给予奖励。奖励的形式有：名誉奖（又称精神奖励），包括登报表扬，传令嘉奖，颁发奖章、奖状；物质奖，发给一定数额的书报费或奖金；记功、记大功、晋级擢升。

惩戒的条件是：（1）故意违反或曲解政策法令，损害抗日事业和人民权益；（2）在可能坚持工作的条件下，逃跑退却，擅离岗位；（3）丧失民族气节，泄露军事、政治秘密；（4）消极敷衍，怠工渎职，玩忽职守，贻误工作；（5）对群众强迫命令，独断专行，不经上级批准擅自增加人民负担；（6）不能团结干部与群众，以致酿成不应有的纠纷，损害政府威信；（7）遗失关防印记、机要文件或公款公物；（8）生活腐化，损公肥私，挥霍浪费；（9）滥用职权，加害于人，或徇私舞弊，贪赃枉法。

有上述行为之一者，分别情节轻重，给予不同的纪律处分，其中情节严重、触犯刑律的，由司法机关依法治罪。纪律处分的种类分为：警告、记过、记大过、降级、撤职、撤职留任、撤职查办。撤职和撤职查办是最严厉的纪律处分，只适用于错误性质严重，使工作蒙受重大损失的违法失职人员。至于因违反政纪造成一定损失，但仍可继续担任现职工作的人员，则不采取撤职和撤职查办的惩戒手段。与纪律处分相联系的是物质赔偿问题。陕甘宁边区规定，凡干部因犯错误而使某些单位或群众遭受损失，犯错误者应向受损失者赔礼道歉或赔偿损失。

除行政工作人员的考核奖惩以外，一些根据地还制定了有关经济、税务、粮政和仓库人员的考绩奖惩规则，[①]着眼于经济工作人员的特点，在考绩奖惩方面提出了若干不同于一般行政干部的要求。比如，经济工作人员是否精通专门业务，技术上有无新的发明，管理方法是否科学，有无经济手续不清和浪费的现象，税务人员是否认真执行税则和按期报解税款，能否破获走私，对守法商人态度好坏，是否钻研业务并有所创造；粮政和仓库工作人员账目是否清楚，粮秣供给能否顺畅，存粮损耗率或运转消耗率是否超过规定标准，等等，这些既是对上述各类人员考核的主要内容，也是对他们实施奖励或惩戒的重要条件。

在通常情况下，干部奖惩于每年年终或一项重大工作结束，结合总结检查工作进行。情况特殊，急需加以奖惩时，则不受时间限制，可以随时进行。有关奖励的形式和惩戒的种类，各地在规定上没有多大区别，但奖励与惩戒的具体设施却有所不同。举例来说，有的根据地提出精神奖励与物质奖励可以同时并用，有些根据地则没有相应的规定。再如，纪律处分有无期限以及能否撤销，各地规定也不一致。一种情况是，明文规定某些纪律处分有固定期限，届期可以撤销。《晋察冀边区行政干部任免考核奖惩暂行办法》第三十二条载明，警告的期限为三个月，记过的期限为半年，受警告、记过处分的干部，“经所在机关考查，受惩戒期间能改正错误者，届期撤销其惩戒”。另一种情况是，没有确定惩戒的具体期限，如果受惩戒者确已改正错误可以减轻或取消处分。《陕甘宁边区各级政府干部奖惩暂行条例》第七条规定，“受惩戒者在受惩戒后一时期内，如确有显著可靠之改正（和）进步，其处分得以减轻或取消”。与上述两种情况不同，有些根据地（如晋冀鲁豫、晋西北和山东）对于惩戒的期限和处分的撤销均未作出决定。

无论实行奖励还是惩戒，目的都在于教育。基于这一目的，各抗日根据地在贯彻执行奖惩条例中，始终坚持以教育为主，惩罚为辅的原则。对于违反行政纪律的干部，首先晓之以理，进行耐心细致的思想工作，只是在说服教育无效，非给纪律处分不可时，才使用惩戒手段，以教育犯错误者本人和教育别

---

① 如《陕甘宁边区经济工作人员奖惩条例》《陕甘宁边区税务人员奖惩规则》《陕甘宁边区仓库工作人员奖惩规则》《晋察冀边区税务工作人员奖惩规则》和《淮海区粮政工作人员奖惩办法》等。

人。同时，为防止赏罚失当，发生流弊，做到奖不虚设，罚不枉加，各地还采取了若干有效措施。例如：从法律上严格奖惩的审批权限与手续，明确规定干部奖惩的决定权属于任免机关，除个别特殊情况外，不经任免机关核准，不得施以奖惩。即使上级领导机关决定对下级任免的干部进行奖惩，也要通过任免机关执行；在工作中坚持群众路线，决定赏罚升黜广泛听取各方面的意见，不但在本机关内部征求意见，还要倾听人民群众的反映，在切实弄清功过是非的基础上，经过认真的而不是形式的民主评议，作出应奖应惩的结论；在程序上，确实保障被惩戒干部的申诉权，对于他们提出的不同意处分决定的声明和申辩，主管机关和有关人员不得阻止或留难，上级领导机关要详细审查，及时处理。如果处分确属失当，即应实事求是地给予改变或撤销。不言而喻，上述措施对干部奖惩的正确执行，显然是非常必要的。

五、抗日根据地简政工作的实施

在抗日战争第一阶段（1937 年至 1940 年），伴随人民抗日力量的空前发展，根据地的政权建设取得了引人注目的显著成就。然而，在前进过程中也出现了一些问题，主要是：上层机构庞大，叠架骈枝，运转不灵，人浮于事；下层特别是乡、村政权比较薄弱，组织不健全，干部力量不强。这样，一方面削弱了基层政权的工作能力，使政策的贯彻和行政措施的执行直接受到影响；另一方面上层机构重叠无可避免地派生出层次繁多，职责不清，行动迟缓，办事拖拉等弊端，助长了官僚主义的发展。机构庞大同 1941 年至 1942 年间根据地缩小、财政经济困难的客观现实发生矛盾，而机构重叠派生的种种弊端明显的与人民民主政权的本质不相符合。因此，无论根据当时的战争形势，还是为消除弊端以增进行政机关的工作效能，机构精简都势在必行。

精兵简政，是 1941 年 11 月李鼎铭等在陕甘宁边区第二届参议会上提出的。同年 12 月，中共中央发出“精兵简政”的指示，要求切实整顿党、政、军各级组织机构，精简机关，充实连队，加强基层，提高效能，节约人力物力。毛泽东称赞这是“一个极其重要的政策”，[①] 并提出以下要求：“这一次精兵简政，必须是严格的、彻底的、普遍的，而不是敷衍、不痛不痒的、局部的。在这次精兵简政中，必须达到精简、统一、效能、节约和反对官僚主义五项目的。这五项，对于我们的经济工作和财政工作，关系极大。精简之后，减少了

①《毛泽东选集》第三卷，人民出版社 1991 年版，第 880、895 页。

消费性的支出，增加了生产的收入，不但直接给予财政以好影响，而且可以减少人民的负担，影响人民的经济。”①

抗日根据地的机构精简，从1941年冬季开始，到1943年底基本结束，历时两年，其间各地进行了3—4次大的整编。综观其发展过程，具有下述几个鲜明的特点。

第一，在机构调整中，实行“少而精”的原则。所谓“少而精”，是指裁撤不急需的机构，合并性质相近的机构，缩小庞大的机构。依照这一原则，各地边区政府首先精简整顿了自身的组织。陕甘宁边区政府把各厅、处、院的内部机构裁并了1/4，直属机关从35个减到22个，保留的部门和单位也减少了结构层次，作了必要的紧缩。晋察冀边区行政委员会将原来设置的大体相同于陕甘宁边区的各种工作部门，合并为一厅、两室、一处，即办公厅，第一办公室（管理民教与司法），第二办公室（管理农林、合作、工商与财政金融）和公安管理处。晋冀鲁豫边区政府也合并各厅、处为一处、两厅，即秘书处，第一厅（管理民政与教育），第二厅（管理财政、建设与粮食）。② 在边区政府的带动下，各地专员公署和县政府也相应调整了组织机构，缩减了科室。陕甘宁边区所属专员公署和县政府设置的科室从原来的八九个减为四五个。晋冀鲁豫边区合民政科与教育科为一科，并取消了建设科。各地在裁简机构的同时，有计划地加强了乡、村基层政权和重点充实了力量薄弱、组织不健全的某些部门。

机构贵在精干。随着上层机关的精简和薄弱环节的加强，各根据地政府系统迅速改变了“上层臃肿，头重脚轻”的状况。精简后的各级行政机关扎实干练，灵活敏捷，富于效能和活力，收到了“政简民便”的效果。这种崭新局面的出现，振奋了广大干部的精神，赢得了边区人民的拥护，对于改善领导作风，提高行政效率，克服官僚主义产生了巨大的推动作用。

第二，结构机构精简，明确各级各部门的任务和职责范围。1942年2月，《解放日报》在一篇社论中提出，“确立明确的分工制度，划清政务与事务之职司，使得各有所司，各尽其责”是实行简政应当解决的第一个问题。各地针对以往政府系统实际存在的职责不明、事权分割的现象，从审定业务范围入手，明确划分了各级各部门的任务和职掌分工。1943年3月《陕甘宁边区简政实

①《毛泽东选集》第三卷，人民出版社1991年版，第880、895页。

② 抗日战争转入战略反攻阶段以后，各地边区政府的组织机构又有新的变动。如晋冀鲁豫边区政府于1945年4月改变了一处、两厅的设置恢复了原来的厅、处建制。其他根据地边区政府也重新调整并充实了各自的工作机构，以适应抗日战争胜利发展的新形势。

施纲要》规定，边区政府“是边区政权的首脑部”，以“掌握政策，掌握干部，组织和领导政策之执行，为自己的基本业务”。按照政务与事业分开、领导与事务分开的原则，《纲要》决定把应当下移的日常政务（如选举、税收、土地、婚姻、抚恤、救济等等）划归县（市）政府管理，把本来属于事业单位主管的业务移交给事业部门。这种调整，有利于边区政府摆脱繁琐事务的纠缠，能够集中精力思考和解决重大问题，也有利于发挥下级政府和事业单位的积极性。这是陕甘宁边区在简政过程中为改革行政管理制度而作的一种有益的尝试。

鉴于战争造成的分割状态，为及时地因地制宜地执行各种行政措施，各根据地一般都相应地扩大了专员公署和县政府的职权。陕甘宁边区规定，专员公署由边区政府的派出机关提高为边区政府的代表机关，职权由督察所辖各县行政扩大为统一领导各县工作，负责计划与处理地方性应兴应革事宜。同时为改变由于县政府权限较小不能独立解决问题，事事向上请示，以致形成“上面包办办不了，下面能办没有权”的局面，决定赋予县政府以必要的职权。比如，在不抵触边区政府政策法令的条件下，县政府有处理一县应兴应革事宜和调配干部的权力，对驻在该县的边区政府附属机关有实施监督之权。晋察冀边区规定，专员公署代表边区行政委员会领导所辖地区的行政工作，可以独立计划和处理辖境内一切地方性事宜。1943 年 1 月，晋冀鲁豫边区政府发布《提高专署权限的决定》，授权专员公署得任免所属县长，依据边区政府法令制定和发布适用于本地区的单行办法，不超过规定的经济性开支无须报核等等。适当扩大专员公署和县政府的职权，明确它们各自的地位和权责职守，是各地在简政中采取的一项重要措施。

晋察冀边区在加强集中统一领导的同时，适应敌后游击战争的特殊环境，提出在政权工作中实行逐级负责制。所谓逐级负责制，包括两层含义：一是在领导体制上，确立主管级，实行分级领导。如边区行政委员会的领导对象为专署，专署的领导对象为县，县的领导对象为区。各主管级对直接下级负有指导、督促和帮助之责。二是在实际工作中，分工负责，各司其职。各主管级在其职责范围内，必须主动负责地解决问题，不允许上推下卸，一般情况下，不越级解决问题。各主管级在履行自己权责的时候，应当尊重下级的职权，避免“以上代下”，包办下级的日常政务。[①] 晋冀鲁豫边区也实行了与此相同的制度，

① 参见《晋察冀边区专署、县、区政府简政草案》（1944 年 7 月），晋察冀边区行政委员会《现行法令汇集》上册，1945 年。

并且注意把逐级负责同提高行政效率结合起来。要求上级对下级请示的问题必须及时处理，电报请示应在一天之内答复，一般公文请示限三天之内答复，需经会议讨论答复的，尽量提交最近一次会议研究解决。① 实践证明，在敌人分割包围、上下联系疏隔的战时环境中，实行逐级负责制，有利于及时解决实践中出现的各种问题，增强各级政府及其工作人员的主动性和责任感，提高工作速度，保证各项行政设施的迅速执行。

第三，精简与调整干部队伍，使人尽其才，各得其所。各地在裁并删简机构的同时，大幅度地精简调整了人员。当时，人员精简包括三方面要求：裁减不必要的人员，消除人浮于事的现象；精选称职的优秀干部，做到“事得其才，才得其位”；按照任务需要合理调配干部。根据上述要求，1942 年春，陕甘宁边区各级政府工作人员即减至原有人数的 76%，其中边区政府直属机关缩编至原有人数的 53%，附设机关缩编至原有人数的 62%。②1943 年全边区又精简人员 35%，其中边区政府办公厅、民政厅、财政厅等六个工作部门由原来的 469 人减为 279 人，减少 40%以上。③ 晋察冀边区经过四次精简，1943 年 4 月各级政府脱离生产人员比 1941 年减少 47.83%。④ 毛泽东同志誉为“精兵简政模范”的晋冀鲁豫边区，1942 年初、1942 年 5 月和 1943 年 1 月先后进行三次精简，整个政府系统工作人员减少 51%，边区政府本身精简的幅度更大，由 548 人减到 100 人，减少 81%以上，并且规定政府机关和民众团体脱离生产的工作人员不能超过根据地居民总数的 1%。⑤ 晋冀鲁豫边区由于采取坚决措施精简人员，改变了人浮于事、工作效率低落的状况。冀南区 1942 年的负担，较 1941 年减少了 2/3；太行、太岳区 1943 年征收的公粮，比 1941 年减少了 1/3。战争勤务的动员也显著减少，据太行榆次 10 个村的统计，简政前村公所每月动员民工为 96 人，简政后每月为 28 人，减少 70%以上。畜力差役负担，从边区政府拨出牲口的数量看，1941 年 3 月到 9 月，支差牲口共 66923 头，平均每月为 8366 头；1942 年同一时期，仅拨出 1293 头，平均每月为 206 头，减

---

① 参见《解放日报》1942 年 8 月 19 日。

② 参见《解放日报》1942 年 9 月 20 日。

③ 参见李鼎铭:《边区政府简政总结》(1944 年 1 月)，载《陕甘宁边区政策条例汇集》续编，陕甘宁边区政府办公厅 1944 年编印。

④ 参见《晋察冀边区参议会周年纪念汇刊》，1944 年。

⑤ 参见齐武编著:《一个革命根据地的成长》，人民出版社 1957 年版，第 97—98 页。

少98%。[①]这样，就大大休养了民力，使根据地人民有可能把更多的人力、物力和财力投入生产，创造物质财富，用建设的成果支援民族解放战争。

抗日根据地实行人员精简，决不是单纯地裁员减人，它的基本出发点在于通过对干部队伍的精简与调整，使“人尽其才，才尽其用”，人人在各自适宜的岗位上发挥所长。因此，在人员调整中采取了积极的方针和做法。

1. 选贤任能、合理调配使用干部。陕甘宁边区审慎而果断地提拔了一些德才兼备的优秀干部到边区政府和专员公署担任领导工作，充实了上层机关的领导力量。同时，实行县长之间、科长之间以及行政干部与企业干部之间的相互交流。另一方面，下决心抽调一批得力干部到下层机关工作，给长期在上面不能发挥作用的干部提供施展聪明才智的机会。据不完全的统计，仅1942年9月以前，边区各部门下放的工作人员就有二百多人。县、区干部也有计划地下移，延安县有10个县级干部调区，20个区级干部调乡。其中柳林区把四个区助理员全部派下去担任乡长，加强了乡政权的工作能力，创造了新的局面。其他抗日根据地为适应敌后形势发展的需要，也选派了一大批有独立工作能力的干部充实县以下各级政权。这些干部在极端艰苦的环境中，认真贯彻政策法令，率领群众坚持对敌斗争和进行可能的经济与文化建设，为巩固敌后抗日民主政权，推进根据地的各项建设作出了不可磨灭的贡献。

2. 调送干部离职学习，提高干部队伍的素质。调送学习的，既有区乡基层干部，也有高中级干部。前者主要是学习文化知识，提高文化水平，后者侧重于学习和研究根据地建设的理论和实践。陕甘宁边区曾调送一百五十多名高中级干部入学深造，相当一批区乡干部进入附设于中等学校的地方干部训练班学习。其他抗日根据地除调送一部分干部进入学校集中学习外，多数干部由边区政府或专员公署开设干训班加以培训。通过学校学习和干训班培训，使干部增长了才干，提高了自身的政治素质、文化水平和业务能力，更加胜任地担负起繁重的行政管理任务。

3. 妥善安置不宜于继续工作或学习的人员。凡身体健壮、有劳动能力的，一般安排转入生产战线，从事农工商各业生产。其中参加农业生产的，政府“给以土地、农具、房舍、生产资料”，帮助安家立业。[②]身体有病的，组织临

---

① 参见齐武编著:《一个革命根据地的成长》，人民出版社1957年版，第98页。

② 参见《陕甘宁边区政府、八路军留守兵团司令部训令（关于编余人员送分区安置处理原则的规定）》（1943年6月），载《陕甘宁边区政策条例汇集》续编，陕甘宁边区政府办公厅1944年编印。

时休养，生活待遇比之一般工作人员从优。[①]简政后不能在本部门或其他部门继续工作的，准予退休，政府发给退休人员证明书和一定数额的退休费。退休后，在政治上同在职人员享有同等荣誉。其有能力从事农业生产的，当地政府帮助租种土地，并发给无息贷款。[②]确实丧失劳动能力的，则给予适当的照顾和优待。从实际出发，分别干部的不同情况，进行审慎、妥善地调整与安置，基本上达到了留者安心，去者愉快，各得其所。

为了巩固精简的成果，保持干部队伍的精干，各抗日根据地在人员调整的基础上都严格审定了编制，建立了编制的管理与监督制度。晋察冀边区在边区、行署区、专员区和县设立了审计委员会。各级审计委员会除对财政实施监督以外，它的一项重要任务和职权，就是掌握编制情况，审查批准编制的增减，加强对编制的监督和控制。与此同时，各地还制定了有关干部管理、录用、调动、任免的专门法规，注意用行政立法固定并发展精简成果，为健全干部制度提供法律保障。

第四，整饬政纪，严明奖惩。各地在简政过程中，不仅重视机构和人员的精简与调整，而且十分重视从制度上、法律上整肃政纪，严明赏罚。这是抗日根据地实施简政的又一重要特点。

纪律是执行路线的保证。必要的、严格的行政纪律是保证政府机关坚定地贯彻政策，推行政务，有秩序地从事各项管理活动的重要条件。简政以前，有些地区由于政纪松弛，在实践中曾经发生政令紊乱，制度分歧，不尊重统一领导，甚至对政策法令阳奉阴违、不守法纪等现象。显而易见，这些问题如不加以解决，尽管机构精简了，人员紧缩了，也仍然难于改进工作，提高行政效率，实现简政的预期目的。因此，认真解决这些问题，实为简政的一项重要任务。

如何解决这些问题呢？根据陕甘宁边区的经验，主要抓了两个环节：一是加强思想政治工作，在全体工作人员中反复地、深入地开展政纪教育，增强干部的纪律观念和法律观念；一是制定必要的行政法规，用法律特有的强制力约束违反政纪的行为。1943 年 4 月 25 日边区政府颁布的《陕甘宁边区政纪总则

① 参见《陕甘宁边区政府民政厅、八路军留守政治部关于执行〈编余人员送分区安置处理的训令〉之补充办法》（1943 年 6 月），载《陕甘宁边区政策条例汇集》续编，陕甘宁边区政府办公厅 1944 年编印。

② 参见《晋冀鲁豫边区退休政民工作人员安置办法》（1943 年 1 月 19 日），中国革命博物馆藏。

草案》，就是当时为严肃行政纪律而采取的重要立法措施之一。

《政纪总则草案》全面地规定了各级政府和政府工作人员应当遵循的基本原则和组织纪律。它强调各级政府机关在实际活动中必须坚持民主集中制，维护和加强集中统一领导：在政府和人民代表会议（参议会）的关系上，各级政府要服从和执行各级参议会的决议，对它负责，接受它的监督，在上下级政府之间，下级必须执行上级的决议、命令和指示，如有不同意见，可以向上级提出，但在上级未改变决定作出新的指示以前，要坚决执行原来的决议、命令和指示，“不得有任何反对的表示”；专、县、区、乡政府一律服从边区政府，凡属关系边区全局的重大问题，在边区政府未公开发布主张之前，下级政府不得擅自对外发表意见；各级政府要严格依照法律赋予的职权处理政务，不得标新立异违反统一政令，不准逾越权限，“自行处理的重要事件，须随时向上级报告，处理不了的事件须随时向上级请示，不得稽延不报，亦不得搁置不理”；所有政府工作人员必须恪守行政纪律，“不得发表与边区政府政策法令相抵触的文字或谈话”，非经决定和许可，不得自由宣布政府的决议，自己承办或与闻的机密事件应严守秘密，禁止泄露；对于来自人民的控告，“随时负责转呈上级政府，不得有任何阻难，亦不得置之不理”。如果政务人员的行为有悖于上述规定，即视为违反行政纪律，受到相应的处罚。①

继《政纪总则草案》之后，同年 5 月 8 日边区政府又发布了《陕甘宁边区政务人员公约》，进一步提出政府工作人员应当遵守的十条行动准则。②公约要求政务人员必须忠实于施政纲领，认真执行法令、决议，不许阳奉阴违；坚持民主集中制，严守政府纪律，识大体、顾大局；深入实际，调查研究，总结经验，避免主观主义；积极负责，发扬创造精神，勇敢任事；公正廉洁，奉公守法，在品行道德上为民表率；发扬批评与自我批评，正人正己，劝善规过；联系群众，关心人民疾苦，永远站在群众之中，不能高踞于群众之上；努力学习，学而不厌，诲人不倦。《政务人员公约》条文简洁，每条之下附有明晰的注释，条文主要是从正面提出要求，注释则着重阐明意义，提出应当怎样做不应当怎样做，是一个很有特色的规范性文件。由于它条文简明，注释清晰，因而容易记忆，便于执行。公约和政纪总则的颁布实施，在实践中产生了巨大的作用和影响。

① 参见《陕甘宁边区重要政策法令汇编》，陕甘宁边区政府秘书处 1949 年编印。

② 参见《陕甘宁边区重要政策法令汇编》，陕甘宁边区政府秘书处 1949 年编印。

整肃政纪同严明赏罚相辅相成，密不可分。这是因为没有赏罚分明的奖惩制度，该奖不奖，该罚不罚，功过不分，是非不明，就不可能真正加强行政纪律，建立良好的工作秩序。正是因此，陕甘宁边区在公布《政纪总则草案》的同时，颁发了《各级政府干部奖惩条例》。同一时期，其他抗日根据地也结合整饬政纪先后发布了适用于本地区的干部奖惩条例和办法。如《晋察冀边区行政干部任免考核奖惩暂行办法》、[①]《晋察冀边区村行政干部奖惩办法》、[②]《晋冀鲁豫边区政权干部奖惩办法》、[③]《晋西北行政干部奖惩条例》、[④]《山东省行政人员暂行奖惩条例》，[⑤] 等等。这些条例和办法的共同之点，就是要求各级行政工作人员坚决贯彻执行政策法令，遵守各项制度和纪律，并且以此作为实施奖励和惩戒的重要标准。通过立法形式健全奖惩制度，严明赏罚，大大激发了政府工作人员的革命热忱和创造精神，增强了干部的事业心、责任感和遵纪守法观念，使根据地人民政权机关形成生机勃勃、纪律严明、人人向上的生动局面。

1942 年 9 月，毛泽东同志在论述兵精政简的意义时，曾经说过："假若我们缩小自己的机构，使兵精政简，……我们就将显得越发有力量，我们就不会被敌人战胜，而要最后地战胜敌人。"[⑥] 事实正是这样。经过简政，缩小了机构，精干了队伍，健全了行政立法，改善了行政管理制度，这就使得抗日根据地各级政府机关更加精干有力和富于效能，在夺取抗日战争的伟大胜利中，显示了不可战胜的强大威力。

第三节 解放区人民政权的行政立法

一、行政区划的调整和行政制度的趋于统一

解放战争时期，解放区的行政区划变动较大，形成了华北、东北、中原、西北、华东等几个大的解放区，在各解放区内进行了行政区划的调整。

① 载晋察冀边区行政委员会《现行法令汇集》上册，1945 年。
② 载晋察冀边区行政委员会《现行法令汇集》上册，1945 年。
③ 载晋冀鲁豫边区《政权干部制度手册及有关法令汇集》。
④ 载晋西北行政公署《法令辑要》。
⑤ 载渤海区行政公署《战时单行法规①》。
⑥《一个极其重要的政策》,《毛泽东选集》第三卷，人民出版社 1991 年版，第 880 页。

各大解放区政府在调整行政区划的同时，相应地整顿了政权组织体制，使行政制度逐渐趋于统一。以东北解放区为例，随着东北行政委员会的成立和省（市）建制的形成，逐步建立起东北区、省（直辖市）、县、村四级政权。东北行政委员会为东北地区最高行政机关，综理全区政务，统一领导所属各级地方政府。省（市）政府在东北行政委员会和省（市）人民代表机关的领导与监督下，负责实施东北各省市共同施政纲领，依照法律赋予的职权，规定行政措施，发布单行法规，决定省（市）政应兴应革事宜。省政府于辖境内划分若干行政区，设置专员公署，代表省政府领导所属各县工作。县政府由同级代表机关选举若干人组成县行政委员会，领导、组织和管理全县一切行政事务。县以下设区公所（后改称区政府），辅佐县政府领导村政。村政府作为东北解放区民主政权的基础组织，其主要任务是贯彻各项政策法令和上级政府的政令决定，使之化为群众的自觉行动。上述东北区、省（直辖市）、县、村四级政权体制的确立，对于东北解放区行政机构和行政制度的统一，具有十分重要的意义。

除东北地区以外，其他大行政区政府根据本地区的实际情况，也分别调整了各级行政机构，先后制定颁行了一批行政管理法规，初步统一了财政、经济、税收、工商、贸易、公安、民政以及文化教育等各项制度。这种统一，在当时尽管还仅限于各大区的范围之内，仍然带有因地制宜的地区性特点，但却为开国后建立全国统一的行政制度奠定了必要的基础。

二、行政机关办事通则的制定及其主要内容

解放战争后期，当人民革命战争发展到即将夺取全国政权的阶段，建立正规式的政府，改变长期游击战争环境造成的不正规状态，客观地成为新形势下解放区政权建设面临的一项紧迫任务。如何实现这项任务，完成由不正规向正规的转化，1949 年 2 月董必武同志在华北人民政府第二次委员会会议上明确指出：必须“首先建立一套正规制度和办法。”① 围绕建立一套正规制度的目标，华北人民政府、陕甘宁边区政府以及河南、山东等省人民政府相继制定了行政机关办事通则，用以健全各项制度，规范行政机关的活动。行政机关办事通则的制定颁行，是解放战争时期行政立法的一个新发展，它们的内容主要包括如

① 参见《华北人民政府法令汇编》第一集，华北人民政府秘书厅 1949 年 7 月编印，第 215 页。

下几个方面。

（一）会议制度

根据行政机关办事通则的规定，大行政区政府和省人民政府设置的会议，主要有政务会议、部门工作会议和专门会议。其中政务会议最重要，因为它是执行政务的领导机关。政务会议由主席或主席指定的副主席召集和主持，各部门正职负责人和秘书长为会议正式成员，各部门副职及其他有关人员经主席指定可以列席。政务会议作为常设会议依法定期限定期举行，它不讨论一般事务性问题，而以执行政府委员会决议为主要任务，着重研究政府委员会闭会期间发生的紧要事项，各部门工作中的重大问题以及各部门之间有争执的工作问题，并且有权停止或撤销各部门发布的违背政策法令或逾越权限发布的决定和命令。会议讨论事项政府主席有最后决定权。

关于政务会议的内容和职权，有些地区除在办事通则中加以规定而外，还在有关单行法规中作了补充性规定。如河南省规定，政务会议讨论决定的事项为:（1）关于河南省人民政府委员会决议的实施计划;（2）检查工作并确定工作中心;（3）规定与审核各厅、院的主要工作部署;（4）政府机构编制的变动;（5）县长级以上干部的任免、奖惩、升降;（6）确定省政府的基本制度;（7）通过向上级政府的工作报告。山东省规定，政务会议的议题包括:（1）传达和研究政策法令;（2）讨论省政府拟发的涉及政策性的重要指示与决定;（3）研究下级请示的带有原则性的问题。

部门工作会议以厅、处、局为单位定期召开，由各部门负责人和科长级以上干部组成。会议主要是传达上级的重要指示，检查本部门工作的进行情况，确定本部门的计划和制度，考核、评定和提请升黜所属干部。会议决议由各部门首长核定，但会后须将摘要整理的会议记录呈送政府主席审阅。

专门会议是为研究讨论专门问题而设的不定期会议，或者由一个部门单独组织，或者几个部门联合召开，会议成员多不固定。按规定，专门会议的举行以及会议所要讨论的重要问题和拟行通过的决议，事先均应请示政府主席批准，会后应将会议记录摘要呈送主席核阅，未经主席同意，不得径行公布或传达执行。

除上述三种会议外，有些地区还设有联席会议、工作汇报会议和解决紧急事件的临时会议。这些会议均属不定期，参加人员依会议内容而定。

会议作为行政机关的一种工作方式，其是否真正解决问题，直接关系到行政速度和行政效果。因此，各地政府普遍重视健全会议制度，力求提高会议质量。有的地区明确规定，各种会议于会前必须确定会议主题和日程，提交会议讨论的重要问题应拟出书面草案，于会前两天分送出席人，出席人要认真准备意见；会议准时开会，不等待不催请；一定会议解决一定问题，凡会外能解决的会上不予讨论；开短会说短话，发言简明扼要，针对主题，制止冗杂发言；会议讨论的问题应作出明确决定，如发生意见分歧，会议主席要集中正确意见作出结论，避免议而不决；会后即时整理会议决议，经主管首长核定后，立即交付执行。①

（二）办公制度与行政纪律

建立正常的机关工作秩序需要有必要的制度和纪律予以保证。各地颁行的办事通则对办公制度和行政纪律都作了较为严格的规定。

第一，在法定八小时办公时间内，不得擅离职守。办公时间以外，如有紧要公务，或群众来访，应随时处理。假日实行值班制，特定工作单位实行轮班制。

第二，各部门依照职责权限实行主管制度，其他部门遇有相关事宜，应当先与主管部门会商处理。

第三，为加强各部门的工作联系，便于解决相互间有关的问题，适当组织集体办公。集体办公由主席主持，各部门主要负责人亲自参加。②

第四，各部门处理日常政务和承办公文电报，必须随时检查办结，不得稽延积压。如因故稽延，分别向主席和主管负责人申明原因。为便于督促检查，建立工作日记制度。

第五，工作人员对经办事项和未经核准公布的会议决议，有保守秘密之责，非经主席批准或政务会议决议，不得以单独部门或个人名义对外发表谈话和文告。

---

① 参见《河南省人民政府关于各种制度的决定》（1949 年 6 月），载《河南政报》第一期，河南省人民政府秘书处 1949 年 7 月编印。

② 根据山东省人民政府《关于办公及各种制度的暂行规定》（1949 年 7 月），省政府主席、秘书长和各厅、部、局长于每周一、三、五下午集体办公。各厅、部、局以及科、室、股集体办公的人员和时间自行决定。集体办公主要处理电报和重要公文，向主席请示工作，互相商洽工作，传阅重要文件。集体办公时，除紧急情况外，不会客，不与外界接洽其他公务。

第六，凡属有关政策方针、重要计划和各项法令规章的颁订或变更，各部门必须事前请示主席，事后报告备案。

第七，所有工作人员请假，均经主管上级批准，[①] 工作调动时，必须办清接交手续，由各主管负责人监交。

（三）报告制度

自革命根据地开创以来，报告制度在行政工作系统中即逐步形成为固定的制度。在中国革命接近全国规模胜利的形势下，为了巩固和发展已经取得的胜利，加强组织性和纪律性，进一步严格报告制度，具有特殊重要的意义。1948年1月至3月，中共中央连续发出《关于建立报告制度》和《关于建立报告制度的补充指示》，反复强调各地必须建立经常的综合的报告和请示制度。遵照党中央的指示，各解放区政府除在办事通则中对报告制度作了明确的规定以外，先后发布了健全和厉行报告制度的指示和训令。一方面，严肃批评了某些地区实际存在的事先不请示，事后不报告的无纪律无政府状态；一方面明确指出，有关政策方针和重大工作的计划与决定，法令条例的修改，单行条例的制定，以及扩军、公粮负担、贷款贷粮的增减、重大工厂的兴建和中等以上学校的创办等等，必须事先请示上级批准，始是执行[②]。行政公署、专员公署、市与县政府，每月或两月分别向直属上级政府作综合报告一次。报告必须有分析有结论，既说优点长处，又不回避缺点错误，内容侧重于政策执行情况，工作动态，工作中发生的主要问题和倾向，并提出解决办法。综合报告着重说明一两个主要问题，避免平铺直叙，堆积材料罗列现象。报告使用的材料必须真实确切，文字力求简洁，一般以不超过2000字为限。有些地区还特别强调，报告必须由各级行政首长亲自动手。此外，各地临时发生或新发现的重要问题，要及时向上报告，必要时以电告行之。

---

① 依照华北人民政府《工作人员请假规则》（1949年1月），各部门正副职负责人请假，由主席批准。处长级干部请假，或科长级干部请假超过三天以上，由主管部门负责人批准。一般干部请假三天以内由主管科长批准，三天以上由主管处长批准。病假要有医生证明，事假全年总计不得超过全部工作时间的10%。

② 参见陕甘宁边区政府《健全报告和请示制度的指示》（1949年4月），载《陕甘宁边区重要政策法令汇编》，陕甘宁边区政府秘书处1949年编印。

（四）公文程式和公文处理规程

公文是国家行政机关传达贯彻党和国家的方针政策，发布法规，指导工作，反映情况，交流经验的一种重要方法或手段。实现公文程式及其处理规程的科学化，有助于防止混乱现象，保证行政管理活动有秩序、有效率地进行。因此，各地都把公文规程作为重要内容载入办事通则之中。

依据华北等地办事通则，公文种类主要有：命令、令、指令、训令、通令、决定、指示、布告、通报、通知、报告、批复、状、函、电、签呈等。以上各类公文，由于内容和性质不同，其审批权限和行文名义也不尽相同。按规定，凡属下列性质的文电，由各主管部门撰稿，经各该部门负责人核签，或与其他有关部门负责人会签后，呈送主席审核签发，行文用主席、副主席名义：（1）关于政策方针的通报与指示；（2）关于重要计划的决定；（3）关于政策法令、条例规章的颁布；（4）关于政策方针和重要计划的变更；（5）关于主要干部的任免奖惩；（6）关于对外文告；（7）关于各部门重要工作的执行事项；（8）关于死刑的核准执行；（9）其他代表政府的证明文件。

属于下列性质的文电，行文用各主管部门名义：（1）关于政策方针和重要计划的执行事项；（2）关于业务问题的通报、指示；（3）关于政策方针和重要计划的解释；（4）关于各部门日常政务对内的通知与通报；（5）关于对内的证明文件；（6）关于所属一般干部的工作派遣。上列行文，由各主管部门负责人审核签发，如系会衔行文，则由会衔部门负责人会签。但有关政策方针和重要计划的指示与决定，重大预算的动支，重大案件的判决和主要干部的工作派遣，行文时须经主席核准。

在公文处理程序上，以主席、副主席名义的行文，由秘书部门按规定程式登记、编号、封发。以各主管部门名义的行文，分别由各部门登记、编号、封发。至于各部门呈送主席核阅的公文，以及下级政府和其他机关寄送的公文，统一由秘书部门登记拆阅，属于各主管机关业务范围的，径交各主管机关核办；属于会同其他部门办理的，由各该主管部门会商；不属于各部门的，由秘书部门拟办。

各地颁行的办事通则有关公文规程只作了原则性的规定，应当说有失详明、具体。这个时期某些地区制定的单行公文规程，如1948年9月20日松江省人民政府《关于公文处理办法》以及稍后北平市人民政府发布的《公文处理暂行办法》，则弥补了通则的不足。松江省规定，公文种类主要有：

令　用于颁布法令、条例，任免干部和指挥行政活动；

布告　用于对人民群众宣布应行周知的事项；

指示　用于上级机关阐明工作方针、任务和做法，或者就特定问题给下级机关以指导；

批答　用于答复下级机关或人民群众请示的事项；

通知　用于告知有关机关或个人需要知道的事项，比较重要者用通告；

呈　用于向上级机关汇报工作，请示问题。呈以一文一事为原则，禁止一文数事，以避免因事涉几个部门公文传来传去，影响问题的及时答复和解决；

公函　用于同级机关或不相隶属机关之间商询问题，不重要事项用便函；

电报、代电　用于紧急事项，上下级机关或同级机关相互间均可使用；

签呈　用于本机关内各部门或个人在工作与个人问题上请求与建议事项。

上列公文中，有关颁布政策、法令、条例，确定方针、任务和其他重要对外事项者，由主席、副主席签发；各部门下达的指示与通知，由各该部门负责人审核批准后即印制、用印、发出。如指示与通知和其他部门有关，应履行会签手续，有关各方负责人分别签字盖章，以明责任。为使公文处理及时，该省还建立了公文处理报告制度，即有关人员逐日造具公文日报表，各部门每周造具公文处理情况周报表，按日或按周呈交主席、副主席检查。

北平市人民政府在《公文处理暂行办法》中，对公文种类、公文体制、处理权限和程序作了更加具体的规定。《办法》把公文分为上行、平行、下行三种。上行公文用签呈、呈、报告；平行公文用函、便函、通报、电；下行公文用令、指示、决定、布告、批、通知、状。在公文体制方面，规定文稿和正文一律用定式公文纸，直行竖写，自右而左。公文取一事一文制，尽量用简易程式和条列法，取消旧式公文的套语，采用语体文，力求清晰简洁，并加注标点。文前简要摘由，文末用印盖章（根据不同种类公文分别用公章、名章、条戳）。关于公文处理权限，凡重要性原则性的行文用市政府名义，由市长判行；属于一般问题的答复和例行业务由各主管厅、局长判行，行文用厅、局名义。此外，《办法》就收文、拟稿、会办、核判、缮校、用印以及文卷保管、归档，都作了详细规定，基本上确定了一套比较科学完整的公文处理程序。

三、干部的任免、考核与奖惩

（一）担任行政干部的法定条件

一般地说，解放战争时期解放区选任行政干部的标准与抗日战争时期在原则上并没有区别。因为这两个时期人民政权选拔干部毫无例外地以“任人唯贤”的干部路线为依据，始终坚持“德才兼备”的基本原则。然而，由于解放战争时期的政治形势和阶级关系不同于抗日战争时期，因而选任干部的标准，主要是政治标准也就不完全相同。如果说抗日战争时期一切赞成抗日赞成民主的人都可以参加政府工作，那么，在革命形势和阶级关系发生重大变化的解放战争时期，能否担任行政职务，首先取决于是否坚决拥护消灭封建土地剥削制度，并积极投身于彻底的反帝、反封建的伟大斗争。正是因此，两个时期有关任用干部的规定，既有许多相同之处，又有若干差异。按照 1946 年 10 月东北行政委员会《各级行政干部任免暂行办法》，担任行政干部的法定条件是：“1. 拥护与实行民主政府施政纲领；2. 忠实于人民事业，并有为人民服务之决心；3. 大公无私、廉洁奉公，艰苦朴素，克尽职责。”如果拿它同前述 1943 年 4 月陕甘宁边区《各级政府干部任免暂行条例》规定的任用行政干部的条件加以比较，就不难看出二者的异同。比如，它们一致确认各级行政干部要廉洁奉公，积极负责，关心群众利益，这无疑是相同的。而二者规定的行政干部必须拥护并实行施政纲领，虽然在文字表述上几乎一样，但其实际内容却不尽相同。这是因为抗日民主政权的施政纲领，是在中日民族矛盾上升为主要矛盾的特定历史条件下，根据党的抗日民族统一战线政策，“应以反对日本帝国主义，保护抗日的人民，调节各抗日阶层的利益，改良工农的生活和镇压汉奸、反动派为基本出发点”①，它所要解决的主要任务是驱逐侵入国土的日本帝国主义，同时实行减租减息，限制封建剥削。解放战争时期人民政权的施政纲领，则以全面实现党的民主革命纲领，彻底推翻帝国主义、封建主义和官僚资本主义的反动统治为目标。由此可见，拥护并实行施政纲领作为两个时期选任行政干部的政治标准，显然有一定差别。在解放战争时期，一切反对土地改革，维护旧制度旧秩序的人，都不符合担任行政职务的条件，在法律上禁止录用。这是考察解放战争时期选任行政干部标准应当注意的一个重要问题。

另一个问题，是关于旧人员的使用和改造。解放战争后期，大中城市陆续解放，在接管旧机关的同时，正确处理人数众多的旧人员逐渐成为一项重要工作。各解放区本着争取和改造大批旧人员为人民工作的精神，分别旧人员情况采取不同的处理原则。华东地区把旧人员分为五类，实行不同的处置办法：（1）具备专门技术和工作能力，而为各生产及技术单位所需要者，予以教育审

---

①《抗日根据地的政权问题》，《毛泽东选集》第二卷，人民出版社 1991 年版，第 743 页。

查留用；（2）具有专门技术和工作能力，但目前其原供职单位不需要者，经过教育审查，介绍到其他部门或地区工作；（3）大批具有相当技术和工作能力的旧人员，尽量动员集中，由教育部门率领下乡加以训练改造，以便日后分配使用；（4）无一技之长的一般冗员，动员遣散回乡生产；（5）个别罪大恶极的反革命分子或特务分子，坚决开除法办。1949 年 8 月 17 日《解放日报》在题为《贯彻整编节约方案到行动中去》的社论中，明确指出："对接管机关留用的进步旧员工，特别是对那些专门家技术人员，应当尊重他们的科学知识与技术才能，关心他们的生活，采取爱护与帮助的态度去团结和改造他们"，"对编余的旧员工，应当从人民祖国的长远建设及团结和改造全国旧人员为人民服务这一观点出发，郑重负责，分别不同情况，妥为安置，使得他们都能够有工作、生活和学习的出路"。应当指出，上述留用、改造和安置旧人员的方针和做法，虽然属于处理历史遗留问题的范畴，有别于一般意义上的干部选任，但是，当时对表现进步和具有技术专长的旧人员采取尊重、关心与帮助的态度，对编余旧人员予以妥善安置，体现了党和人民政府重视人才以及对人的处理慎重负责的精神，而区别旧员工的情况或留用或淘汰，则在一定程度上反映了录用人员的原则与标准。

（二）干部任免的权限

解放战争初期，关于干部任免的权限与程序，老解放区基本上沿用抗战时期的制度，没有大的改变。只是重新合组新政权的地区和新解放地区才制定了新的干部任免法规。1945 年 10 月，由苏中、苏北、淮南、淮北合并组建的苏皖边区政府，为加强干部管理，统一干部任免权限，于同年 12 月 1 日公布了《苏皖边区行政干部任免条例（草案）》。依照《条例》，苏皖边区所属行政区、直属市、县、区以及基层乡、镇、村各级行政委员会委员和各级政府主要负责人（专员、市长、县长、区长、乡长、镇长、村长），一律由同级人民代表机关选举和罢免，呈报有关上级政府委任或备案。非民选之行政干部的任免权属于各级政府。其权限的具体划分为：

苏皖边区政府任免的干部主要有：（1）未建立人民代表机关地区的专员公署正副专员、直属市正副市长、正副县长；（2）专员公署局、处长和直属市局长、科长、科员和区长；（3）行政区高等法院分院正副院长、公安局正副局长；（4）行政区和直属市所属学校校长；（5）华中银行正副行长以及董事会董事长和董事；（6）边区政府总金库主任和行政区金库主任。

专员公署任免的干部有：(1) 专员公署所属科长以下干部；(2) 县政府秘书、科长；(3) 县司法科长和公安局正副局长；(4) 未经民选之正副区长；(5) 县属中等学校校长。

由县政府任免的干部，包括：(1) 县政府所属一般工作人员；(2) 区政府股长、区员；(3) 非民选之乡长、镇长、村长；(4) 区属小学和初级干部学校校长。

属于区政府任免的干部：(1) 非民选之乡、镇、村行政委员；(2) 乡、镇以下的行政人员。

为保证干部任免制度的严格执行，防止越权和违法行为，《条例》明确规定，无任免权而自行任免者，不仅任免无效，而且依情节轻重予以惩戒。不经有关上级而以其他方法擅行任免者，则要受到司法处分。

大行政区政府建立后，尽管由于战争关系多数地区未及颁布干部管理法规，但从其他法律文件的有关规定中，可以看出解放战争后期干部任免权明显地呈现出集中的趋势。在华北，原属于晋察冀和晋冀鲁豫边区政府任免的干部（如行政督察专员等），在权限上没有划归各省，而由华北人民政府直接任免。在中原，专员级以上干部的任免权也由大行政区政府统一行使，其所属省政府只拥有任免县级干部的权力。东北解放区规定，省政府厅长、特别市局长、省高等法院院长和公安处处长，以及专员、县长、旗长等，均由东北行政委员会任免。而属于省政府任免的干部，在通常情况下仅包括县政府秘书、科长、县公安局长和区长，只有在特殊情况下才能任免县长、旗长和省属市市长，但必须呈报东北行政委员会备案。主要干部任免权归属于大行政区政府，是解放战争后期行政权日益集中的重要标志之一。

（三）干部的考核与奖惩

由于紧张的战争和繁重的工作，多数解放区没有颁布新的干部考核奖惩条例，同干部任免一样，基本上实行抗战时期已经形成的制度，当然根据形势的发展也作了若干补充。例如，在战争激烈进行的情况下，干部考核与奖惩突出强调对敌斗争的表现。1947 年 3 月，国民党反动派发动对陕甘宁边区的重点进攻，面对严重的战争形势，边区政府为激励各级干部积极组织领导群众参加和支援战争，于同年 4 月 28 日紧急发布了《关于发动群众对敌斗争及注意对干部的教育奖惩电令》，要求各地政府及时表扬奖励在斗争中表现坚定勇敢的干部，并适当予以提升，对于少数动摇、退却、逃跑、失职和蜕化分子，随时给予严厉批评，分别教育惩办，直至撤换。当粉碎敌人的重点进攻，扭转了西北战局之后，边区政府即恢复了坚持多年的定期考核奖惩干部的制度。其他解放区的情况与此大体相仿。这个时期，干部考核主要采取民主鉴定的方式，鉴定内容包括执行政策情况，政治表现，组织性纪律性，工作能力与工作态度，学习精神，工作作风和生活作风，干群关系等等。根据 1949 年 2 月 10 日松江省人民政府《关于干部鉴定指示》，鉴定由行政负责人亲自主持，提倡实事求是地开展批评与自我批评。在步骤上，先鉴定中层以上干部，后鉴定一般干部，先由被鉴定者作自我批评，然后展开民主讨论，再由上级行政负责人根据讨论意见作出结论。结论要同本人见面并尽可能征得同意，如有意见分歧可另附意见书。鉴定按规定格式写成书面材料，作为了解、教育和奖惩干部的依据。

重视司法干部的考核与奖惩，是解放战争时期干部工作的一个重要特点。各地对司法人员的考核奖惩普遍给予了更大的注意，1949 年 8 月《关东地区司法工作人员奖惩条例》的制定，就是一个明显的例证。这个条例规定，关东地区各级司法干部的考核奖惩，分别由关东高等法院及其所属地方法院依法定权限执行。凡具备下列条件之一者，予以奖励:（1）正确掌握政策，坚决执行法律，恪守纪律;（2）工作积极，廉洁奉公，持久不懈;（3）执法不阿，勇于同违法乱纪行为作斗争;（4）尊重人民民主权利，为群众所爱戴;（5）学习努力，钻研业务，办案迅速准确，成绩卓越。奖励实行精神奖励与物质奖励相结合，必要时提升工作职位。

具有下列情形之一者，分别情况给予惩戒:（1）工作敷衍，不执行上级决定;（2）违法失职;（3）职权，加害于人;（4）生活腐化，行为不检;（5）贪污受贿，徇私枉法;（6）犯有其他较重过失。惩戒分为批评、警告、记过、减俸降级、撤职、撤职查办。其中撤职与撤职查办无期限之规定，警告期限为三个月，记过期限为半年，减俸降级期限为一年。受惩戒者如改正错误，到期撤销处分，不思改悔者得延长惩戒期，如另犯严重错误，则加重处分。受惩戒者认为处分不当有权申诉，主管机关或上级机关对申诉要负责审查，确实处分不当的，应即变更或撤销。严格司法干部的考核与奖惩，有效地保证了新民主主义政策和法律、法令的贯彻实施，对于加强司法建设，培养一支忠实于人民利益、严于执法守法的司法干部队伍，有着十分重要的意义。

四、人民监察制度的建立

解放战争时期，不仅恢复了抗日根据地一度废止的人民监察机关的建制，而且初步形成了适合于新的历史条件的人民监察制度。

1948 年 8 月华北人民监察院的建立，揭开了解放区人民监察制度建设的新篇章。依照《华北人民政府组织大纲》和《华北人民政府各部门组织规程》的有关规定，华北人民监察院为行政监察机关，是华北人民政府的组成部分。设院长一人，由华北人民政府副主席兼任。在院长领导下，设立人民监察委员会，以院长和华北人民政府委员会任命的人民监察委员 5—9 人组成。其任务是：

1. 检查、检举并拟议处分各级行政人员、司法人员、公营企业人员的违法失职、贪污浪费、违反政策、侵犯群众利益等行为；

2. 接受人民和公务人员对各级行政人员、司法人员及公营企业人员的控诉与举发，并拟议处理办法；

3. 其他有关整饬政风事项。

华北人民监察院在执行监察职务中，有权向有关机关进行调查，各有关机关必须接受检查，提供必要的材料。但人民监察院作出的处分决议，其本身并不能直接执行。按规定，须交法院审判的，提请法院审理；须交各行政机关执行的，提请华北人民政府主席批交各有关行政机关处理。法院对监察机关提请审理的案件，应予受理，案件审结后，须将结果函告监察院。如果法院对提请审理的案件持有不同意见，监察院应当说明理由，若发生疑难争议，会呈主席解决。

继华北之后，1949 年 4 月陕甘宁边区也设置了隶属于边区政府的人民监察委员会，其性质、任务、职权和活动原则与华北人民监察院完全相同。无论华北还是陕甘宁边区的人民监察机关，在实践中能否充分发挥监察机关固有的检查监督职能，一方面取决于它们自身能否严格依照法定权限和程序进行工作，坚持党的原则，敢于同各种违法乱纪行为作斗争；另一方面各机关各部门是否真正接受监察机关的检查，并与之密切合作，则是监察机关能否顺利行使监察职权的重要条件。为此，1949 年 1 月 29 日华北人民政府专门发布训令，指示各级行政机关、司法机关、公营企业、工商、贸易、交通、财经、税收等部门，“遇有人民监察院人员持有加盖监察院印信证件到任何机关、部门检查工作时，该机关人员应妥为帮助检查，并须提供相当材料，不得借词拒绝”[①]。

---

① 参见《华北人民政府法令汇编》第一集，华北人民政府秘书厅 1949 年 7 月编印，第 206 页。

解放区人民监察机关自建立迄全国解放，在短短的时间里，经过不懈的努力在检查揭发违法失职行为、整饬政纪等方面做了不少工作。如华北人民监察院曾经严肃地查处了两位领导干部违反政策与纪律，损害人民利益，造成很坏影响的案件，提请华北人民政府坚决撤销了他们的领导职务。针对某些地方和某些部门以及极少数干部组织纪律松弛，缺乏整体观念，片面强调本位工作或不适当地夸大“地方特殊”，闹独立性，各自为政，自以为是，重要问题不请示，或者先斩后奏，不尊重集中统一领导，以致多次发生违法失职的现象，人民监察院及时派出监察小组到一些地区巡视，认真检查违法失职案件[①]，有力地推动了华北地区整饬政风工作的开展。

当然，华北等地人民监察机关建立不久全国即已解放，由于其存在时间短暂，事实上不可能确立一套完整的制度和进行更多的活动。尽管如此，它们的创设毕竟为建国后人民监察机关的建设提供了若干有益的经验。

① 参见董必武:《关于本府成立以来的工作概况报告》(1949 年 2 月 21 日在华北人民政府第二次委员会会议上的报告)，载《华北人民政府法令汇编》第一集，华北人民政府秘书厅 1949 年 7 月编印，第 215—216 页。

第五章
革命刑法的产生及其发展沿革

第一节　大革命时期工农运动中产生的革命刑法

中国共产党领导中国人民，在新民主主义革命过程中，同国际帝国主义和国内反动势力进行着你死我活的尖锐斗争。因此，自革命一开始，中国人民就十分重视运用革命刑法，惩治国内外的阶级敌人以及革命队伍内部的违法犯罪分子。我国最早的人民革命刑法，产生于大革命时期的工农运动中，即包括工人运动中制定的惩治工贼制裁贪污渎职罪的刑事法规和农民运动中制定的惩治土豪劣绅条例等等。

一、省港大罢工中制定的惩治工贼和制裁贪污渎职罪的刑事法规

1925年省港大罢工中，为了“申明纪律、科惩罪恶”，省港罢工工人代表大会制定了一些带有刑法规范的条令，如《会审处办案条例》《纠察队纪律》以及关于肃清反革命、绝断港澳交通和处理仇货等决议案。这是中国无产阶级登上历史舞台后，创制革命刑事法规的最初尝试。

省港罢工运动中制定的刑事法规，主要包括以下三方面的内容：一是惩治工贼和一切反革命罪犯；二是惩治贪污受贿罪犯；三是惩治渎职罪和其他罪犯。

（一）关于惩治工贼和一切反革命分子的刑事法规

省港大罢工是一次反帝爱国运动，以“罢工、排货、封锁”等手段，同帝国主义进行斗争。因此，省港罢工委员会及其纠察队的主要任务是：“维护

秩序，截留粮食，严拿走狗，拘捕工贼，查缉仇货，封锁香港澳门及沙面之交通”。这一斗争，必然遇到帝国主义和反动分子的种种破坏活动。一种是帝国主义直接出动飞机兵舰或指使奸商土匪，对执行封锁任务的工人纠察队进行武装袭击，因而发生多起流血惨案。如“沙鱼涌之战”，“太平墟之战”，“中山之战”，“白鹅潭之战”，“淡水之战”，“前山之战”。另一种就是自香港派遣工贼暗探到广州秘密进行破坏活动。因此，必须以革命法律为武器，坚决惩办破坏反帝罢工的工贼及一切反动分子。

为了惩办破坏罢工的罪犯，罢工工人代表大会先后制定了以下与刑法有关的法规：

1925 年 7 月 5 日公布的《省港罢工委员会纠察队应守的纪律》，规定纠察队要负责“镇压一切反革命行为”。“队员发现敌人间谍及侦探时，……应即拘送队本部审讯处分”。这在人民革命刑法史上是最早规定反革命罪的重要文献之一。

1925 年 11 月 15 日公布的《会审处办案条例》，规定以下行为为破坏罢工的重要罪行：（1）接济敌人粮食物品者；（2）未经准许而擅自复工者；（3）策动工人返工者；（4）侦探罢工消息报告敌人者；（5）私运人货往港澳沙面者；（6）缉获货物私自拍卖并放行者。此外，专门设立的水陆侦查队负责侦查以下破坏罢工事项：（1）以言论或事实图谋破坏罢工者；（2）受敌国主使危害罢工团体者；（3）运输粮食应用品与敌国者；（4）关于香港无论何项之嫌疑者。

1925 年 9 月取消特许证实行“善后条例”后，允许日、美、法等国的公司商店在广州营业，但须遵守中国法律。并且具体规定日、美、法等国公司商店要求复工者，经省港罢工委员会批准，并由雇主、工人和罢工委员会三方订定复工条约，始能复工。凡擅自开工或不经批准擅自返工者，“均以破坏罢工论”，“予以严重之制裁”。各船务公司如有船只开往各埠时，须一律报请骑船队派员监视，“否则，违章瞒报，擅自开行者，定必以破坏罢工论罪，决不宽贷”。

1925 年 11 月 18 日公布的《纠察队纪律》规定：纠察队人员凡包运粮食、盗卖截货、私运华人往港、澳沙面以及掳人勒索者，处以枪毙之处罚（须经省港罢工工人代表大会通过，方能执行）。如工人纠察队驻江门第十三支队长郑福，违抗命令，非法盗卖火油，经派专人密查核实后，报工人代表大会讨论决定，将该犯交特别法庭处以死刑。

根据 1926 年 3 月 31 日罢工工人代表大会第一百次大会时的统计，由罢工工人代表大会讨论通过的镇压反动分子的案件共有三件。另有多起破坏罢工的案件，是由会审处和特别法庭直接审理的。坚决制裁破坏罢工的罪犯，给国内外反动势力以沉重打击，这对于坚持反帝罢工斗争，巩固广东革命根据地发挥了重要作用。

（二）关于惩治贪污受贿罪的刑事法规

省港罢工委员会刑事法规的打击锋芒，除了指向破坏罢工的反动分子之外，还对罢工组织内部的贪污受贿行为进行坚决斗争。由于当时采取封锁港澳、查缉仇货等斗争手段，各罢工机构和公务人员经常处理大量财物，帝国主义的走狗便乘机浑水摸鱼拉拢收买某些不坚定的分子为其所用。为了杜绝贪污舞弊行为，在许多法规中，都提出明确要求和防范措施。

1925 年 12 月 28 日公布的《省港罢工委员会组织法则》规定："省港罢工委员会为最高执行机关，关于执行职务，应一致秉公，以身作则，无论各部何项机关有舞弊受贿等情，应依合法手续严厉取缔，施以相当应得之罪，无得庇纵"。1926 年 3 月《审计局组织法》规定："审计局如审计出各机关之进支数目及购办物件有舞弊事情，应即据实呈报省港罢工委员会查办之"。1925 年 7 月 5 日公布的《纠察队应守的纪律》规定："队员不得借端捏造情事，假公济私"，"不得乱取人民财物"。《骑船队组织法》规定："骑船队员应秉公回报经过情形，不得受贿匿报。倘被告发或被查出，应即扣留严办"。1925 年 3 月《会审处组织法》规定："会审处审讯案件，应秉公依法，无枉无纵，不得擅用私刑及受贿舞弊。倘有上项事实被人告发或被查出，应由省港罢工委员会送交特别法庭查办之"。

1926 年 11 月 15 日公布的《会审处办案条例》列举了 27 种罪行，其中与贪污舞弊有关的约占三分之一。如侵吞公款者，克扣工人粮食者，私卖铃章饭券者，受贿纵逃罪犯者，插赃诬告者，偷窃及私卖公物者，勒索钱财者，缉获货物私自拍卖并放行者，职员受贿舞弊者，等等。

1926 年 3 月 23 日《省港罢工委员会公告》，除了申明工商检验货物处职员如对货主进行勒索当依法严惩外，还规定了"行贿罪"，"如货主私自行贿，则亦定即严行拘究，决不宽假"。

省港罢工委员会关于惩治贪污舞弊罪行的刑事法规，具有以下基本特点：

第一，关于惩治贪污的规定，当时没有制定集中统一的《惩治贪污条例》，而是散见于各有关法令条例中。因此，所列罪行，既不全面系统，处刑办法也不具体。但它基本上包括了贪污、受贿罪的各种表现形式及其主要手段。凡公务人员（包括各级负责干部和一般职员以及执行公务的普通队员），利用职权之便，有侵吞公款、贪污自肥、受贿舞弊、假公济私、截留财物、盗卖公物证券、克扣粮食、勒索钱物等行为者，一经查实，即以贪污受贿罪论处。向公务人员私自行贿者，也要受到法律制裁。

第二，惩处办法，一般采取政纪处分与刑事制裁相结合的方式。情节较轻者，给以政纪处分，分为申斥、记过、记大过、取消名籍（撤差）、解散该级机构等，或处以短期拘留。情节严重者，给以刑事处分，包括死刑、监禁（分十天、数周、三个月至一年、永远监禁）、拘留（5—10天）、没收财产和罚金等。

第三，对各机关负责人的违法行为实行加重处分的原则。《罢工委员会组织法》规定：罢工委员会的“执行委员如有违法行为，被人告发或为法制局弹劾于工人代表大会及各部机关，一经查确，应罪加一等”。《纠察队纪律》规定：“纠察队委员如有失职及违法情事，得由省港罢工委员会或罢工工人代表大会科以应得之惩罚。”“委员之受惩罚应比委员会下之各级队部职员之惩罚，加重一等”。同时规定纠察队各级队长、班长，如串同所属队员犯法者，也要罪加一等。从而说明，省港罢工委员会的各级负责人，如有违法行为，不仅不能享有任何减免处罚的特权，而且从法律上明令确定从严要求加重处分的原则。

此外，《水陆侦查队暂行规则》规定：水陆侦查队员“如有违犯规则，畏罪而逃者，除通令缉究外，仍须追究保证人。”由于侦查队员职责重大，并经常单独执行任务，所以《规则》规定：“各队员入伍须由该工会用正式公函盖章填具保证书来队存案”。另外，《财政委员会组织法》也规定：“财政委员会委员如有亏空，由本身工会负责”。财政委员由各工会选举产生，为了防止徇私舞弊，保证罢工经费不受损失，原选举单位应对其委员的行为负经济上的连带责任。

第四，令出法随，严格依法办事，绝不徇情枉法。根据1926年3月31日罢工工人代表大会第一百次大会时的统计，由大会通过的有关规定职务及防范舞弊的议案31件，撤革查办职员或惩戒舞弊的议案46件。省港罢工委员会的机关报《工人之路》，经常报道各机构揭发所属成员贪赃舞弊案件。如罢工委员会干事局招待部的干事彭某，原系海员工会会员，1925年10月假借招待部名义，私售火油，渔利自肥。经海员工会一致决定，将彭犯送交会审处依法查办。又如同敬工会会员何某，充当筑路委员会会计，经手款项数百元。手续未清，即离职不归，显有亏空潜逃之嫌疑，为此，《工人之路》于1925年12月11日登载省港罢工委员会的布告，宣布：“自登报之日起，限七天内回会，如逾期不返，即实行通缉归案追究”。

（三）关于渎职罪和其他罪的规定

《会审处办案条例》和《纠案队纪律》以及其他法规中，还规定了对以下各罪的惩治办法：

渎职罪。包括故意违抗命令，玩忽职守或失误戎机者；侮辱长员或纠众威迫上级机关者；遗失枪械者（当时规定纠察队枪支由总部发给，不得私自购置或借用枪支，违者没收）；下属人员违法，其长员若实不知情，管理无方，疏于防范，应记过一次。如记过三次以上者，由纠察队委员会决定处罚办法。如纠察队军法处，因工作失职，致使在押犯越狱潜逃，军法处主任受记大过处分，值班人员及管狱员交纠察队委员会“按律惩戒”。又如1926年6月，会审处某书记员因遗失文件畏罪潜逃，工人代表大会决定，除对该书记员通缉究办外，组成“查办会审处委员会”。检查结果，发现会审处有关人员，玩忽职守，不按法定制度办案，容忍书记员越权任意处理人犯，致使案卷遗失。经工人代表大会讨论决定，改组会审处，重选承审员，并对违法人员进行究办。此案公布后，在工人群众中引起强烈反响，纷纷表示说，会审处的法规，原是我们代表大会决定，他们竟不遵守，实有负工友的重托。因而热烈拥护代表大会对会审处的决定。这便充分体现出省港罢工委员会“执法必严”，“违法必究”的革命法制精神。

侵犯人身权利罪。禁止擅自捕人废止肉刑，是中国共产党反帝反封建民主革命纲领的一项重要内容。早在1922年6月15日《中国共产党对于时局的主张》中，就已明确提出“改良司法制度”，“实行废止肉刑”。省港罢工委员会在实践中重申并切实执行了这一原则。1925年10月2日通过的《香港罢工工人恢复工作条件》明确提出：“务须立即取消华人之驱逐出境条例、笞刑、私刑等之法律及行为”。在革命组织内部也坚决反对擅自捕人和滥施肉刑。《会审处细则》中规定：“会审处不得使用笞刑逼供，以重人道”。稍后公布的《会审处办案条例》将“私自捕拿押留人犯者”，“滥用私刑者”，“掳人勒索”以及“殴打罢工职员者”，“打架伤人者”，皆作为重要罪犯，解送特别法庭依法审判。

此外，还规定“恃众凌人者”“职员恃势凌人者”以及制造谣言、赌博、宿娼、酗酒闹事者，皆为违法乱纪行为，轻者给以行政处分，重者受到刑事处罚。

综上所述，不难看出，省港罢工工人代表大会所制定的刑事法规，虽然极不完备，却为中国无产阶级开辟了创制革命刑法的历史先例。其打击锋芒，主要是指向破坏罢工的工贼和一切反动分子，同时对于革命队伍内部的违法犯罪分子，也要根据具体情节，给以纪律处分或法律制裁。省港罢工委员会的所有工作人员，在革命法律面前，都不享有任何特权，而且愈是负责干部要求愈加严格，基本做到了议而有决，决而必行，令出法随，违法必究，这便充分体现了巴黎公社对于“社会公仆”所确定的民主平等原则和无产阶级的革命法治精神，因而受到广大工人群众的拥护和社会各界的好评。

二、农民运动中制定的惩治土豪劣绅条例

（一）惩治土豪劣绅条例的制定

“宗法封建性的土豪劣绅，不法地主阶级，是几千年专制政治的基础，帝国主义、军阀、贪官污吏的墙脚。”[①]农民运动兴起后，其斗争矛头，必然指向贪官污吏、土豪劣绅，彻底推翻地主豪绅的统治，并对他们进行镇压和专政。这是阶级斗争发展的必然规律。

从当时阶级斗争的实际情况看，对于土豪劣绅和一切反革命分子，必须采取强有力的镇压和专政措施。当时已被打倒或将要被打倒的地主豪绅，仍在千方百计地进行各种破坏活动，他们利用团防武装继续屠杀农民，团防局被农会缴械后，土豪劣绅便与土匪相勾结，进行种种破坏活动。如湖南安化县土豪劣绅勾结土匪，杀死农民二百余人。在当时省农民协会的卷宗中，十件就有九件是报告土豪劣绅聚集匪徒，饮血酒而叫嚣要“打倒农协，杀尽特派员”。同时他们还组织反动团体作为反革命活动的指挥中枢。如湖南湘乡县的“维持会”，衡阳的“白化党”，醴陵、浏阳的“三爱党”，湘中各县的“保产党”等等。这些反动团体，经常有组织有计划地捣毁农协，惨杀农会会员。有的土豪劣绅贿买流氓或派遣亲信混入农会。从中捣乱，侦探虚实，挑拨离间，或者故意提出过高口号，作出越轨行动，以破坏农运政策，毁坏农协的威信。有的地区，土豪劣绅以“家族主义”“地方主义”为号召，组织假农会，妄图达到保护地主利益的卑鄙目的。许多豪绅地主从乡间逃到城市，到处大造谣言。胡说农民协

①《湖南农民运动考察报告》,《毛泽东选集》第一卷，人民出版社 1991 年版，第 15 页。

会“共产共妻”，“兵士寄家的钱皆被农会没收了”等等，借以歪曲农运政策，妄图挑拨北伐革命军反对农民协会。

面对土豪劣绅的种种罪恶行径，各地农民纷纷起来，要求立即惩办地主豪绅的一切罪行。根据群众的要求，各地先后制定了惩治土豪劣绅的决议案，如1926年12月湖南省第一次农民代表大会《铲除贪官污吏土豪劣绅决议案》、湖南全省总工会第一次代表大会《惩办土豪劣绅贪官污吏决议案》、1927年2月江西省第一次农民代表大会《惩办土豪劣绅决议案》，湖北省第一次农民代表大会也在1927年3月作出了相应的决议。各地农民协会根据上述决议，领导农民立即开展了惩办土豪劣绅的斗争。

中国共产党有些省区的党组织，为了加强对这一斗争的领导，统一方针政策，并为了减少各种阻力，便通过当时有共产党人参加的执行革命统一战线的国民党省党部、省政府制定了单行刑事法规。如1927年1月，湖南省组成了有谢觉斋（即谢觉哉）同志参加的起草委员会，制定了《湖南省惩治土豪劣绅暂行条例》。湖北省于1927年3月在董必武同志领导下，由邓初民同志参加的起草委员会制定了《湖北省惩治土豪劣绅暂行条例》，这是在农民运动的高潮中制定的具有代表性的两个刑事法规。以下仅以《湖北省惩治土豪劣绅暂行条例》作为典型分析：

（二）《湖北省惩治土豪劣绅暂行条例》的基本内容及其实施

1.《湖北省惩治土豪劣绅暂行条例》的基本内容和特点

第一，确定了“土豪劣绅罪”的定义及其主要罪行。确定一种罪名的科学概念，是每个刑事立法文献必须首先解决的重要课题。什么是“土豪劣绅”？这是当时农民运动中提出的急需明确回答的实际问题。如果在立法文献中，概念模糊，惩办的对象和界限范围含混不清，在实践中很难达到预期效果。要么，界限不清，无法执行；要么，乱打一气，伤害好人。

《湖北省惩治土豪劣绅暂行条例》，是根据当时阶级斗争的发展形势，总结了农民运动的实践经验，并以湖南省惩治土豪劣绅条例为基础，而加以增删制定的。开宗明义第一条，就规定了土豪劣绅罪的定义：“凭借政治、经济、门阀身份以及一切封建势力或其他特殊势力（如凭借团防勾结军匪），在地方有左[①]列行为之土豪劣绅，依本条例惩治之”。接着列举了十一项具体罪行（湖南规

① 原文如此。

定为九项），即（1）反抗革命或作反革命宣传者;（2）反抗或阻挠农民运动和其他民众运动者;（3）勾结军匪蹂躏地方者;（4）与匪通谋坐地分赃者;（5）压迫平民致人死亡者;（6）压迫平民致人伤害或损失者;（7）包揽政权，武断乡曲，劣迹昭著者;（8）欺凌孤寡，强迫婚姻，或聚众掳掠为婚者;（9）挑拨民刑诉讼，从中诈骗者;（10）破坏或阻挠地方公益者;（11）侵蚀公款敛财肥己者。

这样，既有总的概念定义，又有主要犯罪行为，将土豪劣绅的反动身份与法定的各种犯罪行为结合起来，便为执行机关和革命群众判断是否构成土豪劣绅罪以及如何处刑，提供了法律根据。尽管这些规定并不全面具体，但是，在当时的历史条件下，能够制定这样一个条例，是十分难得的。有了这些规定，既可以防止放纵欺压人民的土豪劣绅及一切反动分子，又可以避免因无法可依，或政策界限不清而引起乱捉乱杀现象。这是一条十分重要的历史经验。从而证明，群众性的政治运动与革命法制工作，并不是根本对立的或互相排斥的，而是相辅相成的。群众运动为革命立法工作提供了丰富的经验；正确的法律制度，又可反转过来促进和保证群众运动沿着健康的轨道发展。

第二，依照“罪刑相适应”的原则规定了各种刑罚。本条例根据土豪劣绅的罪行轻重，规定了以下的刑罚种类：有死刑、无期徒刑、有期徒刑、罚金、剥夺公权、没收财产等六种。

（1）死刑。适用于犯（1）—（5）项各罪者及贪污 3000 元以上者。

（2）无期徒刑。适用于犯（1）—（5）项和（6）（7）项各罪者，以及贪污 3000 元以上者。

（3）有期徒刑。分为五个等级，按当时通用惯例，最高为十五年，最低两个月。五个等级的分法是：一等有期徒刑，十五年以下，十年以上；二等有期徒刑，十年未满，五年以上；三等有期徒刑，五年未满，三年以上；四等有期徒刑，三年未满，一年以上；五等有期徒刑，一年未满，二月以上。

（4）罚金。本条例规定对贪污罪犯，除按其贪污款数科处主刑外，还要并科罚金。即贪污未满 500 元者、1000 元者和 3000 元者，分别并科 1000 元以下、2000 元以下、6000 元以下之罚金。

（5）剥夺公权。第六条规定：“犯本条例之罪者，终身剥夺其公权。”

（6）没收财产。除判处主刑外，并根据罪行轻重，分别规定没收其财产的全部或一部。

综合考察本条例中关于量刑办法的规定，可以看出它是将上述 11 项罪行和各种刑罚，分别轻重，交错列出以下五个量刑阶梯：

这样规定，既有阶梯层次，每个阶梯又有一定伸缩性的量刑幅度，便于审判机关在法定的量刑范围内，具体掌握，灵活运用。

(1) 死刑或无期徒刑（适用犯（一）至（五）项之罪者和贪污三千元以上者）

(2) 无期徒刑或一等有期徒刑（适用犯（六）（七）项之罪者）

(3) 一等或二等有期徒刑（适用于犯（八）（九）（十）项之罪者和贪污未满三千元者）

(4) 二等至四等有期徒刑（适用于贪污未满千元者）

(5) 四等或五等有期徒刑（适用于贪污十元以上未满五百元者）

总之，本条例贯彻了区别对待、宽严结合、罪刑相适应的刑法原则。关于这个问题，毛泽东同志在《湖南农民运动考察报告》中，给以精辟论述。他说：对于土豪劣绅、不法地主的惩办，“农民都有极明白的计算，罚不当罪者极少”。这句说的正面含意，就是主张“罚”（刑罚）必须与“罪”（犯罪行为）相适应，决不能“罚不当罪”，或者“罪”与“罚”相脱离。这便为人民的刑事立法和司法工作确定了一条重要的指导原则。为了达到这一要求，就要像报告中所讲的，必须首先调查清楚“谁个劣，谁个不劣，谁个最甚，谁个稍次”，然后才能决定“谁个惩办要严，谁个处罚从轻”。也就是在审判工作中，既要学会正确区分罪和非罪的界限，又要区别罪行的主次轻重。然后根据“罪刑相适应”的原则，将量刑办法用立法形式确定在刑事法规中，并且要严格依法执行。这是一条十分珍贵的历史经验。

第三，规定了专门的审判机关和主要诉讼原则。该条例第八条规定：“凡触犯本条例各罪另组湖北省审判土豪劣绅委员会暂行条例。”依照同日公布的《湖北省审判土豪劣绅委员会暂行条例》的规定，成立省、县两级审判委员会。由当时实行革命统一战线的省、县国民党党部、政府和农民协会为骨干（各派委员二人），另有工会、商会、妇女协会、学生联合会各选派委员一人，共十人组成。在审判委员会中，农民协会居于特别重要的地位，条例规定：“上举各人民团体有未成立者，其委员从缺。但无县党部及县农民协会之组织者，则不适用本条例。”从而保证了审判机关的人民性质，它直接体现了审判委员会以革命农民为主体的特点，同时也体现了共产党的积极领导作用（因农运高涨地区的县党部县农协的负责人，主要是由共产党人和国民党左派人士担任）。

审判委员会的诉讼制度，主要有以下原则规定：（1）实行审判委员会合议制。规定审判委员会“须有过半数委员的出席，其审判结果须有过半数出席委员的同意，始得判决”。这是民主集中制原则在审判机关的具体体现。（2）公开审判原则。审判委员会开庭时，实行公开审判。判决书一般都在报上公布。（3）上诉制度。“不服县审判委员会判决者，得于五日不变期间内，向原审判委员声请上诉，由原审判委员会录案详请省审判委员会复判之。”（4）原则上实行两级终审制，特殊情况实行一审终审。

第四，这个条例的制定，体现了革命的原则性与策略灵活性相结合的特点。这一特点的表现之一，是反映在国共两党关系上。因为那时处于“国共合作”的特殊条件下，共产党的组织是不公开的，共产党员是以个人身份参加到国民党各级党部或农民协会中担任各种工作。当时整个农民运动以及惩治土豪劣绅条例的制定和实行，无疑都是在共产党的实际领导下进行的，但是在策略上，却是采用国民党省党部和省政府的名义。如第九条规定：“本条例之最高解释权属于中国国民党湖北省党部。”第十条规定：“本条例经湖北省政府公布施行”。《湖北省惩治土豪劣绅暂行条例》还在 1927 年 3 月 15 日提交国民党中央执行委员会三中全会正式批准，以利于在其他省区贯彻推行。

这一特点的表现之二，是反映在处理同旧法律的关系上，即在坚决废除压迫人民的旧法律的原则下，又从中吸取某些对革命斗争有用的东西。大革命时期，在伟大的农民运动中，迅猛地冲击了一切反动旧法体系。正如湖南省农民代表大会通过的《司法问题决议案》中所指出的：“现时法律偏于保护特殊阶级。负债的乡村农民，尤其是佃农与贫农因法律偏于保护债权及地权，所受痛苦最大”，因此，大会决议：“民刑法律须全部改订，凡不利于农民的条文须一律废除。”并且运用革命法律为武器，惩治土豪劣绅、贪官污吏和一切反动分子。这一鲜明的阶级特色，在本条例中，得到了充分的反映。这是中国法制史上的一大创举。但是，在斗争策略上，却又有很大的灵活性。即在废除反动法统的前提下，并不排除从旧法律中吸取某些对革命斗争有用的东西。如本条例第七条规定：“暂行新刑律总则与本条例不抵触者，得适用之”（《湖南省惩治土豪劣绅暂行条例》也有类似规定）。例如刑罚的种类和有期徒刑的五个等级的分法，就是借用《暂行新刑律》总则的规定，也是当时广州、武汉国民政府通用的处刑方法。在审判实践中，还有其他具体例证（如数罪并罚等）。从而说明，制定革命法律时，在从政治上划清新旧法律原则界限的基础上，批判地吸收旧法律中某些有用的东西，只要不与革命的方针政策相抵触，是可以允许的。如果经过革命实践证明，这些法律条文对人民的革命事业是有用的，那么，它也就变成人民法律的有机组成部分。当然，任何法律条文，都不是永恒不变的，需要依据革命形势的发展和实践的检验，而有所取舍。比如有期徒刑的等级分法，后来实践证明，不如在条文中直接规定具体的量刑幅度，更为明确方便，群众也易于理解。所以以后革命根据地的刑事法规，除个别情况外，一般不再采用这种方法。

2. 审判土豪劣绅的实施情况和典型案例

在各地农民运动中，惩办土豪劣绅及一切反革命罪犯，主要有以下两种方式：

一种方式是在运动初期适用的，由群众公审大会处决案犯的方式，如湖北省审判“二·二七”阳新惨案的凶犯。阳新县是湖北省农民运动发展最快的地区之一，因而引起反动势力的极端仇视。1927 年 2 月 27 日，该县的土豪劣绅与反动的县长、公安局长相勾结，经过秘密策划，竟然惨无人道地将省农协特派员成子英和农会干部及农友九人，毒打以后用煤油活活烧死。此案发生后，激起全县以至全省人民的义愤，纷纷要求制定革命法律，严惩肇事凶手。3 月 16 日召开的国民党中央执行委员会上，听取了阳新惨案的报告后，决议指定邓演达、吴玉章、毛泽东三人为委员，与湖北省党部、省政府、省农协开联席会议，迅速查办解决这一事件。在广大工农群众和革命军的支持下，将制造阳新惨案的十名在逃凶犯，陆续捉拿归案。4 月中旬，省农协在阳新县召开了“二·二七死难烈士追悼大会”，将先期捉获的七名凶犯，公开审判执行枪决。另有三名凶犯，已跑到九江投靠蒋介石。阳新农友得知消息后，会同九江工友，终于将逃犯缉获归案，受到应有的惩处。

这种公审大会的方式，在湖南也早已采用过。如湘潭县土豪劣绅头子晏容秋（一贯把持县政、压榨人民，并公开与农会相对抗）、韶山银田寺团防头子汤峻岩（从“杀两个叫化子开张”，前后共杀害五十多人）等，都是被农民协会捕获后，召开群众公审大会执行枪决的。

这种群众公审的方式，一般是在事先做好调查罪证的基础上，经过一定领导机关批准，由农会协同各民众团体有组织有领导进行的。这是镇压反动派的有效方法。毛泽东同志在《湖南农民运动考察报告》中称赞说：“这样的大劣绅、大土豪，枪毙一个，全县震动，于肃清封建余孽，极有效力。”

另一种方式是在后期，由审判土豪劣绅委员会（或特别法庭）审理判决的案件。《湖北省惩治土豪劣绅暂行条例》公布的同时，也制定了《湖北省审判土豪劣绅委员会暂行条例》。根据这个条例，在1927年3、4月间陆续成立省、县两级审判土豪劣绅委员会。由湖北省审判土豪劣绅委员会判决的案件很多，仅举以下两个案例加以说明：

第一个案例，湖北省审判土豪劣绅委员会判决书，审字第七号

被告人傅宗说，48岁，当阳县人，前任当阳县瓦仓区团总。因侵蚀公款、伙同摧残党部及武断乡曲一案，于1927年3月，由湖北省党部指令武昌市公安局拿获解送本会。经本会审理终结，并经大会评议，判决如左（原判决书分“主文”、“事实”、“理由”三部分，现综述如下）：

（1）侵蚀公款。被告在1922年至1924年当过团总，经县清算委员会核算，在其任期内账目空亏二千余吊，犯本条例第一条第十一款之罪，按第五条第二款，处三等有期徒刑三年，并科罚金1000元。

（2）伙同摧残党部。1926年该县秘密建立党部时，曾借用“乡俗改良会”为秘密机关。被告得知后，伙同当地土豪劣绅，指为“赤化”，亲拟状词上禀县署（有卷可查），犯本条例第一条第二款之罪，处一等有期徒刑十年零六个月。

（3）武断乡曲。被告曾捏造抢案嫌疑，向傅××敲诈钱财。欺李××系客籍，索取“落籍税”。此外，还在本区内抽“乡保捐”，纳“孝敬费”等不法行为，犯本条例第一条第七款之罪，按第三条处一等有期徒刑十年零六个月。

系俱发罪（即数罪并罚），合并执行有期徒刑十七年，并科罚金1000元。又依条例第六条规定，褫夺公权全部终身。未决期内羁押日数，准以二日折抵徒刑一日。主审委员邓希禹（初民）。

第二个案例，湖北省审判土豪劣绅委员会判决书，审字第四号

被告人汪津彬，年44岁，当阳人。经本会审讯完结，开会评议判决如下：

汪津彬侵蚀公款之所为，处四等有期徒刑二年零八个月；解散“乡俗改良会”之所为，处无期徒刑；强迫婚姻之所为，处二等有期徒刑八年。系俱发罪，应执行无期徒刑，剥夺终身全部公权。[1]

---

① 以上案例选自《汉口民国日报》1927年4月。

第二节　工农民主政权的刑事立法

一、革命刑法的主要任务和刑事立法概况

（一）革命刑法的主要任务

工农民主政权是在激烈的革命战争中创建起来的。国民党反动派为了扑灭革命火焰，破坏工农民主政权，除了向革命根据地反复进行大规模的军事进攻外，还不断派遣各类反革命分子，潜入红色区域内，与被推翻的地主豪绅和土匪相勾结，组织反革命团体，或引导反动军队公开进行烧杀活动，或秘密组织反革命暴乱以及其他破坏活动，使红色政权和人民的生命财产遭受极大损害。

因此，工农民主政权刑事立法的主要任务，就是坚决及时地摧毁一切反革命组织，严厉打击各种反动破坏活动。与此同时，也要惩办危害人民利益的其他刑事犯罪分子，通过对上述犯罪分子的审判活动，借以巩固工农民主专政，保障根据地革命秩序和人民的合法权益，紧紧为革命战争、土地革命和革命根据地的各项建设事业服务。

（二）刑事立法概况

为了完成上述任务，各地工农民主政权先后颁布过一些肃反条令和其他刑事法规。

首先，关于惩治反革命的法令。

在武装起义建立工农民主政权的初期，各地革命政权制定了以下主要法令：

1927 年 11 月，海丰县临时革命政府第九号布告和东江农民代表大会通过的“彻底消灭反动派”决议案，以及同年 12 月广州起义中提出的基本政纲中，都有对于反革命罪犯的惩罚条款。

随着红色区域的巩固和发展，各地工农民主政府相继颁布了惩治反革命的单行条例。在江西，有信江工农民主政府 1929 年 12 月制定的《肃反条例》，到 1931 年 3 月修改为《赣东北惩治反革命条例》。在福建，有闽西工农民主政

府1930年6月制定的《闽西惩办反革命条例》和1931年2月《闽西反动政治犯自首条例》。在安徽，有1930年4月制定的《六安县第六区肃反条例》。这些条例列举了反革命的主要罪行和处理办法。

中华苏维埃共和国成立后制定的肃反法令有：1931年12月3日中央执行委员会通过的第六号训令（1932年3月12日颁布实行），《训令》除了规定建立司法机关和审判程序外，还规定了对于反革命罪犯的处理原则。1932年4月22日中央执行委员会又发布了《关于纠正放松肃反的错误》第十一号训令。此后各地制定了具体执行条例，如1932年4月湘赣省苏维埃政府制定的《湘赣省苏区惩治反革命犯暂行条例》和《湘赣省苏维埃政府自首自新条例》，川陕省苏维埃政府通过的《川陕省苏维埃政府肃反执行条例》和《川陕省苏维埃政府关于反革命自首的条例》。在这些条例中具体规定了处刑办法和减免刑罚的办法。

1934年，中央执行委员会总结了几年来各地与反革命罪犯作斗争的经验，于4月8日正式公布了《中华苏维埃共和国惩治反革命条例》，共四十一条。这是土地革命战争时期工农民主政府制定的具有代表性的惩治反革命罪犯的刑事法规，是本节分析的重点。

红军长征到达陕北后，根据形势的变化和抗日民族统一战线的总政策，肃反政策有所变化。在施政纲领和有关法令中规定刑事法规的打击锋芒，主要指向汉奸卖国贼以及严重扰乱社会治安的土匪。

其次，关于一般刑事法规。

《赣东北特区苏维埃暂行刑律》是当时革命根据地制定的条文最多的处理普通刑事案件的法律文献，分为总则、分则两编，共36章，149条。它是工农民主政权初创时期制定刑法典的初步尝试。[①]中华苏维埃共和国成立后，虽曾决定起草刑法典，但由于各种原因，这一任务并未完成。

中华苏维埃共和国成立后，为了同贪污浪费行为作斗争，1932年12月15日中央执行委员会专门发布了《关于惩治贪污浪费行为》的第二十六号训令。

在军事刑律方面，除了红四军早期制定的红军惩罚条例之外，中央执行委员会于1933年12月15日公布了《关于红军中逃跑分子问题》的处置办法。

---

①《赣东北特区苏维埃暂行刑律》无颁布日期和制定机关。目前发现最早的文本是一件经过翻印的油印稿。原件注明："1931年5月19日闽北分区革命委员会翻印"。根据现有史料考证初步推断，它是经1931年3月赣东北特区工农兵第二次代表大会审议原则通过，在赣东北地区内部试行的刑律草案。

中央执行委员会在1933年10月15日公布《中华苏维埃共和国劳动法》的同时，还制定了《违反劳动法惩罚条例》，具体规定了违反劳动法规的惩罚办法。

1934年初，人民委员会制定的《保护山林条例》中，规定了对滥伐森林者的惩治办法。

上述刑事法规的制定和实施，对于打击反革命罪犯，惩治其他刑事犯罪分子，发挥了积极作用。根据1932年中央苏区各级裁判部的统计，审理反革命案件占70%，普通刑事案件占30%。通过刑事审判活动，惩办了一批反革命分子和重要犯罪分子，给反动势力以沉重打击，有力地配合了反“围剿”斗争，巩固了工农民主专政，保卫了人民的安全和根据地的各项建设工作。

二、刑事立法的基本原则

土地革命战争时期是人民刑事立法的草创阶段，在实践中取得了一定的成绩，积累了相当丰富的经验。但由于“左”倾路线的干扰，使肃反工作走了弯路。我们从当时正反两方面的经验教训中，可以看出它已逐步形成了对人民刑法的发展具有重要意义的一些基本原则：

（一）讲究斗争策略，“分清首要与附合”，实行区别对待的原则

就是要正确区分敌我界限，划清罪和非罪以及罪行轻重的界限。首要犯应从重，附合犯应从轻，胁从犯得减免其刑，这些都是从苏区肃反斗争以及刑事审判实践中得出的重要经验。

在工农民主政权建立初期，海丰县临时革命政府和广州苏维埃制定的刑事法规中，一方面体现出工农群众对于反动阶级和反动派血腥屠杀政策采取坚决回击的革命精神，同时也反映出“左”倾盲动主义的思想特色，即不讲究斗争策略，打击面过宽，造成严重失误。如提出一切贪官污吏土豪劣绅地主以及侦探、警察、保安队与在敌人机关办事者，“一概拿着枪决”，屋宇焚烧；有接济敌人粮食私还租谷或卖柴米之类及帮助敌人交通者，也要枪决。这种盲目烧杀的过左政策，必然混淆敌我界限，树敌过多，是完全违背马克思列宁主义的。马克思指出：“不考虑任何差别的残酷手段，使惩罚毫无效果，因为它消灭了作为法的必然结果的惩罚。”“惩罚在罪犯看来应该是他的行为的必然结果，——

因而也应该是他本身的行为。他受惩罚的界限应该是他的行为的界限。”[①] 列宁说：“革命的无产者必须知道应该镇压谁，应该善于同谁（在什么时候和怎样）达成协议。对那些把俄国出卖给外国帝国主义者的地主、资本家及其走狗，不实行恐怖和镇压，是荒唐可笑的。……但是，当局势迫使小资产阶级民主派转向我们的时候，还一味对他们采取镇压和恐怖的策略，那是同样荒唐可笑的，甚至更加荒唐可笑的”[②]。

为了纠正上述错误，中国共产党在1928年7月召开的第六次全国代表大会的决议案中，提出镇压土匪反革命的“恐怖手段宜有系统，并应打击反革命的头脑”。毛泽东同志1928年11月在《井冈山的斗争》一文中，明确规定了“禁止盲目烧杀”，“不杀反水农民”，“反水农民回来一样得田地”等项正确政策。1929年1月《红军第四军司令部布告》公开宣布：“乱烧乱杀，在所必禁”。“敌方官兵，准其投顺，以前行为，可以不问”。1931年12月中央执行委员会第六号训令中提出：在处理反革命案件时，要“分清首要与附合”，对于首要分子应该严厉处置，对于附合分子应该从宽处置。1934年4月《中华苏维埃共和国惩治反革命条例》明确规定：“凡被他人胁迫非本人愿意，又确无法避免其胁迫因而犯法者”，“得按照各该条文的规定减轻或免除其刑罚。”后来毛泽东同志在《中国革命战争的战略问题》中指出：“对待政治异己分子，不可对他们不警戒；但也不可过于恐惧他们的叛变，而采取过分的警戒手段。对地主、商人、富农之间是应该有分别的，主要的是政治上向他们说明，争取他们中立，并且组织民众监视他们。只有对极少数最带危险性的分子，才可以采取严峻手段，例如逮捕等。”[③]

综上所述，可以得出以下结论：（1）对于反动阶级和反革命分子，必须提高革命警惕性，对于其中极少数的危险分子，应坚决予以镇压，绝不能麻痹姑息，但也不可采取过火的手段，就是要实行严肃与谨慎相结合的方针。（2）要把因一时受骗而“反水”的群众，与真正的反革命分子严格区别开来。对于前者（除另有严重犯罪行为者外），不能以反革命分子论处。也就是要正确区分敌我界限，集中力量打击真正的反革命分子。（3）对于政治异己分子，也要采

①《第六届莱茵省议会的辩论（第三篇论文）》，《马克思恩格斯全集》第1卷，人民出版社1956年版，第139—141页。

②《皮梯利姆·索罗金的宝贵自供》，《列宁全集》第28卷，人民出版社1956年版，第172页。

③《毛泽东选集》第一卷，人民出版社1991年版，第202页。

取区别对待，分化瓦解，争取多数，打击少数的斗争策略。一般应将其多数交由当地群众监督改造，而逮捕法办的只是其中的极少数。（4）在处理反革命案件时，还必须按照罪行轻重，分别对待。对于首要分子，应该严厉处置；对于附合分子和胁从者，应该从宽处置；对于未遂犯，要减轻处罚；敌军归顺者，既往不究。（5）1935 年 12 月党中央“瓦窑堡会议”后，明确规定：对于过去与旧政府及国民党有联系的分子，只要没有从事反对革命政权的活动，即不以反革命分子看待；对于过去叛变革命的分子，只要他们停止活动解除武装，可以采取宽大的原则。

（二）对自首自新者实行减免刑罚的原则和立功者受奖的原则

为了体现区别对待的政策，有关法律还规定，如果罪犯能够投案自首或主动坦白，得减免其刑罚，立功者要给以奖励。如 1930 年《六安县第六区肃反条例》第十六条规定：“凡犯本条例各条之罪，未经查觉而自首者，得斟酌原因减刑或免刑。”1934 年《中华苏维埃共和国惩治反革命条例》第三十六条规定：凡犯本条例所列各罪，未被发觉而自己向苏维埃报告者（自首分子），或既被发觉而悔过忠实报告其犯罪内容，帮助肃反机关破获其他同谋犯罪者（自新分子），得按照各项条文的规定，减轻处罚。《川陕省苏维埃政府肃反执行条例》规定：阶级异己分子组织反动团体，缴械投诚，并坚决帮助苏维埃肃反者，得减刑或免刑，肃反有功者有赏。《川陕省苏维埃政府关于反革命自首的条例》，除具体规定对自首者的减免办法外，还规定：凡反革命军官、侦探携械投降或拿获反动长官，准其自首免罪，并予以奖励。但自首后仍继续从事反革命活动者，要加倍处罚。

以上规定初步确定了实行自首坦白者减免刑罚，立功者受奖的原则。这些原则的正确实施，对于分化瓦解反动营垒，争取愿意悔改者改恶向善，具有重要意义。

除此之外，当时法律还把“贯彻阶级路线”作为一条重要的刑法原则，即对工农出身和对革命有功绩者犯罪，得减免其刑罚。关于工农出身者得减免刑罚的规定，是在 1931 年纠正肃反扩大化时，同“分清首要与附合”同时提出的。中央执行委员会 1931 年 12 月发布的第六号训令指出：“处置犯人的时候，不分阶级成分，不分首要和附合，以致应当轻办的却把他重办了（如不释放附合的工农分子）”。因而规定对于豪绅地主、富农、资本家出身的反革命分子，应该严厉处置，对于从工农贫民劳动群众出身而加入反革命组织的分子，应该从宽处置。对于这些规定，应作具体分析。在当时的历史条件下，运用阶级观点去分析敌情和具体的反革命案件，是完全必要的。但是，如果撇开犯罪的性质和事实孤立地将阶级出身作为定罪量刑的标准，则是不正确的。假如工农分子被胁迫参加反革命组织，没有犯罪活动或罪行较轻者，则应免于处罚或从宽处理；如果充任反革命首领或有重大犯罪行为，即使工农出身者也必须依法制裁。可见，离开犯罪事实，只着眼于阶级出身，是"唯成分论"在刑事立法中的反映。

关于对革命有过功绩的人现在犯罪得减轻处刑的规定，见于《中华苏维埃共和国惩治反革命条例》第三十五条，该条规定："凡对苏维埃有功绩的人，其犯罪行为得按照本条例各该条文的规定减轻处罚。"诚然对革命有功绩的人，在社会上应该受到人民的尊重并给予适当的奖励。但是，如果他们触犯了刑律，特别是构成反革命罪或其他重大犯罪，理应依法受到应得的惩罚。在刑事立法中，将有功绩者减免刑罚作为一项普遍的立法原则确定下来，是不正确的。不仅同无产阶级革命法制原则相违背，在社会上和审判实践中也会出现各种偏差，造成不良影响。以后在延安，于 1937 年 10 月通过对黄克功杀人案的审判，始得以纠正。（详见后文）

（三）实行罪刑法定主义和刑事类推相结合的原则

《中华苏维埃共和国惩治反革命条例》第三十八条规定："凡本条例所未包括的反革命犯罪行为，得按照本条例相类似的条文处罚之。"即有法律规定者，按规定执行；无法律规定者，实行比照类推的原则。罪刑法定主义是一项重要的刑法原则。革命根据地制定的刑事法规中，基本上贯穿了这一原则。但是，由于当时处于激烈的革命战争时期，法制极不完备，阶级斗争又异常尖锐复杂，一切阶级敌人正在千方百计地采取各种手段进行破坏活动。因而在一个单行条例中，不可能将一切反革命罪行一一详加列举。为了堵塞法律不完备的漏洞，在《惩治反革命条例》中明确规定"得按照本条例相类似的条文处罚之"，在当时是十分必要的。

（四）实行罪责自负反对株连的原则

所谓罪责自负的原则，就是说刑罚只能施于犯罪者个人，不得株连与罪行无关的家属亲友及任何无辜者。这一原则，在以下法律中都有明确规定：1930 年 5 月《闽西苏维埃政府裁判条例》第十四条规定："刑罚只罪犯人本身，不得株连其家属”。1930 年 6 月《六安县第六区肃反条例》第六条规定：凡犯以上各条之罪者，其家属若无反动情形，不得株连。《中华苏维埃共和国惩治反革命条例》在没收反革命分子的财产时也贯彻了这一原则，即“没收其本人的财产全部或一部”。实行罪责自负的原则不得株连任何无辜者，是实现无产阶级革命法制的最基本的要求。

（五）诬陷者治罪，在刑罚中坚决废止肉刑

诬陷是一种犯罪行为。因此对诬陷者治罪，便成为保障人身权利的一项重要原则。对此，苏维埃刑事法规也有明确规定。《六安县第六区肃反条例》第十五条规定：“凡诬告他人反动者，处以罚金或禁闭。”《赣东北特区苏维埃暂行刑律》第四十九条规定：“意图使他人受刑事处分、惩戒处分而为虚伪之告发者，处三等或五等有期徒刑。”《川陕省革命法庭条例草案》第六条规定：“反对假公报私的行为。如发现剥削分子捏词诬告，以反革命论罪。如有劳动民众诬告，可分别轻重依法处理。”《川陕省苏维埃政府关于反革命自首条例》也规定：凡借自首来诬陷非反革命分子者，加倍处罚。总之，法律确立了对诬陷者治罪的原则。

实行肉刑，是封建专制主义时代的产物，必须坚决废止。1929 年 12 月，在古田召开的中国共产党红军第四军第九次代表大会上，专门通过了《废止肉刑问题》的决议案，指出：“封建阶级为了维持它的封建的剥削，不得不用最残酷的刑罚做工具，以镇压被剥削者的反抗和叛乱，这是肉刑所以为封建时代的产物的理由。”苏维埃政权是进步的革命政权，不应有一切封建制度的残余存在。因此，宣布在红军中“坚决地废止肉刑”，并且要修改红军惩罚条例，由最高军政机关会衔发布废止肉刑的通令。

1931 年 12 月，中央执行委员会第六号训令明确规定：“为彻底肃清反革命组织及正确地判决反革命案件，必须坚决废除肉刑。”福建省苏维埃政府为了执行第六号训令，于 1932 年 9 月严正指出：“以后各级政府及地方武装如再有用肉刑的事情，当以违反苏维埃法令治罪！”

三、反革命罪的概念、种类和其他刑事犯罪

（一）反革命罪的概念和种类

1931 年 12 月中央执行委员会发布的第六号训令，只是规定了处理反革命

案件的一般原则，至于反革命罪的概念和种类，未作具体规定。到1934年，中央执行委员会总结了几年来审理反革命案件的实践经验，于4月8日公布了《中华苏维埃共和国惩治反革命条例》。该条例第二条规定了反革命罪的概念是："凡一切图谋推翻或破坏苏维埃政府及工农民主革命所得到的权利，意图保持或恢复豪绅地主资产阶级的统治者，不论用何种方法，都是反革命行为"。前一句说明反革命罪危害的客体，是革命根据地的苏维埃政府和工农民主革命所得到的权力。后一句说明反革命罪犯的主要目的，是意图保持或恢复豪绅地主和买办资产阶级的反动统治。凡是具备以上两个要件者，无论采用何种方法，都是反革命行为。条例中一个突出的特点，将是否具有反革命目的，作为区分反革命罪与其他刑事犯罪的主要标志。

为了针对反革命罪行的具体情节及其危害大小，确定不同的量刑标准，条例自第3—30条分别列举了反革命罪的主要种类，计有以下28种：

1. 组织反革命武装侵犯苏区，或在苏区内举行反革命暴动者；
2. 勾结帝国主义军阀，武力进攻苏区，或抵抗红军行动者；
3. 组织反革命团体，反对或破坏革命政权，意图维持或恢复反动统治者；
4. 组织或煽动居民拒绝纳税，或不履行其他义务，企图危害革命政权者；
5. 以反革命为目的，破坏革命法令及各种革命事业者；
6. 以反革命为目的，混入革命机关进行破坏活动者；
7. 以反革命为目的，谋杀革命工作人员者；
8. 以反革命为目的进行间谍活动，或窃取国家机密者；
9. 在反动统治方面曾担负重要责任，积极反对工农利益和革命活动者；
10. 以反革命为目的，制造或散布谣言者；
11. 制造或保存反动文字图画，进行反革命宣传者；
12. 以反革命为目的，利用宗教迷信，煽惑居民破坏政府法令者；
13. 投降敌人的革命叛徒；
14. 携枪投敌或教唆他人投敌者；
15. 以反革命为目的混入革命部队进行破坏活动者；
16. 领导或组织红色战士逃跑者；
17. 以反革命为目的，故意破坏、抛弃或偷卖枪支军用品者；
18. 以反革命为目的，故意违抗命令意图破坏战斗任务，或在前线故意向自己部队打枪者；
19. 以反革命为目的，杀害民众，抢夺民众财物者；

20. 藏匿军火，意图达到反革命目的者；

21. 以反革命为目的，破坏水陆交通、公共仓库、国营企业及各项建筑物者；

22. 以反革命为目的，放火焚烧房屋或山林者；

23. 以破坏苏维埃经济为目的，制造或输入假的苏维埃货币、公债券者；

24. 以反革命为目的，破坏苏区贸易造成重大损失者；

25. 假冒红军或革命团体名义，或假造公私印章、文件进行反革命活动者；

26. 以反革命为目的，混入革命机关，故意纵容、唆使反革命分子或其他犯罪分子逃跑者；

27. 被政府驱逐出境，又进入苏区进行反革命活动者；

28. 藏匿与协助上述各种罪犯者。

根据以上罪行的具体情节，分别规定了各种处刑办法。

此外，第一条还规定："凡犯本条例所列举各罪者，不论是中国人外国人，不论在中华苏维埃共和国领土内或在领土外，均适用本条例以惩治之。"

（二）《赣东北特区苏维埃暂行刑律》中的犯罪种类及其主要罪行

1931 年《赣东北特区苏维埃暂行刑律》的分则部分，共二十二章，分别规定了各类犯罪名称及其主要罪行，皆属于普通刑事犯罪，基本内容如下：

1. "藏匿罪人及湮没证据罪"：包括藏匿被追捕或脱逃之人犯；湮没关系他人刑事被告事件之证据；伪造或行使伪造之证据者。

2. "伪证及诬告罪"：依法在审判机关或政府为证人，而为虚伪之陈述者；意图使他人受刑事处分、惩戒处分而为虚伪之告发者。

3."放火、决水及防害水利罪"：放火烧毁他人之建筑物以及图书馆、矿坑、学校、病院、工厂者；决水侵害他人建筑物、田圃及其他可利用之地者；妨害灌溉田亩之水利者。

4."危险物罪"：意图为犯罪所用，而制造、收藏炸药火药及其他爆炸物者。

5."妨害交通罪"：损坏壅塞陆路、水路、桥梁，而致有断绝交通之危险者；以强暴胁迫或诈术妨害邮件电信之递送收发者。

6. "伪造货币罪"：伪造通用货币者；意图行使伪造货币而交付于人或收受伪造货币者；自苏区外贩运伪造货币者。

7. "伪造文书及印文罪"：伪造或行使伪造公文书或图样者；伪造私文书或图样，足以证明他人权利义务之事实者；医师、检验吏出具虚伪之诊断书、检案书、死亡证书或为虚伪之登载者；伪造公印者；伪造私印者。

8. “伪造度量衡罪”：意图行使、贩运而制作违背定程之度量衡者；知情而贩卖不平之度量衡者。行使不平之度量衡而得利者，以欺诈取财论。

9. “鸦片烟罪”：制造、贩运或意图贩卖而私藏鸦片烟者；制造、贩卖吸食鸦片之器具者；自苏区外贩运鸦片烟或吸食器具者；开设烟舍供人吸食鸦片烟者；意图制造鸦片烟而栽种罂粟者；吸食鸦片烟者。

10. “赌博罪”：以赌博为常业者；聚众开设赌博以营利者；制造赌具者和发行彩票者。

11. “奸非罪”：对未满十二岁之男女为猥亵之行为者；对十二岁以上之男女，以强暴、胁迫、药剂、催眠术或他法，致使不能抗拒而为猥亵之行为者；对妇女以强暴、胁迫、药剂、催眠术或他法，致使不能抗拒而奸淫之者（即强奸）；奸淫未满十二岁幼女者；乘人精神丧失或不能抗拒而为猥亵之行为或奸淫者；因犯本章各罪致人死伤或致被害人羞忿自杀及伤害者；引诱妇女卖淫以营利者。

12. “妨害饮料水罪”：污秽供人饮用之净水或其水源，因而致不能饮用者；损坏壅塞水道水源，以断绝供公共所饮之净水至二日以上者。

13. “妨害卫生罪”：知情贩卖有害卫生之食物、饮食用具或儿童玩具者；未经政府允准，以医为常业者。

14. “杀伤罪”：杀人者；伤害致死、致残或轻微伤害者；教唆或帮助他人使之自杀或得其承诺而杀之者；教唆或帮助他人使之自伤或得其承诺而伤之者；因过失致人死伤者；因玩忽业务上必要之注意致人死伤者。

15. “堕胎罪”：怀胎妇女服药或以他法堕胎者；以强暴胁迫或诈术使妇女堕胎者。

16. “遗弃罪”：依法令契约，担负扶助养育保护老幼残疾病人之义务，而遗弃之者；于自己经管地内发现被遗弃之老幼残疾病人，而不与以相当之保护者。

17. “略诱及和诱罪”：规定“以强暴胁迫或诈术拐取妇女或未满二十岁之男子者，为略诱罪。”“和诱未满十六岁之男女者，以略诱论。”意图营利移送自己略诱之妇女或未满二十岁之男子于苏区外者；预谋收受藏匿被略诱、和诱人者。

18. “窃盗及强盗罪”：规定“意图为自己或第三人之所有，而窃取他人所有物者，为窃盗罪”。“意图为自己或第三人之所有而以强暴、胁迫抢取他人物者，为强盗罪”（以药剂、催眠术或他法使人不能抗拒而强取者，亦同）。犯强盗罪故意杀人者或致人死伤者，结伙三人以上在途行劫者，于盗所强奸妇女者，处重刑。

19.“诈欺取财罪”：“意图为自己或第三人之所有，以欺罔恐吓使人将所有物交付于己，为诈欺取财罪”。乘人未满十六岁或精神错乱之际，使将本人或第三人物交付于己，或因而得财产上不法之利益，依诈欺取财罪处断。

20.“毁弃损坏罪”：毁弃关系他人权利义务之文书者；损坏筑建物、矿坑、船舰或其他他人所有物者；纵逸他人所有之动物致令丢失者。

21.“私擅逮捕监禁罪”：私擅逮捕或监禁人者；因犯本章之罪致人死伤者，援用伤害各条处断（但捕捉或暂押反动分子，不为罪）。

22.“骚扰罪”：聚众意图为强暴胁迫已受政府解散之命令，仍不解散者，为骚扰罪。按“首魁”、“执重要事务者”、“附和随行仅止助势者”，分别治罪。

（三）其他单行条例中有关刑事犯罪的规定

1. 贩卖人口罪

1930 年 3 月，闽西第一次工农兵代表大会通过的《保护青年妇女条例》规定：“绝对禁止贩卖女子为婢妾娼妓，违者枪决。”

2. 扰乱金融罪

金银首饰是苏区制造银币的重要原料，因此以革命法律限制其外流，并对伪造银币者处以严刑。如 1930 年 10 月，闽西苏维埃政府发布的《禁止私人收买金银首饰的布告》规定：如有私人在赤色区域收买金银首饰者处以罚款。如果将首饰送到白色区域贩卖，或在赤区私铸银币者，则处以死刑。

3. 贪污罪和浪费罪

为了惩治贪污行为，1930 年 3 月闽西第一次工农兵代表大会通过的《政府工作人员惩办条例》，提出了对“侵吞公款和受贿有据者”的惩治办法。

1932 年 12 月，中央执行委员会《关于惩治贪污浪费行为》的第二十六号训令规定：凡苏维埃机关、国营企业及公共团体的工作人员，利用自己地位贪污公款，以图私利，依据贪污款数，分别判处各种刑罚。同时规定“凡挪用公款为私人营利者，以贪污论罪”。根据该《训令》，贪污罪的主体是“苏维埃机关、国营企业及公共团体的工作人员”，其手段和特征是利用自己的地位，“贪污公款”，“受贿有据”，或“挪用公款为私人营利者”，皆按贪污罪论处。对贪污罪的量刑标准，主要依据贪污的款数，分别判处各种刑罚（从强迫劳动到死刑。当时法律规定贪污500元以上者处死刑），并追回贪污公款。

另外，在苏区刑事立法中，还有一个突出的特点，就是将严重浪费行为，列入刑罚惩治的范围。1931年11月，中央执行委员会公布的《苏维埃地方政府的暂行组织条例》，提出违反财政支出手续者，依照“浪费公款论罪”。1932年12月第二十六号训令，将贪污与浪费并列为犯罪行为。规定“凡工作人员因玩忽职务而浪费公款，致使国家受到损失者”，轻者给予行政处分，重者处三年以下监禁。1934年4月，人民委员会公布的《苏维埃国有工厂管理条例》规定：厂长不执行上级命令，或浪费金钱物料，或使工厂受到重大损失者，须受刑事处分。

苏区的审判实践证明：凡是浪费严重的地方，往往容易隐藏着贪污分子。不杜绝浪费现象，就很难消灭贪污罪犯。可见，贪污和浪费是两种既有区别又有联系的违法行为。苏区将贪污和浪费现象结合起来进行检查揭发，并分别给以应得的惩处，这是一项应予肯定的好经验。因此，毛泽东同志在1934年1月第二次全国工农兵代表大会上的报告中，严肃指出：“应该使一切政府工作人员明白，贪污和浪费是极大的犯罪。反对贪污和浪费的斗争，过去有了些成绩，以后还应用力。”①

4. 红军战士违反军纪罪

红四军建立后制定的《红军惩罚条例》，对于违反军纪罪，分为以下两类：一类是“违反战争纪律罪”，包括违抗命令、畏缩不前、临阵退却等。一类是违反一般军纪罪，包括通敌、叛反、拐枪潜逃以及强奸、乱烧乱杀、毁坏人民财物等罪行。

1933年12月15日，中央执行委员会发布命令，专门规定《关于红军中逃跑分子问题》的处置办法。其中属于刑法规范的有：抢枪逃跑、组织集体逃跑或造谣破坏红军归队者，都分别规定了处刑办法。

5. 违反劳动法罪

1933年10月制定的《违反劳动法令惩治条例》规定：凡私人雇主及国有或合作社企业之管理人员违反劳动部门登记的集体合同者；阻挠工会代表的合法行动或妨害其行使职权者；用恐吓或收买等方法，阻止职工加入工会者；皆以违反劳动法论罪，交由劳动法庭进行审判。

①《我们的经济政策》，《毛泽东选集》第一卷，人民出版社1991年版，第134页。

6. 破坏森林罪

1934 年人民委员会发布的《保护山林条例》，除规定对于滥伐树木者要按价加倍赔偿损失外，还规定对滥伐树木而发生严重后果的主要负责人，以及批准滥伐树木者的处刑办法。

四、刑罚的种类和适用

这个时期的刑罚种类没有统一规定，散见于各种刑事法规中。《赣东北特区苏维埃暂行刑律》将刑罚分为主刑及从刑。主刑包括死刑、有期徒刑和拘役。从刑包括褫夺公权、没收财产。

综观各种刑事立法文献，基本上有以下各种刑罚。

（一）死刑

为了严厉打击反革命罪犯，当时法律规定适用死刑者较多。如《中华苏维埃共和国惩治反革命条例》中列举的 27 条反革命罪行，有 26 条规定对情节严重的主要罪犯，得处以死刑。

法律规定执行死刑一律用枪决。废止杀头、破肚等酷刑。并且要经过特区或省级政府的批准才能执行。“处死刑者要详布罪状”。

当时法律没有规定“无期徒刑”（或永久监禁）。有的地区在审判实践中曾判处过“永久监禁”，1933 年 6 月司法人民委员部明令规定：“以后不准再判处永久监禁”。

（二）监禁（有期徒刑）

《赣东北特区苏维埃暂行刑律》规定“有期徒刑”最高刑为五年，最低为一个月。分为以下五个等级：

一等有期徒刑 五年以下，三年半以上。

二等有期徒刑 三年半未满，二年以上。

三等有期徒刑 二年未满，一年以上。

四等有期徒刑 一年未满，半年以上。

五等有期徒刑 半年未满，一月以上。

中华苏维埃共和国成立后，将“有期徒刑”改称“监禁”，并取消刑期等级的划分，而在法律条文中直接规定刑期。《中华苏维埃共和国惩治反革命条例》规定监禁“以十年为最高限度”。最低刑期，根据罪行情节规定了四种量刑幅度，即“三年以上的监禁”，“二年以上的监禁”，“一年以上的监禁”（或一年至五年监禁），“六个月以上的监禁”。监禁期限的计算方法，自逮捕之日起算。

（三）拘役、强迫劳动（或罚苦工）

《赣东北特区苏维埃暂行刑律》规定“拘役”为“一月未满，一日以上”。

1932 年《关于惩治贪污浪费行为》的训令规定：贪污公款一百元以下者，“处半年以下强迫劳动”。

1933 年 10 月《违反劳动法令惩罚条例》规定：违反劳动法令，得判处“三天以上的强迫劳动”。

1933 年 6 月 11 日，司法人民委员部发布的《对裁判机关工作的指示》规定：判处强迫劳动（苦工），不得超过一年，不准判处长期苦工。可见，当时适用强迫劳动（苦工）者，一般在三天以上，一年以下。

（四）褫夺公权

《赣东北特区苏维埃暂行刑律》规定：褫夺公权包括剥夺下列资格的全部或一部：（1）参加政权的资格；（2）参加一切群众组织的资格；（3）选举资格；（4）充当红军的资格。并规定褫夺公权，适用于科处徒刑以上的罪犯。

《中华苏维埃共和国惩治反革命条例》规定：“凡犯本条例所列各罪之一者，除按照该条文上的规定科刑外”，“并得剥夺其公民权一部或全部。”

关于剥夺公权的起算时间，1932 年 4 月 20 日临时最高法庭第二号训令，针对江西省苏裁判部判决书中存在的问题，指出“剥夺选举权一项，应从监禁期满之日起算。至监禁期内，被告人自然无从行使其选举权”。

当时大多数法律都把剥夺公权作为附加刑与主刑并科。但是，有的法律也规定为独立刑种，如 1932 年《湘赣省苏区惩治反革命犯暂行条例》规定：罪行较轻者，得判处“剥夺公权，监视其劳动”。剥夺公权的期限，可依犯罪轻重而定，“最少为三个月”。

（五）没收财产

《赣东北特区苏维埃暂行刑律》规定：没收之物包括：（1）违禁私造私有之物；（2）供犯罪所用及预备之物；（3）因犯罪所得之物。

《中华苏维埃共和国惩治反革命条例》规定：凡犯本条例各罪之一者，除按照该条文规定科刑外，得没收其本人财产的全部或一部。《关于惩治贪污浪费行为》的训令中也规定除判刑外，得没收本人财产的全部或一部。

《川陕省苏维埃政府肃反执行条例》规定：凡反革命案犯逮捕后，其土地、家财由苏维埃与革命法庭派人看管，在未判决其死刑之前，不得没收之，绝对禁止一切挟嫌乱自没收行为。

（六）驱逐出境

1930 年 3 月，闽西《裁判条例》中有“驱逐出境”的规定。1932 年 1 月《中华苏维埃共和国国家政治保卫局组织纲要》第十一条规定：对反革命分子，可以判处“驱逐出苏区境外”。但 1934 年《中华苏维埃共和国惩治反革命条例》却没有把“驱逐出境”作为一种刑罚直接规定在条文中。只是在第二十九条提到“被苏维埃驱逐出境又秘密进入苏维埃内，意图进行反革命活动者，处死刑”。

另外，1934 年 5 月 20 日，人民委员会发布的第三号训令——《关于地主富农编制劳役队与没收征发问题》规定：在战区进行反革命活动的地主被处决后，“地主家属一律驱逐出境或迁往别处”。这里所指的“驱逐出境”，是一种强制性的行政措施，而不是刑罚。但是历史经验证明，在作战地区，将政治异己分子迁往别处，是完全必要的；但将地主的家属（没有从事反革命活动者），一律“驱逐出境”，不是正确的处置办法，而是极左政策的一种反映。

（七）罚金

《赣东北特区苏维埃暂行刑律》总则“刑名”中，没有明确规定“罚金”。但在分则的某些条款中，却规定要科处罚金。如第一百〇一条“知情贩卖有害卫生之饮食物、饮食用器具或孩童玩具者，处其卖价二倍以下卖价以上罚金。”

闽西《劳动监察条例》和《中华苏维埃共和国违反劳动法令惩罚条例》规定，对违反劳动法令者，得判处罚金。闽西《禁止私人收买金银首饰》的布告中规定：私人在赤色区域收买首饰，一经查出，“处以十倍以上之罚金”。

除此之外，在个别法律中（如《湘赣省苏区惩治反革命暂行条例》），对罪行轻微者，给以“警告”或“劝告”处分。

五、苏区肃反工作的经验教训

土地革命战争时期苏区的肃反工作，取得了一定的成绩，清除了一些反革命分子，给反动势力以沉重打击，有力地配合了反“围剿”斗争，保卫了根据地的各项建设工作。

但是，必须指出，当时的肃反工作，由于缺乏经验，特别是由于“左”倾机会主义路线采取了“过左的肃反政策”①，使肃反扩大化，给党和人民带来严重危害。其主要错误和经验教训是：

第一，主观主义地对形势作了完全错误的估计，夸大敌情，怀疑一切，导致“肃反中心论的错误”。方志敏同志 1935 年在囚室写的《我从事革命斗争的略述》中，总结苏区肃反工作时指出：“肃反工作的扩大化，就是认为反革命在苏区已经有了庞大的组织，雄厚的力量，到处都有了反革命派的混入活动，到处疑神疑鬼！这是夸大反革命的力量，过低估计党和苏维埃的政治力量”②。由于夸大敌情，怀疑一切，必然导致“肃反中心论的错误”。方志敏同志指出：“肃反中心论的错误就是认为一切工作的毛病都是反革命在其中捣鬼，肃清了反革命，一切工作自然都会好了；所以肃反是一切工作的中心，……当时党的主要领导同志就是肃反中心论者，……而对于最中心的战争任务，反没有怎样注意了。”

方志敏同志指出以上错误后，得出结论说：（1）“固然要反对缺乏无产阶级的觉悟性，使反革命派能藏在苏区活动，同时，也要反对小资产阶级的张慌失措，疑忌过多，这不但不能团结干部，而且会引起‘人人自危’的恐慌。”（2）“我们丝毫不能放松肃反工作，……但是，肃反工作不是一切问题的中心，革命战争才是目前中心的中心，肃反工作只是帮助达到战争胜利的一种重要工作。绝不能使肃反工作扩大化，简单化，错办革命群众和同志。”

第二，破坏革命法制，大搞刑讯逼供。本来苏区的革命立法不够健全，只有一些单行条例，没有制定详细的刑法和刑事诉讼法。就是这些单行条例，在“左”倾路线干扰下，也不认真执行，或弃之不用，或“以言代法”。他们审理案件，不重证据，不搞调查研究，非法进行指供、诱供、逼供。有一个时期，不论党、团、其他机关以及一切民众团体都可以自由肃反，自由捕人，非法剥夺被审查人的一切自由权利，不准申辩，不准上诉，而且上行下效，泛滥成灾。正如方志敏同志所指出的：“肃反工作的简单化，就是不注意侦察技术，搜

①《关于若干历史问题的决议》，《毛泽东选集》第三卷，人民出版社 1991 年版，第 973 页。

② 方志敏：《我从事革命斗争的略述》，人民出版社 1980 年版，第 73—76 页。以下引用方志敏同志的话，皆出自本书。

集确证，而只凭口供捉人。这往往会乱供乱捉，牵连无辜！”

后来，罗瑞卿同志在1956年中共第八次全国代表大会上的发言中，总结肃反工作的历史经验时指出：“同调查研究、实事求是完全相反的是逼供信的方法。这就是只根据一些片面的、没有经过检验的材料，草率捕人。捕人以后，又往往轻信犯人口供，甚至用肉刑和变相肉刑逼供，相信逼出来的口供，再去捕人。这是主观主义的反马克思列宁主义的方法，其结果，必然会把敌人的力量夸大化。我们党在土地革命战争时期，在肃反斗争中曾经犯过这种错误，吃了一些亏，但是，却取得了一条经验，这就是必须实行充分的调查研究，坚决反对逼供信。”①

第三，肃反机关错误地强调“集权的独立系统的垂直领导”，实行孤立主义、神秘主义的肃反路线。

苏区的肃反机关，在新区是“肃反委员会”，在老根据地为各级“政治保卫局”（即公安机关）。当时过分强调肃反工作的特殊性，错误地实行“集权的独立系统的垂直领导”体制。规定政治保卫分局和特派员同地方政府和红军中的政治机关，只发生横的关系，而没有直接隶属关系。甚至政治保卫机关的各级党组织，也实行“一致垂直领导”，而不受地方党委的领导。如地方党委检查讨论肃反工作时，特派员也只能报告一般肃反情况，至于机密问题，“除向上级保卫局经常报告外，绝对不能向任何人作报告”。这样，便使肃反机关严重脱离党的领导，更脱离了群众的监督，完全陷入孤立主义、神秘主义状态中。在这种领导体制下，不管发生多大问题，都无法及时制止和纠正。

罗瑞卿同志在上述发言中，也曾强调指出：“在土地革命战争的时候，曾经不正确地强调了保卫机关独立系统的垂直领导，这就使各级保卫机关失去了各级党委的领导和监督，因而犯了错误。从1935年遵义会议以后，党中央纠正了这个错误，坚持实行了对各级人民公安机关的正确领导制度，就是把各级公安机关，置于党中央和各级党委的实际领导之下，军队的保卫机关，置于军队党委和政治机关的领导监督之下，在国家系统方面，也是实行双重领导，而不是实行公安机关的垂直领导。在各级公安机关内部，实行党组集体领导和首长负责相结合的制度。这就使我们避免了重犯过去的错误。”

第四，“钦差大臣”式的中央代表独揽一切，把错误的肃反路线和干部政

① 中共中央办公厅编：《中国共产党第八次代表大会文献》，人民出版社1957年版，第280页。

策中的宗派主义纠缠在一起，使大批优秀干部受到错误的处理而被诬害。当时“左”倾机会主义的领导人，违背民主集中制的组织原则，实行个人专断。方志敏同志曾一针见血地指出：“党的主要负责同志，个人独裁欲和领袖欲太重，不容易接受同志们的意见。”“左”倾机会主义者为了强制推行其错误路线，到处派遣“钦差大臣”式的中央代表。他们所到之处，总揽一切党政军民大权，严重破坏党和政府的一切正常活动。他们把那些在群众中有威望的创建革命根据地的领导人和一些对于错误路线表示怀疑或不坚决执行的同志，一律错误地戴上“右倾机会主义”、“富农路线”、“两面派”等大帽子，以对待敌人和罪犯的方式，进行“残酷斗争，无情打击”；甚至竟然毫无根据地扣上各种反革命的罪名，而加以诬害。正如《关于若干历史问题的决议》中所指出的：“很多地区，更由于错误的肃反政策和干部政策中的宗派主义纠缠在一起，使大批优秀的同志受到了错误的处理而被诬害，造成了党内极可痛心的损失。”①

综上所述，可见苏区肃反扩大化的后果是极其严重的，教训也是非常深刻的。历史经验证明，民主与法制，任何时候都是不可缺少的，否则就要出乱子，甚至要付出血的代价。这一切又是与党的路线密切相关的。凡是党的正确路线占领导地位时，注意发扬党内外的民主，重视革命法制，因而社会秩序基本安定，党内外比较团结，革命事业是向前发展的。反之，在机会主义路线特别是“左”倾机会主义路线占统治地位时，党内外民主被扼杀，革命法制被践踏，社会秩序陷入混乱，党内外离心离德，革命事业必然遭受挫折。因此，我们必须为维护党的正确路线，为健全民主与法制进行不懈斗争。

第三节　抗日民主政权的刑事立法

一、抗日战争时期刑法任务的变化和刑事立法的特点

日本军国主义侵入中国领土后，大力收买中国最反动的一部分大地主大资产阶级和其他民族败类，充当汉奸。国民党内的汪精卫一派直接投靠日本侵略者，建立了汉奸政权。国民党顽固派，消极抗日，积极反共，经常对各抗日根

①《关于若干历史问题的决议》，《毛泽东选集》第3卷，人民出版社1991年版，第987页。

据地实行军事进攻，多次发动“反共高潮”。日、伪、顽相互勾结，在各边区周围广设特务间谍机关和各种汉奸组织，竭力收买反动地主、土匪头子和其他社会渣滓，潜入我抗日根据地，进行投毒、暗杀、刺探军事秘密、破坏边区政府的各项施政设施，直至组织反革命暴乱，给边区人民生命财产的安全和根据地的建设事业，带来严重危害。

为了同汉奸以及其他破坏抗战的罪犯作斗争，各边区的抗日民主政府制定了大量的刑事法规，其主要特点是：

首先，惩治汉奸罪，在抗日民主政府的刑事立法和司法实践中，占有十分突出的地位。汉奸罪，是背叛祖国、出卖民族利益、压迫中国人民，甘心充当外国侵略者走卒的严重犯罪。因此，同汉奸罪作斗争便成为当时边区军民面临的十分紧迫的政治任务。而制裁汉奸以及其他破坏抗战的重要罪犯，就成为刑事立法和审判机关的主要打击对象。正如林伯渠同志在陕甘宁边区政府工作报告中所指出的：司法机关要“把制裁汉奸、反革命当作中心，把保护群众当作天职”。司法实践证明，每当敌我斗争尖锐时，汉奸案犯即随之增加。以太行区为例，1942 年，当日军搞所谓“治安强化运动”时，全区汉奸案件增至 2681 件。1943 年大批国民党将领投敌，“国特”与“日特”合流，全区汉奸案件又激增至 7857 件。经过全国人民的艰苦奋战和对汉奸罪的严厉打击，1944 年敌人逐渐处于劣势，太行区汉奸案件下降为 1779 件。举行反攻以后，解放了广大的敌占区，许多汉奸分子被检举捕办，1945 年太行区的汉奸案件为 2652 件。总计太行区在 1942 年至 1945 年，共审理汉奸案件 14969 件，约占全区特种刑事案件的 62%[①]。晋察冀边区自 1938 年至 1942 年 8 月不完全统计，共审理汉奸案件 6170 件，案犯约有万人，占该地区特种刑事案件的 81%[②]，另有盗匪案 370 件，破坏军事罪 114 件，破坏坚壁财物罪 182 件。

其次，由于当时没有建立中央一级的革命政权，因而不可能制定全国统一适用的刑法典。而是在党中央锄奸政策的统一指导下，由各边区政府根据形势发展的需要，因地制宜地制定了许多地区性的单行条例，作为各该地区司法机关审理刑事案件的法律根据。因此，同一名称的条例，在不同地区不同时期，都曾多次制定或修改过。在法律内容上，虽然基本原则是一致的，但具体规定却有许多差异。同一罪行，在不同条例中互有重复。所以，对于不同时期、不

① 太行区的特种刑事案件，包括汉奸、盗匪、烟毒、贪污案件。

② 晋察冀边区的特种刑事案件，包括汉奸、盗匪、烟毒、破坏军事、破坏坚壁财物案件。

同地区的法律文献，需要作具体的分析。

再次，抗日根据地的刑法与国民党政府的法律具有本质上的区别，但在抗日战争时期“国共合作”的特定历史条件下，基于抗日民族统一战线总政策的要求，为了减少阻力，进行“有理有利有节”的斗争，采取了灵活的斗争策略，这一特点体现在刑事立法方面，即各边区政府独立自主地制定了一系列刑事法规的同时，有些地区还以不同的形式选用了国民党刑法中某些可以利用的法律条文。一种形式，是宣布个别条例得在边区适用。如晋察冀边区行政委员会于 1938 年 12 月转发国民党政府制定的《修正惩治汉奸条例》和《惩治盗匪暂行办法》，晋冀鲁豫边区政府也曾宣布上述条例，在“本区适用”。另一种形式，是规定可以适用某一部分条文。如 1942 年 10 月 31 日《晋冀鲁豫边区危害军队及妨害军事工作治罪条例》规定：“对违犯本条例之行为的治罪，得适用刑法总则之规定”。再一种情况，就是在某些法律文件中提到以某某法律为依据，如 1945 年 8 月《山东省处理汉奸财产条例》提道：“本条例系根据国民政府处理逆产条例及山东省临时参议会施政纲领之精神制定之。”对于这些在特定历史条件下采取的灵活策略，必须结合当时的具体条件，进行历史唯物主义的考察和理解。

二、锄奸斗争和刑事立法的指导方针

中国共产党和抗日民主政府总结了多年来的实践经验，确定了锄奸斗争和刑事立法的基本指导方针，主要有以下几点：

（一）“不放过一个敌探，不错办一个好人”

为了正确指导锄奸斗争，首先必须对抗日根据地的主客观条件，有一清醒而全面的认识。1940 年 10 月 21 日《解放日报》社论《决定锄奸政策的出发点》指出：第一，要认清抗日根据地是处在敌后长期抗日战争的环境。从这一客观环境看，我抗日根据地是敌特破坏的中心目标。因此，对于敌寇一切可能的阴谋破坏，必须严加警惕。没有这种认识，便会使我们轻视敌人，麻木不仁，遭受敌探奸细的袭击。第二，应正确估计我们的根据地，是经过长期战争和无数胜利建立起来的。从这一主观条件看，在抗日根据地里，有坚强的共产党的领导，有具有高度觉悟的抗日军队，有忠于革命事业的优秀干部和热爱祖国的广大人民。因此，我们必须相信自己的力量，相信自己的干部和广大群众。敌探奸细只是少数的民族败类，而绝大多数的军队、干部和群众，绝对不会成为敌人和奸细。没有这种认识，便会夸大敌人的力量，无根据地怀疑自己的干部和群众，而惊慌失措，中了敌人“借刀杀人”的诡计，使锄奸扩大化。第三，还应该认识目前党的政策是抗日民族统一战线的政策，是联合各抗日党派、各阶层及一切不愿投降的人们共同抗日的政策。因此，锄奸政策必须以这一总政策为出发点，过去“左”倾路线时期错误的肃反政策，必须抛弃；否则就会到处制造敌人，把中间分子动摇分子赶到敌人阵营中去，使自己陷于孤立。根据上述分析，社论指出：一方面必须坚决镇压少数敌探奸细，不放过一个敌探，不漏掉一个奸细。非此不能保卫根据地，非此不能巩固抗日的革命势力。另一方面，又必须坚决保障全体抗日人民的民主权利，不要错办一个好人，不要冤枉一个好人。非此不能瓦解敌人，非此不能得到民众的拥护。总之，在不放松敌人，不夸大敌人的原则下，把镇压少数敌探汉奸的活动和保障全体抗日人民的民主权利统一起来，这就是决定抗日根据地锄奸政策的基本原则。两者不可割离，任何一方面出现偏差，都会给锄奸工作带来严重后果。总之，应经常记好这个原则：“不放过一个敌探，不错办一个好人”，也就是要分清敌我界限，区分罪和非罪的界限。决不能认敌为友，更不能将人民内部的思想问题和实际问题，误认为敌我问题，主观臆断任意给人扣上“汉奸”“反革命”的帽子，而草率捕人，错办好人。

（二）实行镇压与宽大相结合的方针

1938 年 10 月，中国共产党六届六中全会在谈到锄奸方针时就曾指出要“采取灵活的策略去反对敌人，反对锄奸工作的简单化。因此对敌人应各个击破，分别处理，打击主力，争取胁从。”

1940 年 8 月《晋察冀边区目前施政纲领》中规定：“凡因被迫或一时错误触犯汉奸治罪条例的分子，准其自新；对死心塌地的汉奸，严予惩办”。

1940 年 12 月，毛泽东同志在《论政策》一文中强调：“应该坚决地镇压那些坚决的汉奸分子和坚决的反共分子，非此不足以保卫抗日的革命势力。但是决不可多杀人，决不可牵涉到任何无辜的分子。对于反动派中的动摇分子和胁从分子，应有宽大的处理。”“对敌军、伪军、反共军的俘虏，除为群众所痛恶、非杀不可而又经过上级批准的人以外，应一律采取释放的政策。”①

但在执行镇压与宽大相结合的方针时，曾发生过左或右的偏向。抗战初期

①《毛泽东选集》第二卷，人民出版社 1991 年版，第 767 页。

曾出现过“左”的倾向，在打击奸特案犯时，忽视根据罪行轻重采取区别对待的策略。后来提出宽大政策时，又出现片面强调宽大的偏向，对于该逮捕法办的也一概放任不管，因而引起群众的不满。为此，中共中央在 1942 年 11 月 6 日专门发布了《关于宽大政策的解释》[①]，对镇压与宽大相结合的方针作了全面、系统的阐述，明确指出:“对敌人、汉奸及其他一切破坏分子等，在被俘被捕后，除绝对坚决不愿改悔者外，一律实行宽大政策，予以自新之路。这里是提示了镇压与宽大两个政策，并非片面地只有一个宽大政策。对于绝对坚决不愿改悔者，是除外于宽大政策的，这就是镇压政策。这里同时提示的两个政策，是完全正确的，必须坚决实行的”。中共中央进一步解释说：对于一切已经证明是坚决破坏民族利益的分子，应依法严办，绝对不应放任。对于此类破坏分子如不坚决镇压，即无异帮助敌人，那就要脱离群众。而对于一切曾经有破坏行为，但是真心悔改，确有证据者，我们则必须采取宽大政策。同时，中共中央还指出：在实施镇压与宽大政策时，又必须区别首要分子与胁从分子。在惩办破坏分子时，主要的应是惩治那些首要分子，其次才是惩治那些胁从分子。同时，我们的宽大政策，主要是施于胁从分子，其次才是施于首要分子。“总之，以表示真心改悔与否是决定政策的标准。”“而镇压与宽大是必须同时注意，不可缺一的”。最后要求各地党政军领导机关，应根据此种解释去实事求是地、有分别地实行镇压与宽大的政策。

（三）实行“九条方针”，严禁逼供信，错案必须平反

1940 年 9 月中央社会部《关于锄奸政策与锄奸工作的指示》[②] 中指出:“真正的提高革命警惕性，反对锄奸工作的扩大化。因此要反对无证据无法律的乱捕乱杀，反对严刑逼供，虐待犯人，要以革命的法治精神，客观的慎重态度，依靠侦察，根据证据，废止肉刑，依靠政治。”1940 年 12 月《论政策》和 1941 年 5 月《陕甘宁边区施政纲领》再次重申了上述原则。

但是，革命法制的建立，并不是一帆风顺的，必须克服来自各方面的阻力，并且将要经历一个长期反复的斗争过程。尤其是在与肃反有关的政治运动中，往往有人自觉不自觉地把已经初步建立的革命法制丢在一边，程度不同地出现刑讯逼供等破坏革命法制的现象。如 1939 年山东湖西地区“在所谓肃托

①《中共中央文件选集》(13)，中共中央党校出版社 1991 年版，第 455—456 页。

②《中共中央文件选集》(12)，中共中央党校出版社 1991 年版，第 477 页。

斗争中，曾发生严重的政治错误”。主要原因是：（1）当地党和军队的领导人员，对于中国托派的反革命力量缺乏正确的认识，而主观地夸大了托派的力量，不相信已有相当斗争历史的干部，因而发生扩大化的错误。（2）采取非刑拷打、指名问供、有供即捕等诬陷手段，使隐藏在党内的暗害分子乘机活动扩大事态，以售其借刀杀人之毒计。（3）湖西地区的党和军队的负责人没有亲自动手，而把这些关系人命的大事，完全托付一个来历不明的暗害分子，任其胡作非为。1941 年 2 月，《中共中央关于湖西边区锄奸错误的决定》，对这一错案进行了彻底纠正，并决定对这一事件的主要负责人，撤销工作，送交军法处判处徒刑。又如 1943 年夏，在延安整风审干运动中，康生一手制造的所谓“红旗党”假案，就是这个时期最突出的一例。康生断言：“红旗政策是国民党在其统治区对共产党实行内奸政策的一个新的策略”，因而大搞逼供信，使大批无辜者受到株连，严重破坏革命法制，再度出现肃反扩大化。由于党中央发现及时，立即予以纠正。

针对上述情况，1943 年 8 月 15 日，毛泽东同志为党中央起草的《中共中央关于审查干部的决定》[①] 中，提出了著名的“九条方针”，即“采取首长负责，自己动手，领导骨干与广大群众相结合，一般号召与个别指导相结合，调查研究，分清是非轻重，争取失足者，培养干部，教育群众的方针”。在这一《决定》中，特别是把逼供信作为错误肃反方针的重要标志，而加以批判。《决定》明确指出：“上述首长负责的整个方针，是和内战时期曾经在许多地方犯过的错误的肃反方针根本对立的。这个错误方针简单地说来，就是逼供信三字。审讯人对特务分子及可疑分子采用肉刑、变相肉刑及其他威逼办法；然后被审人随意乱供，诬陷好人；然后审讯人及负责人不假思索地相信这种绝对不可靠的供词，乱捉乱打乱杀，这是完全主观主义的方针和方法。”《决定》接着指出：“抗战时期，山东湖西地方的错误肃反事件，也是重复这样方针与方法的结果。这种错误思想的余毒，在许多干部中特别是在保卫工作干部中，至今还是严重的保存着，只有采取上述首长负责的整个方针，才有充分可能肃清这种主观主义的错误思想”。最后，《决定》针对前一段整风审干中存在的问题，严肃指出：“如果是被冤枉了的或被弄错了的，必须予以平反，逮捕的宣布无罪释放，未逮捕的宣布最后结论，恢复其名誉。”对于今后可能产生的过左偏向，“领导者必须精密注意适时纠正”。

---

① 《中共中央文件选集》（14），中共中央党校出版社 1992 年版，第 89—96 页。

为了防止发生错案，毛泽东同志提出“少捉不杀”的原则。他说：“只有少捉不杀，或少捉少杀，才可保证最后不犯错误。留得人在，虽有冤枉，可以平反（确实冤枉的必须平反，绝无犹疑余地）。多捉多杀则一定会犯不可挽救的错误。”同年10月9日，毛泽东同志又在关于肃反工作的一个批语中明确指出：“一个不杀大部不抓是此次反特务斗争中必须坚持的政策。”历史实践证明，这些方针原则，是多年来付出一定代价换得的极为深刻的经验教训，我们应该牢牢记取，永远引以为戒。

（四）锄奸工作必须加强党的领导贯彻群众路线

抗日战争时期，全面加强了党对锄奸工作的领导。首先体现在政治领导方面，由于这时对于锄奸工作的客观规律有了进一步的认识，斗争经验更为成熟，因而制定了一系列正确的方针政策，并能及时发现锄奸运动中出现的带有倾向性的问题，采取有效对策，坚决加以纠正，使锄奸斗争沿着正确的轨道健康发展。同时在组织上也建立了一整套正确的领导制度。把各级公安机关置于党中央和各级党委的实际领导之下，军队的保卫机关，置于军队党委和政治机关的领导监督之下。并且规定凡有关重大方针政策问题，一律要报请中央讨论批准。各级党组织对于公安工作，除了经常性的讨论和检查外，每年还要专门讨论和系统检查两次，并要作出相应的决定。在政权系统中，也是实行双重领导，而不是实行公安机关的垂直领导。公安机关除受上级公安部门的领导外，并要接受同级政府委员会的领导。在公安机关内部，实行党组集体领导和首长负责相结合的制度。这样，便从政治上组织上加强了党对锄奸工作的全面领导，这是取得锄奸斗争胜利的基本保证。

群众路线是党的根本政治路线和组织路线。执行刑法和锄奸斗争是抗日斗争的重要组成部分，因而必须而且能够贯彻群众路线。“领导骨干与广大群众相结合”，“教育群众”，是构成锄奸斗争“九条方针”的基础。只有坚决相信群众依靠群众，才能打破保卫工作神秘化的观点，才能提高群众觉悟，发挥群众的抗日积极性，使奸特无处藏身。如果离开当地群众或脱离原工作岗位，只靠少数人冷冷清清、孤立主义地进行锄奸斗争，是很难达到目的的。历史经验证明，只要广大群众真正发动起来，无论奸特分子怎样狡猾隐蔽，都难逃人民的法网。

抗日战争时期的锄奸斗争，在贯彻群众路线方面，创造了许多新经验，取得了很大成绩。当时采取的主要方法和经验，有以下几点：第一，大力开展群众性的锄奸宣传工作和革命法制教育，利用奸特破坏的活生生的事例，使广大群众认清汉奸活动的危害性，激发群众的义愤，经常保持高度的政治警惕性。同时，通过讲解《惩治汉奸条例》和其他有关法令，使群众了解政府的方针政策，以便随时利用一切时机，向奸特分子及其亲属和一切失足者，进行爱国守法教育，争取他们走立功自赎的道路。

第二，建立群众性的锄奸组织，将广大群众组织在抗日政府的周围。当时各边区的基层组织中，普遍建立了"锄奸保卫委员会"和"锄奸小组"。陕甘宁边区 1939 年 1 月统计，共建立了 700 个乡的锄奸委员会，9000 个锄奸小组，组员达 10 万人以上。根据《陕甘宁边区锄奸委员会组织条例草案》的规定，乡锄奸委员会"为人民自愿协助政府进行锄奸工作之群众团体，同时又是乡政府对于群众锄奸运动的领导机构。"在乡锄奸委员会之下，以行政村为单位，设立锄奸小组。其基本任务是：在乡政府的领导下，教育并动员群众参加锄奸斗争，协助政府维持地方治安，保护民众利益。发现反革命嫌疑犯时，迅速报告当地治安机关，但是绝无侦察、逮捕、拘押、审讯人犯的权利。

另外，各级政府还注意充分发挥各个群众团体和民兵儿童团的作用，把广大民众都组织到锄奸斗争中来，形成一支坚强而宏伟的锄奸队伍。

第三，群众性的锄奸运动与专门机关相结合。为了执行革命刑法夺取锄奸斗争的彻底胜利，除了加强党的领导，充分发动群众之外，还必须健全各种专政机构。主要是公安机关、公安部队、司法机关以及监所等。这些都是实现对敌专政必不可少的强力工具。发动群众和加强专门机关的工作，两者是相辅相成的。群众运动必须有专门机关的指导，专门机关更需要有广大群众的支持，并成为群众斗争的骨干。抗日战争时期的实践证明：充分发挥专门机关的威力并使之与群众运动相结合，是贯彻刑事政策夺取锄奸斗争胜利的重要条件。

第四，最后在审判汉奸案件时，也必须贯彻群众路线。除了邀请有关群众团体的代表参加陪审外，司法机关在调查研究时，要注意倾听群众的处理意见。在宣判之前，要组织受害人举行群众性的诉苦运动，该犯除向群众坦白认罪之外，还要分别赔偿有关群众的直接损失（属于民事赔偿）。情节不甚严重的分子，准备释放者，也应通过群众大会向群众低头认错，取得群众谅解后，予以释放。在审判中提倡贯彻群众路线，当然不是尾巴主义，群众说啥是啥，不问政策法令，任其自流，而是要以积极负责的态度，宣传政策法令，通过群众依照法律来处理汉奸案件。这样，既能迫使罪犯低头认罪，也使广大群众受到民族气节和革命法制的教育。抗日战争时期在审判工作贯彻群众路线方面，取得了显著的成就。

（五）适用刑法必须坚持人人平等的原则

前一节在分析《中华苏维埃共和国惩治反革命条例》时曾指出，由于“左”倾路线的影响，在这一刑事法规中，规定出身好和有功绩的人犯罪，得减免其刑罚。这是“唯成分论”和“唯功绩论”在刑事立法上的反映。关于“唯成分论”的偏向，在遵义会议后，特别是党中央提出实行抗日民族统一战线的总政策之后，即逐步得到纠正。对于“唯功绩论”的纠正，则是在抗战开始后，集中体现在毛泽东同志为黄克功枪杀刘茜一案给雷经天的复信里。

被告黄克功，男，26岁，少年时在江西加入红军，立过战功，当时在抗日军政大学任队长。被害人刘茜，女，16岁，1937年8月自太原来延安，先在抗大学习，后转入陕北公学。黄要求与刘结婚，被刘拒绝，黄即产生杀刘念头。1937年10月5日晚，黄身带手枪，邀刘到延河畔谈话。当刘茜再次拒绝其求婚时，黄对刘连开两枪，当即夺去了这位少女的生命。此案当时在延安引起了强烈反响。但是究竟应该如何处理，在群众中却有两种截然相反的议论。一种认为黄克功少年参加红军，为革命屡建战功，应该从宽处理。另一种意见则认为黄克功身为革命军人、共产党员，强迫未达婚龄的少女与其结婚，已属违法，达不到个人目的，竟丧心病狂地残杀革命同志，实属革命队伍中的败类，理应判处死刑，以平民愤。边区政府对此案极为重视，组成了以雷经天为审判长的合议庭。经过调查审讯，决定判处黄克功死刑。由于此案影响较大，又有黄克功向中央军委的申诉信，故将此案呈边区政府审核后，转报中央审批。党中央和军委在毛泽东同志主持下，经过慎重讨论，最后批准了边区高等法院对黄克功处以极刑的判决，并由毛泽东同志亲自写了复信。

毛泽东同志在这封复信中，明确指出必须依据被告人犯罪行为的危害大小，作为定罪科刑的主要依据，果断地摈弃了有功绩者犯罪得享受减免刑罚的特权，体现了法律面前人人平等的原则。因此这封复信就成为我国革命刑法史上具有重要理论意义和历史影响的法律文献。复信强调指出：“黄克功过去斗争历史是光荣的，今天处以极刑，我及党中央的同志都是为之惋惜的。但他犯了不容赦免的大罪，以一个共产党员红军干部而有如此卑鄙的，残忍的，失掉党的立场的，失掉革命立场的，失掉人的立场的行为，如为赦免，便无以教育党，无以教育红军，无以教育革命者，并无以教育做一个普通的人。因此中央与军委便不得不根据他的罪恶行为，根据党与红军的纪律，处他以极刑。”总之，“他之处死，是他的自己行为决定的。”同时，复信还指出：“正因为黄克功不同于一个普通人，正因为他是一个多年的共产党员，是一个多年的红军，所以不能不这样办。共产党与红军，对于自己的党员与红军成员不能不执行比较一般平民更加严格的纪律”①。这便告诉我们，共产党员革命干部，只能成为严格遵守法律的模范，绝无高居法律之上，或超出法律之外的特权。否则，必然会给那些蔑视革命法制，居功自傲，为了达到个人目的而胡作非为（甚至以人命为儿戏）的人，大开方便之门，使人民的合法权益遭受损害，革命的刑法原则受到践踏。正因为如此，所以这封复信发出后，在抗日根据地的立法中，不仅不再出现类似“唯功绩论”的规定，而且对于共产党员革命干部提出了更加严格的要求。例如1940年《中共边区中央局关于发布新的施政纲领的决定》就严肃指出：此纲领发布后，“一切为本党同志所领导之机关、部队、团体、学校，均须照此纲领坚决实施之。党员有违反此纲领之任何条文者，予以纪律之裁判。”《陕甘宁边区施政纲领》第八条还规定：“共产党员有犯法者，从重治罪”。

以上是抗日战争时期锄奸工作和刑事立法的基本指导方针。除此之外，在这个时期颁布的许多条例中，还重申了罪及个人不得株连无辜者的原则。毛泽东同志在《论政策》一文中，提出了“决不可牵涉到任何无辜的分子。”《晋察冀边区关于逮捕搜索侦查处理刑事、特种刑事犯之决定》中，具体规定：“前项犯人之犯罪，仅及个人，不得株连其家属。其家属为从犯或嫌疑犯者，应按其家属身份，依前项各款之规定逮捕。”《晋察冀边区行政委员会修正处理汉奸财产办法》第三条规定：“没收或查封汉奸财产，应限于本人所有，不及其亲属”。

三、汉奸罪和有关破坏抗战的重大犯罪

汉奸罪，又称叛国罪，抗战胜利前后有的地区将其中罪恶严重者称为战争罪犯。其他有关破坏抗战的重大犯罪，包括盗匪（土匪）罪、妨害军事罪、妨害公务罪、盗毁空室清野财物罪以及破坏金融罪（禁绝伪钞等）。

（一）汉奸罪（叛国罪、战争罪犯）

1937年10月，陕甘宁边区政府、保安司令部联合发布的《陕甘宁边区锄

---

①《致雷经天》（1937年10月10日），《毛泽东书信选集》，人民出版社1983年版，第110—111页。

奸委员会组织条例》中，为了动员群众检举揭发汉奸分子，具体列出了汉奸罪的十大罪行，这是边区政府最早规定汉奸罪行的法律文献。到1939年，陕甘宁边区政府正式制定了《抗战时期惩治汉奸条例（草案）》，第十三条具体规定了对汉奸罪的处刑办法。其他各地抗日民主政府也陆续制定了惩治汉奸条例，如1943年4月《晋察冀边区处理伪军伪组织人员办法》《太行区战时紧急处理敌探汉奸暂行办法》《山东省战时除奸条例》，1945年3月《山东省战时行政委员会、山东军区关于特务汉奸之处理办法的联合决定》，1945年8月《山东省惩治战争罪犯及汉奸暂行条例》和《山东军区处理伪军伪警条例》，1944年2月苏中行政公署、苏中军区司令部联合公布《处理汉奸军事间谍办法》，1945年7月苏中行政公署、新四军苏中军区政治部《调查叛国汉奸罪行暂行条例》，同年9月《苏中区惩治战争罪犯及汉奸暂行办法》和《苏中区汉奸自首自新暂行条例》等。直到抗战胜利后的一段时间内，各地还陆续制定了一些惩治汉奸的单行条例，如《苏皖边区惩治叛国罪犯（汉奸）暂行条例》（1945年12月）和《苏皖边区第一行政区惩治汉奸施行条例》（1946年3月），《太行行署对战犯处理的指示》（1945年12月）和《太行行署关于处理伪军伪组织人员的原则及执行中应注意事项的指示》等。

抗战初期的惩治汉奸条例，内容规定得比较原则。以《陕甘宁边区抗战时期惩治汉奸条例》为例，第三条列举了汉奸罪的十八款具体罪行，主要规定：凡是企图颠覆抗日政府，阴谋建立傀儡政权者；破坏人民抗日运动者；进行间谍特务活动者；藏运军火图谋叛乱者或组织领导叛变者；携枪投敌者；施放信号显示敌人轰炸或射击目标者；杀害革命干部或毒害人民者；以粮食军器资送敌人者；破坏交通或扰乱金融者；以文字图画宣传破坏抗战者；有意放纵汉奸分子逃跑者或诬陷别人为汉奸者，皆以汉奸论罪。犯上述各款之罪，视其情节轻重，分别判处有期徒刑或死刑。教唆、放纵或协助犯上述各款之罪者，与本犯同罪。年龄在14岁以下、80岁以上者，得减免其刑罚。

到了抗战后期，特别是抗战胜利后一段时间内，由于大批汉奸和部分日本战犯已经就捕，急待处理。此时对于汉奸和战犯的具体罪行了解得比较深入，立法经验也更为丰富，因而在条例中对其罪行和处刑办法，规定得较为全面具体。以1945年9月25日颁布的《苏中区惩治战争罪犯及汉奸暂行条例》为例，该条例规定"为整饬民族纲纪，保障民族解放战争的彻底胜利，予战争罪犯及汉奸以应有的惩罚"，凡"有下列各项行为之一者，处死刑、无期徒刑或十年以上有期徒刑，褫夺公权终身：在战争期间，自始至终效忠于日本军国主义，罪大恶极为人民所痛恨者；日军军部、特务机关、联络部、宪兵队之主管或主谋者；于日本宣布投降后，组织拒降，坚决抵抗或残杀人民者；残杀虐待战争俘虏者；伪军警、伪政权、伪组织之主官或主谋，并积极破坏民族解放事业者；组织叛变投降敌人者；主谋主使破坏我方之军事、政治、经济及文化建设事业，因而发生损害者；组织各种社团为敌效劳，积极破坏民族解放事业者；偷窃国家军政秘密，供给敌人，破坏抗日战争之主谋主使者；为敌掠夺资财粮食，捕捉壮丁之主谋主使者；制造惨案，屠杀人民者；倚恃敌伪在解放区或敌战区蹂躏人民，绑架烧杀，罪大恶极为人民所痛恨者。”[①] 上项罪行之从犯、未遂犯，或包庇、隐匿、纵容犯，以及上项所举以外之通敌或帮助敌人破坏抗战之汉奸罪犯，处十年以下有期徒刑，褫夺公权期间与刑期同。

为了给汉奸分子以经济上的制裁，并为妥善保护这部分财产，各边区政府都制定了有关没收汉奸财产的单行条例，如1938年2月《晋察冀边区行政委员会处理汉奸财产办法》、1940年3月《晋西北没收汉奸财产单行条例》、1942年8月《晋冀鲁豫边区汉奸财产没收处理暂行办法》、1941年4月《山东省处理汉奸财产条例》、1945年8月《山东省处理汉奸财产暂行办法》和《山东省政府、山东军区关于敌伪财产处理办法》。上述法律的主要内容是：凡敌伪直接占有或日华合办的资财，得无条件没收。凡经司法机关判处死刑及没收财产之汉奸罪犯，或汉奸全家附逆以及本人无家属者，其财产全部没收。凡依靠敌伪势力而行掠夺、勒索、强占、强买之财物，应按照具体情节轻重，没收其全部或一部；没收后应分别情形酌予发还原主。凡在战争混乱期间，廉价收买、代管、借营、抵押、霸占汉奸之财产，一律无效。知其财产将被没收，因而为财产权移转之行为，其行为无效。故意为被没收人隐匿或转移其财产，得视其情节予以惩办。

为了给汉奸附逆分子以自新的机会，各边区政府先后制定了汉奸自首条例。如1938年11月《晋察冀边区汉奸自首条例》、1945年7月《苏中区伪政权伪组织人员悔过自首暂行办法》、1945年8月《山东省汉奸自首自新暂行条例》以及同年9月《山东省政府关于争取逃亡地主和失节附敌分子的决定》，具体规定了自新条件及从宽、奖励办法。《苏中区伪政权伪组织人员悔过自首暂行办法》规定：凡本行政区所辖范围内各敌占据点之伪政权官吏职员、伪政治机关、特务机关、党务机关人员，及在敌军机关任职（如翻译、特工、情报

① 载《苏中报》1945年9月25日。

员等）之华籍人员，均得向区以上政府履行悔过自新手续，脱离其原有伪职。凡悔过自新人员，一律不加杀害，不咎既往，并保证其生命财产之安全。携带武器及敌伪重要文件前来悔过自新者，或杀伤、擒获敌伪官兵重要分子者，按其功绩大小，概予现金奖赏及公开表扬。但上述敌伪人员，未来悔过自新者，“一律以叛国汉奸论罪”，各级政府得相机予以逮捕，严加惩治。

上述条例法令的颁布和实施，对于及时依法惩治奸特叛国罪犯、分化瓦解敌伪势力，发挥了积极作用。

（二）盗匪罪

抗日战争初期，各地盗匪十分猖獗，给人民生命财产造成严重危害。抗日民主政府为了肃清盗匪，巩固边区治安，确保人民生命财产安全，先后制定了惩治盗匪条例。如1939年《陕甘宁边区抗战时期惩治盗匪条例》、1942年9月山东省参议会通过的《山东省惩治盗匪暂行条例》等。陕甘宁边区规定，凡以抢劫为目的，有下列行为之一者，即以盗匪论罪：聚众持械抢劫者；以暴力强夺他人财物者；掳人勒赎者；藏匿贩运军火者；窝藏或俵分赃物者；伤毙人命者；乘机强奸妇女者；纵火焚烧房屋者；袭击或抗拒军队者；抢夺军队或自卫武器者；勾引军队为匪者。犯盗匪罪者，视其情节判处徒刑或死刑，并没收本犯全部财产。凡教唆、庇纵或协助犯，与本犯同罪。确系被威逼而构成的胁从犯得减刑。

（三）妨害军事罪和妨害公务罪

为了保障抗日军人和公务人员的安全以及正常执行职务，晋冀鲁豫边区政府于1942年10月颁布了《晋冀鲁豫边区危害军队及妨害军事工作治罪暂行条例》。同年12月，又颁布了《晋冀鲁豫边区妨害公务违抗法令治罪暂行条例》。

前者规定：凡捕杀抗日军人及其家属者，煽动抗日军人逃叛通敌者，组织暴动捣毁机关抢劫军用品及公物者，乘战争混乱迫害我军伤病员者，经常制造谣言破坏抗日军队威信与主动挑拨离间军民关系者，得判处死刑、无期徒刑或五年以上有期徒刑。凡殴打辱骂抗日军人者，乘危急对军人作非法要挟者，故意传播谣言者，偷盗军用器材者，得判处1—5年有期徒刑。

后者规定：凡聚众骚扰捣毁政府机关者，绑架杀害公务人员及其家属者，聚众施行强暴胁迫而致公务员死亡或重伤者，窃盗政府机密文件或印信者，得判处死刑、无期徒刑或五年以上有期徒刑。凡以强暴胁迫或诈术阻止公务人员执行服务或扰乱政府之集会者，冒充公务人员骗征粮款或敲诈人民者，恶意造谣、曲解、破坏或抵抗法令超过违警行为者，煽动公务员弃职逃亡或以声色货利诱惑公务员腐化堕落贻误职务者，得判处五年以下三年以上有期徒刑或科处罚金。

（四）盗毁空室清野财物罪

在敌后根据地，为了粉碎敌人"扫荡"，保护公私财物，各地抗日民主政府分别制定了惩治盗毁空室清野财物条例。如 1941 年 10 月《晋冀鲁豫边区惩治盗毁空室清野财物办法》，到 1942 年又制定了《惩治盗毁空室清野财物补充办法》。同年 10 月，晋冀鲁豫边区政府和边区高等法院联合发布《关于对根据地人民、敌占区民夫等抢劫盗毁食粮田禾处理办法的通令》，规定了各类违法人员的处置办法。此外还有 1942 年 4 月《晋察冀边区破坏坚壁财物惩治办法》。在山东抗日根据地，于 1943 年 7 月和 11 月，分别制定了《渤海区处理敌人扫荡期间窃盗案件暂行办法》和《胶东区惩治窃取空室清野财物暂行办法》等。

所谓"空室清野财物"，晋冀鲁豫边区规定："凡为备战所埋藏之一切公私财物为空室清野财物。"晋察冀边区称作"坚壁财物"，即指"因防止敌寇汉奸之破坏与抢夺而移藏于地窖山沟及其他隐蔽处所之衣被粮秣公文器具等类之一切公私财物与用土石堵塞之建筑物而言"。有的地区规定，只有在敌人"扫荡"之际，盗毁上述财物的，才构成"盗毁空室清野财物罪"。如山东渤海区规定："所谓敌人扫荡之际，指在敌人扫荡中及敌人将来前，或敌人刚退后，秩序已失常态，尚未恢复之时而言。"① 以上便把盗毁空室清野罪的侵犯客体及其适用的特定环境，规定得十分明确。根据这些条例，凡在敌人"扫荡"之际，乘机盗毁空室清野财物者，是直接间接帮助敌人危害抗战事业的严重犯罪，必须给以惩罚。晋冀鲁豫边区规定：（1）向敌伪自动告密空室清野财物，因而遭受损失，或虽无损失经证明告密属实者，均以汉奸论罪。（2）因敌伪扰乱未及携带埋藏而弃置之财物，经人拾得而坚不退还者，依侵占论罪。（3）对连续犯或捏造敌情致民众逃避而乘机窃取空室清野财物，依盗窃罪加重处罚。（4）凡勾结敌人盗毁空室清野财物，使他人受损失者，处死刑或十年以上有期徒刑。

---

①《渤海区处理敌人扫荡期间窃毁案件暂行办法》（1945 年 7 月），载渤海区行政公署《战时单行法规》，1944 年 4 月。

（5）盗毁空室清野财物，其情节轻微者，处两个月以下劳役。后来经过一段实践，晋冀鲁豫边区政府又颁布了补充办法，主要特点是，对情节轻微战后自动赔偿损失者，得免除其刑，集中打击情节严重的主要罪犯。如以窃盗为常业，连续犯，组织他人进行盗窃，或乘战争之机窃取大量财物，借以发“扫荡财”者，处死刑。

（五）破坏金融罪

抗日战争时期，各抗日根据地都制定了通行本地区的边币。为了巩固边区金融，保护抗日边币，必须坚决禁绝敌伪钞票进入根据地，严厉打击伪造边币等罪行。为此，各地区先后制定了有关破坏金融的惩罚条例。如 1939 年 6 月《陕甘宁边区政府禁止仇货取缔伪币条例》，1941 年 12 月《陕甘宁边区破坏金融法令惩罚条例》，1941 年 5 月《晋冀鲁豫边区禁止敌伪钞票暂行办法》（1942 年 9 月修正公布），1941 年 7 月《晋冀鲁豫边区保护法币暂行办法》，1941 年 11 月《晋西北修正扰乱金融惩治暂行条例》，1943 年 5 月《晋冀鲁豫边区冀鲁豫行署查禁假鲁钞暂行办法》，1942 年 2 月《晋绥边区修正扰乱金融惩治暂行条例补充办法》等。上述条例规定了对边币的保护措施和破坏金融罪的惩治办法。概括起来，包括以下内容：（1）一切敌伪发行之钞票，在边区内绝对禁止携带、保存与行使。违者一经查出，除没收外，并按情节轻重处以徒刑或罚金。（2）在边区内一切交易往来收支公款，均以边区银行发行的边币为本位。凡在边区境内不以边币交换作价或故意拒收边币者，以破坏金融论罪，按具体情节判处劳役或罚金。（3）意图破坏边区金融，进行货币投机牟利者，除货币全部没收外，酌情判处徒刑并科罚金。（4）冀鲁豫行署当发现敌伪制造假鲁钞大量涌入根据地后，特规定凡制造假鲁钞者处死刑；凡贩卖假票或明知为假票而行使者，得酌情治罪。查获假票一律没收烧毁。

四、其他刑事犯罪

主要包括贪污罪、盗窃罪、烟毒罪、赌博罪、买卖人口及妨害婚姻家庭罪、侵犯公民人身权利罪，等等。根据几个地区在不同时期的不完全统计，由司法机关审理的主要刑事案件如下：

表 5-1　陕甘宁边区 1939 年至 1941 年 6 月，20 个县的统计

罪名	贪污	盗窃	烟毒	赌博	杀人	伤害	妨害婚姻家庭
案件数	235	429	1157	697	86	167	147
占全部刑事案件的比例	5.16%	9.42%	25.41%	15.3%	1.8%	3.6%	3.22%

表 5-2　晋冀鲁豫边区（太行区）1943 年至 1945 年的统计

罪名	贪污	盗窃	烟毒
案件数	1076	4129	2244
占全部刑事案件的比例	5.45%	20.92%	11.36%

表 5-3　晋察冀边区（北岳区）1938 年至 1942 年 8 月各类普通刑事案件百分比的变化

罪名 / 案件百分比 / 年度	盗窃	赌博	杀人	伤害	妨害婚姻家庭
1938 年	10	9	12	30	3
1939 年	7	3	21	21	6
1940 年	30	5	8	8	13
1941 年 6 月至 1942 年 8 月	34	4	6	7	13

（一）贪污罪

毛泽东同志在论述抗日解放区与国民党统治区的重要区别时曾指出："利用抗战发国难财，官吏即商人，贪污成风，廉耻扫地，这是国民党区域的特色之一。艰苦奋斗，以身作则，工作之外，还要生产，奖励廉洁，禁绝贪污，这是中国解放区的特色之一。"① 因此，"励行廉洁政治，严惩公务人员之贪污行为，禁止任何公务人员假公济私之行为"，是各边区施政纲领的重要内容。为了实现这一政纲，同贪污分子进行斗争，1938 年 8 月陕甘宁边区政府制定了《惩治贪污暂行条例（草案）》（1939 年再次修订公布）。其他地区的抗日民主政府也陆续颁布同样的条例，如 1940 年 12 月《山东省惩治贪污暂行条例》（1945 年 3 月再次修订公布），1941 年 9 月《晋西北惩治贪污暂行条例》，1942 年 2 月《晋冀鲁豫边区惩治贪污暂行办法》，同年 10 月《晋察冀边区惩治贪污条例》等。

① 《论联合政府》，《毛泽东选集》第三卷，人民出版社 1991 年版，第 1048 页。

《陕甘宁边区惩治贪污条例（草案）》规定：边区所属之机关部队及公营企业人员，或群众组织及社会公益事务团体之人员，有下列行为之一者，即以贪污论罪：（1）克扣或截留应行发给或缴纳财物者；（2）买卖公物，从中舞弊者；（3）盗窃侵吞公有财物者；（4）强占、强征或强募财物者；（5）意图营利，贩运违禁或漏税物品者；（6）擅移公款，作为私人营利者；（7）违法收募税捐者；（8）伪造或虚报收支账目者；（9）勒索敲诈收受贿赂者；（10）为私人利益而浪费公有财物者。一般都根据其贪污数额及其影响大小，规定处刑标准（1939 年规定贪污千元以上者处死刑），并追缴其贪污所得财物。后因物价及币值经常波动，有的地区将贪污款数折合成小米作为处刑标准。如 1944 年修正《晋察冀边区惩治贪污条例》规定贪污数额在 500 斤小米市价以上者，处以死刑或十年以上徒刑。处罚金者，也以小米折价计算。

当 1943 年抗日根据地军民处于严重困难时期，粮食显得更为珍贵，因而贪污公粮者，便构成严重犯罪。1943 年 8 月《山东省惩治贪污公粮暂行条例》规定：贪污公粮 500 斤以上者，处死刑、无期徒刑或十年以上有期徒刑。

针对农村基层政府工作人员的特殊情况，晋冀鲁豫边区冀鲁豫行署专门制定的《关于村政权人员贪污之处理的指示》规定：为执行政府法令及行政纪律，村政权人员贪污，亦应受到处分。但因该地区大多数村政权未经改造，故不应不教而诛。决定除对罪行严重者予以惩办外，一般应从宽处理。撤销其职务，退回赃物，并令其在群众大会上承认贪污罪行，道歉具结，结合对群众进行民主教育，改造村政权。

对于贪污犯，经过几年的斗争后，案件有所下降。如陕甘宁边区 1939 年查获处理贪污案 360 件，1940 年又处理 644 件，到 1941 年上半年即下降为 153 件。太行区自 1942 年公布条例后，1943 年处理贪污案 606 件，1944 年下降为 232 件。1945 年为 238 件。

（二）盗窃罪

在抗日根据地里，盗窃案件虽然比战前大为下降，但在刑事案件中仍占有相当大的比例。太行区 1943 年至 1945 年，审理盗窃案 1076 件，占刑事案件的 20.9%。晋察冀边区北岳区 1938 年至 1942 年，盗窃案在普通刑事案件中，最低占 7%，最高时竟达到 34%。

抗日根据地的审判实践证明，盗窃案件的升降变化，是同敌人的残酷“扫荡”，战争的破坏，农业收成的丰歉，以及经济制度的改革和法律秩序的建立与否，有着极其密切的关系。以太岳区为例，抗日民主政权创建之后，社会生活比较安定，盗窃案件较少，1938 年占普通刑事案件的 10%，1939 年占 7%。到 1940 年即上升为 30%，1941 年至 1942 年 8 月又上升为 34%。其主要原因是敌人多次“扫荡”，造成严重破坏，又加天灾歉收，社会秩序紊乱。同时，又由于当时司法机关对于盗窃案犯处理过宽，打击不力，给不良分子以可乘之机。再以太行区 1942 年至 1945 年的案件变化为例，1942 年，全边区盗窃案为 1317 件，占 24%；1943 年因灾荒袭击，盗窃案增至 2192 件，占 40%；1943 年开展减租减息运动，农民所受地租的剥削大大减轻，生活有所改善，盗窃案逐步减为 1421 件，占 26%；1945 年的大生产运动，成绩显著，人民生活普遍上升，盗窃案再下降为 516 件，占 9.5%。由此可见，为要解决盗窃问题，除了必要的法律制裁外，需要进行综合性的防治措施，最根本的是必须进行社会经济制度的改革。

（三）烟毒罪

烟毒为害已久，早已定为违禁品。但自日军侵入我国以来，实行毒化政策，到处强迫种植鸦片，制造各种毒品，流毒甚广。为了彻底根绝烟毒，保障人民健康，各边区政府先后成立禁烟督察局（处），并颁布了禁烟禁毒办法或治罪条例。抗战初期陕甘宁边区政府就制定了《陕甘宁边区禁烟禁毒条例（草案）》，1939 年 2 月晋察冀边区行政委员会发布了《关于严禁播种罂粟的命令》，1941 年 7 月《晋冀鲁豫边区毒品治罪暂行条例》，同年 11 月《晋西北禁烟治罪暂行条例》，1942 年 1 月《陕甘宁边区查获鸦片毒品暂行办法》，1943 年 4 月《山东省禁烟治罪暂行条例》和《山东省禁毒治罪暂行条例》等，具体规定了对烟毒的禁绝治罪办法。

条例规定，所谓“烟”，指的是鸦片、罂粟和罂粟种子。所谓“毒”，指的是吗啡、高根、海洛因及其他化合物等。凡意图制造鸦片而种植罂粟者，制造贩运烟毒者，制造吸食或注射烟毒器具者，意图营利设立吸食注射烟毒场所者，公务人员包庇受贿纵容他人犯前项各罪者，皆视为重要罪犯。陕甘宁边区处刑较轻，敌后各根据地（晋西北、晋冀鲁豫、山东等地）处刑较重，对主要罪犯要处死刑、无期徒刑，并科处罚金和褫夺公权。凡吸食和注射毒品者，由政府登记限期戒绝，违者要处以劳役或徒刑。凡直接间接受日寇主使以烟毒危害民族生机者，按汉奸罪论处。凡能协助政府告发破获烟毒犯者，由政府予以奖励。

通过法律的和行政的种种有力措施，禁烟禁毒工作，收到较好成效。在抗日根据地的巩固地区，烟毒案件，逐步下降。以太行区为例，1943 年司法机关审理的烟毒案件 1571 件，1944 年下降为 429 件，1945 年再降为 244 件。

（四）赌博罪

赌博活动，也是旧社会遗留的一种恶习，是影响生产妨害社会治安的重要因素，因而为革命法制所不容。一般赌博行为，多由公安机关或区公所依照各边区制定的《违警罚暂行办法》，给以适当处罚，只有情节严重者，才交司法机关惩处。关于赌博的危害和制裁办法，山东省抗日民主政府 1943 年 4 月的训令曾指出："近查乃有不法之徒，专以引诱良家子弟，招纳匪徒，聚赌为业，影响所及，非为使我生产减低，游民增多，且更招致奸细，祸害地方。兹为确保我根据地的繁荣与安宁，特经决定：嗣后对于当场抓获之赌徒，得处以罚金。赌具与在赌台或兑换筹码台处之财物，均予没收。以赌博为业，或以设赌为常业者，要处以有期徒刑和罚金。如引惑无知青年或设计诳骗至输巨款者，应以赌博与诈骗，并科论罪。"①

各地司法机关，多年来审理了相当数量的赌博案件，对于减少赌博犯罪，起了很大作用。据陕甘宁边区 1939 年至 1941 年 6 月 20 个县的统计，共判决赌博案 697 件，占全部刑事案件的 15.3%。太岳区赌博案在普通刑事案件中的比例，也是逐步下降的。1938 年为 9%，1939 年为 3%，1940 年为 5%，1941 年 6 月至 1942 年 8 月为 4%。

（五）买卖人口及妨害婚姻家庭罪

1939 年 4 月公布的《陕甘宁边区婚姻条例》规定："凡违犯本条例者，得由当事人向法院控诉，或由检察机关提起公诉，给以应得之制裁"。但对买卖人口及妨害婚姻家庭罪并未规定具体制裁办法。1940 年《陕甘宁边区政府关于募捐惩罚动员各问题的决定》中指出：关于买卖婚姻均在政府严禁之列。但对近于买卖婚姻之礼金，应否没收或处罚金，取决于当地乡代表会议之多数。其没收物和罚金，由乡代表会用于公益事业。

有些地区的抗日民主政府曾颁布专门法令，具体规定了对买卖人口和妨害

① 《山东省战工会关于赌博罪的训令》（1943 年 4 月），载《山东省现行司法法令》，1946 年。

婚姻家庭罪犯的惩治办法，如1943年1月《晋冀鲁豫边区妨害婚姻治罪暂行条例》，1943年4月《山东省战工会关于制止抢劫寡妇的训令》，1944年10月《晋冀鲁豫边区冀鲁豫行署关于处理因灾荒买卖人口纠纷的规定》，分别就抢劫、买卖妇女，违反婚姻条例等罪行，规定了具体惩治办法。

《晋冀鲁豫边区妨害婚姻治罪暂行条例》规定：凡贩卖妇女者，霸占他人妻女者，煽动抗日军人家属离婚退婚成为事实者，勒索财物妨害寡妇再嫁者，虐待妇女有据者，抢婚者，蓄婢或纳妾者，重婚者，处五年以下有期徒刑，得并科罚金。同时还规定：凡买卖婚姻者，挑拨他人夫妻不和而鼓动离婚者，租妻或合伙娶妻者，强迫不到婚龄之男女结婚者，妨害成年男女自愿结婚者，与有配偶之人通奸者，处一年以下有期徒刑，得并科罚金。但与有配偶之人通奸者，非其配偶不得告诉。

抗日战争时期，对于保护抗日军人的婚姻（或婚约），具有十分重要意义。因此《修正淮海区抗日军人配偶及婚约保障条例》专门规定：娶抗日军人配偶者，处三年以下有期徒刑；娶抗日军人未婚妻者，处二年以下有期徒刑；前项之主持说合者，处一年以下有期徒刑。其婚姻宣布无效。

另外，在个别地区针对当地存在的突出问题，制定临时特别法令。如山东省滨海地区，久有暴徒持械结伙抢劫寡妇或离婚妇女，有的据为己有，有的价卖自肥，被害人无处申诉。为了保障人权，打击此类暴徒，1943年4月山东省临时参议会通过了《山东省关于制止抢劫寡妇的训令》，指出“似此灭绝人权，抹煞人格之行为，不仅为亟应改革之恶习，实为人类之耻辱，亦即亟须惩治之行为，惟以习沿已久，积非为是，不设重典，难遽收效。”因此，特决定：嗣后准将上述行为的既遂主犯，一律处以死刑，从犯处十年以下有期徒刑。其未遂主犯处十五年有期徒刑，从犯处五年以下有期徒刑。

晋冀鲁豫边区1943年曾发生严重灾荒，因而出现许多买卖人口事件。灾荒过后，纠纷日益增多，影响到抗日人民的团结和根据地的社会安宁。冀豫鲁行署特于1944年10月作出《关于处理因灾荒买卖人口纠纷的决定》。其中涉及刑法规范的有以下几点：（1）妇女以灾荒为借口，而擅自离开家庭另与他人结婚者，准原夫告诉，以妨害婚姻论罪。（2）以买卖人口为业和将已出嫁之女又卖给伪军伪人员当妻妾者，依法从重治罪。（3）夫妻串通或与娘家串通，以“放鹰”为业，卖出又跑回者，经买方告发，除受刑事处分外，卖方并应赔偿买方之损失。

（六）侵犯公民人身权利罪

在革命根据地里，每个公民的生命安全、人身健康、民主权利、人格名誉等，都应受到革命政权的切实保障。一切非法侵害，必然受到法律的制裁。有些已经明文规定在纲领法律中，有些在判例批复中体现了这一精神。以下着重分析一下故意杀人罪、非法拘禁罪、堕胎溺婴罪、诬陷罪和伪证罪。

1. 故意杀人罪

故意杀人罪，是非法剥夺他人生命的行为，是侵犯公民人身权利的最严重的犯罪。根据抗日战争时期陕甘宁边区审判实践的资料分析，此类案件产生的原因是多方面的。“图财害命”，“因奸杀人”，或由于气愤报复而进行凶杀者，时有发生。陕甘宁边区高等法院 1944 年至 1945 年 9 月统计，共发生命案 198 起。其中因夫妻感情根本不合，离婚不遂，或因奸情而发生的命案，有 81 起，占 41%。从而说明旧社会遗留的不合理的婚姻制度会给社会带来各种不幸的后果。因此，除了加强法制宣传并依法对凶手进行惩办外，还必须彻底改革封建婚姻制度，继续修订婚姻立法，并且要切实贯彻实施。

2. 非法拘禁罪

1940 年 12 月《论政策》规定：“要消灭任何机关团体都能捉人的混乱现象。”①1941 年 5 月《陕甘宁边区施政纲领》重申了上述政策，并加以具体化。1942 年 2 月《陕甘宁边区保障人权财权条例》明确规定：“除司法机关及公安机关依法执行其职务外，任何机关、部队、团体不得对任何人加以逮捕、审问、处罚（现行犯不在此例），人民利益如受损害时，有用任何方式控告任何公务人员非法行为之权”。

正当大力贯彻保障人权的法律时，延安市发生了一件因非法拘禁致死案。主要案情是：延安学生疗养院的运输队长刘世荣和保管员李德成，在运木炭途中发生口角，刘将李打伤。回来后，总务科长白占山下令将刘世荣捆缚在空窑洞里，并派杨永和、王玉华、赵风岗看守。不久，刘痛哭喊叫，也未给松绑。半夜开门时见刘已倒地，尚有气息，杨立即报告秘书李延德并建议请医生。李说：“刘主要是疲乏了。”只是解绳让刘卧地休息，并未立即请医生。待以后医生来时，刘已气绝。

本案由延安市地方法院审理，于 2 月 7 日宣判，判处杨永和、王玉华各有

---

①《毛泽东选集》第二卷，人民出版社 1991 年版，第 768 页。

期徒刑四年，李延德、白占山各有期徒刑一年三个月。刘的葬理费及家属抚恤费以及孩子扶养入学等，皆由学生疗养院负责。宣判后，杨永和不服，向边区高等法院提起上诉。其理由是他们之所以捆刘，皆由于总务科长的命令。杨发觉刘有致死征兆时，曾立即报告秘书李延德。所以“捆绑之因，致死之果”，皆应由李、白二人负主要责任。上诉人的辩护人在3月9日曾在《解放日报》上公开发表署名文章《“学疗”命案判决之研究》，着重指出一审判决中，对杨与李、白之间的责任问题，认定不当。边区高等法院经过公开辩论和反复调查，于7月22日开庭宣布撤销延安市地方法院的一审判决，判处秘书李延德有期徒刑三年，总务科长白占山有期徒刑二年十个月，王玉华、赵风岗各有期徒刑两年，杨永和有期徒刑一年十个月。第二审宣判后，被告皆表示服判，群众也认为罪责清楚，对宣传贯彻保障人权条例起了很好作用。

3. 堕胎溺婴罪

1942年3月《晋察冀边区行政委员会关于堕胎溺婴案件均须依法科刑的命令》，指出：自去秋反“扫荡”以后，各地妇女鉴于携带婴儿活动困难，因而堕胎和溺婴者，比前增多，但各级政府对此种恶风，却纠正不力。因此，命令强调指出，堕胎溺婴不仅有违革命人道主义，而且是危害民族后代的犯罪行为。特决定今后发生堕胎事件，均须依法科刑。如村长区长发现此类事件不向上级报告者，由村长区长负责。县政府不依法科刑者，由县长负责。这一法令的发布，对制止堕胎溺婴事件，发挥了一定作用。

4. 诬告罪和伪证罪

当时关于诬告罪和伪证罪，没有制定专门的治罪条例，但在其他刑事条例中，却规定有相应的条款。归纳起来，大致有以下两种规定：

第一，对诬告者实行反坐的原则。如《太行区战时紧急处理敌探汉奸暂行办法》在规定对敌探汉奸得采取紧急处置之后，指出：“凡是区村干部或军民有下列情形之一者，以杀人罪反坐：一、趁机报复杀害好人者。二、伪造证据陷害好人者。”《渤海区处理敌人扫荡期间窃盗案件暂行办法》第六条在规定民众得捕获现行犯时，指出“挟嫌诬陷者，按反坐罪办理。”《陕甘宁边区抗战时期惩治汉奸条例》规定：“诬陷别人为汉奸者”，“以汉奸论罪”。《晋察冀边区破坏坚壁财物惩治办法》规定：“故意陷害诬告他人犯本办法之罪者，处以各该条之刑。”《晋冀鲁豫边区毒品治罪条例》也规定：“栽赃诬陷或捏造证据诬告他人犯本条例之罪者，处以各该条之刑。证人、鉴定人意图陷害本条例各条犯罪嫌疑之被告而为虚伪之鉴定者，亦同。”山东省禁烟条例和禁毒条例，也有类似规定。

第二，按诬告罪处刑。如《陕甘宁边区破坏金融惩罚条例》规定："如有挟嫌诬告者，以诬告论罪，处以二月以上，一年以下之有期徒刑。"《山东省战时除奸条例》规定："假公报私妨害人权者，以诬陷论罪"。《苏皖边区惩治叛国罪犯暂行条例》规定："如挟嫌诬告，应依刑法诬告罪论之"。

以上就是抗日战争时期各边区刑事立法和犯罪类别的基本情况。除此之外，各地区还有些临时性的刑事法令，如 1943 年 1 月晋察冀边区行政委员会《关于严厉禁止粮食资敌规定六项紧急措施的命令》，规定了对奸商私运粮食出封锁沟的处刑办法。

五、抗日民主政权刑罚制度的新发展

抗日战争时期的刑罚种类，没有统一的规定，而是由各边区政府在刑事条例中，根据当时当地的具体情况，规定了一些刑罚措施，归纳起来，有以下几种：

（一）死刑

依照法律规定，死刑适用于罪大恶极，对社会危害严重，为群众所痛恨的少数犯罪分子。抗日战争时期对死刑的规定，有以下三种：

1. 依法由法庭宣布死刑，经上级政府核准后执行。由执行机关公布其罪状和判决理由。

2. 悬赏捕抓就地正法。太岳区规定：对于罪恶昭彰、住敌占区或敌据点之死心塌地的汉奸及群众所痛恨的土匪，不能逮捕送案者，经县长呈请专员批准，得宣布"就地正法"，即不经法庭审问，人人捕而诛之。若该犯确有悔改表现，县长也可宣布撤销此案。

3. 死刑保留。太岳区规定：对于应判处死刑而认为有可能争取改造者，可判处"死刑保留"。保留期间长短，根据具体情节，可定为一年至五年。在保留期间，如果重犯前罪或另犯他种更大罪行者，经法庭重新讨论决定，即执行枪决。如果过保留期限不再犯罪，其"死刑保留"即为失效。鉴于死刑保留如单独使用，"有时会形成没有处罚的现象"。因而该法律特规定，死刑保留不能单独使用，必须与徒刑、罚金等并用。[①] 这种"死刑保留"在某种程度上类似

① 《晋冀鲁豫边区太岳区暂行司法制度》（1944 年 3 月），第 32、33、59 条，见太岳行署《司法工作》1944 年第 5 期。

死刑缓刑，又与“死刑缓期执行以观后效”有某些相似之处。但是，由于当时这种刑罚，尚处于局部地区的试行阶段，许多规定，都不甚详尽具体。

（二）无期徒刑

抗日战争时期陕甘宁边区曾经废止无期徒刑。1941 年 10 月《解放日报》发表文章，论述废止无期徒刑的理由是：一个人犯罪后，既然还不到排除于社会的程度，那就只有给以相当时期的制裁，并加以教育改造，刑满后仍可在社会上做一个有用的公民。而判处无期徒刑者，虽然其生命得以保存，但他却终生与社会家庭隔绝，究竟与死何异？虽有赦免及假释的机会，但却毕竟是少见的。因此主张废止无期徒刑。陕甘宁边区的各级司法机关，在抗战期间也没有判处过无期徒刑。

但在其他抗日根据地所制定的刑事法规中，却明确规定无期徒刑这一刑种。如《晋察冀边区破坏坚壁财物惩治办法》《晋冀鲁豫边区危害军队及妨害军事工作治罪暂行条例》《山东省惩治盗匪暂行条例》中，都有无期徒刑的规定。但在审判实践中，由于当时战争环境的动荡，基本没有适用无期徒刑。

（三）有期徒刑

陕甘宁边区在抗战初期，规定有期徒刑最高刑期为五年，最低刑期为六个月（或二个月）。经过一段时间的实践，感到从死刑到五年徒刑之间，差距太大。因此，1942 年 4 月边区政府委员会第十三次会议决定，并经边区参议会常驻会第五次会议通过，特将有期徒刑的最高刑期改为十年。

其他抗日根据地的刑事立法规定可判处“十年以上有期徒刑”。如晋察冀边区、晋冀鲁豫边区和山东省的许多刑事法规都有此种规定。个别法令规定得判处十五年有期徒刑。如 1943 年 4 月山东省战工会《关于制止抢劫寡妇的训令》就规定“其未遂主犯处以十五年有期徒刑”。

当时许多条例中，还明确规定实行“缓刑”和“假释”制度。判处有期徒刑如系初犯，可资教诲者，司法机关有权宣告缓刑（一般在一年以上十年以下）。在缓刑期内，如不再犯罪，可免除其刑；如再犯罪，得合并执行。执行有期徒刑逾六个月，确有改悔表现者，经执行机关呈请，司法机关得决定实行假释。受假释之被告，如在假释期内再犯新罪，应将未执行之刑期与新刑罚，合并执行。司法机关对于假释、缓刑之被告，得指定当地区乡政府、群众团体及被告之亲属，于一定期限内负责管束。

（四）拘役（劳役或苦役）

拘役，一般规定为二月以下，一日以上，也有规定六个月以下者，用于轻微罪犯。宣判后给以必要教育后，即分遣到有关单位服劳役。敌后根据地判处劳役者，以回村服役为原则。

（五）罚金

科处罚金的目的，是为了对罪犯在经济上施以惩罚。1944 年 6 月 12 日，晋察冀边区行政委员会关于罚金问题的通知中规定，要严防滥施罚金，也不得向最高额看齐。应视其犯罪情形及被告人实际经济状况，酌定罚金标准，使其不致在出狱后感觉无法度日而生意外。①

抗日战争时期的罚金制度，包括“并科”、“选科”、“专科”、“易科”多种形式。大多数条例规定，除判处徒刑、拘役外，得“并科罚金”。

许多条例规定可以“选科罚金”。如《陕甘宁边区破坏金融法令惩罚条例》对故意拒绝使用边币者，得处以劳役，“或科以罚金”。

个别条例规定可以“专科罚金”。如《晋冀鲁豫边区禁止敌伪钞票暂行办法》规定，对于私自携带和行使伪钞者，得按其数目多寡，专科一定比例或倍数的罚金。

有的地区还规定判处徒刑拘役者，在一定条件下，得“易科罚金”。如《修正淮海区审理司法案件暂行办法》规定：“受有期徒刑或拘役之宣告，因抗战环境及被告身体、职业或家庭之关系，执行显有困难者，得以抗币一元以上五元以下折算一日，易科罚金。”于宣判后一月内缴纳。苏中区规定判处二年以下有期徒刑者，得以抗币一元至二元折算一日，易科罚金。晋察冀边区规定在游击区判处徒刑者，在必要时，也可实行“易科罚金”。

（六）没收财产

没收的对象，主要是指财产，但在刑事案件中，违禁品、犯罪所用之物或犯罪所得之物，皆在没收之列。赃物如有被害人认领时，应予发还。

《晋西北没收汉奸财产单行条例》规定，没收汉奸财产，包括动产和不动产，“惟随身日用品，不在没收之列”。《晋冀鲁豫边区汉奸财产处理暂行办法》

---

①《晋察冀行政委员会关于法令中凡规定罚金之条文准依原定数额增加十倍的通知》（1944 年 6 月），载晋察冀边区行政委员会《现行法令汇集》下册，1945 年。

规定：凡经司法机关判处死刑及没收财产之汉奸犯，依下列办法执行：（1）汉奸本人无家属者，其财产全部没收。（2）汉奸本人尚有父母未行继承者，没收其本人全部自置财产。（3）汉奸已行继承者，没收其财产大部，酌情留一部与其无辜配偶或子女。（4）汉奸与其兄妹等同财伙居者，按股均分，没收其应得部分。（5）汉奸所持之债权，如系贫苦人民，本息停付，契约作废。如系富有者，应由政府代行债权，向债务人追还。《山东省处理汉奸财产条例》规定："公司商店之财产，有一部分为汉奸财产者，该部分应予没收，但不得妨碍其他投资人之正当利益"。

抗日战争时期，没收财产这一刑罚主要适于汉奸和盗匪，有时也适用于其他犯罪。如《陕甘宁边区破坏金融法令惩罚条例》规定：进行货币投机事业以谋利者，其货币全部没收。《禁烟禁毒条例》规定：设立烟毒商店者，处一年以上徒刑，"并没收其全部财产"。

（七）褫夺公权

陕甘宁边区颁布的多数刑事立法没有规定褫夺公权，只有少数条例有此项规定，如《陕甘宁边区禁烟禁毒条例》中规定："违犯本条例之罪，经法庭判决一年以上有期徒刑者，剥夺其公权"。其他抗日根据地对此规定得比较具体。如《晋冀鲁豫边区毒品治罪条例》规定："受六个月以上徒刑之宣告者，褫夺公权一年以上。十年以下"。《山东省惩治战争罪犯及汉奸暂行条例》规定：主犯处死刑或十年以上有期徒刑者，褫夺公权终身。从犯判一年以上十年以下有期徒刑者，褫夺公权与刑期相同，自刑满释放之日起算。

除了上述七种刑罚之外，当时在有些刑事法规和司法实践中，对于某些刑事罪犯，还采取以下刑罚或处置办法。

"管束"。《修正淮海区审理司法案件暂行办法》规定：为适应战争环境，特将"管束"列为主刑之一，排在死刑、有期徒刑、罚金、拘役之后。管束期限定为"一年以下，一日以上"。

"当众训诫"。被告人虽有违法行为，但情节轻微，即在法庭上当众予以训诫教育，使其以后不得再犯。晋冀鲁豫边区政府规定："训诫注意采用说服，或当群众承认错误等方式，不许以近似侮辱之方式（如游街、戴高帽、吊打等）行之。"这些规定，是十分重要的。

"教育释放"。对于轻微刑事案犯，经过短期拘押教育，不判处徒刑或劳役，能够达到教育目的者，即行宣布"教育释放"。

“驱逐出境”。陕甘宁边区对于少数特殊案件，曾采用过“驱逐出境”的办法。

此外，还有“具结”、“讨保”或向受害人“慰问道歉”等处理办法。

附：陕甘宁边区、北岳区刑事案件处刑情况统计表二件：

表 5–4　陕甘宁边区刑事案件处刑情况统计表（1939 年至 1941 年 6 月）

刑罚种类 \ 年度 案犯人数	1939 年	1940 年	1941 年上半年	合计	百分比
无罪释放	6	59	84	149	3.27
教育释放	414	407	213	1034	22.71
驱逐出境		12	8	20	0.42
褫夺公权					
罚金	69	119	122	310	6.8
没收	34	63	15	112	2.45
半年以下徒刑	547	894	507	1948	42.78
一年以下徒刑	102	230	104	436	9.57
二年以下徒刑	53	124	36	213	4.67
三年以下徒刑	13	67	17	97	2.13
四年以下徒刑	5	10	10	25	0.54
五年以下徒刑	12	30	15	57	1.25
死刑	49	91	6	146	3.2
其他			6	6	0.13
总计	1304	2106	1143	4553	99.92

表 5–5　晋察冀边区北岳区刑事案件处刑情况统计表
（1941 年 6 月至 1942 年 3 月）

刑罚种类 \ 案犯人数	总计	死刑	无期徒刑	十年以上有期徒刑	十年未满至五年以上有期徒刑	五年未满至一年以上有期徒刑	一年未满至二个月以上有期徒刑	拘役	附注
人数	743	189		27	103	167	170	87	
百分比		25.5%		3.5%	13.5%	23.3%	23.5%	11.7%	

六、预防犯罪的重要措施——“劝戒办法”和“违警处罚条例”

（一）晋察冀边区的劝戒办法

为了防止犯罪，晋察冀边区创立了“劝戒办法”。即对人民中发生的某些错误行为，在其尚未发展到犯罪之前，而采取的规劝纠正措施。根据1942年10月，边区行政委员会颁布的《晋察冀边区劝戒办法》规定：凡是没有一定职业，行为不检，或妨害别人抗日工作及其他业务，或破坏善良风俗，阻挠公益事业，但还没有达到犯罪程度，即由村、区、县政府予以诚恳的劝戒。如果经过劝戒仍不改正者，就将其错误行为公布于众，待其改正后，即宣布撤销。这是一种劝戒人们改恶向善的特殊教育办法。

（二）陕甘宁边区的违警罚条例

有些抗日根据地实行违警处罚办法，并由边区政府制定了专门条例，如1942年2月23日《陕甘宁边区违警罚暂行条例》，1942年10月23日《晋冀鲁豫边区违警处罚暂行办法》等。其内容比较具体，颇有参考价值。以《陕甘宁边区违警罚暂行条例》为例，该条例分为“总则”、“违警罚之类别”、“诬告、伪证湮灭证据等之违警罚”和“附则”四章，共三十四条。

“总则”的主要内容是：

1. 凡违警者，依本条例办理。但违警涉及刑事部分者，移交司法机关审理。

2. 凡违警有下列各款之一者不罚：（1）年未满13岁者；（2）心神丧失者；（3）因救护自己或他人紧急危难出于不得已之行为者；（4）凡为人力或天然力所迫无力抗拒者。但第一、二款之违警者，应告知其父兄或抚养人、监护人，责令其自行管束。如果六个月内在同一管束地方再犯者，处其父兄、抚养人或监护人以应得之罚。

3. 违警行为同时涉及二款以上者，分别处罚。二人以上共同实施违警行为者，皆为正犯，各科其罚。帮助正犯者为从犯，得减本罚1/4处罚。唆使他人实施违警行为者，为造意犯，准正犯论。唆使或帮助从犯者，准从犯论。

4. 违警罚则分为主罚及从罚，主罚、从罚得并科之。

主罚之种类及执行办法：

（1）拘留——十五日以下，七日以上。二款以上并罚拘留者，最多不过三十日。于公安机关留置，在拘留期间内得指定场所令其从事劳作。受拘留处置者，于拘留期间过半后，确有悔改实据者得释放之。

（2）罚金——十五个工资以下，一个工资之上。二款以上并罚罚金者，最多不过三十个工资（以当地最低工资计算）。于判定后五日内完纳。如逾期不纳或无力完纳者，以一日工资易拘留一日。

（3）训戒——以言词为之。

从罚之种类及执行办法：

（1）没收——对于违警所用之物或因违警所得之物，分别没收。如该物属于他人者，应返还原主。

（2）停止营业——其期间十日以下。

（3）勒令歇业——于累犯同一违警行为者适用之。

因违警行为致损失或减失物品者，除依法处罚外，并得酌令赔偿。

5. 违警者于未发觉前向公安机关自首者，得减本罚 1/4 至 1/2 处罚，或以训诫行之。

6. 违警之起诉、告诉、告发，自违警行为完毕之日起以六个月为限，逾期不得起诉，告诉或告发。依本条例处罚者，自判定之日起，满六个月后尚未执行者免除之。

“违警行为之类别”规定如下：

1. 妨害社会安宁之违警行为。包括散布谣言，煽动人心，其情节较轻者；未经政府允许制造、贩卖火药者，或无故在群众中施放炮仗者，或在人烟稠密处及会场燃放烟火者；不听劝告，暴露防空目标者；当水火及一切灾变之际，经公务机关令其防护救助，抗不遵行者；疏纵疯人、狂犬或一切危险之兽类，奔突道路，或入人家宅者。

2. 妨害秩序之违警行为。包括旅店确知投宿人有重大犯罪行为不向公安机关报告者；死出非命或发现来历不明尸体，未经公安机关勘验，私自埋藏或移置他处者；无故砍伐公树、毁坏路旁植树者；在学校、图书馆及一切展览会场聚众喧哗纷争，不听禁止者，或深夜无故喧哗闹者；违背法令经营工商业者，或不按政府评定价格加价贩卖者。

3. 妨害公务之违警行为。无故损坏公务机关张贴之布告文件者；无故在公务机关喧哗，不听禁止者。

4. 妨害交通之违警行为。无故损坏电线杆或邮务专用物件，妨碍传送情节较轻者；未经许可在路旁开设店棚者，或于道路横列车马堆积木石等物妨碍行人者；损坏道路桥梁之标志及损毁路灯者；于示令禁止通行之处擅自通行者。

5. 妨害风化之违禁行为。游荡轻薄，行为不检者；公开演唱有伤抗战民主精神之戏曲者；僧道巫婆及江湖流丐强索人民钱物者；于道路或公共处所为类似赌博之行为者。

6. 妨害卫生之违警行为。未经政府允许售卖有毒质之药剂者；以符咒邪术医治疾病者；投掷污秽物于井水者，或掺杂有碍卫生之物质于饮食物内，私行售卖者；经公安机关指令应加复盖之饮食物，而不加复盖陈列售卖者。

7. 妨害他人身体财产之违警行为。加暴行于人或以秽亵物污人身体，未至伤害者；践踏他人田园之农产物或牵入牛马者，或采折他人树木菜果者。

此外，第三章还对"诬告他人违警或伪为见证陷人处罚者"，"故意湮灭其违警之证据或捏造伪证者"，"藏匿违警之人或使其脱逃者"，规定了处罚办法。

各地公安机关根据上述规定，处理了大批未达犯罪程度的违警行为，这对维护社会秩序、防止犯罪、挽救改造了许多轻微违法分子，发挥了很好的作用。

第四节　解放区人民政权的刑事立法

一、解放战争时期刑事立法的基本方针

解放战争时期，是中国人民与帝国主义和国内反动派进行战略决战的时期。因此，同一切反革命分子作斗争，便成为人民民主专政的首要任务。与此同时，在解放战争的后期，由于新解放地区的不断扩大，特别是进入大城市之后，为了维护社会治安，同其他刑事犯罪分子的斗争任务，也显得更为突出和繁重，司法机关审理的各类刑事案件，大量增加。为了及时指导解放区的立法工作和审判工作，除了继续执行既定的刑事政策外，党中央和各解放区人民政府，根据革命形势发展的需要，在有关文件中提出或重申了以下基本指导方针：

（一）刑事立法和审判工作不得援引国民党的《六法全书》，应以党和政府的政策纲领条例决议为依据

1949 年 2 月，中共中央发布了《关于废除国民党的六法全书与确定解放区的司法原则的指示》，同年 4 月，华北人民政府发布了《为废除国民党的六

法全书及一切反动法律的训令》。为什么要在这时提出废除国民党的《六法全书》呢？

首先，从革命战争的发展形势看，到 1949 年初，全国解放已经指日可待。但是，国民党反动派并不甘心失败，为了争取喘息时间，蒋介石在 1949 年元旦声明中，提出要以保持伪“宪法”、伪“法统”及其反动军队等，作为“和谈”的条件。为了粉碎反动派的这一阴谋，毛泽东同志在 1949 年 1 月 14 日《关于时局的声明》中，针锋相对地提出和平谈判的八项条件，即：（1）惩办战争罪犯；（2）废除伪宪法；（3）废除伪法统；（4）根据民主原则改编一切反动军队；（5）没收官僚资本；（6）改革土地制度；（7）废除卖国条约；（8）召开没有反动分子参加的政治协商会议，成立民主联合政府，接收南京国民党反动政府及其所属各级政府的一切权力。就是要彻底打碎一切压迫人民的国家机器，其中包括整个旧法体系。因此，废除国民党的《六法全书》就成为革命胜利的重要标志之一，也是在全国范围内系统地建立人民民主法制体系的根本前提。

其次，从司法队伍的状况看，随着解放区司法机关的扩建，留用了许多旧法人员，他们在政治上和思想上一时分不清新旧法律之间的原则界限。在司法文书中公开引用旧法条文，甚至以“法律不溯既往”为借口放纵反革命分子；把地主武装枪杀人民群众的罪行，错误地称作“自卫”；把非法商人烧毁账簿说成是“事理之常”。所有这些背离人民立场、违反政策法令的做法，不可避免地给人民司法工作带来严重危害。为了端正人民司法工作的方向，并为教育改造全体司法人员，党中央发布这一《指示》是完全必要的，为我国人民民主法制建设，确定了基本指导原则。

党中央在《指示》中指出了国民党反动法律的阶级实质，即“国民党全部法律只能是保护地主与买办官僚资产阶级反动统治的工具，是镇压与束缚广大人民群众的武器”。《六法全书》是国民党政府反动法律的总称，包括伪宪法、民法、刑法、商法、民事诉讼法、刑事诉讼法，以及各个时期颁布的单行条例和大量的“判例”、“解释例”等等。在这些反动法律中，除了继承清末、北洋军阀的封建买办的法律传统之外，还大批抄袭了资本主义国家的法律原则和条文，特别是吸取了法西斯专制主义的统治方法和刑罚手段，是一部综合性的反动法律汇编。因此，在革命的和反革命的两种根本对立的法律体系之间，在政治上绝没有什么“蝉联交代”可言。

基于以上理由，党中央在《指示》中明确宣布：

1.“在无产阶级领导的工农联盟为主体的人民民主专政政权下，国民党的六法全书应该废除。人民的司法工作，不能再以国民党的六法全书为依据。而应该以人民的新的法律作依据。”《华北人民政府训令》规定：“废除国民党的六法全书及其一切反动法律，各级人民政府的司法审判，不得再援引其条文。”

2. 人民的法律，有些已在解放区研究好，写在人民政府、人民解放军发布的各种纲领、法律、条例、命令、决议等规定里，有的正在创造。目前，在人民的法律还不完备的情况下，司法机关的办事原则，应该是：有纲领、法律、命令、条例、决议规定者，从规定；无规定的，从新民主主义的政策。

3. 确定了教育改造司法干部的指导原则。党中央的《指示》指出：司法机关应该以批判六法全书及国民党其他一切反动的法律、法令的精神，以批判欧美日本资本主义国家一切反人民法律、法令的精神，以学习和掌握马列主义毛泽东思想的国家观、法律观及新民主主义的政策、纲领、法律、命令、条例、决议的办法来教育和改造司法干部。就是要求每个司法干部必须认真学习，逐步树立起马列主义的国家观、法律观，不断提高政治理论和政策业务水平。同时，这一《指示》也为受旧法影响较深的人们，指明了出路。就是要丢下旧包袱，甘当小学生，重新从马列主义毛泽东思想及我们的政策、纲领、命令、条例、决议学起，把自己改造成为新民主主义政权下的人民的司法干部。

党中央这一《指示》发布后，在各解放区的司法干部中，进行了学习和检查，批判了各种错误思想，明确了人民司法工作的指导方向，对各级司法机关进行了初步整顿，从而保证了当时司法机关各项任务的完成。

（二）以犯罪的性质及其危害程度，作为定罪量刑的标准

1949 年华北人民政府在《关于重大案件量刑标准的通报》中，对于什么是犯罪以及量刑的标准等问题，作了原则的规定。《通报》指出：“凡危害新民主主义国家及由国家所制定的法律秩序，或危害个人权益致对社会有严重影响者，即为犯罪。”对罪犯的量刑标准，《通报》指出：“以危害国家社会人民之利益的严重与否，而为科刑之标准。首要的严重的反革命犯，及首要的严重的反施政秩序犯，应处重刑。一般的反革命及反施政秩序犯，可依其危害程度的大小、主动被动而分别处以徒刑，其他犯罪之处罚亦宜视其行为对社会人民危害程度的大小，而分别论处”。即根据犯罪的性质（反革命犯、反施政秩序犯和其他刑事犯罪）、在犯罪过程中所处的地位和态度（首要犯或从犯，主动或被动）以及对社会人民的危害程度大小，区分主次轻重，分别判处不同的刑罚。

《通报》还就晋中行署呈报的刑事案件定性问题，作了具体批示。被告魏

成龙，(1)该犯任阎伪间长及民卫分队长时，曾将我民兵一人捆送伪乡公所杀死，此种罪行应明确其为反革命罪，而不同于普通杀人罪。(2)该犯因霸占其叔母之财产经我民主区政府决定将他霸占的财产全部退回，该犯含恨在心，意图谋杀其叔母，用刀刺伤三处，幸被拉开，致成重伤。这种行为是反施政的罪行，也不同于私人报复性的杀人。最后同意对该案“应即更审，加重科刑”。

此外，《通报》针对晋中行署在刑事判例中滥用“时效”概念，进行了简要说明，指出时效分为“追诉时效”和“刑罚执行时效”。“犯罪经过一定时间后，国家对此犯罪未为追诉及审理，以后即不得再追诉，是为追诉时效”。“刑罚自判决确定之日起，经过一定时间未执行，即不再执行，是为刑罚之执行时效”。但是，《通报》接着指出，“时效”是司法正常进行时期的规定。现在处在战争时期，我们尚无此规定。将来规定时效时，也是根据犯人犯罪危害国家人民的程度大小，而确定时效的长短。

(三)实行镇压与宽大相结合、惩罚与教育改造相结合的方针

1947年10月10日发布的《中国人民解放军宣言》严肃指出:“本军对于蒋方人员，并不一概排斥，而是采取分别对待的方针。这就是首恶者必办，胁从者不问，立功者受奖。”在这一方针中，贯穿着镇压与宽大相结合的策略思想。在罪行上，要区分大小、主从和轻重的界限，在态度上，要划清抗拒、坦白和立功的界限。只有正确掌握上述方针政策，才能体现出宽严结合、轻重适度、罪刑相适应的量刑原则。

镇压与宽大是对立统一的两个方面。二者必须结合，不可偏废。任何片面孤立地强调某一方面，都是错误的。如果片面地无原则地实行宽大，就会使敌人误认为我们软弱可欺，而助长反动分子的气焰，同时也会引起人民群众的不满；反之，如果不加区别地一律实行镇压，那对于瓦解反革命集团、孤立首要分子也是不利的。但是，当反革命分子大量存在并且活动猖狂的时候，必须首先对少数罪大恶极的顽固分子予以坚决镇压。只有这样，才能平泄民愤，树立人民的正气；才能严明法纪，打下反革命分子的反动气焰，使其认罪服法；才能促使反革命集团发生分化，使其中的被胁迫者以及有悔悟可能的分子，有所畏惧和动摇。在镇压的同时，再结合对那些胁从分子或罪恶较轻以及一切愿意悔改的分子，给以宽大处理，又对有立功表现者，给以一定的奖励，就会更进一步促进敌人的分化，扩大敌人的矛盾，最后达到各个击破的目的。所以这是一项打击、分化、瓦解敌人，最后达到完全消灭敌人的正确的方针，是处理一

切反革命案件和其他重大刑事集团案件的准绳。

关于对罪犯处刑的目的，《华北人民政府关于重大案件量刑标准的通报》指出："处罚犯罪不以报复、损毁人格及使人身痛苦为目的，而以教育改造为目的"。因此，对于犯罪分子，除少数罪大恶极必须执行死刑者外，力求通过思想教育和强迫劳动，将罪犯改造成为新人。从逮捕、审判直到整个改造期间，都贯穿革命人道主义精神。对犯人，不侮辱、不虐待，严禁刑讯逼供，依法实行实事求是的审判政策，保护被告人的合法利益和正当诉讼权利。在劳动改造期间，为了鼓励改恶向善，对确有悔改表现者，实行"减刑"或"假释"。还注意培养其劳动习惯和技能，以便使犯人出狱后，能够成为对社会有用的、自食其力的守法公民。

历史实践证明，上述基本方针都是完全正确的。除此之外，革命根据地长期实行的其他刑法立法的指导方针，如刑及个人不得株连无辜者，适用刑法人人平等，贯彻群众路线等等，都在继续遵照执行。

二、取缔反革命组织，镇压反革命罪犯的刑事法规

解放战争时期，解放区的刑事立法，是随着革命斗争形势的变化而发展的。特别是关于镇压反革命罪犯的刑事法规，更是与革命战争的发展密切相联，并紧紧为革命战争的胜利和各个阶段的中心工作服务的。因此，各地人民政府先后制定了许多有关惩治反革命罪犯的刑事法规。在这一历史时期内，除了抗战胜利后制定的惩治叛国罪或战争罪犯等条例外，基本上可分为以下三个阶段，确定不同的打击重点。

（一）1946年6月内战爆发前有关危害解放区革命秩序的紧急治罪办法

国民党反动派在1946年，利用和平谈判的时机，秘密派遣反动分子，潜入解放区，大肆进行破坏活动，妄图颠覆解放区的人民政府。针对这种情况，晋冀鲁豫边区高等法院于1946年6月发出《关于特种案犯运用刑法的指示》中规定："对于意图破坏而有组织有计划地以非法之方法，着手颠覆解放区各级民主政府（地方性联合政府）及破坏和平建国纲领及有关之一切政策法令者，其为国家民族罪人，应以内乱罪惩治之"。处理办法，"如确系胁从或盲从分子，悔改有据，或其情节为人民所原宥者，应减轻或免除其刑；如确系首谋分子或情节严重为人民所痛恨者，得处以死刑或无期徒刑"。

苏皖边区政府于1946年6月，公布了《苏皖边区危害解放区紧急治罪暂

行条例》，明确规定："凡手持武器、爆炸物、毒药或放火危害前方战斗或后方治安者，或危害本边区党政军民生命者，处死刑。"在情况紧急时（指可能随时发生战事的边沿地带，或已宣布戒严区域，对于案犯之解送、羁押已不能依照通常司法手续办理而言），所在地之县区政府，对于前项罪犯得及时予以紧急处置。但处置后应即呈报上级政府转报边区政府审核备案。根据《暂行条例》的精神，苏皖边区第一行政区于 1947 年 1 月，制定《破坏解放区革命秩序治罪办法》，列举了各种具体罪行，规定了不同的处刑办法。

（二）新解放地区的清匪反霸斗争和土地改革运动中的《破坏土地改革治罪条例》

肃清土匪，安定人民生活，是新解放地区各阶层人民的迫切要求，也是各地解放初期对敌斗争的一项重要任务。1948 年 2 月 15 日，毛泽东同志在《新解放区土地改革要求》中指出："反动的地主武装组织和特务组织，必须消灭，不能利用"。"反动分子必须镇压，但是必须严禁乱杀，杀人愈少愈好"。各地军政领导机关，为了消灭地主武装和一切残敌土匪，采取"军政结合，剿抚兼施"的方针，一方面颁发布告，申明政府政策，并命令一切残匪游勇立即缴械投降；对于拒不缴械的土匪武装，即进行武装讨伐。并且展开强大的政治攻势，对匪众进行争取瓦解工作。由于采取上述正确政策和措施，清匪工作收到很大效果，讨平了大批土匪武装，并逮捕惩办了一些重要匪首。有的地区还制定了惩治土匪的单行条例，如《辽北省惩治土匪罪犯暂行办法（草案）》，对于合伙行抢者，持枪抢劫他人财物者，抢劫国家仓库公共财物者以及在抢劫时放火强奸者，规定具体处刑办法。许多地区，"清匪"与"反霸"（恶霸分子）斗争是结合进行的。通过群众性揭举控诉，镇压了一批压在人民头上的"东霸天"、"地头蛇"。受到群众热烈拥护。

1947 年 10 月 10 日公布的《中国土地法大纲》规定："对于一切违抗或破坏本法的罪犯，应组织人民法庭予以审判及处分。""农会应禁止任何人为着妨碍公开分配之目的而任意宰杀牲畜，砍伐树木，破坏农具、水利、建筑物、农作物或其他物品，及进行偷窃、强占、私下赠送、隐瞒、埋藏、分散、贩卖这些物品的行为。违者应受人民法庭的审判及处分。"侵犯人民民主权力者，也应受人民法庭的审判及处分。

根据上述规定，各解放区政府制定了有关破坏土地改革的治罪条例或布告。如 1947 年 11 月晋察冀边区行政委员会、中共晋察冀中央局、人民解放军晋察冀军区联合发布了《对破坏土地改革者的制裁问题》的布告，晋冀鲁豫边区政府1948年1月公布了《晋冀鲁豫边区破坏土地改革治罪暂行条例》。其打击锋芒主要指向地主恶霸反革命分子，同时也要制裁违反土地法大纲的其他犯罪分子。依据《晋冀鲁豫边区破坏土地改革治罪条例》的规定：（1）蓄意破坏土地改革，而带头组织或勾结反动武装，举行暴动，对农民实行倒算，杀害农民或干部，或有其他重大危害农民利益者，处死刑。次要分子或包庇帮助者，处五年以下劳役。（2）企图妨碍土地财产公平分配，而宰杀牲畜，砍伐树木，破坏农具、水利、建筑物或其他物品者，偷窃、强占、隐瞒、埋藏、分散、贩卖或私相授受各种应分配之物品者，处二年以下劳役。（3）侵犯农民及其代表行使民主权力者，处二年以下劳役。这些法令在土地改革中，大大支持了农民的斗争，打击了地主恶霸及一切破坏土地改革的非法行为，有效地保卫了土地改革运动的顺利进行。

（三）解放战争后期有关惩办战争罪犯、取缔一切反动组织、镇压反革命分子的法令

解放战争后期，面临国民党反动统治最后崩溃，为了确保中国革命的彻底胜利，必须惩治战争罪犯，取缔反动党团特务组织，镇压一切反革命分子。这是一场刻不容缓的尖锐复杂的政治斗争。

1.惩办战争罪犯

1947年10月10日公布的《中国人民解放军宣言》，在历述了蒋介石及其反动集团卖国、内战、残杀人民的罪行后，提出了“打倒蒋介石，解放全中国”的口号。同时明确宣布“逮捕、审判和惩办以蒋介石为首的内战罪犯”。后来在《中共中央毛泽东主席关于时局的声明》中，也将“惩治战争罪犯”，列为和平谈判八项条件的第一项。

《中国人民解放军宣言》宣布对于蒋方人员的基本政策是：“采取分别对待的方针。这就是首恶者必办，胁从者不问，立功者受奖。”① 同时《宣言》还具体规定了各项政策界限：（1）对于罪大恶极的内战祸首蒋介石和一切坚决助蒋为恶、残害人民，而为广大人民所公认的战争罪犯，务使归案法办。（2）凡是已经做过坏事的人们，赶快停止作恶，悔过自新，准其将功赎罪。（3）对于放下武器的蒋军官兵，一律不杀不辱，愿留者收容，愿去者遣送。（4）对于起义

①《中国人民解放军宣言》,《毛泽东选集》第四卷，人民出版社1991年版，第1238页。

加入本军的蒋军部队和公开或秘密为本军工作的人们，则给予奖励。根据以上精神，人民解放军总部在 1948 年 11 月 1 日发布了《惩处战争罪犯》的命令，具体规定了以战犯论处的各项罪行及其惩处办法。接着在 1948 年 12 月 25 日又明令公布了 43 名头等战犯的名单。

为了给战争罪犯以悔悟的机会，1949 年 4 月 15 日中国共产党代表与国民党代表订立的《国内和平协定（最后修正稿）》规定了以下处理办法："第一项　一切战犯，不问何人，如能认清是非，幡然悔悟，出于真心实意，确有事实表现，因而有利于中国人民解放事业之推进，有利于用和平方法解决国内问题者，准予取消战犯罪名，给予宽大待遇。第二项　一切战犯，不问何人，凡属怙恶不悛，阻碍人民解放事业之推进，不利于用和平方法解决国内问题，或竟策动叛乱者，应予从严惩办。其率队叛乱者，应由中国人民革命军事委员会负责予以讨平。"[①]1949 年 4 月 25 日，《中国人民解放军布告》又具体规定了对于一切伪官吏的政策，除怙恶不悛的战争罪犯和罪大恶极的反革命分子外，凡属国民党中央、省、市、县各级政府的大小官员，"国大"代表，立法、监察委员，参议员，警察人员，区镇乡保甲人员，凡不持枪抵抗、不阴谋破坏者，人民解放军和人民政府一律不加俘虏，不加逮捕，不加侮辱。责成上述人员各安职守，服从人民解放军和人民政府的命令，负责保护各机关资财、档案等，听候接受处理。这些人员中，凡有一技之长而无严重的反动行为或严重的劣迹者，人民政府准予分别录用。如有乘机破坏，偷盗，舞弊，携带公款、公物、档案潜逃，或拒不交待者，则须予以惩办。[②]

上述关于处理战争罪犯的政策法令公布后，大大鼓舞了全国人民的斗志和将革命进行到底的信心，同时也给一切战犯和蒋方人员指出了自新之路，在敌人内部起了很大的分化作用。其后，各地军政机关遵照上述规定，对于那些参加起义和有悔改表现的前国民党军政人员，给以宽大处理；对于那些怙恶不悛顽抗到底的反动分子，即按战争罪犯或反革命分子予以追捕法办。

2. 取缔反动党团及一切特务组织

所谓反动党团主要是指"中国国民党"、"三民主义青年团"、"中国青年党"、"民主社会党"及其所属其他反革命组织。反动特务组织，主要是指"中国国民党党员通讯局"（原名"中国国民党调查统计局"，简称"中统"）、伪

①《向全国进军的命令》，《毛泽东选集》第四卷，人民出版社 1991 年版，第 1452 页。
②《中国人民解放军布告》，《毛泽东选集》第四卷，人民出版社 1991 年版，第 1458 页。

“中央政府国防部保密局”（原名“军事委员会调查统计局”，简称“军统”）、伪“国防部第二厅”及其所属一切组织，以及与保密局、党员通讯局性质相同的其他地方特务组织或间谍组织。这些反动党团和特务组织是国民党反动派进行法西斯统治摧残人民的最反动的工具之一。在彻底摧毁反动政权的同时，必须将其严加取缔。

各地的军管会和人民政府专门颁布取缔反动组织的法令，如1949年3月《北平市国民党特务人员申请悔过登记实施办法》，同年7月北平市军事管制委员会颁发《规定反动党派人员履行登记实施办法》的布告，1949年3月内蒙古自治政府发布《关于登记内蒙古自治区域内反动党派人员的布告》。明令宣布：以上反动党团特务组织一律解散，除查封其机关，严禁其活动，没收其所有公产、档案等物之外，并勒令反动党团的骨干分子和每个特务分子，必须在限期内向公安机关申请登记，交出所有证件、武器（反动党团中的普通成员免于登记）。并在登记之后，依法剥夺一定期间的公民权。凡隐匿抗拒或破坏登记者，以及登记时隐匿或破坏武器及重要证件者，或登记之后仍进行反革命活动者，要依法逮捕严惩；凡遵令登记真诚悔过，缴出一切证件，并与反动组织彻底断绝关系者，则从宽处理；凡自动报告其他反动秘密组织及潜伏特务分子属实者和协助政府破坏敌特有功者，酌情给以免罪或奖励。以上对于反动党团特务组织的正确政策，收到了很好的效果，这对于瓦解反动组织，孤立和打击首要顽固分子，争取多数愿意悔改的分子，起了积极的作用。

3. 解散反动会道门封建迷信组织

所谓“会道门”，不仅是封建迷信组织，而且在抗日战争和解放战争中，常被反动分子所操纵，用以掩护敌探、刺探军情，散布谣言，甚至组织武装暴乱，扰乱社会治安。假如任其存在和发展，则对革命事业与人民利益必将造成重大损害。为了维护社会治安，挽救一般误入歧途的会员群众，并给道首分子以自新之路，各解放区政府明令宣布，一切会道门组织须一律解散，不得再有任何活动，并规定了具体处理办法。如华北人民政府1949年1月发布的《解散所有会门道门封建迷信组织的布告》规定：（1）所有会道门的首要分子，应即向当地县市政府所属公安机关进行登记。其曾与匪特勾结或有犯罪行为者，如能悔过自新，当予以宽大处理。若抗不登记，继续活动，一经查出，定予严办。其未与匪特联系，亦未有犯罪行为者，只要履行登记，停止活动，即免于追究。（2）所有被胁迫或诱骗而参加会门道门的一般会员群众，一经脱离组织，停止活动，即一律不予追究。（3）能揭发匪特奸谋及各种破坏活动者，酌情予以奖励。

三、维护社会治安，惩办其他刑事犯罪的法规

解放战争时期，各解放区人民政府对于一般刑事犯罪的处理，基本上沿用抗日战争时期颁布的各种刑事法规。随着解放战争的胜利发展，解放区日益扩大，特别是进入大城市后，旧社会遗留的各种不法犯罪分子，乘暂时混乱之机，大肆进行各种犯罪活动，对解放区的社会治安影响极大。据司法机关的统计，刑事案件的罪名，不下三四十种，除各种反革命案件外，主要是贪污、盗窃、烟毒、妨害婚姻、杀人伤害以及破坏金融、破坏交通和破坏森林等罪行。

各解放区政府为了整顿社会秩序，维护国家利益和人民的安全，颁布或修订了一些重要法规，领导人民与各种刑事犯罪分子展开斗争，审理了大批刑事案件。这个时期内制定的刑事法规，主要有以下几种。

（一）贪污罪和滥用浪费民力罪

为了与贪污犯罪作斗争，各解放区根据形势的变化和斗争的需要，制定或修正公布了惩治贪污条例，如 1947 年 5 月《东北解放区惩治贪污暂行条例》，1948 年 1 月《晋冀鲁豫边区惩治贪污条例》，1949 年 9 月《苏北区奖励节约惩治贪污暂行条例》以及《修正淮海区惩治贪污罪行条例》等。条例规定凡机关、部队、团体、工厂、学校、合作社及其他公营和公益事业的一切人员，如有以下行为之一者，皆为贪污罪：在土地改革中侵占或窃取群众斗争果实者；缴获敌人物资不交公而私行留用者；凭借政治地位或职权，勒索、强占、敲许或受贿者；吞没或盗卖公物、公粮、公产者；买卖公物从中舞弊者；浮报、冒领、克扣、截留应发给或解交的财物粮款者；挪用公有财物供私人营利或享受者；伪造账目，以少报多，或其他利用职权对公有财物营私舞弊者。

依据贪污数目多少（按粮价折算），影响大小，判处相应的刑罚。晋冀鲁豫边区规定贪污数目相当于 7000 斤小米市价以上者，处死刑、无期徒刑或 10 年以上 15 年以下有期徒刑。东北解放区规定贪污 60 万元以上者（以东北币 30 元合高粱米一斤计算），处死刑、无期徒刑或 10 年以上徒刑。最轻者处半年劳役或撤职、记过。集体贪污者，以其负责人为主犯，其余者依情节分别照正犯或从犯治罪。

为了爱惜民力，长期支持革命战争，减轻人民负担，1948 年 6 月《太岳区惩治滥用浪费民力暂行条例》规定，应严格取缔听差、送信、看井、看钟及

站岗放哨等杂项勤务。凡私自强抓硬要民力者，得就地逮捕，酌情处二年以下有期徒刑。动用民力搞生产者，除没收其劳作物资，并补偿群众工资脚费损失外，应处主犯一年以下有期徒刑或易科罚金。另外还规定在前线服战勤者，如在服勤期间逃避勤务或逃跑者，对主谋煽动分子，分别情节轻重，处二年以下有期徒刑。一般附和者，予以批评教育，令其重归前线服役。

（二）盗窃罪

对于盗窃犯，首先着重打击惯盗，对于一般盗窃罪，则根据其具体情节判处徒刑或拘役。《辽北省惩治窃盗犯暂行办法（草案）》具体规定了以下处刑办法：初次窃取他人财物价值不大者，处二个月以下拘役；连续犯或累犯，处六个月以下有期徒刑；以小偷为常业，或窃取较重财物者，处六个月至一年有期徒刑；三人以上合伙行窃之主谋犯，处一年至二年有期徒刑；偷窃国家机关公共仓库财物者，处三年以下有期徒刑或拘役；乘水火之灾及不幸事故窃取财物者，处五年以下有期徒刑。另外，还规定对于国家或公共仓库及其他贮藏处所有自由出入之特权或保护人，无论用任何方法从中窃取财物者，按情节轻重处五年以下有期徒刑。骗取财物者，按盗窃论罪。

（三）烟毒罪

抗日战争时期的禁烟禁毒工作，取得了很大成效。解放战争时期，国民党统治地区不断向解放区贩运烟毒，新解放地区仍有种植制造私存各种烟毒者。各地政府为了保障国民健康，尽快肃清烟毒危害，制定了许多禁止烟毒的法令。如 1945 年 11 月《晋察冀边区鸦片缉私暂行办法》，1946 年 8 月辽吉区行政公署制定了《辽吉区禁烟禁毒条例》和《辽吉区查获鸦片毒品暂行办法》，1949 年 7 月华北人民政府制定了《华北区禁烟禁毒暂行办法》，不久，苏北区也制定了《苏北区禁烟禁毒暂行办法》，内容与华北区的基本相同。绥远省政府为了具体执行华北人民政府的上述法令，特于 1949 年 8 月公布了《绥远省戒吸毒品暂行办法》。上述法令的主要内容是：

1. 严禁种植鸦片烟苗、私存烟土及其他毒品，违者，烟苗铲除，烟毒没收，并予以处罚。以前农民私存的烟土，应在限期内全部交出，政府得视其家庭情况，予以一定救济。

2. 严禁制造、买卖及贩运烟毒。以前从事烟毒营业者，必须立即停止营业，并交出烟毒用具，向政府登记具结，可从宽处理。违者经检举查获，定予严办。

3. 严禁吸食及注射烟毒。染有烟毒嗜好者，须向政府登记，限期戒除。

以上处理办法，规定得比较原则。惟有《辽吉区禁烟禁毒条例》(1946年8月25日公布)，具体规定了量刑幅度。如贩运鸦片在500两以上者，处无期徒刑或极刑。500两以下者，处3—10年有期徒刑。设灯供人食用鸦片者，处三年以上有期徒刑或处罚金。重犯者处无期徒刑或极刑。

烟毒犯是旧社会留下的遗毒，对于情节严重者给以法律制裁是完全必要的。但必须开展群众性的宣传教育，订立禁烟公约，并辅之以行政措施(如成立戒烟所等)。经验证明，这些都是行之有效的好办法。

(四)妨碍婚姻罪和奸害罪

大多数地区的婚姻条例规定：凡违反本条例而涉及刑事犯罪者，交司法机关依法处理。但是如何处理，却没有具体规定。惟有辽北省对此制定了单行处罚条例，即《辽北省惩治关于婚姻与奸害罪暂行条例》。该条例对于破坏婚姻法的治罪办法规定如下：

1. 强迫妇女结婚，或劫夺妇女迫其结婚、同居者，科处二年以下有期徒刑。

2. 有配偶而重婚者，经其配偶告诉，或由政府与人民团体检举者，科处二年以下有期徒刑。

3. 用诈术骗婚、拐婚者，科处二年以下有期徒刑。

4. 男女双方或其亲属，以交付或收受金钱及其他财物，作为娶亲之报酬者，处六个月以下有期徒刑、拘役或罚金(但纯系纪念品交换，不在此限)。媒介人图利较大，或促成买卖婚姻者，处拘役或罚金。

关于奸害罪规定以下处刑办法：

1. 与性机能未成熟之人性交，使之身体受伤害者，科处五年以下有期徒刑。强奸者处八年以下徒刑。

2. 用强暴、胁迫、恐吓、药剂、催眠或其他办法，使对方不能抗拒而遭奸淫者，处五年以下有期徒刑。

3. 如二人以上共同轮奸者，处七年以下有期徒刑。

4. 犯以上各条之罪，招致被害人自杀，或身体遭受严重伤害者，处无期徒刑或八年以上有期徒刑。

5. 对于经济上、职务上处于从属地位的妇女，强迫使之发生性关系者，处三年以下有期徒刑。

6. 对妇女乘其心神丧失，或其他相类似的情形，而奸淫之者，处五年以下有期徒刑。

7. 意图营利，引诱或容留妇女与他人奸淫者，处二年以下有期徒刑、拘役或罚金。

8. 直系血亲发生和奸者，科处八年以下有期徒刑。

（五）扰乱金融罪

若干大城市在解放之后，发现许多投机分子在暗地倒卖银元或以银元计价，以扰乱金融。为了杜绝这一现象，各地军管会颁布专门法令，申明政府的政策。1949 年 3 月 9 日，北平市军事管制委员会颁发了《为禁绝银元买卖流通的具体检查及处理办法》的布告，同年 4 月华北人民政府公布了《华北区金银管理暂行办法》，规定不准银元在市面流通，或以银元计价，违犯者，一切军民人等均有告发之权，一经查获，按扰乱金融罪论处，除没收其使用银元的全部或一部外，并依情节轻重予以刑事处罚。凡以银元走私资敌者，或伪造货币者，应予严厉惩处。但银元一般仍允许私人保存或向人民银行按牌价兑换。

（六）破坏交通罪和交通肇事罪

解放战争后期，为了保证军事运输及发展经济，必须迅速修复铁路交通设备。但由于战争破坏，材料缺乏，急需收集与保护铁路交通器材。为此，晋冀鲁豫边区政府和晋察冀边区行政委员会于 1948 年 6 月联合颁发布告，同年 8 月东北军区司令部、东北行政委员会颁布联合布告，华北人民政府于同年 12 月发布训令，河南省人民政府、省军区于 1949 年 9 月发布联合指示。主要规定：禁止市场自由买卖各种铁路交通器材，或将铁路器材毁坏改做其他用途。违者除将器材没收外，并送法院惩办。《华北区护养公路暂行办法》规定：凡公路境界内的一切建设（桥梁、涵洞、标志等）严禁破坏。违者酌情处以罚金，严重者送法院惩办。另外，还规定凡在解放区破坏及偷窃铁路、邮电设备器材者，依情节轻重处以徒刑，如因破坏上述设备造成重大事故者，处以极刑。

为了加强城市交通管理，处理交通肇事案件，东北行政委员会于 1948 年 11 月公布了《东北解放区交通肇事犯罪处罚暂行条例》。该条例规定：车辆驾驶人因过失发生交通肇事，致人死亡者，处三年以下一年以上有期徒刑；使人致伤者，处六个月以下有期徒刑、拘役或罚金；致重伤者，处一年以下六个月以上有期徒刑。过失犯罪故意逃避者，加重其刑 1/2。

（七）破坏森林罪

1946 年晋察冀边区和太行行署都曾发布过植树造林的法令。以后随着解放区的扩大，特别是在拥有大量森林和牧场的东北解放区和内蒙古自治区，护林防火工作显得更为突出。为了防止破坏森林或烧毁牧场，内蒙古自治政府于 1948 年 4 月发布《禁止居民放野火的通令》，1949 年 7 月，东北行政委员会颁布了《东北解放区森林保护暂行条例》。规定由林务机关划定防火区，倘发现放火者，就地捕送当地政府法办。同时划定“保安林”，在“保安林”内，禁止任何人采伐、开荒、挖根、剔皮、采薪、烧炭及采取其他副业。凡滥伐林木、偷盗林材者，除依法惩治外，并须赔偿损失。

（八）杀人伤害罪

保障人身安全是解放区建立民主秩序的主要政策之一，多年来已收到良好的政治影响，深受广大人民的拥护。但是，侵害人身安全致人死伤的事件，仍屡有发生。为了制止这一违法现象，1948 年 4 月，哈尔滨市人民政府颁发《禁止非法拘捕审讯及侵犯他人人权等行为的布告》，同年 5 月，豫皖苏边区行政公署公布《切实保障人权严禁乱抓乱打肉刑逼供的训令》。特别是辽北省（经东北行政委员会批准）专门制定了单行刑事法规，即《辽北省惩治杀伤犯暂行办法（草案）》，具体规定：（1）故意杀人罪，因贪欲嫉妒者，或危害多人，方法残酷者，或利用被害人之孤立无援而杀害者，处死刑、无期徒刑或 10 年以上有期徒刑。不属于上述之故意杀人，处 10 年以下有期徒刑。（2）因过失致人死亡者，或超过防卫范围致发生杀人之结果者，处三年以下有期徒刑。（3）因威逼虐待或污辱而使人自杀者，处死刑、无期徒刑或三年以上有期徒刑。（4）未成年人犯杀人罪。未满 14 岁者，不判刑。施以感化教育。如其家长明知而不制止者，处 2—7 年有期徒刑。14—17 岁犯杀人罪者，得酌情减刑。（5）其他未经许可的医生或巫医治死病人时，处五年以下有期徒刑、拘役或罚金。母亲杀死婴儿者，处三年以下有期徒刑。堕胎者，处 1—2 年有期徒刑。

《辽北省惩治杀伤犯暂行办法》对伤害罪的处刑办法规定如下：（1）故意伤害人身致轻伤者，处二年以下有期徒刑、拘役或罚金；致重伤者，处三年以上七年以下有期徒刑。致人死亡者，处无期徒刑或七年以上有期徒刑。（2）因过失或防卫过当而伤人者，处一年以下有期徒刑或拘役。(3) 其他，凌辱虐待未成年男女，致使妨害身体发育者，处一年以下有期徒刑、拘役或罚金。故意对人拷打、殴击或其他强暴行为使人肉体疼痛者，处六个月以下有期徒刑、拘役或罚金。机关工厂负责人对于从属地位的职工勤杂人员犯前项之罪者，处一年以下有期徒刑或拘役。

《哈尔滨市禁止非法拘捕审讯及侵犯他人人权等行为的布告》公布不久，哈尔滨市人民法院审理了一件有影响的案件。1948 年 6 月，东北航务局造船所负责干部韩 ××，因该所丢失东西，怀疑被工人刘、孙、邱三人偷窃，擅自将三人扣押，并用皮带拷打及使用其他肉刑。此案被揭发后，由公安局提起公诉，哈尔滨市人民法院于 7 月 23 日，以“非法刑讯侵害人权罪”。判处韩 ×× 有期徒刑三个月。《东北日报》为此专门发表了《巩固民主秩序制止违法行为》的社论，指出“造船所的偷窃嫌疑案件，既无确凿人证物证，又不依法处理，私立公堂，擅用肉刑，这种侵犯人权，目无法纪行为，政府绳之以法，治以应得之罪，是公正无私并获得社会的同情和舆论的赞助的”。

四、关于刑罚和刑罚执行方面的发展变化

这个时期的刑罚种类，仍无统一规定。综合各地情况，大体上有以下几种：(1) 死刑;(2) 无期徒刑;(3) 有期徒刑 (最高刑期有的地区规定为十年，有的规定为十五年。有的地区规定数罪并科有期徒刑，最高不得超过二十年。最低刑期一般定为六个月，有的规定三个月);(4) 拘役或劳役;(5) 管制;(6) 罚金;(7) 褫夺公权;(8) 没收财产。

此外，还有“教育释放”。在某些法令中，还规定有“当众警告”、“记过”和“撤销公职”等行政处分，由法庭一并宣布执行。

以下着重说明这个时期的刑罚和刑罚执行方面的主要发展变化：

(一) 新的刑种——“管制”的产生

“管制”，是这个时期新创立的一种主刑。主要适用于反动阶级的成员和反革命分子。它是一定历史条件下的产物，是革命人民在同反动分子长期斗争中逐步形成的一种专政措施和刑罚手段。自革命根据地建立以来，各地人民政府就曾将某些反动分子交由群众监督改造。到解放战争后期，总结了多年来的实践经验，将这一处罚措施，正式定名为“管制”。1948 年 11 月 15 日《中共中央关于军事管制问题的指示》规定：“解散国民党、三青团、民社党、青年党

及南京政府系统下的一切反动党派和团体，并收缴其反动证件，登记其各级负责人员，对登记后的少数反动分子实行管制（每日或每星期须向指定的机关报告其行动）”。可见，“管制”就是对某些反革命分子，在向政府登记之后，不予关押，在政法机关指导下，在一定时期内，交由当地政府和群众加以监督改造。在管制期间内，剥夺其政治权利，限制其行动自由，并须严格遵守政府法令和各种管制规则，积极从事劳动改造。以后视其改造表现，或者解除管制，或者延长其管制期限。如有新的破坏罪行，即行逮捕另判。

实行“管制”制度的必要性，首先就在于当时正处在革命即将取得全国胜利时机，大批的反动阶级和反革命分子，需要进行全面的处理。要彻底完成这一历史性的任务，只靠专门的政法机关，是非常不够的，必须走群众路线，即依靠广大人民群众对某些反动分子加以监督改造。其次，根据镇压与宽大相结合的方针，对于为数众多的反动分子，需要根据他们的具体情节，采取多样化的处理办法。有些罪情重大，必须捕办者，应立即追捕法办；有些罪行轻微或有改悔立功表现者，可免于刑事处分；还有些介于两者之间的分子，既不够拘押判刑，也不宜免于刑事处分，因而便采取了“管制”的办法。这种处分，与立即捕办的重要罪犯比较，无疑是一种宽大；但与免于处刑者比较，则又是一种惩罚的手段。

实行“管制”制度的可能性，主要由于解放区不断扩大和稳定，人民群众的觉悟程度和组织程度大为提高。解放区的革命人民完全有可能将管制反革命分子的重要任务，承担起来。实践证明，实行“管制”制度之后，既有利于分化瓦解敌人营垒，将为数众多的不够拘捕的反动分子，用群众的威力把他们改造过来。同时，也有利于提高群众的政治警惕性，防止轻敌麻痹观念的滋长，并可使政法机关能够集中主要精力，去打击那些罪恶严重的反动分子。因而“管制”制度，就成为依靠群众实行对敌专政的有效经验。在中华人民共和国成立后，“管制”制度得到了更好的运用和发展。

（二）取消“回村执行服役”制度

“回村执行服役”，是抗日战争时期采取的一种刑罚执行办法。即对判处短期徒刑或劳役的轻微罪犯，交由当地政府监督执行劳役。这种办法，在战争激烈、形势动荡的情况下，是完全必要的，对于改造犯人曾起了一定作用。但是，在执行过程中，也曾发生过一些流弊。由于村干部新旧交替，手续不够健全，犯人往往乘机蒙混，有失刑罚的严肃性。另外，由于部分群众对某些犯人故意庇护，以及人事关系宗派观点等原因，致使犯人苦乐不均，失去处刑的作用和目的。况且在解放战争胜利发展的新形势下，已有必要也有可能采取其他有效办法。因而“回村执行服役”办法，就没有继续存在的必要。1949 年 1 月，《华北人民政府为清理已决及未决案犯的训令》明确宣布取消回村服役办法。如案犯刑期不长者，即不再执行。案情较重者，应收归监所执行。

（三）“褫夺公权”和“没收财产”的具体规定

“褫夺公权”。关于褫夺公权的范围和适用办法，过去多无明确规定，各地执行也不统一。1947 年 4 月 29 日《山东省胶东区行政公署司法处关于“褫夺公权”的几个问题》，规定的比较具体。指出“公权是民主社会里在政治上法律上一律平等的原则下，人民对国家所具有的民主权利”。对犯罪者宣告褫夺的公权，是指人民所公认的最荣誉或最重要的资格而言，而不是将公民资格全部取消，甚至连生活上的一切权利都受到限制。对于犯罪者应予褫夺公权的范围，包括：（1）选举权与被选举权；（2）罢免权；（3）创制权与复决权；（4）公职候选人的资格；（5）充当公务人员的资格；（6）担任学校教职员的资格；（7）其他人民所公认最荣誉的资格。褫夺公权的适用程序，一般须经司法机关宣告。但群众为了保卫公共利益，对于坏分子，认为有限制其公权之必要时，得呈请县政府单独宣告褫夺公权。褫夺公权的适用对象，应斟酌犯罪的性质及实际情况而定。奸特恶霸等罪犯，一般应宣告夺权。普通刑事犯，预计到如准其行使公权，尚不致危害群众利益者，一般不必宣告夺权。褫夺公权，可以作为从刑，通常应与主刑同时宣告，特殊情况下，亦可专科褫夺公权。褫夺公权的内容，可根据需要，专门褫夺某一部分权利，如对军属犯罪，褫夺其优待权；对贪污犯，可褫夺其充当公务员的权利。褫夺公权的期限，如系单独宣告者，一般不超过二年。判处徒刑又宣告夺权者，一般不超过五年。胶东行署司法处在这个文件中，没有规定终身褫夺公权。苏皖边区规定：对于汉奸罪判处死刑或无期徒刑者，得褫夺公权终身；判处徒刑者，得褫夺公权一年以上十年以下。关于褫夺公权的起算时间，如单独宣告褫夺公权者，应自判决确定时起算。与徒刑并科者，应自徒刑执行完毕时起算。判处徒刑如经假释者，应于假释期满时开始计算。宣告褫夺公权在期满以前如表现好者，得由村政府请求县政府批准，宣告复权。

“没收财产”。1946 年 2 月《辽西区行政公署关于没收财产问题的决定》中规定：没收财产包括不动产（土地及其定着物为不动产）和动产（不动产以外之物)。没收财产的范围，以被告本人应继份或其自置产为限。家属共同财产或其他共有人应得份，不得没收。被告配偶因婚姻或继承所得之财物，无论动产或不动产均不得没收，但其配偶参与犯罪，为共同正犯或为从犯时，不在此限。科以没收之处分者，非经裁判确定后，不得执行没收。没收之执行机关，属于县级以上政府或法院。没收财产中，原有契约、借贷、典押等，执行机关应负责清理之，不得侵害第三人的权利。没收之财物，一律缴归国库，不经批准擅自留用者，以盗取公物及侵占公物论处。对于没收财产之权利有疑义时，应在一定期间内发布公告，促使关系人声报权利。如有声报者，应待调查后处理之。如限期过后无人声报者，即得执行没收。

(四)实行"缓刑"、"减刑"和"假释"制度

"缓刑"，是指某些被判处有期徒刑的罪犯，如系初犯可资教诲者，或因案件性质和罪情不甚严重，执行原判刑罚意义不大，或因有特殊需要和特殊困难者，法庭得根据具体情节宣布实行一定时期(一般一年以上，十年以下)的"缓刑"。在缓刑期间内，不再犯罪者，原判刑罚即不再执行。如在缓刑期内又犯新罪者，除执行新的刑罚外，连同原判刑罚一并执行。

"减刑"，是指在押服刑的已决犯，确有悔改表现，符合减刑条件，经过法定手续，将原判刑罚予以适当减除。根据 1949 年 1 月 13 日《华北人民政府为清理已决及未决案犯的训令》规定：对于判处有期徒刑的案犯，刑期执行 1/3 后，符合减刑条件者(如真正认罪服法，经常遵守狱规，积极劳动改造，以及其他适合减刑行为者)，得由监所呈报原判司法机关裁定，并转呈行署核准给以减刑。减刑的期限，最多不得超过原判刑期的 1/3，最少不得少于原判刑期的 1/10。减刑后，如合乎假释条件者，仍应予以假释。轻微案犯减刑后，所余刑期不满一年，认为无继续执行之必要者，得教育释放。

"假释"，是指已决服刑的在押犯，在不实施新的犯罪行为，并符合假释条件者(如对罪行有深刻认识，且悔过有据者，无期徒刑执行已逾八年，有期徒刑执行已逾 1/2 者。但半年以下有期徒刑不在此限)，由监所备具理由报请该管司法机关，转呈行署核准，予以"假释"。对于判处十年以上徒刑及确系反革命特务案犯的减刑或假释，须报请华北人民政府备查。

上述几种规定，对于促进罪犯认罪服法积极改造，是完全必要的。但是，绝不能滥用，特别是对于罪行严重、无悔悟表现者，或在实行"缓刑"、"减刑"、"假释"之后，会引起人民群众反对者，则不适用上述规定。

（五）对错案的“改判”与“平反”

华北人民政府的上述《训令》规定，为求“施刑准确，轻重得宜”，应将现有案犯，重新复核一遍，根据复核结果，作如下处置:（1）有确实反证，证明原判根本错误者，应予平反，宣告无罪开释。此种现象多来自诬告，误信不实之佐证及逼供讯等。此类案子可能不多，然而有一件，即应迅予平反。（2）过去量刑较重或过重者，均应适当减轻或释放。（3）判决时所采之证据，迄今未能证明其确实真实者，应改为无罪之判决。其中一部分罪行不能确定者，其不能确定部分，应宣告无罪。（4）原判决量刑较轻者，一般不再变动。但如发现新罪行，或因原审判决确系失出很大者，可撤销原判，另行适当判刑。

第六章
人民司法机关及其组织法规

第一节　大革命时期工农运动中产生的人民司法机关

一、省港大罢工中审判工贼的军法处和会审处

1925 年 6 月爆发的省港工人大罢工，是大革命时期中国共产党领导的一次规模壮阔、影响深远的反帝爱国运动。为了镇压工贼和其他反革命分子在罢工中的破坏活动，省港罢工委员会设立了军法处、会审处等专门司法机构。

军法处隶属于省港罢工委员会纠察队，该队负有维持秩序、截留粮食、严拿走狗、拘捕工贼、查缉仇货、封锁交通的职责。[①] 依据 1926 年 3 月 16 日公布的《纠察队军法处组织法》的规定，军法处设主任一人，由纠察队委员会委员兼任，下设讯问员、录事、差遣各若干人。军法处接受纠察队解送的各种人犯，按管辖范围，分别处理。凡纠察队内部的犯法人员，由军法处直接审判；非纠察队内部的犯法人员，由军法处讯问后，即连同原供移送会审处审判。对于既定移送会审处的人犯，军法处不得自行销案放人。军法处在移送非本处管辖范围的人犯时，应列明与人犯有连带关系的物品，一并移送。对于管辖范围内的人犯，军法处得依照省港罢工委员会 1926 年 3 月 9 日公布的《纠察队纪律》处理。[②]

会审处直属于省港罢工委员会，是“审判破坏罢工，私运粮食，偷卖仇货

① 《纠察队组织法》第二条，《工人之路》第 254 期，1926 年 3 月 9 日。
② 《纠察队纪律》，《工人之路》第 254、255 期，1926 年 3 月 9、10 日。

之走狗的机关，并有监狱，拘禁犯人”。[①] 依照 1926 年 3 月 11 日公布的《会审处组织法》的规定，“会审处设承审员五人，由省港罢工工人选充，计省占二人，港占三人。”[②] 会审处接受各方解送的人犯，为初审机关。按情节轻重，或由该处直接判决，或转解特别法庭审判。在接受各方解送的人犯时，由承审员署名签收，并于 24 小时内审讯清楚，如果确属无辜，即应释放。对于会审处接受的人犯，无论任何机关，非依合法手续不能取保和请求释放。依据《会审处组织法》的规定，会审处在审理案件时，必须秉公执法，不枉不纵，并且不得擅用私刑和受贿舞弊，否则一经告发或查明，即由省港罢工委员会送交特别法庭查办。凡应解送特别法庭的人犯，不得超过 24 小时。人犯对会审处的判决如有不服，可以向特别法庭提起上诉。

至于哪些案件由会审处审理，哪些案件移送特别法庭审理，亦即会审处和特别法庭管辖案件的范围，《会审处办案条例》[③] 有明确规定。应由会审处解送特别法庭审理的人犯包括：接济敌人粮食物品者，包庇接济敌人粮食物品者，未经准许而复工者，煽动或包庇工人复工者，刺探罢工消息报告敌人者，侵吞公款者，栽赃诬告者，滥用私刑者，克扣工人粮食者，受贿纵逃罪犯者，私自前往港、澳、沙面者，私自捕拿押留人犯者，等等。应由会审处判决的人犯包括：擅造谣言煽惑人心者，冒充工人享受权利者，工人打架、聚赌、吸食鸦片者等。按《条例》规定，会审处对于应由其管辖的人犯，只有判处五天至十天拘留的权力。但事实上，会审处拥有更加广泛的职权，邓中夏在谈到省港罢工委员会时曾指出，它“一切权力都有，只没有杀人权”。“黄色（工会）领袖在罢工过程中，营私舞弊，层见叠出，后来经代表大会加以惩戒，有不少还被逮捕送会审处，处以有期徒刑。”[④] 对于个别煽动工人复工而情节特别严重的，会审处甚至作出过死刑判决，但它无执行死刑判决之权。

特别法庭是广东国民政府应省港罢工委员会的要求而设立的专门审理破坏罢工案件的司法机关，也是审理此类重大案件的终审机关。省港大罢工爆发后，英帝国主义派遣大批走狗混入广州，进行阴谋破坏活动，其中有人被捕

---

① 邓中夏:《中国职工运动简史》，转引自《省港大罢工资料》，广东人民出版社 1980 年版，第 28 页。

②《会审处组织法》第二条,《工人之路》第 256、260 期，1926 年 3 月 11、15 日。

③《会审处办案条例》,《工人之路》第 260、262 期，1926 年 3 月 15、17 日。

④ 邓中夏:《中国职工运动简史》，转引自《省港大罢工资料》，广东人民出版社 1980 年版，第 29—30 页。

获。会审处以其案情重大，处以死刑，送广东国民政府司法机关复审执行，但广东检察长以“尊重法律”、“保障人权”、“破坏罢工，罪不至死”为辞提出抗议。省港罢工委员会随于1925年7月下旬致函广东国民政府，指出“工人等此次罢工，非为本身经济利益而来，乃为反帝国主义，救国家救民族而来，全国皆知，举世共晓。今拘获破坏反帝国主义阵营之卖国贼，乃不得加以惩治，在未惩治以前，检察厅长反有包庇国贼之控告。……并且解送公安局之人犯，亦不得工人之同意，擅予释放。在以代表国民意思、号召革命之国民政府下，国贼反有保障，工人等于无物，泣血椎心，莫此为甚！……敢请国民政府立即明令派员与敝会会审员共同组织特别法庭，审断此等卖国人犯”。[①]依据省港罢工委员会在公函中提出的要求，广东国民政府第十一次委员会决议组织特别刑事法庭，起草特别刑事法庭条例和特别刑事条例。特别法庭成立后，由于实际权力掌握在国民党右派手中，“一切走狗汉奸，……什九宣告无罪。”[②]

二、农民运动中的审判土豪劣绅委员会和特别法庭

大革命时期，中国共产党领导的农民运动在我国广大农村蓬勃兴起。

随着农民运动的迅猛发展，土豪劣绅的反抗和反动派的破坏也愈益猖獗，各地不断发生有组织有预谋的杀害农会干部和贫苦农民的流血事件。为了有效地镇压破坏农民运动的土豪劣绅和其他反革命分子，许多地方相继成立了惩治土豪劣绅的专门机构，在湖南、江西称为审判土豪劣绅特别法庭，在湖北称为审判土豪劣绅委员会。

1926年12月1日，在长沙召开的历时26天的湖南省第一次农民代表大会，通过了宣言和一系列决议案。《司法问题决议案》指出：在旧的司法制度下，“农民简直不能与地主立于平等诉讼地位。即有诉讼亦绝少胜诉之事。司法衙门，黑暗已极……至于诉讼手续的繁杂，讼费的苛重，差役的勒索，讼棍的卡骗，使农民畏官过于虎狼，视地主讼棍如恶煞。宁肯受屈，不肯兴讼。此种恶劣情形，急应改变。”[③]大会要求全部改订民刑法律，凡不利于农民的条文一律废除，农民协会有权代表会员诉讼，严禁法官收受贿赂，严禁讼棍挑拨是

① 《省港罢工委员会为组织特别法庭问题致国民政府公函》，载《工人之路》第31期，1925年7月25日。

② 邓中夏:《一年来省港罢工的经过》，转引自《省港大罢工资料》，广东人民出版社1980年版，第60页。

③ 《第一次国内革命战争时期的农民运动》，人民出版社1953年版，第356页。

非，禁止差役违法苛索。[1] 大会期间，各地代表纷纷控诉当地土豪劣绅的罪恶，要求政府法办。湖南省审判土豪劣绅特别法庭遂于 1927 年 1 月 4 日正式成立，各县特别法庭也相继成立。特别法庭一般由农会、工会委员长、国民党县党部常委和县长负责组织。

1927 年 2 月 20 日至 28 日，在南昌召开的江西省第一次农民代表大会正式成立了省农民协会，大会通过的《惩办土豪劣绅决议案》规定：各县农民协会应与县政府、县党部及各民众团体共同组织审判土豪劣绅的特别法庭，对于在大会召开以前已由省党部组织的土豪劣绅审判法庭，省农民协会应联合其他革命团体各派代表参加。

湖北省第一次农民代表大会召开于 1927 年 3 月 4 日。当时该省农会组织发展到四十余县，正式成立县农会二十多个，有会员四十余万人。为了促进农民运动的迅速发展，严加缉查杀害农会干部的凶手，惩处破坏农民运动的土豪劣绅，1927 年 3 月，由当时担任国民党中央执行委员会候补委员、国民党湖北省党部常委、湖北省政府执行委员会常委兼省农工厅长的董必武同志，团结国民党左派，提出并制定了《湖北省惩治土豪劣绅暂行条例》和《湖北省惩治土豪劣绅委员会暂行条例》，于同年 3 月公布施行。根据《惩治土豪劣绅委员会暂行条例》的规定，凡触犯《湖北省惩治土豪劣绅暂行条例》规定的各罪，均由审判土豪劣绅委员会审判。审判土豪劣绅委员会为二级结构，分别设于省和县。

省审判土豪劣绅委员会由省党部及省农民协会各选派二人，省商民协会、省总工会、省妇女协会、省学生联合会各选派一人，省政府委派二人，共同组成。开庭时，以政府委员一人为主席。县审判土豪劣绅委员会由县党部、县农民协会各选派二人，县工会、县商民协会、县妇女协会、县学生联合会各选派一人，会同县长和司法委员共同组成。开庭时，以县长为主席。上列人民团体如未成立，其委员从缺。但尚未成立县党部和县农民协会的县，暂不组织审判土豪劣绅委员会。省、县两级审判土豪劣绅委员会均设常务委员和书记各一人。常务委员县由县长、省由政府委派一人充任；书记由省、县审判土豪劣绅委员会委任。审判委员因故不能出席时，由原机关派人代理。

省、县审判土豪劣绅委员会在审理案件时，实行公开审判制度、合议制度和上诉制度。委员会公开审理案件须有半数委员之出席，并且要有过半数出席委员的同意才能制作判决。对于县审判委员会的判决，被告人如有不服，得于

---

①《第一次国内革命战争时期的农民运动》，人民出版社 1953 年版，第 356 页。

5 日内向原审判委员会声请上诉，由原审判委员会录案详请省审判委员会复判，省审判委员会的判决为终审判决。如果被告人逾期不声请上诉，判决即为确定，照判执行。

第二节　工农民主政权的司法机关

一、司法机关组织体制的基本特点和立法概况

红色区域的司法机关是土地革命战争时期工农民主政权的重要组成部分，它是中国共产党领导下的工农红军在局部省区推翻反动阶级的统治，打碎其反动国家机器的基础上建立起来的。

旧的司法机关是国民党新军阀及其所代表的外国帝国主义和本国地主买办阶级镇压革命人民、维护其反革命统治的工具，各红色区域工农民主政府成立后，为了保卫和发展已经取得的胜利，镇压阶级敌人的反抗和破坏，保障工农群众用鲜血夺得的民主权利，立即将其彻底取消，而以人民的司法机关加以代替。这是工农民主革命的重大成果，是人民群众当家做主的一个重要标志。

红色区域的司法机关根本区别于中国历史上封建的、半殖民地半封建的司法机关，它以工农民主专政的理论为指导思想，斗争的矛头指向政治上和经济上压迫与剥削广大工农劳动群众的反革命阶级和反革命势力，坚决依靠人民群众的直接行动和广泛参与，服务于工农民主政权的巩固和革命战争的需要。

由于各红色区域的开辟在时间上存在着差异，以及特殊的国内战争环境和各红色区域被敌人分割的局面，使得这个时期的人民司法机关呈现出以下特点：

第一，司法机关的多样化。当时行使审判权的司法机关不仅有革命法庭、裁判部和部队中的军事裁判所这样的机构，肃反委员会和政治保卫局在一定程度上也拥有审判权，从而决定了红色区域的司法体系包含有多样化的构成。即使在 1931 年 11 月中华苏维埃共和国宣告成立以后，尽管颁布了《裁判部暂行组织及裁判条例》《军事裁判所组织条例》等法律文件，情况也没有发生多大改变。司法机关的统一仅在中央苏区以及同中央苏区打成一片的红色区域得到了实现，其他苏区多半依据中华苏维埃中央政府法律规定的精神，结合本地区的实际情况和革命斗争的需要，灵活地确定司法机关的体制。

第二，政治保卫局虽然不是司法机关，但在红色区域的司法工作中居于特别重要的地位。依据1932年1月27日颁布的《国家政治保卫局组织纲要》的规定，政治保卫局在法律上是同反革命和其他重大刑事犯罪作斗争的预审机关，但在许多场合有权单独审理案件，它作为预审机关对案件提出的处理意见，也往往成为裁判部制作判决的依据。这种情况在整个土地革命战争时期没有发生根本改变。因此，不了解政治保卫局就不能正确认识红色区域的司法机关体系及其职能。

第三，基于对资产阶级"三权分立"原则的彻底否定，裁判部和革命法庭构成为同级政府的组成部分。这就是当时行之有效的"政审合一"制度。实行这种制度在当时无疑是正确的，因为它有助于政府加强对司法工作的领导，有利于政策法令的贯彻执行，适合于革命战争环境的需要，能使审判工作更好地为发展革命战争和根据地建设服务。如果在严酷的战争年代，过分强调审判机关的独立性，而不实行政府领导的一元化方式，就会削弱工农民主政权的作用，并会使政权机构庞大臃肿，这是战争环境所不能容许的。

红色区域的司法机关在整个土地革命战争时期发挥了积极的作用，它们在广大工农群众的积极参与下，有力地打击了阶级敌人的阴谋破坏活动，维护了革命战争的胜利成果和工农民主政权。但是，由于"左"倾路线的干扰和破坏，肃反工作犯了扩大化的严重错误，使革命力量受到了不应有的损害，而这些错误的产生，又与司法机关特别是政治保卫局在组织形式和工作制度上存在的缺陷有着密切联系。这就为后来的人民司法机关的建设提供了正反两个方面的宝贵经验，使处于初创时期的人民司法机关在新的历史条件下得以日益完善和发展。

红色区域有关司法机关的立法大体上经历了三个发展阶段。从1927年10月井冈山革命根据地的创建至1931年11月中华苏维埃临时中央政府成立为第一阶段；1931年中华苏维埃临时中央政府成立至1934年10月撤离中央苏区、实行战略转移、北上抗日为第二阶段；1935年底中央工农民主政府到达陕北至1937年抗日战争全面爆发为第三阶段。三个阶段的立法各有其不同的特点。

早期的立法分别由各红色区域的工农兵代表大会、苏维埃政府或苏维埃政府的授权机关主持制定，并且只在该苏维埃政府辖区内施行。如1930年3月闽西第一次工农兵代表大会制定裁判条例四章，同年5月由闽西苏维埃政府以第十二号布告公布施行；在鄂豫皖苏区，有关司法机关的法规，由该区苏维埃政府的授权机关（革命法庭等）制定，鄂豫皖区苏维埃政府公布施行。这个阶段的法规处于初创时期，没有形成严密的、对各红色区域统一的司法制度，法律形式和法律结构也比较简单。但它们对于维护农村革命根据地的革命秩序、破坏旧的司法传统起了极其重要的作用。

中华苏维埃临时中央政府成立后，比较全面地总结了各红色区域司法工作的经验，开始了频繁的立法活动，先后颁布了一系列调整司法机关和诉讼程序的法律文件，在整个苏维埃辖区内施行，从而基本上统一了中央苏区以及同中央苏区打成一片的其他苏区的司法制度。至于未同中央苏区打成一片的苏区，虽然同样适用临时中央政府颁布的各项法规，但由于战争的影响和交通的隔阻，这些苏区的工农民主政府一般都颁布补充性质的单行法律文件，以适应本地区的特点，因而带有较多的地方性。

中央工农红军撤离中央苏区，实行战略转移，到达陕北以后，中华苏维埃临时中央政府早先颁布的法规在仍然保存的红色区域继续生效。与此同时，苏维埃中央政府及其西北办事处，又陆续公布了一批有关司法机关的重要法规，其中有《肃反委员会暂行组织条例》（1936 年 1 月 28 日）、《西北政治保卫局暂行组织条例》（1936 年 7 月 15 日）等。这些法律文件是中央苏区法规的延伸和继续。

就红色区域司法机关的组织法而言，其渊源主要来自两个方面，其一是各级苏维埃组织法，如 1930 年 9 月《修正闽西苏维埃组织法》、1931 年 7 月《鄂豫皖区苏维埃临时组织大纲》等，以及中华苏维埃临时中央政府成立后于 1931 年颁行的《苏维埃地方政府的暂行组织条例》和 1934 年 2 月 17 日颁布的《中央苏维埃组织法》。由于当时的司法机关是工农民主政权的组成部分，所以这些法律文件在规定政权组织及其职权的同时，也对司法机关的设置及其法律地位作出了原则的规定。其次，早期各地工农民主政府以及后来成立的中华苏维埃临时中央政府为适应同反革命活动和其他刑事犯罪活动作斗争的需要，先后颁布了一系列调整司法机关及其职权范围的单行法规，包括条例、训令、布告等，如《鄂豫皖区苏维埃政府革命军事法庭暂行条例》（1931 年 9 月 1 日）以及《中华苏维埃共和国军事裁判所暂行组织条例》（1932 年 2 月 1 日）、《中华苏维埃共和国裁判部暂行组织及裁判条例》（1932 年 6 月 9 日）。这些单行法规比较具体地规定了红色区域司法机关的任务、组织、职权及其工作原则。此外，中华苏维埃临时中央政府颁布的有关司法程序的法规和中央司法人民委员部发布的命令，也包含有调整司法机关的职权及其活动的法律规范。

二、工农民主政府建立初期的司法机关

早在中华苏维埃临时中央政府成立以前，各地工农民主政府都相应地建立了执行审判职能的专门机构，但其组织形式各不相同，基本上有以下几种情况：

（一）裁判肃反委员会和裁判部

根据1930年9月《修正闽西苏维埃政权组织法》的规定，闽西工农民主政府设有裁判肃反委员会为同级苏维埃权力机关的组成部分。裁判肃反委员会之下设裁判部为具体办事机关，行使审判职权。闽西工农民主政府所辖各县的裁判肃反委员会则设有行使审判职权的裁判科，区乡工农民主政府只设裁判委员。

表 6-1　闽西苏区司法机关组织系统表

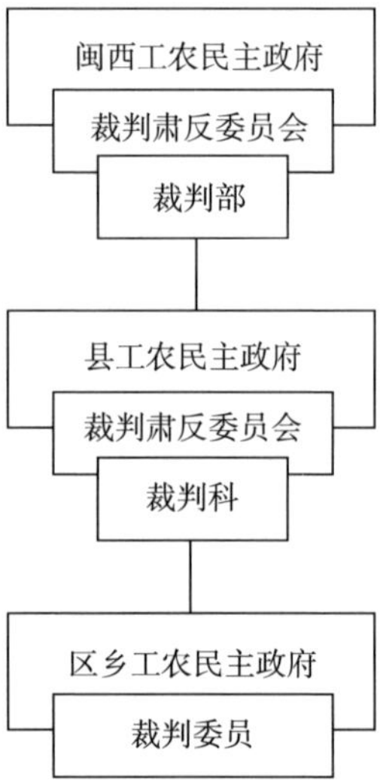

（二）革命法庭和革命军事法庭

鄂豫皖苏区工农民主政府及其所属各县，一律设立革命法庭，区、乡、村三级基层政权既不设革命法庭，也不设负责司法工作的专职人员，审判权由县以上革命法庭行使。

革命法庭由主席一人、副主席二人、委员二人组成委员会，下设审判委员会、国家公诉处、申诉登记处和执法管理处。审判委员会由各地群众选举25—29人组成，不脱离生产，有事临时召集，如有不称职者，或由革命法庭取消其职权，或由其所在单位或地区的群众另行改选。对于重要案件的审理，革命法

庭主席必须出席，并亲自主持，一般案件则交由审判委员处理。国家公诉处行使检察机关的职权，负责案件的侦查、预审，并向革命法庭提起公诉。申诉登记处是为了方便群众诉讼而设立的，控告人按照登记规则登记后，由革命法庭确定审判日期，通知原被告到庭审判。执法管理处负责管理看守所、监狱和劳动实习所。

除革命法庭之外，鄂豫皖苏区还设有革命军事法庭。作为革命武装组织的军事执法机关，它有权受理所有革命武装成员破坏红军纪律与违背军事行政的犯罪案件；对于军队中的反革命案件，得经军事委员会主席或政治委员、政治部主任的许可始能受理。

革命军事法庭设于红军师以上、地方各县军区指挥部和军委分会，由5—13人组成委员会，庭长之权高于委员会。革命军事法庭接受政治委员的领导与指挥，并与政治保卫局发生密切联系。凡反革命案件，经初审后，应移送政治保卫局审理或通知政治保卫局会审，最低限度应将处理反革命犯的情形通知其就近或与该案有关的其他政治保卫局。政治保卫局审理与军事组织有关的反革命案件时，革命军事法庭得其允许，可以派代表参加会审。对于不涉及军事的地方犯罪案件，革命军事法庭无权作出处理决定，而应移送地方法庭审理，或与地方法庭会审。革命军事法庭对案犯的判决，须经直属上级军事委员会主席或直属上级军事长官与政治委员的批准，始能执行。

（三）惩治反革命委员会和裁判委员会

惩治反革命委员会是江西省苏维埃政府及其辖区内的司法机关。依据《江西省苏维埃组织法》的规定，在省、县、市苏维埃执行委员会之下，各设惩治反革命委员会为司法机关。省的惩治反革命委员会由省苏维埃执行委员会指定5—7人组成，委员中互推一人为主席，主持委员会的各项工作。委员会的组织办法以及工作的分配和技术人员的设置，均由该委员会拟定，报省苏维埃执行委员会核准。县和市的惩治反革命委员会，分别由县和市的执行委员会指定3—5人组成，由委员互推一人为主席。区苏维埃执行委员会不设惩治反革命委员会的司法机构，只设惩治反革命委员。至于乡范围内的惩治反革命事宜，则直接由该乡苏维埃执行委员会办理，不设专门机构。

与江西苏区的惩治反革命委员会不同，湖南省苏维埃政府及其辖区内的司法机关称裁判委员会。依照法律规定，在省与县的苏维埃政府常务委员会之下，设立与肃反委员会平行的裁判委员会，在区和乡设裁判兼肃反委员。

综上所述可以看出，土地革命战争初期，各地工农民主政府因地制宜建立了各种形式的司法机关，当时没有而且也不可能形成对苏区统一的、自上而下的司法体系，但它们对中华苏维埃临时中央政府成立后司法机关的建立积累了有益的经验。

1931 年 11 月中华苏维埃临时中央政府成立以前，各地工农民主政府的司法机关不仅在组织形式上各有不同，在职权上也没有形成统一的制度，而是根据本地区的实际情况作出相应的规定。在闽西苏区，乡和区都有判决死刑之权，经县政府批准后执行，如遇特殊情形，可先予执行，事后报县政府追认，

表 6–2　鄂豫皖区司法机关组织系统表

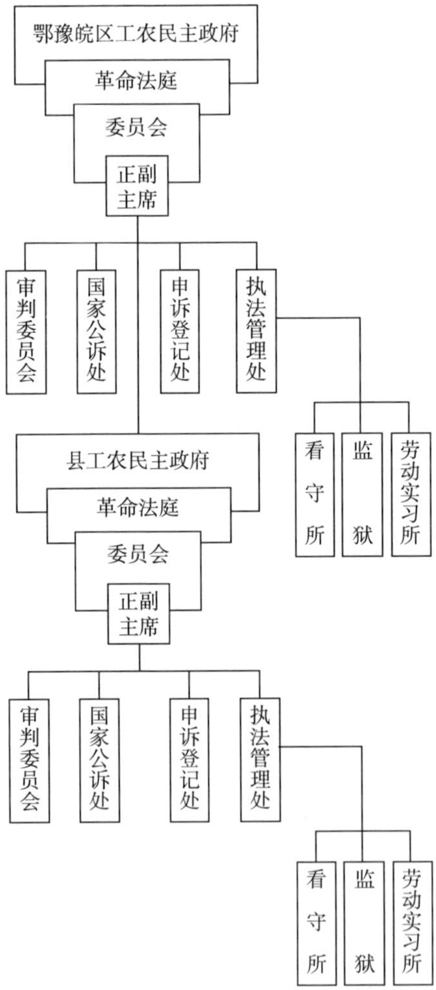

而在革命暴动时期，则可免除追认程序。[①] 赣东北特区苏维埃政府规定，凡判决死刑，非经特区苏维埃人民委员会批准不得执行。[②] 在鄂豫皖苏区，区裁判委员会只能判决三日苦工和警告的案件，其余案件一律移送上级审判机关处理。[③]

三、中华苏维埃共和国的司法机关

（一）肃反委员会

1.组织机构

肃反委员会是红色区域人民司法机关的过渡形式。依据法律规定，一切在暴动时期的地方和红军占领的地方所建立的临时革命政权——革命委员会，均设置肃反委员会的专门机构，其任务是团结与领导新区（新开辟的红色区域）和边区（同白色区域接壤的地区）的工农群众，消灭当地一切反革命武装力量，镇压已被推翻的剥削阶级的反抗，打击反革命组织和反革命分子的阴谋破坏活动和其他形式的犯罪活动，以确保临时革命政权的巩固和发展。[④]

肃反委员会一般为四级结构，分别隶属于省、县、区、市革命委员会，接受同级革命委员会的领导，同时绝对服从上级肃反委员会的命令和指挥。

肃反委员会的存在期间依据临时革命政权（革命委员会）建立的时间、巩固的程度以及革命斗争形势的发展状况而定，一般为六个月。凡已建立正式革命政权（苏维埃）的地区，必须同时建立裁判部和政治保卫局的机构，以执行肃反和处理其他刑民案件的任务，肃反委员会即行撤销。但实际上，有些地区，苏维埃政权虽已建立一年以上，肃反委员会仍与裁判部、政治保卫局并立，一度产生机关重叠，事权分割，各自为政，无所统属的现象。

鉴于上述情况，中华苏维埃中央执行委员会于1933年4月15日通过决议，明令撤销老苏区的肃反委员会，并对新区肃反委员会的领导关系进行了调

---

①《闽西苏维埃政府布告第十二号》（1930年5月），见韩延龙、常兆儒：《革命根据地法制文献选编》第三卷，中国社会科学出版社1981年版，第336—337页。

②《赣东北苏维埃暂行刑律》，闽北分区革命委员会1931年5月19日翻印。

③《鄂豫皖区苏维埃政府革命法庭与政治保卫局的关系及其区别》（1931年10月4日），见韩延龙、常兆儒：《革命根据地法制文献选编》第三卷，中国社会科学出版社1981年版，第342页。

④《肃反委员会暂行组织条例》（1936年1月28日），见韩延龙、常兆儒：《革命根据地法制文献选编》第三卷，中国社会科学出版社1981年版，第326页。

整，规定县、区两级肃反委员会仍然隶属于当地革命委员会，但在肃反工作上，应接受上级国家政治保卫局的领导。如果当地革命委员会未同省、县政治保卫局取得工作联系，该地肃反委员会的工作则应接受驻在该地或其附近地区的红军部队军级以上政治保卫局的领导。如果该地或其附近地区没有正规红军驻扎或红军已经离开该地，肃反委员会的工作才完全由县、区革命委员会直接领导。①

根据中华苏维埃中央执行委员会的这一决议，国家政治保卫局于同年 5 月 3 日发布训令，撤销了属于苏区腹地的石城、兴国、赣县、广昌和属于边区的公略、万泰、宜乐等正式成立苏维埃政府的各县肃反委员会，而由各县国家政治保卫局分局接管它们的工作。训令改变了《决议》的内容，规定尚未成立苏维埃政权或苏维埃政权虽已成立但尚未巩固的苏区所设置的肃反委员会，应有政治保卫局特派员参加，以加强对肃反委员会的领导。这就是说，新区肃反委员会也必须由当地政治保卫局分局指挥管理，即使当地政治保卫局分局尚未成立，革命委员会也不得过问肃反委员会的工作，要由红军中的政治保卫局分局领导，如果红军中的分局因战争行动离开了该地，领导该地肃反委员会的职责则由上一级地方政治保卫局分局行使。从这时起，各级肃反委员会不再与当地革命委员会发生工作上的领导与被领导的关系。工农红军经过长征到达陕北之后，1936 年 1 月 28 日颁布的《肃反委员会暂行组织条例》明确规定："肃反委员会隶属于同级革命委员会，受国家政治保卫局之领导与指挥进行工作"。

各苏区肃反委员会一般由该地区的党委书记、革命委员会主席和各革命群众团体（工会、贫农会、学生会等）选派的代表组成，区和市（相当于区的市）7—11 人，县和省 5—7 人，设主任委员一人，其他委员不脱离原有职务。肃反委员会虽是革命委员会的一个下属机构，由于它负有区别于其他机构的特殊任务，其人选需经上级肃反委员会或国家政治保卫局批准。

省、县、区肃反委员会各设侦察、执行两组。侦察组设组长一人，组员 5—10 人，负责所属地区内一切反革命阴谋破坏活动的侦察检查事宜。执行组负责预审和执行一切反革命案犯事宜，设组长一人，预审员二人，其他组员 3—5 人。为使机构精干，更好地依靠人民群众，区级肃反委员会各组有时仅配备 1—2 人。

①《中华苏维埃共和国中央执行委员会关于肃反委员会的决议》（1933 年 4 月 15 日），见《革命根据地法制文献选编》第三卷，中国社会科学出版社 1981 年版，第 322—325 页。

由于执行职务的需要，各级肃反委员会有权组织一个中队至一个区队的武装政治保卫队，在该队组成以前，如果确有必要，肃反委员会可以请求当地革命委员会辖区内的游击队或赤卫队协助。[①]

2. 职权范围

肃反委员会主要是镇压反革命的专政机关，同时负有同其他重大刑事犯罪作斗争的任务，兼有后来的司法机关和政治保卫局的职权，它的职责范围不断发生变化，总的趋势是基层肃反委员会的职权逐步扩大。

根据中华苏维埃中央执行委员会第六号训令的规定，在暴动初起、革命政权尚未建立的地方，人民群众有权直接逮捕和处决豪绅地主及一切反革命分子，但临时革命政权一经建立，上述做法就应立即终止，而由县革命委员会所属的和特别指定的区肃反委员会行使侦缉预审的权力。也就是说，在革命政府建立未满六个月的新发展区域，县和特别指定的区的肃反委员会，在取得同级政府的同意之后，有决定逮捕和审讯反革命分子的权力。对于罪恶昭著的反革命分子，如果人民群众强烈要求处决，当地县、区政府有迅速处决之权，无须经省司法机关批准。[②]

在县、区两级只设有肃反委员会，尚未设立政治保卫局分局或特派员，而临时革命政权成立又已超过六个月的地方，如果发现反革命分子阴谋活动的材

---

① 我国红色区域的肃反委员会借鉴于外国武装干涉和国内革命战争时期的苏俄肃反委员会，但不是对苏俄肃反委员会的简单抄袭，其中凝聚着我国革命人民的创造。它同苏俄的肃反委员会在组织上有着明显的区别。

首先，苏俄的肃反委员会是有计划地直接肃清反革命行为、投机行为和渎职罪的机关。其存在的时间也比较长，如果从1917年十月革命胜利后算起，到1922年2月6日宣告撤销，前后凡5个年头，而我国各红色区域的肃反委员会存在的时间都比较短，一般经过6个月即为国家政治保卫局和裁判部所取代。

更重要的是，红色区域的肃反委员会和苏俄的肃反委员会虽然都是各级革命政府的下属机构，但其组织状况却大不相同。在苏俄，中央一级设有全俄肃反委员会，隶属于人民委员会，在工作上与内务人民委员部和司法人民委员部保持密切联系，其成员由人民委员会任命，全俄肃反委员会主席参加内务人民委员部的部务会议；地方肃反委员会主席由地方执行委员会选举，委员会委员由地方执行委员会任命。而在我国红色区域，不存在中央一级的肃反委员会，地方各级肃反委员会隶属于同级临时革命政权，是地方党和政府领导下的、有群众代表广泛参加的临时司法机构，也是各根据地初创时期唯一的司法机构，其他司法机关（裁判部和政治保卫局）是继其撤销之后才建立起来的，而在苏俄与肃反委员会同时并存的，还有各级人民法院、革命法庭和革命军事法庭等。

②《中华苏维埃共和国中央执行委员会训令第六号》（1931年12月13日），载《红色中华》1931年12月28日。

料，必须得到省政治保卫局的同意，县、区肃反委员会才能逮捕。遇有特殊情形，如反革命组织暴动，该区与省苏被白区隔断，以及敌军进攻苏区时，才准许县、区肃反委员会在掌握充分证据的情况下，不经报批直接决定逮捕。

1933 年 4 月 15 日，中华苏维埃中央执行委员会通过决议，决定扩大县肃反委员会的职权。县肃反委员会对于反革命案犯以及其他重大刑事案犯，有权直接实行逮捕、审讯、判决和执行判决，从宣告释放直至判处死刑。区肃反委员会不享有这种权力，只有得到县肃反委员会批准，才能执行处决。即使对于群众要求处决的剥削阶级中的罪恶昭著分子，在紧急情况下也只能先予执行，事后必须上报县肃反委员会备案。①

1934 年 4 月，中华苏维埃中央执行委员会废止了过去一度施行的区肃反委员会未经上级认可不得逮捕人犯的规定，进一步扩大了区肃反委员会和乡、市政府的职权。区肃反委员会不仅拥有逮捕反革命分子和其他刑事犯罪分子之权，而且有权进行审讯和判决。在敌人进攻或反革命活动猖獗的地方，以及某项革命工作的紧急动员时期，对于反革命分子和地主豪绅中的犯罪分子，区肃反委员会有权经过一级审判直接执行死刑，而无须上级批准。在情况紧急时，乡和市的革命委员会只要得到人民群众的拥护，也有权逮捕反革命分子和其他重要人犯，然后移送区肃反委员会处理。直到 1936 年，基层肃反委员会的职权才受到一定限制，作出了“区一级肃反委员会无判决死刑之权”的规定。②对于需要判处死刑的案犯，必须经过县肃反委员会的批准，在紧急情况下判处

① 《中华苏维埃共和国中央执行委员会关于肃反委员会决议》（1933 年 4 月 15 日）。

② 《肃反委员会暂行组织条例》（1936 年 1 月 28 日）。

的死刑案件，也要报请上级备案审查。[①]

（二）临时最高法庭和各级裁判部

1. 组织机构

1931年11月，中华苏维埃中央执行委员会第一次会议通过并发布了《苏维埃地方政府的暂行组织条例》[②]，对于各红色区域司法机关的设置作出了明确的规定。《条例》要求，在省、县、区、市各级执行委员会之下设立裁判部。1931年12月13日，中华苏维埃中央执行委员会为了“坚决地迅速地建立革命秩序，使革命群众的生命权利和一切法律上应得的权利得到完全的保障，同时对于反革命的组织和活动，要给他以彻底的消灭”，发布了对红色区域法制建设具有重要意义的第六号训令，对《苏维埃地方政府的暂行组织条例》关于各红色区域地方司法机关的设置进行了局部修正。《训令》规定，各红色区域在正式成立法院以前，“得在省、县、区三级政府设立裁判部，为临时司法机关，除……处理反革命案件外，并解决一切刑事和民事的案件。”[③]

根据第六号《训令》的规定，1932年1月，临时中央政府司法人民委员部通令各级政府成立临时司法机构——裁判部。到同年6月，中央苏区以及同中央苏区打成一片的其他苏区，省一级裁判部全部成立，县一级裁判部也相继成

① 苏俄的肃反委员会比我国红色区域的肃反委员会拥有更加广泛的权力。1918年10月28日苏俄《肃反委员会条例》对肃反委员会的职权未作任何明确规定，这正表明它的职权具有囊括一切的性质。1919年2月27日全俄中央执行委员会发布《关于全俄肃反委员会》的命令，对肃反委员会的权力作了一定程度的限制，规定它所受理的一切案件“其判决权移归改组后的革命法庭，同时一切案件的侦查工作至迟应在一个月内结束”，“革命法庭有权检查肃反委员会的侦查活动。”（参见《苏联和苏俄刑事诉讼及法院和检察院组织立法史料汇编》上册，第194—195页）肃反委员会的直接镇压权力限于针对武装的犯罪活动和戒严地区戒严令上规定的犯罪活动。尽管如此，苏俄的肃反委员会的直接处分权仍然很大。苏联从1921年过渡到恢复国民经济的和平时期，为了适应变化了的国内形势，第九次全俄苏维埃代表大会通过了《关于全俄肃反委员会的决议》，决定“缩小全俄肃反委员会及其所属机关的活动范围，并责成各审判机关将同违反各苏维埃共和国法律的行为作斗争的责任担当起来”。全俄苏维埃代表大会委托全俄中央执行委员会主席团本着改组的方针，修改《全俄肃反委员会条例》。为了执行这一决议，全俄中央执行委员会于1922年2月6日通过法令，宣布“撤销全俄肃反委员会及其地方机关”，另行成立国家政治保卫局。这是进一步加强革命法制的结果，与我国红色区域政治保卫局取代肃反委员会的目的与情况均有不同。

② 参见《苏维埃中国》第二集，中国现代史资料编辑委员会1957年翻印。

③ 载《红色中华》1931年12月28日。

立。不久，司法人民委员部召开闽赣两省及瑞金直属县裁判部长联席会议，确定了裁判部“目前的中心任务是保障苏维埃政权及其各种法令的实施，镇压反革命派别及反苏维埃法令的反革命行为，……就是担负着肃清国内反动势力、巩固苏维埃政权的任务”。会议强调指出，“目前最主要的是对付反革命，……一切民刑事宜为次要”。

为了进一步统一红色区域的审判权，加强对审判业务的具体领导，1932 年 2 月 19 日，中华苏维埃人民委员会决定成立临时最高法庭，以代行最高法院的职权。同年 6 月 9 日，中华苏维埃中央执行委员会又在总结实践经验的基础上制定和颁布了《裁判部的暂行组织及裁判条例》。至此，红色区域从中央到地方的审判组织开始走上统一。

临时最高法庭是中华苏维埃共和国最高法院成立前的最高审判机关。1934 年 2 月 17 日中华苏维埃中央执行委员会颁布的《中华苏维埃共和国中央苏维埃组织法》虽然规定设置最高法院，但最高法院并没有成立，而一直由临时最高法庭代行其职权。临时最高法庭的组织与活动，由《中央苏维埃组织法》的有关规定加以调整。①

按规定，临时最高法庭设主席一人，副主席二人，由中央执行委员会任命，对中央执行委员会负责并报告工作。在临时最高法庭内，设立以临时最高法庭主席为首的委员会，讨论和决定临时最高法庭职权范围内的一切重大问题和重要案件。最高法庭之下设刑事法庭、民事法庭和军事法庭，分别处理由其管辖的不同性质的案件。

除中央一级的临时最高法庭而外，在地方各级工农民主政府内分别设立裁判部或裁判科，为法院成立前的临时审判机关，代行法院的一切职权，审理刑民案件的诉讼事宜。

按照法律规定，裁判部为三级结构，省、县、区各设裁判部，市（集镇）设裁判科（小集镇也可以不设裁判科，其一切案件由县裁判部直按审理）。各级裁判部为同级政府的组成部分，受同级政府主席团领导，在审判业务上，由临时最高法庭和上级裁判部节制。

各级裁判部下设刑事法庭和民事法庭，以分别审理刑民案件，并可组织巡回法庭到肇事地点审理具有重要意义的案件，以利于吸引广大群众参加。不论刑事法庭、民事法庭还是巡回法庭，均由三人组成，裁判部长或裁判员任主

① 参见《红色中华》1934 年 2 月 22 日。

审，其余二人为陪审员。对于情节简单的案件，则由裁判部长或裁判员一人单独审理。

各级裁判部的组成，法律仅作原则规定。一般情况是，区裁判部只设部长一人，书记一人；县裁判部设部长一人，裁判员一人，书记一人；省裁判部设部长一人，副部长兼裁判员二人（一人主管刑事案件，另一人主管民事案件），书记一人。省裁判部设裁判委员会，由部长和副部长组成；县裁判部也可组织裁判委员会，由县裁判部长、裁判员和民警局长等组成。裁判部的一切职务，只能由拥有选举权的人充任，没有选举权的人，包括未满十六周岁的人，不得担任裁判部的工作。

各级裁判部之下均设有看守所，以监禁未决人犯和判决短期监禁的犯人，省、县两级裁判部除看守所外，还设有劳动感化院，以监禁判处长期监禁的犯人。①

红色区域的裁判部是在以“围剿”和反“围剿”为主要形式的激烈的国内战争环境中产生的，它必然具有为适应当时客观形势所需要的一些特点：

第一，各红色区域一律实行审判权和行政权合一的原则。省、县、区的裁判部和市的裁判科均设于同级政府之内，是同级政府所属的一个部门，必须接受同级政府主席团的领导。裁判部在法律上享有独立审理案件之权，但重要案件须经同级政府主席团讨论才能处理。

第二，裁判部实行审判权和检察权合一的原则。红色区域不存在独立的检察机关，执行检察职能的机构和人员，一律附设于裁判部，而不另行单独建制。根据《中华苏维埃共和国中央苏维埃组织法》第39条的规定，最高法院（临时最高法庭）设检察长一人，副检察长一人，检察员若干人。正副检察长由中华苏维埃中央执行委员会主席团委任。②按规定，省、县两级裁判机关也各设有检察员，只有区和市的裁判机关没有检察员的编制。③各级检察人员分别接受同级裁判机关负责人（裁判部长）的领导，不发生上下级之间的隶属关系。

第三，红色区域实行审判权和司法行政权在中央分立、在地方合一的原则。中华苏维埃人民委员会所属的司法人民委员部，负责全苏区司法行政事

① 关于各级裁判部的组织状况，参见《中华苏维埃共和国裁判部暂行组织及裁判条例》（1932年6月9日），载《红色中华》1932年9月20日。

② 参见《红色中华》1934年2月22日。

③ 参见《中华苏维埃共和国裁判部暂行组织及裁判条例》，载《红色中华》1932年9月20日。

宜，包括有关干部的任免、处分、教育、培训等，而临时最高法庭则专司审判事宜。隶属于各级工农民主政府的裁判部，在司法行政和审判业务方面分别接受司法人民委员部和临时最高法庭领导，兼有司法行政的职能，因为司法人民委员部与临时最高法庭不同，它没有自己的下属机构，其所发布的有关司法行政的指令，由各级裁判部贯彻执行。

2. 职权范围

中华苏维埃临时中央政府成立后，基本上统一了红色区域司法机关的设置，同时也明确了它们的职权，规定除现役军人及军事机关的工作人员而外，一切刑民案件（包括反革命案件）概由裁判部审理。①

依照法律规定，临时最高法庭的职权是：（1）对于一般法律作出法定的解释；（2）审查各省裁判部及高级军事裁判所的判决书和决议；（3）审查中央执行委员以外的高级机关干部在执行职务期间内的犯法案件（中央执行委员犯法案件，由中央执行委员会或其主席团另行处理）；（4）审判不服省裁判部或高级军事裁判所的判决而提起上诉的案件，或检察员不同意省裁判部或高级军事裁判所的判决而提起抗议的案件。②

地方各级裁判部的职权范围由于阶级斗争形势的发展不断有所变化，总的趋势是基层司法机关的职权逐步扩大。

根据中华苏维埃中央执行委员会 1931 年 12 月 13 日颁发的第六号训令的规定，县一级司法机关无判决死刑之权，如遇特殊情形，也必须得到省一级司法机关的特别批准。1932 年 3 月 9 日，中华苏维埃临时中央政府鉴于革命战争发展时期，县裁判部如果无权判决死刑，省裁判部的工作会发生许多实际困难，于是决定废止第六号训令关于“县一级司法机关无判决死刑之权”的规定，改为“县一级裁判部有判决死刑之权，但没有执行死刑之权，判决死刑后，必须得到省裁判部批准后才能执行”。与省裁判部隔断的县一级裁判部，可不经省裁判部批准，直接执行死刑。③ 同时颁布的《裁判部暂行组织及裁判条例》对于县裁判部判决死刑的权力也作出了相应的规定，该《条例》明确宣

① 参见《中华苏维埃共和国裁判部暂行组织及裁判条例》，载《红色中华》1932 年 9 月 20 日。

②《中华苏维埃共和国中央苏维埃组织法》（1934 年 2 月 17 日），载《红色中华》1934 年 2 月 22 日。

③《中华苏维埃共和国临时中央政府执行委员会训令第十二号》，载《红色中华》1932 年 6 月 16 日。

布，裁判部有权判决被告人以警告、罚款、没收财产、强迫劳动、监禁、枪决的刑事处分，显然这是指县以上裁判机关的职权而言的。至于区裁判部，它只能审理一般不重要的案件，而且其判处强迫劳动或监禁的期限不得超过半年。

1934 年 4 月以后，中华苏维埃中央执行委员会进一步扩大了县裁判部的职权，区裁判部的职权也相应扩大。县裁判部对于一切案犯不仅有判决死刑之权，而且有执行死刑之权。区裁判部对于所辖地区内一切反革命案犯和其他刑事案犯有审讯和判决的权力，而在新区和边区，在敌人进攻和反革命活动猖獗的地方，以及某种革命工作紧急动员时期（如查田运动、扩大红军等），对于反革命分子和豪绅地主中的犯罪分子，区裁判部只要得到当地群众的拥护，就有只经一级审判直接执行死刑之权，无须上级裁判部的批准。基层裁判部职权的不断扩大，反映了革命战争形势的日趋紧张和阶级斗争的激化。

红色区域的各级裁判部自 1932 年普遍建立后，为了更好地行使审判职权，逐步形成了一套在当时行之有效的工作制度。

首先是裁判员专任制度。裁判部成立之初，其工作人员多不固定，一般由担任其他职务的人员兼任，或者轻易调遣裁判人员完成其他任务，致使裁判部的工作受到严重干扰，不能正常完成自己的任务，甚至使日常工作陷于停顿，这类情况愈到基层愈是严重。为了改变普遍存在于裁判部的这种情况，司法人民委员部决定建立裁判人员专任制度，“不得上级同意不得将裁判部的工作人员调换”，“区一级裁判部不许再由别部兼任，坚决不许再有派裁判部的工作人员长期在外面做一般的工作，将裁判部的工作完全放弃的事情”。[①]

其次，对新选拔担任裁判工作的人员实行强迫教育制度。各苏区裁判人员的大多数来自于工农群众，缺乏应有的文化水平，不熟悉司法业务，为了适应实际工作的需要，中华苏维埃临时中央政府明确规定，对一切从事裁判工作的人员“注意他们的训练，实行强迫教育，……以养成技术较高的专门人材。”[②]“实习工作”是当时采取的有效方式之一，即把县裁判部的工作人员调到省裁判部实习，省裁判部的工作人员则调到临时最高法庭实习，实习一定期限

① 《中华苏维埃共和国司法人民委员部对裁判机关工作的指示》（1933 年 5 月 30 日），见韩延龙、常兆儒:《革命根据地法制文献选编》第三卷，中国社会科学出版社 1981 年版，第 301 页。

② 《中华苏维埃共和国司法人民委员部对裁判机关工作的指示》（1933 年 5 月 30 日），见韩延龙、常兆儒:《革命根据地法制文献选编》第三卷，中国社会科学出版社 1981 年版，第 301 页。

后，仍回原单位工作。

最后，为了加强上级裁判部对下级裁判部的领导，有效地推动各级裁判部的工作，上级裁判部除对下级裁判部发布符合实际情况的具体指示而外，经常派遣指导员到下级巡视和检查工作，而下级裁判部则应按时向上级裁判部做工作报告。这就是红色区域实行的上级裁判部的巡视制度和下级裁判部的报告制度。

由于确立了以上各项制度，裁判部作为红色区域的司法机关，他的工作虽然不可避免地也受到过左肃反路线的干扰和损害，但仍然取得了显著的成绩，为后来人民司法机关的建设积累了有用的经验。

（三）劳动法庭

1. 组织机构

劳动法庭不是单独的司法机关，而是基层裁判部（科）的组成部分，成立的时间也比较晚。

中华苏维埃临时中央政府成立后，曾颁布一系列劳动法令，以调节劳资关系，保卫工人群众的利益。对于违反劳动法令，不执行劳动合同和集体合同的案件，起初均由工会和工人群众自行解决，司法机关不予过问，致使这类案件不能得到及时、妥善的处理，影响生产事业的发展和对革命战争的支援。

为了改变这种状况，迅速解决破坏劳动法令，违反集体合同和劳动合同的案件，使工人群众从劳动法令的施行中得到应有的实际利益，1933 年 4 月 12 日，中华苏维埃临时中央政府司法人民委员部发布第九号命令，决定成立劳动法庭；① 同年 5 月 30 日又发布《对裁判部工作的指令》，再次强调要即速把劳动法庭建立和健全起来。

按照司法人民委员部第九号命令的规定，劳动法庭只设于区裁判部和市裁判科，与刑事法庭、民事法庭具有同等的法律地位。如果有的市不设裁判科，其审判工作由县裁判部兼理的，县裁判部可指定专人担负劳动法庭的工作。

各市裁判科的劳动法庭由职工会选举产生的裁判员组成，裁判员需经市裁判科加委，报县裁判部备案。各区裁判部设置的劳动法庭，其组成与市劳动法庭不同，不设专职审判人员，他的工作由区裁判部原有人员兼任。由于区裁判

①《中华苏维埃共和国临时中央政府司法人民委员部命令第九号——关于组织劳动法庭的问题》，载《红色中华》1933 年 4 月 20 日。

表 6-3　中华苏维埃共和国司法机关组织系统表

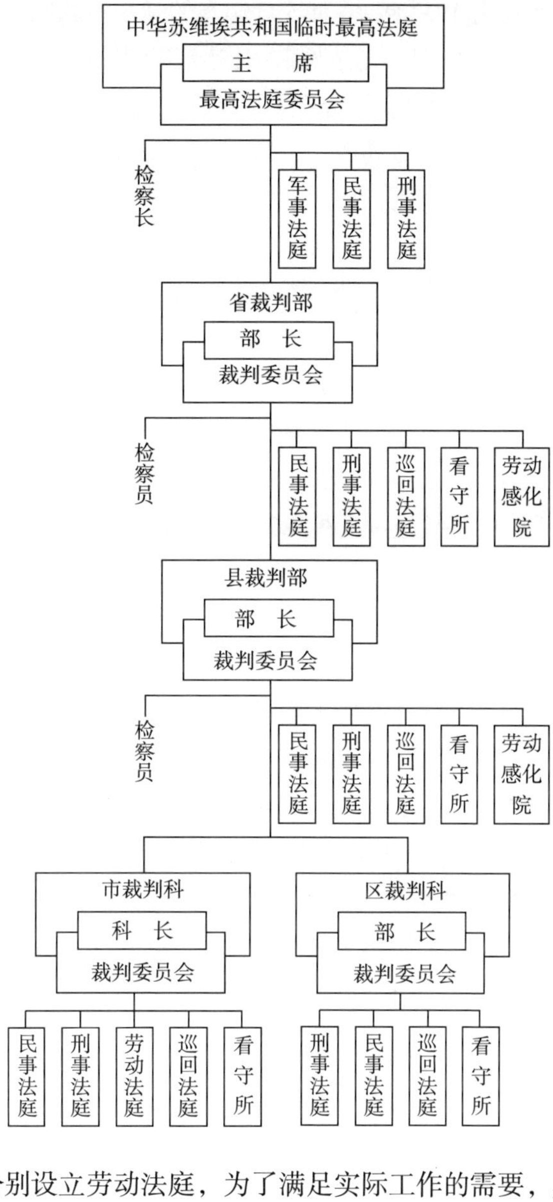

部和市裁判科分别设立劳动法庭，为了满足实际工作的需要，其干部编制相应增加 1—2 人。

劳动法庭的内部结构与刑事法庭、民事法庭相同，由三人组成，裁判部长（或科长）任主审，其余二人为陪审员，简单而不重要的案件由裁判部长（或裁判员）单独审理。

2. 职权范围

劳动法庭的职权由1933年10月5日颁布的《中华苏维埃共和国违反劳动法令惩罚条例》规定。依据该《条例》，凡违反劳动法令的雇主（私人的、国有的及合作社的），劳动法庭有权分别不同情况判处三元以上至百元以下罚款，三天以上至一个月以下强迫劳动或三天以上至三个月以下监禁；对于阻碍职工会负责人的合法行动或妨害其行使职权的，劳动法庭得依其犯罪程度，处以三天以上的强迫劳动或监禁，或三元以上的罚款；对于用强力、恐吓或收买等方法阻止工人、职员加入工会的，处五天以上的强迫劳动或监禁，或五元以上的罚款。

在上诉权的行使和判决的执行方面，劳动法庭按阶级原则办理。对于劳动法庭的判决，劳资双方如有不服，虽然都可以向上级裁判部提起上诉，但对于资方因不服而提起的上诉，在上级裁判部复审以前，劳动法庭有权强制执行，而在劳方提起上诉时，必须经过上级裁判部复审以后，判决才能执行。

（四）军事裁判所

1. 组织机构

与地方各级裁判部同时存在的审判机构，是红军中的各级军事裁判所，他们是红色区域司法体系的重要组成部分。

早在军事裁判所成立之前，各苏区红军中已有军事审判机关的设置，虽然他们的性质和任务基本相同，但组织形式颇多差异，一般称为革命军事法庭。如鄂豫皖苏区，在红军师以上，地方各县军区和军委分会之下，均设有革命军事法庭，由5—13人组成革命军事法庭委员会，庭长为委员会主席，实行首长集权制，庭长的职权高于委员会。革命军事法庭一般不审理部队中的反革命案件，而是在预审之后将其移交政治保卫局处理，或者与政治保卫局会审。他所受理的只是“破坏红军（凡属所有的革命武装）纪律与违背军事行政之事件”，处理结果“必须经过其直属之上级军事委员会主席或直属上级军事长官与政治委员之批准”[①]。

中华苏维埃临时中央政府成立后，为了保障红军中战斗员、指挥员以及军中工作人员的权利，维护工农红军铁的纪律，中央执行委员会于1932年2月

①《鄂豫皖区苏维埃政府革命军事法庭暂行条例》（1931年9月1日），见韩延龙、常兆儒：《革命根据地法制文献选编》第三卷，中国社会科学出版社1981年版，第339页。

1日以第三号命令颁布《中华苏维埃共和国军事裁判所暂行组织条例》，命令各级红军部队和地方武装指挥部，从同年2月15日起，按照《条例》的规定，组织军事裁判所，以管理红军中的一切刑事审判事宜。同年4月4日，中央执行委员会又发布了《对于军事裁判所组织条例的解释和运用》的专门文件，就有关军事裁判所的组织和职权的一些问题进行了详尽的说明。

总的来说，工农红军中普遍设置的军事裁判所为三级结构、四种形式，即初级军事裁判所、高级军事裁判所和最高军事裁判会议。初级军事裁判所又有部队初级军事裁判所和阵地初级军事裁判所两种形式。部队中的初级军事裁判所设于红军的军部、师部、军区指挥部和独立师部内，而阵地初级军事裁判所则设于作战阵地的最高指挥部内。高级军事裁判所设于中央革命军事委员会，未与中央苏区打成一片的苏区，其高级军事裁判所设于该苏区的最高军事委员会。最高军事裁判会议则设于中华苏维埃临时最高法庭。

初级军事裁判所和高级军事裁判所产生的方式和程序各不相同。高级军事裁判所的所长和裁判员由中央革命军事委员会提名，报请中华苏维埃临时最高法庭核准。初级军事裁判所的所长和裁判员，均由所在部队的士兵代表大会推举产生，报高级军事裁判所核准，无一定的任期，但罢免权属于上级军事裁判所，而不属于士兵代表大会。阵地初级军事裁判所的产生方式又与部队中的初级军事裁判所有所区别，它由该战区内的部队士兵推选，报上级军事裁判所批准，或由上级军事裁判所临时委任，不是固定的常设机构。

军部、师部、军区指挥部和独立师部所设置的虽然都是初级军事裁判所，但它们之间是上下级关系，独立师的初级军事裁判所隶属于军区的初级军事裁判所，军区的初级军事裁判所隶属于师的初级军事裁判所，师的初级军事裁判所隶属于军的初级军事裁判所。师以下，包括有营建制的独立团，均不设立军事裁判所，如有案件发生，或者移交军区初级裁判所审理，或者由军的初级军事裁判所临时派遣裁判员去该驻地开庭审判。在特殊情况下，需要经过高级军事裁判所的批准，才能设立临时性的军事裁判所。

阵地初级军事裁判所的设置和隶属关系与部队初级军事裁判所不同，它以该战区所属部队之大小来决定其所属的上级机关和有无单独成立的必要。如果该阵地只有一个军，则军的初级军事裁判所即可行使阵地军事裁判所的职权，而不另行组建阵地军事裁判所。一般说来，只有在大部队协同作战时，才在军以上设立阵地军事裁判所，以处理各军的裁判事宜。

初级和高级军事裁判所都设有裁判委员会，初级军事裁判所的裁判委员会由所长一人、裁判员二人组成，由士兵代表大会推举产生；高级军事裁判所的裁判委员会由所长一人、副所长一人、裁判员三人组成，均由中央革命军事委员会提名。最高军事裁判会议由临时最高法庭指定若干人组成，必须有中央革命军事委员会的代表参加。各级裁判委员会负有指导一切有关裁判事宜的任务，但不具体审理案件。

2. 职权范围

军事裁判所管辖的案件可以分为两大类：其一，凡在工农红军和红军游击队服军役的，不论军人还是其他工作人员，如果触犯了中华苏维埃的刑法、军事刑法以及其他法律，一律由军事裁判所审理；其二，在作战地带发生的案件，不论是军人还是当地居民，包括敌军的侦探、间谍在内，也都由军事裁判所审理。军事裁判所审理的案件，不限于一般刑事案件，有时也审理反革命案件。

初级军事裁判所和阵地初级军事裁判所都是初审机关，初级军事裁判所审理军长以下指挥员、战斗员以及在红军中服务的其他工作人员的案件；阵地初级军事裁判所则审理在作战地带的一切案件。高级军事裁判所是审理军长以上指挥员和革命军事委员会直属部队工作人员的案件的初审机关，同时是审判经过初级军事裁判所判决而上诉的案件的终审机关。最高军事裁判会议是审判军团指挥员以上重要军事人员案件的初审机关，同时也是审理经过高级军事裁判所判决而上诉的案件的终审机关。

初级军事裁判所和高级军事裁判所均有宣判死刑之权，但它们对于判处死刑的第一审案件，如果被告人不提起上诉，应将案卷报送上一级军事裁判所复核，经批准后才能执行。只有在紧急作战情况下，才可先予执行，然后抄录全部案卷，报送上级军事裁判所追认。

（五）革命法庭

1. 组织机构

中华苏维埃临时中央政府成立后，虽然逐步建立了各级裁判部的司法机构，基本上统一了革命根据地的审判组织体系，但是有些与中央苏区未能打成一片的红色区域，仍然采用革命法庭的组织形式，例如1933年春开辟的川陕革命根据地所采用的就是这种形式。[①] 革命法庭在国内革命战争和阶级斗争炽热的年代，发挥了镇压和威慑敌人的作用，是土地革命战争时期根据地司法体系的组成部分。

革命法庭作为苏维埃政府的司法机关，负责审理一切刑民案件。其任务是镇压各种反革命阴谋破坏活动，保障苏维埃宪法和法令的执行，处理苏区境内有关土地、劳动、商业的纠纷，维护工农群众的利益，受理苏区政府机关、群众团体和公民个人的申诉案件。

革命法庭的组织为三级结构，即省革命法庭、县革命法庭和区裁判委员会。省革命法庭为全省最高司法机关，直接领导县革命法庭的工作，区裁判委员会受县革命法庭的指挥。

省革命法庭设立审判委员会，其成员由省苏维埃代表大会选举产生，推一人为主席。此外，劳动群众团体也有权选派代表参加革命法庭的审判委员会，与省苏维埃代表大会选举产生的成员享有同等的权力。县革命法庭不设审判委员会，法庭成员（审判员）由县苏维埃代表大会选举产生，但需经省革命法庭批准。区的裁判委员会则由区苏维埃代表大会选举若干人组成。各级革命法庭的产生都采取选举制，现中央苏区的裁判部实行的委任制有原则不同。

省和县的革命法庭之下设有公诉处和申诉处，这也与裁判部的内部结构有所区别。公诉处就其性质而言，是附属于革命法庭的检察机关，由省革命法庭和县革命法庭指定专人组成，代表政府以原告人资格对一切反革命案件和其他刑事案件提起公诉，也可以接受劳动群众及其团体的委托对某一案件提起公诉。申诉登记处是为了便利群众行使诉讼权，免除农村讼棍对民众的敲诈勒索而设立的。任何有公民权的人都可以直接到申诉登记处申诉，免纳任何费用。剥削阶级分子不享有公民权，但有三个以上公民的担保，也可以向申诉登记处申诉。对于任何人的申诉，申诉登记处都有权拒绝接受登记，被拒绝的人则有权直接向法庭提出控告。

为了维护劳动人民的利益，动员群众力量同反革命破坏活动作斗争，密切革命法庭与工农群众的联系，省和县的革命法庭在审理案件时，除开剥削分子而外，一切苏区公民都有权到革命法庭旁听。被告人如果是工农劳动群众，革命法庭可以允许其委托一个或几个辩护人为自己辩护，但辩护人必须是劳动人

① 参见韩延龙、常兆儒:《革命根据地法制文献选编》第三卷，中国社会科学出版社 1981 年版，第 348—352 页。

民，一切剥削阶级分子没有充当辩护人的权利。

省和县的革命法庭设有监狱和劳动感化院，以监禁和改造已决犯人。

2. 职权范围

省、县、区三级司法机关的职权范围各不相同。区裁判委员会虽是一级司法机关，但它对刑民案件的裁决带有调解的性质，必须得到原告人和被告人双方的同意才能发生效力，付诸执行，任何一方表示异议，都可以向县革命法庭提出控告。可见，区裁判委员会的判决没有强制力，不能强制执行，同时也表明，区裁判委员会受理的只是一般民事案件和轻微刑事案件，至于重大刑民案件，则属县以上革命法庭管辖。

县革命法庭有判处劳役、监禁和死刑的权力，但其判决必须得到省革命法庭的批准才能执行。如果县苏维埃政府和劳动群众团体不同意县革命法庭的判决，可以向省革命法庭提出控告，但不影响得到省革命法庭批准的判决的执行。尽管省革命法庭对死刑判决拥有最后确定权，但其本身制作的判决要得到中华苏维埃临时最高法庭和省工农民主政府的批准，如果判决不正确，也可以要求复审。

（六）检察机关

工农民主政府辖区实行审检合一的组织原则，不单独设立检察机关，检察机关的职能一律由附设于审判机关的检察长和检察员行使。

作为中华苏维埃共和国最高审判机关的临时最高法庭，设检察长一人，副检察长一人，检察员若干人。检察长、副检察长与临时最高法庭庭长、副庭长的产生方式相同，均由中央执行委员会主席团委任。[①] 地方各级裁判部不设检察长和副检察长，省裁判部设正副检察员各一人，县裁判部设检察员一人，区裁判部不设检察员。[②]1933 年 12 月，中华苏维埃中央执行委员会决定扩大地方各级裁判部检察人员的编制，省裁判部检察员可达五人，县裁判部检察员由原来的一人增到 2—3 人，区裁判部虽然不设检察员，但与区同级的市裁判部

---

①《中华苏维埃共和国中央苏维埃组织法》（1934 年 2 月 17 日），见《红色中华》1934 年 2 月 22 日。

②《中华苏维埃共和国裁判部暂行组织及裁判条例》（1932 年 6 月 9 日），见《红色中华》1932 年 9 月 20 日。

得设检察员 1—3 人。[①] 在隶属关系上，各级检察人员分别接受同级裁判机关负责人（裁判部长）的领导，不构成独立的组织系统，也不发生上下级之间的工作关系。

表 6-4 川陕省司法机关组织系统表

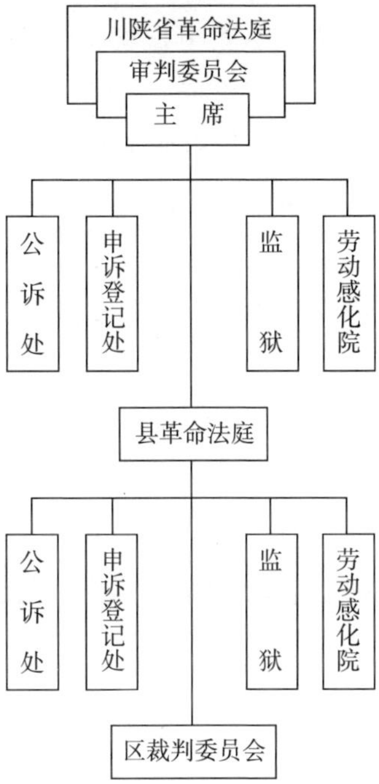

检察员的职责在于对犯罪案件进行侦查和预审，凡是涉及犯罪的行为，检察员均有检察之权，如果必须预先逮捕才能进行检察，检察员有先行逮捕犯罪人的权力。对于国家政治保卫局以及其他机关移送裁判部的案件，除情节简单者外，一般均需经由检察员预审。经过预审，检察员如果认定确有犯罪的事实和证据，应当作出结论，将案件转交法庭审理。在检察案件时，为了判明事实真相，凡与该案件有关的任何人，检察员均有传讯之权。讯问被告人和见证人，必须写成笔录，由被讯问人和检察员签字盖章，作为该案件的证据。检察员是代表中华苏维埃国家的原告人（公诉人），开庭审判时代表国家出庭告发。对于反革命案件，则由国家保卫局派出代表，代表国家为原告人。

依照法律规定，尚未建立检察员制度的裁判部，可以从该部的裁判员中抽出一人代行检察员的职务，负责检察和预审事宜。但他在刑事法庭审理案件时，不得担任审理该案件的法庭的主审和陪审。

红军中的检察机关为军事检察所，军事检察所与军事裁判所同时成立于 1932 年，它的性质、组织与职权由 1932 年 2 月 1 日中华苏维埃共和国中央执行委员会颁布的《军事裁判所暂行组织条例》规定。依照该组织条例，红军部队中的裁判机关和检察机关实行分立原则，在处理军事犯罪案件和与军事有关的犯罪案件时，各自独立地行使其法定职权。

军事检察所有两种组织形式，即初级军事检察所和高级军事检察所，二者无统属关系，分别设于初高两级军事裁判所的所在地，与同级军事裁判所发生直接工作联系。初级军事检察所设所长一人，副所长一人，检察员若干人。高

① 《中华苏维埃共和国地方苏维埃组织法（草案）》（1933 年 12 月 12 日），见韩延龙、常兆儒:《革命根据地法制文献选编》第二卷，中国社会科学出版社 1981 年版，第 66 页。

级军事检察所设所长一人，副所长二人，检察员若干人。此外，还可任用书记、文书等技术工作人员。军事检察所的工作人员得视军队情况和实际需要随时增减。军事检察所内部实行首长集权制，在检察重要案件时，可以开会讨论，但所长有决定权，检察员如有不同意见，只能提请上级解决。

军事检察所负有检察和预审的职能。红军各级指挥员、政治委员如发现部队中有证据确凿的犯罪行为时，有权逮捕犯人，送交同级军事检查所。除无需检察的简单案件外，军事检察所应对一切比较复杂的案件进行检察和预审。在检察案件时，凡与案件有关的任何人，检察员均有传讯之权，传讯时可以使用传票、拘票和检察票。案件检察完毕，军事检察所应当作出相应的结论，移交军事裁判所审理。为了顺利执行检察职务，军事检察所在必要时可以调用所在地的军部、师部以及其他军事机关所指定的部队。

在军事裁判所审理案件时，军事检察所是代表国家对军事犯的原告机关，对于它所检察的军队中及与军事有关的一切犯罪案件，可以向法庭提出公诉，代表国家出庭告发。

（七）司法行政管理机关

早期工农民主政权不设立单独的司法行政管理机关，有关司法行政事宜由各级工农民主政府及其司法部门自行处理。

中华苏维埃共和国成立后，负责指挥政务的人民委员会，设立了专理司法行政工作的中央司法人民委员部。司法人民委员部设部长一人，副部长一人。部长即为司法人民委员，是人民委员会的组成人员。

中央司法人民委员部对人民委员会负责并报告工作，可以在自己的职权范围内发布训令、指示和决议。人民委员会有权审查、修改或停止司法人民委员部的指示、训令及其决议。司法人民委员部的主要职权是：

第一，促进地方各级苏维埃政府组建裁判部。依据1931年12月13日中央执行委员会非常会议通过的关于《处理反革命案件和建立司法机关的暂行程序》的训令，1932年1月，司法人民委员部通令地方各级苏维埃政府成立裁判部，同年6月基本完成了中央苏区及与中央苏区打成一片的其他苏区的各级裁判部的组建工作。不久又接受江西省裁判部的请求，命令将江西会昌、寻邬两县的裁判部划归临时最高法庭领导，司法行政上由司法人民委员部直接管理。为了加强对犯人的感化教育，1932年8月10日发布《中华苏维埃共和国劳动感化院暂行章程》，决定在县以上裁判部设立劳动感化院，截至1932年10月，成立劳动感化院的裁判部已有江西、福建、瑞金三处。为了保障工人的法定权益不受侵犯，迅速处理违反劳动法令的案件，改变由工会解决劳资问题的做法，1933 年 4 月 12 日发布命令，规定在区的裁判部和城市的裁判科之下设立劳动法庭，并由专人负责。

第二，确保各项司法制度的贯彻执行。中华苏维埃临时中央政府成立后，各项司法制度由苏维埃组织法和相应的单行条例加以规定。司法人民委员部为了实现法律规定的制度，并在实践中不断加以完善，以适应革命战争环境的需要，采取了一系列有效措施。例如，在司法人民委员部的指示下，各级裁判部判处的监禁二年以下和强迫劳动的犯人，凡未丧失劳动能力者，一律编成苦工队，送往前线担负运输任务。在中央苏区，据不完全统计，1932 年 7 月至 8 月，苦工队的人数达九百余人。为了保证人民司法原则在实践中得到认真地贯彻执行，司法人民委员部在其训令中反复强调司法机关在处理案件时，必须坚决废止肉刑，注重搜集证据，坚持阶级路线，区分首要和附和，判决监禁最多不得超过十年，强迫劳动不得超过一年。

第三，改进裁判机关的工作。建立自上而下的人民司法机关是中华苏维埃临时中央政府成立后的创举，首先要确立根本区别于反动统治阶级的人民司法程序。中央执行委员会根据司法人民委员部的建议和请求于 1932 年 6 月 9 日颁发的《中华苏维埃共和国裁判部暂行组织及裁判条例》，既是建立各级裁判部的重要法律依据，也是各级裁判部按照它所规定的程序审理案件的重要法律依据。各级裁判部成立后不久，司法人民委员部又印制各种司法文书，如案卷、审判记录、判决书、传票、拘票、搜查票、预审记录、工作报告表、搜查记录、苦工登记表等十余种，以统一裁判部的公文程式。各级裁判部成立初期，其内部工作制度多不完善，司法人民委员部除召开裁判部长联席会议以交流工作经验外，还指导他们建立了各项必要的工作制度，如裁判委员会制度、裁判部部务会议制度、巡视制度、报告制度等，从而使裁判部的工作不断得到改进。

就组织结构而言，司法人民委员部不同于中华苏维埃临时中央政府所属的其他人民委员部，因为它没有自己的下属机构，不能形成单独的专理司法行政管理工作的组织系统，它所发布的各项训令、命令和决定，由各级裁判部贯彻执行。因此，红色区域的各级裁判部具有双重性质和双重职能，它们一方面是审判机关，同时又兼有司法行政管理机关的职能。法律明确规定："裁判部在审判方面受临时最高法庭的节制，在司法行政上则受中央司法人民委员部的指导，司法人民委员部有委任和撤销裁判部长及工作人员之权。”[①] 上述规定是指中央苏区及与中央苏区打成一片的苏区而言的。至于未同中央苏区打成一片的苏区，省的执行委员会（苏维埃政府）得同时行使临时最高法庭和司法人民委员部的职权，解决审判业务和司法行政上的一切问题。

四、政治保卫局及其与司法机关的关系

（一）政治保卫局的组织机构

政治保卫局是苏维埃政权同一切军事的、政治的、经济的反革命活动和其他重大刑事犯罪（盗匪等）作斗争的专门机关，负有维护工农群众的合法权益、巩固和发展苏维埃政权的使命。

早在 1931 年以前，各红色区域和红军部队中就已存在名称不同的政治保卫组织。中华苏维埃共和国成立后，临时中央政府颁布了一系列法律文件，详尽地规定了政治保卫局的组织机构及其职权，使其成为自上而下的、有铁一般纪律的、严密的工作系统。1935 年主力红军撤离中央苏区后，中华苏维埃中央政府西北办事处又于 1936 年 7 月 15 日颁布《西北政治保卫局暂行组织纲要》，进一步确认了过去实行的制度。

依据中央苏维埃组织法、地方苏维埃组织法和有关条例的规定，国家政治保卫局设于中央人民委员会之下，由国家政治保卫局委员会管理，局长为委员会的当然主席，列席人民委员会会议，有发言权，无表决权，委员会成员的任免处分权属于中华苏维埃中央执行委员会及其主席团，最高法庭检察员中应有一人参加该委员会为当然委员。

国家政治保卫局得在省、中央直属市、县和省属市设立分局，区及县属市只设特派员。在红军部队中，得于中央军事委员会、方面军和军团设立分局，师团和独立营设特派员。各分局均由设于各该局的委员会管理，分局长为该委员会的当然主席，各地方分局的委员会应有同级党委代表和裁判部检察员参加。

局长是国家政治保卫局及其分局的首脑，负责管理全局工作，领导下级分局或特派员；副局长协助局长工作，局长因故离职时，由其代行职权。国家政

---

① 《中华苏维埃共和国裁判部暂行组织及裁判条例》（1932 年 6 月 9 日），见《红色中华》1932 年 9 月 20 日。

治保卫局及其各级分局有权直接向地方上的区和乡，部队中的师和团，以及任何机关、企业和学校派出特派员，由其组织与领导广泛而严密的工作网。

政治保卫局的内部结构，一律实行上下对口原则，从国家政治保卫局到地方和部队中的各级分局，都设执行部、侦查部和总务处。执行部之下设执行科和预审科，侦查部之下设侦查科和检查科。侦查部之下有工作网。执行部则拥有自己的武装组织——政治保卫队。

在法律上，国家政治保卫局及其分局是同级政府的下属机构，但就其组织原则而言，却有不同于其他政府机关的一些特点。

第一，在国家政治保卫局及其分局内部，实行严格的局长单一集权制。局长就本局一切行政设施对上级政治保卫局负完全责任，各级分局长以及特派员的任免权均属上级政治保卫局，与同级地方政府无关。各级政治保卫局虽然设有3—5人的政治保卫委员会，但它只负责检查任务执行情况，确定工作方针和处理重要案件的原则，至于日常实际工作的进行，政治保卫委员会无权干预，完全由局长处理。

第二，在上下级政治保卫局之间，实行严格的垂直领导原则。下级必须绝对服从与执行上级的命令和决定，上级政治保卫局也只有经过下级政治保卫局负责人，才能领导下级政治保卫局所属的侦察部和执行部的工作，两部彼此分开，不相隶属，不发生横的工作联系。

第三，国家政治保卫局及其分局和特派员在与同级党和政府的关系上保持独立性，它们只在政治上接受同级党和政府的指导，在组织结构上和业务关系上自成体系，绝对隶属于上级政治保卫局。同级党政军机关必须尊重政治保卫局的组织和权限，政治保卫局分局和特派员在执行侦查、逮捕、预审等职权时，同级党政军机关必须完全遵从它们的决定，如有不同意见，也只能向上级陈述，而不得妨碍它们行使自己的职权。

第四，与政府其他机构相比，政治保卫局分局及其特派员对于同级政府还享有若干法定特权。除国家政治保卫局局长得列席中华苏维埃人民委员会的会议而外，各分局局长也有权列席省苏、县苏的主席团会议。在征得同级党、政府、红军部队或其他机关的同意后，政治保卫局分局长或特派员可以参加这些部门召开的任何会议，而同级党和政府需要讨论和检查他们的工作时，他们只作口头汇报，而且仅限于一般性问题，不得泄漏机密材料，只有在他们认为确有必要时，才得以在严格规定的范围内将部分情况通知同级党、政府和军事指挥机关。相反地，同级党、政府、共青团以及其他革命团体却必须向它们提供和报告它们所需要的一切情况。不仅如此，国家政治保卫局及其分局还拥有这样一种权力，就是直接在党、政、军领导机关中布置自己的秘密工作网，对这些机关的工作人员进行事实上的监视。

抗日民族统一战线初步形成以后，于 1937 年 1 月，政治保卫局的组织形式发生了重大变化，恢复地区的保卫局一律改为警卫部，区特派员改为警卫科，乡设警卫员。在国民党撤退地区，如有抗日救国政权的形式，也设置警卫部的机构。过去省、县两级的政治保卫队也一律改为警卫队，并根据当地实际情况予以扩大。

（二）政治保卫局的职权及其与司法机关的关系

国家政治保卫局及其分局和特派员有权侦查、逮捕和预审一切反革命案件和重大刑事案件（如盗匪等），在执行逮捕以前，无须征得任何机关批准，在预审之后，则以原告人资格向司法机关（裁判部）提起公诉，由国家司法机关审讯和判决。在国家司法机关审理案件时，国家政治保卫分局和特派员必须出庭，并且兼有原告人和公诉人的双重身份，尽管它们有权事先向司法机关提出定罪量刑的意见，但不享有审判权和执行权。这是政治保卫局成立初期的情况。

1932 年以后，政治保卫局的职权不断扩大。法律明确规定，对反革命案犯的判决权和执行权一般地属于司法机关，政治保卫局处于原告的检察的地位，但在革命战争和苏维埃运动向外发展的时期，在中华苏维埃中央政府许可的范围内，有权依法判决和执行对反革命案犯的惩罚。[①] 根据这项规定，政治保卫局的职权大大超越了侦查、逮捕和预审的范围。从这时起，政治保卫局不仅在事实上而且在法律上兼有审判机关的职权，从而成为红色区域司法体系的一个

① 《中华苏维埃共和国国家政治保卫局组织纲要》（1932 年 1 月 27 日），见韩延龙、常兆儒:《革命根据地法制文献选编》第三卷，中国社会科学出版社 1981 年版，第 291—292 页。

重要组成部分。①

政治保卫局拘捕案犯无须司法机关及其检察部门的批准，对于党政军机关和革命团体负责人的拘捕也是如此，当他们拘捕这些负责人的时候，只须在拘捕前通知该机关的最高负责人，以便有人顶替其职务，如果认为这些机关的负责人政治上不可信赖，则通知其上级机关负责人，假如这些机关的负责人不同意政治保卫局的拘捕决定，也不得违抗或阻碍其行动，而只能向上级机关报告。

后来，政治保卫局的实际权力越来越大，直到在法律上取得了“紧急处置权”。1934 年 2 月 9 日，中华苏维埃人民委员会以第五号命令授予国家政治保卫局及其分局以直接拘捕和处决反革命人犯的特权。其具体规定是，第一，在边区的地方保卫局和在战线上的红军保卫局，对于反革命分子有权不经过法庭采取直接处置，事后再呈报国家政治保卫局备案审核；第二，在刀匪尚未肃清的区域，国家政治保卫局及其地方分局对于捕获之刀匪首领及地主富农家庭出身而坚决反革命的刀匪，有权不经过法庭采取直接处置，处置后再呈报国家政治保卫局备案审核；第三，对于重大的紧急的反革命案件，国家政治保卫局及其地方分局、红军分局、军区分局有权采取紧急处置，处置后如与地方政府及其他军政首长发生争议，决定其处置当否之权属于人民委员会。② 命令的这些规定，特别是第三项规定，从法律上把国家政治保卫局及其分局推向了权力的

---

① 从形式上看，第二次国内革命战争时期红色区域的政治保卫局也取自 20 世纪 20 年代的苏俄，因为苏俄也有同名的机构。但是，红色区域的政治保卫局有别于当时苏俄的政治保卫局。

苏俄的政治保卫局不是独立的机构，它附设于内务人民委员部，同该部的其他局处于平等的法律地位，其下属机构称政治部，附设于各自治共和国和自治省的中央执行委员会，县一级设特派员。法律对它们的活动有严格的限制，其职权只限于对犯有反革命罪行、盗匪行为、间谍行为、铁路和交通的盗窃行为、走私和偷越国境的行为，实行搜查、扣押和逮捕，而在采取这种行动时，只有对现场的犯人才不需要特别的命令和决定。一切关于投机、渎职和其他犯罪的一般刑事案件由革命法庭或人民法院审理，而意图破坏苏维埃制度或违反苏俄法律的一切案件，也分别由革命法庭和人民法院依审判程序解决，司法人民委员部有权对国家政治保卫局及其地方机关的活动是否合法实行一般监督。这一切都说明，苏俄的政治保卫局是行政管理机关的一部分，不属于司法体系的范围，与我国红色区域的政治保卫局有原则的不同。

②《中华苏维埃共和国临时中央政府人民委员会命令第五号》（1934 年 2 月 9 日），见韩延龙、常兆儒:《革命根据地法制文献选编》第三卷，中国社会科学出版社 1981 年版，第 319 页。

顶峰，但实际上，这些规定只不过是把实践中的已有做法法条化而已。

在政治保卫局系统中，特派员是基本活动单位，他不是一级结构，而由国家政治保卫局及其分局派出，并由派出机关统辖。由国家政治保卫局派出的，属国家政治保卫局指挥；由政治保卫局分局派出的，属政治保卫局分局指挥。特派员名义上受同级党、政府和红军政委领导，实际上他们的活动不受后者的任何约束，其工作范围完全由其上级保卫局决定，而且只对领导他的上级保卫局负责。特派员的主要工作是组织与领导工作网，侦查反革命分子的阴谋破坏活动，并于其罪行得到证实后予以逮捕，同时负有检举混入党政军或其他机关的坏分子之责，建议其所属机关或部队首长予以清洗。特派员的工作权限在于侦查、拘捕和预审反革命案犯及其他人犯，预审后必须移送上级保卫局，或者提出定罪量刑的意见，交同级审判机关处理，其本身无审判权和执行权。

红军中的分局及其特派员的职权法律也有明确规定，起初属于军团或军一级的，有权对反革命分子进行侦查、拘捕和预审，并且拥有最后决定权。属于师一级的，一般只有侦查权，在得到上级分局特别批准的情况下才能执行拘捕。团一级的特派员拘捕人犯时，必须得到师一级的同意。师分局和团特派员拘捕的人犯均应移送军分局。连特派员只能进行侦查，但得到上级同意时也可以执行拘捕。师分局和团连特派员对于反革命人犯无最后决定权，最后决定权属于军团和军的分局。

此后，红军中的特派员逐步享有更大的职权，根据国家政治保卫局、工农红军总政治部和中央革命军事委员会的训令，“各部红军军政首长应该尊重特派员的权限，并尊重保卫局的组织系统。保卫分局及特派员行使职权时，如逮捕、拘留乃至审讯、制裁等问题，同级军政首长应完全尊重分局及特派员的意见。”① 可见红军中的特派员实际拥有裁判权，即判决和执行的权力，这是与地方特派员的不同之点。

1937 年 1 月，政治保卫局改为警卫部、区特派员改为警卫科以后，其职权范围并未因此而发生重大变化，仍然兼有审判机关的职能，不过行使职权的方式有所改变。对于案件的处理，一般由警卫部委员会决定后，组织临时审判法庭，以法庭名义判决，经政府批准后执行。县一级警卫部平时不享有判处死刑

---

①《国家政治保卫局、工农红军总政治部、中央革命军事委员会训令会字第 1 号》，见韩延龙、常兆儒:《革命根据地法制文献选编》第三卷，中国社会科学出版社 1981 年版，第 329 页。

的权力，而须经过省警卫部的批准。在国民党撤退地区，处理案犯的权限以抗日民主斗争的需要为标准，一般仍要经过省领导机关的审查。

红色区域的政治保卫局在工作中执行了“过左的肃反路线”，在体制上也存在着严重的缺陷，没有建立起必要的制约关系，单一首长集权制、垂直领导制，以及在与同级党和政府的关系上保持独立性，使得它的活动必然陷入孤立主义、神秘主义，脱离了苏区广大军民群众，给革命事业造成了严重损害。彭德怀同志在其《自述》中指出：“不依靠群众的单纯肃反观点，造成军内人人自危，军队内部民主受到很大限制。特别是原属政治部的锄奸部，改为保卫局，为政治部平列机关，不受政治机关领导，形成特殊化、神秘化，严重地脱离群众，造成互不信任。”“从粉碎四次‘围剿’到五次‘围剿’开始，苏区毫无扩大。派去湘鄂赣边区和鄂东南区的钦差大臣，把当地党政军大批领导干部打成改组派，加以杀害，……”① 其他苏区的情况也大抵如此。罗瑞卿同志 1957 年在中国共产党第八次全国代表大会上正确地总结了政治保卫局工作的严重教训，他说：“在土地革命战争的时候，曾经不正确地强调了保卫机关独立系统的垂直领导，这就使各级保卫机关失去了各级党委的领导和监督，因而犯了错误。”②

第三节 抗日民主政权的司法机关

一、司法建设的基本原则和立法概况

抗日战争时期，各地抗日民主政府依据党的人民共和国的理论和抗日民族统一战线的政策，继承苏区人民司法的优良传统，围绕“创造与建立适合于新民主主义政治的人民大众的”司法制度的目标，建立了根本区别于一切剥削阶级的新民主主义的司法制度，为司法机关规定了明确的任务、正确的方针和原

①《彭德怀自述》，人民出版社 1981 年版，第 179 页。

②《中国共产党第八次全国代表大会文献》，人民出版社 1957 年版，第 281 页。

则，并在司法实践中得到了全面、认真的贯彻执行，取得了极其重大的成就。[①]

抗日根据地司法机关的任务是，镇压汉奸卖国贼的反革命破坏活动，切实保障抗日民主制度和各抗日阶级的合法权利，维护抗日根据地的革命秩序，巩固和发展抗日民主政权。上述任务由各抗日根据地民主政府的施政纲领所明确规定。《陕甘宁边区抗战时期施政纲领》规定："厉行除奸工作，提高边区人民的警觉性，彻底消灭汉奸、敌探、土匪的活动，以巩固抗日后方。"《晋察冀边区目前施政纲领》也规定："肃清一切破坏团结抗战，破坏边区的特务奸细，打击妥协投降派。""严厉镇压汪派、托派、汉奸。对罪大恶极的大汉奸之土地财产，专署以上各级政府应当地群众之要求，得依法没收之。"《晋冀鲁豫边区施政纲领》要求各级司法机关"坚决镇压死心踏地的汉奸"，"对无法争取的汉奸首要分子，及在根据地内组织破坏叛变之奸细分子，给予坚决的镇压，维持社会秩序。"其他抗日根据地民主政府所颁布的施政纲领也作出了内容相近的规定。

这些规定为各抗日根据地司法机关的工作指出了明确的方向，并且为各抗日民主政府所反复强调。陕甘宁边区政府主席林伯渠同志在边区政府委员会第四次会议上所作的《关于边区政府一年工作总结报告》中指出：司法机关审判案件时，要"把制裁汉奸反革命当作中心，把保护群众当作天职。"1944 年 3 月，晋察冀边区高等法院在边区司法工作会议上也强调，各级司法机关必须实现边区政府确定的"保证政府各项政策之执行，保护抗日各阶级阶层人民的利益，对汉奸、盗匪及违反法令者予以制裁的中心任务"。

党和抗日民主政府不仅明确规定了抗日战争时期根据地司法工作的根本任务，而且规定了确保上述任务得以实现的司法工作基本原则。这些原则贯穿于

---

① 仅据晋冀鲁豫边区太行区的不完全统计，1942 年至 1945 年各级司法机关处理的刑事案件达 35313 起，1943 年至 1945 年除汉奸案由于反攻后解放了大片地区而有所增加外，其他案件均呈明显下降趋势，其中烟毒案从 1943 年的 1571 起，下降到 1945 年的 244 起，盗窃案由 2192 起下降到 244 起，贪污案由 606 起下降到 238 起。民事案件由于推行各种形式的调解，多数未经涉讼即在基层获得及时解决。1945 年发生的民事案件经调解结案的，在磁县占 99%，涉县占 70%，平顺县占 63.8%。其他涉讼民事案件，甚至历史上遗留下来的缠讼经年的民事案件，经司法机关依法断处，都得到了公平合理的解决。由于刑事案件的减少和民事案件的妥善处理，各抗日根据地，特别是它的巩固地区，出现了历史上少有的"夜不闭户""邻里和睦"的景象，社会秩序空前安定，各项事业得到了长足的发展，而成为抗日游击战争赖以执行自己的战备任务，达到保存和发展自己、消灭和驱逐敌人之目的的战略基地。

抗日民主政府颁布的各种形式的法律法令之中。

（一）司法机关的设置以抗日根据地的实际状况和需要为依据，以便民简政为原则，实行政府领导司法机关的体制

处于战时环境的敌后抗日根据地，其法制建设必须一切从根据地的客观实际出发，因时制宜，因地制宜，过分强调正规化、系统化是不妥的，只会给法制建设造成不良后果。司法机关的设置正是在上述指导思想下建立和不断发展的，虽然各抗日根据地的司法机关的组织和职权基本相同，但它们之间也存在着不少差异。在陕甘宁边区，边区高等法院是边区最高审判机关，而在晋冀鲁豫边区，边区高等法院虽然是全边区最高审判机关，但其所辖太岳区（行署）法庭则在该行署辖区内行使最高审判权，它所作出的判决即为终审判决，不得上诉于边区高等法院。在陕甘宁边区，边区高等法院设有检察处，由检察长和检察员行使检察职权。但依据条例规定，高等法院分庭和县司法处则不设检察机构和检察人员，而由公安机关对一切刑事案件进行侦查和起诉。晋察冀边区则有所不同，各级法院（从边区高等法院到地方法院）均设首席检察官一人，检察官若干人（县司法处只设检察官一人）。在陕甘宁边区，刑事案件没有普通刑事和特种刑事的区别，凡刑事案件均由检察机关或公安机关提起公诉，而在其他抗日根据地，如晋察冀、山东、晋绥等，刑事案件被明确划分为普通刑事案件和特种刑事案件两大类。普通刑事案件由检察官实行侦查，提起公诉，而特种刑事案件则由公安机关行使检察职权。各抗日根据地司法机关在组织和职权方面存在的这些差异，说明各抗日根据地司法机关的设置是从该地区的实际情况出发的。

各抗日根据地的司法机关一切以维护抗日人民的利益着想，服务于抗日民族解放的神圣事业，所以司法机关的设置坚持便民简政为原则，与根据地内的行政区划相适应，并且随着形势的发展而变化。此外，各级司法机关还设有临时性的巡回法庭，根据实际需要，不定期地深入基层，审理各种民刑案件。在司法机关内部，组织简明，人员精干，一扫旧法院叠床架屋、机构臃肿的弊端。

司法机关的建设，除其设置符合便民简政的原则而外，最根本之点还在于司法干部的选拔和培养。“司法干部，尤其是领导人员与审判人员，必须选择忠实于革命三民主义，愿意切实联系群众与公正不私的干部充任之，同时加强

他们的政策教育与业务教育，养成新民主主义司法的熟练人才。”[①] 根据 1941 年 5 月 10 日《陕甘宁边区高等法院对各县司法工作的指示》，司法干部必须具备的条件是：（1）要能够忠实于革命事业；（2）要能够奉公守法；（3）要能够分析问题，判别是非；（4）要能够吃苦耐劳，积极负责；（5）要能够看懂条文和工作报告。[②] 为了培养忠于革命事业的、具有一定理解能力和文化水平的司法干部，各地抗日民主政府采取了一系列具体措施。陕甘宁边区从 1939 年到 1940 年，先后举办三期司法干部训练班，1942 年以后，又在延安大学设立法学院、司法系和司法班。晋冀鲁豫边区高等法院于 1945 年曾专设教育处，负责掌管干部的培训工作，除通过核案、指示、鉴定、书面测验等方式提高在职干部的认识水平和业务能力而外，还吸收有志于司法工作的学员和在职干部参加司法干部训练班，并且编辑出版《司法通讯》，以指导工作，交流经验，作为教育各级在职干部的主要工具。1941 年 6 月 8 日在延安成立的中国新法学会及其创办的业余法律学校对司法干部的培养也作出了自己的贡献。

资产阶级提出的“三权分立”原则不适用于实行新民主主义制度的抗日根据地，各级司法机关必须接受同级政府集中统一的领导，实行司法与行政合一的原则。在陕甘宁边区、晋察冀边区、晋冀鲁豫边区以及其他一些抗日根据地，高等法院院长和边区政府主席虽然都由边区参议会选举产生，但高等法院并不向边区参议会负责并报告工作，只接受参议会的监督，而由边区政府直接领导。[③] 有些抗日根据地的最高司法机关则直接设于政府之内，在山东抗日根据地，高级审判处（相当于边区高等法院）就是山东省战时行政委员会的组成部分。[④]

① 林伯渠：《陕甘宁边区政府一年工作总结——在边区政府委员会第四次会议上的报告》（1944 年 1 月）。

②《抗日根据地政策条例汇集——陕甘宁之部》下册，第 571 页。

③《陕甘宁边区高等法院组织条例》（1939 年 4 月 4 日）第二条规定：“边区高等法院受中央最高法院之管辖，边区参议会之监督，边区政府之领导。”《陕甘宁边区政纪总则草案》（1943 年 4 月 25 日）规定：“在边区参议会闭幕期间，边区政府为边区最高权力机关……”“司法机关为政权工作的一部分，应受政府统一领导。”《晋察冀边区法院组织条例》（1943 年 3 月 4 日）第四条规定：“高等法院受最高法院之管辖，受边区行政委员会之领导。”《晋冀鲁豫边区高等法院组织条例》（1941 年 10 月 15 日）第二条规定：“晋冀鲁豫边区高等法院受国民政府最高法院之管辖，晋冀鲁豫边区临时参议会之监督，及晋冀鲁豫边区政府之领导”。

④ 参见《山东省战时行政委员会组织条例》（1943 年 8 月），载山东省胶东行署《法令汇编》，1944 年。

为了加强政府对司法工作的领导，地方各级司法机关（从行署、专署到县），一律设于同级政府之内，成为同级政府的组成部分。有些地区还实行地方政府首长兼理司法的制度。在陕甘宁边区，自 1943 年起，由各专署专员兼任边区高等法院分庭庭长，各县县长兼任司法处长。在晋察冀边区，地方政府首长虽不兼任司法机关的领导职务，但据《晋察冀边区法院组织条例》（1943 年 2 月 4 日）的规定，地方行政首长得负责司法行政业务，同时兼任各级司法机关对普通刑事案件的首席检察官。

对于司法业务，各级政府也有权依法采取各种形式的直接干预。在陕甘宁边区，根据 1943 年 3 月公布的《县司法处组织条例草案》，县司法处管辖的案情重大的刑事案件，以及诉讼标的在边币一万元以上的民事案件，都要提交县政府委员会或县政务会议讨论，然后才能作出判决。在晋察冀边区，根据 1944 年 5 月 31 日颁布的《晋察冀边区行政委员会关于改进司法制度的决定》，“民事及普通刑事之重大案件，在宣示判决前，须征得行政首长之同意。”① 至于特种刑事案件，经县政府判决后，应连同被告声辩书报送专员公署代表晋察冀边区行政委员会复核，如专员公署不能复核或难于复核，则转送边区行政委员会复核。② 在晋冀鲁豫边区，一般情况下，决定死刑案件须经专员、司法科长、公安督察处长或县长、承审员、公安局长合议，然后才能执行，但专员、县长有最后决定权；战时经公安机关侦讯完毕或由其他机关、团体或公民捕获而证据确凿的，经专员、县长批准即可执行。

政府领导司法机关，依法直接干预审判业务，地方各级司法机关构成同级政府的组成部分，这是自红色区域以来的传统做法。实践证明，这种做法在当时是完全正确的，因为它符合敌后战争环境所要求的集中统一的领导，使司法工作更好地为革命的中心任务服务，有利于抗日民主政府的巩固和发展，同时也适应于在司法干部奇缺的情况下提高办案质量。

（二）逮捕、审判权由专门机关依法行使，切实保障抗日人民的民主自由权利

为了建立抗日根据地的革命秩序，切实保障抗日人民的民主权利，各地抗

---

① 晋察冀边区行政委员会《现行法令汇集》下册，1945 年。

②《晋察冀边区行政委员会关于特种刑事案件审理程序之决定》（边委会第 46 次会议通过），载晋察冀边区行政委员会《现行法令汇集》上册，1945 年。

日民主政府颁布的施政纲领、人权保障条例以及其他法律文件对有权执行逮捕、审判的机关和执行程序作出了严格规定。

关于有权逮捕的机关和执行程序：1940年12月25日中共中央发布指示规定，“要消灭任何机关团体都能捉人的混乱现象，规定除军队在战斗的时间以外，只有政府司法机关和治安机关才有逮捕犯人的权力，以建立抗日的革命秩序。”[①] 根据这一指示，各地抗日民主政府对于有权执行逮捕的机关和执行程序所作的规定大体相同，但由于各地情况不同，也存在着若干差异，基本上有三种类型：

1. 逮捕权由县以上司法机关和公安机关行使。《陕甘宁边区施政纲领》明确规定：“为了保证一切抗日人民（地主、资本家、农民、工人等）的人权、政权、财权及言论、出版、集会、结社、信仰、居住、迁徙之自由权，除司法系统及公安机关依法执行其职务外，任何机关、部队、团体不得对任何人加以逮捕。”[②] 依据上项规定，边区高等法院于同年5月10日向各县发出指示，规定县裁判员或检察员得下令逮捕一切刑事犯，县保安科逮捕人犯须经县长批准，军队逮捕非军人，必须事先通知当地政府会同执行。乡长、区长只有在特殊情况下才能逮捕刑事犯，但必须于24小时内将犯人连同有关证据解送司法机关。晋察冀边区与陕甘宁边区的不同点在于，公安机关依照法律规定，对于确有证据的特种刑事犯（敌探、汉奸、盗匪等）有逮捕权，对于普通刑事犯只有检举拘留权，而由司法机关下令逮捕。[③]

2. 逮捕权由县以上政府直接行使。在晋冀鲁豫边区，军队（除有边区行署委托者外）和民众团体均无逮捕权；各抗日县政府有直接逮捕权，区、乡、镇、村公所，除受抗日县政府命令，均无逮捕权；军队逮捕与军事案件有关的人犯时，必须通过抗日县政府，不得直接逮捕。[④] 晋西北抗日民主政府也规定，逮捕权由县以上各级政府行使，军队、民众团体均无逮捕、拘留之权；军队逮捕与军事秘密有关人犯时，须通过当地政府或有关机关；区公所和村公所有权处理违警案件，如无县政府命令，无权逮捕人犯。[⑤]

---

①《论政策》,《毛泽东选集》第二卷，人民出版社1991年版，第768页。

② 见《陕甘宁边区第二届参议会汇刊》，1942年。

③《晋察冀边区公安局暂行条例》（1941年4月10日），载《抗日根据地政策条例汇集——晋察冀之部》。

④《晋冀鲁豫边区法令汇编》上册，1944年。

⑤《晋西北保障人权条例》（1942年11月），载《晋西北临时参议会汇刊》。

3. 逮捕权由县以上政府和团以上军事机关共同行使。1940 年 11 月 11 日颁布的《山东省人权保障条例》第七条规定，在山东抗日根据地，“凡人民因犯罪嫌疑有逮捕之必要者，非持有逮捕状不得逮捕之；县以上政权机关、团以上之军事机关，始有签发逮捕状之权。”①《淮海区人权保障条例执行规则》（1942 年 2 月 21 日）也规定，县以上政府之公安机关和团以上部队有权签发捕票，独立活动的正规营级部队，在同其上级或地方政府隔绝时，对重要人犯可签发捕票，执行逮捕。②

根据各地抗日民主政府颁布的法律文件，对于下列人犯不受上述规定的限制，任何机关、部队、团体或人民群众均可不用捕票径行逮捕：敌探汉奸罪迹显露，有逃亡之虞的；正在实施犯罪或犯罪后即时被发觉的；持有凶器、赃物或其他物件罪迹显露的；被指认为犯罪人的。以上人犯被捕后，必须在 24 小时内移送公安或司法机关处理。

关于审判权的行使：各地抗日民主政府一致规定，审判权由司法机关统一行使，其他任何机关、团体、部队都不享有审判权。如果人民由于非法审判而受到侵害，有以任何方式提出控告的权力。公安机关作为预审机关，除法律另有规定的情况而外，对刑事案件只有实施侦查，执行逮捕，提起公诉，直至向司法机关提出处理意见的权力，但司法机关本身不受公安机关的结论和意见的约束，独立行使审判职权。

（三）司法机关的工作必须以抗日民主政府颁布的施政纲领和政策条例为依据

抗日战争时期，由于抗日民族统一战线的形成和第二次国共合作的实现，各边区抗日民主政府名义上隶属于“国民政府”，“国民政府”颁布的法律形式上也适用于各抗日根据地。因此，各地抗日民主政府颁布的有关法院组织和诉讼程序的法律文件一般都有“依据中华民国 ××× 法制定”的字样，而且在法律文件中有时也援用“国民政府”的法律条文。但是，这种情况并不能说明抗日根据地的立法文件渊源于国民党政府的法律，更不能说明国民党政府的法律全面适用于敌后抗日根据地。

敌后抗日根据地的社会性质是新民主主义的。它根本区别于国民党统治

① 《山东省战时法规政令汇编》第一辑第一分册，1942 年。

② 淮海区行政公署：《战时单行法规》，1944 年。

区。因此，国民党政府的法律是同抗日根据地的社会性质直接矛盾的。早在敌后抗日根据地创建初期，这种矛盾就在司法工作中尖锐地表现出来。1946 年太行区司法会议在回顾抗战八年司法工作的历史发展时，曾指出当时司法程序（指国民党政府规定的程序）与战争环境相矛盾，旧的法令与环境不适应的状况。为了改变普遍存在于各抗日根据地的这种状况，实现司法工作的民主化，各地抗日民主政府根据本地区的施政纲领，相继颁布一系列符合抗日民主政权性质和敌后战争环境的单行法规。这些单行法规是各级司法机关在其工作中必须遵循的准绳。陕甘宁边区政府明确规定：司法机关的法律根据，必须是边区施政纲领及边区政府颁布的各种现行政策法令。边区现行法令不足，一方面根据历史经验，将好的判例加以研究整理，发给各司法机关参考；另一方面由主管机关起草符合于革命三民主义即新三民主义的精神与边区实际的民刑法与诉讼程序。其他抗日根据地的民主政府也作出了类似的规定，以晋冀鲁豫边区为例，该边区高等法院于 1942 年 9 月提出了“新民主主义司法应是法治主义”的方针，规定了“有法律者从法律，无法律者从法理”的司法原则。这项原则并被具体化为“本边区有单行法者，从单行法；无单行法者，从与政策不相抵触之旧法；无旧法者，从法理。”所谓单行法，就是指抗日民主政府颁行的法规，它们处于优先适用的地位。所谓法理，是指“抗日政策的精神及原则。”而旧法只有在不与抗日民主政府的政策相抵触的情况下才能适用。1943 年边区第三届司法会议针对旧法更进一步提出了“反对脱离政策的法条主义和人治主义”的基本方针。严格说来，这些规定与其说是对适用旧法的限制，不如说是事实上对旧法的废止。

（四）简捷诉讼程序，依靠群众办案

早在 1939 年，陕甘宁边区政府就规定了“建立便利人民的司法制度”的任务。[①] 晋西北的施政纲领也提出了“简捷诉讼程序”的要求。[②]1941 年陕甘宁边区高等法院确定了“司法机关从受理案件一直到判决，都要便利于当事

---

①《陕甘宁边区抗战时期施政纲领》（1939 年 4 月 4 日），载《陕甘宁边区第一届参议会实录》，1939 年。

②《对于巩固与建设晋西北的施政纲领》（1942 年 10 月 19 日），载《晋西北临时参议会汇刊》。

人”的诉讼原则。[①] 山东省抗日民主政府于1941年规定：“各级司法机关办理民刑诉讼，应维护广大群众利益，动员全民参战为主旨，不得拘泥成法，致陷抗战于不利。”[②]“诉讼手续务求简捷，凡不利于抗战期间之诉讼手续，应酌予变通或修改之。”[③] 依据上述要求，各地抗日民主政府先后颁布了一系列旨在变革诉讼制度的单行法规，包括条例、决定和暂行办法等。

这些单行法规的总精神，就是司法工作者深入基层，依靠群众，实行群众路线的办案方式。这是当时实现“简捷诉讼程序”的唯一正确途径。各抗日根据地依据这一精神，普遍提倡民间调解，深入调查研究，实行巡回就审，冲破了数千年来“明公断案”、“坐堂问案”、“照搬法条、率尔定案”的审判方式，使根据地司法工作的面貌焕然一新，并在司法实践中多有创造。

（五）废除刑讯，禁止肉刑，重证据不轻信口供

早在土地革命战争时期，党的文件和工农民主政府颁布的训令就对刑讯的由来和废止的理由进行了科学的分析。但在土地革命后期，由于“左”倾路线的干扰而未能认真执行。抗日战争时期，党及其领导下的抗日民主政府正确地总结了历史经验，而于1940年由中共中央提出了“对任何犯人，应坚决废止肉刑，重证据而不轻信口供”的原则。[④] 这项原则在各抗日根据地的施政纲领和人权保障条例中得到了法律上的确认。

《陕甘宁边区施政纲领》明确规定：“改进司法制度，坚决废止肉刑，重证据不重口供。”[⑤]1944年2月28日公布的《山东省战时施政纲领》规定：“健全司法机关和公安机关，贯彻法治精神，彻底废除刑讯，禁止肉刑，加强群众性的锄奸教育，及群众性的反奸细斗争。”[⑥]1942年2月公布的《陕甘宁边区保障人权财权条例》要求司法和公安机关“逮捕人犯不准施以侮辱殴打及刑讯逼

---

①《陕甘宁边区高等法院对各县司法工作的指示》（1941年5月10日），载《抗日根据地政策条例汇集——陕甘宁之部》下册，1942年。

②《山东省各级司法办理诉讼补充条例》（1941年4月18日），载山东省胶东行署《法令汇编》，1944年。

③《山东省改进司法工作纲要》（1941年4月22日），载渤海区行政公署《战时单行法规》，1944年。

④《论政策》，《毛泽东选集》第二卷，人民出版社1991年版，第767页。

⑤《陕甘宁边区第二届参议会汇刊》，1942年。

⑥ 山东省胶东行署：《法令汇编》，1944年。

供、强迫自首，审判采证据主义，不重口供”[①]。有些抗日根据地的施政纲领和人权保障条例也作出了内容相近的规定。这些规定表明，“废除刑讯，禁止肉刑，重证据而不轻信口供”作为司法工作的原则在当时是从更加广泛的意义上提出的。它既是改革旧司法制度的一项重要内容，同时也是切实保障公民权利的重要措施之一。当然，这项原则在司法实践中的贯彻执行，也有利于提高司法机关的办案质量，防止冤假错案的发生。

“废除刑讯，禁止肉刑，重证据不轻信口供”的原则，是不容割裂的整体，着重点在于重证据，反对唯心主义、形而上学的审判方式和审判作风。晋察冀边区行政委员会在其工作报告中指出：“我们审案子是为了把案情弄明白，那么司法人员就要向有关案情的各方面去调查、访问，搜集资料和证据。这与旧日法官拘泥‘守则’，不与人来往，专凭臆测断案是迥乎不同的。在审判上，也基本上肃清了肉刑、威胁、哄骗取供的方式，除必要时由法官坐堂讯问外，一般都是和犯人恳谈，有不少犯人为我们的真诚所动，自动吐露实情。……而且我们要重证据，不只凭口供，只要把事实弄清楚了，就制作判决。不服判的可以上诉或提出声辩。”[②] 为了确保该原则的贯彻执行，及时发现缺点，总结教训，陕甘宁边区政府要求所属各级政府督促司法工作人员“检查与反省审判工作中有无下列毛病，即不搜集证据或搜集了不研究，不要口供或有口供不研究，就轻率断案的？有无主观上先肯定而逼供的？……是否有过忽视人权自由权——变相刑讯，处刑失重，随便拘押的？”“检查时要根据具体判例研讨，得出其不好处及所以不好的原因来，并提出改正办法。”[③] 有的抗日民主政府对于违反这项原则的司法人员还确定了刑罚措施。《渤海区人权保障条例执行规则》规定：“审讯人犯应从侧面仔细、准确，多方调查事实证据，不得专靠口供定案，严禁刑讯或其他不正当方法逼供骗供，违者以刑法渎职及妨害自由条，加重论罪”（第十五条）。[④]

二、陕甘宁边区的司法机关

1937 年 9 月 6 日陕甘宁边区政府成立后，原设的司法部及各级裁判部同时

---

① 《陕甘宁边区第二届参议会汇刊》，1942 年。

② 《晋察冀边区行政委员会工作报告》，载《晋察冀边区第一届参议会大会汇刊》。

③ 《陕甘宁边区政府关于普及调解、总结判例、清理监所指示信》（1944 年 6 月 6 日），载《陕甘宁边区重要政策法令汇编》，1949 年。

④ 参见渤海区行政公署：《战时单行法规》，1944 年。

撤销，另行建立了适应抗日民族解放战争需要的，符合抗日民族统一战线政策的司法机关体系。

（一）陕甘宁边区政府审判委员会

根据 1941 年 11 月 17 日陕甘宁边区第二届参议会通过、翌年 2 月边区政府公布的《陕甘宁边区保障人权财权条例》第十八条关于“边区人民不服审判机关判决之案件得依法按级上诉”的规定，1942 年 8 月，陕甘宁边区政府政务会议颁布《陕甘宁边区政府审判委员会组织条例》，决定成立边区政府审判委员会。

边区政府审判委员会由委员五人组成，委员长、副委员长由边区政府主席、副主席兼任，其余委员由政务会议委任。委员长、副委员长的任期与政府主席、副主席任期相同，其余委员任期三年，但得连聘连任。委员会每月开会一次，必要时，临时召集。审判委员会设秘书长一人，秉承委员长、副委员长之命，负责诉讼文件的草拟，以及掌管印信等事宜。此外，设秘书一人，书记官 1—2 人。

审判委员会拥有广泛的职权，主要受理不服高等法院第一审和第二审判决的刑事上诉案件和不服高等法院第二审判决的民事上诉案件。此外，它还受理行政诉讼案件、婚姻案件、死刑复核案件，并有解释法令之权。在处理职权范围内的上述各种问题时，必须由委员会讨论通过，但刑事案件徒刑在五年以下，民事案件诉讼标的物，其契约成立于 1941 年 1 月以前，价值在法币 2000 元以下的，1941 年 1 月以后成立契约，价值在边币一万以下的，可由委员长、副委员长负责处理，嗣后应向全体委员报告。

1944 年 2 月，陕甘宁边区政府政务会议召开第六十五次会议，鉴于不服高等法院判决而上诉于边区政府的案件，可由边区政府责成高等法院再审，审判委员会的其他职权也可由高等法院行使，而对法令的解释则分别属于参议会、边区政府和高等法院的职责范围，因此没有必要成立边府审判委员会这样单独的机构，而决定将其撤销。

（二）边区高等法院

1939 年 1 月召开的陕甘宁边区第一届参议会总结了边区政府成立以来司法工作的经验，制定并通过了《陕甘宁边区高等法院组织条例》，同年 4 月 4 日由边区政府颁布施行。依据该条例的规定，边区高等法院受边区参议会的监督和边区政府的领导。

边区高等法院设院长一人，由边区参议会以无记名投票方式选举产生。参议会有权罢免院长，但罢免院长的提案须有出席参议会的 20 人以上联署始得提议，经出席议员 2/3 赞成才能作出最后决定。边区参议会开会时，高等法院院长得出席会议，如其本人不兼任参议员职务，则只有发言权而无表决权。

高等法院院长负责管理边区司法行政事宜，监督及指挥高等法院对诉讼案件的审理，审核地方法院审理的案件，没收和稽核赃物罚金，惩戒违法失职的司法人员，掌管司法教育和对犯人的处理。高等法院的司法职权是，审理重要刑事第一审诉讼案件和不服地方法院第一审判决而上诉的案件，处理不服地方法院的裁定而抗告的案件以及非案事件。

高等法院内设检察处、民事法庭、刑事法庭、书记室、总务科、看守所和劳动感化院。

检察处设检察长一人和检察员若干人，在法院内独立行使检察职权。检察长负责执行检察任务，指挥并监督检察员的工作，处理检察员的一切事务，分配并督促检察案件的进行，决定对案件的裁定或是否提起公诉。检察员负责侦查案件，搜集证据，制作裁定，根据检察长的决定对案件提起公诉，撰拟公诉书，并且协助担当自诉，充当诉讼当事人或公益代表人。此外，检察员还有权监督判决的执行，在执行这一职务时，如有必要，可以要求当地军警予以协助。

民事法庭和刑事法庭各设庭长及推事若干人，依法独立行使审判职权。庭长负责执行审判事务，指挥并监督本庭推事的工作，分配并监督对案件的审判，决定公审案件和强制执行，决定判决或撤销审判。推事负责调查案件，传讯证人，检查物证，进行审判，制作与宣布判决书。

书记室设书记长一人，书记员若干人，在法院院长领导下执行职务。在法院开庭审判时，书记员应服从审判员（推事）的指挥。当随从检察处或法庭执行职务时，应服从检察长或庭长的指挥。其具体职责是：登记司法人员的任免，案件的收发、登记、分配与保管，撰拟缮写文稿，编制报告与统计，掌理记录，典守印信，保管证物等。

看守所设所长一人，看守员若干人，在法院院长领导下执行职务，负责对人犯的收押、检查、点验和看管，登记和保管人犯的财物，计划和实施对人犯的教育，组织和分配人犯的工作和劳动，并对人犯的表现进行考查。因此，看守所不仅收容未决人犯，同时也按照监狱法的规定羁押被处徒刑或拘役的犯人。

总务科负责全院的会计、庶务、生产以及其他不属于各部门的具体事务。设科长一人，科员若干人，服从院长的领导，在科长的指挥和监督下执行职务。

（三）高等法院分庭

1943 年 3 月，陕甘宁边区政府为便利诉讼人上诉起见，颁布《陕甘宁边区高等法院分庭组织条例草案》，决定在边区政府所辖各分区专员公署所在地设立高等法院分庭，其管辖区域与各该专员公署所辖行政区域相同。在抗日战争期间，陕甘宁边区高等法院共设三个分庭。就其性质和职责而言，高等法院分庭是边区高等法院的派出机构，代表高等法院受理不服各该分区所辖地方法院或县司法处第一审判决而上诉的民刑案件，为第二审审判机关。高等法院分庭设庭长一人（由专员兼任），推事一人，书记员一人或二人。分庭庭长、推事由高等法院呈请边区政府任命。高等法院分庭庭长综理庭内司法行政及审判业务，对外一切行文，均由庭长签发，判决书由推事副署。分庭设法警一人或二人，由专员公署警卫队调用。应予羁押的人犯，羁押于高等法院所在地政府的看守所，不另设机构。

（四）县司法处

陕甘宁边区县级司法机关的建立，经历了一个不断完善的过程。根据 1941 年 5 月 10 日《陕甘宁边区高等法院对各县司法工作的指示》，当时边区各县“管理第一级初审的就是各县的裁判员”。指示要求“各县司法的组织最低限度要有裁判员主持审判事务，检察员负责调查、检验，书记员负责记录抄写，……通信员（法警）负责传递拘捕，分别执行司法工作的任务”。但实际上，由于缺少司法干部，有些县，如新正、宁县、保安、吴堡等，并没有设置裁判员。有些县虽然设有裁判员，而书记员却由县政府秘书兼任，各县也没有设立看守所或监狱。“各县裁判员的审判是独立的，但为着加强对于各县裁判员工作的领导，在各县成立裁判委员会。裁判员所处理的案件，都应经过裁委会的讨论。但对比较重大案件的判决有不同意见的时候，可由裁委会将不同的意见直接报告高等法院作最后决定。”①

---

①《抗日根据地政策条例汇集——陕甘宁之部》下册。

由于各县的裁判员就是各县的临时司法组织，在组织上不够完备。1941 年 11 月边区第二届参议会通过《陕甘宁边区政府组织暂行条例》，规定各县在地方法院成立前设司法处，分管各项司法行政工作，受理民刑案件，在县长领导下进行审判。司法处设处长一人，审判员兼检察员一人，书记员一人或二人，看守所长一人。至于未经县参议会或临时参议会正式选举县政府委员会的各县，则设司法股，司法股设裁判员一人，由县务委员会主任委员提请边区政府委任，在县务委员会主任委员领导下审理民刑案件。在裁判员之下设书记和检察员若干人，看守所长一人，均由县务委员会决定。①

为了进一步统一全边区县级司法机构的体制，1943 年 3 月陕甘宁边区政府公布《陕甘宁边区司法处组织条例草案》，规定陕甘宁边区所辖各县，除设地方法院的而外，一律由各县政府司法处管理辖区内的第一审民刑诉讼案件，各县司法处辖区与县的行政区域相同。

按规定，县司法处设处长一人，审判员一人，书记员一人。处长由县长兼任，审判员协助处长处理审判事务。诉讼简单的县份，可由处长兼任审判员。无论处长或审判员，均由高等法院呈请边区政府任命。

（五）临时军民诉讼委员会

陕甘宁边区的临时军民诉讼委员会与上述司法机关不同，根据 1943 年 1 月 15 日公布的《陕甘宁边区军民诉讼暂行条例》的规定，它不是常设的司法机关，“军民诉讼遇有重大案件或必要时”，才由边区最高行政机关和最高军事机关会商组织。该委员会拥有广泛的职权，无论案件已经或未经第一审判决，均有权提审，它所作出的判决呈报组织该委员会的最高行政机关和最高军事机关会核后，即为必须执行的终审判决，不得上诉。

军民诉讼委员会由司法机关二人、军法机关一人组成，以资深者为主任委员。它在审理案件时适用军事诉讼程序，并在特定案件审理完毕后立即撤销。

三、晋察冀边区的司法机关

晋察冀边区是中国共产党领导的人民武装在敌后创建的第一个抗日根据地。1938 年 1 月 15 日召开的边区军政民代表大会决定设立边区临时最高法院，同年 2 月 10 日临时最高法院正式宣告成立。在其领导下，冀中设高等法院办

---

①《陕甘宁边区第二届参议会汇刊》，1942 年。

事处，各县设司法处，实行司法权与行政权分立的原则。不久，为了克服实际工作中存在的司法与政治任务脱节的问题，以保证各项抗日民主政策的贯彻执行，同年5月1日，边区临时高等法院改组为司法处，成为边区政府的组成部分，临时高等法院冀中办事处也相应地改为边区政府司法处冀中分处，原县司法处则改为县政府司法科，掌管本县民刑案件及监狱看守，科长由县长或县议会推荐，呈请边委会委任。1939年9月，各县县长一律兼任军法官，受理特刑案件（汉奸、烟毒、盗匪等）。1943年1月，晋察冀边区第一届参议会通过了《晋察冀边区法院组织条例》，同年2月4日由晋察冀边区行政委员会公布施行，该条例对边区司法机关的设置及其职权作出了有异于以往的新规定，自此司法机关在全边区的范围内趋于统一。

（一）边区高等法院和高等法院分院

依据《条例》规定，晋察冀边区设高等法院，院长由边区参议会选举产生，任期二年，连选得连任。其职权是:（1）综理全边区司法行政及全院行政事务;（2）监督指挥全院一切诉讼案件的审理。凡不服地方法院或县司法处第一审判决而上诉的案件，以及不服地方法院或县司法处的裁定而抗告的案件，均属高等法院管辖。同时，高等法院还负责复核县司法处所处理而未经上诉、撤回上诉或上诉不合未经第二审实体审判的刑事案件。

高等法院设司法行政科、民事刑事法庭、书记室、看守所和劳动感化机构。司法行政科设科长一人，科员若干人，管理各级司法干部的铨叙教育、司法经费，以及看守所和监狱。民事刑事法庭设推事若干人，审理民事刑事诉讼案件。书记室设书记官长一人，书记官若干人，负责记录、编案、印信、文牍、统计、收发，以及保管证物等。看守所负责对犯人的监管教育。此外，高等法院还设有检验员、执达员和庭丁各若干人，以执行具体司法业务。

高等法院分院设于行政督察专员公署所在地，为高等法院的派出机关，其内部设置和职权范围与高等法院相同。1943年2月12日，晋察冀边区行政委员会决定改变高等法院分院的称谓，“由高等法院在各行政督察专员公署设立法庭，名晋察冀边区高等法院第几法庭。”①

---

①《晋察冀边区行政委员会关于边区司法机关改制之决定》（1943年2月12日），载晋察冀边区行政委员会:《现行法令汇集》上册，1945年。

（二）地方法院和县司法处

县或市设地方法院，如果环境需要，可合数县（市）设一地方法院。不设地方法院又无地方法院管辖的县，暂设县司法处。地方法院和县司法处管辖民事刑事第一审诉讼案件（法律另有规定者不在此限）和非讼案件。就组织结构而言，晋察冀边区的地方法院有两种类型，一种是下辖县司法处的地方法院，这类地方法院是合若干县或市而设立的；另一种是在单一的县或市设立的地方法院，无下属司法机关。因此，地方法院和县司法处尽管管辖案件的范围相同，但内部组织互有区别。地方法院设推事若干人，书记官长一人和书记若干人，而司法处则设审判员一人或二人，书记若干人。地方法院院长由推事一人兼任，综理全院行政事务，而司法处的行政事务则由县长兼理。

各级法院均设首席检察官一人，检察官若干人，首席检察官由各该地区的地方行政长官兼任。县司法处只设检察官一人，由县长兼任。从 1943 年 2 月起，各级检察官仅对普通刑事案件行使检察职权，至于特种刑事案件，则由各该公安科长担任司法机关的特种刑事检察官，负责侦查起诉。

（三）边区特别法庭

根据 1943 年 2 月 4 日公布的《晋察冀边区关于逮捕侦查刑事、特种刑事犯的决定》。[①] 边区特别法庭由边区行政委员会、高等法院会同军事机关以及各群众团体组织，为临时性的非常设司法机构，专门审理已获或未获的罪大恶极的汉奸。凡罪大恶极的汉奸，检察机关和人民群众都有权向特别法庭检举控诉。经过特别法庭判处死刑但尚未捕获的汉奸，抗日军民可以随时逮捕，就地正法，或解送政府执行。对于虽经特别法庭判决尚未捕获的汉奸，如其能够自行投案，悔过自新，或者对抗战事业作出贡献，可以减免其刑。

四、晋冀鲁豫边区的司法机关

1937 年 10 月，我八路军一一九师以太行山为依托，在地方党组织和地方抗日武装的配合下，于晋冀鲁豫边区广大地区，开辟抗日根据地。1938 年 5 月，晋东南以第三、五专员区为基础成立了抗日民主政权，各县设立了行政会议，建立了相应的司法机构。1938 年 8 月，冀南行政主任公署成立；1939 年 9 月 8 日，冀南行政区参议会选举产生了冀南行政委员会；1940 年 2 月，冀鲁豫区行

① 晋察冀边区行政委员会:《现行法令汇编》下册。

政主任公署成立；1940 年 8 月，根据北方局黎城会议决议，建立了冀南太行太岳行政联合办事处（简称联办），直至 1941 年 7 月，晋冀鲁豫边区临时参议会经过选举产生了全边区政权机关——晋冀鲁豫边区行政委员会，即边区政府。边区参议会和边区政府的成立，使晋冀鲁豫边区及其所属太行、太岳、冀南、冀鲁豫 4 个行政区、19 个专署区、190 个县的政权和法制建设走上不断发展的道路。

（一）边区高等法院

晋冀鲁豫边区行政委员会成立后，于同年 9 月 1 日正式成立边区高等法院。依据同年 10 月 15 日边区行政委员会颁布的《晋冀鲁豫边区高等法院组织条例》的规定，高等法院是全边区的最高司法机关，在边区政府领导下，独立行使其司法职权。

边区高等法院院长由边区临时参议会选举产生，对边区参议会和边区政府负责并报告工作，负责管理边区司法行政，教育培养和惩戒司法工作人员，监督和指挥该院一切诉讼案件的进行，审核地方法院和县司法机关对案件的处理，没收和稽核赃物、罚金，以及对人犯处理等。属于高等法院管辖的案件有：重要刑事第一审案件，不服地方法院第一审判决而上诉的案件，不服地方法院裁定而抗告的案件，非讼案件，以及司法行政管理。

为了更好地执行自身担负的任务，高等法院除设秘书长一人佐理院长工作而外，分设司法行政处、检察处、民事法庭、刑事法庭、书记室、看守所、巡回法庭和劳动感化院。所有司法人员，均由院长呈请边区政府任免。

司法行政处：设处长一人，秉承院长之命管理全处事务。另设一、二、三科，各设科长一人，科员若干人，秉承处长之命管理各科事务。司法行政处的职责在于管理边区各级司法人员，包括铨叙、教育和训练，管理各级司法机关的司法收入和司法经费，同时负责管理边区各级司法机关的看守所和劳动感化院。

检察处：设检察长一人，检察员若干人，由院长呈请边区政府任命，独立行使检察职权。检察长执行检察职务，指挥并监督检察员的工作，处理检察员的一切事务，分配并监督检察案件的进行，决定案件的裁决或公诉，指定检察员莅庭陈述对案件的处理意见，对高等法院判决如有不同意见，有权向边区政府提出控告。对于检察长提出的控告，边区政府或者组织特别法庭予以审理，或者发交高等法院复审。检察员负责案件的侦查、裁定，搜集证据，提起公诉，撰拟公诉书，协助或担当自诉，充当诉讼当事人或公益代理人，监督判决的执行。检察员在执行任务时，如有必要，可请当地驻军或公安部队予以协助。

法庭：民事法庭和刑事法庭各设庭长一人，推事若干人，独立行使其审判职权。庭长负责执行审判事务，指挥并监督审判案件的进行，决定公审案件和强制执行，决定对案件的撤销和对案件的判决。推事主持案件的调查，传讯证人，检审物证，进行审判，撰拟判决书，对案件作出判决，并负责案件的批答。

书记室：设书记长一人，主任书记和书记员若干人，在院长领导下执行职务，但在开庭审判时，书记员应服从庭长和推事的指挥，随从检察处或法庭执行职务的，则应服从检察长或庭长的指挥。

看守所：高等法院看守所是高等法院的组成部分，设所长一人和看守员若干人，负责对犯人的收押、检查、点验和看管，登记和保管犯人的财物，计划和实施对犯人的教育，组织和分配犯人的工作劳动，考查犯人的活动，登记犯人的出入。被判处徒刑和拘役的犯人，如果羁押于看守所，准用监狱法的规定。

（二）地方政府司法科

在边区高等法院之下，边区所属专员公署和县政府各设司法科，负责审理民刑案件，管理司法行政事宜。司法科设科长一人（必要时可增设副科长一人），科员 1—4 人，看守所长一人。县司法科长由专员公署任免，呈报边区政府备案，科员的任免由县政府委员会决定，并报专员公署备案。

自从抗日战争进入相持阶段，反“扫荡”、反“蚕食”斗争日趋激烈，为了适应严酷的战争环境，贯彻简政方针，晋冀鲁豫边区的司法机构及其职权相应有所变化。边区高等法院 1943 年 2 月进行第三次简政，除减缩人员编制外，在组织上取消了民事法庭、刑事法庭、检察处和看守所，合并成为审检处、行政处和教育处三个部门，并将某些职权交由专、县两级司法机关行使。专署司法科在减缩编制的同时，也不再受理一审案件，而完全成为民刑案件的二审机关，它的职权也进一步扩大，不仅战时拥有死刑处决权，即使平时对于特种刑事案犯也有死刑处决权，不过这种处决权要由专员行使，嗣后呈报高等法院审核备案。至于普通刑事案件，如果是干部犯罪判处死刑的，或者对事实、法令有疑问的，仍需报请高等法院审核后才能执行。在简政期间，县级司法机关在组织结构和人员编制方面没有发生变化，有些县（如涉县）的人员编制反而有所增加。

区公所是晋冀鲁豫边区基层政权之一，依照法律规定，本无司法职能，但是由于战争造成的分割状态，边区政府和高等法院从司法的角度把它们划分为三种类型，即一般区公所、委托区公所和游击区区公所。一般区公所多为巩固地区的区公所，只有对民事诉讼的调解权以及科处违警罚金和行政罚金的权力。委托区公所是指地区特殊、干部配备较强、并有县政府命令委托的区公所，这类区公所除拥有一般区公所的上述权力外，对于违反法令的侵害事件有科处 1000 元以下罚金之权。受县政府特别委托的游击区区公所有权处理最重本刑在徒刑二年以下、罚金 1000 元以下的刑事案件，但在司法上不算一级。超过此种标准的刑事案件，仍要送县级司法机关处理。

需要提出的是，有的行政区在边区政府的授权下，可以参照边区的有关规定，根据本地区的实际情况，灵活地确定本地区司法机关的设置和各项司法制度，而与边区高等法院在司法业务上较少发生联系，因而具有相对的独立性。根据 1942 年 5 月 21 日晋冀鲁豫边区政府和边区高等法院《关于执行决定之审级制度的命令》，1944 年 3 月 1 日，晋冀鲁豫边区太岳区颁布《暂行司法制度》，规定该区司法机关为三级结构，县政府组织第一审法庭，县长兼任庭长，司法科长为主审，科员或书记一人为帮审；专员公署组织第二审法庭，专员兼庭长，司法科长或副科长为主审，科员一人为帮审；行政公署组织第三审法庭，在正副主任领导下，行署司法处长或秘书为庭长，科长一人为帮审。除行署及其直属机关和学校工作人员犯罪案件而外，其他一切民刑案件，凡经行署法庭判决，即不准上诉，而且对于自己认为处理不妥的案件有再审权。

五、山东抗日根据地的司法机关

在敌后创建的山东抗日根据地，于 1940 年成立了山东战时行动委员会（后改称山东省战时工作推行委员会），为全省最高政权机关。此后，各级司法机关相继成立。据 1941 年 4 月 22 日山东省临时参议会通过的《山东省改进司法工作纲要》的规定，全省在高等法院正式成立前，暂设高级审判处为全省最高司法机关，各主任公署区设高级审判处分处，代行高级裁判处的职权，专署区设地方法院，县设司法处。各级司法机关在各该级行政委员会（政府）的领导下，保持其独立的组织系统。高级审判处长、高级审判处分处处长、地方法院院长以及县司法处长，均由参议会选举产生，并为各该级行政委员会当然成员。各级司法机关配置推事或审判官审理案件，并设检察官若干人执行检察职务。检察官由各级参议会选举产生的检察委员会推选。但是，由于战时环境，敌寇“扫荡”频繁和国民党顽固派的进攻，以及专门司法人才的缺乏等原因，不少地方没能及时建立相应的司法机关，民刑诉讼案件一般由地方各级抗日民主政府第一科（民政科）兼办，以致出现责成不专、兼顾无暇的现象。鉴于上述情况，山东省战时工作推行委员会发布了《关于成立司法机关的训令》，要求各级政府于文到后一个月内将司法机关“建立完竣”，“倘限于干部缺乏，可将人员酌量裁减最低限度，务须设置专理司法人员，以责专成。”①

1943 年山东省战时行政委员会成立，省临时参议会在其颁布的各级政府组织条例中对司法机关的设置及其职权作出了明确规定，并对过去确立的有关制度进行了修订。依据条例规定，山东抗日根据地司法机关体系的组成情况如下：

（一）高级审判处

山东省战时行政委员会内设高级审判处，设处长一人，由省临时参议会选举产生的山东省战时行政委员会委员互推一人充任，必要时设副处长。高级审判处处长为山东最高司法负责人，有权出席山东省临时参议会，但无表决权。高级审判处主管司法行政，提请任免各级司法干部，审核所属各级司法机关对案件的审理，培养、教育司法人员，复审经下级司法机关判决而未经上诉的重要刑事案件，受理不服直接下级司法机关之判决（或裁定）而提起上诉（或抗告）的案件，受理特种刑事第一审案件。

（二）高级审判处分处

山东省战时行政委员会所属之各行政公署内设高级审判处分处，设处长一人，必要时设副职。处长由行政区临时参议会选举产生的行政区行政委员互推一人充任。处长、副处长均应呈请省行政委员会加委，或由省行政委员会直接委派。行政公署高级审判处分处负责司法行政工作，提请任免所属各级司法干部，教育、培养司法人员，审核下级司法机关审理的案件，复审下级司法机关判决而未经上诉的重要刑事案件，受理特种刑事第一审案件，受理不服直接下

① 《山东省战时工作推行委员会关于成立司法机关的训令》，载《战时法规政令汇编》第二辑，1942 年。

级司法机关的判决而上诉的案件，以及不服直接下级司法机关的裁定而抗告的案件。

（三）专署司法科

专署区原设地方法院，1943年9月改为专署司法科，设科长一人，必要时设副职，均由行政公署提请省行政委员会委任。专署司法科复审转呈县级司法机关判决而未经上诉的重要刑事案件，受理重大刑事第一审案件，以及不服县司法机关判决而上诉的案件和不服县司法机关裁定而抗告的案件。

（四）县司法科

1940年11月7日公布实施的《山东省战时县区乡村各级政府组织条例》规定，司法处为县政府司法机关，其负责人由县政委员兼任，在县政委员会和县长领导下工作。1943年9月经山东省临时参议会修正通过的《修正山东省县政府组织条例》改县司法处为县司法科，设科长一人，必要时设副职，均由行政公署委任，或由县行政委员会推选，呈请加委。县司法科负责民刑诉讼案件的初审，推动、组织与指导各级调解委员会的工作，执行民刑诉讼案件的判决，管理、教育罪犯，管理非讼事件等。

除上述司法机关外，山东省行政委员会所辖各行政公署在其职权范围内，为适应敌后战争环境需要，往往从实际情况出发，建立本地区特有的专门司法机关，以审理特定性质的案件。例如，胶东行署为了密切军政民团结，调整军政民关系，依据胶东军政民联席会议决议，在行政公署、专员公署和县三级，分别组织军政民会审委员会，以审理当地发生的军法事件。所谓军法事件，是指军人、军属或地方武装部队成员直接侵害人民利益的犯罪案件，人民群众妨碍军纪、涉及部队利益或名誉的案件，以及军政首长认为有必要提交军法会审的其他犯罪案件。各级军法会审委员会为常设机构，由同级行政首长、司法机关首长、军队和地方武装营级以上首长和各群众团体代表组成，同级行政首长或司法机关首长任主审委员。县至行政主任公署级军法会审委员会均可受理初审案件，对判决不服者，可以提起上诉，但主任公署级军法会审委员会的判决为终审判决，不得上诉。

六、晋绥边区的司法机关

屹立在西北河防前线的晋绥边区抗日根据地，由晋西北抗日根据地和大青山抗日根据地组成。截至 1944 年 7 月，晋西北抗日根据地共辖 6 个专区 36 个县，大青山抗日根据地辖 9 个县和 5 个蒙旗。1940 年 2 月，在晋西北召开了边区行政会议，建立了晋绥地区的抗日民主政权，成立了晋西北行政公署。以后又在村选和区选的基础上，于 1942 年 10 月成立了晋西北临时参议会，通过了 12 个法律文件和决议案，为晋西北的政权建设和法制建设提供了充分的法律依据。

根据法律规定，晋西北司法机关为三级结构。高等法院（后改行署司法处）是晋西北的最高司法机关，高等法院院长的产生方式和职责范围与陕甘宁边区、晋察冀边区等均不相同，它不经晋西北临时参议会选举，而由行政公署正副主任遴选，提交行署行政委员会任免，并且由行政委员会委员兼任。高等法院院长行使司法职权，同时又是行署政务会议成员，在行政委员会闭会期间参与处理行署的日常工作。高等法院除设院长一人而外，设副院长协助院长工作，另有推事若干人，组成审判庭，审理民刑案件。

晋西北行政公署所辖各行政督察专员公署（简称专署）设有第一、二、三科，第三科即司法科，设科长兼推事一人（由行署任免），科员若干人，代表行署审理所辖各县的第二审民刑案件和汉奸案件。第三科科长（兼推事）是专署行政会议当然成员，参与专署日常行政工作。

专署所辖各县司法机关的设置与专署同，各县之第三科即司法科，设科长兼裁判员一人（由行署委任），科员若干人，办理本县司法事宜，科长是县政务会议当然成员，除行使司法职权而外，还参与县政府日常事务的处理。

七、华中抗日根据地的司法机关

1937 年 10 月，由主力红军北上抗日时留在湘、赣、闽、鄂、豫、皖各省边界地区的红色游击队改编的新四军，开赴华中前线，进入苏皖，直达淞沪，在敌后开展游击战争，开辟大片抗日根据地。1940 年，抗日民主政权已在淮南、苏中、苏北、苏豫皖边区相继建立。截至 1944 年 7 月，整个华中根据地已建 7 个行政公署、一个浙东军政民联合办事处、二十多个专员公署、147 个县政权。随着抗日民主政权的建立，各级司法机关也相应建立起来。

由于华中抗日根据地与华北地区的情况不同，这里没有建立起整个华中地区的统一的自上而下的抗日民主政权。依据法律规定，与各战备区基本吻合的各行政区的参议会（或临时参议会）和行政公署即为该地最高权力机关和行政机关，而行政公署级法院即为当地最高司法机关。以苏中行政区为例，苏中区设高级法院，各专署设法院，未设法院的专署，由专署司法科行使审判职权，各县政府则兼理司法。汉奸、特务案虽属刑事案件范围，但须组织特别法庭审理，各级司法机关负责审理民事案件和一般刑事案件。对于所有案件，行政区高级法院所为之判决即为终审判决，不得上诉。

淮海区司法机关的设置与苏中区不同，为两级结构，行政公署设法院，县政府兼理司法。行署法院设推事、检察官、书记官和法警。推事审理民刑案件，检察官行使检察职权，在未设检察官之前，由行署公安总局代理，法警负责拘传、宣示、执行和送达。各县不设专门司法机关，而由县长兼理司法，另设承审员和书记员协助县长执行审判职务。判决书由县长签署，承审员副署。行署和各县设有看守所，看守所依案犯性质分别由公安、司法机关领导。行署设战时监狱，执行已决的徒刑案犯。

第四节　解放区人民政权的司法机关

一、解放区的各级人民法院

解放战争初期，除东北解放区而外，其他解放区基本沿用抗日根据地的司法建制。随着人民解放战争的胜利发展，各解放区逐渐连成一片，大解放区人民政府相继成立，相应地建立了大解放区的司法机关，在东北称为最高法院东北分院，在华北称为华北人民法院，它们都是大解放区人民政府的组成部分。

在我国东北地区，人民司法机关是在抗日战争胜利后建立起来的。依据1946年10月19日颁布的《东北各级司法机关暂行组织条例》的规定，东北解放区的司法机关为三级结构。人口10万以上的市和人口30万以上的县设地方法院，不设地方法院的县设司法科，省和特别市设高等法院，由各省政府统一领导；哈尔滨高等法院由东北行政委员会直接领导，管辖松江省和哈尔滨特别市的二审案件；东北全区设最高法院东北分院。各级法院各设院长一人，副院长一人，庭长一人，推事若干人。县司法科设审判员1—2人，由县长领导。各级法院设检察员1—5人，由公安机关首长或公安机关其他负责人员充任。地方法院和县司法科管辖民刑第一审诉讼案件和非诉讼案件；高等法院管辖不服地方法院和县司法科第一审判决或裁定而上诉或抗告的民刑案件；最高法院东北分院管辖不服高等法院的判决而上诉的民刑案件、不服高等法院裁定而抗告的案件，以及非讼上告案件。在领导关系上，最高法院东北分院由东北行政委员会领导，高等法院以下各级司法机关受同级政府领导，上级法院对下级法院得为业务上和政策上的指导。1948 年 9 月 6 日，东北行政委员会发出通令，决定将各级司法机关改称人民法院，推事改称审判员，其组织系统为，最高法院东北分院改称东北高级人民法院，各省高等法院改称省（特别市）人民法院，各地方法院和县司法科改称市（县）人民法院。

华北地区的情况与东北地区不同，1948 年华北人民政府成立以前，晋察冀边区和晋冀鲁豫边区各设有高等法院。晋察冀边区所辖察哈尔省和冀中行署设有边区高等法院分庭，专署和县设司法处。晋冀鲁豫边区所辖太行、太岳、冀南、冀鲁豫四个行署设有司法处，专署和县设司法科。华北人民政府成立后，为加强全区司法机关的建设，采取了以下重大措施：

（一）撤销原晋察冀边区和晋冀鲁豫边区高等法院，成立华北人民法院为全区最高审判机关

依据 1948 年 8 月 16 日华北临时人民代表大会通过的《华北人民政府组织大纲》的规定，华北人民政府下设华北人民法院，在华北人民政府主席的领导下行使审判职权。华北人民法院主管全区终审案件，并监督所属司法机关的审检事宜，具体管辖不服各行署区人民法院及其分院（专署区）第一审判决而上诉的刑事诉讼案件；不服各行署区人民法院及其分院第二审判决而上诉的民事诉讼案件；不服行署区人民法院及其分院的裁定而抗告的案件；不服华北人民政府直辖市人民法院的民刑判决或裁定而上诉或抗告的案件；死刑判决未经上诉的复核案件；公安部移送处理的案件；华北人民检察院提请处理的案件；华北人民政府主席交付处理或交付复审的案件；审理特别重大案件；对下级法院的审检工作进行监督；指导和解和调解，以及其他有关审判和检察事项。[①]

（二）统一各行署司法机关名称，恢复各县原有司法组织

由于华北人民法院是在原晋察冀边区和晋冀鲁豫边区的基础上成立的，各地司法机关名称多不一致，而且由于革命战争发展的需要，老解放区的司法机关曾经进行精简和改组，有些地区的司法机关与公安机关、民政机关合并，大

---

①《华北人民政府各部门组织规程》（1948 年 10 月），载《华北人民政府法令汇编》第一集，华北人民政府秘书厅 1949 年编印。

批司法干部调离原单位，直接参加战争或战勤工作。为了改变上述情况，加强司法建设，华北人民政府于 1948 年 10 月召开的第一次政务会议决定，统一各行署司法机关的名称，恢复各县的原有司法组织。根据这一决定，各行署原有司法机关一律改称“×× 人民法院”，如冀中人民法院，冀南人民法院，等等。华北人民政府所属各直辖市的司法机关也一律称为人民法院，如石家庄市人民法院，阳泉市人民法院，等等。并要求立即改变“过去司法机关与民、教或公安局合并，司法科（或处或人民法庭）所辖之监所与公安局之拘留所合并”的状况，迅速恢复原有各县司法组织，“在民选政权未正式成立前，名称可仍旧”。“过去司法干部转业其他工作者，应尽可能调回司法部门工作。”①

截至 1948 年 10 月，华北人民法院共辖七个行署人民法院：冀中人民法院、冀南人民法院、冀鲁豫人民法院、北岳人民法院、太行人民法院、太岳人民法院、晋中人民法院。另有两个直辖市人民法院：石家庄市人民法院、阳泉市人民法院。“各专区之有司法机关者，不作为一级，暂作为行署区人民法院分院；专区无司法机关者，不另设立。”其审级制度是：“县司法机关为第一审机关，行署区人民法院为第二审机关，华北人民法院为终审机关；各直辖市人民法院为各该市第一审机关，华北人民法院为第二审机关。”②

由于战争关系，华北人民政府未暇颁布法院组织条例，各级司法机关的内部设置很不统一，如冀南行署人民法院设审判科，太行行署人民法院设审判与复核两科，冀中行署人民法院设第一、第二办公室，冀鲁豫行署人民法院设审判庭。这种情况表明，华北地区人民司法机关的建设还处于过渡时期。

1949 年 8 月重新调整行政区划后，华北人民法院共辖五个省（河北、山西、察哈尔、绥远和平原）人民法院和两个直辖市（北平、天津）人民法院，石家庄等市改为省辖市人民法院。

（三）摧毁旧司法机关，建立人民司法机关

打碎旧司法机关是建立人民司法机关的必要前提条件。随着大城市的相继

---

①《华北人民政府为统一各行署司法机关名称、恢复各县原有司法组织及审级的规定的通令》（1948 年 10 月 23 日），载《华北人民政府法令汇编》第一集，华北人民政府秘书厅 1949 年编印。

②《华北人民政府为统一各行署司法机关名称、恢复各县原有司法组织及审级的规定的通令》（1948 年 10 月 23 日），载《华北人民政府法令汇编》第一集，华北人民政府秘书厅 1949 年编印。

解放，军管机关立即着手对旧司法机关的接管。仅据京、津、唐三市的统计，当时接管的旧司法机关就有最高法院分院、高等法院及检察处、地方法院及检察处、监狱、看守所等，共20个单位，从高级职员到公役、警丁约一千六百多人。以北平市为例，该市于1949年1月31日和平解放后，首批接管人员于2月5日入城，当即宣布停止旧司法机关的审判职权，成立物资、档案、人事、监狱等四个接管组，于3月18日正式接收，4月1日大体完竣，并且根据党的政策，对旧司法人员进行了谨慎的处理，分别不同情况，采取留用、短期训练、介绍转业、准许自动考学，以及资遣回籍等办法，进行妥善安置。

（四）建立各级政府裁判研究委员会

1948年10月23日，华北人民政府发布第三号通令，规定“研究案情，决定判罪，得由该政府各级负责人组成司法委员会，但必须有审判负责人参加研究与决定”。“刑罚确定后，由审判机关拟定判决书。”后来，由于有的地区称为司法委员会，有的地区称为裁判委员会，1949年3月22日，华北人民政府发布通令，一律改称裁判研究委员会，并对该委员会的职权作出了明确规定。

裁判研究委员会由政府首长、公安局长、司法机关负责人、主审员和选聘的民众团体主要负责人组成，由司法机关负责人任主任委员。委员虽为固定职务，但裁判研究委员会开会时，与案件关系不大的委员可以不参加。裁判研究委员会的职权限于讨论司法机关审理的死刑和五年以上有期徒刑的重大刑事案件，以及涉及政策原则、需要慎重决定或请示的民事案件。其他民刑案件，概由司法机关拟具处理意见，经行政负责人核准，判决即为确定。裁判研究委员会在研究案件时如有分歧意见，由司法机关呈请上级司法机关审核决定，凡经裁判研究委员会研究确定的案件，仍由司法机关制作判决书，正式开庭宣判。

二、解放战争时期的军事法庭和特别法庭

解放战争时期的军事法庭和特别法庭是行使特殊审判职能的非常设机构，按照不同于一般司法机关的诉讼程序审理案件。由于解放战争初期和后期的革命形势不同，各解放区设立的军事法庭和特别法庭所担负的任务和组织形式也不相同。

抗日战争胜利后，各解放区的军事法庭或特别法庭的任务是，发扬民族正气，整顿国家纲纪，彻底肃清敌伪残余势力，完成抗战事业，给以战争罪犯和汉奸以应得的惩罚。为执行上述任务而设置的法庭，有的解放区称军事法庭，

有的解放区称特别法庭，或二者兼而有之，它们的职权范围和审判程序，由各解放区人民政府颁布的法律文件具体规定。

在山东解放区，同时设有军事法庭和特别法庭。军事法庭设于山东军区司令部，以及胶东、渤海、鲁中、滨海、鲁南等军区司法部和实行军事管制的各城市卫戍司令部。各级军事法庭设主席一人（由该军区政治部主任兼任），检察员一人（由该军管区公安局长兼任），司法员二人（由各该军管区负责司法干部兼任），均由山东军区委任。山东军区军事法庭审理日军大佐以上、伪军少校以上、伪政权道以上、伪警佐以上，以及其他全省性的战争罪犯和汉奸。其他战争罪犯或汉奸，由各该捕获军区的军事法庭审理。如果该犯在其他地区作恶严重，也可解往该地审判。①

除军事法庭而外，根据 1946 年 5 月 24 日颁布的《山东省审理汉奸战犯暂行办法》的规定，山东解放区还设有临时特别法庭。临时特别法庭和军事法庭在审判职权上的不同点在于，前者只审理叛国罪犯（汉奸），后者既审理叛国罪犯，同时也审理日本战犯，而以审理日本战犯为主。组织领导上的不同点在于，前者是地方审判机关，后者虽有地方司法机关人员参加，但由军事机关直接统辖。

山东解放区的临时特别法庭为四级结构，分别设于县、专署、行署和省。县级特别法庭由当地县政府公安、司法机关共同组织，负责审判伪尉官以下，伪大队副、伪科长及其他委任级以下的政治、经济、文化、宪兵、警察的特务汉奸战犯。凡判处死刑的，应由该管专署附具意见，经行署审核批准，然后执行。凡判处徒刑或宣告无罪的，被告人或告诉人可于十日内提起上诉，不上诉的，县政府应于上诉期满五日内，呈送该管专署复核，然后执行。专署级临时特别法庭由专署公安、司法部门共同组织，审判伪少校以上、伪大队长、伪县长及其他荐任级以上的政治、经济、文化、宪兵、警察的特务汉奸战犯。判决死刑的案件，应呈请该管行政公署审核，转报省政府批准后执行。判决徒刑或宣告无罪的案件，被告人或告诉人得依法在十日内提起上诉，不上诉的，该专署应于上诉期满后五日内呈送该管行政公署复判后执行。行署级临时特别法庭由行政公署公安、司法机关共同组织，审判伪军旅长（少将级）以上，伪组织道尹以上及其他荐任级以上的政治、经济、文化、宪兵、警察的特务汉奸战犯，判决不论死刑、徒刑，均应呈请省政府审核批准后执行。省级临时特别法

①《山东省各级军事法庭组织条例》（1945 年），载山东省《战时法令》。

庭由省政府公安、司法机关共同组织，审判全省性罪行重大的汉奸战犯审判后即时确定执行。

对于汉奸战犯案件，各级公安机关负检举、侦查、控诉及执行死刑之责，司法机关负搜集证据、组织审问及依法判决之责。开庭审判时，由该管主要行政负责人担任主审，司法机关和其他团体的代表陪审，公安机关代表为控诉人。如汉奸战犯的罪行涉及其他地区，得巡回各地轮流审判。

在华中解放区的某些地区，如苏皖边区、苏中区等，审判汉奸战犯的职权由临时组成的专门委员会行使。在苏皖边区称为惩治叛国罪犯委员会，在苏中区称为惩治战争罪犯及汉奸委员会。这类委员会由行政、司法、公安、参议会、群众团体所推举的代表组成，向同级政府负责。在苏中区，区、分区、县三级惩治战争罪犯及汉奸委员会均由同级政府首长任主任委员。审判活动由委员会组织的特别法庭或人民法庭主持，有权判处被告人有期徒刑、无期徒刑直至死刑，但均需呈请上级政府核准才能执行。①

解放战争后期，由于对大批新解放城市实行军事管制，而在军事管制委员会之下相应设立特别法庭。这时特别法庭的使命不同于抗日战争胜利后设立的特别法庭，它的任务是维护革命秩序，保障人民利益，镇压重大反革命罪犯。特别法庭的组织与活动，由各军事管制委员会颁布的法令规定。以太原市为例，该市于 1949 年 7 月 1 日颁布《太原市军事管制委员会特别法庭暂行办法（草案）》，依据《暂行办法》的规定，特别法庭设庭长、审判长和审判官，并设检察处，由首席检察官和检察官二人组成。为了广泛发扬民主，集中群众意见，该市各人民团体、各界代表和民主人士得分别推选若干人为陪审员。此外，特别法庭还设有书记处，由主任书记官和书记组成。庭长总理法庭一切事务；首席检察官和检察官负责预审、侦察和提起公诉；审判长和审判官负责案件的审理和判决；陪审员负责搜集群众意见，向被告人提出质问，检举犯罪行为，向法庭申述群众处理意见。

三、土地改革中的人民法庭

全国土地会议通过的《中国土地法大纲》于 1947 年 10 月 10 日由中共中

① 参见《苏皖边区惩治叛国罪犯（汉奸）暂行条例》（1945 年 12 月 29 日），载《新华日报》1945 年 12 月 30 日；《苏中区惩治战争罪犯及汉奸暂行条例》（1945 年 9 月 25 日），载《苏中报》1945 年 9 月 24 日。

央颁布施行。为了保证土地改革的胜利进行，该大纲第十三条规定，“对于一切违抗或破坏本法的罪犯，应组织人民法庭予以审判及处分。人民法庭由农民大会或农民代表大会所选举及由政府所委派的人员组成之。”根据这一规定，各解放区先后成立了人民法庭。

人民法庭不同于地方各级人民法院，它是县以下基层农会（或农联会）直接组织的、以贫雇农为骨干的、并有政府代表参加的群众性临时审判机关，只负责审理与土地改革有关的案件，土地改革完成后即行撤销。由于各解放区的具体情况不同，各地人民法庭的设置也略有差异，基本有两种类型：人民法庭设于县和区，或设于区和村。

在晋察冀边区，各县设人民法庭，县人民法庭本着方便群众、适应群众斗争需要的原则实行分区办事，巡回审判或到村就审。区设县人民法庭第 × 区审判委员会，由县政府委派的审判员和区农民代表会选派的审判员 2—4 人组成，互推一人为主任审判员，主持审判，区以下不设人民法庭的审判机构。[①]在苏皖边区，人民法庭的组织办法由各行政区人民政府（行署）自行决定。根据《苏皖边区第六行政区人民法庭组织条例》的规定，各级人民法庭由同级人民大会或代表会选举，经上一级政府委任与批准成立。该行政区各县设人民法庭审判委员会，有委员七人，由县人民大会或代表会选举六人、专署委派一人组成审判委员会，互推主席一人、审判员二人、检察员二人、书记员二人、分任各项职务。各区分别设立人民法庭审判委员会分会，由区人民大会或代表会选举四人、县政府委派一人组成审判委员会分会，互推主席一人、审判员二人、检察员二人、书记员二人，分任各项职务。乡虽然设有由乡人民大会或代表会选举 5—7 人组成的审检组，但不是一级审判机关，只在必要时，经上级批准，才能组织乡临时人民法庭。县及县分会人民法庭的组成人员，贫雇农要占 1/2 以上，乡审检组贫雇农要占 2/3 以上。

东北解放区的情况稍有不同，人民法庭设于区村两级，由区村农民大会或农民代表大会及其选出的农会委员会领导，并受上一级政府的领导（村人民法庭受区政府领导，区人民法庭受县政府领导）。村人民法庭设审判委员七人，由村民大会或村民代表大会选举六人（贫雇农占多数）、区政府委派一人组成审判委员会，互推主席一人、审判员二人、检察员三人、书记员一人，分任各

① 《晋察冀边区行政委员会关于人民法庭工作的指示》（1948 年 1 月 6 日），载《人民日报》1948 年 1 月 24 日。

项职务。区人民法庭设审判委员五人，由区农民代表大会选举四人、县政府委派一人组成审判委员会，互推主席一人、审判员一人、检察员二人、书记员一人，分任各项职务。区村人民法庭审判委员会认为有必要或应农民之要求，可以召开公审大会，但需征得农会同意。

依据《中国土地法大纲》和各解放区人民政府颁布的补充条例，人民法庭秉承农民的意志行使自己的职权。在东北解放区，人民法庭依法受理的案件包括：（1）一切违抗或破坏土地改革法令之造谣生事阴谋犯罪行为；（2）一切破坏或妨碍土地改革秩序，如隐瞒分散，私相授受，任意宰杀牲畜，砍伐树木，破坏农具、财产、水利、建筑物、农作物或其他物品等行为，与妨碍农民接收、登记、清理及保管一切转移的土地及财产，妨碍土地及财产的公平分配等；（3）一切浪费、侵吞、贪污、偷窃、强占、私自赠送以及贩卖农民斗争所得的果实等行为。人民法庭审判委员会根据犯罪情节轻重，有权判决：当众坦白、赔偿、罚款、劳役、褫夺公权、有期或无期监禁、死刑或宣告无罪。

中共中央十分重视人民法庭的工作，毛泽东同志为党中央起草的指示强调："土地法大纲上规定的经过人民法庭审讯判决的这一斗争方式，必须认真实行，它是农民群众打击最坏的地主富农分子的有力武器，又可免犯乱打乱杀的错误。"土地改革的任务是消灭封建制度，消灭地主之为阶级，而不是消灭地主个人，"极少数真正罪大恶极分子经人民法庭认真审讯判决，并经一定政府机关（县级或分区一级所组织的委员会）批准枪决予以公布，这是完全必要的革命秩序。这是一方面。另一方面，必须坚持少杀，严禁乱杀。主张多杀乱杀的意见是完全错误的，它只会使我党丧失同情，脱离群众，陷于孤立。"[①] 中共中央和毛泽东同志的指示为人民法庭的工作指出了明确的方向。

由于人民法庭的性质和任务不同于地方各级人民法院，它的活动也不由一般诉讼法规调整。以晋察冀边区为例，人民法庭的工作大体上分为四个步骤。

1. 检察：由农民团体推选或政府委派的检查员到被告人犯罪所在村召开群众控诉大会，搜集被告人的犯罪事实，进行实地调查，然后拟具起诉书，代表受害人提出定罪科刑的要求。但控诉书必须经由农民团体审查、修改、通过后，才能递交人民法庭，并在开庭时充当公诉人，代表群众口头起诉。在土地改革期间，村农民团体对于违犯土地法的现行犯得实行拘捕，然后报告人民法

---

①《关于目前党的政策中的几个重要问题》，《毛泽东选集》第四卷，人民出版社 1991 年版，第 1271 页。

庭，交由人民法庭处理，不得长期羁押。

2. 审讯：人民法庭接到控诉书后，立即预审被告人，决定开庭的日期和地点。开庭时群众可自由旁听，经审判员允许，可以发言。审判员根据起诉书审讯被告人，审查人证、物证，允许被告人或其辩护人进行辩护和提出反证。审判员根据原告人、被告人提出的控诉和辩护以及各种证据加以研究，确定罪状是否成立。如果证据不足，可以宣告被告人无罪，或者到群众中进一步调查，弄清事实，再行审讯。

3. 判决：人民法庭实行合议制，由审判委员会拟具判决，审判前要预先征求群众意见，如果群众提出反对意见，并有新的材料，应修改原判，如果群众意见不正确，也要说服解释，只有征得群众同意，才能宣判。也就是说，从拟判到宣判都必须征得群众同意，以使人民法庭的工作符合群众的要求，起到教育群众、提高群众觉悟的作用。

4. 执行：宣判后，依判决执行。罚款由人民法庭执行，交村农民团体处理。判处二年或三年以下有期徒刑的犯人，一般交村罚劳役；判处二年或三年以上徒刑的犯人，一般收监执行，实行强迫劳动；死刑一律用枪决，由人民法庭执行。

在职干部、现役军人、雇贫农违反土地法的案件，虽然也由人民法庭审理，但法律附有若干特殊规定。逮捕和审判村干部须经区政府批准，乡干部须经县政府批准，区以上干部须经专署批准。人民法庭审理现役军人违反土地改革法令的案件时，必须有其所属主管机关派代表出席旁听。① 如果处理雇贫中农的案件，必须经过区以上农联会的审查与批准。②

四、司法行政管理机关

解放战争初期，各老解放区继续沿用抗日根据地实行的审判与司法行政合一的管理体制，即由司法机关首长（如陕甘宁边区）或司法机关内部的专设机构（如晋察冀边区高等法院的司法科，晋冀鲁豫边区高等法院的司法行政处等）掌管司法行政事宜。各新解放区也承袭了这一体制。根据 1946 年 10 月 19 日颁布的《东北各级司法机关暂行组织条例》的规定，最高法院东北分

---

①《苏皖边区第六行政区人民法庭组织条例》（1948 年 2 月 23 日），载《淮海报》1948 年 2 月 25 日。

②《苏皖边区第二行政区人民法庭组织办法》（1947 年 12 月 24 日），载《人民报》1947 年 12 月 27 日。

院（1948年9月6日改称东北高级人民法院）设司法行政处，该处的行政科、监狱科和调查研究室分别负责处理一切司法行政事务，考核各级司法机关的工作，培训司法干部，监督并指导各地监所行政，管理资料，统计案件，调查研究有关司法的各种问题，编辑出版各种法令资料。省高等法院和县司法科除审理民刑案件外，兼理司法行政。①

随着人民解放战争的胜利发展，华北和东北人民政府相继成立司法部。1948年8月16日，华北临时人民代表大会决定，在华北人民政府之下设立司法部，主管华北全区司法行政工作，具体包括：法院和监所的设置与变更，各级司法干部的铨叙与教育，民事行政，刑事行政，犯人的教育与管理，法规编纂，同时还负责复核华北人民法院对重大案件的判决。② 华北人民政府司法部于1948年10月成立后，为了加强对司法机关的行政管理，采取了一系列有效措施。

第一，规定了各级司法机关的报告制度。专署级和县市级司法机关每月向行署司法机关报告一次，每半年作总结报告一次，遇有重大事件发生得随时报告。行署级及直属市司法机关每两个月向华北人民法院和司法部报告一次，每半年向华北人民法院和司法部作总结报告一次，其内容包括各专署各县市的司法工作情况。同时命令全区各级司法机关，凡属法院的建设与监督，监狱的设置与管理，司法干部的铨叙与训练，各行署和各直属市司法机关应直接呈送司法部核办。③

第二，大力推广各级法院的司法工作经验。为了克服滥收滥押现象，使案件得到及时解决，华北人民政府司法部还以第六号通报推广石家庄市人民法院实行的值日书记官制度。该院每天由值日书记官接待控诉人，凡属一般纠纷，由值日书记官解决；遇有疑难，向各主管推事请示办法；实在不能解决的，再登记成案，送办公室分案，交由承办推事审理。由于实行值日书记官制度，在八个月中，共处理未成案纠纷356件，占全部案件的1/2以上，大大减少了收案率。华北人民政府一再强调清理积案的必要性和重要性，明确规定了清理积

①《东北各级政府组织暂行条例》(1946年10月)，见《东北行政导报》1946年10月30日第2期。

②《华北人民政府各部门组织规程》(1948年10月)，载《华北人民政府法令汇编》第一集，华北人民政府秘书厅1949年编印。

③《华北人民政府司法部通知》(1949年5月2日)，载《华北人民政府司法法令汇编》，华北人民政府司法部1949年编印。

案的政策原则和具体办法。[①] 司法部及时转发了冀南人民法院清理积案的总结报告，使一些重要经验得到推广。

第三，及时发现和指出司法机关应予注意的社会问题。1949 年 1 月至 3 月，察哈尔省和太行区 10 个县发生区村干部干涉婚姻自由的案件 24 起，造成了严重的社会后果。司法部当即向各级政府和司法机关指出："对于这样关系人权的大事，绝不能漠然视之"，必须"调查纠正，并有组织、有计划地加强对区村干部和群众的思想教育和政策教育。"[②]

除华北人民政府司法部而外，东北行政委员会也设立了司法部，以行使司法行政管理职权，并先后建立了司法干部专任制度、巡视制度和报告制度。司法部明确规定，未经主管部门同意，不得抽调司法干部从事其他工作，各地要加强司法干部的培训，自行解决干部缺乏的实际困难，每县起码要配备有相当能力的干部三人（审判员一人，书记员一人，典狱员一人）。司法部有计划地派员到各省视察工作，省法院也相应地建立派员赴各县视察工作的制度；省法院和直属市法院应每月向司法部汇报工作，内容包括民刑非讼案件的数字和分类，以及已结未结情况；典型案件处理经过；干部工作情况和调动情况；监狱工作情况和犯人数目的增减等。司法部不仅掌管地方法院的司法行政管理工作，其职权还扩及军事司法机关。1949 年初，东北各省军区及其军法处撤销后，司法部曾会同东北军区政治部共同商定军人违法案件处理办法，交东北各省人民政府、军事部和人民法院并转饬所属照办。[③]

需要指出的是，无论华北人民政府司法部还是东北行政委员会司法部都没有自己的下属机构，在组织上不能自成系统，它所颁布的指令由各级政府和司法机关贯彻执行。

---

①《华北人民政府司法部关于石家庄市人民法院实行值日制度的通报》，载《华北人民政府司法法令汇编》，华北人民政府司法部 1949 年编印。

②《华北人民政府司法部通报司通字第六号》，载《华北人民政府司法法令汇编》，华北人民政府司法部 1949 年编印。

③《松江人民导报》1949 年 5 月第 13 期。

第七章
诉讼制度的基本内容及其发展变化

第一节 工农民主政权的诉讼制度

由于特殊的战争环境所决定，工农民主政权的诉讼立法主要是指刑事诉讼法而言的，因为在激烈的战争条件下，民事案件较少发生，而且大都经由基层政府解决，很少进入司法程序，因而有关民事诉讼程序的问题，在法律上没有得到确定的反映。

在整个土地革命战争时期，中华苏维埃临时中央政府没有颁布过全面、系统的刑事诉讼法，刑事诉讼中的法律关系通常由单行条例、训令或其他形式的法律文件加以调整，如1931年12月13日中央执行委员会非常会议通过的《关于处理反革命案件和建立司法机关的暂行程序》的第六号训令、1932年6月9日中华苏维埃中央执行委员会公布的《中华苏维埃共和国裁判部暂行组织和裁判条例》、1934年4月8日中华苏维埃中央执行委员会公布的《中华苏维埃共和国司法程序》等。它们是刑事诉讼法的重要渊源。

其次，中华苏维埃临时中央政府和各苏区工农民主政府所颁布的有关司法机关的组织条例也包含有不少刑事诉讼法律规范。从法律形式来说，当时的刑事诉讼法规和司法机关组织法规是紧密联系、相互渗透的，在许多场合甚至是融为一体的。组织法和程序法在法律形式上不予严格区分，是当时诉讼立法的一个特点。

红色区域刑事诉讼法的另一个重要渊源是中华苏维埃临时中央政府司法人民委员部发布的训令，司法人民委员部本是司法行政管理部门，但它所发布的指导审判机关日常工作的文件，也包含有审判制度的具体规定。

上述法律文件规定了红色区域刑事诉讼的基本原则和各项制度。

一、基本原则

（一）司法机关进行诉讼必须依法行使职权

为了更好地运用法律武器镇压反革命阶级的阴谋破坏活动，保障工农群众的民主权利和合法利益，维护革命根据地的法律秩序，巩固和发展红色政权，苏区工农民主政府颁布一系列法律文件，规定司法机关在进行刑事诉讼时必须依法行使各自的职权。

根据中华苏维埃临时中央政府的规定，在革命初起、革命政权尚未建立的地方，当地革命群众有权直接逮捕和处决豪绅地主和一切反革命分子。[①] 临时革命政权（革命委员会）建立后，由肃反委员会执行受命逮捕、看管和处决一切反革命罪犯的任务。[②] 在这个阶段上，革命司法的特点是，冲破束缚革命手脚的一切条条框框，广泛依靠人民群众的直接革命行动。一旦工农民主政府（苏维埃）宣告正式成立，上述做法即应终止，而由分别设立的政治保卫局和裁判部履行刑事诉讼中的法定职能。

由于政治保卫局和裁判部的职能各异，它们在刑事诉讼中所处的法律地位各不相同。总的说来，政治保卫局执行对一切反革命案件的侦查、逮捕和预审，预审之后，以原告人身份向裁判部提起诉讼，由裁判部审理和判决。据法律规定，一切反革命案件的审讯和判决（从宣告无罪到判处死刑）之权都属于裁判部，一般刑事案件和民事案件的诉讼事宜，除现役军人及军事机关的工作人员外，也由裁判部审理。[③] 其他机关、团体和个人，除法律另有规定者外，一律无权拘人、捕人，更不得进行审讯和科以刑罚，否则即为违法。而政治保卫局和裁判部在刑事诉讼中也必须恪守法律规定的职权范围，不得逾越，正如《中华苏维埃共和国国家政治保卫局组织要领》所规定："国家政治保卫局的一

---

①《中华苏维埃共和国中央执行委员会训令第六号》（1931 年 12 月 13 日），载《红色中华》1931 年 12 月 28 日。

②《中华苏维埃共和国中央执行委员会训令第六号》（1931 年 12 月 13 日），载《红色中华》1931 年 12 月 28 日。

③《中华苏维埃共和国中央执行委员会训令第六号》（1931 年 12 月 13 日），载《红色中华》1931 年 12 月 28 日；《中华苏维埃共和国裁判部暂行组织及裁判条例》（1932 年 6 月 9 日），载《红色中华》1932 年 9 月 20 日。

切行动依法律的制裁。”[①] 后来，随着国民党反动派对红色区域发动反革命“围剿”的加剧，阶级斗争日趋激烈，国家政治保卫局的职权也愈加扩大，直至拥有审讯和处决反革命的特权，从而使它在刑事诉讼中的法律地位发生了重大变化。

红色区域不设置独立的检察机关，而由附属于临时最高法庭和省、县裁判部的检察长、检察员执行检察的职能，在刑事诉讼中与政治保卫局和裁判部相互配合，但无明确的制约关系。中华苏维埃司法人民委员部 1933 年 5 月 30 日在对裁判机关工作的指示中明确规定：“裁判机关与预审机关必须发生密切的关系，以互相商量来解决案件。”[②] 检察员除执行检察职能外，和政治保卫局一样同为预审机关，凡送往裁判部的案件，一般均需经过检察员预审，预审后，如果认为确有犯罪事实和证据，作出结论后，移交裁判部的法庭审理。对于必须预先逮捕才能检查的案件，检察员有权先行逮捕犯罪人，而无须任何机关批准。在一般刑事诉讼中，检察员是代表国家的原告人；对于反革命案件，只能由政治保卫局提起诉讼，代表国家出庭告发。

（二）严禁刑讯逼供，注重搜集证据

刑讯是封建审判制度的组成部分，在中国延续了两千多年，流毒甚广。所谓刑讯，就是在审讯过程中对受审人的肉体施加暴力手段，借以取得口供，作为定罪量刑的主要依据。这种审判方式的认识论基础是主观唯心主义，与革命法制的本质背道而驰，所以各红色区域工农民主政府成立后，在着手对封建审判制度进行具有历史意义的伟大变革的同时，也就宣告了对刑讯的彻底废除。

红色区域关于刑讯的法律规定经历了原则废止和全面废止两个时期。在红色区域开辟阶段，各地工农民主政府在其所颁布的法律文件中，虽然一般地宣布了对刑讯的废除，但同时也保留了施用刑讯的特殊情况和特殊条件。在鄂豫皖苏区，绝对禁止革命法庭在审理案件时对受审人施用刑讯，与此同时却保留了政治保卫局施用刑讯的权力。法律明确规定，革命法庭“若有动刑的案子，

① 见韩延龙、常兆儒：《革命根据地法制文献选编》第三卷，中国社会科学出版社 1981 年版，第 292 页。

② 见韩延龙、常兆儒：《革命根据地法制文献选编》第三卷，中国社会科学出版社 1981 年版，第 303 页。

可送保卫局审讯。"[①] 在闽西苏区，法律规定，赤卫队、少先队等群众组织对于拿获的人犯，在未经审讯前不得施用刑讯，但在审讯时，办案机关为了取得"实供"，对敌探等，有时得用肉刑。这种对刑讯的有限废止，说明对于旧制度的彻底废除，在认识上往往需要一个过程。

中华苏维埃临时中央政府成立后，在它所颁布的第六号训令（1931 年 12 月 13 日）中，改变了各红色区域有限废止刑讯的法律规定，明确宣布：绝对废止一切刑讯，而不附加任何条件，规定："在审讯方法上，为彻底肃清反革命组织及正确判决反革命案件，必须坚决废止肉刑，而采用搜集确实证据及各种有效方法。"[②] 从而把废止刑讯的规定同注重搜集证据的要求联系起来，逐步形成为根本区别于封建审判制度的崭新的刑事诉讼原则。

然而，正确的法律原则在实践中的贯彻执行不可避免地会受到旧社会遗留下来的习惯势力和传统影响的干扰，所以尽管中华苏维埃临时中央政府及其领导下的各级工农民主政府作出了严禁刑讯的法律规定，滥施刑讯的情况在红色区域仍然时有发生，这就要求不懈地为维护这一原则而斗争。1932 年 9 月 9 日，福建省苏维埃政府就坚决废止刑讯问题发布训令，严厉地指出：刑讯是"违反苏维埃法令的行为，不但有碍苏维埃的威信，并且是公开地破坏苏维埃的法令，给敌人以很好的宣传材料，不啻间接地帮助了反革命！本政府为坚决地彻底地执行苏维埃的法令，提高苏维埃在群众中的威信，各级政府应绝对地执行苏维埃的法令，废止一切肉刑，……以后各级政府及地方武装如再有用肉刑的事情，当以违反苏维埃法令治罪！"[③]1933 年 5 月 30 日，中华苏维埃司法人民委员部也向各级司法机关发出指示，重申"绝对废止刑讯"的要求，否则"以故意违反苏维埃的最高法令论罪。"[④] 尽管由于"左"倾路线造成的肃反扩大

---

①《鄂豫皖苏维埃政府革命法庭的组织与政治保卫局的关系及其区别》（1931 年 10 月 4 日），见韩延龙、常兆儒:《革命根据地法制文献选编》第三卷，中国社会科学出版社 1981 年版，第 342 页。

②《中华苏维埃共和国中央执行委员会训令第六号》（1931 年 12 月 13 日），载《红色中华》1931 年 12 月 28 日。

③《福建省苏维埃政府训令——关于犯人的材料及坚决废止肉刑问题》，（1932 年 9 月 9 日），见韩延龙、常兆儒:《革命根据地法制文献选编》第三卷，中国社会科学出版社 1981 年版，第 345—346 页。

④《中华苏维埃共和国司法人民委员部对裁判机关的指示》（1933 年 5 月 30 日），见韩延龙、常兆儒:《革命根据地法制文献选编》第三卷，中国社会科学出版社 1981 年版，第 302 页。

化的错误使得当时的反刑讯斗争没有取得应有的成果，但“严禁刑讯逼供，注重搜集证据”的刑事诉讼原则在法律上被确定下来，并在实践中予以大力推行，这在中国刑事诉讼立法史上，仍然具有十分重要的意义。

（三）坚决依靠人民群众

人民司法机关的力量源泉来自于广大人民群众，吸引和依靠人民群众对审判过程的广泛参与，是人民司法机关区别于反动司法机关的主要标志之一。

早在红色区域开辟阶段，革命政权尚未建立的时候，暴动的领导机关就依靠广大人民群众的直接革命行动，逮捕和处决反动豪绅地主和一切反革命分子，彻底改变当地旧有的统治关系，为建立革命的法律秩序创造了条件。在根据地革命政权建立初期，人民群众对于罪恶昭著的反动豪绅地主和其他反革命分子提出的处理意见，往往成为革命政权及其司法机关制作判决的重要依据。法律明确规定:“豪绅地主、富农、资本家罪恶昭著，经当地工农群众要求处决者，当地政府得迅速执行处决之”，无须上级政府批准。① 有的苏区政府规定，革命法庭对案件的判决，必须征得当地群众同意，如果判决与群众意见不符，应提交上级机关处理。②

1932 年 6 月 9 日中华苏维埃中央执行委员会公布的《裁判部暂行组织及裁判条例》以及此后有关部门发布的指令性文件，对于刑事诉讼程序正式确立后司法机关依靠人民群众的法律形式作出了统一的具体的规定，建立了对后来人民司法制度的发展具有重要意义的各项制度。

1. 陪审员的陪审制度。陪审员是各级法庭的法定组成人员，由职工会、雇农工会、贫农团及其他群众团体选举产生。未满 16 岁的人以及其他无选举权的人不得当选为陪审员。与被告人有家属关系、亲戚关系或私人关系的陪审员不得参加对该被告人案件的审理。

陪审员在执行职务期间，暂时解除其原先的工作，但保留原有的中等工资，陪审任务完成后，仍回原单位工作。陪审员参加陪审采取轮换制，每审判一个案件得轮换一次。

---

①《中华苏维埃共和国中央执行委员会训令第六号》（1931 年 12 月 13 日），载《红色中华》1931 年 12 月 28 日。

②《鄂豫皖苏区苏维埃政府革命法庭的组织与政治保卫局的关系及其区别》（1931 年 10 月 4 日），参见韩延龙、常兆儒:《革命根据地法制文献选编》第三卷，中国社会科学出版社 1981 年版，第 341 页。

由主审一人（裁判部长或裁判员）和陪审员二人组成的法庭在制作判决时，采用民主集中制原则，以多数意见为标准，少数服从多数。如果主审在定罪量刑问题上同陪审员发生意见分歧，应以主审的意见决定判决书的内容，但允许陪审员保留自己的意见，报上级裁判部参考。

2. 公开审判制度。审判一切案件，必须公开进行，这是红色区域各级司法机关必须遵守的法定制度。在审判以前，由法庭贴出审判日程，使群众预先了解案件的性质和审理时间，吸引广大群众参加旁听；审判以后，必须张贴判决书，宣布案由和判决的内容。对于涉及军事机密以及其他重要机密的案件，允许采取秘密审判方式，但宣布判决必须公开。实行公开审判制度，一方面是为了发扬人民群众当家做主的精神，对案件的审判实行自下而上的群众监督，同时也有助于对广大群众进行深入具体的法制教育。

3. 巡回就审制度。巡回就审是红色区域人民群众在司法实践中创造的崭新的审判方式。这种制度的推行使得革命法庭能够更加深入基层、深入群众，依靠群众查清案情，迅速及时地处理案件，扩大人民司法教育群众、威慑敌人的作用。

根据《裁判部暂行组织及裁判条例》的规定，巡回法庭由各级裁判部组织，到出事地点调查研究，在群众参与下，就地解决案件。巡回法庭审理的案件，或者是具有重要意义的典型案件，或者是带有一定群众性的刑事案件。

二、诉讼程序

（一）侦查和预审

一切反革命案件都由国家政治保卫局及其分局和特派员侦查。国家政治保卫局及其所属机构根据当地苏维埃、其他机关、团体和革命群众揭发的以及它本身侦查所得的关于反革命活动的材料，对反革命案犯实行逮捕和预审，然后移交裁判部审理。

对于国家政治保卫局移送裁判部的反革命案件和其他刑事案件，除简单明了者外，省、县裁判部的检察员均应进行检查（对于经过政治保卫局预审的反革命案件）和预审（对于其他刑事案件）。凡与该案件有关的人，检察员有权随时传讯。无论讯问被告人或见证人，都必须写成笔录，由被讯问人和检察员签字盖章，作为该案件的证据。经过检查和预审，如果检察员认为确有犯罪的事实和证据，作出结论后，转交裁判部的刑事法庭审理。

（二）起诉

对于一般刑事案件，检察员是代表国家的原告人，开庭审判时，代表国家出庭告发。除检察员出庭做原告人而外，同群众团体有关系的案件，该群众团体也可派代表出庭做原告人。

对于反革命案件，由国家政治保卫局以原告人的身份，向审判机关提起公诉。

（三）审判

1. 审判庭的组织。各级裁判部审理反革命案件和其他刑事案件的机构为刑事法庭。刑事法庭由裁判部长或裁判员任主审，其余二人为陪审员。根据《裁判部暂行组织及裁判条例》的规定，裁判部对案件的审理采取合议制和独任制两种形式。凡复杂而重要的案件均须由裁判部长（或裁判员）和陪审员组成的合议庭审理。在合议庭内部实行民主集中制原则，少数服从多数。只有简单而不重要的案件才采用独任制，由裁判部长或裁判员一人审理。省和县的裁判部均设裁判委员会，裁判委员会不干预审判庭的具体业务，但在案件开始审理前，裁判委员会要对案件进行讨论，确定判决的原则，使审理该案件的负责人（裁判部长或裁判员）更好地掌握定罪量刑的标准，避免判决发生错误。对同级政府来说，裁判部有独立解决案件之权，但特别重要的案件，除裁判委员会讨论外，还要提交同级政府主席团讨论。

2. 审判程序

（1）审判前的准备工作。对于公开审判的案件，裁判部在开庭审理以前，必须先期公布审判日程，吸引广大群众参加旁听。担任审判案件的裁判员要对案件材料进行充分的研究，拟出审判时发问的提纲，以便更有条理地向被告人和见证人提出问题。

（2）法庭审理。法庭审理由参加审判的裁判部长或裁判员主持，必须有书记一人或二人担任记录。凡与被告人有家属关系、亲戚关系或私人关系的人，都要实行回避，不得参加对该被告人案件的审理。

审判记录应将原告人的告发、被告人的陈述、见证人的证言如实地记录下来，禁止“审判时不做记录，到退庭后抄写预审机关的记录，或由自己的臆想来造记录的现象”[①]。

在法庭审理阶段，被告人为了自身的利益，可以委托辩护人出庭辩护，但必须得到法庭的许可。

每次开庭，审理一个案件之后，法庭须退庭议定判决书，宣判后，才能审理其他案件。

解决任何案件都要注意多数群众对该案件的意见。《革命法庭条例（草案）》规定："在未判决之先，主审应向群众征求对该案之意见，然后退庭……由主审陪审讨论后当庭提出判决书，终结审判。"[②]

（3）判决。由法庭主审和陪审以苏维埃国家的名义制作的判决书，不论公开审理的案件或未经公开审理的案件，都必须公开宣布。

判决书要写明审判的时间、主审、陪审和其他参加审判的人的姓名，被告人的履历及罪状（包括犯罪的时间、地点以及人证、物证），法庭所定之罪和所判之刑，以及被告人的具体上诉期间，对于不能确定犯罪事实的案件，也要经过法庭宣告无罪，并写成判决书。

每件判决书均需制作副本，送达被告人。

（四）上诉

由各级裁判部刑事法庭判决的案件，在判决书所规定的上诉期间内，被告人有上诉权。上诉期限规定为 14 天，由审理该案件的法庭依据案件性质决定具体的上诉日期，该日期从被告人把上诉书送达审理该案件的裁判部之日算起。

1934 年 4 月 8 日颁布的《中华苏维埃共和国司法程序》缩短了上诉期限，最多为七天。规定犯人不服判决者准许声明上诉，但声明上诉之期从判决书送达被告人之日算起，同时还规定，在新区、边区，以及在敌人进攻的地方或遇有紧急情况时，对于反革命案件及豪绅地主中的犯罪者，得剥夺其上诉权。

---

①《中华苏维埃共和国司法人民委员部对裁判机关工作的指示》（1933 年 5 月 30 日），见韩延龙、常兆儒:《革命根据地法制文献选编》第三卷，中国社会科学出版社 1981 年版，第 303 页。

②《革命法庭条例（草案）》，见韩延龙、常兆儒:《革命根据地法制文献选编》第三卷，中国社会科学出版社 1981 年版，第 330 页。

（五）再审和审批

对于在法定期限内提起上诉的案件，下级裁判部应将犯人连同全部案卷以及该案件的物证，一并移送上级裁判部进行再审。任何案件经过两审之后不能再上诉。如果检察员不同意二审判决，还可向司法机关提出抗议，要求再审一次。再审案件的程序与一审案件程序基本相同。

凡判决死刑的案件，即使被告人不提起上诉，审理该案件的裁判部也应把判决书以及该案件的全部案卷送上级裁判部批准。这就是当时实行的死刑判决的审批制度。

根据 1932 年 6 月 9 日《裁判部暂行组织及裁判条例》的规定，县裁判部有判决死刑之权，但无执行死刑之权，它所判决的死刑案件，须经省裁判部的批准才能最后确定（与省隔断的县裁判部的死刑判决除外）。同样，省裁判部的死刑判决必须得到临时最高法庭的批准才能确定，只有未与中央苏区打成一片的省，其裁判部才有对死刑判决的最后确定权。1934 年 4 月 8 日，中华苏维埃中央执行委员会鉴于国民党反动派对红色区域加紧实行反革命“围剿”，决定废止死刑审批制度，一律实行上诉制度。凡在上诉期内未提起上诉的案件，以及因被告人上诉或检察员抗议而经过二审的案件，其判决即为确定而交付执行。

（六）执行

1. 死刑和监禁的执行。在国内革命战争年代，由于客观形势复杂多变，死刑的执行也必须适应不同地区和不同时期的实际情况的发展，并且相应地作出及时的改变。

根据 1932 年 6 月 9 日《裁判部暂行组织及裁判条例》的规定，死刑判决经上级裁判机关（裁判部或最高法庭）核准或复审确定后，由原审判机关执行。至于新开辟地区的死刑执行，根据 1933 年 4 月 15 日中华苏维埃中央执行委员会通过的《关于肃反委员会的决议》，县肃反委员会在县革命委员会领导下，可以对反革命犯和一般罪犯直接执行死刑；区市肃反委员会对于剥削阶级中罪恶昭著的分子，经工农群众要求处决者或在紧急情况下无法呈报者，也可先执行死刑，然后报县肃反委员会备案。为了迅速镇压反革命破坏活动，1934 年 2 月 9 日中华苏维埃人民委员会发布命令，授权边区的地方保卫局和在战线上的红军保卫局以直接处决敌探、反动豪绅地主、阴谋叛变分子的特权，并授予它们对刀匪首领和地主富农出身的刀匪分子以及在重大的紧急的反革命案件上有不经法庭审判的紧急处置权。同年 4 月 8 日公布的《中华苏维埃共和国司法程序》根据战争形势的发展，相应地改变了《裁判部暂行组织及裁判条例》关于死刑判决的执行程序，规定省、县两级裁判部不仅有权判决死刑，而且有权执行死刑；新区、边区的区裁判部和区肃反委员会对于反革命分子和豪绅地主中的犯罪者，经过一级审判之后，也可以直接执行死刑判决，执行以后再上报备案。

判决监禁的犯人，在判决确定后，一般由审理该案件的裁判部交付其所属的劳动感化院执行。劳动感化院是看管、教育和改造犯人的机构。①

2. 没收财产的执行。没收财产必须依照法律规定的程序进行。依据中华苏维埃司法人民委员部《关于没收犯人财产和物件的手续》的命令，没收犯人财产要有法庭判决，由专门组织的没收委员会执行。首先将犯人的财产逐项登记，写成记录，并根据法庭判决规定的处置办法，把财产移送某个机关或分发群众。犯人在未判决前被随身搜查出的金银或物件，在判决书上也要说明交还本人还是加以没收。如果判决没收，判决书必须写明处置办法，以便具体执行；如果判决交还本人，必须取得犯人的收据，以免发生舞弊。

第二节 抗日民主政权的诉讼制度

一、诉讼制度的基本内容

（一）管辖制度

抗日战争时期，各地抗日民主政府没有形成统一的司法管辖制度，而是根据本地区的实际情况和司法机关的设置作出相应的规定。由于敌后战争环境，反“扫荡”、反“蚕食”斗争频繁激烈，不仅在各抗日根据地之间，就是在同一抗日根据地，司法管辖制度也经历了许多变化，平时和战时也不能不有所区别。抗日战争时期，在管辖制度方面，职能管辖、地区管辖和军民诉讼管辖居

① 《中华苏维埃共和国劳动感化院暂行章程》（1932 年 8 月 10 日），载《红色中华》1932 年 9 月 20 日。

于特别重要的地位。

1. 职能管辖。所谓职能管辖是指公安、司法、检察三个机关管辖案件的范围。由于当时检察机关不构成独立的工作部门而附设于各级司法机关，并且是后者的组成部分，因此，职能管辖实际上就是依照法律的规定，划分司法机关和公安机关管理案件的范围。一般说来，特种刑事案件由公安机关管理，民事案件和普通刑事案件由司法机关管理。

区分特种刑事犯罪和一般刑事犯罪是抗日战争时期根据地刑事立法的特点之一。依据晋察冀边区的规定，特种刑事犯罪指汉奸罪、盗匪罪、烟毒罪、贪污罪、破坏坚壁清野罪和法律规定的属于特种刑事的其他犯罪。① 公安机关依据法定手续，对于证据确凿的特种刑事犯有权逮捕，对于扰乱社会治安、破坏边区的非法分子有权拘留。对于特种刑事犯（敌探、汉奸、盗匪等），不论其为机关团体的工作人员还是普通群众，公安机关均得行使检察机关的职权，实行侦查。军法审判机关拘捕的特种刑事犯，如有侦查必要时，应于 5 日内连同案卷、证据以及被告人携带的物品一并交由公安机关先行侦查。侦查期限为两个月，如遇有特殊情况，经该管政府兼理军法官的批准，可以延长两个月，但以一次为限。侦查结束后，应向军法审判机关提起公诉，或者作出不予起诉的决定。如果特种刑事犯是现役军人，由军事机关的军法官进行审判；如果特种刑事犯是普通民人，则由同级政府首长兼理军法官审判。晋察冀边区高等法院各法庭驻庭推事和县司法处审判官得代替专员和县长审理特种刑事案件。县政府作出的特刑判决，除贪污案外，应报专署代核；专员作出的特刑判决应报边区行政委员会复核。总之，特种刑事案件的判决只有经过上级政府的复核才能确定，死刑判决要经边区行政委员会或其行署的批准才能执行。特种刑事犯如不服原审判机关的判决，可以向上级政府提出声辩，但以一次为限。边区行政委员会军法官作出的判决为终审判决，不得声辩。公安机关对于原审判机关的判决，如果认为不当，可以向上级审判机关提起上诉。

除晋察冀边区而外，在其他抗日根据地，特种刑事案件一般也归公安机关管辖。依据 1941 年 10 月 1 日公布实施的《山东省公安局暂行条例》的规定，公安机关有权依照法定手续侦查、预审、逮捕与控告敌探、汉奸和其他危害分子。在一般情况下，公安机关无权直接逮捕犯有特种刑事罪行的军事人员，而

①《晋察冀边区关于逮捕搜索侦查处理刑事、特种刑事犯之决定》（1943 年 2 月 4 日），载晋察冀边区行政委员会《现行法令汇集》上册，1945 年。

应通知部队主管机关处理；但如遇有特别紧急情况，也可先行逮捕，然后再移交主管机关。犯有汉奸或其他破坏团结抗战罪行的人，不论是机关团体工作人员还是一般群众，公安机关均得执行检察机关职权，实行严格检查，并可向司法机关或军法机关提起公诉。军法机关或司法机关对特种刑事犯的判决，公安机关如果认为不妥，有权向上级政府与上级公安机关提起上诉。对于罪行特别严重的特种刑事犯罪分子，必要时，在得到上级公安机关的批准后，管理该案的公安机关有权处决。在战时紧急情况下，当与上级失去联系时，区公安特派员有权处决武装特务分子。因此，与晋察冀边区相比，山东抗日根据地的公安机关享有更大的职权。1942 年 7 月 6 日，山东省战时工作推行委员会为了肃清盗匪，安定社会秩序，经第三十次常会决定，盗匪案件一律由各县公安局审理，县行政委员会决定，呈由专署转报战工会或行政主任公署的公安处复审，分别提交战工会常会或行署行政委员会决定。至于直属专署，除滨海区径呈战工会复审外，其余鲁南、湖西、冀鲁边各专署即由各该公安局复审，行政委员会决定。①

在晋冀鲁豫边区的太岳区，汉奸案件和破坏根据地的重大案件（特务、盗匪等），一律由公安机关侦查起诉。不经公安机关起诉，法庭可以拒不受理。但案件一经公安机关起诉，法庭就必须受理，无权拒绝。不仅如此，公安机关对于汉奸案件可以向司法机关提出具体处理意见，法庭在处理这类案件时也必须征求公安机关的意见。司法机关认为公安机关所提意见正确，应即再审另判。公安机关对于司法机关的判决如果仍有不同意见，可于五日内向同级法庭提出把案件呈送上级法庭复判的要求，对于这种要求，法庭不得拒绝，而应将一切卷判材料呈送上级机关复判，由上级机关作出决定，但对第三审法庭的判决，公安机关不得上诉。

2. 地区管辖。地区管辖与职能管辖不同，它是审判管辖的一种形式。在各抗日民主根据地内，除法律另有规定者外，对于刑事案件实行由犯罪地或被告所在地的司法机关管辖的原则。敌后抗日民主政权所处环境十分复杂，有巩固区、游击区和敌伪区的区别。在淮海区，依照法律规定，凡敌伪区人民向该区进行刑事诉讼的，抗日民主政府司法机关应予受理。对敌斗争有功的刑事被告人，如能提出证明，经查属实，可酌量情形减免其刑；如刑事被告人对抗敌工

① 《山东省战工会关于盗匪案件划归公安局审理的决定》，载《战时法规政令汇编》第二辑。

作有特殊贡献，经证明属实，刑事处分得停止执行。至于民事案件，情况有所不同。在淮海区，民事诉讼当事人一方或双方住在敌伪区而系争标的物在抗日民主政权辖区的，其诉讼应由抗日民主政权的司法机关处理；诉讼当事人一方或双方住在抗日民主政权辖区而系争标的物在敌伪区的，其诉讼仍由抗日民主政权的司法机关处理；诉讼当事人及系争标的物均在敌伪区而合意向抗日民主政权辖区进行诉讼的，抗日民主政权的司法机关得依法受理作出裁判；诉讼当事人一方或双方住在敌伪区，但传票确已送达三次以上仍不到庭，可以缺席裁判，该项裁决如果不能即时执行，俟该地区解放后予以执行。如果诉讼当事人一方住在敌伪区而无法传唤，抗日民主政权的司法机关得以裁定中止诉讼，但中止期间不受时效限制。

3. 军民诉讼管辖。军民诉讼管辖是抗日根据地特有的管辖形式，在当时具有特别重要的意义，它有利于在司法实践中改进军民关系，加强军民团结。各地抗日民主政府颁布的诉讼法规解决军民诉讼管辖问题的基本原则是：军事案件归军法机关审理，其他案件一律归地方司法机关审理。1943 年 1 月 15 日，陕甘宁边区政府颁布专门条例，对边区军民诉讼管辖作出了明确具体的规定。[①]军民双方诉讼，凡属民事范围的，如婚姻、土地、财产、债务、嗣续等案件，无论原告人属于何方，概由司法机关审理。至于刑事案件，军人犯普通刑事罪的，由司法机关审理；普通民人违犯军法，如勾引军人逃跑、叛变及刺探军情等，在战时由军法机关审理，在平时由司法机关或锄奸机关审理。军人与民人同案共犯的，属于军法的，概归军法机关处理；属于普通刑法的，概归司法机关审理。现行犯，如叛变、抢劫等，不论军人、民人，军政机关都应当根据犯罪情节和当时环境予以扣留或逮捕，但须于 24 小时内将人犯移送应受理机关。对于非现行犯的军人，地方治安机关不得加以逮捕，军队对于非现行犯的民人，也不享有逮捕权。司法机关处理军人普通刑事犯罪案件时，应通知该军人直接主管机关或上级机关派员参加审判；军法机关处理民人违反军法案件时，也应通知司法机关派员参加审判。司法机关审理军民诉讼案件的程序，适用一般民刑诉讼程序；军法机关审理军民诉讼案件，适用军事审判程序。

---

① 参见《陕甘宁边区军民诉讼暂行条例》（1943 年 1 月 15 日），载《解放日报》1943 年 2 月 14 日。

（二）审级制度

三级三审终审制是抗日根据地普遍采用的司法制度，但在整个抗日战争时期，这项制度在不同地区的施行，曾经发生过某些变化，同时也有若干例外情况。

根据三级三审终审制，凡基层审判机关所作的第一审判决，如果当事人不服，可以在法定的上诉期限内上诉到上一级审判机关，当事人对于这一级审判机关所作的第二审判决如果仍然不服，有权向该地区最高审判机关提出申诉，最高审判机关所作的第三审判决就是终审判决，必须立即执行，不得再行上诉。最高审判机关直接审理一审案件或二审案件所作的判决，都是终审判决。

但是，由于各抗日根据地司法机关的设置情况和实际工作环境的不同，三级三审终审制的实际执行也就各有差异。在陕甘宁边区，“县裁判员为第一审，边区高等法院为第二审，中央最高法院为第三审。现中央最高法院尚未与边区发生直接关系，不服高等法院判决的可上诉于边区政府委员会，再交高等法院重审，因此仍实行了三级三审制。”①1942 年 8 月边区政府审判委员会成立后，改由其行使第三级终审的职权。1943 年 3 月，在边区政府所辖各分区专员公署所在地设立的高等法院分庭是高等法院的派出机关，代表高等法院受理不服各该分区所辖县司法处第一审判决而上诉的民刑案件，为第二审判决，在审级关系上，与高等法院处于同等地位。在晋察冀边区，地方法院和县司法处为第一审，专员区司法处为第二审，高等法院为第三审。1943 年 2 月撤销专员区司法处，另行成立高等法院法庭以后，地方法院和县司法处为第一审级，高等法院及其设于各专员区的法庭为第二审级，案件经过两级审判以后，如果当事人仍表不服，得申诉于边区行政委员会，实际上仍是三级三审终审制。在山东抗日根据地，县司法处为第一审级，专员区地方法院为第二审级，省高级审判处为第三审级。在主任公署区设置的高级审判处分处，代行高级审判处的职权，不是单独的审级。在苏中区，县政府兼理司法为第一审级，专员公署司法科为第二审级，苏中区高级法院为第三审级。

有些抗日根据地的民主政府基于本地区的实际情况，采取了有别于三审定案的制度。在晋冀鲁豫边区，对刑事案件实行三级两审终审制，对民事案件实行三级三审终审制。县政府为一级（一审），专员公署为一级（一审或二审），

①《陕甘宁边区政府工作概况》（1941 年），油印本，第 85 页。

边区高等法院为一级（一审、二审或三审）。刑事案件经过两级审判，其判决即为确定；而民事案件经过两级审判之后，当事人如果不服，仍得上诉一次。但边区法院所作的判决，不论一审、二审或三审，均为终审判决，不得上诉。在淮海区，对民刑事案件一律实行两级两审终审制，县政府兼理司法为一审，淮海区法院为终审。

（三）陪审制度

抗日战争时期，人民陪审员制度有了进一步的发展，一些抗日根据地的民主政府在确认司法工作民主化和群众化的同时，颁布了实行陪审制度的专门法律文件，使这一制度日益臻于完善。

按照抗日民主政府的规定，各级审判机关在审理普通民刑案件和特种刑事案件时，均得实行人民陪审，但以不涉及机密的一审案件为限。人民陪审员的产生采取聘任制和选派制，而以选派制为主，其主要形式有以下三种：

第一，群众团体代表陪审：各抗日群众团体按照法律的规定，各自推选或互推若干名代表为陪审员参加案件的审理，这是当对普遍采用的形式。在晋察冀边区，工人抗日救国会、农民抗日救国会、青年抗日救国会、妇女抗日救国会、人民抗日武装自卫队、文化界救国会、抗敌后援会、牺盟会以及其他群众团体互推三名代表组成陪审组参加陪审。① 在山东抗日根据地，出席陪审的群众团体代表，由政府通知群众团体自行推选。

第二，同级参议会驻会委员会代表参加陪审：在山东省和淮海区，除群众团体代表参加陪审而外，当地抗日民主政府还通知同级参议会驻会委员会自行推选参议员代表若干人，参加同级审判机关对案件的审理。②

第三，地方公正人士参加陪审：《淮海区人民代表陪审条例（草案）》规定，淮海区法院以及各县政府进行巡回审判时，得在发生案件的区域内，聘任地方公正人士参加陪审。所谓地方公正人士，主要是指参加抗日民主统一战线的开明士绅。此外，乡学或区学教师、民选乡长及政府委员均可受聘出任人民陪审员。③

为了更好地发挥人民陪审制度在审判工作中的作用，抗日根据地民主政

①《晋察冀边区陪审暂行办法》（1940 年 5 月 15 日），载《抗日根据地政策条例汇集——晋察冀之部》，1942 年。

②《山东省陪审暂行办法（草案）》，载《山东省现行司法法令》。

③《淮海区人民代表陪审条例（草案）》，载《淮海区单行法规（草案）》。

府在其颁布的法律中明确规定了人民陪审员必须具备的条件，按照《淮海区人民代表陪审条例（草案）》的规定，参加陪审的人员不论是参议会代表、群众团体代表还是地方公正人士，都必须具备下列条件：（1）负有地方信誉者；（2）在抗日民主政府建立后未受刑事处分之宣告者；（3）在出席陪审之法院或县政府无与人民发生刑事诉讼未结者；（4）与当事人及案情无关者。[①] 凡不符合以上条件的人，均不得充任人民陪审员。

人民陪审员参加陪审一般采用固定轮值方式，由审判机关于审判前数日向陪审员发出出席陪审的通知书，陪审员必须在通知确定的时间到庭陪审。如果届时未能出席，应由其他陪审员或候补陪审员递补，否则即视为自动放弃陪审权利，审判员得径行开庭审理。

陪审员在法院执行职务的范围，由各地抗日民主政府依据本地区的实际情况作出规定。在晋察冀边区，刑事案件及特种刑事案件在侦查期间不适用陪审，对于民事案件法律未作明确规定；在晋西北，陪审不仅不适用于刑事侦查庭，而且也不适用于民事调查庭。相反地，苏中抗日民主政府则规定："陪审员有帮助调查案件证据"的责任；[②] 在山东，各陪审员于接到陪审通知后，"应即着手进行调查工作，其所获得之材料应于开庭一日前提交司法机关以备参考"。[③]

在法庭审理案件时，陪审员征得裁判员同意有向当事人提问的权利，并且参加对案件的评议。评议的内容主要包括：案件事实及证据，刑事被告人是否有罪及所犯法条，民事诉讼是否确有理由。如果审判员认为陪审员的评议意见正确则应予以采纳，对于不采纳的意见应当进行解释，但不影响及时作出判决。如果多数陪审员不同意审判员的意见，按照苏中区的规定，应当暂时停止判决，呈请上级作出决定。山东抗日根据地的做法略有不同，在评议结束后，不论主审和陪审是否发生意见分歧，主审均得把陪审员的意见以及他本人的意见提交所属行政委员会，以便作出最后决定，然后根据该决定对案件作出判决。

陪审员除享有出席陪审和评议案件的权利而外，同时要承担一定的义务。他们必须忠于职守，公正负责，如有藉端徇私的情况发生，一经查出，即应停

---

①《淮海区人民代表陪审条例（草案）》，载《淮海区单行法规（草案）》。

②《苏中区处理诉讼案件暂行办法》（1944 年 10 月），载《苏中报》1944 年 10 月 19 日。

③《山东省陪审暂行办法（草案）》，载《山东省现行司法法令》。

止其陪审职务，并按情节轻重，依法惩处；陪审员还应当保守案件秘密，不得泄露，如因泄露秘密致使他人名誉或公务蒙受损害，除行政处分外，并应酌量情形使其担负一定刑事责任。

由推举和委派产生的陪审员同当地人民群众有着紧密的联系，他们参加审判工作，可以充分反映民意，有利于提高办案质量。但是考虑到广大农村存在着错综复杂的宗族关系，以及其他社会的、法律的原因，为了确保处理案件的公正性，避免徇私舞弊现象的发生，各抗日根据地的陪审条例大都明确规定了陪审员的回避制度。1940 年 5 月 15 日公布的《晋察冀边区陪审制暂行办法》依据民事案件和刑事案件的不同性质，对陪审员回避的范围分别作出了详尽的规定。

对于民事案件，陪审员回避的范围是：

1. 陪审员或其配偶、前配偶、未婚配偶为诉讼当事人者；

2. 陪审员为诉讼当事人七亲等内之血亲或五亲等内之姻亲或曾有此亲属关系者；

3. 陪审员或其配偶、前配偶、未婚配偶在该诉讼事件中有共同权利人、共同义务人或偿还义务人之关系者；

4. 陪审员现为或曾为诉讼事件当事人之法定代理人或家长、家属者；

5. 陪审员现为或曾为诉讼事件当事人之诉讼代理人或辅佐人者；

6. 陪审员曾为诉讼事件之证人或鉴定人者；

7. 陪审员曾参与对该诉讼事件的前审裁判或公断者。[①]

对于刑事案件和特种刑事案件，陪审员回避的范围是：

1. 陪审员为被害人者；

2. 陪审员现为或曾为被告人或被害人之配偶、七亲等内之血亲、五亲等内之姻亲或家长、家属者；

3. 陪审员与被告人或被害人订有婚姻者；

4. 陪审员现为或曾为被害人或被告人之法定代理人者；

5. 陪审员曾为被告人之代理人、辩护人、辅佐人，或曾为自诉人附带民事诉讼当事人之代理人、辅佐人者；

6. 陪审员曾为证人或鉴定人者；

---

①《晋察冀边区陪审制暂行办法》（1940 年 5 月 15 日），载《抗日根据地政策条例汇集——晋察冀之部》，1942 年。

7. 陪审员曾执行本案检察官或司法警察官之职务者；

8. 陪审员曾参加前审之裁判者。①

陪审员回避可以采取三种形式，即陪审员遇有上述情况之一时自行回避；如果陪审员不自行回避，当事人有权向法庭声请回避；此外，审判员或军法官也可以依法责令陪审员回避。

（四）起诉方式

抗日根据地的诉讼程序一般从起诉开始。起诉有公诉、自诉和群众起诉三种形式。各级司法机关在其职权范围内，按照起诉方式的不同，分别予以受理。

1. 公诉。公诉由公安机关、检察机关以及一般机关、团体、部队向法庭提起。公安机关向法庭提起公诉的案件一般是特种刑事案件，即锄奸案件和破坏根据地的其他重大政治案件。司法机关对于公安机关的起诉有受理的义务，如果起诉材料不足，可以发还公安机关进行侦查。公安机关在提起公诉时，必须使用公诉书，连同犯人及案件材料一并移送法庭审理，并且有权对案件的处理提出具体意见供法庭参考，但不能强求法庭采纳。晋察冀边区明确规定：各署、县公安科长“为同级司法机关之特种刑事检察官，担任侦查起诉”。② 因此，特种刑事被告人“除管辖特种刑事案件机关直接拘捕者外，其他机关、团体或个人，依法令逮捕后，应于24小时内连同被告口供、证物及所带物品一并解送或转送县公安局侦查”。③ 在晋冀鲁豫边区，凡经公安机关侦查起诉的案件，在起诉时，连同一切物证、人证一并附送，“并须提出处刑具体意见（死刑或有期徒刑几年），司法部门负责同志如觉不可，应与公安部门交换意见，如双方意见不能一致，司法部门可呈请行政负责同志作最后决定”。④ 在山东，公安机关对于汉奸或破坏抗战团结的罪犯，也行使检察职权，负责检查和

① 《晋察冀边区陪审制暂行办法》（1940年5月15日），载《抗日根据地政策条例汇集——晋察冀之部》，1942年。

② 《晋察冀边区行政委员会关于改变公安机构及其工作范围之决定》（1943年2月12日），载晋察冀边区行政委员会：《现行法令汇集》上册，1945年。

③ 《晋察冀边区关于特种刑事案件审理程序之决定》（边委会第46次会议通过），载晋察冀边区行政委员会：《现行法令汇集》上册，1945年。

④ 《晋冀鲁豫边区公安总局、高等法院关于公安司法部门工作关系的联合指示》（1942年7月30日），见韩延龙、常兆儒：《革命根据地法制文献选编》第三卷，中国社会科学出版社1981年版，第402—403页。

起诉。

检察机关是司法机关的组成部分，司法机关的检察员提起的公诉案件一般为普通刑事案件。在陕甘宁边区，对特种刑事案件的公诉，也可由检察机关提起。各地抗日民主政府颁布的法院组织条例都规定了检察人员提起公诉的职权。在陕甘宁边区，侦查案件由检察员负责。案件经过检察员侦查，如果认为罪案成立，即向法庭提起公诉，如果认为罪案不能成立，即将案件裁定撤销。检察员有撰拟公诉书、提起公诉的职权。在晋察冀边区，由地方行政首长兼任的检察官“实施侦查，提起公诉”。有些抗日根据地（如苏中区）在其所属司法机关中不设置检察人员，除公安机关外，区级以上政府为了维护社会秩序和群众利益，也可行使检察职权，对刑事被告人提起公诉。在晋冀鲁豫边区的太岳区，司法人员对于违反法令的案件，认为有必要时，有权提起公诉。对于这种由司法人员自行起诉的案件，法庭对起诉者不负责任。

有些抗日民主根据地（如太岳区），一般机关、团体、部队向法庭提起公诉，也是合法的起诉方式。但这种起诉方式与公安机关起诉和检察机关起诉有所不同，法庭对于这种起诉，如其具体材料和事实不足，可以拒绝受理。只有当案件涉及起诉单位本身，法庭判决后才将案件处理情形通知起诉单位。起诉单位对判决如有意见，可于七日内请求法庭复判或上诉于上级法庭。

2. 自诉。自诉是原告人或其法定代理人直接向司法机关提起的诉讼。自诉案件的范围除陕甘宁边区外，其他抗日根据地民主政府颁布的法律未作明确规定。依据《陕甘宁边区刑事诉讼条例（草案）》，凡内乱罪、外患罪、汉奸罪、盗匪罪、破坏边区罪、故意杀人罪、妨害秩序罪、妨害金融罪、妨害公务罪、渎职罪、妨害工农政策罪、破坏交通罪、妨害水利罪、妨害选举罪、脱逃罪、烟毒罪、公共危险罪、有习惯性之犯罪、违反政府法令罪，以及政府依必要政策法令检举的犯罪，均由公安机关或附设于司法机关的检察机关进行侦查，提起公诉。在其他刑事案件中，犯罪的被害人及其家属可以提起自诉。但对亲告罪，只有法律规定的人才能告诉。所谓亲告罪是指特定内容的妨害风化罪，只有犯罪人的配偶或其直系血亲等亲属才有告诉权。有配偶而与人通奸，有配偶而重与人为婚姻，以及略诱有配偶的人脱离家庭的妨害婚姻家庭罪，只有配偶才有告诉权；略诱妇女意图与自己或他人结婚或为猥亵、奸淫的妨害自由罪，被略诱人及其亲属可以告诉。亲告人无论在判决前后均可撤回告诉。亲告罪自知其事实之日起一年后不得告诉。对于自诉案件，被告人有权向司法机关对原告人的自诉提起反诉。

依据各地抗日民主政府的规定，自诉有状诉、面诉和代诉三种形式。所谓状诉就是自诉人不到案而以状纸向法庭告诉。自诉书状一般包括原被告人、证人和关系人的姓名、年龄、性别、籍贯、住址、职业；事实与理由；请求目的；证人和物证；曾否调解及调解结果；受理机关；起诉日期；自诉人签名盖章或按指印；代写人签名盖章等项。法庭认为告诉有理的，通知自诉人于一定日期到案面诉，然后受理，不到案者即认为放弃告诉。法庭认为告诉无理的，劝说自诉人休告。但是，自诉不以书状为要件，自诉人得就诉讼内容口头告诉，由司法机关记录存卷，这种形式的自诉称为面诉。法庭对面诉人负责，只要告诉有理，即应确定审判日期。在太岳区，“审判日期之确定，从受理之日起，县不得过十天，专署不得过二十天，行署不得过三十天。”① 认为告诉无理的，则劝其休告。代诉是自诉人委托他人代理起诉，与本人到案面诉同，按面诉办理。匿名密报，法律不认为是起诉方式，法庭无受理任务，但有权进行调查。

3. 群众起诉。群众起诉既不同于公诉，也不同于自诉，而且也不是当时普遍采用的起诉形式。所谓群众起诉就是群众团体代表群众利益向法庭提起诉讼。依据晋冀鲁豫边区太岳行署的规定，群众起诉有群众团体代为起诉和群众请愿两种方式。凡群众团体为了维护群众利益向法庭提起的案件，法庭有受理的义务而无拒绝的权利。对于以这种形式向法庭提起的案件，法庭不仅要对群众负责，而且要对群众团体负责，判决除送达双方当事人外，并应送达提起诉讼的群众团体。群众对判决如有意见，可于七日内提出，法庭有答复责任。认为有再审必要的，应即再审。群众团体对再审判决如果仍有意见，有权代表群众上诉。群众请愿涉及多方面的内容，只有与司法问题有关的群众请愿才以群众起诉论，法庭有受理责任，不得拒绝，并应对全体群众负责，判决以布告的方式向群众公布。群众对法庭判决如有意见，可于七日内向法庭提出，法庭庭长负责答复，或予再审，另判公布。②

（五）审判制度

1. 对案情的调查研究。各级司法机关对于应由其受理的公诉、自诉和群众

①《晋冀鲁豫边区太岳区暂行司法制度》（1944 年 3 月 1 日），载太岳行署《司法工作》1944 年第 5 期增刊。

②《晋冀鲁豫边区太岳区暂行司法制度》（1944 年 3 月 1 日），载太岳行署《司法工作》1944 年第 5 期增刊。

起诉的案件应依法调查研究，做好开庭审理的准备工作。

法庭对案件的调查研究不受诉状的约束，而以获取确凿证据、判明事实真相为目的。这是各地抗日民主政府对司法工作的共同要求。陕甘宁边区政府要求“司法机关审判案件时，须切实照顾边区人民的实际生活，切实调查研究案件的具体情况，分别其是非轻重……”晋察冀边区政府也要求司法干部“依靠民意，依靠调查研究的材料进行审判，矫正以往法官坐在家里死啃条文的习惯。”[①]1943年《晋冀鲁豫边区高等法院工作报告》指出：晋冀鲁豫边区1942年提出“司法工作科学化”的口号，积极提倡实事求是，调查研究，反对形式主义。“过去认为司法工作只是审判二字，审一审，判一判就完了，现在则公认为审问不过是侦查方式之一种，而主要办法还是要靠对案件的深入调查研究工作。”苏中区明确规定，“审判人员及陪审人员于案情及证据，应直接、间接、公开或秘密进行周密之调查研究。”[②]调查研究包括传讯证人，审查物证，勘验现场，人身检查等。原告人和被告人对于有利于自己的事实，均有举证的责任。人民对于他人的诉讼有到场作证、忠实陈述的义务。

当时特别强调的还是审判人员深入群众，调查研究。太岳区明确规定：“对于重大疑难案件，法庭人员应到群众中广泛征求群众和群众团体意见，并动员他们搜集材料，以达彻底了解案情。”[③]法庭对于搜集的案件材料，要进行认真分析，排除矛盾，判明真假，区别主要与次要。

太行区在总结抗日战争时期该区的司法工作经验时，对于如何分析案件材料，进行了科学的概括。1946年5月《太行区司法工作概况》指出：

首先，“立场要公正严明，要富于怀疑精神，不要先入为主，先肯定罪状然后再去找材料。”否则，就会发生错误。“一个民事案件，要是弄错了，对人民的损失还有限，但一个刑事案件，关系人民的生命、财产、自由、名誉，稍一不慎，就损害很大。此外，一个法官审判案件是应从实际出发的，不应从感情出发，不要使个人好恶爱憎的感情，夹杂在处理问题之中”。

其次，分析案件材料要有正确的、科学的观点。这就要求：

“第一，不要机械地看问题。不要认为过去坏的人，现在必坏。过去坏的

---

①《晋察冀边区行政委员会工作报告》（1938—1942年），载《晋察冀边区第一届参议会大会汇刊》。

②《苏中区处理诉讼案件暂行办法》（1944年10月），载《苏中报》1944年10月19日。

③《晋冀鲁豫边区太岳区暂行司法制度》（1944年3月1日），载太岳行署《司法工作》1944年第5期增刊。

人，可能现在也坏，但也可能现在不坏；在这件事情上坏的人，未必对任何事情都坏。”

“第二，不要从形式上看问题。一个刑事案件，有时形式与实质是一致的，但有时形式与实质就可能不一致。所以研究分析问题，主要从实质上看，而不要从形式上看。”1943 年太行区发生不少盗窃公粮案，其中许多案件，从形式上看是盗窃，实际上是出自特务分子的鼓动教唆，目的在于断绝军粮，颠覆边区，这种形式上的盗窃教唆犯，实质上是汉奸犯。“如果我们不能从实质上看问题，就最容易为表面假象所迷惑而陷于错误”。

“第三，经验告诉我们，也不要片面地来看问题。古谚说：‘兼听则明，偏听则暗’，不只是审讯案件应该如此，就是分析研究材料也必须全面的来看问题，才能得出正确结论。”林北一老太婆因穷困而上吊自杀，丈夫担心娘家借故滋事，暗将妻尸埋于后院，后被发觉。县司法科认定为谋杀，主张以杀人罪论处，理由是既非谋杀，何必隐尸。该案经边区高等法院驳回后，对案件的全部材料进行了全面的调查研究，终于判明案件真相，说明仅仅根据隐尸情节就率尔定案是错误的。

“第四，经验也表明，不能简单地、孤立地看问题。任何一个案件均与原被告的历史特点以及当时当地的历史条件有关。一般社会上的案件，本来是十分复杂的，尤其是在敌我政治斗争异常尖锐的时候，就使许多案件更其复杂了。如果粗枝大叶简单化地看问题，结果就必然要发生错误。”涉县一妇女为要达到和丈夫离婚的目的，在奸夫帮助下，把一支手枪和伪军臂章放在顶棚上，然后向政府告发丈夫与敌伪勾结。搜索时，果然查出手枪、臂章等物，人证物证俱在，足以认定为汉奸罪，但审判人员并没有简单地处理问题，从被告（男方）告发前后的表现，告诉人（女方）告诉的态度，以及奸夫的历史情况和当时具体情况分析，经过缜密的调查和讯问，终于判明此案纯系诬陷，避免了判断上的错误，使案件得到及时正确的处理。

2. 审理案件的方式。各抗日根据地民主政府对于诉讼案件的审理，依据实际需要，斟酌案件情况，采取机关审判、就地审判、巡回审判和人民公审等多种形式。在司法机关内进行的审判称机关审判；在诉讼案件发生地或有关处所进行的审判称就地审判；由上级司法机关派出审判人员到各下级司法机关审理案件称为巡回审判；至于人民公审，则是对典型的或重大的刑事案件（主要是特种刑事案件）进行的有广泛群众参加的审判。上述四种审判方式各有其不同的特点。

机关审判。案件由司法机关组成的法庭依照法律规定的一般诉讼程序进行审判。在陕甘宁、晋察冀、晋绥、山东、苏中等抗日根据地，人民陪审员得依法参加陪审。抗日民主政权辖区不存在律师制度，但原被告经法庭允准可以延聘代理人或辩护人出庭。审讯一般由主审（审判长）和帮审（审判员）主持，允许原被告充分陈述各自的意见，保证法庭辩论自由，审判人员应将审问情形作成笔录，由被审讯人按盖指印方为有效。如其拒绝按盖指印，应当说明理由，审判人员也应在笔录上签字，以示负责。

法庭在判明案件的事实真相以后，除应予调解者外，应即决定处理办法。"处理刑事案件，应着重于处罚教育运用之适当，不但教育犯罪本人，同时亦教育一切公民，达到保卫抗日社会秩序之目的。"下判时，灵活地运用各种刑罚，"不拘泥法条，不抹煞法令"，刑罚要适合犯罪"破坏公益的程度"、"犯罪的目的、犯罪的行为、犯罪的次数、群众的反映、犯罪后的态度"，以及犯罪人的特点。同时还要考虑群众的要求和环境的需要，但"不迁就落后的意识，要分清地区，要认清时间……""处理民事案件，着重于正确地解决人民间之一切矛盾与纠纷，使符合于进步政策法令之精神与广大群众的要求。因此，首先要分清：1. 双方的阶级关系，问题的矛盾所在；2. 谁的要求符合政策法令，谁的要求不符合政策法令；3. 谁的要求对抗日有利，能增加根据地生产，谁的要求不是。"民事判决"要符合事实，而且能够实现。要多方面的照顾，不要顾此失彼。但这种照顾，一定是站在进步的方面，照顾另一方面，不是没有立场的照顾，照顾了这个阶级，还得照顾那个阶级（一面要减租，一面要交租等）；照顾了这个政策上的原则，还得照顾那个政策上的原则（一面要保护妇女利益，不准丈夫虐待，一面要照顾基本群众，不让他们大批地失掉老婆等）；照顾了今天，也要照顾明天（今天法庭不准离婚，并要保证明天夫妻和好等）；照顾个人，也要照顾全体（群众要求退租，改善生活；地主退得过火，又要影响统战等）。"判决的内容"要具体明确，不要笼统含糊；要细密周详，不要粗枝大叶；最好能使双方都满意法庭的解决办法。"①

巡回审判。这是抗日根据地民主政府在司法实践中创造的既适应战争环境的需要又方便群众诉讼的审判方式。审判人员深入基层，巡回审判，在频繁的敌后战争的条件下，便于传集、讯问证人，搜集、鉴定证据，迅速而正确地判

---

①《晋冀鲁豫边区太岳区暂行司法制度》(1944 年 3 月 1 日)，载太岳行署《司法工作》1944 年第 5 期增刊。

明案件情况，使案件得到公正的处理。它符合审判机关的便民原则，有利于减轻人民讼累，深入地进行革命法制的教育，是实现抗日根据地司法工作民主化和群众化的重要途径之一。

巡回审判担负着多方面的任务：其一，及时正确地处理现案和积案，特别是对一审判决提起上诉的案件；其二，通过巡回审判，上级审判机关对下级审判机关的工作进行全面检查和实地监督；其三，推动与指导基层调解工作的开展，以使大量民事案件和轻微刑事案件经由各种形式的调解及时得到解决。

各抗日根据地虽然都实行巡回审判制度，但巡回审判的组织形式并不相同，基本有两种类型：

其一，审判员巡回审判，无巡回法庭的组织形式。在晋西北，行署推事和县裁判员均得实行巡回审判，由行署司法处和各专署兼理司法的各县政府临时委派，定期深入基层，巡回审判各自管辖的民刑诉讼案件，但无巡回法庭称谓，行署巡回推事借用县印制判，县巡回裁判员借用区公所图记制判。①

其二，由政府或法院组织巡回法庭或流动法庭，代表派出单位巡回审判。晋冀鲁豫边区太岳区，由专署组织第二审流动法庭，专员委派司法科长或副科长任庭长，科员一人为主审，对专员直接负责。第三审流动法庭由行署组织，行署正副主任委任司法处长、秘书或科长为庭长，科长或科员一人为主审，对正副主任负责。县司法科长、科员可以下乡就审，调解案件，下判必须经县长批准。淮海区法院由巡回推事去各县审理民刑案件，实行独任制，不组织巡回法庭，但如认为有合议的必要时，仍得召集县长、承审员或公安局长参加审理，以淮海区法院巡回法庭的名义制判。淮海区各县政府则组织以承审员为主审的巡回法庭，实行陪审制度，以县长名义制判，由承审员副署。②在苏中区，由兼理司法的县政府组织巡回法庭，至区乡处理刑民案件，巡回法庭在审理案件时，得聘请当地民众团体及公正人士参加陪审。③

就地审判。就地审判（简称就审）不同于巡回审判，“这是初审机关走出法庭，携卷下乡，联系群众，处理案件，并通过具体案件的处理，进行政策法令宣传，教育群众，借以减少纠纷，增强群众团结和促进生产的一种好方

①《晋西北巡回审判办法》（1942 年 3 月 1 日），载晋西北行政公署《法令辑要》。

②《淮海区巡回审判实施办法》，载淮海区专员公署《淮海区单行法规（草案）》。

③《苏中区第二行政区诉讼暂行条例》（1943 年 9 月 1 日），载《滨海报》1943 年 9 月 16 日。

式。”[①] 就地审判的特点是：

第一，司法机关派出审判人员到出事地点、当事人所在地或其附近村庄进行审判。“这样不但证人的传集，物证的检查鉴定，土地的勘验丈量迅速确当，而且可以从旁搜集证据材料，作出正确的判断。”[②]

第二，就审的案件一般都是有教育意义的案件、比较复杂的案件，或者是带有普遍性群众性的案件。这就要求在就审之前，审判人员必须对案情及其对社会的危害程度进行清醒的分析。

第三，案件从调查到审判，自始至终都有群众参加，密切联系群众，审判不拘形式。凡属调解范围的案件，或者由审判人员主持调解，或者交由群众和民间调解组织调解。凡不属调解范围的案件或调解不成的案件，审判人员把案件材料交由群众讨论，取得多数人认识一致，再行判决。冀中区的材料表明，就审案件多数是由调解结案的。如冀中区十专署司法处审判官到清苑就审，半个月处理案件二十多件，十分之七以调解结案。就审是适应战时环境，便利人民诉讼的审判方式之一，有利于案件迅办快结，因而为各抗日根据地所普遍采用。

人民公审。这是处理富有社会教育意义的重大特种刑事案件和重大普通刑事案件的方式，个别地区（如太岳区）对典型的民事案件有时也进行公审。当时采用的公审形式有：群众公审、代表公审、巡回公审和宣判大会四种。在晋冀鲁豫边区太岳区，县政府、专署、行署都有权组织公审法庭。公审法庭由庭长一人（政府首长）、主审一人（司法机关负责人），公诉人一人（公安机关负责人，民事案件不设公诉人）和人民代表 1—2 人（由参议员或群众代表推选）组成。公审法庭对于群众的要求，有答复解释的任务。它所作出的决定如无原则错误，上级法庭应当尊重，不必多作变动；如发现重大错误，应即时纠正。庭长对公审法庭的决定负完全责任。在公审刑事案件时，着重动员犯人自动交代所犯罪行及其觉悟的经过，不认罪的犯人不必公审。至于民事案件的公审，则以典型案件为限，着重政策法令的宣传。关于群众斗争案件（如减租减息斗争等），必要时也采取公审方式，征求群众意见，答复群众要求，解决群众的

---

① 马锡五:《新民主主义革命阶段中陕甘宁边区的人民司法工作》，载《政法研究》1955 年第 1 期。

②《晋察冀边区行政委员会工作报告》(1938—1942 年)，载《晋察冀边区第一届参议会大会汇刊》。

问题，[①] 苏中行署规定，凡重大案件以及同大多数人民有切身关系的案件，可以举行人民公审，由人民行使诉权和陪审权。审讯时，审判员应当征询并采纳在场群众对处理案件的意见，但审判权仍由审判人员行使，如果审判人员和多数群众意见不一致，应呈请上级决定。人民公审应当场宣判。[②] 在晋冀鲁豫边区，1942 年以前，人民公审仅限于少数死刑案件。由于强调“法律惩罚与教育工作相结合”，自 1943 年起，对典型的土地案件和欺诈案件也进行人民公审。1942 年以前对于若干特种刑事案犯仅在执行前公审一次，1943 年创造了轮回公审方式，如对武安一特务案组织了 14 次轮回公审，参加公审的有 81 个村庄，群众达一万人以上，区村干部达 500 人以上，充分发挥了人民公审威慑敌人、教育群众的作用。

（六）上诉制度

依据各地抗日民主政府的规定，除战时和特别紧急的情况而外，对于未生效的第一审判决，得依法提起上诉，以准确地惩罚犯罪分子，保护当事人的合法权益。

关于什么人享有提起上诉权的问题，各地抗日民主政府的规定不尽相同。在陕甘宁边区，在刑事诉讼中可以提起上诉的有：“不服第一审判决的原告人、被告人或其父母、配偶，以及辩护人”[③]。依据上述规定，被告人的辩护人及其近亲属（父母、配偶）均得提起上诉，而且无须征得被告人的同意。原告人在自诉案件中固然有权提起上诉，就是公诉案件中的被害人也同样享有上诉权。其他抗日根据地大都规定只有刑事诉讼的当事人才有上诉权。1942 年 7 月 18 日，山东省战时工作推行委员会在一项通令中明确规定：“如当事人于（上诉）期间内声明上诉，原审机关即应将全案卷证移送受理上诉司法机关。”[④] 苏中区也规定：“原被告对于各县县政府所为第一审判决不能甘服者，在上诉期间以内，得向第二审法院上诉……”[⑤] 有的抗日民主政府对于有权提起上诉的人在法

① 《晋冀鲁豫边区太岳区暂行司法制度》（1944 年 3 月 1 日），载太岳行署《司法工作》1944 年第 5 期增刊。

② 《苏中区处理诉讼案件暂行办法》（1944 年 10 月），载《苏中报》1944 年 10 月 19 日。

③ 《陕甘宁边区刑事诉讼条例草案》（油印件）。

④ 《山东省战时工作推行委员会关于厉行判决批答严格审级的通令》（1942 年 7 月 18 日），载《山东省政府战时法规政令汇编》第二辑。

⑤ 《苏中区处理诉讼案件暂行办法》（1944 年 10 月），载《苏中报》1944 年 10 月 19 日。

律上未作明确规定，依据《修正淮海区审理司法案件暂行办法》，“对于县政府所为第一审判决不服者，得依法上诉于淮海区法院。”① 在晋冀鲁豫边区的太岳区，“除死刑案犯一律享受复判权外，其他任何案件，人民都有自由上诉权。”②

至于上诉期限，各地抗日民主政府的规定基本相同。在陕甘宁边区，凡刑事案件，一律为10日，从刑事被告人收到判决书的翌日算起；民事案件为20日，也从收到判决书的翌日算起。山东抗日民主政府关于上诉期限的规定同于陕甘宁边区。依照山东省战工会关于成立司法机关的训令，“各级司法机关已判处之案件，在刑事未逾十日（自接受判决之次日起算），民事未逾二十日，不得根据判决执行，必须经过上述各法定期间，当事人不上诉时判决才算确定，才能依判执行。”③ 在苏中区，诉讼案件之上诉，除原被告得于宣判时口头声明，记明笔录外，民事案件之上诉期间为收到判决书正本20日以内，刑事案件为收到判决书正本10日以内。④ 但在晋冀鲁豫边区，特刑为5日，普刑为10日，民事为20日，均以当事人收到判决书之当日算起。而在晋冀鲁豫边区的太岳区，上诉期间一律定为7日，从判决送达之日算起，因特殊情况耽误者，可以延长。⑤

上诉是当事人的法定的诉讼权利，但是否行使这项权利，完全取决于当事人。诉讼案件判决后，超过上诉期间，原被告没有声明上诉的，以及原被告在宣判时当场声明放弃上诉的，判决即为确定而付诸执行。逾期上诉的，一般应以裁定驳回。但为慎重起见，陕甘宁边区政府规定，“上诉逾期之案，法庭审查原判内容实有冤抑或处刑失当者，得有再审程序更为处理，如原判并无冤抑而处刑尚属适当者，法庭应予以解释。”⑥ 在晋冀鲁豫边区太岳区，原判法庭在法定上诉期间接到不服判决的上诉后，立即将案卷送交上级法庭，上级法院接到下级法院送交的案卷和判决后，听候上诉人到案上诉，逾一月不到案上诉的，才以放弃上诉论，而将原卷发还原审法庭照判执行。

提起上诉的形式有书面和口头两种。口头上诉应作成记录，无论上诉书状

---

① 参见《淮海区单行法规（草案）》。

②《晋冀鲁豫边区太岳区暂行司法制度》（1944年3月1日），载太岳行署《司法工作》1944年第5期增刊。

③ 参见山东省政府《战时法规政令汇著》第二辑。

④《苏中区处理诉讼案件暂行办法》（1944年10月），载《苏中报》1944年10月19日。

⑤《晋冀鲁豫边区太岳区暂行司法制度》（1944年3月1日），载太岳行署《司法工作》1944年第5期增刊。

⑥《陕甘宁边区刑事诉讼条例草案》（油印件）。

或上诉口头记录，均应说明上诉人的姓名、年龄、籍贯、职业、住址、不服原判的理由、对上诉法院提出的请求，以及上诉的日期（年、月、日）。上诉可以向原判司法机关提起，也可以向上一级司法机关提起。上诉书状或口头记录如递交原判法庭，原判法庭应将上诉人递交的上诉书状、口头上诉记录或宣判时当场声明的笔录连同全卷，移送上级司法机关。

上级司法机关接受上诉后，在审理时，不受上诉内容的限制。陕甘宁边区政府规定："一案有多数被告人，仅少数被告人上诉者，上级审应就全部被告人审判。""一人犯数罪，仅就一罪上诉者，上级审应就全部各罪审判。"① 受理上诉的司法机关依照法律规定，对上诉案件分别不同情况，加以处理。在陕甘宁边区，"上诉审认为上诉有理由者，应撤销原判，自为判决，或发回原审，更为审判；如认为无理由者，应将上诉驳回。""不服高等法院分庭判决之案，呈经高等法院本院加以复核，如原判实有不当者，得发回原审更为审判，并得变更原判自为判决。"② 其他抗日根据地民主政府对于上诉案件的处理也作了大体相同的规定。在晋察冀边区，上级司法机关如果发现原判原则失当，应当提出具体意见，发回原判机关更审，如果仅系引律错误，刑事案件量刑畸轻畸重，民事赔偿或多或少，则应作出补充性质的裁判或批复。在晋冀鲁豫边区的太岳区，对于上诉案件法律上没有"发回更审"的规定，而由上级法庭全权处理。上级法庭对于下级法庭的判决认为是适当的，可以维持原判；认为欠妥的，可以部分变更判决；认为原则错误的，可以全部撤销原判，另行判决。不论维持原判，变更原判或撤销原判，"都应以判决书为之"，并将判决书抄送原审法庭。

依据法律规定和当时的实际做法，对上诉案件的审理采取两种形式，即书面审理（当时称为法律审）和直接审理（即实体审）。直接审理适用初审程序，在审理时，如果"上诉人屡经传唤无正当理由不到场者，视为撤回上诉，以批示送达上诉人。此项视为撤回上诉之原上诉人得于接受批示10日内专案声明迟误不到之事由，准予回复上诉。"③

---

①《陕甘宁边区刑事诉讼条例草案》（油印件）。

②《陕甘宁边区刑事诉讼条例草案》（油印件）。

③《陕甘宁边区刑事诉讼条例草案》（油印件）。

（七）复核与再审制度

复核再审制度是民主革命时期根据地人民政权创建的颇具特色的诉讼制度。早在土地革命时期，就确立了死刑复核制度。抗日战争时期，复核制度有了进一步的发展，不仅死刑判决报送复核，下级司法机关对于判处一定刑期以上的案件，除法律另有规定外，在宣判以前也必须呈送上级复核。因此，在抗日根据地，复核制度包括两个方面的内容，即死刑案件的复核和一定刑期以上的案件的复核。

死刑复核制度是各抗日根据地普遍实行的一项法律制度。各地抗日民主政府颁布的法律都明确规定，除战时特殊情况外，对死刑判决，不论被告人是否上诉，原审机关必须报请上级司法机关复核，经批准后才能付诸执行。

各地抗日民主政府在确认这一共同原则的同时，对死刑复核所规定的程序并不完全相同。在陕甘宁边区，依据 1941 年 5 月 10 日《陕甘宁边区高等法院对各县司法工作的指示》，“各县判处死刑的犯人，在平时必须先行呈请高等法院，得到高等法院的批准，始准宣判执行。”① 即使在战时，如无当地最高负责人的批准，原审机关也无权执行。1942 年 8 月陕甘宁边区政府审判委员会成立后，该委员会对死刑案件拥有复核权。1944 年边区政府审判委员会撤销后，死刑复核权由高等法院行使。

在晋冀鲁豫边区，从 1942 年 4 月起，一审机关对死刑案件过上诉期间被告人不提起上诉的，判决须送二审机关（专署）复核后始为确定。二审机关判处的死刑案件，须经专员、专署司法科长、公安督察处长集体讨论决定，专员有最后决定权。死刑执行后，应将案卷及讨论记录呈送高等法院备案。如有错杀等情，由专员负主要责任。在战争情况下及有非常必要时，一审机关可以不待核判到达，先期执行死刑判决，但执行前要经县长、公安局长和承审员集体讨论决定，嗣后将案卷连同讨论记录呈送专署转边区高等法院备案。如有错杀情事，由县长负主要责任。1943 年 1 月 21 日，晋冀鲁豫边区高等法院发布《关于执行核案新决定的命令》，规定一审机关（县级）平时判处死刑的刑事案件一律报送二审机关（专署级）复核复判，战时先期执行的，也必须呈报专署核查备案。其中有关判处死刑的普通刑事案件、判处干部死刑的案件（不论特刑或普刑），以及判处死刑在事实或援引法令上有疑难的案件，二审机关（专

① 《抗日根据地政策条例汇集——陕甘宁之部》下册，1942 年。

署级）仍须将全案文件呈送高等法院核查复判。

在山东抗日根据地，各级司法机关判决的死刑案件，未经当事人上诉的，除渤海区由山东省战时行政委员会复核外，其余一律送由各该区最高司法机关复核，并由该区最高行政委员会确定。

至于对一定刑期以上案件的复核，并不是抗日根据地普遍实行的制度，而且情况也比较复杂，各地做法不一。在陕甘宁边区，高等法院分庭拟判三年以上徒刑案件，须将判词连同原卷呈送高等法院复核。在晋冀鲁豫边区，一审机关对于刑事案件判处一年以下徒刑、千元未满罚金，过上诉期间被告人不提起上诉的，判决即为确定。但刑事案件判处一年以上十年以下徒刑、千元以上罚金，过上诉期被告人不提起上诉的，判决须送专署（二审机关）复核，然后始为确定。在山东区，凡判处二年以上徒刑的案件，虽然当事人不提起上诉，审判机关也应送请该管专署级司法机关复核复判，如果审判机关为直属专署级与其所辖各县级，除滨海区径送山东省战时工作推行委员会复审外，其余概由专署级司法机关复核。湖西、鲁南与冀鲁边各专署级司法机关判决的案件免送复核，但所辖各县级对于判处二年以上徒刑的案件，仍要送请该管专署司法机关复审。

除对一定刑期以上的刑事案件实行复核而外，有些抗日民主政府规定，对原审机关的刑事判决实行复核，不受刑期的限制。如晋察冀边区从 1943 年 1 月 20 日起，凡县司法处所处理的未经上诉、撤回上诉或上诉不合未经第二审实体审判的刑事案件，不问刑期长短，均送高等法院复核。[①] 为了迅速、及时地处理案件，边区政府不久又规定，县司法处送请复核的普通刑事案件，报由高等法院在该管专区内设立的法庭复核，县政府的特刑判决，除贪污案件外，报送专署代核，专署如不能或难于复核的，则转报边区政府复核，专员作出的特刑判决，仍报边区政府复核。[②]

（八）判决的执行

1. 刑事判决的执行。判决确定的案件才能执行，未经确定的判决不得执行。刑事判决确定后，由各级司法机关执行，必要时可以委托下级司法机关执

---

①《晋察冀边区法院组织条例》（1943 年 2 月 4 日），载晋察冀边区行政委员会：《现行法令汇集》上册，1945 年。

②《晋察冀边区行政委员会关于边区司法机关改制的决定》（1943 年 2 月 12 日），载晋察冀边区行政委员会：《现行法令汇集》上册，1945 年。

行，也可以委托区、村公所执行。在执行时，依据犯人罪行轻重、社会危险程度以及本人认罪态度，采取适应敌后战争环境的多种形式。

死刑的执行：各县判处死刑的犯人，平时必须报请高等法院批准，始能宣布执行；战时无法呈请高等法院批准时，必须由当地最高行政负责人批准才能执行。执行死刑除战时或紧急情况可用绳绞、刀杀外，平时一律枪毙，禁止使用过于残酷的方法。死刑犯人一般在犯罪所在地执行，借以威慑敌人，教育群众。死刑执行时如有遗嘱，应记明笔录，转告其家属。死刑执行后，应通知犯人家属领尸，无人领尸者，设法掩埋。

徒刑的执行：判处徒刑的犯人一般收监执行，短期犯人在看守所执行，长期犯人在监狱执行。考虑到敌后战争的特殊环境和敌人对根据地的频繁“扫荡”，各抗日根据地民主政府对于徒刑的执行多采取因地制宜和因时制宜的灵活方法，大致有以下几种情况：

（1）收监执行：按照《淮海区徒刑案犯执行暂行办法》的规定，各司法机关判处徒刑的犯人，如其刑期在二年以上而无恶性传染病的，取具妥保，交战时监狱执行，犯人需自备衣服行李，饮食由监狱供给；如患疾病，除由监狱延医诊治外，准许保外就医。犯人在服刑期间，如有悛悔表现，可以提前释放。服刑期满的犯人，由典狱长报告上级，批准释放。

（2）回村执行：为了减少羁押犯人，减轻囚粮负担，开展群众性的对犯人的改造工作，根据淮海区的规定，各司法机关判处徒刑的犯人，凡刑期在二年以下及二年以上但患有恶性传染病者，均可取具妥保，易服公役，发交该管村公所执行。在交发执行时，司法机关应将犯人姓名、住址、犯罪事由、刑期以及在执行中必须注意的问题，知照该管村公所。村公所接受委托后，遇有特定任务和奉命差遣时，得尽先拨用回村的犯人，并对该犯的日常表现负检查责任。犯人迁徙或远行，事先须得村公所批准。犯人刑期已满，尽管没有达到服公役的天数，也视为执行完毕。在晋察冀边区，案情轻微并系由贫困所迫而初次行窃的窃盗犯，可以回村执行，以劳役代替徒刑，每月劳役不超过10天，主要是为抗属和缺乏劳动力的人代耕，或者修建公共房屋、开渠修滩。服役日期与不服役日期，均以一日抵刑期一日，不发囚粮菜金。偷懒怠工的犯人，得延长其服役期限，但每月最多不超过三天。依照各抗日根据地民主政府的规定，徒刑回村执行不适用于甘心事敌的汉奸犯。

（3）易科罚金：易科罚金是适应抗日根据地“扫荡”频繁的形势而采取的监外执行的重要方式之一。晋察冀边区行政委员会规定，游击区判处徒刑的犯人可“易科罚金，并限定其住所，予以监外执行。”[①] 可见，易科罚金并不导致徒刑的消灭，而只改变徒刑的执行方式。实际上，徒刑易科罚金不仅适用于游击区，而且也适用于巩固区，并且规定有一定的适用范围。在苏中区，徒刑易科罚金只适用于判处有期徒刑二年以下的犯人，以抗币 1—2 元折算徒刑一日，如果犯人无力缴纳，得以服役折算，服役一日折算抗币 1—2 元。

（4）缓刑的执行：在中国革命法制史上，缓刑制度始见于抗日战争时期，可分徒刑缓刑和死刑缓刑两类。在苏中区，刑事案件判处有期徒刑的，如系初犯，可资教诲，司法机关得以职权宣告缓刑，自一年以上十年以下。在缓刑期内，不再犯罪，得免除其刑，如再犯罪，当合并执行，缓刑即归无效。死刑缓刑首见于晋冀鲁豫边区的太岳区，当时称死刑保留。在死刑保留期间，罪犯如果重犯以前罪行或另犯其他更大罪行，经法庭讨论决定，即可执行死刑，不经法庭另判手续，但应报专署备查。如果在死刑保留期间，犯人能够老实改造，其死刑即不再执行，但须执行徒刑或罚金。[②]

（5）没收财产的执行：除死心塌地的汉奸全家逃亡，其全家的财产应予全部没收而外，一般只没收属于罪犯个人所有的土地、房屋、存粮、存款。如果罪犯的个人财产与其家属的财产相混合，只没收罪犯个人所有的份额。司法机关所没收的财产，包括土地、房产、存粮、存款在内，除法庭依法处理的部分而外，一律交由财政部门处理。依照法律规定，没收财产不得损害第三者的权益。

2. 民事判决的执行。各地抗日民主政府颁布的诉讼法规对于民事判决的执行大都未作具体规定。在陕甘宁边区，“因为经过土地革命，建立了民主政权，人民因利害纠纷而冲突的因素大部分消灭，因此民事诉讼非常少，有些县区几个月没有一件。”[③]1938 年至 1939 年两年中，全边区判处的民事案件只有 613 起，平均每县一年不过 15 起左右。新开辟的抗日根据地的情况也大抵如此。在晋察冀边区，1939 年民事案件只占全部案件的百分之五，1940 年占百分之六点五，后来虽然有所增加，但大都通过调解或经由行政途径解决，使纠纷成案不断减少。

依照抗日根据地民主政府颁布的诉讼法规，民事判决一般由司法机关交付

---

①《晋察冀边区行政委员会关于改进司法制度的决定》（1944 年 5 月 31 日），载晋察冀边区行政委员会:《现行法令汇集》，1945 年。

②《晋冀鲁豫边区太岳区暂行司法制度》，载太岳行署《司法工作》1944 年第 5 期增刊。

③《陕甘宁边区政府工作概况》（1941 年），油印本，第 94 页。

基层政府执行。在苏中区，“民事案件之执行，由司法机关命令乡（镇）政府执行之。执行完毕后，应将经过情形，详报备查。”[①]在晋冀鲁豫边区的太岳区，第一审法庭判决确定的民事案件，由法庭将具体执行办法填写执行书，交区、村公所执行。第二、三审法庭判决确定的民事案件，由制作判决的法庭将具体执行办法填写执行书，发交第一审法庭执行。[②]

各抗日根据地发生的民事案件，以物权案（主要是土地问题）占多数，其次为债务案，再次为婚姻案和继承案。因此，当时的诉讼法规关于民事判决执行的规定，主要限于物权和债务两大类。在晋冀鲁豫边区太岳区，依据法律规定，不动产的转移按照税契手续办理，动产的转移由区、村公所用强迫执行办法强迫交付[③]。苏中区规定，民事案件系争标的物有变更现状或难于执行的，司法机关可以根据当事人一方的声请，制作假扣押、假处分、假执行的裁定。民事案件中的债务人不在根据地内居住，但系争标的物在根据地内的，可以不待债务人亲到而交由债权人所有。如其另有财产在根据地内，可以拍卖或转移，交付债权人，以为抵偿。如无财产足资执行的，俟收复据点或债务人亲到根据地时开始执行。债权人不在根据地内居住，债务人无法履行民事判决的，得将系争标的物提交政府，由政府公示通知收领，逾期六个月不来收领的，则移充优抗基金，并由司法机关发给证明，宣布原契约无效。[④]

二、马锡五审判方式及其基本特点

我国新民主主义法制建设到了抗日战争中期进入了成熟发展的时期，这个时期的法制建设充分地体现了马克思主义法律学说同中国革命司法实际的紧密结合，马锡五审判方式的出现就是这种结合在审判工作中的典型范例。

马锡五（1899 年至 1962 年）陕西保安（今志丹）人，1930 年参加革命，历任陕甘省苏维埃粮食部长和陕甘宁省苏维埃主席等职，抗日战争时期，曾任庆环、陇东等专区专员，1946 年任陕甘宁边区高等法院院长。1943 年在任陕甘宁边区陇东专区专员兼边区高等法院陇东分庭庭长期间，他经常深入基层，

---

①《苏中区处理诉讼案件暂行办法》（1944 年 10 月），载《苏中报》1944 年 10 月 19 日。

②《晋冀鲁豫边区太岳区暂行司法制度》（1944 年 3 月 1 日），载太岳行署《司法工作》1944 年第 5 期增刊。

③《晋冀鲁豫边区太岳区暂行司法制度》（1944 年 3 月 1 日），载太岳行署《司法工作》1944 年第 5 期增刊。

④《苏中区处理诉讼案件暂行办法》（1944 年 10 月），载《苏中报》1944 年 10 月 19 日。

依靠群众，调查案情，从根据地的实际情况出发，实事求是、不拘形式、公平合理地处理了一系列长期缠讼不清的疑难案件，受到广大群众的称颂，被誉为“马青天”，他所创造的审判方式被称为马锡五审判方式。1944 年 1 月 6 日，陕甘宁边区政府发出了“提倡马锡五同志的审判方式，以便教育群众”的号召，同年 3 月 13 日《解放日报》发表题为《马锡五同志的审判方式》的评论，马锡五审判方式在陕甘宁边区和其他抗日民主根据地普遍推广，有力地推动了司法工作的民主化和群众化。马锡五审判方式的基本特点是：

第一，深入基层，调查研究，彻底判明案件真相。判明事实真相是正确处理案件的基础，而要做到这一点，必须对案件情况进行周密细致的调查研究，获取确凿证据，以达到揭露犯罪，澄清是非，保护无辜的目的。但是，调查研究的重要性，特别是深入基层掌握第一手材料，在一部分司法工作者中并没有得到很好的解决，习惯于“高等法院向分庭，分庭向县，县向区，区向乡”的“单线调查路线”。这样的调查固然是重要的、不可缺少的，但还不是深入群众的全面调查，工作中难免不发生错误。

马锡五审判方式的特点之一，就在于走出法庭，深入基层，进行全面调查，在彻底查明事实真相的基础上，使案件得到正确的解决。马锡五纠正曲子县司法处对苏发云兄弟三人“贪财害命”一案的错误认定就是一个典型范例。被告人苏发云曾与孙某同行，后孙某被杀，恰巧在苏发云兄弟家中的炕上、地上和斧头上发现血迹，曲子县司法处据此认定苏发云等三人犯有谋财杀人罪，将三人逮捕，关押一年之久，被告人表示不服，提起上诉。以马锡五为庭长的高等法院陇东分庭不囿于县司法处的查证和结论，为了判明事实真相，多次深入当地进行调查，终于查明：（1）被告人苏发云和被害人孙某同行以及后来分路的情形都有人能够证明；（2）苏发云家距杀人现场二十多里，如果孙某在苏家遇害，以时间计算，不可能把尸体移送到现场；（3）苏家炕上的血是产妇的血，地上的血是病人的鼻血，斧上的血是羊血。后来查明，孙某的被害是拐骗犯杜老五所为。案件真相大白，于是召开群众大会，宣布苏发云兄弟三人无罪释放。广大群众深受感动说：“这个案子，如放在旧社会的官僚衙门，高高在上，原先有那么多‘证据’，早已枪毙了。只有人民的司法机关负责人，才深入调查，不冤枉好人，判的非常正确。”①

① 马锡五：《新民主主义革命阶段中陕甘宁边区的人民司法工作》，载《政法研究》1955 年第 1 期。

第二，就地审判，不拘形式，在群众参加下处理案件。司法工作必须密切联系群众，深入群众和依靠群众，从调查到审讯都要有群众不同形式的参加，这是各地抗日民主政府对司法机关和司法工作者的共同要求。1941 年 5 月 10 日陕甘宁边区高等法院在对各县司法工作的指示中就明确指出："边区的司法工作要深入群众，要在群众中建立司法工作的基础。"[①] 处于敌后战争环境的各抗日根据地，审判人员"坐堂问案"不适应客观实际需要，而且也不符合人民司法工作的目的。正如 1939 年《陕甘宁边区政府对边区第一届参议会的工作报告》所指出的，"边区司法工作的目的在于保证抗日民主制度及边区人民的合法利益，因此边区司法工作的优点是处理案件不拘形式，一切为了人民的方便。审判案件绝对公开，于必要时还要组织民众法庭或准许民众推派代表参加审判。"马锡五审判方式充分体现了上述要求，而马锡五亲自审理的张柏儿和封捧儿的婚姻案件则是这种审判方式的具体表现。

1928 年，封捧儿经其父封彦贵包办，与张金才次子张柏儿订婚。1942 年 5 月，封彦贵见女儿长大成人，为了多索聘礼，企图赖婚，一方面教唆封捧儿以"婚姻自主"为借口，要求与张柏儿解除婚约，同时接受法币 2400 元、硬币 48 元的聘礼，暗中将封捧儿许与张宪芝之子为妻。张金才获悉后告发，由华池县政府撤销"买卖婚约"。1943 年 2 月，封捧儿与张柏儿去钟家吃"喜丧酒"偶然相遇，二人表示自愿结为夫妻。同年 3 月，封彦贵又以法币 8000 元、硬币 20 元、哔叽四匹将封捧儿另许朱寿昌为妻。张金才得悉后，纠集二十余人，各持棍棒，于 3 月 18 日闯入封家，将封捧儿抢回成亲。封彦贵控告到县，经判决，张金才徒刑六个月，张柏儿、封捧儿婚姻无效。当事人双方不服，群众也不满意。封彦贵认为对抢婚者判刑太轻，而要求上诉；封捧儿认为不该拆散她与张柏儿的婚姻，便步行 80 里到庆阳城直接向马专员告状。不久，马专员便与石推事（石静山）一起下乡，到华池县对本案进行调查研究。最后征求到会群众对处理案件的意见，一致认为：封姓屡卖女儿，违反政府婚姻法，应受处罚。张家黑夜抢亲，既伤风化，并碍治安，惊扰四邻，以为盗贼临门，也应处罚。群众特别关心张柏儿和封捧儿的婚姻问题，认为一对青年夫妻不应拆散。马锡五根据群众意见，依法撤销华池县原判，更行改判：张柏儿与封捧儿双方同意结婚，依据婚姻自主原则，其婚姻准予有效，但应履行法律手续；张金才等黑夜纠众抢亲，扰乱社会治安，判处徒刑；封彦贵以女儿为货物，反复

① 《抗日根据地政策条例汇集——陕甘宁之部》下册，1942 年。

出卖，判处苦役。对于以上判决，群众认为入情入理，受罚者表示服罪，胜诉者（张柏儿和封捧儿）表示满意。以这种方式处理案件，有利于迅速查明案情，使案件得到及时解决，同时也教育了广大群众、当事人和司法工作人员，有效地宣传了抗日民主政府的政策法令。

第三，简便手续，便利人民诉讼。陕甘宁边区政府废除了国民党反动法院实行的形式机械、手续繁琐的诉讼程序和难以胜数的诉讼费用，明确规定："司法机关从受理案件一直到判决，一切要便利于当事人。"[①]1942 年 7 月 5 日边区高等法院的布告重申："法院便利人民，准许口头控告，有员代写状词，费用分文不要"的原则。马锡五把上述原则贯彻在司法实践中加以具体化，使之得到创造性的发展。

马锡五对群众诉讼不敷衍，不拖延，早晨、晚上、地头、河边，群众可以随时用口头或书面方式提起诉讼。马锡五在审理案件时，坚持原则，坚决执行政策法令，同时又照顾群众的风俗习惯，善于依靠群众，动员在群众中有威望的人物进行调解和说服教育工作，使案件得到依法合理的解决。合水县的一起长期缠讼的土地案就是其中的一例。

合水县的丑怀荣拥有丑家梁山地，丁万福拥有川子河及其附近山地，后来两家都想扩大原有土地面积，丁万福从川子河山向北扩展，丑怀荣从丑家梁山向南扩展，两家发生冲突，而于 1938 年涉讼，未曾得到公正处理。1940 年合水县抗日民主政府成立，丑怀荣又来告状，当时因百废待举，无暇详究，暂仍原状。1943 年马锡五派分庭推事前往就地勘查，首先召集丁丑两家四邻七八人，公正士绅和老年人四人座谈两天，查明了事件原委。第三天邀集干部、群众二十余人，共同勘验地形，然后与干部讨论，并征求群众和公正人士的意见。最后由推事、区长，并组织当地基层干部和群众，分头出面调解，终于达成川子河及附近山地划归丁姓，丑家梁山地划归丑姓的协议，双方划定疆界，签订了息讼契据，使缠讼六年的土地纠纷，四天内圆满解决。[②]

综上所述可以看出，马锡五审判方式是群众路线审判方式的集中表现，包含有多方面的内容。但是，正如 1945 年 12 月 29 日陕甘宁边区推事、审判员联席会议所指出的："总精神就是联系群众，调查审讯都有群众参加，竭力求得

---

① 《陕甘宁边区高等法院对各县司法工作的指示》，载《抗日根据地政策条例汇集——陕甘宁之部》下册，1942 年。

② 案例见 1944 年 3 月 13 日《解放日报》。

全面正确，是非曲直摆在明处，然后把调查研究过的情形在群众中进行酝酿，使多数人认识一致，觉得公平合理再行宣判，既合原则，又通人情，不仅双方当事人服判，其他局外人也表示满意，此即‘马青天’之所由来。”[①]在提倡和推广马锡五审判方式的过程中，陕甘宁边区高等法庭要求不可“拘泥在马锡五（审判）方式的形式方面”，“要学习他的群众观点和联系群众的精神，这是一切司法人员都应当学的，而不是要求机械地搬用他的就地审判的形式。因为任何形式是要依具体情况和具体需要来选择的。”[②]

马锡五审判方式在陕甘宁边区和其他抗日根据地的普遍推广，产生了巨大的积极的影响。它有力地涤荡了旧司法传统对抗日根据地的不良影响，扫除了脱离群众、脱离实际的教条主义和主观主义的思想作风，人民群众得以直接参与司法权的行使，调查研究也蔚然成风，从而使人民司法工作更加适应特定历史环境的需要，并且从自己方面更紧密地服务于抗日民族解放的神圣事业。

同任何新生事物的出现都不是偶然的，马锡五审判方式的产生也有其深刻的社会根源，这就是抗日根据地实行的根本区别于国民党统治区的先进的社会政治制度和司法制度，1942 年开展的以反对主观主义、教条主义和党八股为中心内容的全党整风运动也为马锡五审判方式的产生提供了丰富的思想滋养。马锡五审判方式是革命司法工作经验的积累和必然产物，是广大革命司法工作者集体智慧的创造，马锡五同志本人作出了杰出的贡献。

三、调解工作的制度化和法律化

（一）调解的组织形式

我国人民调解发轫于大革命时期的农民运动中。1923 年 1 月 1 日成立的海丰总农会下设有仲裁部，它是海丰总农会行使调解职能的专设机构。据该部统计，它所调解的案件，婚姻案占 30%，钱债案占 20%，业佃争议占 15%，产业纠纷占 15%，其他案件占 20%。后来海丰总农会改组为惠州农民联合会，继而又成立广东省农会，一直设有仲裁部的调解机构。[③]1926 年 10 月 2 日，中国共产党湖南区第六次代表大会发表宣言，提出了“由乡民大会选举人员组

①《陕甘宁边区司法工作总结》（1945 年 12 月 29 日），油印件。

②《陕甘宁边区司法工作总结》（1945 年 12 月 29 日），油印件。

③ 彭湃：《海丰农民运动》，原载《广东农民运动概况》，1927 年。

织乡村公断处，评判乡村中之争执”的主张。① 在土地革命战争时期的红色区域，人民调解开始了法律化的过程。1931 年 11 月，中华苏维埃中央执行委员会第一次会议通过的《苏维埃地方政府的暂行组织条例》规定：“乡苏维埃有权解决未涉及犯法行为的各种争执问题”（第 17 条）。有的苏区政府（如川陕省）把上述规定具体化，明确指出：村苏维埃直接负责“解决群众的纠纷，如借贷关系，各种争执”。乡和区两级苏维埃政府各设有负责解决群众纠纷问题的裁判委员一人。按规定，村苏维埃政府遇有不能解决的纠纷，可移交乡苏维埃调解，乡苏维埃遇有不能解决的纠纷，可移交区苏维埃调解。村、乡、区都有就重大问题向县革命法庭提出控告的权利。② 除政府调解而外，群众团体（如农会等）也负有调解民间纠纷的职能。因此，红色区域人民调解的特点是：调解的内容以不涉及犯罪的民间纠纷为限；政府调解是调解的主要形式，由基层苏维埃政府或其专设人员负责；实行逐级调解制度；在调解中遇有重大问题，基层苏维埃有权向司法机关提出控告。这个时期的调解工作虽然没有形成一套确定的、完备的原则和程序，而且也并非在一切红色区域普遍实行，但为后来人民调解制度的形成和发展提供了有利的条件。

抗日战争时期，我国人民调解工作进入了一个新的发展阶段，不论调解的组织形式还是调解的内容和程序都有了进一步的充实和完善，实现了调解工作的制度化和法律化。

各抗日根据地民主政府在确立和加强人民司法工作的同时，一开始就大力扶植和推广各种形式的人民调解工作。1938 年 1 月，在河北阜平成立了晋察冀边区政府。在边区政府领导下，调解工作普遍开展，并在 1940 年于各地村公所之下，广泛设置调解委员会。有的抗日根据地，虽然没有设置类似调解委员会的专门调解机构，调解工作也以其他形式取得了重大进展。

在实践中积累的大量、丰富的调解工作经验和广大人民群众的创造，为调解工作的制度化、法律化提供了客观可能。从 1941 年起，各根据地抗日民主政府便在系统总结工作经验和群众创造的基础上，相继颁布了一系列适用于本地区的有关调解工作的单行条例和专门指示。最早颁布专门条例的是山东抗日根据地。1941 年 4 月 18 日，山东省临时参议会通过并公布施行了《山东省调

①《战士周报》1926 年 10 月 31 日，第 22 期。

②《川陕省苏维埃组织法》（1932 年 11 月 21 日），红三十军政治部 1933 年 11 月 21 日翻印件。

解委员会暂行组织条例》,[1] 接着晋西北行政公署于1942年3月1日公布了《晋西北村调解暂行办法》,[2] 陕甘宁边区政府于1943年6月11日颁布了《陕甘宁边区民刑事件调解条例》,[3] 其他抗日根据地也分别颁布了类似的条例。

上述专门条例的颁布是调解工作制度化、法律化的重要标志,在我国调解制度发展史上具有重要的意义。它表明长期存在于实践中的调解工作,终于通过代表人民意志的政权机构而以法律的形式固定下来,获得了普遍遵行的效力,这就大大地加强了调解工作的法律地位,促进了它的进一步发展。从严格意义上说来,人民调解作为我国特有的法律制度,正是在抗日战争时期形成和发展起来的。

对当时各抗日根据地政府颁布的专门条例和指示所作的分析表明,调解的组织形式大体有以下四种,即民间自行调解,群众团体调解,政府调解和法院调解。

民间自行调解就是人民群众自己解决自己的纠纷,不经过专门的调解机构。1943年6月11日《陕甘宁边区民刑事件调解条例》第四条规定:调解之进行,"由双方当事人各自邀请地邻、亲友……评议曲直,就事件情节之轻重利害提出调解方案,劝导双方息争。"[4] 这种以双方自愿为原则,经由当事人可信赖的、在群众中享有威望的人物(劳动英雄、公正人士等)所进行的调解,曾在陕甘宁边区广为推行,取得了良好的效果。绥德西直沟村由于郭维德等调解工作做得好,数年间没有人打官司,成为民间自行调解的模范村。[5] 当时边区政府曾经发出"学习西直沟,学习郭维德"的号召,要求"百分之九十以上甚至百分之百的争执,最好都能在乡村中由人民调解解决。"[6] 其他抗日根据地,如晋冀鲁豫边区的冀南区也曾采用过同样的做法。这种调解方式机动灵活,不拘程式,有利于充分发挥人民群众在调解工作中的聪明才智。

其次是群众团体调解。所谓群众团体调解,就是依靠群众组织解决群众之间的纠纷。群众团体调解在各抗日根据地的实际运用并不完全相同,陕甘宁边

---

① 载山东省胶东行署:《法令汇编》。

② 载晋西北行政公署:《法令辑要》。

③ 载《陕甘宁边区政策条例汇集》。

④ 载《陕甘宁边区政策条例汇集》。

⑤ 见《解放日报》1944年5月8日。

⑥《陕甘宁边区政府关于普及调解、总结判例、清理监所指示信》(1944年6月6日),载《陕甘宁边区重要政策法令汇编》,1949年。

区各群众团体把调解争讼作为自己的日常业务之一，有的还为此设立了专门的调解委员会[①]。而晋冀鲁豫边区的太岳区则强调把工农青妇各团体以及冬学、互助组都变成群众自己解决自己纠纷的机构，不另设调解委员会。因此，群众团体调解又可分为设有专门调解机构的调解和不设专门调解机构的调解两种形式，它们都是当时行之有效的形式。

政府调解就是在基层人民政权主持下调解民间纠纷。政府调解在各抗日根据地的实际运用基本采取两种不同的形式，一是不设专门调解机构，由政府直接调解，即“由当事人双方或一方申请乡（市）政府、区公署或县（市）政府，依法调解之。”各级政府调解纠纷时，“得邀请当地各机关人员及民众团体、公正士绅，协助调解。”[②]依照陕甘宁边区政府的规定，民间纠纷必须先经过民间自行调解，调解不成立时，当事人双方才有权向各级政府提出调解的声请。[③]多数抗日根据地采取另一种形式的政府调解，即在基层人民政府内设置负责调解工作的专门机构，由它接受来自群众的调解声请，实际进行民间纠纷的调解工作。这种专门机构就是调解委员会，它是同级政府的组成部门，并由同级政府负责人兼任主任委员。《山东省调解委员会暂行组织条例》明确规定：“调解委员会由区乡长、各群众团体代表及公正进步士绅共同组织之，……区乡长为主任委员”。“调解委员会主任委员之职权为处理会内一切日常工作，指挥调解事宜及指导下级调解委员会之工作。”[④]调解委员会的其他成员，由同级政府负责人在群众团体和公正人士中遴选聘任。有些抗日根据地的调解委员则由基层人民代表会选举产生，均为不脱产，人数不固定，多半在三人以上九人以下。他们应当具备法律规定的一定条件，其中主要的是：“一、中华民国年在十八岁以上者；二、有正当职业者；三、品行端正、素孚众望者。”[⑤]在抗日战争时期，抗日根据地民主政府为了贯彻执行党的抗日民族统一战线政策，一般都吸收一定数量的开明士绅参加调解委员会的工作，他们与调解委员会的其他成员享有同等的权利和义务。各抗日根据地调解委员会多为两级结构，设

---

① 见《解放日报》1944 年 5 月 23 日。

②《陕甘宁边区民刑事件调解条例》（1943 年 6 月 13 日），载《陕甘宁边区政策条例汇集》续编，1944 年。

③《陕甘宁边区民刑事件调解条例》（1943 年 6 月 13 日），载《陕甘宁边区政策条例汇集》续编，1944 年。

④ 参见山东省胶东行署：《法令汇编》。

⑤《晋冀鲁豫边区晋冀豫区区调解委员会组织大纲》，见《晋冀鲁豫边区政府冀鲁豫行署法令汇编》。

在区、村（乡）政府内。上级调解委员会同下级调解委员会的关系为指导关系，县以上不设调解委员会。按照一般规定，民间发生争执后，当事人首先向村（或乡）调解委员会提出声请，调解不成立时，再由区调解委员会调解，不得越级声请。无论政府调解还是民间自行调解和群众团体调解，其所达成的协议（调解书），均不得强制执行，允许当事人双方或一方反悔，在这种情况下，他（或他们）可以向上一级调解组织重新提出调解声请，或者径直向司法机关提起诉讼，任何个人或组织都不得干涉和阻挠。

法院调解虽然也是调解的重要形式，在抗日战争时期曾经广为推行，并且取得了显著的成绩，但它毕竟是另一种性质的调解，既不同于民间自行调解和群众团体调解，也与政府调解有着性质上的区别。法院调解可分为法庭调解和庭外调解（亦称在外调解）两种，无论前者或后者都是司法机关处理案件的形式。在陕甘宁边区，凡涉讼案件，法庭以其职权按照《陕甘宁边区民刑事件调解条例》的规定进行法庭调解，或者指定双方当事人的地邻亲友或民众团体进行在外调解。法庭调解成立后，由法庭录具当事人双方同意的条件与供词，由当事人签名盖章存卷，同时制作调解笔录送达当事人收执，即将讼案注销。在外调解成立后，除由调解人制作调解书交双方当事人而外，应另录具调解书一份送司法机关，请求销案。至于法院调解的效力，多数抗日根据地民主政府未作具体规定。在太岳区，经过法院调解达成的协议，对双方当事人有约束力，必须执行。法律规定："和解成立后，有决定意义，双方都应遵守和解决定，不得反悔。如双方都同意变更，可以自行撤销，另成立和解，否则任何一方不能变更和解。"① 直到解放战争时期，有的解放区政府才明确规定，"县政府主持之法庭调解或在外调解，如当事人不同意不能成立时，县政府得依法判决之。"②

综上所述，抗日根据地调解工作的组织形式，可以图示如下：

---

①《晋冀鲁豫边区太岳区暂行司法制度》（1944 年 3 月 1 日），载太岳行署《司法工作》1944 年第 5 期增刊。

②《冀南区民刑事调解条例》（1946 年 2 月 20 日），载冀南行署 1946 年 7 月《法令汇编》第一册。

- 调解工作的组织形式
  - 民间自行调解（无固定组织形式）
  - 群众团体调解
    - 不设专门调解组织
    - 设有专门调解组织（调解委员会）
  - 政府调解
    - 不设专门调解组织
    - 设有专门调解组织（调解委员会或民政委员会）
  - 法院调解
    - 法庭调解
    - 庭外调解（在外调解）

（二）调解的任务和范围

抗日根据地调解工作的任务和范围以总结实践经验为基础，逐渐完成了规范化的过程。依照各抗日根据地颁发的调解条例和有关指示的规定，调解所要完成的任务是，通过对一般民事案件和轻微刑事案件的调解，加强人民内部的团结，巩固农村统一战线，减免人民讼累，节省人力财力，提高行政工作效率，促进生产的不断发展。①

至于哪些民间纠纷可以调解，哪些民间纠纷不能调解和无须调解，各抗日根据地颁发的调解条例也都作出了相应的规定。

一般说来，民事纠纷（婚姻、债务、土地、继承等）除法律另有规定的情况外，一律“厉行调解”。依据《晋冀鲁豫边区冀鲁豫区区调解组织大纲》②和《晋察冀边区行政委员会关于区公所调处案件的决定（草案）》，③不得进行调解的民事纠纷仅限于下列情况：

第一，禁治产事件和宣告死亡事件；

第二，认定声请调解出于不正当目的的案件；

第三，须由仲裁机关处理的案件；

第四，经提起反诉的案件；

第五，依据法律关系的性质、当事人的状况以及其他情况，认为调解显无成立希望的案件。

依法无需进行调解的民事纠纷有：

---

① 参见《晋察冀边区行政村调解工作条例》（1942 年 4 月 1 日），载晋察冀边区行政委员会《现行法令汇集》上册，1945 年；《晋西北村调解暂行办法》（1942 年 3 月 1 日），载晋西北行政公署《法令辑要》。

② 载《晋冀鲁豫边区政府冀鲁豫行署法令汇编》。

③ 载晋察冀边区行政委员会：《现行法令汇集》下册。

第一，关于支付命令的声请；

第二，关于附带民事诉讼。

以上案件或者属于法院管辖和仲裁管辖，或者属于民事督促程序等，都不属调解工作的范围。除此而外的一切民事纠纷，按当时的规定，均得经由调解解决，调解不成立，才能提请法院审理。

各抗日根据地对刑事案件的调解范围所作的规定，一般都比较严格。这是由刑事案件不同于民事案件的性质决定的。依据法律规定，特种刑事案件一律由司法机关处理。普通刑事案件也不得进行调解。① 只有轻微刑事案件才属于调解的范畴。

什么是轻微刑事案件呢？轻微刑事案件并不就是普通刑事犯罪中情节轻微的案件。它首先同犯罪的性质有密切关系，例如普通刑事犯罪中的贪污渎职、妨害选举等等，即使其情节和后果都较轻微，也属于司法机关管辖的范围，不得进行调解。依据抗日根据地调解条例，所谓轻微刑事案件是指打架斗殴、毁坏强占、轻微伤害、坐闹索诈、诱奸串逃、阻耕强收等引起的民间纠纷事件而言的。② 对于轻微刑事案件，不仅当事人可以申请调解，各种类型的调解组织也有权主动调解。但是，有的抗日根据地民主政府赋予轻微刑事案件以更加广泛的涵义，依据 1942 年 4 月 1 日颁布的《晋察冀边区行政村调解工作条例》的规定，应予调解的涉讼轻微刑事案件包括一定刑期以下的妨害风化罪，妨害婚姻家庭罪、妨害自由罪、妨害名誉及信用罪、妨害秘密罪、窃盗罪、侵占罪、诈欺背信罪和毁弃损坏罪。

（三）调解工作的基本原则和程序

调解工作经过长期的、反复的实践，在不断总结经验的基础上，逐步形成了由各抗日根据地民主政府的法律文件所一致确认的三项基本原则，即自愿原则、合法原则和不是诉讼必经程序的原则。三项基本原则的确立是根据地人民调解制度历史发展的必然结果，也是它趋于完善的重要标志。

所谓自愿原则，就是调解必须出自双方当事人自愿，不得强迫，这是调解工作的首要原则。调解“以调解当事人的双方自愿为限，不得对双方或一方强

---

①《陕甘宁边区民刑事案件调解条例》（1943 年 6 月 11 日），载《陕甘宁边区政策条例汇集》续编，1944 年。

② 参见《苏中区人民纠纷调解暂行办法》，载《苏中报》1945 年 5 月 24 日。

迫调解。”[①] 各抗日根据地调解条例都规定，由于调解根本区别于审判，不得采用开庭的形式，更不能采用法律的、行政的或其他的强制手段。在调解中，要允许当事人双方充分表达自由意志，陈述事实，进行答辩；双方证人出席调解，也应本着实事求是精神，提供可靠证据，以利纠纷的圆满解决；调解人必须“以说服方式取得双方当事人同意为原则，不得用任何强迫命令威吓等方法。”[②] 他们经过调查研究提出的调解方案，也不同于法院判决，只有征得当事人双方的同意，才能制作调解笔录（调解书），由当事人和调解人共同署名后生效。如果在调解过程中，不是经过说服劝导，而是采取强制手段迫使当事人双方或一方服从调解人的意志，调解书则应视为无效。1944 年 6 月 6 日《陕甘宁边区政府关于普及调解、总结判例、清理监所指示信》明确指出，“主持调解的人要能提出各方面都顾到而又恰当的解决办法”，“调解结果要取得双方当事人的完全同意，不可有稍微强迫。”[③] 规定“调解纠纷须合情合理，经双方自愿同意，和解方得成立，如一方有异议时，仍不能认为成立。”[④] 上述规定充分体现了调解的自愿原则。

调解必须遵守政策法令，适合善良风俗习惯。调解不是无原则的息事宁人，它虽然不受诉讼法规的约束，但不得违背革命实体法规的实质和精神，必须“以抗战法令与当地之善良习惯”为依据，明辨是非。[⑤]“庸俗的道德观念及有害抗战与仅利于少数人之习惯，不得采用。”[⑥]“调解成立的内容条件如果违背政府禁令，或有碍善良风化，或涉犯罪行为，应即无效。”[⑦] 一般经由同级政府或上一级政府审查后宣布撤销。这就是调解的合法原则。

调解不是诉讼必经程序这一原则是自愿原则的必然延伸。既然调解本诸自愿，而与审判有本质不同，民事案件和轻微刑事案件的当事人完全可以依照自

---

①《晋察冀边区行政村调解工作条例》（1942 年 4 月 1 日），载晋察冀边区行政委员会:《现行法令汇集》上册，1945 年。

②《晋冀鲁豫边区冀鲁豫区区调解委员会办事细则》，载《晋冀鲁豫边区政府冀鲁豫行署法令汇编》。

③《陕甘宁边区重要政策法令汇编》，1949 年。

④《苏中区人民纠纷调解暂行办法》（1945 年 5 月），载《苏中报》1945 年 5 月 24 日。

⑤《山东省战时工作推行委员会关于民事案件厉行调解的通令》，载《山东省战时法规政令汇编》第二辑。

⑥《渤海区村调解委员会暂行组织条例》，载渤海区行政公署:《战时单行法规》。

⑦《晋察冀边区行政村调解工作条例》（1942 年 4 月 1 日），载晋察冀边区行政委员会《现行法令汇集》上册，1945 年。

己的自由意志，或者声请调解，或者径直向司法机关起诉，这是他们不容侵夺的权利，任何人不得干涉与阻挠。正如1945年陕甘宁边区推事、审判员联席会议所指出的，人民发生纠纷，如果必须“先调解后判决，调解不通然后再判决，双方服从的都调解，一方不服的再判决，判决不通的再调解，从乡到区，从区到县，从县又到区，三番五次的调解”，其结果势必限制当事人的诉讼自由权利，违反调解的自愿原则，混淆审判与调解的区别。因此，《陕甘宁边区司法工作总结》指出：“对于民间纠纷，其性质可以调解的，应该推行和指导，依据自愿原则的调解政策，在这方面不需要采取‘干涉主义’，但如调解不成，则应依法审判，把调解当作诉讼的必经程序是不对的”。可见，调解不是诉讼必经程序作为人民调解的一项基本原则是抗日战争后期最终确立的，这项原则的确立表明我国人民调解制度进入了成熟时期。

至于人民调解的程序，由于各抗日根据地的实际情况不同，其具体做法也不完全相同，但对抗日根据地的调解组织说来，在实施调解的过程中，大都采用合议制和回避制的原则。

所谓合议制就是“调解案件应于调解委员会开会时进行”，[①]一切民间纠纷必须由调解委员会集体讨论解决，防止个人专断，不允许任何人享有超越他人的权利，也不采取少数服从多数的表决方法，而是以革命法律和党的政策为准绳，以客观事实为依据，发扬民主，充分协商，以寻找既坚持原则又能为双方当事人接受的调解方案。实行合议制，并不影响调解组织的成员受权进行个别的调查研究和说服教育的工作。这类工作是整个调解工作的不可缺少的重要组成部分，并为正确地、妥善地调解纠纷创造必要的条件。合议制是群众路线在调解工作中的实际运用，它有助于杜绝徇私舞弊情况的发生，从而也就有利于民间纠纷的圆满解决。至于显著轻微案件，由于情节单纯，影响不大，多系日常琐事，则可由调解组织负责人单独调解，这样做并不违背合议制原则的精神。

为了保护当事人的合法权益，使民间纠纷得到公正的解决，各抗日根据地调解条例大都明确规定了调解人员主动回避的制度。据《山东省调解委员会暂行组织条例》和《晋西北村调解暂行办法》的规定，调解人员是本案当事人一方的配偶或其他亲属，调解人员或其亲属对于本案有特殊关系或历史关系，足以妨碍其公正地履行职务时，均得实行回避。村调解委员会成员由于回避不能出席调解，则由村民政委员代行其调解职权，或由上级调解委员会调解，上级

① 参见《苏中区人民纠纷调解暂行办法》，载《苏中报》1945年5月24日。

调解委员会也有权指定其他同级调解委员会调解。

不断完善调解制度，普遍开展调解工作，在各抗日根据地取得了积极效果。

首先，加强了人民群众的团结，改善了人与人之间的关系。封建社会遗留下来的“一场官司十年仇”的传统习气已不复存在，从前用审判方法解决不了的问题（如人事纠纷）和某些缠讼不休的问题（如一般债权、物权纠纷），经过耐心地调解，终于使双方当事人心悦诚服地接受了调解方案。冀中区采取各种调解形式，每月大约调解一千六百多起纠纷，其中 70% 以上都能按照该行署颁发的《修正调解委员会调解条例》的规定达成调解成立书。① 有的地区经过调解解决的一般民事案件和轻微刑事案件，竟达 90% 以上。排难解纷的结果，使得抗日根据地的人民群众更加紧密地团结起来，同心同德搞好生产，全力支援神圣的抗日民族解放事业。

其次，普及调解也加强了对人民群众的遵纪守法的教育，增强了干部和群众的法制观念和道德观念，在许多方面起了移风易俗的作用，使抗日根据地成为全国范围内具有崇高社会风尚的典范。

调解工作的深入发展也有力地推动了人民司法建设，加强了司法机关同广大人民群众的联系，改变了人民群众对司法机关的传统认识。司法机关以调解的方式处理民刑案件的数字就充分地说明了这一点。以陕甘宁边区为例，1942 年至 1944 年，全边区处理的案件中，民事案件共 1897 件，1942 年经法院调解结案的约占 18%，1943 年上升为 40%，1944 年达到 48%；同期法院受理的刑事案件共 2111 件，1942 年调解结案的只占 0.4%，1943 年上升为 5.6%，1944 年达到 12%。无论民事案件还是刑事案件，经法院调解结案的比重都在逐年增加。这种情况使得司法机关有可能集中更多的精力去处理那些复杂的民事案件和重大刑事案件，不断提高办案的水平和质量。

但是，调解作为一项制度在抗日战争前期还处于形成阶段，有些地区的法律规定和实际措施不可避免地存在着一些缺陷和不足之处，其中主要的是：第一，在初期不适当地强调调解，笼统地提出“调解为主，审判为辅”的口号，不是把调解视为人民司法的必要辅助手段，而是把调解看得高于审判，在实践中一度出现以调解代替审判的偏向，甚至连人命案也调解；第二，有的调解条例和有关调解的指示明确规定，民事案件“均得厉行调解”，一部分刑事案

①《晋察冀边区行政委员会工作报告（1938—1942 年）》，载《晋察冀边区第一届参议会大会汇刊》。

件“均得调解”，“调解是诉讼的必经程序”，“凡不经调解或未持调解不成证明书者，（法院）概不受理”，调解笔录与法院判决“具有同等效力，可以强制执行”。有的地区甚至把调解案件的多寡作为考核司法干部的标准。这些规定违反了调解的自愿原则，在实践中产生过强迫调解的现象。

上述偏向是在调解工作不断前进和发展中出现的，因而也是不难克服的。事实上，到了 1945 年抗日战争胜利前后，这些偏向就得到了全面的纠正，并且重新认定了调解工作的三项基本原则，使我国调解制度日趋完善。

第三节　解放区人民政权的诉讼制度

一、有关诉讼制度的若干规定

（一）审级制度

抗日战争时期各根据地基本实行三审终审的审级制度，解放战争时期，各解放区继续沿用这一制度。1946 年 2 月 12 日，晋冀鲁豫边区政府规定：一般民刑案件以县（市）为第一审机关，专员公署为第二审机关，行署为第三审机关。区级以上干部犯罪案件，以专署为第一审机关，行署为第二审机关，边区高等法院为第三审机关。[①] 同年 8 月 11 日，太行行署发出重新规定审级制度的通令，规定民刑案件一律实行三级三审制，市地方法院和县司法处为第一审机关，专署为第二审机关，行署为第三审机关，即太行区民刑案件的终审机关。[②] 晋冀鲁豫边区所辖冀南区也作出了同样的规定。[③] 苏北解放区虽然也实行三审终审制，但对上诉至第三审的案件附加了若干限制条件。按规定，不得上诉于第三审的案件有：债务纠纷的金额不满人民币 50 万元者；土地争执中涉及经界水道纠纷者；离婚案件；请求分割遗产的纠纷；判处一年以下徒刑或拘役、

①《晋冀鲁豫边区关于审级及死刑核定的暂行规定》（1940 年 2 月 12 日），载《冀南行署法令汇编》第一册。

②《太行行署关于重新规定审级审核制度的通令》（1946 年 8 月 11 日），见韩延龙、常兆儒：《革命根据地法制文献选编》第三卷，中国社会科学出版社 1981 年版，第 555 页。

③《冀南区诉讼简易程序试行法》（1946 年 8 月 1 日），单行本。

罚金的刑事案件。[①] 此外，也有一些解放区采取二审终审制。如山东省胶东区规定，县为第一审，行署为第二审，当事人不服县判得，上诉行署，行署判决即为终审判决。[②]

东北和华北相继成立大解放区人民政府以后，在它们各自管辖的区域内，分别实行附有限制条件的三级三审终审制。在东北解放区，案件的审理采三级三审制，县（市）人民法院管辖第一审案件，省（直辖市）人民法院管辖第二审案件，东北高级人民法院管辖第三审案件。但科处有期徒刑三年以下的刑事案件，及诉讼标的在五万元以下的民事案件，得以一审终了之。[③] 东北人民政府所辖哈尔滨特别市人民法院管辖该市一、二审民刑案件，对二审判决不服者，得依法上诉于东北高级人民法院。[④] 在华北解放区，县司法机关（司法科或司法处）为第一审机关，行署区人民法院为第二审机关，华北人民法院为终审机关；各直辖市人民法院为各该市第一审机关，华北人民法院为第二审机关，一般案件即以二审为止，如有不服要求三审时，由华北人民政府主席所指定的人员组成特别法庭审理，或由华北人民政府主席发还华北人民法院复审为终审审理。

（二）讼费征收制度

讼费征收制度在革命根据地有一个从无到有、继而又完全取消的过程。土地革命战争时期的各红色区域，不存在任何形式的诉讼费用。抗日战争时期也只有少数新开辟的抗日根据地（晋察冀边区、晋冀鲁豫边区的冀南区，以及苏中区等）征收诉讼费用，解放战争时期继续沿用，1948 年被彻底废止。

据现有材料，最早实行讼费征收制度的是苏中区的第二行政区。1943 年 9 月，苏中区第二行政区法院呈准苏中行政公署司法处颁布施行《征收诉讼费用暂行办法》。[⑤] 依据该《暂行办法》，讼费按诉讼标的价额（或金额）的多寡提

---

① 《苏北行政公署指令》（1949 年 9 月 28 日），见《革命根据地法制文献选编》第三卷，中国社会科学出版社 1981 年版，第 579—580 页。

② 《山东省胶东区行政公署现行民刑审级制度及诉讼程序简化办法》（1947 年 4 月 29 日），单行本。

③ 《东北各级司法机关暂行组织条例》（1946 年 10 月 19 日），载《东北行政导报》第一卷第二期。

④ 《哈尔滨特别市民事刑事诉讼暂行条例》（1948 年 10 月 24 日），载《哈尔滨特别市人民法院司法工作资料汇集》。

⑤ 载《滨海报》1943 年 9 月 16 日。

取，第二审征收数比第一审加二成；诉讼标的不满300元的，免予征收；民事非因财产权起诉者，一律依500元未满征收。本诉与反诉标的相同者，反诉不征收。执行、送达、缮状等费，一律免收。

抗日根据地征收讼费不仅在性质上而且在目的上，都同国民党统治区有根本不同。以晋察冀边区为例，它同陕甘宁边区、晋冀鲁豫边区、晋绥边区以及大多数华中抗日根据地一样，本无征收诉讼费用的规定，后来为了解决司法实践中存在的故意缠讼、影响生产的实际问题，司法机关有权遵照晋察冀边区行政委员会的命令责令缠讼者赔偿对方损失。但这种做法没有产生预期的效果。1944年5月31日，晋察冀边区行政委员会决定征收诉讼费用。[①] 诉讼费用不是按诉讼标的物价额提取，而只规定缮状费、当事人和证人的食宿费由败诉人负担。但败诉人生活困难无力负担而有证明者，可免付胜诉人之诉讼费用；诉讼当事人之一方家中富有，故意缠讼，致使他方生活陷于困境，除应负诉讼费用而外，并得依当地工资按月判令赔偿损失。

解放战争时期，晋察冀边区行政委员会为了保障人民财产权益，减轻人民负担，提倡民间调解，减少人民讼累，进一步扩大了诉讼费用的范围，规定诉讼费用包括审判费、执行费以及当事人因诉讼支出的其他费用三种形式。

1. 审判费：民事因财产权而起诉者，审判费依诉讼标的金额或价额的多寡提取；民事非因财产权而起诉者，依声请办理。民事声请，包括声请再审、抗告或再抗告，声请回复原状，声请假处分、假扣押，声请除权判决等，一律征收审判费10元。反诉与本诉标的范围相同者免征，反诉标的范围大于本诉标的范围的，按余数征收。第一审、第二审与申诉审判费同。

2. 执行费：不满千元者免征，千元以上者每千元征收十元。不经拍卖手续的执行费减半征收。诉讼费用的执行，不征执行费。

3. 当事人因诉讼支出的费用：其中包括状纸费、鉴定费、翻译费、勘丈勘验费、当事人和证人的食宿费和路费。判决时，应注明负担此项费用的一方当事人。[②] 根据晋察冀边区政府的规定，抗属与贫苦工农免征讼费，如抗属和贫苦工农胜诉，由败诉的当事人补交。所谓抗属，是指现役革命军人家属。复员

① 《晋察冀边区行政委员会关于改进司法制度的决定》（1944年5月31日），载晋察冀边区行政委员会:《现行法令汇集》下册，1945年。

② 《晋察冀边区各级法院状纸与讼费暂行办法》（1946年1月4日），载晋察冀边区行政委员会:《现行法令汇集》续编。

军人和政民干部的家属不得援抗属例。[①] 晋察冀边区和晋冀鲁豫边区的冀南区各级司法机关征收的诉讼费用均视为司法收入，不准挪借与截留，一律交由财政部门转解上级政府。[②]

1948 年 8 月华北人民政府成立前，晋察冀边区政府规定的讼费征收制度有的县已不执行，华北人民政府成立后，为更加便利人民诉讼起见，于同年 11 月 27 日发布通令，着即取消一切讼费。

（三）公安机关和司法机关处理刑事案件的权责划分

明确划分公安机关和司法机关的权责是维护革命法制，保障人民权益，正确处理案件的必要条件，一向为各解放区人民政府所重视，并先后颁布了调整这一问题的专门法令，初步确立了公安机关和司法机关既相互配合又有所制约的关系，这是解放战争时期人民诉讼制度的一个重要发展。

首先需要指出的是，解放战争时期，行使检察职权的依然是附设于人民法院的检察机关（或人员），公安机关也在不同程度上行使检察职权。依据当时各解放区颁布的法令的规定，在处理刑事案件时，公安机关和司法机关权责的划分基本上有以下三种类型：

其一，依据案件的性质划分权责。在华北人民政府和苏北行署所辖地区，反革命案件（汉奸、特务以及内战罪犯等）的侦查责任属于公安机关，其主要任务是，搜集案犯的犯罪事实和证据，如发现某人犯罪有据或确系犯罪嫌疑，即予侦查追究，并向司法机关提起公诉。公诉书的内容包括：被告人简历，案由，犯罪事实，证据，起诉理由，处理意见，起诉日期，起诉机关负责人。如果侦查结果嫌疑不足，或其行为不构成犯罪，或者纵系犯罪而以不起诉为宜的，公安机关有权释放，不予起诉，司法机关不得干涉。上述案件一经起诉，司法机关即有权审理，依法论罪科刑。在司法机关审理过程中，公安机关既可追诉，并可提出意见，但司法机关是否采纳，对于被告人认定有罪或无罪，量刑或轻或重，公安机关不得干涉。如有不同意见，可以提起上诉，但不能干扰司法机关行使其职权。至于普通刑事案件，公安机关除采取紧急与必要的措施

① 《晋察冀边区行政委员会关于诉讼费用征收问题的通知》（1946 年 4 月 24 日），载晋察冀边区行政委员会:《现行法令汇集》续编。

② 参见《冀南区诉讼简易程序试行法》（1946 年 8 月 1 日），单行本。

而外，应即移交司法机关处理。①

其二，按照起诉方式划分权责。在晋冀鲁豫边区的冀南区，刑事案件有公诉和私（自）诉之分。对于公诉案件，任何人均有检举告发之权，一切反革命案件必须经由公安机关侦查，向司法机关提起公诉。未经公安机关侦查起诉的公诉案件，应送交公安机关侦查，侦查不具体或材料不充分的案件，得由公安机关再行侦查。公安机关侦查完毕，应将案件连同被告人及一切证据移交司法机关依法审理。对于自诉案件，告诉人可用口诉或状诉，由司法机关直接受理，受理后，以口头或书面方式答复。匿名书信不以起诉论，只作调查材料处理。

其三，对于反革命案件和其他刑事案件，由公安机关代行司法部门的检察权。晋冀鲁豫边区的司法机关早在抗日战争时期就附设有行使检察职权的专门机构（如晋冀鲁豫边区高等法院检察处），到了解放战争时期，依据1946年边区政府的规定，各级公安机关对于反革命案件和其他刑事案件得代行司法部门的检察职权，而不限于24小时的拘留权，公安机关对案件侦查预审后，以检察机关资格向司法机关起诉。② 根据这一决定，各级司法机关的检察部门实已撤销。但公安机关除依法行使检察权和处理违警案件外，无判决权，判决权仍属司法机关。东北各级人民法院均设有检察员一人至五人，负责实施侦查，提起公诉，实行上诉，协助自诉，指挥刑事裁判的执行。但据法律规定，这些检察员均由公安机关首长或其他公安负责人充任，实际上仍是公安机关代行司法部门的检察职权，只不过法律规定的形式有所不同而已。③ 东北人民政府所在地哈尔滨特别市也规定，哈尔滨特别市公安局（包括局与分局）为该市刑事检察机关，对刑事案件有检举职权，于侦查后如证据充足，应即连同证据向人民法院提起公诉，如证据不足，则予不起诉处分。除公安局有向人民法院提起公

---

① 参见《华北人民政府关于县市公安机关与司法机关处理刑事案件权责的规定》（1948年11月30日），载《华北人民政府法令汇编》第一集，华北人民政府秘书厅1949年翻印；《苏北行政公署关于县市公安机关与司法机关处理刑事案件权职的规定》（1949年6月8日），见韩延龙、常兆儒：《革命根据地法制文献选编》第三卷，中国社会科学出版社1981年版，第578—579页。

②《晋冀鲁豫边区关于公安司法关系及城市管理分工的指示》（1946年3月5日），见韩延龙、常兆儒：《革命根据地法制文献选编》第三卷，中国社会科学出版社1981年版，第549页。

③《东北行政委员会关于司法行政及组织问题的指示》（1946年10月16日），载《东北行政导报》1946年第1期。

诉之权外，一般刑事案件的被害人有权向人民法院据实告诉之权，其他机关、团体、部队或个人也有权向人民法院据实告发。①

二、人民调解制度在城市中的推行

随着解放战争的节节胜利和大城市的相继解放，人民调解制度也由农村向城市发展，在解放了的城市中逐步地建立起人民调解组织和人民调解工作。1949 年 2 月 25 日华北人民政府颁布的《关于调解民间纠纷的决定》，虽然是对华北广大农村历年来倡导调解工作的科学总结，但它所确定的原则同样“也适用于城市”。《决定》要求包括城市在内的“各级政府研究执行，总结经验，创造新的方法。”② 这个《决定》是人民调解由农村向城市发展的起点和标志。

但是，在城市中建立调解工作必然要经历一个过程，因为刚刚解放的城市不同于农村革命根据地，这里的阶级斗争复杂尖锐，处于军事管制时期，调解工作的确立和发展客观上是不可能平衡的，而且在城市中推行调解在当时是一项崭新的工作，需要不断地创造、积累和总结经验，以适应城市的特点。从1949 年 3 月 15 日天津市人民政府公布的《关于调解程序的暂行规程》，可以看出这一时期大城市调解工作的概貌。

天津市人民政府倡导的调解，从其性质说来属于政府调解，调解组织由政府设定，为三级结构，分别设于市政府、区政府和街政府。市设调解仲裁委员会；区设调解股，是区政府的组成部分，行政上由区政府领导，业务上接受人民法院的领导，工作上接受市调解委员会直接领导；街设调解委员会，是街政府的组成部分，行政上由街政府领导，业务上接受区调解股的领导。

区、街调解组织的工作范围仅限于劳资、东伙、房租、婚姻、借贷、继承等普通民事纠纷；外侨劳资及其他情节复杂的民事纠纷，区、街调解组织不得擅自处理，应当及时报告市调解仲裁委员会。

各级调解组织在工作中必须坚持自愿原则和合法原则，只有当事人双方自愿才能构成调解的基础，而调解必须以市军事管制委员会和人民政府颁布的法令和政策为依据，不得无原则的调解，以免群众利益受到损害。强调调解的自愿原则并不影响调解组织主动地进行调解，或者根据当事人一方或双方的声请

---

①《哈尔滨特别市民事刑事诉讼暂行条例》(1948 年 10 月 24 日)，载《哈尔滨特别市人民法院司法工作资料汇集》。

②《华北人民政府法令汇编》第一集，华北人民政府秘书厅 1949 年编印，第 187 页。

进行调解。

在调解过程中，当事人的一方或双方如有正当理由可以提出要求调解人员回避的声请；调解人员如果认为本人有回避的必要时，也可以自行回避。为了提高工作效率，区调解股和街调解委员会得在当事人所参加的人民团体和其他社会关系中约请调解人参加调解。

对于事件轻微又须迅速了结的纠纷，调解组织得以当事人双方言词上的首肯为和解成立。对于复杂而重要的纠纷，则要制作和解笔录，载明当事人双方的姓名、年龄、职业、籍贯、住址，事实经过，和解的理由和条件，和解成立的时间，并应有调解组织及双方当事人的签名盖章。调解成立后，除双方同意废止外，随即发生法律约束力。

第八章
改造罪犯的方针和监所制度

第一节　工农民主政权新型监所的创建

革命根据地的人民政权，在同犯罪分子斗争中，对几千年来的旧监狱制度进行了彻底改造，逐步建立起新型的监所制度。早在大革命时期，农民运动兴起后，推翻了地主豪绅的政权，将县监狱变成革命农民对土豪劣绅进行专政的工具。正如《湖南农民运动考察报告》中所说："现在监狱里关人和从前两样，从前是绅士送农民来关，现在是农民送绅士来关。"[①] 这是一次天翻地覆的变化。但是，那时的监狱，还未来得及进行巩固和改造，革命便失败了。所以，人民监所制度的正式创建是从土地革命战争时期工农民主政权开始的。

一、工农民主政权监所的设置及其职能

土地革命战争时期建立的工农民主政权，长期处于国民党反动派的军事包围和武装进攻之中，并不断受到根据地内部反革命势力的激烈反抗。因此，从工农武装暴动和工农民主政权建立的第一天起，便立即建立并不断完善革命的法庭、监狱等专政机器，以惩治那些反抗工农民主政权以及危害人民、破坏革命法律秩序的犯罪分子。这是保证工农武装起义胜利和巩固工农民主专政的重要手段。

工农民主政权的监所设置及组织建设，以中华苏维埃共和国的成立为标志，可以分为前后两个阶段。在前期，革命根据地尚未稳定，一切革命事业处

---

①《毛泽东选集》第一卷，人民出版社 1991 年版，第 25 页。

于初创阶段，还没有来得及进行系统的狱制建设，肃反机关的看守所、拘留所就是根据地监所的基本组织形式。它们既是关押各种未决的反革命分子和其他刑事犯罪分子的场所，又是对判决监禁的各种犯罪分子执行惩罚和强制教育的机关。监所的管理制度也比较简单。中华苏维埃共和国成立后，在系统创建革命司法制度的过程中，监狱制度的建设被提到了重要的议事日程。中华苏维埃中央执行委员会在其制定的《中华苏维埃共和国裁判部暂行组织及裁判条例》《国家政治保卫局组织纲要》等法规中，对工农民主政权的监所设置及其职责作了专门规定。司法人民委员部也曾发布《中华苏维埃共和国劳动感化院暂行章程》和其他关于监所管理的命令与指示。闽西、鄂豫皖、川陕等根据地政府也先后发布了有关监所管理的法规。根据这些法规，各根据地工农民主政府调整和整顿了监所组织及其管理制度，逐步形成了工农民主政权的监所体制和与历史上一切剥削阶级监狱根本不同的新的监狱制度。其监所设置与分工情况如下：

（一）看守所

这是工农民主政权建立后首先设立的监所机构，是以关押未决犯为主要任务的专政机关。它们是各地肃反委员会、国家政治保卫局及其各省、县分局、各级裁判部的附属机关，不构成独立的系统。其职责主要是看守各种未决犯，不使其发生逃跑、串供、非正常死亡等事故，并进行一定的政治、思想教育和生产劳动，以促进犯人的思想转变，配合审讯人员查清其案情。同时，看守所还担负关押和教育改造判处短期监禁犯人的职责。

根据地的看守所分别设立于各级肃反机关和司法机关，大体有以下几种：

1. 肃反委员会看守所和国家政治保卫局看守所。它们的任务主要是拘押各种反革命案犯。土地革命战争前期，各地工农民主政府普遍把肃反委员会作为基本的专政机关，兼负公安和司法两种机关的职责。肃反委员会有自己的武装队伍，担任拘捕、看管和处决反革命罪犯的任务。拘押人犯的看守所没有专门的组织机构，由肃反委员会武装部队兼负其责。

中华苏维埃共和国成立后，在正式建立苏维埃政权的地区，由国家政治保卫局及其分局的看守所执行拘押未决的反革命案犯的任务。只有在那些新开辟的地区，才由肃反委员会的执行部担负对反革命分子和其他刑事案犯的逮捕关押职责。

2. 各级裁判部看守所和革命法庭待审处（室）。与国家政治保卫局看守所同时存在的还有各级裁判部看守所，它们关押普通刑事未决犯和判处短期监禁的各种犯罪分子。1932 年《中华苏维埃共和国裁判部暂行组织及裁判条例》规定："在各级裁判部下可设立看守所，以监禁未审判的犯人，或判决短期监禁的犯人。"①

中央工农政府转移到陕北后，1936 年曾制定《革命法庭条例（草案）》和《革命法庭的工作大纲》，确定革命法庭为苏维埃政府的司法机关，同时确定在省革命法庭设立待审处，在县革命法庭下设立待审室，分别归省、县革命法庭委员会领导。待审处（室）设管理员一人，负责待审被告的管理与传唤，由法警若干人负责收押、看守、提审与解送事宜。

（二）劳动感化院

这是中华苏维埃共和国成立后决定设立的，对判处长期监禁的犯人实行看管、教育和劳动改造的机关。

土地革命战争前期，尚未形成比较稳定的后方根据地，判处长期监禁的犯人也较少，故未设立专门执行徒刑的机关。中华苏维埃共和国成立后，根据《中华苏维埃共和国裁判部暂行组织及裁判条例》的规定，省、县两级裁判部下均设立劳动感化院，"以备监闭判决长期监禁的犯人。"② 据此，在中央根据地的长汀、兴国、博生、瑞金等县，设立了福建省苏维埃劳动感化院、江西省苏维埃劳动感化院和瑞金直属县劳动感化院。

1932 年 8 月 10 日，司法人民委员部颁布了《中华苏维埃共和国劳动感化院暂行章程》。这是我国人民革命政权颁布的第一部较为系统的监所法规，它明确规定了劳动感化院的任务、组织机构和基本的管理制度，开始确定了对罪犯实行劳动改造的制度。

依据《中华苏维埃共和国劳动感化院暂行章程》的规定：劳动感化院设院长一人，副院长一人，科长若干人。由院长、副院长及各科科长组成管理委员会，以院长为该委员会主任。管理委员会负劳动感化院的全责，向该级政府裁判部负责并随时报告工作。劳动感化院设立总务、劳动管理、文化等科，每科设科长一人。总务科管理全院的财产与经费，并负责预决算的编制，生产原料的购买及产品的出售。劳动管理科管理全院的建设及各种工场，组织管理犯人

---

①《红色中华》1932 年 9 月 20 日。

②《红色中华》1932 年 9 月 20 日。

的生产劳动。文化科组织管理犯人的教育和文化娱乐活动。劳动感化院还设立各种手工工场，组织犯人从事生产劳动，并设店铺，出售劳动感化院的产品。

（三）监狱

未与中央苏区联成一片的鄂豫皖、川陕等根据地，仍以“监狱”为主要的徒刑执行机关。根据鄂豫皖区苏维埃政府关于革命法庭组织的规定以及《川陕省革命法庭组织条例（草案）》的规定，在省及县革命法庭领导下，设立监狱作为“执法机关”。革命根据地的监狱在狱政方针及基本管理制度上与劳动感化院基本一致，不同的是，拘禁、看管较严，犯人活动范围较小，生产劳动的任务较少。

此外，工农民主政府还成立了“苦工队”作为战争情况下执行短期徒刑的临时组织。1932 年 9 月 5 日，中华苏维埃临时中央政府发布命令，决定将判处短期监禁的犯人组成“苦工队”，选派得力的干部领导，进行严密的组织和监视，率领至前方承担运输工作。当时规定编入苦工队的对象是：（1）不是重要的反革命犯；（2）贫苦群众出身，判处监禁两年以下者；（3）豪绅地主等阶级异己分子，无特别反动事实，判处监禁一年半以下者；（4）判处强迫劳动者。根据这个决定，中央根据地各省很快地建立起“苦工队”。据不完全统计，到 1932 年 10 月，苦工队人数已达九千余人。后来，其他根据地也建立了类似的组织。这样，苦工队便成为革命根据地利用犯人为战争服务，并对其进行劳动改造的重要组织形式。

二、工农民主政权的狱政方针

工农民主政权监所的建立是我国监狱制度史上的一次革命，它不仅使监狱这个历来是剥削阶级用以镇压劳动人民反抗的工具，变成为工农群众镇压封建地主与官僚买办阶级的反抗，维护革命法律秩序的武器，而且根本改变了旧监狱那种野蛮残暴腐败黑暗的管理制度，破除了“报复主义”与“惩办主义”的剥削阶级狱政思想，提出了对罪犯实行感化教育改造的方针，使监狱这个历来的人间地狱，成为对罪犯实行感化教育和劳动改造的特殊学校。1934 年 1 月，中华苏维埃中央执行委员会在其向第二次全国工农兵代表大会的工作报告中明确指出：“苏维埃的监狱对于死刑以外的罪犯是采取感化主义，即用共产主义精神与劳动纪律去教育犯人，改变犯人犯罪的本质。”并且“明令废止肉刑”，革除一切中世纪惨无人道的恶习，“对于已经就逮的犯人，却是禁止一切不人道的待遇。”① 即用共产主义思想去教育犯人，通过劳动实践培养其劳动人民的思想品德，目的是把犯人改造成为遵守工农民主专政法律秩序的劳动者。工农民主政府颁布的一系列法令和指示，从以下几个方面贯彻了这一方针。

（一）严格禁止对犯人的一切非人道待遇，实行革命人道主义

自从 1931 年 12 月中央工农民主政府《第六号训令》发布后，“废止肉刑”便成为革命根据地监所工作的一项重要原则。此后，在司法人民委员部和国家政治保卫局的检察监督下，各地进行了监所清理和整顿，坚决纠正刑讯逼供、体罚等虐待人犯的不良现象，对于仅凭逼出来的口供而逮捕关押的犯人，如无其他证据，立即释放。与此同时，各地工农民主政府还严令禁止对罪犯的其他一切非人道待遇，以彻底改变旧监狱虐待犯人的恶劣影响。《川陕省革命法庭条例草案》第九条规定：省、县革命法庭的执行机关，要“反对旧式监牢虐待犯人的办法，特别是对于犯罪的劳动者，要有系统地进行教育，使他能很快地脱离犯罪的事情，纠正一切拷打恶习。”②

在革命人道主义精神指导下，工农民主政府，把保证犯人的身体健康作为重要原则。如 1933 年《司法人民委员部对裁判机关工作的指示》强调，要注意监所及犯人的卫生，按时给犯人洗澡、放空气；不许挪用犯人的伙食费；要妥善安排犯人的劳动、学习、休息、娱乐时间等。鄂豫皖区革命法庭组织规程规定：“犯人做工亦实行八小时工作制”；监狱、禁闭室“要清洁，要注意卫生，犯人若发生传染病要分开居住”。犯人生产收入，可拿出一部分“作改良犯人生活之用”。③

（二）通过强制性的思想教育和生产劳动，把犯人改造成为守法的公民

《中华苏维埃劳动感化院暂行章程》第一条明确规定，劳动感化院的任务“是看守、教育及感化违犯苏维埃法令的一切犯人，使这些犯人在监禁期满之

①《苏维埃中国》第二集，中国现代史资料编辑委员会 1957 年翻印，第 265、266 页。

② 韩延龙、常兆儒:《革命根据地法制文献选编》第三卷，中国社会科学出版社 1981 年版，第 351 页。

③《鄂豫皖区苏维埃政府革命法庭的组织与政治保卫局的关系及其区别》（1931 年 10 月 4 日），韩延龙、常兆儒:《革命根据地法制文献选编》第三卷，中国社会科学出版社 1981 年版，第 342—343 页。

后，不再违犯苏维埃的法令。”[①] 司法人民委员部也指出：“对于劳动感化院的工作，特别要注意生产与感化。”“感化犯人的工作，是劳动感化院的主要部分。”[②] 这就明确规定了对犯人的强制性的教育和劳动改造，是工农民主政权监所的主要工作内容。根据这一精神，工农民主政府的监所建立了犯人的学习和劳动制度，利用多种形式对犯人进行政治思想教育和文化教育，并从各地监所的实际情况出发，组织犯人从事各种生产劳动。

三、监所管理制度的初步建立

为保证看守、教育与改造罪犯的任务的完成，工农民主政府的监所逐步建立起各项最基本的管理制度。

（一）看守制度

为严格革命法制，加强监所管理和看守工作，工农民主政府首先要求建立严格的收押、开释手续，以保证工农民主政府各种刑事诉讼法规的贯彻，防止非法关押或非法开释。各看守所和监狱收押犯人，必须有有权逮捕和审判刑事案件的国家政治保卫局及各级裁判部的“送押条子”。收押已决犯还必须有裁判部的判决书。监所必须建立犯人入所登记制度和案卷保管制度，以便随时检查。开释犯人也必须有法定有权开释单位的条子。

工农民主政权的监所法规还要求建立严格的看守制度，以防串供、逃跑、暴动、自杀等意外事件发生。它规定：监所的房屋必须坚固，看守人员必须日夜分班看守，对犯人必须每天早晚点名，给犯人送来的东西和犯人寄出去的信件必须严格检查，同案犯人必须分房关押，防止串供等。对于违反监规的犯人，必须依法惩处。法规还特别强调，看守所和劳动感化院的工作人员应经常研究看守技术，加紧训练，并要坚持政治和文化学习，以提高政治水平、文化水平和业务能力。

---

① 韩延龙、常兆儒：《革命根据地法制文献选编》第三卷，中国社会科学出版社 1981 年版，第 313 页。

②《中华苏维埃共和国司法人民委员部对裁判机关工作的指示》（1933 年 5 月 30 日），见韩延龙、常兆儒：《革命根据地法制文献选编》第三卷，中国社会科学出版社 1981 年版，第 304—305 页。

（二）犯人财物保管制度

工农民主政府从严格革命法制和加强监所管理的目的出发，要求建立对犯人财物的搜查、登记、保管及依法处理的制度。1933 年 4 月 16 日，司法人民委员部发布《关于没收犯人的财产和物件的手续》的命令，强调了这样两个原则：第一，收押犯人时，必须严格搜身检查，防止把违禁品、危险品及其他不许带入的物品带入监内，以免发生意外及非法活动；第二，对于犯人的财物，必须详细登记，妥善保管。对其财物的没收，只能由法庭依法判决，绝不许可擅自没收，更不许私自拿用。法令还规定了检查、保管及处分犯人财物的手续，譬如，搜查出金银财物及其他不准带入监内的物件，应当面逐一详细写成记录，由搜查人、参加人及犯人共同签字，将记录存入档案，将财物封存保管；犯人被转送上级机关或其他监所时，应将财物及记录与档案一同转送；司法机关制作判决书时，必须写明对其财物的处置，如应该交还本人者，须向本人当面点交，并须取得本人收据，以免发生舞弊或纠纷。

（三）生产劳动的组织管理制度

组织犯人参加生产劳动是看守所、监狱和劳动感化院都要执行的一项任务。但对劳动的安排及组织管理，则根据监所及案犯的不同情况进行。监狱和看守所首先着眼于对犯人的看守，在不妨碍看守要求的情况下，适当安排生产，如重的案犯在监房内做工（打草鞋、编筐等），轻的案犯组织监外作业或帮助群众生产。劳动感化院则按照生产的要求设立各种手工工场、作业组或工厂，组织犯人生产。由各劳动感化院制定工场管理细则，建立工场内部管理制度。为加强对劳动感化院生产的领导，1933 年夏决定设立劳动感化院企业管理委员会，在中央国民经济部直接领导下，指导劳动感化院工厂和营业部的生产和销售等事宜。企业管理委员会由所在地的国民经济部长、裁判部长、劳动感化院工厂厂长、营业部经理、劳动感化院院长等五人组成。由国民经济部长任该委员会主任，由劳动感化院工厂厂长任副主任。工厂厂长和营业部经理的人选，由所在地之国民经济部长与裁判部长会同选定，呈中央国民经济部加委。

（四）教育与生活管理制度

在感化教育和劳动改造方针的指导下，革命根据地监所建立了犯人的学习、劳动与生活管理制度。按照《中华苏维埃共和国劳动感化院暂行章程》的规定，为开展对犯人的教育，组织识字班、政治课、俱乐部、图书室，组织犯人学文化，学政治，开展各种文化娱乐活动，如出墙报、举行文艺晚会等。犯人劳动，实行八小时工作，其余时间除睡眠外，为教育、休息等活动时间。各地监所还规定了必需的卫生管理制度，以保证犯人身体健康。

土地革命战争时期，革命根据地的监所工作虽然处于初创阶段，但由于实行感化教育的狱政方针，从而改变了旧监狱那种惨无人道的腐朽黑暗状况。以革命人道主义对待犯人，以思想教育和生产劳动为监所工作的主要内容，不仅使大部分犯人转变了思想，培养了劳动习惯和生产技能，而且在发展生产方面取得了显著成绩。譬如，福建苏维埃的劳动感化院能制造红、绿、蓝、黑等油墨，不坏香糊、毛笔、墨汁、信封、信纸，并装订书籍，刻字等等。瑞金的劳动感化院能制造各色线袜、手套、藤篮、草鞋、带子以及信封、信纸等。江西苏维埃的劳动感化院能制造斗笠、草鞋、粉笔、信封、信纸等，还缝制衣服。这些产品对于改善某些物资供应和补充市场的需要，起了很好的作用。譬如，过去根据地需要的油墨完全依赖于敌占区，后来，劳动感化院生产的油墨满足了整个中央根据地的需要，中央印刷局和各机关全部使用劳动感化院的产品。劳动感化院的产品还具有质量高、价格便宜的特点，深受市场的欢迎。劳动感化院生产的发展，不仅减轻了政府的财政负担，而且还增加了政府收入。过去，犯人的伙食等费用，完全由政府供给。后来，犯人劳动生产的收入，不仅全部解决了劳动感化院的各种费用，而且还能剩余一部分上交国家。

第二节　抗日民主政权的监所建设

我国革命监狱制度在抗日战争时期获得重大发展，革命监所的设置和规模有了很大变化，其任务也大大繁重起来，在押犯的人数有所增加，不仅有大量的汉奸分子，而且有一般刑事犯罪分子。因此在抗日根据地的建设中，监所建设被看作是民主与法制建设的重要组成部分，受到党和抗日民主政府的高度重视，并在不断总结监所工作实践经验的基础上，逐步形成了新民主主义的狱政思想和狱政方针以及革命监所工作的优良传统。但是，由于动荡而艰苦的游击战争环境和分散的农村根据地条件的限制，抗日根据地的监所建设既具有艰苦奋斗、因陋就简、灵活机动的特点，同时也呈现出发展不平衡和不够完整系统的弱点。

一、监所设置及其组织管理体制

抗日民主政府的监所设置及其组织管理体制，首先服从于有效地打击汉奸破坏分子的革命需要，同时从抗日游击战争环境和农村根据地的具体条件出发，尽可能地改善对犯罪分子的教育改造工作。各根据地的监所设置，在党中央的基本政策的统一指导下，形成了大致统一的体系。但由于具体环境的不同，各地又有不同特点。

抗日根据地的监所，基本上分为这样几种：看守所，看守所与监狱合一的监所（也称看守所），监狱或自新学艺所。此外，军队的保卫机关与军法机关也有临时性的拘留所。

就对政府的隶属关系而言，抗日根据地的监所又分为边区级的，行署级的，专署（亦称分区）级的和县级的，但并不是各级政府都设有以上各种监所，而是根据任务、环境、人力物力条件的不同，分别情况设立。不同地区的设置有差别，不同时期也有变化。

（一）看守所

抗日根据地的看守所，按其所属系统，基本上可分为公安机关看守所与司法机关看守所两类。在多数根据地，从边区、行署，到专署和县，都分别设立公安局（科）看守所和高等法院及其分院、分庭、县司法处（或科）看守所。也有一些根据地，如陕甘宁等边区，专署一级不设看守所，其公安、司法机关所管案犯均寄押于所在县看守所。

典型意义上的看守所，即专门拘禁未决刑事犯的机关，主要是单一的公安机关看守所和监狱成立后的各边区高等法院看守所。公安机关看守所的任务，主要是拘禁未决的汉奸分子、敌探、内奸以及破坏边区的反革命分子。高等法院看守所的任务，主要是临时拘禁各种待审的刑事犯罪分子。

关于高等法院看守所的组织与职责，各边区的法院组织法均有明确规定。《陕甘宁边区高等法院组织条例》和《晋冀鲁豫边区高等法院组织条例》一致规定：高等法院看守所为高等法院的下属机构，服从法院院长之领导，设所长、看守员及武装警卫队。看守所在所长指挥下执行下列职务："1. 犯人收押、检查、点验及看管；2. 登记及保管犯人之财物；3. 计划及实施犯人之教育；4. 组织及分配犯人之工作或劳动；5. 考查犯人之活动；6. 登记犯人之出入。”[①] 公安总局看守所的组织机构和职责与高等法院看守所基本相同。不同的是，在领导关系上，它是公安总局预审科的一个单位，受预审科长之领导。

（二）看守所与监狱合一的“监所”

抗日根据地在监所设置上的一个重要特点，就是监狱、看守所合一。1941 年以前，各边区一般都未设立监狱、自新学艺所等专门执行徒刑的机关。各级司法机关看守所或公安、司法合一的看守所，既是未决犯的临时羁押机关，又是已决犯的执行机关。1941 年后，各根据地的监狱陆续建立，在边区和部分行署一级，执行徒刑的任务由监狱集中实施。而在县一级和绝大部分专署，司法机关看守所和公安、司法合一的看守所始终担负着拘禁、教育未决犯和已决犯的双重任务。这种看守所通称为“监所”。

抗日民主政府为加强对犯人的管理教育，曾设想在县级分别设立监狱与看守所。如 1940 年 3 月 6 日，陕甘宁边区高等法院院长雷经天在党政联席会议上建议，在各县设立劳动感化院，把判处一年以上徒刑的犯人集中起来管理教育。1943 年 1 月通过的《晋察冀边区法院组织条例》也规定：“地方法院及县司法处得设看守所及监狱”。但由于战时环境和人力物力的限制，一直未能实现。

县和专署看守所的领导体制，各地区不尽相同。在晋察冀等边区，公安、司法机关分别设立各自的看守所，承担各自管辖的案犯。在陕甘宁等边区，在县级只设一个看守所，由县保安科负责管理与警戒工作，而对犯人的教育，则分别由公安与司法机关各自负责其所管案犯。鉴于这种体制极不利对犯人的管教，1941 年 5 月 10 日，陕甘宁边区高等法院在对各县司法工作的指示中曾建议：“最好在各县裁判员的领导与管辖下，另设立一个看守所或监狱”，使之完全与保安科的看守所分开。1944 年 5 月 12 日，陕甘宁边区政府战字第 818 号命令决定，各县另设一看守所，直属县司法处领导。但由于战时条件的限制，只在少数县份实现了保安科看守所与司法处看守所分别设立的决定。

县监所的组织机构比较精简，一般设所长一人，负责监所管理与教育；设事务长一人，管理犯人的生产、伙食和各种总务工作；配备警卫武装一个班左

---

① 韩延龙、常兆儒:《革命根据地法制文献选编》第三卷，中国社会科学出版社 1981 年版，第 357、399 页。

右，担任看守、警戒和提解。而县监所的任务，却是繁重而艰巨的，既有未决犯，又有已决犯，其数量多则一百二三十人，少则三五十人。监所设施又极简陋，既无高墙壁垒，又无坚固监房，特别是在敌后根据地，甚至没有比较固定的监所所址，而经常处于流动状态，临时找几间民房、窑洞为处所。在这种条件下，为搞好工作，县司法科领导与裁判员、保安科执行股（有的地方为预审股、警法股）干部，直接担负对犯人的管教责任。

（三）监狱和自新学艺所

抗日根据地的监狱，一般是在 1941 年后，随着民主与法制建设的系统开展而建立起来的。主要设于各边区高等法院和某些独立性较大的行署级法院。个别边区，由于缺少比较稳定的环境，而始终没有设置监狱。县级法院都没有监狱设置，专署也很少设有监狱，只有陕甘宁边区等个别根据地，直到抗日战争后期，才在专署设立了分监。

陕甘宁边区 1937 年 7 月高等法院成立时，只设有看守所，已决犯与未决犯共同羁押于看守所。1939 年 1 月，陕甘宁边区参议会通过的《陕甘宁边区高等法院组织条例》规定，在高等法院设立劳动感化院，但实际并未设立。同年 4 月 19 日，高等法院发出通令，指示各级司法机关组织已决犯进行生产劳动。高等法院看守所遂将已决犯编为劳作队，在延安卅里铺建立起生产劳动场所，从事农业和工副业生产。1941 年 1 月 3 日，高等法院将劳作队从看守所管辖下分离出来，另组成劳动生产所，从而正式建立起专门的劳动改造机关。1942 年 9 月，根据边区政府的决定，又将劳动生产所改为陕甘宁边区高等法院监狱。

边区监狱的组织机构和人员设置，既服从于新型监狱制度建设的需要，又坚持“精兵简政”的原则。陕甘宁边区原劳动生产所设所长一人，科员三人，看守员二人。1942 年，为了加强对犯人的教育和医疗卫生工作，健全生产财务管理，又增设督察员、教员、会计、保管、医生、护士等，全所工作人员增加到 11 人。“精兵简政”运动开始和劳动生产所改为监狱后，人员精简，监狱设典狱长兼教导员一人，看守员、会计、保管员、生产和伙食管理员各一人。抗战末期，随着边区财政经济状况的好转，监狱管理人员又有所增加。

1943 年陕甘宁边区各专署高等法院分庭成立后，边区政府决定在分庭领导下各设监狱一所，称为“分监”，设典狱员一人，在分庭庭长领导下负责徒刑犯的管理教育事宜。这样，边区的监狱便形成了两级结构：高等法院监狱和高等法院分庭监狱。成立分庭监狱的目的，在于将各县判处三年以下短期徒刑的犯人集中管教。后来由于犯人太少，而于 1945 年 12 月撤销。

陕甘宁边区对各级监所羁押犯人的职责有明确的划分。在 1939 年 9 月以前，边区和各县各自关押管教其司法机关判决的案犯，除因特殊情况并经边区高等法院批准，可送高等法院看守所者外，各县判决的一切徒刑犯人，一律由本县看守所执行。1939 年 9 月以后，按高等法院规定，凡判处徒刑三年以下者，由各县看守所自行管教；凡判处徒刑三年以上者，一律解送高等法院看守所劳作队（后来为劳动生产所、监狱）集中管教。1944 年分庭监狱成立后，高等法院重新规定：凡判徒刑六个月以上三年以下者，由分监管教；凡判处六个月以下苦役者，留县看守所执行或保外执行；判决三年以上徒刑者，仍送边区高等法院监狱执行。

晋绥边区于 1941 年进行了监所整顿，各县及专署的监所统一定名为看守所，其任务为羁押临时性的未决犯及关押改造短期徒刑犯人。边区高等法院除设一看守所外，并于 1941 年 4 月在陕甘宁边区境内设监狱一处，称为“后方监狱”。对徒刑犯分三级管理：判处一年以下徒刑者，由县看守所执行；一年以上三年以下者，送专署司法科看守所执行；判处三年以上徒刑的犯人，一律送后方监狱统一管理教育。晋绥后方监狱，是各边区监狱中规模比较大的一个，1942 年有看守员 18 人，一年中开释犯人 178 人，1943 年开释犯人 302 人。抗战胜利前后，随着根据地的迅速扩大，晋绥边区在立寨和离石成立了第一分监和第二分监，并撤销了后方监狱。

晋察冀边区教育改造徒刑犯的专门机关是 1940 年成立的“感化院”，1941 年 7 月改为“自新学艺所”。最初把它作为收容审查和感化教育的机关，主要收容对象为受日伪训练派遣的少年犯和由沦陷区“逃来”边区的政治嫌疑分子。1942 年 1 月，边区政府对“自新学艺所”进行了整顿，把它变为对犯人进行教育改造的机关，收押边区各县判处较长刑期的犯人。

淮海区的监所职责及徒刑执行方式则另有特点。按照《修正淮海区审理司法案件暂行办法》及《淮海区徒刑案犯执行暂行办法》的规定，各级看守所均不担负管教已决犯的任务；淮海区法院设“战时监狱”，为执行已决徒刑案犯的机关。各级司法机关判处的徒刑案犯，刑期在二年以下者及二年以上中之有恶性传染病者，易服公役，并取具妥保，发交该管村公所执行；刑期在二年以上而无恶性传染病者，送交战时监狱执行。

二、狱政思想与狱政方针

抗日战争时期，根据地在开展新民主主义的政权与法制建设的过程中，狱政建设被提到了重要地位。党和抗日民主政府在马克思列宁主义理论指导下，总结了根据地监所建设的经验，系统地阐发了新民主主义的狱政思想，制定了监所工作的指导方针。

（一）关于狱政的地位和监所的性质

法庭和监狱都是国家机器的重要组成部分，狱政的好坏是政治好坏的必然反映，要把抗日根据地建设成为全国的抗日与民主的模范区，就必须破除旧的狱政思想，彻底改革旧的监狱制度，按照新民主主义的政治方向建设根据地的监所。各边区的抗日民主政府，都把监所建设当作边区新民主主义建设的重要组成部分和政府工作的重要内容。在各边区的历次参议会上，监所工作是政府提交议员们讨论的重要议题。抗日民主政府还从法庭与监狱的关系上，论述了监所工作的重要地位。譬如，陕甘宁边区高等法院代院长在1945年边区推事、审判员联席会议上指出，“执行‘教育改造主义’的刑事政策，法庭仅完成了一半，另一半留在监所内执行，只有两面配合，两面夹攻，才能把政策贯彻得好。”

抗日根据地的监所在阶级本质上和国民党统治区的监狱根本不同，它不再是帝国主义和地主买办阶级镇压人民反抗的工具，而是无产阶级领导的人民大众对汉奸反动派实行专政的工具；同时，抗日根据地的监所也不再是单纯的惩罚犯罪的场所，而是教育改造犯人的特殊学校。1942年《陕甘宁边区司法纪要》明确概括了边区监所的这一性质。它指出：“边区的监狱，固然是惩罚犯人的场所，同时，也是犯人的教育机关。”1943年1月，晋察冀边区行政委员会在向边区参议会所作的《工作报告》中也说：在以往，一提起监狱，“人们马上就会想到阴气森然充满剥削欺诈的人间地狱，然而在边区抗日民主政府下的监所，却真正是感化教育使人向善的学校。”这种把监所看作对犯罪人施行强制教育和改造的特殊学校的观点，在各抗日根据地得到了一致的贯彻，是监所工作的基本出发点。1944年7月，晋绥边区高等法院在其工作报告中说：“我们今天的监狱，是一所带强制性的生产教育学校，是感化教育积极改造犯人的场所”。1946年5月，太行区司法工作总结报告也说：“看守所不仅是看管自新人的所在，而且主要是个非常尖锐复杂的思想斗争场所，是个治病（思想病）救人的地方”。

从这一基本观点出发，抗日民主政府提出，监所的主要任务有三项：管理、教育、生产。管理是运用警戒、看守、管束等手段，限制犯人的自由，强制犯人生活于监所并遵守监所各项制度，接受政府的强制教育和强迫劳动；教育，是通过上课、谈话、组织自学讨论等方法，对犯人灌输爱国守法思想、公共道德观念和劳动观念，促使其认罪悔改，确立爱国守法的信念；生产，组织犯人从事劳动，既为社会创造物质财富，减轻人民负担，又对犯人进行劳动改造，培养劳动习惯，学习生产技能。而所有这三项工作，都是围绕着一个基本任务、基本目的，这就是教育改造犯罪分子，使其成为爱国守法的公民。

（二）实行感化、教育、改造的方针

抗日民主政府在指导根据地监所建设的过程中，一贯地申明，要坚决清除“报复主义”与“惩办主义”的影响，贯彻“感化、教育、改造”的方针。虽然在不同地区不同时间对这一方针的表述方法不完全相同，但基本精神是一致的。当时，对抗日民主政府的狱政方针基本上有三种提法：一种是“教育感化”，从 1939 年到 1944 年，在陕甘宁边区历次参议会上，林伯渠同志在《边区政府工作报告》中屡次阐明，边区政府“对犯人采取教育感化的方针”。在 1943 年晋察冀边区第一届参议会上，边区行政委员会的工作报告也说：“对犯人用感化教育政策，反对报复主义”。第二种提法是“感化主义”，在晋冀鲁豫边区临时参议会第二次大会上，边区高等法院的工作报告说：“对‘自新人’的教育方针，应为‘感化主义’”。抗战胜利后不久，1946 年陕甘宁边区第三届参议会通过的《陕甘宁边区宪法原则》规定：“对犯法人采用感化主义。”[①] 第三种提法是“感化教育积极改造”，1944 年晋绥边区高等法院的工作报告《晋绥边区司法概况》就是这种提法。抗战胜利后，一些地区在总结抗日根据地的监所工作经验时，又把抗日民主政府的狱政方针称为“教育改造主义”或“教育改造政策”。不论是哪种提法，都一致强调了以下的指导思想和工作原则。

第一，实行革命人道主义，革除旧的监狱恶习。抗日民主政府的感化教育政策，强调把犯人“当人看”，尊重犯人的“人格”，给犯人以革命人道主义待遇，坚决反对肉刑和对犯人施加凌辱、折磨和虐待。各边区政府制定的施政纲领和保障人权条例都规定禁止肉刑，禁止侮辱虐待犯人，禁止非法侵犯人权和

①《陕甘宁边区第三届参议会第一次大会汇刊》，1946 年。

财权。监所管理规程则更具体地贯彻了这一原则。如《淮海区司法公安案犯统一管教暂行办法》规定："看守人员对案犯不得施行侮辱打骂。"[①]《陕甘宁边区高等法院监狱管理规则》规定："对守法人不得有随意捆绑打骂及凌辱的行为"；"看守人的私人生活，不得随意支配守法人去做，对女守法人不得有随意调笑及任何不正当行为"；"守法人物质之待遇，照规定数量发给，不得克扣。"[②]

抗日民主政府坚持对干部进行民主思想教育，以清除封建主义狱政思想的余毒，认为各种侮辱苛待犯人的现象之所以发生，主要是由于看守人员在思想上不把犯人当人看。1939年，陕甘宁边区高等法院曾严令禁止给犯人留阴阳头和着半红半蓝色裤子的做法，认为这伤害犯人自尊心。1941年5月1日，林伯渠同志在总结陕甘宁边区政府工作时说："犯人之所以甘为犯人，主要是由于社会不把他当人，要恢复他的人格，必自尊重他是一个'人'始"。1945年12月，王子宜同志在陕甘宁边区推事、审判员联席会议的总结报告中也说："什么叫犯人？就是普通的人犯了法。但'犯'字下面还是个人字，因此说，犯人也是人。我们司法工作者，不能把犯人不当人看待。"

抗日民主政府还从严格革命法纪入手，防止旧监狱那种腐败野蛮作风的侵入。对于殴打、苛待及敲诈盘剥犯人等违法乱纪行为，视情节轻重，给予必要的纪律处分。罪行严重者，给予法律制裁。在晋冀鲁豫边区，曾有两名看守所长因犯有贪污勒索等严重罪行，被判处死刑。陕甘宁边区高等法院裁判员及延安市法院看守所长，也有因打骂体罚犯人而受到撤职处分的。

抗日民主政府在强调尊重犯人人格的同时，还要求在生活上给犯人以革命人道主义待遇。在伙食供给、卫生条件、活动安排等方面，尽量保证犯人身体健康，并活跃其精神生活，反对生活上苛待或苦役折磨或单纯蹲监，培植其生活信心和重新做人的欲望。

第二，实行感化教育，反对"惩办主义"和消极囚禁。抗日民主政府认为，执行徒刑是对犯人实施强制教育的一种特殊手段，而不单纯是为了惩罚。正如林伯渠同志在陕甘宁边区第二届参议会上所说："监禁的目的，是使罪犯受到感化教育，而非使其痛苦也"。他还说："对于一般犯人，更多注意政治教育和感化，使他们改邪归正，禁止对犯人实行报复手段"。陕甘宁边区高等法

---

① 韩延龙、常兆儒：《革命根据地法制文献选编》第三卷，中国社会科学出版社1981年版，第481页。

②《陕甘宁边区高等法院监狱管理规则》（抄件）。

院院长雷经天同志在1941年《司法工作报告》中也指出："不但在法律观念上，反对报复主义，而且在法律任务的执行上，也同样的反对报复主义。"

反对报复主义和惩办主义，并不是不要惩罚。抗日民主政府在刑事政策上，主张惩办与教育相结合。在监狱工作上，则强调教育为主，惩罚为辅。犯人在监狱守法，被剥夺了自由，这本身就是一种惩罚。犯人在监所违犯监规，根据其情节和态度，给予一定处罚，也是必要的。但改造犯人的主要方法，还是思想教育，而不是惩罚。惩罚也是一种教育，而不是报复。因此，抗日民主政府强调，对犯人处罚"不宜过多，必要的处罚，亦必须是……适中的处分。"①

抗日民主政府一贯反对消极囚禁，《陕甘宁边区高等法院工作报告》指出，"边区对于犯人，不是单纯的拘束其自由，给以惩罚，而主要是帮助他们认识自己的罪行，改正错误的思想意识和不正确的观念，及早成为社会上一个好公民"。太行区司法会议在总结抗日时期监所工作经验时进一步指出：囚禁和强制管束，既不是监所的目的，也不是监所的唯一任务，"监所的一切设施都是为了教育改造，而不是单纯的惩办。"如果把不使犯人逃跑，不出意外事故，当做监所的唯一任务，那就不仅达不到改造犯人的目的，而且势必使"相似于旧的监所森严的管束、无理的压迫，甚至黑暗的剥削等现象，都会接踵而来。"②

抗日民主政府的以教育改造为主、惩罚管束为辅的狱政思想，基于以下认识：它认为，犯罪是一种社会现象，有着深刻的社会原因，个人品质固然是重要的原因，但那也不是犯罪人先天固有的特殊禀性。一个犯罪人，"一方面，他是危害国家、社会、人民利益的犯罪者；但另一方面，他又是不良社会制度下的牺牲者。他的犯罪行为，固然对社会人民有害，但他的犯罪思想，则又是受社会影响而形成的。"③抗日根据地是刚刚由半殖民地半封建社会转变过来的，由于全民抗战的历史环境，不可能立即进行全面彻底的民主改革，因此，旧社会所造成的种种不良影响，还不同程度地存在着。再加上日军侵略战争的破坏，国民党对根据地的封锁，以及各种自然灾害的袭击，都给根据地带来严重的社会问题。此外，日伪统治地区和国民党统治区的恶劣社会风气，也不断

---

① 陕甘宁边区高等法院看守所：《1941年看守所全年工作总结报告》。

②《太行区司法概况》，1946年。

③《太行区司法概况》，1946年。

侵袭根据地。这些都是产生犯罪的客观原因。而抗日根据地的犯人，大多数为贫苦群众。他们是旧的社会制度的受害者，“是社会不良所致”；[①] 另一方面，“这就表示我们对他们的教育不够，没有使他们懂得今天的政权是自己的。”[②] 基于这种认识，抗日民主政府强调，监所的主要任务是对犯人实行感化教育。

从上述认识出发，抗日民主政府强调，要以“治病救人”的态度，进行感化教育。要从尊重他们的人格开始，关怀其前途，关心其生活，以说服教育的方法，帮助其认识犯罪的根源和获得新生的道路。只有使犯人真正感到工作人员是关怀他们，而不是有意整他们，从而消除其与监所的对立情绪，才能使其产生接受教育的愿望。

第三，教育为主，教育与生产劳动相结合。抗日民主政府对犯人的教育改造政策，是在监所的强制管束下，通过政治、思想、文化教育和生产劳动的途径实现的。教育为主，教育与生产劳动相结合，这是它实现对犯罪分子改造的基本方针。

抗日民主政府一方面大力提倡对犯人进行政治思想教育，以转变犯人思想；另一方面，它还一贯重视通过生产劳动实践，教育改造犯人。它分析了根据地监所在押犯的情况，据统计百分之八十以上都是来源于流氓、无赖、二流子和各种寄生意识严重的分子，譬如盗窃犯、诈骗犯、烟毒犯等，许多汉奸分子也是这类流氓分子。这些人犯罪的重要根源，就是好逸恶劳、不事生产、缺乏劳动习惯和劳动技能。据此，抗日民主政府认为只有通过劳动生产，才能使罪犯得到改造。

抗日民主政府曾大力组织监所的生产劳动，虽然解决经济困难也是监所生产的重要任务，但抗日民主政府多次强调，监所生产的主要目的是对犯人进行教育。1942 年陕甘宁《边区司法纪要》指出：“边区监所生产教育的目的是改正轻视劳动观念，锻炼思想意识，消除犯罪邪念，提高生产技能，获得谋生手段。”它既反对把劳动作为一种惩罚，对犯人采取奴役态度和苦工折磨，也反对单纯经济观点，把增加经济收入作为主要目的。

抗日民主政府还强调“生产必须与教育相结合”，反对只生产不教育的观点。在战争困难时期和大生产运动中，发展生产成了全党全民的政治任务，一些监所一度只抓犯人生产，忽视了对犯人的教育。1944 年 5 月，林伯渠同志

---

① 林伯渠：《陕甘宁边区政府工作总结》（1939—1941 年）。

② 王子宜：《边区司法工作总结》（1945 年 12 月 29 日）。

在陕甘宁边区政府委员会议上指出:“在劳动与教育并重的原则下,整理和改良监狱工作”。同年9月3日,陕甘宁边区政府秘书处致函高等法院院长指出:“对于人犯,应是教育、是争取。但各县只注意经济利益,不兼给以政治上文化上的教育,……违背了新的司法精神”。根据这一指示,高等法院采取措施,纠正了各县片面生产的观点和派犯人代替机关生产的现象。增加了犯人学习时间,加强了政治思想教育。在陕甘宁边区规定了劳动时间和教育时间的比例。“二流子犯”,生产占75%,教育占25%。其他犯人,生产占60%,教育占40%。

在管理、教育、生产三大任务的关系上,抗日民主政府执行教育为主的方针。1944年12月,林伯渠同志在陕甘宁边区第二届第二次参议会上所作的边区政府工作报告中申明,边区政府“执行教育为主的监狱政策”。陕甘宁边区高等法院院长在1945年边区司法会议上总结抗日时期司法工作时指出:“对犯人的教育是监所工作的中心,而教育是以实际改造其思想为主”。

抗日民主政府的教育为主的方针的含义是:第一,在管理、教育、生产三项工作中,教育工作居于主要地位。第二,思想教育既是监所教育的中心,又是完成各项工作的保证。第三,监所的一切工作都以对犯人进行思想改造为根本目的。

(三)妥善安置获释犯人,帮助其走上劳动为生的道路

抗日民主政府从改造犯人成为爱国守法的好公民这一总的思想出发,不仅在监狱对犯人进行思想的文化的和劳动的教育,为其获释后谋得正当职业创造主观条件,而且当其获释时,还要在生产条件上或职业上,给予适当安置,使其获得正当谋生的客观条件。抗日民主政府曾采取以下办法,安置刑满释放的犯人就业:首先,在政治上不歧视他们,在同等的条件下,他们与一般公民有同样的参加革命工作的权利。抗日民主政府曾大量吸收经过监狱改造的人参加抗日武装和人民政府的工作,如晋察冀边区仅在1939年以前,就吸收两千多名参加抗日武装。各边区政府机关企事业单位,都曾吸收不少由监所释放的人参加各种工作。其次,对于无家可归者,给予生产安置。如陕甘宁边区政府于1941年开始,在延安县庙儿沟陆续安置获释人员开荒立家,到1945年,把庙儿沟建成11户人家的新民村,到1947年,又发展到30户。第三,帮助贫困者解决生产资金,指导没有生产习惯者发展生产。抗日民主政府在监所生产中,实行奖金分红制,帮助犯人积累生产资金。在其释放后,由当地村政府指

导帮助其进行生产，如帮助制定生产计划，对缺乏土地者调剂土地，对缺少生产资料者筹借生产资金，并继续帮助其培养劳动习惯，走劳动为生的正路。总之，各民主政府设法安置每一个从监所释放的人，不使其流离失所，不致因为没有谋生之路而重新犯罪。

三、监所管理制度

(一)对犯人的看守及管理

对犯人实施强制管束，是依法执行对犯人的惩罚，同时也是强迫其接受审查教育和劳动改造的首要条件。抗日根据地的监所管理，依据新民主主义的狱政方针贯彻下述两个原则：第一，法制原则。抗日民主政府的施政纲领和保障人权财权条例所规定的各项司法原则，是监所管理工作必须遵循的基本原则。对犯罪人的收押、管理、开释，都必须严格依法进行，既不准非法剥夺犯人依法应有之人权与财权，严禁非法关押和惩罚，也不得擅自减轻其处罚或开释。除个别有发生危险行为之要犯外，一般不准使用戒具。工作人员如有侮辱、虐待、打骂犯人，贪污榨取犯人钱财及其他违法乱纪行为者，定行严格惩处。第二，完善各种看守制度，提高各项看守技术。看守工作包含着一系列的复杂工作，每个环节都充满着与犯罪分子的尖锐斗争。因此，研究犯罪分子的活动规律，严密各项管理规则，提高看守技术，堵塞一切可使敌人利用的漏洞，是监所看守制度建设的努力方向。抗日民主政府制定监狱与看守所管理规则，犯人入所登记、检查及接见规则，犯人守法规则，其目的在于明确工作人员的职责和犯人的守法纪律，以防犯罪分子有任何不轨行为的发生。

在上述原则指导下，主要实行了以下看守管理规则：

1. 犯人出、入监所登记规则。监所收押及开释犯人，必须进行审查登记。首先，要审查捕押及除名手续是否合法。无逮捕权之单位或个人送来羁押者，一律不予接收。有逮捕权之单位送来羁押者，一定要有合法手续，要有送押证。对已决犯，还要有司法机关之判决书，否则监所不予接收。因无罪开释、刑满释放、保外执行、假释、解送等而出所者，也必须经有权单位的批准，办理合法手续，由有权单位向监所发出开释或提解通知书。其次，认真填写犯人入所、出所登记，登记其姓名、性别、年龄、籍贯、案情、送来机关、开释理由等。抗日政府很重视出入所登记制度，把它看作监所管理的起码规则，并要求监所按时向本管司法机关和上级司法机关汇报。监所还实行每日点名制度，经常查对清点，以加强看守，及时发现事故。

2. 检查规则与接见规则。收押犯人入监所及开释犯人出监所，都必须进行严格的人身检查及其所携带财物的检查。犯人接见亲友，必须经过监所审查批准，并在监所人员监督下进行，以防带入或带出违禁的、危险的及防害监所管理的物品，并防止非法传递消息。

在检查中，如发现与案情有关的赃证物件以及可供法庭参考的材料，由看守员代为保管；如查出违禁物品，须转告法庭依法裁判；被羁押人所带物品，除食宿必需准其带入所内者外，其他财物由看守员代为保管。

在押犯人的来往信件及送入送出之物品，必须经过检查后，始许发出或接受；不得发出或接受的信件，由监所代为保存。监所住室及犯人随身应用衣物，得随时检查。

3. 犯人守法规则。为了搞好监所管理，督促犯人遵纪守法、悔过自新，陕甘宁等边区司法机关曾制定了《监狱守法规则》，各地监所也都坚持向犯人进行遵守监规的教育，宣布犯人在监所必须遵守的行为规则，其主要内容是：认真反省交代自己的罪行，不许欺骗政府、诬陷他人，以及进行串供、定立攻守同盟等违法活动；老实接受政府的教育，在劳动中改造自己，不许怠工偷懒、散布不满情绪及进行破坏捣乱活动；服从监所干部和哨兵的指挥，不得擅自越出指定的活动范围及拒绝指挥调动；发出或接受信件和物品，必须接受监所检查；会见外人必须经监所同意并接受监督，不许私自或暗中通信息、收授物品和会见外人；不许带入武器、违禁及危险物品；遵守监所的生活作息制度、卫生规则、生产劳动纪律；不许争吵打骂、私拉帮派、打击诬陷他人或掩饰隐瞒他人错误等等。对于违犯监规，经教育不改或错误严重者，要给予纪律处分，如批评、开会批判、记过、罚劳役等。更严重者，要呈报法庭给予加刑。而守法悔罪态度好者，则根据不同表现给予表扬、物质奖励、记功、调服外役，以至减刑、假释、提前释放。

4. 监所工作人员的职责与纪律。抗日民主政府的监所管理规则，明确规定了监所工作人员的各项职责，要求监所工作人员认真执行边区政府的狱政方针和政策，搞好监所管理、教育和生产劳动事宜，依靠思想教育，转变犯人思想，使其认罪服法。在看守工作方面，要求看守人员认真执行犯人出入所的检查登记，加强警戒、看守，不得擅自离开岗位；要早晚点名，经常检查守法人住室，以防不测和意外；认真检查犯人的出入信件和物品，监视犯人的会见；要监督犯人对所有监所规则的遵守等。这些规则，每个看守人员必须尽职尽责，严格执行，不允许有丝毫的麻痹大意、玩忽职守的现象发生。抗日民主政府的监狱管理规则，还严格规定了监所工作人员的纪律，其主要内容是：严格禁止使用肉刑，不得捆绑打骂及侮辱犯人；不得克扣犯人的伙食及物质供给；严禁贪污、挪用犯人财物和收受犯人的贿赂；工作人员的私事，不得支配犯人去做；不准调戏女犯等。凡违反上述规定者，要给予纪律处分；严重者，送交法庭，给予刑事惩罚。

5. 犯人财物保管规则。为了加强监所管理，并保障犯人合法财物不受损害，各地监所都实行了保管犯人财物的制度，确定了犯人财物保管的基本规则。其主要内容是：犯人入所时携带及由外寄来之财物，除日用必需品外，一律由监所保管员代为保管；犯人临时必需，经本人申请和监所领导批准，可酌情发给；保管犯人财物，必须详细登记，当面对证清楚，由犯人按捺手印；犯人出监所时，应如数发还；如有损失，除因不可抗力所致外，保管人应负赔偿之责。

（二）监所领导与监督下的“犯人自治”

抗日民主政府在犯人的管理教育工作方面，曾提出并推行了“犯人自治”的主张，建立犯人“自治组织”，在监所领导下和在一定范围内，开展犯人自己教育自己，自己管理自己的活动，协助监所搞好管教工作。1942 年制定的《陕甘宁边区监狱管理规则》规定：“在规定范围内，建立守法人的自治组织，其职责如下：1. 清洁卫生的管理督促；2. 生产学习任务的保证；3. 维持自治公约和所内的纪律规定；4. 调解互相间的意见和争吵；5. 召集生活检讨大会。”

当时的犯人“自治组织”，主要是“救亡室”，或称犯人“俱乐部”，在晋绥叫做“文化俱乐部”，在冀中叫做“悔过委员会”，晋冀鲁豫边区一些监所则成立“经济委员会”。“救亡室委员会”的名称，取自于抗日根据地各基层单位的群众性抗日组织，用意在于对犯人进行抗日爱国教育。“救亡室”（俱乐部），主要设于各边区监狱和少数环境稳定、人数较多的县监所。其委员会一般设主任委员一人，教育、生产、伙食、文化娱乐、卫生等委员各一人，有的还设立墙报委员。他们由监所全体犯人在监所干部指导下选举产生，并经监所领导批准。救亡室委员会在监所干部指导与监督下主要进行下列活动：（1）动员犯人遵守监所规则，努力完成学习、生产任务，自觉改造思想。（2）配合犯人小组，搞好民主评功、讨论奖惩、开好生活检讨会、思想总结会以及其他自我教育活动。（3）主持开展文化娱乐活动、卫生监督和评比竞赛，协助搞好伙食等。晋冀鲁豫边区一些县监所成立“经济委员会”，把伙食交犯人民主管理。

各地监所还普遍在犯人中建立了组（或班）、队两级组织，小组以住室为单位组成，设正、副组长各一人，组上为队，设队长一人。组长、队长由犯人选举并经监所领导批准产生，或由监所指定。其人选必须是认罪悔过好，带头遵守监规，积极参加学习与劳动，能够开展思想斗争，靠拢政府并能及时反映情况，有一定工作能力。组、队长在监所领导下开展活动，按照监所的计划和指示，组织犯人完成学习、生产等任务，督促犯人遵守监所规则。在有“救亡室”“俱乐部”的地方，它同时又是“救亡室”“俱乐部”的基层组织，接受其工作布置，在犯人中开展活动。在没有“救亡室”“俱乐部”的地方，它在监所工作人员指导与监督下，开展某些“自治”活动，如讨论制定本组劳动、学习计划，组织大家努力完成；开展小组之间的守法、学习、生产、卫生等竞赛；召开生活检讨会，开展批评与自我批评等等。

在监所领导下，实行一定范围内的犯人自治，对于搞好监所管理，促进犯人的自觉改造，具有重要作用：第一，可以依靠犯人中的积极力量，辅助监所搞好管理。抗日战争时期，一般县监所，有犯人少则三四十人，多则一百二三十人，通常很少有专职管教干部，绝大部分事务工作，都是依靠犯人自己去完成。但只要监所干部能正确掌握政策，加强领导与检查督促，就能把对犯人的教育改造工作和劳动生产任务完成得很好。第二，启发犯人自我改造的积极性。边区抗日民主事业是正义的事业，犯人中的绝大多数又都是可以改造的。因此，可以引导犯人在一定范围内自己教育自己，从而使这种教育更具有说服力，对于不思改悔者，就有更大的监督和鞭策力量。第三，培养了犯人的民主习惯。监所的“犯人自治”，对犯人也是一种民主教育，可以帮助克服其愚昧无知、一意孤行的落后意识。第四，活跃犯人生活。通过犯人自治组织，调动大多数犯人的力量，开展宣传、卫生、文化、体育等各方面的活动，发挥犯人各方面的才干，丰富犯人生活，并使教育形式多样化。第五，启发犯人提出改进监所工作的意见，把犯人中的积极力量组织到监所管理、教育、生产等各方面的工作中去，帮助监所改进工作。

但是，实行犯人自治，也发生过一些偏差。有的抹煞了犯人和人民的界限，把“犯人自治”和政治民主混淆起来，提出了由犯人“民主管理”监所和为犯人群众服务的观点，放松了对犯人的管理与教育，致使有的监所出现了犯人要求在生活待遇上与干部平等，攻击谩骂干部，拉帮结派，把坏分子抬为组长、委员等现象。针对这些错误，抗日民主政府一方面教育干部认识“犯人自治”并不是由犯人民主管理监所，而是在监所工作人员的领导与监督下，利用犯人中的积极分子，组织犯人开展认罪守法、积极改造的活动；另一方面则批判了犯人中的各种错误倾向，从而使偏差得到了及时的纠正。

（三）犯人生活与卫生的管理

抗日民主政府从革命人道主义和感化教育的方针出发，在犯人的生活待遇、医疗卫生及生活制度等方面，彻底改变了旧监狱那种折磨摧残奴役盘剥犯人的腐朽黑暗状况，建立了文明卫生的监所环境和有利于犯人身体健康与思想改造的生活管理制度。这在建立新民主主义的监狱制度方面，发挥了重要作用，产生了很好的影响。

1. 关于犯人的生活待遇及供给办法。抗日民主政府对犯人的生活待遇及供给办法，大多采取以下原则：（1）保证犯人最起码的生活需要，不许在生活上苛待犯人，严禁克扣犯人伙食。（2）犯人的生活供给，必须在某些方面略低于普通革命工作人员，反对把二者平均化。1943 年 3 月 5 日，晋冀鲁豫边区政府和高等法院的联合通令指示：“我们应当在生活上保证自新人最低限度的生活必需”，但也“必须反对对自新人与工杂人员供给上的平均主义观点”，“而应在某些地方有所区别”[①]。（3）供给标准应区别战时和平时，常年和灾年的不同情况，适当确定。战时低于平时，灾年低于常年，既要考虑到政府的供给能力，也要考虑到群众影响，不能使犯人生活超过普通群众。（4）通过生产劳动，增加监所收入，改善犯人生活，并在犯人生活的供给办法上，尽量扩大由监所生产收入解决的部分。（5）在供给办法上，还要区别未决犯和已决犯、家在根据地内和在根据地外、家庭有供给能力和无供给能力等不同情况，实行不同解决办法。家在本地区的未决犯的伙食和衣物需要，一般由其家庭供给。家不在本地区及家庭贫困确实无力供给者，由政府供给。对于已决犯的生活供给，晋冀鲁豫等边区的解决办法与未决犯同，除非监所生产收入能够解决。否则，家在本地区的已决犯的生活供给，原则上也应由其家庭负担；家不在本地区及家庭确实无力供给者，则由政府和监所生产解决。在陕甘宁边区以及其他一些抗日根据地，对于已决犯的生活供应，则一律由政府和监所生产解决。

为了妥善解决犯人的生活，各抗日根据地政府曾制定“囚粮”及犯人被服供给办法，并随着形势的变化而几经修改。

---

①《晋冀鲁豫边区政府高等法院联合通令》（1943 年 3 月 5 日）。

关于伙食供给标准，在不同地区不同时期有所不同，一般是略低于工作人员的供给。在晋察冀边区，干部每人每日供给标准为小米一斤三两，柴菜金一角二分；犯人每人每日供给标准为小米一斤，柴菜金八分。1939 年水灾，边区人民生活水平一度严重下降，犯人供给标准也一度减半发给。在晋冀鲁豫边区，1943 年规定，犯人每人日供给标准为小米一斤四两，柴菜金二角；战时分遣隐蔽和战时由村指挥部捕捉的家不在本地的犯人，则按每人每日小米 6—8 两的标准报销。在陕甘宁边区，干部每人每日供给小米一斤四两，柴菜金七分；犯人每人每日供给小米一斤三两，柴菜金六分。二者的生活供给标准相差无几。

关于被服供给，陕甘宁和晋冀鲁豫等边区规定，每人每年发单衣一套，每两年发棉衣一套。晋冀鲁豫边区还规定，每人每季发给鞋袜各一双，但政府只发给衣服鞋袜的半价，其另一半由监所生产收入中开支。

由于各边区都实行了开展监所生产、改善犯人生活的政策，各地犯人实际生活水平大大超过了上述供给标准。如陕甘宁边区规定，犯人除每人每日供给小米一斤三两之外，另发给生产补助粮五两，实际高出干部供给标准四两，每天一斤菜，每月一斤肉、一斤半油，其生活水平比沦陷区和国民党统治区的一般百姓还高。1938 年 4 月 20 日，东北周刊社考察团在参观陕甘宁边区看守所后感动地说："他们（指犯人）在法网内，所得到的精神物质种种生活，也许比逍遥法外时要好得多，这也不能不说是'因祸得福'的好机运。"晋察冀等边区虽然规定的供给标准稍低，但可将监所收入的 70%用于改善犯人生活，其实际生活水平也高于沦陷区普通群众。1941 年冬，敌占区士绅来边区参观后，有的感慨地说："边区犯人的生活，真是敌占区老百姓欣羡不得呢！"

2. 关于卫生医疗制度。搞好监所卫生及犯人的医疗保健工作，以保证犯人的身体健康，并使监所有个文明的面貌，也是实行革命人道主义，对犯人进行感化教育，建设文明监狱的重要内容。边区政府总是把良好的卫生环境和犯人的健康面貌，看作是边区新民主主义监狱区别于一切旧监狱的重要表现。各根据地的监所管理规章，都详细规定了监所的卫生医疗制度，有的还专门制定了监所《卫生规则》。其主要内容是：第一，严格监所卫生制度。每天由犯人轮流值日，洒扫清除，保持内务和环境的整洁。定期洗澡、理发、洗衣、晒被褥。定时"放风"、晒太阳、室外活动。保证厨房卫生，做到饭菜清洁，不吃生冷腐败食品。对传染病患者和重病号实行隔离住宿。实行卫生检查和评比竞赛，犯人各组设卫生组长，犯人俱乐部设卫生委员，每天检查本室内务和室外卫生，定期进行全监所的检查评比。卫生好者，发给优胜红旗；差者，给予批评。第二，进行卫生常识教育，有条件的地方，还由医务人员对犯人上卫生常识课，以改变犯人中愚昧落后的不讲卫生的习惯。第三，建立医疗制度，对犯人疾病及时诊治。晋冀鲁豫边区政府规定，犯人的医药费，由政府报销一半，由监所生产中解决一半。陕甘宁边区政府规定，政府按每人每月小米八斤的标准，供给监所医药费，并责成边区医院每周两次派医生到看守所看病。监所对犯人的死亡，要作出专题报告，凡因病未得到应有治疗而死亡者，监所领导人要负行政上的责任。边区政府要求监所干部对患病犯人采取革命人道主义的关怀态度，使其得到积极的诊治和周到的护理，并在生活上给予妥善照顾。第四，对不易诊治的重病患者，实行保外就医和交村执行。

抗日根据地的监所在极端困难的物质条件下，仍然在卫生工作方面取得了很大的成效，陕甘宁边区高等法院院长雷经天同志说："在犯人住的窑洞里，如学校的宿舍，军队的营房一样整齐清洁。"① 世界学联代表参观陕甘宁边区监狱后说："我很愿意住这样的监狱，因为在这里夏天没有苍蝇的骚扰，好比住在医院病房里一样舒服。"在战争和灾荒的不断侵袭下，根据地多次发生流行疾病，然而在监所却很少发生。这对犯人的感化教育起了很好作用。病愈犯人对监所的关怀无不感动。陕甘宁边区高等法院犯人王××，入所时患有严重的淋病和心脏病，住病室治疗休养痊愈后感动地说："我把公家亏了，我不是守法来了，而是住医院来了，我这条命是监狱留下的，如果在家早就完蛋了。我病好了，一定要好好守法，不然对不起组织对我这样的关心和爱惜。"

3. 关于犯人的作息时间及活动安排。抗日民主政府监所关于犯人作息时间及活动内容的安排，是以有利于对犯人的管理教育、改造和保证其身体健康为原则。第一，在其活动内容的安排上，考虑到政治思想文化教育、劳动改造、活跃文化体育生活的全面需要，使其活动内容充实而活跃。一般监所都安排有早操、读报、劳动、上课、学习讨论、思想生活会议、文化体育及自由活动等内容。第二，实行有劳有逸的原则。每日6—8小时劳动，生产繁忙时最多不超过十小时。保证8—9小时的睡眠和一定的文化体育及自由活动时间。实行例假休息制度，稍许正规的监狱，一般都休息星期日和重要的节假日，犯人利用这一时间开展文娱体育活动，整理个人卫生。

这样，在监所就形成了充实活跃而有规律的生活制度。一般是早上起床

① 雷经天：《两年半来陕甘宁边区的司法工作》（1940年4月1日）。

后，上操，读报，早饭后或午饭后劳动或上课，下午有一段自由活动时间，晚上学习、讨论、开生活检讨会。正如《晋察冀边区行政委员会工作报告》所说："犯人在监所里，一般是过着训练班似的相当规律的生活。"①

四、监所教育制度

抗日根据地监所实行以教育为主的方针，认为"教育是帮助犯人转变错误的主要方法。"② 并把对犯人的教育内容概括为"三大教育"，即政治教育、文化教育和劳动教育。所有这三项教育，都是为了转变犯人的思想。抗日民主政府明确指出："进行思想的感化教育，是监狱看守所工作的中心一环。"③

（一）抗日民主政府监所的"三大教育"

1. 政治教育。抗日民主政府把政治教育当作教育改造犯人的首要途径，认为犯罪是阶级斗争的产物，与犯罪者的阶级立场、政治认识有密切联系。犯罪分子所以走上犯罪道路，有的出于反共反人民的政治立场，有的错误地估计了敌我斗争形势和人民政府的力量，有的对政治和政策法令愚昧无知。只有通过政治教育，使犯罪者认清抗日民主斗争的形势与前途，区分正义与非正义、善与恶，从而提高其政治认识，改变其政治立场，才能使其悔罪改过，重新做人。

抗日根据地监所的政治教育，一般包括抗日教育，新民主主义革命理论教育和政策法令教育。

抗日教育是抗日根据地监所对犯人进行的最经常最主要的政治教育，一般以党和政府的宣传资料、边区的报刊为主要学习材料，组织犯人学习和讨论，并由司法机关和监所领导作报告，反复讲明，抗日战争是关系中华民族荣辱存亡的严重历史任务，是全体人民共同进行的伟大而正义的事业。"天下兴亡，匹夫有责"，每一个有良心的中国人都不能不为争取抗战胜利而效力。揭露日本侵华战争给中国人民带来的沉重灾难，讲述历史上的民族英雄故事，以及我国军民在抗日战争中涌现的无数英雄事迹，藉以激发犯人对日本侵略的民族仇恨，培植民族自尊心和爱国主义思想。同时进行国际反法西斯战争及我国抗日

---

①《晋察冀边区行政委员会工作报告》（1938—1942 年），载《晋察冀边区第一届参议会汇刊》。

② 林伯渠：《陕甘宁边区政府工作报告》（1939—1941 年）。

③《太行区司法概况》，1946 年。

战争的形势与前途的教育，树立抗战必胜的信念。有条件的监狱，还选择专题系统讲述。如陕甘宁边区高等法院看守所和监狱，曾讲授过这样一些题目："相持阶段的形势与任务""坚持华北抗战""论我后方的群众运动""渡过困难危机，争取抗战胜利""百团大战的意义""投降就是亡国""团结统一"等等。通过这些教育，使犯人认识，党和抗日民主政府领导的抗日民主事业，是正义的事业，得到全体人民的拥护。正义的事业必然要胜利；日本侵略者及汉奸走狗必然要失败，必将受到人民的制裁；一切汉奸反动分子，只有弃暗投明，痛改前非，参加到抗日民主事业中来，才有出路。

新民主主义革命理论的教育也是监所政治教育的重要内容，一般以毛泽东同志的《新民主主义论》《中国革命与中国共产党》《新民主主义宪政》《论联合政府》等著作为主要教材，配合学习报刊上的有关文章。有条件的监所，还进行专题讲课，陕甘宁边区高等法院看守所曾讲授过毛泽东同志的上述文章以及"中国革命运动史""论抗战中的民主问题""如何实行宪政""边区民主的特点及其在乡的实施"等题目。通过新民主主义政治理论的学习，教育犯人认识，抗日根据地和国民党统治区两个社会、两种政权的根本区别，党所领导的民主革命事业和抗日根据地的新民主主义制度，反映了中国历史发展的规律和广大人民的要求，代表了中国的前途。只要团结在党和抗日民主政府领导之下，才能有个人的前途。

政策法令教育主要是组织犯人学习边区政府的重要法律文件，如抗日民主政府施政纲领，战争动员法令以及主要的刑事法规。同时由司法和监所干部讲解党和边区政府的镇压与宽大相结合、惩办与教育相结合的基本刑事政策。用法律和政策规定，结合典型事例，教育犯人认识，什么是犯罪？犯罪后的出路何在？认识党和边区政府的坦白从宽、抗拒从严、立功受奖的政策，政府对于一切真心愿意悔改，并有实际表现的犯罪分子，实行给出路的政策，对于坚持错误拒不改悔的分子，定予严惩。

抗日根据地监所的政治教育取得了巨大成绩，不仅使一般刑事犯罪分子提高了民族觉悟，懂得了民主革命的道理，产生了参加抗战和根据地建设的愿望，而且使大批汉奸分子转变到抗日人民方面来，积极参加抗日斗争。譬如，在敌人"扫荡"时，有的监所组织犯人随监所干部一起反"扫荡"，常常让一些犯人担任侦察、警戒、通讯、联络等工作，一般都胜利完成了任务。一些监所曾遭到敌人的包围、袭击或被打散，在突围和事后，除伤亡者外，一般都能全部归所。有的甚至在被敌人俘虏后，仍设法逃回监所报到。如晋察冀二专署监犯曾遭到敌人包围袭击，没有一个乘机逃跑的。在冀中，一次敌人夜袭，犯人的队伍被冲散，有个犯人胳膊负伤，几天之后，他脖子上吊着绷带独自回到监所。许多汉奸分子获释后，能够弃恶从善，甚至积极为抗日斗争效力。如繁峙县某汉奸被释放回家后，积极规劝其亲友再莫当汉奸，并亲自领其到抗日民主政府自首。

2. 文化教育。抗日民主政府把文化教育作为监所教育的重要内容。由于抗日根据地的犯罪分子多是文盲、半文盲，愚昧无知使一些人走上犯罪道路。因此，扫除文盲，提高文化知识，就成为提高犯人的精神文明，转变其犯罪思想的重要条件，同时，也可把犯罪分子改造成对社会更为有用的人。

各抗日根据地的监所，普遍把识字扫盲作为文化教育的主要内容，他组织识字班，挑选犯人中表现好、有文化者做教员，指导学习，开展识字竞赛活动，定期进行测验，对学习成绩优异者进行奖励和表扬，以鼓励犯人学习的积极性。除了识字扫盲之外，各地监所普遍地把读报作为所有犯人经常性的学习内容，既学政治，也增加文化知识。有条件的监所还设立了书报阅览室，供有阅读能力的犯人学习。陕甘宁边区高等法院看守所和监狱，还开设算术课、常识课，有卫生常识、科学常识、法律常识、历史常识、地理常识等。

许多监所的文化教育工作取得了很好的成绩，促进了犯人的思想转变。陕甘宁边区高等法院看守所 1940 年上半年测验，劳作队多数人每月识字 20—30 个，少数人能识字 50—70 个。未决犯多数人每月识字 50—60 个，少数人能识字 90—120 个。1942 年，犯人张 ×× 入所时是文盲，经过半年学习，能写信寄回家，家属又惊又喜，称赞边区监狱是“学校哩”。犯人李 ×× 入监狱时目不识丁，经过三年改造，能写会算，期满后当了高等法院安塞农场主任。晋察冀边区繁峙县监所有一犯人，入所时一字不识，经过四个月学习，能管伙食账了。有的犯人经过学习痛苦地回忆说：“自己因为不识字，没文化，不懂道理而犯了错误，现在只有加油学习，提高文化，了解政策，才能少犯错误。”

3. 劳动教育，是抗日根据地监所教育改造犯人的一条重要途径。它对犯人的劳动教育，包括劳动观点和劳动人民思想品德的教育、劳动习惯的培养和劳动技能的锻炼三部分。通过理论教育、日常思想教育和生产劳动锻炼，教育犯人懂得劳动创造人类、劳动人民创造世界历史的道理，树立劳动光荣、寄生可耻的观念，引导犯人认识好逸恶劳、自私自利、损人利己等意识对社会对自己的危害，体会劳动丰收的欢乐和团结互助的集体主义思想的可贵，从而教育其树立艰苦创业、勤劳致富的思想，培养其爱劳动的习惯。通过生产劳动，引导犯人学会一定的生产技能，为其释放后劳动谋生打下基础。

（二）深入细致的思想工作制度

抗日民主政府要求监所干部，把深入细致的思想教育，作为搞好监所各项工作和转变犯人思想的中心环节。既要把思想教育贯穿于监所各项工作及各种活动之中，又要深入了解犯人思想情况，以诚恳的态度，耐心细致的工作，解决各种具体思想问题。

1. 把思想教育贯彻于监所各项工作之中。不论是管理、审讯、组织生产劳动，还是政治、文化教育，都抓住思想教育这一环，解决犯人在各种活动中暴露的各种思想问题。譬如，犯人入所时，对其进行遵守监规的教育；审讯过程中，进行镇压与宽大相结合的刑事政策教育；在生产劳动中，进行劳动意义的教育等。根据犯人思想活动的一般规律和具体思想问题，有的放矢地进行说服教育工作，譬如，在犯人入所之初，主要是消除其恐惧心理、对抗情绪、企图掩盖罪行以蒙混过关的心理。在其罪行被查清后，则要转变其悲观失望的情绪。判刑后，要消除其苦熬时日的情绪。在劳动改造过程中，各种犯人的各种不良品质会更明显地暴露出来，更要作深入细致的思想教育工作，改造其坏思想。

2. 从不同犯人的不同思想实际出发，有目的地做好思想转化工作，反对形式主义的千篇一律的教育方法。党和抗日民主政府要求司法和监所干部深入到犯人中去，经常了解犯人的具体表现和各种思想情况，研究各种不同类型犯人的思想活动规律，了解每个犯人的不同思想问题，对症下药。对于出于反动的政治立场，进行汉奸反革命活动的，强调政治形势和政治理论的教育，揭露批判其背叛民族反对人民的反动思想本质，转变其立场。对于劳动人民出身，由于旧的社会制度的不良影响，养成好逸恶劳、腐朽寄生的流氓意识，而走上犯罪道路的，则强调教育其认识两种不同政权和不同社会制度的性质，启发其阶级觉悟，培养劳动人民的思想感情。对出于泄私愤而犯罪的，则着重进行法纪教育。针对不同性质的罪犯，抗日民主政府还规定了不同的教育改造措施。譬如，对汉奸反革命罪犯，学习时间多些，劳动时间稍少。对窃盗、烟毒等犯罪者，劳动时间要相对长些，更强调在劳动实践中改造。

3. 以诚恳与关怀的态度进行感化教育，反对对犯人采取歧视、报复、奴役的态度，认真分析犯罪的客观原因和主观原因，以“治病救人”的精神，进行挽救工作。首先要以诚恳、关怀的态度，取得犯人的信任，消除其戒备心理和对立情绪。并对其进行前途教育，使其建立新生的欲望和对前途的信心。同时要关心犯人的生活，有病及时诊治，并给予适当照顾，无经济来源者，给予必须的伙食、被服补助等。还要关心其他各种实际问题，排解各种思想疑虑，解决各种合理要求，反对对犯人的问题采取漠不关心的态度和单纯囚禁观点。

4. 把工作干部的教育与犯人自我教育结合起来，一方面充分发挥监所工作人员对犯人进行思想教育的积极性主动性，运用上课、讲话、个别谈话等方式，对犯人进行普遍的思想教育和个别的思想工作；另一方面，在监所工作人员的指导与监督下，充分发挥犯人积极分子和犯人组织的积极作用，建立犯人间自我教育和互相督促帮助的各种“民主生活”制度，开展各种形式的批评与自我批评，如生活检讨会、检查评比会、鉴定会、思想总结会、思想转变好者的典型报告会、对破坏捣乱者的批判会等等。此外，还利用墙报、监狱小报等形式，宣传思想改造的经验，表扬先进，批评落后。在抗日根据地的监所中这种种“民主生活制度”，对犯人的思想教育起着重要作用。

（三）感化教育工作的“党鸿奎经验”

抗日根据地的各大监所工作干部，发扬党的优良作风，认真执行感化教育的狱政方针，在创建新民主主义监狱制度和改造犯罪分子的工作中，创造了丰富的经验，并形成了我国人民民主政权监所工作的优良传统。在众多的模范人物的成功经验中，最具有代表性的是陕甘宁边区政府表彰的“党鸿奎经验”。其成功之处主要有以下几点：

第一，树立正确的监狱工作观点和高度的革命责任感。党鸿奎同志是土地革命时期参加革命工作的老干部，他在 1943 年担任延安监狱典狱长后，把改造犯人的工作视为自己的神圣职责，全心全意地投入这一事业。他坚信党和抗日民主政府的狱政方针的正义性。他说：“旧社会逼人犯罪，只有共产党才担负着改造人的伟大事业。”他决心“用尽所有的力量，改造犯人”，把“边区的监狱变成学校。”①

第二，说服教育为主，严禁侮辱打骂犯人。党鸿奎同志坚决纠正了某些工作人员用捆绑、体罚、带手铐等惩治办法管教犯人的错误，对犯了错误的犯人，主要采取个别谈话，打通思想，使其认识错误。严重者，开批评帮助会、批判会。更严重者，送至法庭加刑，决不许肉刑或体罚。他做犯人思想工

①《模范典狱长党鸿奎》，载《解放日报》1945 年 1 月 1 日。

作，实事求是，耐心细致，通情达理，反对主观武断和压服。如盗窃犯张 ×× 情绪低落，搞坏了锄头，并企图逃跑，别人揭发后，还进行抵赖。犯人大会决定对其捆绳子，党鸿奎同志果断制止，并对张进行了耐心的开导，张暴露思想说："惦念老母，怕守法期满后见不到母亲。"党鸿奎同志亲切开导说："好好守法，转变得好，就可早获释放。"张感动得流了泪，不久，成为监所生产积极分子。

第三，以诚相待，亲切关怀。党鸿奎同志对犯人平等相待，不摆官架子，尊重犯人人格，与犯人以诚相见，消除犯人对工作人员的戒备和恐惧心理，取得犯人的信任。他时刻关怀着每个犯人的思想情绪和生活，发现思想问题随即进行谈话；发现工作生活上的问题，及时解决。他经常教育犯人注意卫生，防止疫病。1945 年监狱所在地——红寺村疾病流行，犯人却没有一个患病。甚至犯人家属的困难，他也热诚关怀，尽力解决。杀人犯郭 ×× 入监时带了个几岁的娃娃，党鸿奎同志征得边区高等法院的同意，送娃娃到民办小学读书，由监狱负担孩子的生活费。郭犯感动地说："一辈子也没想到，人犯了罪，孩子还能上学，天下只有共产党才能做得到呀！我再不好好务正生产，真该死！"党鸿奎鼓励犯人在学习、劳动、思想改造中的每一微小进步，给犯人讲革命道理和政策法令，教犯人识字，对没有生产技能的犯人，手把手地教农活，深受犯人尊敬。

第四，积极执行边区高等法院规定的生产奖励制度，鼓励犯人的生产积极性，帮助犯人建立家业。党鸿奎把过去的奖品制改为奖金制。这种办法把监狱生产和犯人的物质利益结合了起来，根本改变了犯人以往在生产中的被动地位，大大激发了他们的生产积极性，提高了劳动生产率。如监狱烧炭场，1943 年，13 个人全年共烧炭 6 万斤。1944 年，7 个人 4 个月就烧炭 4 万斤。监狱生产大发展，犯人收入也增加了许多，有的犯人年终向家里汇去边币 2 万元，不少人为释放后的生产准备了一定的基金。

第五，妥善安排获释犯人，帮助犯人走劳动为生的道路。党鸿奎不仅关怀犯人在监狱的进步，而且关心其释放后的出路，犯人获释时，他帮助他们订立生产计划，鼓励其劳动致富，争当劳动英雄，并开会欢送。对于无家可归或不愿离去的犯人，帮助他们在延安附近的庙儿沟安家立业。党鸿奎不仅关心犯人的安置，而且关怀犯人家属的生活，对于一些因丈夫服刑而失去生活依靠的妇女及其子女，也设法进行安置，给她们安排居住的窑洞，组织她们参加生产。

党鸿奎的模范工作作风，深深感动了犯人，帮助大部分犯人走上正路，赢得了犯人的尊重与爱戴，许多犯人在获释时热泪盈眶地说："我再犯法，没脸见典狱长"。在他领导延安监狱的几年中，没有逃走一个犯人，可见感化教育的威力。

五、监所的生产劳动制度

抗日根据地的监所，都把组织犯人生产劳动作为自己的重要任务。1939 年 4 月 19 日，陕甘宁边区高等法院发出通令，要求边区各县看守所组织所有已决犯参加生产工作，一方面为着克服抗战时期的经济困难；另一方面，给犯人以改正错误的机会。此后，边区高等法院将已决犯组成劳作队，从事农业和工副业生产，各县看守所也普遍组织了各种生产劳动。1941 年后，在整顿监所、加强监所建设的过程中，组织犯人从事生产劳动的工作，在敌后各抗日根据地普遍开展起来。特别是在大生产运动中，各边区政府向监所提出了"自力更生，生产自给"的任务。各地司法、公安机关都把组织犯人生产作为一项重要政治任务，领导亲自动手，全体干部共同参加，组织犯人开展了广泛的生产运动，不仅取得了重要的经济效果，而且取得了组织监所生产，劳动改造犯人的重要经验。

抗日根据地组织犯人从事生产劳动的形式多种多样，由各地政府和监所从当时当地及本身的实际出发，选择既有利于对犯罪分子的改造，又能以最少的投资取得最好的经济效果的生产项目。在环境比较稳定、人员比较集中的监狱，建立了比较稳定的生产基地，如陕甘宁边区高等法院监狱在延安卅里铺建了农场和制鞋、烧炭等生产基地。晋绥边区监狱 1941 年成立，1942 年便开荒 20 亩，种菜园 10 亩，有纺车 40 架，还成立了铁工组、缝纫组、织布组、瓦木工组、粉房、豆腐房等。晋察冀边区"自新学艺所"主要从事农业、土建、采煤等三项生产。敌后各县监所，虽然处于动荡的战争环境，仍采取灵活多样的形式，把生产搞得蒸蒸日上，县监所生产大体有这样几类：（1）农业。开荒种地，陕甘宁边区各监所在 1940 年已开荒种地一千多亩。晋冀鲁豫边区 1945 年 34 个县监所已开荒二千多亩，其中涉县看守所在 1944 年开荒 70 亩，林北县看守所开荒 45 亩。（2）手工业。种类很多，如纺纱、织布、纺毛线、织毛衣、编芦席柳筐、缝制衣服鞋袜、制造农具家具、榨油、磨面等等。不少地方还办起了小型工厂。（3）运输业。组织犯人搞短途运输，如林北县监所组织 38 名犯人，利用 17 辆小车、两辆大车运煤。还有个别地方越过封锁沟到敌占区搞运输。（4）包工队。在农忙时组织包工队，支援农民春种秋收，收取工资（一般低于市价），作为监所生产收入。此外，有些地方还开饭馆、开澡堂、赶集钉马掌等。当时，从战时需要出发，实行了一些令犯人暂时脱离监所，参加社会生产的办法。如晋察冀边区行政委员会制定了《关于选拔监犯参加采煤工作的决定》，冀中行署制定了《犯人保外开荒办法》，规定犯人可以一定的采煤期限和开荒成绩折抵一定的刑期。各地普遍实行了监所放农假的制度，即在春耕、夏收、秋收等农忙时节，把劳动农民家庭出身、非政治性犯罪且罪行不大的犯人放假回家，参加生产。这些只是在当时具体条件下采取的支援社会生产的临时措施，而不是监所的生产形式。

抗日根据地的监所生产，是在教育为主、教育与生产劳动相结合的方针指导下进行的。根据这一方针和长期的实践经验，逐步形成了监所生产劳动的组织领导和经营管理的主要原则和制度。

（一）教育为主，经济效益为副

抗日民主政府监所的生产以对犯人进行劳动改造为主要目的，增加经济收入，解决经费困难是第二位的。因此，对生产项目的选择，必须以有利于对犯人的改造和管理为原则，而不能单纯的从利润观点出发。在大力强调开展监所生产的初期，个别地方曾出现了片面追求经济收益的现象，让犯人赶集会，开店铺，甚至搞投机买卖。抗日政府对此及时进行了纠正。晋冀鲁豫边区政府和高等法院于 1944 年 2 月 12 日发出通令，指示各地监所的生产，“要把主要力量放在农业生产上”。太行区司法会议指出：“我们的生产方向还应该向农业、手工业方向发展，因为只有农业手工业才能考验自新人的意识，锻炼其劳动观念。做投机买卖，单纯以营利为目的，发展各种投机营业，对自新人的教育上，不仅无从考验自新人的思想，锻炼其劳动观念，而且相反地会助长其投机思想，所以，做投机买卖，在今后是应该取消的。”①

（二）教育与生产劳动相结合

抗日民主政府一方面把生产劳动作为教育改造犯罪分子的手段，同时又把思想教育当作搞好生产劳动的重要保证。因此，他“把生产工作和思想教育工作紧密结合起来。”②

① 太行区司法会议上的总结报告：《太行区司法概况》，1946 年。

② 太行区司法会议上的总结报告：《太行区司法概况》，1946 年。

抗日民主政府从经验中体会到，“每个自新人意识的好坏，如勤劳、正派、积极或者是懒惰自私、虚荣、投机、消极等等，都可以在生产中随时暴露出来。同时，每个‘自新人’的情绪变化，是积极愉快，还是消极苦闷，抑是抵抗对立？也会在生产中表现出来。这样，我们便可以根据他的思想实际，进行教育。”[①]促使其在劳动中改造自己。如果不进行思想教育，生产也不可能顺利进行。

太行区司法会议在总结监所生产工作经验时指出：“许多经验证明，从一个生产任务开始，直到结束，必须贯穿教育工作”，[②]教育的方法是“一般动员与个别谈话相结合”。一般动员，是对犯人进行普遍的政治教育和劳动目的教育，提高犯人对参加劳动的重要意义的认识，并解决普遍存在的思想问题。个别谈话，则是针对个别犯人存在的具体思想问题和实际问题进行教育，或解决其实际问题。有的县监所由于忽视了思想工作，犯人对劳动的意义缺乏认识，有的把劳动看作惩罚，有的认为不久就要出狱，是为别人生产，因而出现了“早晚三顿饭，松紧一天工”的思想。个别人破坏捣乱，也得不到监督，虽然制定了严格的纪律，仍然不能解决问题。后来，抓住思想教育，解决了犯人中存在的各种思想问题，同时配合以奖惩制度，便使犯人的生产积极性大大提高。

（三）干部带头参加生产劳动

这是抗日民主政府发展边区生产的一条重要原则，也是搞好监所生产的重要成功经验。这样做，既有利于消除犯人在生产上的对立情绪，克服其“罚苦工”的思想；也有利于以干部的模范行动对犯人进行思想教育，并克服干部对犯人的奴役态度；同时还利于深入了解犯人的思想和生产状况，更好地组织生产和进行思想教育。晋冀鲁豫边区涉县司法科在组织犯人生产的初期，由于干部、法警只以“看管主义”的态度带领和监视犯人生产，致使生产情绪低落。工作人员看到这种情形，亲自参加生产，以身作则，并对犯人从生活上关怀，思想上教育，使犯人的生产情绪迅速高涨，达到了生产自给。在晋察冀边区“工作人员和犯人一起参加生产，不是专为监视与驱使他们”，而是“反对奴役态度，使参加生产劳动的犯人，没有罚苦工的感觉。”[③]

① 太行区司法会议上的总结报告：《太行区司法概况》，1946年。

② 太行区司法会议上的总结报告：《太行区司法概况》，1946年。

③ 王斐然：《徒刑在边区是怎样执行的》，载《北方文化》1946年第2卷第4期。

（四）吸收犯人参加生产管理，严格执行奖惩制度

在生产活动中，抗日根据地监所广泛地发挥犯人参加组织管理的积极性。从生产的组织领导和生产计划的制定，到开展劳动竞赛、评定奖励以及收入分红，都充分发挥犯人组织和犯人积极分子的作用，组织犯人讨论，认真吸取其合理意见。作业组长一般都由犯人担任，犯人俱乐部设有生产委员，有的监所还由犯人选出生产管理委员会，协助监所领导生产。发动犯人献计献策，利用犯人的专长，开辟监所副业生产。在生产劳动中，依靠犯人组织，开展劳动竞赛。这些吸收犯人参加生产的组织与管理的活动，是抗日根据地监所搞好生产的重要办法。

抗日根据地监所在生产管理中，还建立了严格的奖惩制度，定期检查评定，对于表现好者，给予精神鼓励和物质奖励，以至减刑假释。各监所普遍进行了选举生产积极分子、劳动模范，评选模范班、组，评定应奖人员的活动。一些监所或司法机关还制定了生产奖惩办法，如陕甘宁边区高等法院先后公布了《陕甘宁边区监狱劳动生产第一所（工业）奖惩办法》《陕甘宁边区高等法院在押人犯服役奖惩暂行办法》（1942 年 10 月 20 日），他们不仅规定了一般奖惩办法，而且规定了按产品数量依比例发放奖金和扣发奖金的办法。把犯人的劳动态度、生产成果与物质利益及政治前途紧密结合起来，对犯人起到了重要的鼓励和鞭策作用。

（五）实行以解决监所开支为主，个人“分红”为辅的分配办法

监所生产广泛开展起来后，对生产收入如何分配，各监所的认识和办法很不统一，有的认为，犯人的劳动是强制劳动，其生产收入应全部归公。有的则认为，应贯彻“取之于彼，用之于彼”的原则，把生产收入的绝大部分归生产者个人，采取了“倒二八分红”或“倒三七分红”的办法，即百分之八十或七十归犯人个人，百分之二十或三十归集体。抗日民主政府分析了监所生产和犯罪人的实际情况，总结了各地经验，认为监所生产是对犯罪者的强制劳动，它不同于农业、手工业合作社，不能搬用劳动群众集体经济的分配原则，其收入分配权应由政府掌握，其生产收入主要应归政府和监所支配。但为了调动犯人的生产积极性，并使其为释放后从事生产积累一定的资金，也有必要提取一部分生产收入，由参加生产的犯人按劳“分红”。因此，各边区政府普遍实行了以解决监所开支为主、个人“分红”为辅的分配办法。晋察冀边区把这种办

法叫做“公私兼顾的分红制”。

陕甘宁边区规定将生产收入的15%用作个人分红，其余大部分用来补助监所经费、扩大再生产基金和补助犯人生活。晋冀鲁豫边区政府1944年2月规定，监所生产收入的分配办法是：15%补助看守所经费；40%改善犯人生活；25%作储蓄金；20%补助医药等费用。后来规定实行“二八分红”或“三七分红”的分配制度，即收入的百分之八十或七十归公，百分之二十或三十归生产者个人。归公的部分，一用于改善犯人生活，发劳动补助粮等；二用于集体福利，如改善卫生条件、添置文化、卫生设置及资料；三用于补助困难犯人，为其添置被服等；四用于生产奖励基金。分配给个人的部分，有的采取评工计分，最后统一结算；有的实行计件提成；有的按完成任务的情况，评等级给奖。

实行这种分配办法取得了很好的效果，大大激发了犯人的生产积极性和劳动光荣感。犯人亲身享受到自己劳动的成果，体会到劳动的欢乐，从而培养起热爱劳动的感情。特别是“分红制”，更有效地刺激了犯人生产积极性。如，陕甘宁边区高等法院监狱木板厂实行分红前，每两人每月锯木板8丈，实行分红后，增加到85丈。晋察冀边区平山县某犯人初到监所，终日愁眉苦脸，经过教育和劳动，成为劳动先锋，不仅在监所的一切费用不用家中供给，而且在回村执行时，还驮走一百多斤小米，感到喜悦光彩，对政府非常感激。实行个人“分红”，还使一些没有家产或贫困的犯人积累了一定的生产资金，获释后在政府帮助下，走上了以劳动为生的道路。

虽然处于分散的游击战争环境，抗日根据地的监所生产仍然取得了巨大的成效。

第一，从无到有，艰苦创业，奠定了监所生产事业的基础。一般监所生产都是在缺乏资金的情况下，自力更生，艰苦创业。有的开荒种地，有的对外包工，有的引进私人投资，实行公私合营，逐渐积累资金，扩大生产规模。经过几年的努力，使根据地的监所生产事业，初具规模。陕甘宁边区高等法院监狱，1943年建立监狱工厂时，仅从财政厅借了20万元边币，买了些木棍，垒起了厂房，利用对外承包修路、打窑、建仓库等工程的收入，购买设备、原料，搞起了纺织生产。到1946年初，仅纺纱厂就发展到拥有纺纱机97部，弹花机5部，打花机1部，加捻机2部，每日可纺棉纱一百二十余斤。此外，还办起了毛织厂、炭厂、木板厂、畜牧场、农场等。在敌后根据地太行区，据34个县监所的统计，开始生产时，几乎一无所有，到1946年初，已拥有土地

2105亩，生产资金1417070元。其中黎城县监所，最初只有150元生产资金，到1946年初，便发展到三十余万元。各抗日根据地的监狱，都形成了有一定规模的农业生产基地和工业生产基地，许多县监所也建立起小型手工作坊或小型工厂。

第二，抗日根据地的监所生产，对于解决监所经费困难，减轻人民负担，发挥了很大作用。如陕甘宁边区监所各种生产的收入，折合为小米，1940年为329.9石，1941年为450石，1942年为540.67石。晋察冀边区的平山县监所，1945年一年的收入，除去分红外，净收粮食15387斤，现金285068元，可以满足本县监所两年的开支。太行区的涉县监所，1942年和1943年的粮食生产，除食用外尚节余小米六千余斤。1943年实现了司法科全部经费自给。这在艰苦的战争环境，对于解决财政和物资困难，是个很大贡献。

第三，监所生产更重要的作用是改造了大批寄生堕落的犯罪分子，使他们养成了劳动习惯，学会了生产技能，改变了生活道路。许多犯人获释后，勤劳生产，有的成为劳动英雄、劳动模范、基层干部，有的利用在监所学的知识和技术，办工厂，传技术，带动群众生产。这方面的典型事例不胜枚举。晋绥边区离石县有一盗窃犯，无职业，以行乞度日，经判刑劳改释放后，运用在监所学习的技能和知识，组织十几个游手好闲的二流子，搞集体生产，纺毛、纺花、磨面，并在渡口搞搬运，实行按劳分红，不到半年，就获利数万元，每人添了新被服，群众一致称赞。太行区林北县的边区劳动英雄常××、磁武县劳动英雄胡××，都是由二流子大烟犯经监所改造获释后，成为劳动英雄，并被选为边区参议会议员的。

六、几种监外执行办法

抗日民主政府从革命根据地所处的游击战争环境的实际情况出发，尽量减少在监所服刑的犯人，以应付敌人的袭击，并节省政府的人力和开支。为此，它创造了多种监外执行的方式，依靠各方面的力量对服刑罪犯进行管理教育改造。同时，为了组织一切力量进行生产自救，并减少因犯人守法而带来的某些社会问题，还对某些犯人实行了“取保假释”、放“春耕假”“秋收假”等特殊措施。

1.回村执行。这是敌后抗日根据地普遍实行的一种徒刑执行方式，其名称在各边区不尽相同，晋察冀边区、山东等地称为“回村执行”，晋冀鲁豫边区称为“回村服役”，晋绥边区称为“监外执行”。它包括两种含义，一是把它作为与在监执行并列的徒刑执行方式，这类回村执行的犯人不属监所管辖。再一种是对那些在监服刑犯人的一种监外执行。按照晋察冀、晋冀鲁豫、晋绥等边区的规定，“为适应敌后战争形势，节省囚粮开支，提倡群众管理自新人起见”，[①] 本着有利于鼓励自新人自觉改造的原则，对在监所服刑一段时间的犯人得实行回村执行。回村执行的对象既包括案情较轻、刑期较短者（晋冀鲁豫边区规定为五年以下徒刑者，晋绥边区规定为二年以下徒刑者），也包括刑期较长而表现较好者。这两类都不包括汉奸、盗匪、累犯以及在监表现不好，有可能在回村后逃跑、重新犯罪者，或者会引起群众不满者。这种回村执行的犯人，并不完全脱离监所的管理。监所要定期把他们召回，进行短期的考察和教育，并经常派出工作人员，访问所在乡村，进行考察了解。对表现好者，可减刑、假释、提前开释；对表现坏者，要批评、惩罚、撤销回村执行，以至加刑。

对于回村执行制度，抗日民主政府曾颁布专门条例，详细规定了实施办法，如晋冀鲁豫边区的《自新人回村服役暂行办法》（1943 年 7 月）、晋绥边区的《人犯监外执行暂行办法》（1946 年 5 月 20 日）等。各地共同的做法是：对回村执行对象的确定，必须依据政府规定，认真研究审查，以防止其回村后逃跑、再犯或引起群众不满；回村执行犯人，必须讨取可靠保证人并填写保状。司法机关应填写回村执行通知书，写明犯人的各类情况、案情及刑期起止日期，还要写明村公所的职权责任和犯人的义务。犯人回村执行期间，应接受村公所的指挥、管理，外出时须经村公所批准，由村公所派服一定时间的公役（晋绥边区规定每月 10 日，晋察冀边区规定比普通人多服 1/5，晋冀鲁豫边区规定以公役易刑期），不享有公民权，执行期限以其残余刑期为准，一日折抵一日。

2. 调服外役，又称“保外服役”。1942 年 9 月，晋冀鲁豫边区政府和高等法院规定：“在徒刑执行中的自新人，应尽量调到各机关、团体服役（但汉奸嫌疑犯不能轻易用于机关内服役），以减少羁押人犯，并节省各该机关、团体杂务人员。”[②] 同年 9 月 9 日，陕甘宁边区《高等法院人犯保外服役暂行办法》中也规定，对于“在守法中表现良好的无逃亡之虞者”实行取保调服外役办法。

---

① 晋冀鲁豫边区政府高等法院：《自新人回村服役暂行办法》。

② 晋冀鲁豫边区政府、晋冀鲁豫边区高等法院《关于司法工作在扶植群众运动中及适应战争环境的几点指示》，见晋冀鲁豫边区政府《边区政报》第 12 期，1942 年 9 月 15 日。

在其他根据地，也有实行这种办法的。

调服外役的犯人，必须具备一定条件并履行一定手续：（1）在监所表现良好，无逃亡及再犯之虞者。（2）在陕甘宁边区还规定必须执行了一定刑期：判处二年以下徒刑或劳役，执行刑期在1/5以上者；判处二年以上五年以下徒刑，执行刑期在1/2以上者；判处五年以上徒刑，执行刑期在3/5以上者。（3）讨取可靠保证人，出具保状。

调服外役犯人由服役所在单位管理教育，但不等于脱离监所，所在单位应定期或不定期地向法院汇报情况，法院或监所应定期出巡检查。调服外役的犯人，以其残余刑期为服役期限，服役期限终了，即为执行刑期终了。在外役期间，表现好者，可以假释或提前释放。外役犯人在外服役，比在监所有较多的人身自由，但不等于恢复自由，仍受所在单位管教，必要时还可实行警戒和看管。

3. “战时分遣”，又称“战时假释”。这是敌后抗日根据地为应付战争环境而采取的临时分散犯人的措施。1942年，晋冀鲁豫边区政府与边区高等法院在《关于司法工作在扶植群众运动中及适应战争环境的几点指示》中就已规定了这种办法，当时称为“战时假释”。1943年7月21日，晋冀鲁豫边区高等法院根据《指示》的精神和在武安县试行的经验，拟发了《对于战时分遣自新人的指示》。这两个指示规定，对于不适宜于平时回村执行徒刑的犯人，在战争到来前，应实行战时分遣。家在根据地者，令其返回本村隐蔽；家不在根据地者，可选择工作基础好的村子，令其到村隐蔽，战争过后，一律再返监所守法。分遣对象必须事先讨妥两个以上保证人，填好保证书，保证其在分遣期间不报复、不逃跑、不犯法，战争过后及时返回监所。分遣到村隐蔽的犯人，要绝对接受村公所的指挥和管理。村公所负责对其看管、隐蔽、生活供给（家不在本地者，临时由村公所供给，事后向县政府统一报销），战后督促其返回监所。《指示》要求，在平时就做好战时分遣的准备工作，如确定好分遣对象，选好隐蔽村庄，讨妥保证人和填好保证书，准备好分遣通知书，并对犯人进行思想教育。在实施战时分遣的过程中，为保证分遣者不至发生逃跑和重新犯罪，对那些罪行严重及不思改悔者，仍由监所看押转移。

4. 取保假释。在陕甘宁边区，为了解决某些犯人家庭困难，还实行了“取保假释”的办法。对那些执行了一定刑期，在监所表现较好，家中因缺乏劳动力而难以维持生活的犯人，由其家属或村政府申请，村公所出具证明，经县政府审查同意后统一上报边区高等法院审查批准，可以假释回家生产。它不同于一般假释，适用对象的首要条件，是家庭无劳力而无法维护生活者，其次才是表现较好并执行了一定刑期。实行这种办法的目的，在于增加社会生产和解决犯人家庭困难，以减少社会问题。

5. 放“春耕假”“秋收假”。在晋冀鲁豫等根据地，为了发展生产、克服战争和灾荒造成的困难，在农忙季节把全部力量组织到生产战线，曾对服刑犯人放“春耕假”“秋收假”，令其回家生产，放假期限折抵刑期。根据 1943 年晋冀鲁豫边区高等法院关于组织犯人参加春耕的指示和关于组织犯人参加秋收秋耕的指示，这种制度只适用于家在本地区，且罪行轻微，本刑在三年以下的犯人，或者徒刑在三年以上，但改悔有据且有可靠保证无逃亡之虞者。对那些虽然案情轻微，但尚未判决，或者放假后会引起群众不满者，或者前次放假期满后屡经通知而不返所者，则不能放假。放假之人犯，必须取保具结，回家后，应接受村政府的监督与管教，遵纪守法，假满后按时返回监所。

这些监外执行的制度，是在游击战争环境和困难时期采取的临时办法。它在应付日寇袭击、节省政府人力物力方面，曾起过重要作用，但也出现了一些弊端。由于基层村政人员的精力和水平所限，一些地方对回村执行的犯人，或者放任不管，或者随意使役，不能很好达到教育改造的目的。回村执行，不能更好维护法律的严肃性，在平时，会引起群众不满，也使某些犯罪分子对判刑抱无所谓的态度。有些地方，曾试图把回村执行作为一种贯彻群众路线的好办法，长期坚持下去，后来实践证明，是行不通的，到解放战争后期，便基本取消。

七、贯彻感化教育改造方针的伟大成就

在党和抗日民主政府的领导下，由于狱政方针和管理教育制度的正确以及广大公安、司法、监所干部的努力，抗日根据地的狱政建设和监所工作取得了中外历史上罕见的成绩。不仅对抗日民主事业作出了重要贡献，而且为以后我国人民民主政权改造犯罪分子的事业积累了宝贵的经验。

第一，感化教育改造方针的正确实施，使抗日根据地的监所根本改变了旧监狱那种野蛮残暴、腐朽黑暗的人间地狱状况，成了纪律良好、富有生机、使人向上的文明的特殊“学校”。历史上唐太宗“纵囚”一事，常被人们当作美谈，然其比之于抗日民主政权的狱政，却黯然失色。绝大多数敌后抗日根据地的监所，都没有固定的监址，常常处于流动状态，临时以民房、窑洞为住所，有时甚至露天住宿，但是，除个别监所领导者玩忽职守外，一般很少发生逃

跑、暴动等事故。许多监所在遇敌人“扫荡”时，把案情较轻者，临时遣散回家，或者把犯人们划分为若干小组，分散活动，或者分散到住户打短工，“扫荡”过后，又迅速回监所守法。有的监所遭到日伪袭击，犯人被冲散，事后仍能全部回所。犯人这种改恶从善的思想，还表现在监所的生产劳动所取得的伟大成绩中，有的监所在游击战争环境下，仍能坚持生产，夜宿田野，白天耕作。有的犯人还越过敌人的封锁沟，为边区搞运输。这种生动事例既说明了抗日民主政权的巩固，全体人民的监督犹如天罗地网，同时也说明监所工作的成功，消除了犯人与政府的对抗情绪，培养起爱国思想和重新作人的欲望。

第二，经过抗日民主政府监所的教育，大批汉奸反动分子和刑事犯罪分子转变了政治立场，改变了流氓无赖的坏品质，萌发了劳动人民的阶级觉悟和民族意识，成为抗日斗争和根据地建设的积极力量。许多人参加了抗日队伍，成为八路军、新四军革命战士、革命民主政府干部、劳动英雄、支前模范。如晋察冀边区仅在1939年6月以前，就有两千多名被监押犯自愿参加了抗日军队。在政府勤杂人员中，刑满释放者也有相当数量。一些人回到家中，仍积极支持抗日斗争。如定兴县某犯人被释放回家（在敌占区）后，在抗日干部征运公粮时，深夜自动送消息带路。太行区各监所，在八年多时间内，教育改造了汉奸、盗匪等各类犯罪分子一千多人，使其变成奉公守法、勤劳生产的人，有的还成为模范干部、参战模范、劳动英雄。抗日根据地监所对罪犯实行教育改造政策的成功，还表现在刑满释放后重新犯罪的比例极小这一事实上。

第三，抗日根据地所确立的一套狱政方针和制度，奠定了我国人民民主政权监狱制度的基础。它所提出的把监所建成对犯罪分子实行强制教育改造的特殊学校的思想，革命人道主义和感化教育挽救的指导原则，教育为主、教育与生产劳动相结合的方针，以及监所工作的三大任务和三大教育等等，都是我国狱政建设的宝贵财富。

第三节　解放区人民政权监所制度的发展

解放战争时期，解放区的监所建设，适应革命形势的变化，经历了两次大的发展。第一次大的发展，是在日本投降后，许多日伪统治地区得到解放，在大力开展惩治汉奸和反霸斗争以及为争取国内和平、民主与国民党展开斗争的形势下，解放区加强了狱政建设，以适应严重的对敌斗争任务，并扩大解放区新民主主义司法制度的影响。第二次大的发展，是在解放战争进入夺取城市的阶段以后，解放区的监所建设进入了由农村根据地小监所向城市大监狱的转变，进行了系统的正规的监狱制度的创建，为中华人民共和国的监狱制度奠定基础。解放战争后期，解放区人民政府不仅继承和发扬了抗日解放区狱政建设的经验，把它系统化、正规化，而且适应全国革命胜利的形势，创造了大规模改造犯罪分子的新形式和新经验，对于改造旧中国遗留下的大批反革命分子和严重刑事犯罪分子，发挥了重大的历史作用。

一、抗日战争胜利后监所制度的发展

日本投降后，人民抗日武装迅速收复了大片国土，并解放了大批县城。在此形势下，一方面，惩治汉奸的任务变得繁重起来；另一方面，大多数边区政权开始走出游击战环境，获得了较大范围的稳定的根据地，为监所建设提供了有利条件。因此，解放区的监所设置有了新的发展。

在解放中小城市的过程中，地方各级公安机关和军队敌工、保卫部门联合行动，对日伪汉奸分子进行清理。为适合这种任务的需要，某些县、市曾建立了以保安科或公安局为主的临时联合看守所，收押各有关部门逮捕的敌伪人员，由各有关部门派出人员一起审查。在此基础上，有些地区还进一步成立了联合监狱，如太行区各行署的联合监狱。这种联合监狱关押的犯人，不只有正在接受审查的未决犯，还有判处徒刑的已决犯。联合监狱由行署司法处、公安处、军分区保卫部等单位负责人组成领导小组，指导全面工作，决定重大事项。经常性的工作机构设主任一人，下设训导处、总务股、生产股，并由公安队派出武装，在监狱领导下，执行警戒任务。

有些解放区还着手解决监狱和看守所不分的状况，除边区监狱之外，成立了分区监狱，如晋绥边区建立了第一、第二、第三分监，把所属各县判处一年以上徒刑的犯人集中到分监教育改造。由于一大批县城的解放，一些县监所也脱离了流动状态，进入县城，利用改造旧监，逐步健全了监所设施和各项制度。

随着争取国内和平、民主斗争的开展，解放区人民政府更加重视了狱政建设。从日本投降到全面内战爆发，各解放区政府相继召开了司法会议，系统总结了抗战时期根据地监所建设经验，进一步明确了解放区监所工作的一系列方针政策。如1945年12月召开的陕甘宁边区推事、审判员会议和1946年举行的太行区司法会议，都把监所工作当做会议的重要课题。会议明确指出，解放区的监所工作必须坚决执行“教育改造”政策，贯彻“教育为主”“教育与生产劳动相结合”的方针，并要求各级监所在继承抗战时期监所工作成功经验的基础上，进一步健全各项管理制度，改善监所工作，以适应争取国内和平、民主斗争形势的要求。1946 年 4 月，在陕甘宁边区第三届参议会上，林伯渠同志代表边区政府所作的政府工作报告，也深刻总结了边区的监所工作，会议还把对犯人实行“感化主义”，列入边区的根本大法《陕甘宁边区宪法原则》之中。这一切重大行动，大大推动了解放区的狱政建设。只是由于国民党反动派发动全面内战，才使解放区的新民主主义狱政建设受到严重阻碍。

二、管训队的建立

1948 年后，随着解放战争的迅速发展和大片地区及大、中城市的相继解放，清理国民党反革命分子就成为解放区人民政府面临的严重政治任务。国民党反动政权拥有一部庞大的国家机器和一支庞大的反革命队伍，其党、政、军、警察、宪兵、特务各系统的反革命骨干分子达几百万人。他们是国民党反动集团进行反革命内战，实行封建法西斯统治的基本力量，对人民犯下滔天罪行。对其迅速进行清理，是摧毁国民党反动势力，巩固人民革命政权所必须进行的紧急而严重的任务。为了执行这一新的历史任务，解放区人民政府创造了“管训队”这一新的监所形式。

管训队是对国民党反革命骨干分子进行集中管教和审查的临时监所机构。一般设于各边区政府、行署和新解放的大、中城市的公安机关，由其预审科（处）直接管理。其任务是收押管训在国民党反动机构中担负一定领导职务的反革命骨干分子，对其进行政治教育，使其转变反共反人民的反革命立场；审查他们的历史罪行，根据其罪行轻重和改悔情况分别处理，或遣返回国民党统治区，或安置使用，或移送司法机关审判，大部分留待全国解放后处理；同时，收集整理国民党党政警宪特各系统的组织及人员资料，以便彻底清理国民党反革命势力。人民政府考虑到管训队的收押对象和具体任务的特点，决定它在管理、教育和审查方式上，应和一般看守所有所区别。

管训队设队长、指导员，总理全队的管理、教育、预审工作；在其领导下设干事数人，分管教育、生活等工作；设预审员数人，负责审查每个犯人的历史及罪行，并由公安武装组织分派武装力量，担任外部警戒。

管训队对犯人实行严格的军事管理，将犯人分为若干小组，由犯人担任组长，若干小组合编为一个分队，由政府干部担任分队长，小组是基本的活动单位，在队部和分队长领导与监督下，进行学习讨论、思想检查，搞好卫生。犯人活动以政治学习和写交待材料为主要内容。适当增加文体活动，活跃犯人生活，一般不组织生产劳动。在警戒线以内，给犯人以较多的活动自由，互相可以串号、自由交谈，并给以较多的自由活动时间。在生活待遇上比一般犯人为优，在进入大城市以前，参照优待俘虏的政策，按照俘虏军官生活供给标准供应，略高于一般干部。但这种宽待，以严格防止逃跑、阴谋勾结、破坏、捣乱为界限。为此，采取加强外部警戒和内部教育的方法，而不是采取看守所式的隔离囚禁和严格看管的办法。

管训队把政治思想教育作为转变犯人的政治立场，搞好管理和审查的基础。国民党反革命分子长期受着封建主义法西斯主义的教育和国民党的欺骗宣传，从其反动的政治立场和政治观点出发，追随蒋介石反动集团进行反共反人民的反革命活动。针对这一特点，管训队通过政治教育，揭露蒋介石国民党的卖国、独裁、内战和反共反人民的反革命面目，阐明共产党和解放区人民政府的各项社会政策及其所领导的革命事业的正义性，使其认识中国革命胜利的形势及国民党人员的出路，从而促使其改变政治立场，在政治思想上缴械投降，坦白交待，立功赎罪。

第一，搞好形势教育。人民革命迅速发展和蒋介石国民党节节失败，这是教育国民党反革命分子最有力的武器。管训队把时事新闻和党与毛泽东同志对形势的分析评述，作为主要学习内容，使犯人认识国民党的失败，共产党领导的人民民主革命事业的胜利，是历史发展的必然结果。从而打破其政治幻想，认识到只有弃暗投明，才是唯一出路。

第二，学习党和毛泽东同志的新民主主义理论和政策，教育犯人认识中国共产党的革命纲领和政策代表着广大人民的利益，代表中国历史发展的客观要求，是中国走上繁荣富强民主幸福必由之路。中国共产党所领导的革命事业是正义的事业，正义的事业必然胜利。以铁的历史事实和解放区的现实，揭露国民党对共产党和解放区的种种造谣诽谤，消除犯人对共产党的敌视和偏见，使其在真理面前低头。

第三，学习帝国主义侵华史，中国四大家族发家史、蒋党真相、蒋介石罪恶史等，揭露蒋介石国民党反革命集团卖国、独裁、内战的反动面目及其给中国人民带来的深重灾害，粉碎犯人对蒋介石国民党的迷信心理和正统观念以及所谓忠于“党国”的气节。

第四，进行“镇压与宽大相结合”的政策教育，组织犯人学习《中国人民解放军宣言》《中国人民解放军布告》、毛泽东同志的《敦促杜聿明等投降书》等文件，反复宣传"首恶者必办，胁从者不问，立功者受奖"和"坦白从宽，抗拒从严"的政策，使犯人认识，只有彻底坦白，改恶从善，立功赎罪，才是唯一出路。

在教育方法上，以犯人自学讨论为主，讲解和解答为辅。针对犯人的思想问题，有的放矢地组织学习讨论，以解决其思想问题，转变其反动观点为目的。强调采取说理的方法，平等讨论的方法，阐明真理，克服谬误，反对采取压服的方法，对于恶意诽谤者则给予揭露和批判。同时，要政策兑现，对于那些真诚悔改，能够彻底坦白交待和检举揭发者，可以迅速宽大处理，使犯人确信党和人民政府的政策，走坦白自新的道路。

管训队的建立，对于教育改造国民党反革命骨干分子，发挥了巨大的作用，使大批国民党反革命成员放弃了反动的政治立场，站到人民大众一边。有些人回到国民党方面后，宣传共产党的政策，动员国民党官员弃暗投明，有重要的立功表现。很多人提供了国民党反动党团和特务、警察、宪兵等法西斯组织的各种资料，对于人民政府迅速彻底清理国民党反动势力，起了重要的帮助作用。绝大多数人坦白交待了他们的罪行，表现了悔改的愿望，得到了从宽处理。解放后，人民政府所以能够迅速消除国民党反动势力的抵抗，是与党和人民政府对国民党人员的正确政策密切相关的。

三、接管改造旧监狱

解放战争后期，大、中城市陆续解放，党和人民政府的工作重点逐步转向城市，国民党政府分布在各省省会及其他城市的监狱陆续为人民接管。在这种形势下，解放区的狱政建设随之进入了新的阶段，即改造旧监狱，系统建立人民民主专政的监狱制度的阶段。进入城市后，由于接管了国民党政府的监狱和对敌专政及打击刑事犯罪的任务大大繁重起来，人民政府的监狱不再是过去那种几十人、一百多人的小监所，而是省级以上政权的监狱，成为监狱体系中的主要部分，一般都是上千人或几千人的大监狱。犯罪分子的情况，也比农村根据地时期复杂得多。大量的是国民党反革命分子和各种流氓惯犯。他们或者是长期在国民党反动党团、政府、军队、警察、宪兵、特务系统中担任官职，从事反共反人民的活动，或者是一贯勾结官府、依仗权势、欺压人民的恶霸分子，或者是长期以抢劫、偷盗、诈骗为业的流氓惯犯。这就使监狱的管理、教育、改造任务比以往艰巨得多。但另一方面，由于接管了国民党政府的监狱，取得了规模较大的监狱场所，特别是在革命胜利的形势下，大量青年知识分子参加革命，使监狱干部队伍得到很大充实，监狱经费也比以往大大增加，这又为解放区监狱建设提供了极为有利的条件。因此，在党和人民政府领导下，运用根据地监所建设积累的宝贵经验，于不长的时间内，就在国民党政府监狱的旧址上，建立起了我国人民民主政权的监狱体系。

人民政府进入城市后的监狱建设，是围绕着对旧监狱的改造进行的，主要进行了以下几方面的工作。

（一）清理旧监狱，建立新的监狱管理机构

国民党政府的监狱是地主买办阶级和国民党反动派镇压迫害革命人民，维护其封建法西斯统治的工具。人民政府司法机关进入城市后的首要任务之一，就是立即接管国民党政府的监狱，彻底废除旧的监狱管理机构，对旧的监狱管理人员和在押犯进行清理。以战争方式解放的城市，在解放军进城时，其监狱在押犯有的被国民党屠杀、开释、充军，有的逃跑，大都成了空监。在和平解放的城市和其他仍有在押犯的监狱，人民政府在清理监狱时，对于原有在押犯立即进行清理，凡因从事革命活动而被关押者，立即迎接出狱；凡属被迫害群众及一般刑事罪犯，一律释放；对于惯匪及因国民党内部斗争而被关押的国民党骨干分子，则暂不释放，留待以后审查处理。对于旧的监狱管理人员，首先令其办理资财、档案的移交，随即对其进行审查，区别对待，将其中罪恶严重的国民党反革命分子、特务分子，由公安机关管训审查；对那些旧监狱恶习较深、不堪留用者，或遣返，或另外安置就业；对少数经过审查、教育，尚可使用者，特别是有一定专长者（如生产管理人员、财务、医务等技术人员），则酌情安排使用。

为了适应新形势下惩治改造犯罪分子的繁重任务，在人民政府及其司法机关的领导下，在接管旧监狱之后，迅速建立起比较健全的新的监狱管理机构。一般设典狱长一人，担负全面的领导责任；在典狱长领导下分设数科：总务科，负责供给、财务、医务、卫生等事务；管理科，管理犯人从入监到出监整个过程的管理事务及看守警戒；教育科，组织领导犯人的政治、思想、文化学习及文娱活动，指导犯人俱乐部开展工作；生产科，组织和管理监狱生产，制定生产计划，筹组和管理监狱工厂，负责供销事务等。另由公安保卫武装或法院执法大队分派警卫武装，负责监狱的武装戒护工作。哈尔滨市法院监狱就是这种设置。陕甘宁边区高等法院的监狱（在西安国民党政府陕西省第一监狱的

地址上建立）则设：文牍、管教、总务三科，和一个警卫队，分管上述事务与警戒工作。这时的监狱工作人员，比进入城市前的农村根据地时期，远为充实，如陕甘宁边区监狱，在1949年末，已有干部47人、警卫战士91人、勤务员4人，共142人。他们以老干部为骨干，吸收了大量青年知识分子，使监狱各项建设迅速取得重大成效。

（二）改革监狱管理制度，改造旧的监狱环境

人民政府接管旧监狱后，坚决废除了国民党监狱野蛮黑暗的管理制度，坚决批判旧监狱腐败专横的封建法西斯管理作风，以党和人民政府的教育改造方针和革命人道主义精神为指导，建立新民主主义的监狱制度。

人民司法机关及其监狱领导，首先坚持用新民主主义的狱政理论和监狱政策教育干部，建立干部学习制度，学习毛泽东同志的人民民主专政理论，学习解放区的法律、法令及司法政策，并不断检查总结监狱工作，以培养干部的新民主主义法制观点，认识人民民主政府监狱的性质、任务、方针、政策及其与国民党监狱的根本区别，抵制旧的狱政思想及监狱作风的影响，为建立我国历史上崭新的监狱制度而努力工作。

其次，改变旧监狱那种把犯人不当人看，任意摧残、折磨、盘剥的恶习和单纯囚禁的管理方法，实行感化教育、劳动改造和革命人道主义。严格禁止肉刑和侮辱虐待犯人，除个别有发生意外危险的重犯外，一般不得使用手铐、脚镣等戒具，同时销毁旧监狱的大部分刑具。陕甘宁边区高等法院监狱曾利用旧监狱的铐镣作原材料，办了铁工厂制作铁钉。改变犯人的生活待遇和生活制度，首先使犯人吃饱饭，再在发展监狱生产的基础上，改善犯人生活。改变终日蹲监守法的状况，丰富犯人生活内容，实行新的作息制度，一般安排有早操、整理内务、读报、上课、劳动、学习讨论与生活检讨会、文化娱乐等活动，利用多种方式对犯人进行教育，并保证其身体健康，活跃其情绪。建立犯人“俱乐部”或“自治会”，开展犯人自我教育的活动，并协助监狱行政进行管理。

为改造旧的监狱环境和卫生状况，人民政府监狱当局作了极大努力。国民党的监狱设施，完全是从折磨、摧残和惩治犯人的需要出发的，阴暗、污秽、森严犹如地狱一般，臭虫、跳蚤、虱子猖狂肆虐，带给犯人极大痛苦，疾病经常流行。人民政府从革命人道主义出发，大力改造了这种恶劣环境。它雇佣工人和组织犯人，修缮监房，粉刷墙壁，清理环境卫生，建立洗澡间、消毒室、

医疗室、病监等卫生医疗设备，并建立严格的卫生制度，使犯人定期洗衣、洗澡，有病隔离治疗，每日整理内务，把监狱建成通风、明亮、清洁、文明的处所，迅速消灭了旧监狱的必然附属物——臭虫、跳蚤、虱子及传染病。

（三）积极组织监狱生产，实行劳动改造

根据解放区人民政府的狱政方针和根据地监所工作的优良传统，在改造旧监狱的过程中，各地司法机关都把开展监狱生产，当作建设新的监狱制度的重要内容。特别是考虑到新形势下的监狱规模大，犯人数量多，如果单纯依靠政府支付经费，将是一笔不小的财政负担。而且新形势下的监狱在押犯中，流氓惯犯占有很大比重，如 1948 年哈尔滨市监狱在押已决犯中，抢劫、偷盗、诈骗等侵犯财产犯就占了 57%以上，陕甘宁边区监狱 1949 年下半年的在押犯中，上述三种犯罪占 69.9%。据此，人民政府明确提出，监狱对犯人实行“劳动改造”的政策，认为劳动改造是贯彻教育改造方针基本的一环，只有通过劳动改造，使犯人养成劳动习惯，学会生产本领，在获释放后能谋得正当职业，才能防止重新犯罪。

国民党政府的监狱把劳动当作惩罚折磨犯人的手段，把犯人当苦力，或者是把监狱生产当作装饰，几乎没有留下什么生产设备。人民政府接管监狱后，为开展监狱生产，建立劳动改造的制度，作出了极大努力，并迅速取得了重大成果。譬如哈尔滨市监狱 1947 年 7 月就提出“组织生产，自给自足”“通过劳动，改造犯人”的方针。他们引进私人投资，成立了合营织布厂；利用没收来的敌产铅印机和缝纫机，成立了印刷厂和被服部；利用没收来的机床，成立了铁工厂。到 1948 年，仅用生产收入的 27%，就实现了监狱全部经费自给，另用 35%的生产收入扩大生产，20%的收入搞基建，使监狱条件有了重大改变。它们生产了一定数量的军装、被服和六〇炮弹，支援战争。许多犯人通过生产劳动，养成了劳动习惯，学会了生产技能，并在获释后谋得了正当职业。有的技术好者，还被私人工厂高薪聘用，或者自己开办工厂。其他接管的监狱，也同样在很短时间内，建起了规模可观的生产。

（四）建立教育制度，加强思想工作

与旧监狱对犯人的“惩办主义”“奴役主义”相反，人民政府的监狱对犯人实行感化教育的方针，建立了系统的教育制度和思想工作。一般都制定有比较妥善的教育计划，如 1949 年《陕甘宁边区监狱对于犯人教育方针及实行计

划》，详细规定了教育的方针与目的、实施的方法、课程内容与时间分配。针对犯人的思想情况，它规定的教育内容有：镇压与宽大相结合的刑事政策及教育改造方针，蒋介石反革命史，新民主主义的理论与政策，政治形势等，其目的在于转变犯人的政治立场，使其认识犯罪的根源及今后的出路。对于文盲、半文盲，还要进行文化教育。在具体做法上，首先充实了教育人员，不仅设有管教干事，负责犯人的思想工作，而且设立了专职教员，负责犯人的学习。其次，健全了教育制度，不仅对犯人的自学，有计划、有指导、有检查，而且建立经常的上课制度，请有关领导和社会人士作报告，有的还组织犯人参观，对其进行社会教育。

新的监狱还建立起深入细致的思想工作制度。首先对犯人守法过程的各个阶段及各个环节上的思想活动规律，进行深入了解，进行有针对性的教育，克服其抵触、恐惧、思家、苦闷等情绪。同时针对不同类型犯人的特点，进行分类教育。譬如，哈尔滨市监狱按犯罪性质和特点，把犯人分为反革命、贪污、窃盗、强盗、贩毒等 14 种类型，分析其犯罪原因、危害、错误思想，进行分别教育。它们分析了盗窃犯的特点：无劳动习惯；无生产技能；有盗窃技能；生活腐化；无赖意识等，引导犯人认识、批判，并制定改造措施，起到了很好的作用。

四、劳动改造制度的发展和劳改队的建立

（一）“劳动改造”概念的提出

从土地革命战争时期根据地劳动感化院建立开始，就提出了通过思想教育与劳动教育改造罪犯的政策，把组织生产劳动作为监所的重要任务。抗日战争时期，抗日民主政府不仅更加重视对犯人进行劳动教育，而且突破了主要在监狱内从事生产的框框，把建立农业、工副业等监外劳动基地，作为组织犯人从事生产劳动的主要场所。抗日战争胜利后，各解放区先后召开了司法会议，深入总结了抗日根据地监所工作的经验，明确提出了对犯人进行“劳动改造”的概念。1946 年初，太行区司法会议明确提出：“对犯人进行劳动改造，是改造犯人最有效的方法之一。”[①]1946 年 6 月晋察冀边区高等法院也提出“通过生产

① 见《太行区司法概况》，1946 年。

运动，以改造犯人”的口号。① 从这个时期开始，“劳动改造”的用语才逐渐通行起来。

（二）晋察冀边区自新学艺所的劳改实践

晋察冀边区高等法院自新学艺所在解放战争时期的实践，表现了从传统的监所生产劳动向劳动改造队的转变。

1946 年 9 月，在国民党军队攻占张家口的前夕，晋察冀边区自新学艺所从张家口撤出，带领犯人，长途行军，经涞源、唐县、曲阳、阜阳等县，1946 年末到达灵寿，在高山峻岭之中的满山、大地、草房等山村，建立了劳动改造基地。该所开始有犯人近三百人，大部分是在日伪统治时期担任重要职务、刑期较长的汉奸犯，还有一部分一般刑事犯罪分子，如毒品犯、盗窃犯等。其管理机构有所长、指导员各一人，负责该所全面工作，设总务、管教和生产三个科和一个警卫队；所下分为一、二、三管区，管区设正、副主任各一人。1947 年春，机构精简，撤销了科与管区的建制，一部分干部和战士调走支援前方，警卫队改为警卫班。该所直属晋察冀边区高等法院领导，1948 年 8 月，华北人民政府成立后，归该政府司法部领导。

自新学艺所是在极端艰苦的条件下开展工作的。几个干部、十几名战士，带领近 300 名长期过着腐朽寄生生活、从无劳动习惯的犯人，住在贫瘠艰苦的大深山中，一切生活需要全靠自己解决，然而他们发扬自力更生、艰苦奋斗的精神，干部、战士带头生产劳动，在带领犯人开荒种地、上山打柴、包修公路、给群众打短工的劳动中，以身作则；生活上与犯人一样，吃土豆、玉米，住窑洞、草棚，穿补丁衣服，无一文津贴。他们坚持对犯人实行生产劳动与思想教育结合的方针，组织读报，进行形势教育；个别谈话，解决各种思想问题；队前讲话，批评与表扬，严格组织纪律；有功者奖，有罪者惩，表现好者提前开释，阴谋破坏者严惩；再加上后来革命形势的迅速发展，犯人接受改造，成为大势所趋；又处在巩固的根据地后方，有广大群众的协助监督，各种条件的配合，保证了自新学艺所改造罪犯工作的顺利完成。除 1947 年 1 月发生一次犯人暴动（7 名犯人逃跑，被抓回 5 名）及后来有一名年老犯人自杀外，再未发生任何犯人对抗改造、破坏纪律的重大问题。从 1946 年开创，到 1949 年 1 月结束，在两年多的时间内，他们通过艰苦的生产劳动，不仅解决了干部、战

① 见王斐然:《徒刑在边区是怎样执行的》，载《北方文化》1946 年第 2 卷第 4 期。

士及犯人的全部生活需要，而且交给政府几万斤粮食。更重要的是使绝大部分犯人得到改造，成为拥护人民政府、能够自食其力的劳动者。在 1949 年 1 月结束时，除有 13 名罪重刑期长的犯人被移交石家庄监狱外，其余都已释放。其中有些人还参加了中国人民解放军，有的参加了人民政府的监狱工作。

解放战争时期的晋察冀边区自新学艺所，单纯以已决犯组成，以生产组织为组织管理犯人的基本形式，以生产和对犯人进行劳动改造为该所的基本任务，实际上已不是通常的监狱，而是一个劳动改造队。

（三）劳改队的建立

1948 年后，各解放区的监狱陆续转入城市，传统的监狱成为主要的执行徒刑的场所。然而在改造犯罪分子的任务日益繁重，监狱确已无力承担的情况下，一些地区的司法机关又被迫走出监狱和城市，到农村、矿山寻找新的改造犯罪分子的基地。开始，是把一部分犯人送交矿山、农场管理，参加生产劳动。如哈尔滨市监狱，1948 年送矿山、农场劳动的犯人，就占全部在押犯的 55.75%。但这样做，一方面使犯人脱离了专门机关的管理和教育，失去了刑罚的作用，而且不断发生问题；另一方面，给生产单位带来了不少困难，不为他们欢迎。于是，有些司法机关便专门抽调一批干部，把一部分案情轻、刑期较短的犯人组成劳改队，或到矿山分包一两个矿井，或找适当地点建立劳改农场，从而闯出了教育改造罪犯的新途径。

劳改队也是执行徒刑、教育改造罪犯的单位。但它和监狱有所不同，第一，它是根据生产的需要和生产单位的客观条件来安排犯人的居住和管理，而不是根据监狱的条件和要求来安排生产。它既没有监狱的森严壁垒，也没有特建的监房，而是住于集体宿舍，过着集体生活，在开阔的生产场地，从事矿业、农业等野外生产，犯人有着较大的活动范围。第二，它按照军事组织形式来组织管理犯人，数人编为一组，数组编为一班，数班编为一小队，数小队编为一中队，各中队由劳改大队部统管。不像监狱那样，以监号为单位对犯人进行分散拘禁和管理。它大量使用犯人中的积极分子参加劳改队的生产、教育及生活的组织管理工作，中队长以下各小队长与班、组长均由犯人中的积极分子担任，大大精简了管教干部和警卫武装。第三，劳改队更突出地把生产劳动作为改造犯人的途径，再加上它所处的客观条件，就使它更要把思想教育作为搞好一切工作的关键，它不可能单纯依靠看守警戒防止发生问题，更不可能依此把生产搞上去。因此，各地劳改队都开展了更活跃更丰富的思想教育、政治宣传和各种文化活动，加强了考核、评比、奖励和惩罚制度，以调动犯人自我改造和生产劳动的积极性，更充分发挥了犯人自己教育自己、自己管理自己的“自治”活动。第四，由于上述特点，劳改队一般比监狱的基建投资和经费开支小，管教人员和警卫武装少，而生产效益却比监狱大。但对要案重犯的管理，劳改队却不能代替监狱。

1949年建立的规模较大的劳改队，有沈阳市法院领导的弓长岭铁矿劳改队，松江省和哈尔滨市的双鸭子矿劳改队等。沈阳市弓长岭劳改队成立于1949年9月，开始有犯人550人，到12月末，即增加到一千七百多人。开始只有5个干部管理，19名武装警戒。生产由矿务局安排指导，大部分管理工作依靠犯人中的积极分子。它们按军事体制把犯人组织起来，第一批犯人550名，组成八个中队和一个杂务队，每队65人，分为四个班，每班16人。一班分为三个小组。中队、班、组长均由犯人担任。他们始终抓紧思想教育工作不放，每送犯人到矿山，都要做好思想动员和前途教育，克服犯人中的怕艰苦、想逃跑等错误思想，树立起通过艰苦劳动改造自己，争取早日释放，获得正当职业的信念。平时加强宣传鼓动工作，开展劳动竞赛、检查评比，及时进行表扬、奖励和批评，在犯人中开展自己教育自己、自己管理自己的“自治”活动，建立“犯人自治会”，订立“劳动公约”“生活公约”“反逃跑公约”，组织犯人纠察队维护纪律，防止逃跑，健全生活会，经常开展批评与自我批评，成立文工团，出版小报，进行文化宣传教育。同时，严格组织纪律和奖惩制度，颁布了《沈阳市人民法院监狱弓长岭矿山劳动大队奖惩办法》，它规定：从每月纯收益中提出20%，作为奖励金；超额完成生产标准定额30%以上连续一个月者、或超额完成生产标准定超10%以上连续两个月者，思想进步、工作积极连续三个月达标准定额者，记大功一次；捉拿或报告逃犯与破坏分子而未出事故者，视成绩大小而记功；每一大功可减残余刑期1/4，连续立两大功者第二大功可减残刑1/3，连续立三大功者第三大功可减残刑1/2，但立功减刑一般不能超过整个刑期1/3，有特殊情形者，减刑也不能超过原刑期1/2；对于预谋逃跑或破坏者、因故意或重大过失使矿山资财受重大损失者、不服从矿山、大队职员领导者，视情节轻重给予记过、停发奖金和报请法院加刑。由于正确的政策办法和深入细致的工作，劳改队取得了很大成效，生产效率高，犯人秩序好，不仅成为矿山的一支重要生产力量，而且有许多犯人获得减刑假释，被矿方接收为正式工人。

劳改队的建立，为新中国的监狱制度开创了新的方向。它根本改变了坐监守法的传统，成为实行生产劳动和思想教育相结合方针的好形式，不仅大大节约了监所建设的投资、人员和经费，而且使徒刑犯人很快成为社会的生产力量。后来，在全国镇反运动基本结束，大批的反革命罪犯被判刑后，便直接由管训队改为劳改队，开赴边疆、矿山，建立劳改农场、劳改矿区，很快形成了生产能力，对于改造犯人，增加生产作出重要贡献。

第九章
土地立法与土地制度的改革

第一节　大革命时期革命土地法规的萌芽

一、旧中国的土地制度

中国素来以农立国，农村人口占全国人口的绝大多数，农业是国民经济的基础，在两千多年的封建社会里，封建的生产关系一直占统治地位。到了半殖民地半封建社会，资本主义不发达，封建的土地所有制和封建的剥削制度不但还保留着，而且同买办资本和高利贷资本的剥削结合在一起，在社会经济生活中占着优势。

在大革命时期，中国农村实行的是封建的半封建的土地制度。这个土地制度有以下特点：

（一）土地分配极不合理

据中国国民党中央执行委员会农民部土地委员会1927年6月发表的《中国土地分配的调查》估计，当时占农村人口14%的地主和富农占有81%的土地，占人口11%的中农占有13%的土地，占人口20%的贫农只占有6%的土地，占人口55%的雇农和其他农村居民却没有一寸土地。[①] 这个统计数字说明，占农村人口少数的地主和富农占有农村的大多数土地，而占农村人口大多数的贫农和雇农则只有少量的土地或者没有土地。大多数土地的所有权为地主和富

---

①《第一次国内革命战争时期的农民运动资料》，人民出版社1983年版，第4页。

农所有，这是封建的半封建的土地制度的根基，也是旧中国土地制度的基本特点。

（二）土地使用权极其分散，农业生产力低下、衰落

地主占有大量土地的目的是靠分散出租土地给农民来获取高额封建地租；富农占有许多土地，虽然参加主要劳动，但同时又雇工剥削或出租一部分土地。广大贫雇农由于缺少或者没有土地，为了生存，不得不租佃地主和富农的土地，或者受雇于富农。这样，农村大量的土地为广大农民所分散使用，使农村出现了为数众多的小佃农和半佃农。据 1917 年北洋政府农商部统计，全国佃农和半佃农的农户，占全国农民总数的 1/2。有统计资料表明，佃农和半佃农的实际数字，比北洋政府的统计数字还要大。①

土地使用权分散，是近代中国封建的半封建的土地制度的重要特征。由于佃农和半佃农是以一家一户为单位的农业小生产者，地租负担沉重，生产规模小，生产技术落后，生产成本高，经济力量薄弱，不能采用先进的方法经营土地，因而只能重复简单再生产，没有扩大再生产的能力，使农业生产停滞不前。旧中国土地所有权的集中和土地经营的分散，反映了农村生产关系和生产力的矛盾。这个矛盾，成了农业生产力发展的桎梏，使农业生产力低下、衰落。

（三）封建地租苛重

农民租佃地主和富农的土地，就必须向地主和富农交纳地租。旧中国的地租历来是很重的。所以有“田之所入，地主得其半，耕者得其半”之说。到了大革命时期，地租少则须交收获量的 50%或 60%，多则高达 70%或 80%。

地主为了保证其地租剥削，在出租土地时，往往要向佃农勒索押租金。这种押租金，只有在佃农放弃租佃权时，地主才将原数退还，但不给利息；而当佃农缓交佃租时，地主则要从押租金中扣除。这种押租金制度，在农村逐年发展。据江苏省的资料统计，昆山县被地主勒索押租金的佃户，1905 年为 25.5%，1914 年为 40.9%，1924 年为 61.8%。南通县的比例更高，1905 年为

---

①《江苏昆山南通安徽宿县农佃制度之比较以及改良农佃问题之建议》，《金陵大学农林科农林丛刊》第 30 号，第 9 页。

72.9%，1914 年为 76.7%，1924 年为 88.1%。[1] 押租金的金额，湖南省南县每亩少则二三元，多则五六元，更多的达十元。[2] 江西省清江县每亩押租金竟达百元。[3] 贫苦农民交不起押租金，就租不到田，等于没有了生路。所以许多人为了租地主的田，不得不求救于高利贷，忍受高利贷的盘剥。

地主在出租土地的过程中，还有名目繁多的苛例。例如，地主唯恐农民在歉收时不能交足租额，便向农民预收下期之租“升租”；农民因改良土壤或辛勤经营土地而增加收获时，地主要农民加租；地主收租时，农民须设酒席，并须交纳农副产品，诸如“田信鸡”、“田信鸭”、“田信粮”、“田信酒”等；地主收租后，强制农民将租谷挑送其家而不给报酬；地主在佃约中规定，农民欠租时，地主得直接拿农民的耕畜、农具、房屋等作抵押，更有甚者，有的地主竟把农民的妻儿也作抵押品[4] 等等。这类残酷剥削和欺压农民的手段，在旧中国农村随处可见，举不胜举。

（四）地租剥削和高利贷、商业买办资本的剥削相结合

农民在沉重的封建土地剥削之下，由于无力交租或者交了租以后生活没有着落，不得不向高利贷者借债。农村的借债户，一般占全体农户的 50%—70%。农村的高利贷者，除商人而外，一般是地主和富农。即所谓“有租田者无不放债，放债者无不有租田”。[5] 地主把从农民身上榨取来的地租转为高利贷资本，又通过高利贷资本加强其地租剥削。因为，农民借债时，常常要用土地作抵押，当农民到期无力还债时，农民的土地便归地主所有，结果丧失土地的农民不得不向地主再租佃自己原有的田地，地主又增加了地租收入。富农除雇工剥削或“兼收田租”外，普遍兼营高利贷。商人在农村既购置田产，也放高利贷。这些农村高利贷者惯于乘农民缺钱少粮之机进行高利盘剥。他们剥削农民的利率是吓人的。农民借债，一般月利率为 3%—7%，年利率为 36%—84%，[6] 高的利率有日利息 10%者。例如，湖南“临湘有每元每日利息一角，

---

①《江苏昆山南通安徽宿县农佃制度之比较以及改良农佃问题之建议》，《金陵大学农林科农林丛刊》第 30 号，第 47 页。

②《第一次国内革命战争时期的农民运动资料》，人民出版社 1983 年版，第 410 页。

③《第一、二次国内革命战争时期土地斗争史料选编》，第 117 页。

④《中国农民》第 2 集，第 6、7 期合刊，《大会决议案》，第 11—12 页。

⑤ 章有义编：《中国近代农业史资料》第 2 辑，第 334 页。

⑥《中国农民》第 1 集第 1 期，第 14 页。

每满十天，即算复利。如此计算，借洋一元，满一个月须还本利八元”。[①] 江苏宜兴月利息竟达 100%。[②] 而且，农村的借贷利率还不断增长。以黑龙江流域五常、巴彦、呼兰、扶余等县为例，1909 年至 1924 年间，借贷利率增长了四倍。[③] 如同租佃地主土地要有抵押品一样，农民借高利贷也须拿家畜、田园、房屋等动产不动产作抵押。有的地方高利贷者也强迫农民以自己的妻儿作抵押品。例如，广东罗定“有以妻儿作抵押品于债主，如在债主家中怀孕者，则其子归债主，借债者得以母银赎回其妻，或常因过期不能赎回而断送其妻者，此种惨无人道的压迫，使人不忍听闻”。[④]

随着帝国主义侵略的深入，帝国主义及其培养的买办商人也直接对农民进行盘剥。例如在农民青黄不接或面临破产时，“帝国主义者买办及土豪等还要借此以垄断原料，如预先放债给农民，使他们不得不以贱价将原料抵债等；这亦是对于农民的一种很苛酷的剥削。”[⑤]

一般农民在上述高利贷剥削下，往往负债累累，永世不得翻身。为了还债，许多农民被迫卖掉家产和妻儿，许多人为了逃脱债务，不得不逃亡甚至自杀，真是被逼得倾家荡产，家破人亡。

旧中国的地主除兼营高利贷外，亦经营商业。城市商人除经商、放高利贷，也向农村土地投资，进行封建地租剥削。所以地主兼商人、商人兼地主是很普遍的现象。奸商们常常采用囤积居奇，垄断市场和物价，实行不等价交换，预购农作物，贱买贵卖农产品等手段，对农民进行超经济剥削。1925 年 5 月广东省第一次农民代表大会的《经济问题议决案》揭露了“一班奸商（买办阶级）之居奇垄断”。指出：“凡我们卖出之农产品，一经他们之手，必要低价，且必要大量重衡，买入之消费品（肥料、器具……）一经他们之手，必要高价，且必要减量低衡。最可惨的，是农民无米时高抬米价。我们一年一年被他们如此掠夺去金钱，不知凡几。”[⑥] 广东省如此，其他省的情况也大抵相同。

由此可见，在旧中国的农村，地主、高利贷者、商人是三位一体、互相结

---

①《第一次国内革命战争时期的农民运动资料》，人民出版社 1983 年版，第 412 页。

② 章有义编：《中国近代农业史资料》第 2 辑，第 556 页。

③ 严中平等编：《中国近代经济史统计资料选辑》，第 349 页。

④《中国农民》第 2 集第 6、7 期合刊，《大会决议案》，第 5 页。

⑤ 中央档案馆编：《中国共产党第二次至第六次全国代表大会文件汇编》，第 159 页。

⑥《第一次国内革命战争时期的农民运动资料》，人民出版社 1983 年版，第 266、9、413、415、309 页。

合的。他们是榨取农民血汗的剥削者。农民除了受他们的剥削外，还要受帝国主义和买办商人的压榨。这说明，旧土地制度的剥削不是单纯的地租剥削，而是地租剥削和高利贷资本、商业买办资本的剥削相结合。这又是旧中国土地制度的一个特点。

农民除了受上述封建的半封建的土地剥削外，还受以下的剥削和祸害：

一是苛捐杂税的压榨。辛亥革命后，北洋政府除了保留清朝政府的全部捐税外，又不断增设新的捐税，捐税名目繁多，五花八门。例如，按税制讲，有所谓国家税和地方税；按税目说，有所谓地丁、漕粮、差役、垦务、租课、杂赋、附加税等。其中各种附加税可以随意加征，不受任何限制，其税额往往超过正税的一倍至数倍。在这样复杂的赋税制度下，农民须交不计其数的捐税。例如：田赋、田赋附加税、亩捐、厘金、谷捐、牛头捐、丁口捐、祠堂捐、嫁女捐、水利捐、自治捐、户籍捐、教育捐、特别军费、警费、联团保安费、护沙费等等，真是不胜枚举，无奇不有。广东省中山县，一县就有三十几种捐税。其他各省都差不多。北洋政府和地方军阀为了搜刮民脂民膏，不顾农民的死活，还不断增加捐税的数额。据统计，1912 年至 1919 年，仅田赋就增加了七倍。各地军阀甚至采取预征赋税的办法，对农民进行敲骨吸髓的榨取。例如，1926 年，河南钱粮已征至 1929 年，陕西已征至 1931 年，四川省竟有征至 1932、1933 年者。四川的梓桐在 1926 年已预征到 1957 年。[①] 军阀们的横征暴敛，给广大农民带来无穷的苦难。

二是兵乱天灾的祸害。辛亥革命失败后，北洋各派军阀及地方军阀为了争权夺利和争夺地盘，不断进行军阀混战。据统计，北洋军阀从 1912 年到 1928 年进行了 11 次内战，几乎每一年半就打一次内战。军阀混战之时，为了筹款增兵，不仅加紧对农民的搜刮，而且强迫农民充当炮灰。军阀军队所到之处，还任意拉夫派差，使农民不能从事正常的农业生产。军阀混战的地区还很广，如 1916 年至 1924 年中间，每年战区所及平均有七省之多，而 1925 年至 1930 年这六年间平均更增 14 省左右。[②] 在这些战区内，农民均遭到空前的浩劫。旧中国本来就有土匪为患，而“军阀打仗不息，兵溃了就当匪，匪一收编了是军队，挂了军队的招牌，作恶更凶，所以兵匪分不出来，都是一样的抢掠，以至

① 章有义编:《中国近代农业史资料》第 2 辑，第 577 页。

② 章有义编:《中国近代农业史资料》第 2 辑，第 599 页。

烧村屠城也成常见。在兵匪扰乱之下，农民所受的痛苦更大。”①

连年不断的天灾，又加深了农民的痛苦。据1913年各省调查，全国各种灾荒的面积，不下于6.5亿亩，如每亩损失平均以一元计算，农民所受的损失，已达6.5亿元以上。1918年的受灾面积，也不下于6171万亩。②1920年，陕、豫、冀、鲁、晋五省大旱，灾区共317个县，死亡50万人，灾民2000万人。③1924年，闽、粤、湘、桂、鄂、豫、赣、冀、鲁、川、察、辽等省大水，灾区面积5000平方里，淹没1325人，财产损失1.25亿元。④1926年，“水旱灾区遍及东三省、直隶、山东、湖北、湖南、江苏、安徽、河南、江西、浙江等省，饥民千百成群，食草根树皮皆尽，至以观音土为饭。”⑤农民受天灾之苦，可窥一斑。

上述种种剥削、压迫和祸害，给广大农民和中国社会造成严重的后果：

首先是广大农民极端贫困，生活陷于水深火热之中。正如《中国共产党第二次全国代表大会宣言》所指出：“农民因为土地缺乏、人口稠密、天灾流行、战争和土匪的扰乱、军阀的额外征税和剥削、外国商品的压迫、生活程度的增高等原因，以致日趋贫困和痛苦。”⑥贫苦农民由于缺乏生活来源或者没有生活来源，日益濒于绝境，“老弱者辗转以至死亡，强壮者则流为乞丐，流为兵匪，或卖身于南洋、美洲，或转为城市之手工业者，或充娼妓、流氓”。⑦贫苦农民如此悲惨的遭遇，在旧中国是到处可见的。

其次是农村经济日益萎缩，农业生产力停滞不前。广大农民的贫困破产和颠沛流离，导致农村农户和耕地的日见减少和荒地的日见增多。据北洋政府农商部的调查，1914年至1918年，四年之间减少农业户数1564万余户，平均每年约减少400万户。减少耕地26387万余亩，荒地增加49073万余亩。⑧这个惊人的数字，正是农村经济萎缩的明显反映。

如前所述，旧土地制度的基本特点是：农村大部分土地所有权归地主富农所有，而大部分耕地却是由广大农民分散经营耕种。农民在各种剥削和压迫

---

①《中国农民》第2集第10期，第28—29页。

②《第一次国内革命战争时期的农民运动资料》，人民出版社1983年版，第10页。

③ 章有义编:《中国近代农业史资料》第2辑，第618页。

④ 章有义编:《中国近代农业史资料》第2辑，第619页。

⑤《第一次国内革命战争时期的农民运动资料》，人民出版社1983年版，第10页。

⑥ 中央档案馆编:《中国共产党第二次至第六次全国代表大会文件汇编》，第44—45页。

⑦《第一次国内革命战争时期的农民运动资料》，人民出版社1983年版，第11页。

⑧《第一次国内革命战争时期的农民运动资料》，人民出版社1983年版，第11页。

下，只能耕种小面积土地，加上资金少，生产资料缺乏，经营方法落后，农业的产量必然低下。有的统计资料表明，有些地方农民耕地的单位面积产量还出现日益下降的趋势。例如，1901 年至 1916 年间，黑龙江流域五常、扶余、双城、呼兰、巴彦、兰西、青冈、绥化、海伦九个县黄豆和小麦的单位面积产量，增加的有两个县，不增不减的有一个县，减少的有六个县；高粱的单位面积产量，增加的有三个县，减少的有六个县。[①] 产量总的趋势是下降的。虽然缺乏当时全国各地农田单位面积产量的统计资料，但是全国从总体上看，农业生产力下降或停滞的总趋势是符合旧中国广大农村的实际情况的。

上述严重情况，乃是帝国主义和封建主义剥削和压迫广大农民的结果，而封建的半封建的土地制度又是造成上述严重情况的基本原因。由于封建的半封建的土地制度是帝国主义、封建军阀、买办官僚统治中国的基础，严重地阻碍着中国社会生产力的发展，所以说，旧中国不合理的土地制度，是中华民族被侵略、被压迫、穷困和落后的根源，是中国民主化、工业化、独立、统一及富强的基本障碍。如果不改变旧的不合理的土地制度，就不能建立和巩固工人阶级领导下的工农联盟，发动占全国人口大多数的广大农民去推翻帝国主义和封建主义在中国的统治，就不能解放农村生产力，就不能实现中国的独立、民主和富强。因此，改革旧的土地制度，就成为中国共产党领导的新民主主义革命的基本内容。

二、中国共产党解决农民土地问题的政纲

中国共产党自诞生之日起，就把反对帝国主义和封建主义的民主革命作为自己的最低纲领。在反对封建主义的革命任务中，农民的土地问题乃是其中的中心内容。但是，中国共产党对于如何解决旧中国的土地问题，有一个认识和探索的过程。自中国共产党成立到大革命失败大致经过以下三个发展阶段：

第一阶段：从 1921 年 7 月党成立到 1925 年 10 月，是党还没有形成明确的统一的解决土地问题政纲，而主要是把削弱封建剥削作为奋斗目标的阶段。例如，在 1921 年中国共产党第一次全国代表大会通过的《中国共产党的第一个纲领》中，党在其共产主义纲领中规定了“没收”土地“归社会公有”的斗争目标，但未具体规定在民主革命中如何解决农民的土地问题。1922 年 6 月 15 日《中共中央对于时局的主张》，才提出了“肃清军阀，没收军阀官僚的财

① 章有义编:《中国近代农业史资料》第 2 辑，第 672 页。

产，将他们的田地分给贫苦农民”和“定限制租课率的法律”[①] 作为党在当时的政策主张。1922 年 7 月的《中国共产党第二次全国代表大会宣言》，对于中国农村的经济状况和阶级关系作了分析，指出“中国三万万的农民，乃是革命运动中的最大要素”。[②] 在土地问题上，主张规定全国土地税则和限制田租率的法律。[③] 从这些内容可以看出，党对土地问题已提出了自己的主张，并且正确地把土地问题与民主革命的任务联系起来，但是尚未明确提出解决农民土地问题的政纲。

1923 年，党的第三次全国代表大会决定与孙中山领导的国民党建立革命统一战线。在党的帮助和努力下，1924 年 1 月召开的国民党第一次全国代表大会确定了联俄、联共、扶助农工的三大革命政策，孙中山把他的旧三民主义发展成为新三民主义。新三民主义与党在民主革命时期的政纲基本上相同，因而成为国共两党第一次合作的政治基础和革命统一战线的共同纲领。孙中山在他的民生主义中，提出了“平均地权”的主张，嗣后进一步提出“耕者有其田”的口号，试图采用既使“农民可以得利”又使“地主不受损失”的“和平解决”的方法来解决土地问题。[④] 孙中山的土地纲领虽然与党在以后提出的彻底的土地革命纲领不同，但它不失为“进步的、战斗的、革命的资产阶级民主主义土地改革纲领”，[⑤] 它包含了“革命民主主义内核”。[⑥] 因此党根据其维护农民利益的精神，用以推动农民的土地斗争。1925 年 1 月党的第四次全国代表大会通过了《对于农民运动之议决案》，强调农民问题在民主革命中的重要地位，认为农民是工人阶级的主要同盟军，“中国共产党与工人阶级要领导中国革命至于成功，必须尽可能地、系统地鼓动并组织各地农民逐渐从事经济的和政治的争斗。没有这种努力，我们希望中国革命成功以及在民族运动中取得领导地位，都是不可能的。”[⑦] 根据革命统一战线已经建立的形势，议决案指出：党在国民党改组后，“对于农民，便要替国民党的农民政策负责”，一方面应当反对国民党领袖们只想利用农民并不实际保障农民利益和权利的错误政策，对于农民对

①《中国现代史资料选编》第 1 编，第 378 页。
② 中央档案馆编:《中国共产党第二次至第六次全国代表大会文件汇编》，第 44 页。
③ 中央档案馆编:《中国共产党第二次至第六次全国代表大会文件汇编》，第 47 页。
④《孙中山选集》下卷，人民出版社 1956 年版，第 869 页。
⑤《中国的民主主义和民粹主义》，《列宁选集》第 2 卷，人民出版社 1960 年版，第 426 页。
⑥《中国的民主主义和民粹主义》，《列宁选集》第 2 卷，人民出版社 1960 年版，第 428 页。
⑦ 中央档案馆编:《中国共产党第二次至第六次全国代表大会文件汇编》，第 108 页。

国民党的怀疑，应当“向他们解释国民党的派别关系”，另一方面可在国民党名义之下以农民协会的组织去团结农民，同时经常利用每个机会根据国民党拥护工农利益的政纲，去反抗国民党右派和军阀的压迫，保护农民的利益。而共产党则应独立地进行本党公开的工作，对农民进行宣传教育，“务使农民渐渐知道本党是真为他们利益而奋斗的党”。[①] 这个议决案没有明确提出解决农民土地问题的纲领，只提出“应使农民向国民党政府要求以官地分给贫农”、“应特别宣传取消普遍的苛税杂捐，加征殷富捐所得税”等主张，并错误地规定“不宜轻率由农会议决实行减租运动”。[②] 由此可见，直到党的四大，土地政策实际上并没有超出减租的范围。正如党的第五次全国代表大会的《政治形势与党的任务议决案》所指出：“在本党领导之下的广东农民运动，除要求组织农民协会与减租外，没有更急进的要求。”[③]

由于在建党初期，党还没有解决民主革命必须由无产阶级领导和必须以土地革命为中心内容的问题，党的中央领导机关未能提出明确的解决土地问题的政纲，自然不可能自上而下自觉地领导农民进行土地斗争。但是，从建党开始，有一些共产党员已开始注意和自觉地领导农民的土地斗争，并在革命实践中提出了一些正确的主张。例如，早在 1921 年 9 月，沈玄庐等在浙江省萧山县衙前村成立了由共产党人领导的第一个农民协会。《衙前农民协会宣言》提出了“土地是应该归农民使用”，“土地应该归农民所组织的团体保管分配”的主张。《衙前农民协会章程》还规定了会员交纳租息的办法、标准。“本会会员每年完纳租息的成数，由大会议决公布。租息成数，以收成及会员平均的消费所剩余的作标准。”[④]1922 年 9 月，著名的农民运动领袖彭湃在广东海丰组织了农会，并领导农民进行了减租斗争，影响很大。

1924 年革命统一战线建立后，党的工作重心逐渐向工农运动方面转移，有力地推动了农民运动的开展。随着农民土地斗争的日益高涨，党进一步重视农民的土地斗争。除了推动广州国民政府制定一些有利于农民运动的法令和措施外，中共中央和越来越多的共产党员更加注意解决农民的土地问题，并进一步加强了对农民运动的领导。这样，农民的土地斗争由原来自下而上进行发展为自上而下和自下而上相结合进行，出现了农民协会蓬勃发展，减租斗争更加深

① 中央档案馆编：《中国共产党第二次至第六次全国代表大会文件汇编》，第 110—111 页。

② 中央档案馆编：《中国共产党第二次至第六次全国代表大会文件汇编》，第 110—111 页。

③ 中央档案馆编：《中国共产党第二次至第六次全国代表大会文件汇编》，第 146 页。

④《新青年》第 9 卷第 4 号附录，第 2—3 页。

入，农民的其他经济斗争也随之开展的局面。

第二阶段：1925 年 10 月到 1927 年 4 月，是党提出“耕地农有”土地政纲的阶段。党的四大召开后，农民的土地斗争进一步发展。1925 年 10 月，党在北京召开第二次中央扩大执行委员会议。会议根据广东、湖南等地农民斗争的经验和在五卅运动影响下农民运动的发展，特别是中南诸省农民也开始反抗军阀及土豪劣绅的新形势，第一次在党内提出解决农民土地问题，确定了“耕地农有”的土地政纲。会议指出：党的“最终目标应当没收大地主、军阀、官僚、庙宇的田地交给农民”。会议认为，“如果农民不得着他们最主要的要求——耕地农有，他们还是不能成为革命的拥护者”。① 中共中央根据这次会议的精神，于 1925 年 10 月 10 日发表了《告农民书》，提出了“耕地农有”的奋斗目标。指出：解除农民的困苦，根本是要实行“耕地农有”的办法，就是谁耕种的田地归谁自己所有，不向地东缴纳租课。要实现这个目的，那就非农民工人联合起来革命打倒军阀政府不可。只有革命的工农等平民取得了政权，才能没收军阀、官僚、寺院、大地东的田地，归耕地的农民所有。在此，党不仅正确地提出了“耕地农有”的口号，而且主张通过工农联合的力量，推翻反动政权，从军阀、官僚、大地主手中夺取土地。这就既发扬了孙中山的“耕者有其田”土地政策的正确精神，同时又纠正了其中不正确、不切实际的内容。因此，“耕地农有”土地政纲虽然不具体，但是它使党的土地政策向前迈进了一步，可以说，这是党的反封建土地政策的萌芽。可惜，由于陈独秀右倾机会主义错误的影响，这一土地政纲，在这次会议以后，不仅未能得到进一步完善，反而倒退了。例如，在 1926 年 7 月中共四届中央第三次扩大会议的《农民运动议决案》中，没有重申“耕地农有”的口号，而说“整个的农民政纲之提出，须待至第五次大会时方能议及”。关于经济问题的要求，只规定“限定最高租额，农民所得至少要占收获 50%”、“限制高利盘剥，每月利息最高不能过二分五厘”、“反对预征钱粮及苛捐杂税”。而且规定，在宣传上，不能提“农民阶级”字样，只能宣传“全体农民起来反抗贪官污吏劣绅土豪，反抗军阀政府的苛税勒捐”的口号。②

不久，在 1926 年 12 月在汉口召开的党中央特别会议所作的《关于政治报

---

①《中国现时的政局与共产党的职任议决案》，《中国共产党历次重要会议集》（上），第 51 页。

② 中国共产党第三次中央扩大执行委员会《农民运动议决案》，《中国共产党历次重要会议集》（上），第 64 页。

告议决案》，竟要求农民群众在实际斗争中“勿存”“实行耕地农有”的“幻想”，“以防止我们过于向左”，把这种所谓防左当作搞好国共两党关系和巩固革命统一战线的“最重要的策略”。这实际上等于取消了“耕地农有”的土地政纲。所有这些，都是陈独秀在国民党右派反对工农运动的进攻面前采取右倾机会主义路线的反映和结果。尽管如此，“耕地农有”土地政纲的提出，还是给农民的土地斗争指出了正确的方向，对于推动农民土地斗争的发展，是有其积极意义的。

第三阶段：1927 年 4 月至 7 月，是党提出有限制地没收地主土地的主张的阶段。随着 1926 年 7 月开始的北伐战争的胜利发展，农民运动更加突飞猛进，终于形成了以湖南为中心的全国农村大革命。在农民运动高涨的地区，农民推翻了地主豪绅把持的政权，把“一切权力归农会”，使农民协会成了革命政权机关；推毁了地主的反动武装，建立了农民的革命武装；土地斗争从减租、减息、抗租、抗税、没收土豪劣绅把持的祠堂及地方一切公产发展到要求分配土地，实行耕者有其田。例如，湖南的农民，已开始采取分谷、插标占田、清丈田亩、平均佃权和分田的方法来实际解决土地问题。正如中国共产党第五次全国代表大会《土地问题议决案》所指出：“两湖的农民斗争，已经开始要解决土地问题，——没收土豪劣绅的土地，并有分配土地的运动。”①

正当农民的土地斗争深入发展到新阶段的时候，蒋介石集团发动了四一二反革命政变。在这革命紧要关头，为了总结过去革命斗争的经验和教训，确定党在紧急时期的方针和任务，党在 1927 年 4 月召开了第五次全国代表大会。大会把土地问题的解决当作革命的主要任务提出来，认为“现在阶段之中，革命的主要任务，是土地问题的急进的解决”②。大会通过的《土地问题议决案》规定了解决土地问题的基本原则和方针，这就是：“必须要在平均享用地权的原则之下，彻底将土地再行分配，方能使土地问题解决，欲实现此步骤必须土地国有。共产党将领导农民从事于平均地权的斗争，向着土地国有、取消土地私有制度的方向，而努力进行。”③议决案指出：“农民的斗争大致起初总是减租、抗税、减息等等及反抗土豪乡绅的压迫，但是随后的发展，往往立刻便要进到推翻土豪乡绅的政权，进到夺取武装，以至于武装冲突。而在革命战

① 中央档案馆编:《中国共产党第二次至第六次全国代表大会文件汇编》，第 162 页。
② 中央档案馆编:《中国共产党第二次至第六次全国代表大会文件汇编》，第 151 页。
③ 中央档案馆编:《中国共产党第二次至第六次全国代表大会文件汇编》，第 161 页。

争的军事时期，农民斗争一开始便是推翻土豪乡绅的政治势力，这是因为不但取得土地，就是实行减租，也非有农民自己的武装和政权不可。”[①] 这个议决案总结了农民斗争的一般规律，而且正确地说明了土地斗争和夺取政权、夺取武装的关系，给农民的土地斗争指明了正确的道路。根据当时革命斗争的形势，《土地问题议决案》规定了七条农民政纲，其中关于土地政策有：“（一）没收一切所谓公有的田地以及祠堂、学校、寺庙、外国教堂及农业公司的土地，交诸耕种的农民，此等没收的土地之管理，应付诸土地委员会。此等土地的管理形式，是否采用公有制度或分配于耕种者的农民，皆由土地委员会决定之。（二）（甲）无代价的没收地主租与农民的土地，经过土地委员会，将此等土地交诸耕种的农民。（乙）属于小地主的土地不没收。（丙）革命军人现时已有的土地可不没收。（丁）革命军兵士中没有土地者，于革命战役完终后，可领得土地耕种。（三）耕种已没收的土地之农民，除缴纳累进的地税于政府外，不纳任何杂税。未没收的土地之租率，应减至与累进的田税相当的程度。耕种未没收的土地之农民，只缴纳确定的佃租，不纳其他杂税，并永久享有租佃权。……（七）取消重利债务的利息。限制重利盘剥，规定最高限度的利率。”[②] 这些规定，是党建立以来提出的比较明确和具体的土地政策。然而，这还是不彻底的土地政策。例如，关于没收地主土地的政策是有限制的，即“小地主的土地不没收”、“革命军人现时已有的土地可不没收”。在我国南方小地主多，北伐军军官中许多人本人是地主或者是地主家庭出身，这两条限制，就不能满足广大农民对于土地的要求。特别是由于陈独秀在五大仍被选举为党的总书记，并继续坚持执行其右倾机会主义路线，反对立即解决土地问题，因此五大的《土地问题议决案》没有被公布，致使这个土地政策被束之高阁，实际上等于被否定。

不久，当国民党汪精卫集团阴谋叛变革命，并开始限制和镇压工农运动的危急时刻，中共中央排除了陈独秀的机会主义领导，组织了由周恩来等组成的临时政治局，于 1927 年 7 月 13 日发表了《中国共产党中央委员会对政局的宣言》。宣言重申了“中国共产党将继续解放农民之斗争：地主的田地无代价的交与耕种的农民，保护小田主的田地享有权，不没收的田地当实行极大限度的减租，废除苛捐杂税陋规苛约，改良雇农之待遇增加其工资，……限制高利盘

① 中央档案馆编：《中国共产党第二次至第六次全国代表大会文件汇编》，第 162—163 页。
② 中央档案馆编：《中国共产党第二次至第六次全国代表大会文件汇编》，第 164 页。

剥，设立农民合作社，要求国家以充分的经济辅助农业，并实行拨款借贷于农民"[1]。但是过了两天，汪精卫集团发动了七一五反革命政变，轰轰烈烈的大革命失败了。随着中国革命进入土地革命的历史时期，党的土地政纲也随之进入新的阶段。

从上述分析可以看出，在解决农民土地问题的过程中，党对土地问题在民主革命中的重要地位越来越明确，党指导农民进行土地斗争的方向越来越正确，党的土地政纲内容也越来越具体。但是，这时的土地政纲在许多重要问题上尚未得到解决。例如，在所有制问题上，是土地国有还是耕地农有？在没收土地的范围问题上，是没收一切地主的土地还是只没收大地主的土地？在分配土地的方法上，采取什么原则以及怎样进行分配？等等，不论从理论上还是从政策上都没有解决好。再如，大革命后期，党虽然提出了土地革命的主张，但是具体如何实行土地革命，也未找到符合中国国情的道路。当然，这并不是说，党内对此就没有正确的意见和主张。而是相反，当时有一些有远见卓识的共产党员已经开始提出了一系列比较正确的主张。特别是毛泽东同志，他根据对湖南农村各阶级的分析，提出了依靠贫农，团结中农，放手发动农民群众，推翻地主政权和地主武装，建立农民革命政权和农民武装，进而解决农民的土地问题的思想，开始找出了正确解决农民土地问题的道路，为以后党制定正确的土地革命路线，作了思想上和理论上的准备。

三、农民代表大会关于减轻封建剥削的决议案

为了总结农民斗争的经验教训，确定农民运动的方针和任务，许多省先后召开了省农民代表大会。例如，广东省于1925年5月和1926年5月先后召开了全省第一、二次农民代表大会，湖南省于1926年12月召开了全省第一次农民代表大会，江西省于1927年2月召开了全省第一次农民代表大会，湖北省于1927年3月召开了全省第一次农民代表大会。在这些大会上，通过了许多维护农民利益的决议案。其中关于减轻封建剥削的决议案的内容有：

（一）减租

地租是地主剥削农民的主要手段，所以农民运动兴起后便进行减租和废除各种苛例的斗争。各省的农民代表大会，几乎都作了关于地租的决议。如广东

---

①《中国共产党中央委员会对政局宣言》，《中国现代史资料选编》，第590页。

省第二次农民代表大会作了《废除地主对于农民苛例决议案》，湖南省第一次农民代表大会作了《地租问题决议案》，江西省第一次农民代表大会作了《减轻田租决议案》等。这些决议案历数了地主用地租和其他苛例对农民所进行的残酷剥削，并根据各地的情况对减租作了比较具体的规定。例如，湖南省第一次农民代表大会接受了中国共产党湖南区第六次代表大会提出的农民的最低限度之经济要求，并作了《地租问题决议案》。其中规定："租额应该减轻。减租的标准，应该根据田亩的性质、大小、肥瘠，副业的多寡，押金的轻重和佃金利息的有无多少等情形，减少租额 5% 至 30%"；"废除押金制度，在押金制未能废除以前，亦应一律按照当地利率计息，不得有无息押金。押金最高限额，可由各县协会斟酌当地情形规定，经省协批准，请政府备案"；"农民除佃约上规定应纳的正额地租外，无论何种陋规，一律免除"。[①] 江西省第一次农民代表大会的《减轻田租议决案》规定"一律减轻佃农佃租百分之二十五"；"水旱虫灾等荒年，概行免付田租"；"佃农除依规定租额还租外，对于地主一切陋规，如押租、预租[②] 及供给酒肉等苛例，一概废除"。[③] 实践说明，农民的减租斗争，特别是在减租斗争胜利的地方，农民的经济状况有所改善，而且促进了革命运动的发展。

（二）减息和禁止高利贷

针对高利贷者对农民的盘剥，1926 年中共广东区委扩大会议通过的《农民运动议决案》要求"规定借贷利率，不得超过'二分'"。[④] 各省农民代表大会也都作了关于减息和禁止高利贷的决议。例如，广东省第一次农民代表大会的《经济问题议决案》提出了"反对高利债（并父债子还）与高利押"。[⑤] 广东省第二次农民代表大会和湖南省第一次农民代表大会作了《取缔高利债决议案》和《取缔高利贷决议案》，江西省第一次农民代表大会作了《取缔高利贷草案》等。这些决议案揭露了高利贷者对农民的高利剥削，要求禁止高利盘剥，湖南

①《第一次国内革命战争时期的农民运动资料》，人民出版社 1983 年版，第 345、411 页。

② 预租，即预先缴租。据《第一、二次国内革命战争时期土地斗争史料选编》第 111 页解释："预租：今年冬预缴一石谷之钱给地主，明年方允许种。"

③《第一次国内革命战争时期的农民运动资料》，人民出版社 1983 年版，第 580 页。

④《第一次国内革命战争时期的农民运动资料》，人民出版社 1983 年版，第 345 页。

⑤《第一次国内革命战争时期的农民运动资料》，人民出版社 1983 年版，第 269 页。

省第一次农民代表大会的决议案规定利率不得超过20%。[①]江西省第一次农民代表大会的《取缔高利贷草案》规定“废除父债子偿制度”[②]。在农民运动高涨的地区，农民协会根据这些决议的精神，领导农民普遍开展减息斗争，并取得了一定成果。

（三）废除苛捐杂税

旧中国的苛捐杂税多如牛毛，所以农民运动兴起后，农民纷纷要求废除苛捐杂税。为此，各省农民代表大会几乎都作了关于废除苛捐杂税的决议案。例如，广东省第二次农民代表大会作了《废除苛捐杂税决议案》，湖南省第一次农民代表大会作了《田赋问题决议案》《田捐问题决议案》《厘金问题决议案》《废除牙帖取缔牙商决议案》《食盐问题决议案》，江西省第一次农民代表大会作了《废止苛捐杂税决议案》等。这些决议案列举了名目繁多的苛捐杂税给农民带来的沉重负担和巨大痛苦，强烈要求加以废止。湖南省第一次农民代表大会的决议案要求“由各县农民协会，邀同各县革命民众团体，清理田赋附加数目及其用途，凡非地方公益正当开支，应一律免除，属于正当开支的也应该尽可能的减少”；“贫民历年欠缴田赋，无论多少，应请政府一律豁免”；地亩经界不清的地方，“亟应督促政府，清丈地亩，确定赋率，取消无地钱粮，禁止飞粮，为受害农民减轻痛苦”；“关于征收田赋的一切陋规，如钱水重利、抹尾数等均属无理剥削，应该一律废止”；在水旱天灾地区，“应斟酌灾情轻重，免征或减征田赋”；“用累进方法，征收田赋”。关于亩捐，规定“非地方公益经民众多数公认者，不得抽收亩捐”；“自耕农有田二十亩以上的，才纳亩捐。佃农不纳捐，但穷东富佃之重押轻租者，不在此限”；“亩捐征收，用累进税法”。关于厘金，要求“规定一种较轻的统一的厘金，代替多种繁重的厘金，使商民缴纳一次厘金之后，不再有第二次的缴纳”；“肥料与荒月食粮，……均应免厘”，“至于过去厘金的积弊，如圩子团之苛索及各项陋规”，“应彻底扫除”。关于牙帖，要求国民政府“从速废除牙帖，取缔牙商克扣行用，废除农产必须落行旧制，使农产品任农民在自由市场贩卖”。[③]关于食盐问题，要求“废止私人盐票，打破运商垄断，取消淮盐引岸”，要求国民政府“整顿盐税，应即减轻盐税附

① 《第一次国内革命战争时期的农民运动资料》，人民出版社1983年版，第413页。
② 《第一次国内革命战争时期的农民运动资料》，人民出版社1983年版，第576页。
③ 《第一次国内革命战争时期的农民运动资料》，人民出版社1983年版，第414—416页。

加"，"粤盐入口，应收统税，不应该设立分卡，为害农民、商人"。[①] 农民的这些要求，在农民运动强大的地方，有的实现了。例如，在湖南的农村，"土豪劣绅把持乡政时加于农民的苛捐如亩捐等，却因农民运动的兴起，土豪劣绅的倒塌而取消，至少也减轻了。"[②]

上述各省农民代表大会根据农民的利益和要求所作的关于减轻封建剥削的决议案，对于农民运动，起了积极的推动作用。尤其是在农民协会力量强大并已夺取农村政权的地方，农民凭借革命政权的权威，使这些决议具有革命法律的意义。因此，这些农民代表大会所作的决议案，可以说是人民民主法制的萌芽。

第二节　工农民主政权的土地立法

土地革命战争时期，党和革命根据地工农民主政权领导农民进行了轰轰烈烈的土地革命。

为了领导、推动和保障农民进行土地革命，党和工农民主政权先后颁布了一系列关于土地问题的决议案、政纲以及土地法规。

一、土地立法的历史发展

工农民主政权土地立法的历史，大致可以分为四个发展阶段。

（一）初创阶段（1927 年底到 1928 年底）的土地立法

大革命失败后，随着阶级斗争形势和革命中心任务的变化，党的土地政策有很大变化。

1927 年 7 月 20 日发布的《中央通告农字第九号——目前农民运动总策略》中宣布："中国革命进到一个新阶段——土地革命的阶段"，重申了党在大革命后期的一些土地政策。如"没收大地主土豪劣绅及反革命的土地"、"没收祠堂庙宇等一切公共土地"、"实现耕者有其田"、"减租百分之二十五"、"取消高利

①《第一次国内革命战争时期的农民运动资料》，人民出版社 1983 年版，第 420 页。
②《湖南农民运动考察报告》，《毛泽东选集》第一卷，人民出版社 1991 年版，第 39 页。

贷”、“不缴苛捐杂税”、“不缴预征钱粮”等口号。[1]不久，党的“八七”会议确定了实行土地革命的总方针。根据这个总方针所作的《最近农民斗争的议决案》提出的土地政策是：“没收大地主及中地主的土地，分这些土地给佃农及无地的农民”；“没收一切所谓公产的祠族庙宇等土地，分给无地的农民”；“对于小田主则减租”；“取消重利盘剥者的债务、苛刻的租约与苛约”；“改良雇农生活及其劳动条件（工资待遇等等）”；“对于一切新旧军阀政府的苛捐杂税实行抗纳，并实行抗租”等。八七会议把没收土地的对象扩大到中地主，而不是没收所有地主的土地。议决案在说明这个问题时指出：“最近开始暴动的口号之中，本党不提出没收小田主土地的口号，是为着要使城乡间广大的小私有财产者之分子中立。”[2]

中共中央政治局在1927年9月19日通过的《关于“左派国民党”及苏维埃口号问题决议案》中提出“在革命斗争新的高潮中应成立苏维埃”的任务。随着党的方针的重大变化，党的土地政策也相应作了改变，即改变过去联合小地主，不没收小地主土地的政策为没收一切地主土地的政策。例如，就在此项决议案通过几天后，党中央在9月23日致广东省委的函件中指示，“对于小地主的土地必须全部没收，实现‘耕者有其田’的原则。”[3]同年11月中共中央临时政治局扩大会议所作的《中国现状与共产党的任务决议案》，提出了“土地革命的主要口号应当是：完全没收一切地主的土地，由农民代表会议自己支配给贫农耕种，耕者有其田，完全取消租田制度。”[4]

但是，在1927年11月的中央临时政治局扩大会议上，党内第一次“左”倾路线在党中央领导机关取得了统治地位。在这条错误路线影响下，这次会议规定了一些过左的土地政策。主要是：（1）规定了没收一切土地，实行土地国有的政策。例如，会议通过的《中国共产党土地问题党纲草案》规定：“一切地主的土地无代价的没收，一切私有土地完全归组织成苏维埃国家的劳动平民所公有”；“一切没收的土地之实际使用权归之于农民。租田制度与押田制度完全废除，耕者有其田”。这就是说，除了没收一切地主的土地外，也没收其他一切私有土地；一切没收的土地归“苏维埃国家的劳动平民所公有”，亦即土地国有，农民只有土地使用权，没有土地所有权。（2）提出了杀尽豪绅地主的政

①《第一、二次国内革命战争时期土地斗争史料选编》，第149—150、161—162页。
②《第一、二次国内革命战争时期土地斗争史料选编》，第173页。
③《第一、二次国内革命战争时期土地斗争史料选编》，第201页。
④《第一、二次国内革命战争时期土地斗争史料选编》，第201页。

策。例如,《中国现状与共产党的任务决议案》提出了“歼灭豪绅地主及一切反革命派”的口号,主张“极端严厉绝无顾惜的杀尽豪绅反革命派。”[①]这就等于提出了从肉体上消灭地主和反革命派的政策。(3)反对中小商人等小资产阶级。由于错误地认为,“中国的小资产阶级——店东、小厂主等等以及所谓中小商人”,“已经不是革命的力量,而是革命的障碍”,[②]所以对他们采取反对的政策。例如《中国现状与共产党的任务决议案》提出,“如果小厂主怠工闭厂,便也没收他的工厂。”[③]这些过左的土地政策,给一些革命根据地的土地革命造成了严重的后果。

不久,在1928年3月中共中央发布的《中央通告第三十七号——关于没收土地和建立苏维埃》中规定:“没收一切地主祠庙等土地,一切土地归苏维埃公有,由苏维埃支配——凡是能耕种的都可以分到土地”;“一切土地于实行共有后,重新分给农民耕种,由县苏维埃政府的名义发给土地使用证(县苏维埃未成立时由当地最高苏维埃发给)。旧时田契、佃约一概宣布废除,土地不能买卖。”[④]

根据上述土地政策,在这个阶段,各革命根据地工农民主政权颁布了一系列关于土地问题的决议案和土地法规。主要有:1927年11月海陆丰工农兵代表大会议决的《没收土地案》、1928年《琼崖工作计划大纲》关于土地问题的规定、《井冈山土地法》等,其中《井冈山土地法》是革命根据地的第一部土地法。

1927年9月,毛泽东同志领导湘赣边界秋收起义后,遂率领起义部队转战井冈山,开创了井冈山革命根据地,建立了工农民主政权,领导根据地人民开展打土豪分田地的斗争。为了指导和保障农民的土地斗争,湘赣边界工农民主政权根据《中央通告第三十七号——关于没收土地和建立苏维埃》的精神和根据地人民进行土地斗争的经验,于1928年12月制定了《井冈山土地法》。这个《土地法》规定:“没收一切土地归苏维埃政府所有”;“一切土地,经苏维埃政府没收分配后,禁止买卖”;分配土地的数量标准主要是“以人口为标准,男女老幼平均分配”,区域标准主要是“以乡为单位分配”;规定了征收和免纳

①《第一、二次国内革命战争时期土地斗争史料选编》,第207页。

② 瞿秋白:《中国革命中无产阶级的新策略》(1927年11月30日),《布尔塞维克》第1卷第7期,第189—190页。

③《中国现代史资料选编》,第55页。

④《第一、二次国内革命战争时期土地斗争史料选编》,第221页。

土地税的办法等。应当指出，当时由于缺乏经验，特别是由于中央土地政策的影响，这个《土地法》有几个原则错误。这就是："(一) 没收一切土地而不是只没收地主土地；(二) 土地所有权属政府而不是属农民，农民只有使用权；(三) 禁止土地买卖。"[①] 尽管如此，这个《土地法》，在当时的土地斗争中，还是起了积极的作用，为以后的土地立法提供了重要经验。

(二) 曲折发展阶段 (1929 年初至 1931 年秋) 的土地立法

1928 年 6 月至 7 月召开的中国共产党第六次全国代表大会，通过了党在民主革命中的十大纲领。其中关于土地的政纲规定："没收地主阶级的一切土地，耕地归农民。"[②] 这就改正了 1927 年 11 月中央临时政治局扩大会议关于没收一切土地的决定。六大的《政治决议案》、《土地问题决议案》、《农民问题决议案》等对土地革命的路线、政策、策略作了一系列重要的规定。主要有：(1) 民主革命的中心任务之一是采取"彻底的平民式的推翻地主阶级私有土地制度，实行土地革命"。所以"农民运动的中心口号，是没收地主阶级的土地交由农民代表会议 (苏维埃) 处理"。土地斗争"主要的敌人是豪绅地主"。(2)"无产阶级在乡村中的基本力量是贫农"，"必须在农民组织中，巩固贫农与雇农的思想上与组织上的领导权"。(3)"中农是巩固的同盟者"，"与中农联合，是保证土地革命胜利的主要条件"。因此"应该创造建设绝对大多数被残余封建势力剥削的农民群众的统一战线，从雇农起到中农止"。(4) 对富农要根据它对革命的态度而采取区别对待的策略。由于富农是"农村资产阶级"，"具有资本主义的与资本主义以前的半封建剥削的性质"，因此不"放弃对于富农半地主的阶级斗争"。但是"党在目前阶段中的任务，乃在使这种富农中立，以减少敌人的力量"。由于富农在农民运动中，"常表现消极中立或仇视的态度，最后常更快的走入反革命的营垒中去"，所以对富农采取的策略是：当富农"因军阀官僚的压迫而继续斗争的时候"，应争取和吸收它参加一般农民的反军阀反地主豪绅的斗争；当富农动摇于革命与反革命之间的时期，不应该加紧反对富农的斗争，使它更快地转入反革命方面而成为革命的积极的仇敌；当富农反革命时，则"应与反军阀反地主豪绅的斗争同时进行"。(5)"赞助平分土地的口号，同时应加以批评"。即在多数的农民群众拥护"平分土地"口号

---

① 《毛泽东农村调查文集》，人民出版社 1982 年版，第 35—37 页。

② 中央档案馆编：《中国共产党第二次至第六次全国代表大会文件汇编》，第 212 页。

时，“共产党应加以赞助，因为这是彻底肃清一切封建余孽的口号，并且是直接动摇私有制度的。”同时必须批评“平分土地”的口号。“使农民完全了解，在现在资本主义制度之下，决没有真正平等之可能，只有在无产阶级革命胜利之后，才能够走上真正社会主义的建设”。(6)“保存商业货物交易，战胜均产主义的倾向——均分小资产阶级财产的倾向（如均分小商人、小手工业者等等的财产）”[①]。从这些规定可以看出，六大的决议案已经提出了依靠贫农，联合中农，根据富农的不同的政治表现采取不同的策略，保护小工商业，推翻地主阶级私有土地制度的土地革命路线，使党的土地革命的路线、政策、策略前进了一大步。

但是，六大通过的土地政策是有一些错误和缺点的。主要是：仍坚持土地国有政策，农民只有土地使用权，而没有土地所有权。没收地主的土地，“只分给贫苦的农民，那就必然发展到从肉体上消灭地主或驱逐地主出苏区。这样对斗争是不利的。”[②]对富农的经济，没有规定明确的具体的政策。尽管如此，六大关于土地革命的路线、政策、策略，还是有力地推动了当时土地斗争的开展。虽然有“左”倾路线的干扰，但是各革命根据地在实践中还是不断充实，发展了党的具体的土地政策，从而使土地法规的内容也不断充实和发展。

1929年1月，毛泽东、朱德同志率领红四军离开井冈山向赣南、闽西进军，在途中发布了《红军第四军司令部布告》《红军第四军军党部布告》，在占领龙岩后发布了《红军第四军司令部政治部布告》，阐述了党在土地革命中的任务和包括土地政策在内的各项政策。1929年4月，毛泽东同志在赣南兴国县主持制定了《兴国土地法》。这个土地法是在《井冈山土地法》的基础上，根据党的六大规定的土地政策的精神和群众土地斗争的实践经验制定的。由于党的六大是在莫斯科召开的，加上交通不便，六大的文件于1928年12月才传到井冈山，并只在干部中作了初步传达，因而《井冈山土地法》未能按照六大的没收地主土地的政策来制定。《兴国土地法》规定“没收一切公共土地及地主阶级的土地”，改正了《井冈山土地法》的“没收一切土地”的错误规定。但是，《井冈山土地法》的其他错误均未改正。

随着闽西土地斗争的发展，党的土地政策进一步得到充实和发展。1929

---

① 中央档案馆编:《中国共产党第二次至第六次全国代表大会文件汇编》，第211、228、252—253、229页。

②《关于党的“六大”的研究》，《周恩来选集》上卷，人民出版社1980年版，第182页。

年7月，中共闽西第一次代表大会召开，在毛泽东同志指导下，大会根据党的六大的土地政策的基本精神，总结了闽西土地斗争的经验，通过了《关于政治决议案》、《关于土地问题决议案》。这些决议案在一些具体土地政策上有新的规定。主要有:（1）对大中小地主区别对待。规定“对农村小地主要没收其土地，废除其债务，但不要派款及其它过分打击”，以“取得小资产阶级对革命的一致或者中立”，集中打击大中地主。（2）“富农田地自食以外的多余部分，在贫农群众要求没收时应该没收”，但是为了争取或中立富农，“在革命初期时间——向豪绅斗争最激烈时间，不没收其土地，并不派款，不烧契，不废除其债务”。同时规定“禁止高利贷”、提高雇农工资等来限制富农。（3）“自耕农的田地不没收，田契不烧毁”，“对自耕的中农不要与以任何的损失”。（4）土豪地主反动派外逃，其“家属在家并不反动，经当地群众及政府准其在乡居住者，别处无他种方法维持生活者酌量分与田地”。（5）提出“抽多补少”的分配土地的原则。（6）乡村中工商学各业“生活不够者，得酌量分与田地”。（7）对债务问题，区别不同情况采取不同政策:“工农穷人欠土豪地主之债不还”;“工农穷人自己来往帐目及商家交易之帐，仍旧要还，但民国十六年底以前的旧债及非本身之债务不还”。（8）“对大小商店应采取一般的保护政策（即不没收）”等。[①] 这些规定，不但充实和发展了六大的土地政策的正确内容，而且已经反映了毛泽东同志的依靠贫农，团结中农，限制富农，保护工商业者，消灭地主阶级的土地革命路线。

应当指出的是，党的闽西一大通过的土地政策也有缺点。例如，在对中农政策上，一面规定“自耕农田地不没收”，同时又规定自耕农“所耕田地除自食外尚多余，经当地多数农民要求得县区政府批准者，得没收其多余部分”。[②] 说明党的闽西一大关于不损害中农利益的政策是不坚定的。不仅如此，1929年11月中共闽西特委第一次扩大会议《关于土地问题的决议——特委通告第十五号》指出，“为争取农民群众起见，在土地斗争初期，不宜提出没收一切土地的口号，到了农民全都起来，多数要求平分一切土地时，党应赞助贫农坚决地没收一切土地，焚烧一切田契，以巩固党在贫农中的领导权。”[③]1930年2月中共闽西特委第二次扩大会议通过的《关于土地问题决议案》进一步明确规定:

①《第一、二次国内革命战争时期土地斗争史料选编》，第297—298、302、303、304页。
②《第一、二次国内革命战争时期土地斗争史料选编》，第297—298、302、303、304页。
③《中央革命根据地史料选编》下册，江西人民出版社1982年版，第375页。

"所有田地不论水田旱田一律没收，归苏维埃政府处理，分配与农民使用。"[①] 这个规定，不但否定了"自耕农田地不没收"的政策，而且又倒退到"没收一切土地"的错误政策上去。所以 1930 年 3 月闽西第一次工农兵代表大会通过的《土地法案》也规定："所有田地不论水田、旱田一律没收，归苏维埃政府处理，分配与农民使用。"[②]

与此同时，革命根据地的土地立法受到了来自党中央的过左的土地政策的干扰。

一是中共中央根据共产国际关于反富农策略的指示，于 1929 年 9 月 1 日作了《中央关于接受国际对于农民问题之指示的决议》。这个决议批评了六大决议中关于对富农的策略。指出："党的策略决不应企图联合富农在反封建势力的战线之内，而应坚决的反对富农。"[③] 党对富农政策的这一重大变化，使此后的关于土地问题的决议案和土地法规对富农都规定了过左的政策。

二是 1930 年以李立三为代表的党内第二次"左"倾路线在党中央领导机关占统治地位。1930 年 5 月，李立三在上海主持召开的全国苏维埃区域代表会议通过了反映"左"倾路线的《土地暂行法》。这个土地法有正确的方面，如规定没收地主土地和富农出租部分的土地分配给无地或少地的农民使用等。但是更多的内容是规定了过左的政策。例如，没收的土地"一律归苏维埃政府"；"禁止一切土地的买卖、租佃、典押"；"组织集体农场"，"实行集体生产"；非农业人口"不能享有土地的使用权"，"对于缺乏劳动力耕种的家庭（如孤儿、寡妇等）""采取社会救济的办法"，没有分得土地的红军士兵，"俟全国苏维埃政府成立时，再行决定分与土地"，[④] 使这几部分人没有参加分配土地的权利。

以上干扰，都给革命根据地的土地斗争带来不良的影响。但是随着土地革命的发展，上述一些错误的土地政策，有的得到了改正，党的土地政策和工农民主政权的土地法规的内容仍有所充实和发展。主要表现在：

1930 年 2 月，在吉安县的陂头召开了红四军前委、红五、红六两军军委和赣西特委联席会议，即"二七会议"或称"陂头会议"。在土地政策方面，会议批判了以劳动力为标准分配土地的主张，肯定了按人口平均分配的办法。在这个会议上，制定了一部内容与中共闽西一大通过的土地政策基本相同的土

---

①《中央革命根据地史料选编》下册，江西人民出版社 1982 年版，第 388 页。

②《第一、二次国内革命战争时期土地斗争史料选编》，第 367 页。

③《第一、二次国内革命战争时期土地斗争史料选编》，第 311 页。

④《第一、二次国内革命战争时期土地斗争史料选编》，第 392—394 页。

地法。

1930年6月，毛泽东同志在长汀县的南阳召开了中共红四军前委和闽西特委联席会议，即南阳会议或称汀州会议（会址先在长汀的南阳，后移汀州城），通过了《富农问题》的决议。这个决议在党中央反富农方针的影响下，对富农规定了过左的政策原则。但是决议也有正确的部分。例如，会议根据土地斗争的实践经验，提出了一些正确的分配土地的原则和政策：在分配土地的原则方面，提出在“抽多补少”之外，再加上“抽肥补瘦”的原则；提出“何时分田，何时得禾”的政策，即何时分田即由分了田的人得到田里的收获。这是受贫农和失业群众拥护的政策。这些原则和政策，充实了党的分配土地的政策。决议还批评了第二次“左”倾路线关于“经营模范农场”和组织“社会主义的共同生产”的过左主张。

不久，1930年8月，中国革命军事委员会颁布了《苏维埃土地法》。这个土地法坚持了过去许多正确的土地政策，改正了第二次“左”倾路线的许多错误主张。例如规定，苏维埃所有没收的土地，要尽数分配给无地、少地的农民及其他需要的贫民使用，只有“在某种情形之下，得将分配不完的部分，建设模范农场，或临时出租”。红军官兵和从事革命工作的人“照例分田”；乡村中工商学各业生活不够的，“得酌量分与田地”；雇农及无业游民愿意分田的，“应该分与田地”；豪绅地主及反动派的家属，“得酌量分与田地”。分配土地“依乡村总合数目，男女老幼平均分配，不采以劳动力为标准的分配方法”，而且实行“抽多补少、抽肥补瘦的原则”。此外，规定了分青苗的原则。即“暴动分配田地，在农民业已下种之时，田中生产即归分得该部田地之农民收获，原耕人不得把持”①。

关于确定农民土地所有权问题，1930年才得到解决。1930年6月共产国际执委政治秘书处通过了《共产国际执委秘书处关于中国问题的决议案》，向中国共产党指示：“在苏维埃区域内的经济政策方面，……应当容许贸易自由，暂时不要禁止土地买卖制”。中共中央接受了共产国际的这个决议，在1930年9月作出的《中共三中全会关于政治状况和党的总任务议决案》，提出了“没收地主土地归农民”的口号。1931年2月8日《中共苏区中央局通告第九号——土地问题与反富农策略》指出：农民“热烈地起来参加土地革命，他们的目的，不仅要取得土地的使用权，主要的还要取得土地的所有权”。因此“必须

①《第一、二次国内革命战争时期土地斗争史料选编》，第479—481页。

使广大农民在革命中取得了他们唯一热望的土地所有权”。所以三中全会特别指出，在目前革命阶段中，尚未到整个取消私有制度时，不禁止土地买卖和在苏维埃法律内的佃租制度。[①] 这是党中央明确确定农民土地所有权的重要标志。毛泽东同志根据党的六届三中全会的精神，在 1931 年 2 月 28 日以中央革命军事委员会总政治部主任的名义写给江西省苏维埃政府的信中明确指出：实行农民土地私有，“是民权革命时代应该有的过程”。指示省苏维埃政府应该通令各地各级政府发布命令和布告，“要说明过去分好了的田（实行抽多补少、抽肥补瘦了的）即算分定。得田的人即由他管所分得的田，这田由他私有，别人不得侵犯”。“以后一家的田，一家定业，生的不补，死的不退；租借买卖，由他自由；田中出产，除交土地税于政府外，均归农民所有。”[②] 把农民的土地私有权问题进一步具体化。根据党中央确定农民的土地所有权的政策精神，1931 年 3 月 15 日江西省苏维埃政府发布了《土地是我们的耕种起来呵！》的文告，宣布“土地一经分定，土地使用权、所有权通通归农民”。[③] 同月江西省、县、区苏维埃主席联席会通过的《土地问题提纲》，5 月的《江西省苏维埃政府关于土地问题的布告》，以及 1931 年 4 月的《闽西土地委员会扩大会决议案》等，都明确规定农民分得的土地归私有，农民有权转租、买卖、抵押和继承，至此，从《井冈山土地法》开始的土地所有权属于政府而不属于农民和禁止土地买卖的原则错误，得到了改正。这是土地立法的一大进步。

这个阶段的土地法规，除以上已提到的以外，还有《峡江县土地暂行条例》（1930 年）、鄂豫皖苏区《临时土地政纲》（1929 年 6 月）、《鄂豫边革命委员会土地政纲实施细则》（1930 年 11 月）、《湖南省工农兵苏维埃政府暂行土地法》（1930 年 7 月 29 日）、湘鄂西《土地革命法令》（1930 年 10 月）、《信江特区苏维埃土地法》、《信江特区苏维埃土地临时使用法》（1930 年 3 月）、《右江苏维埃政府土地法暂行条例》（1930 年 5 月 1 日）以及一些关于土地问题的决议案和有关土地政策的布告等。

（三）受第三次“左”倾路线严重干扰阶段（1931 年底至 1935 年底）的土地立法

1930 年 9 月，党的六届三中全会基本上结束了第二次“左”倾路线在党中

①《第一、二次国内革命战争时期土地斗争史料选编》，第 493 页。
②《中央革命根据地财政经济史长编》上册，第 291—292 页。
③《第一、二次国内革命战争时期土地斗争史料选编》，第 502 页。

央的统治。但是，在1931年1月召开的党的六届四中全会上，以王明为代表的第三次“左”倾路线在党中央取得了领导地位，而且统治的时间很长，所以对革命根据地土地立法的干扰最大，影响也最严重。

王明“左”倾机会主义者把持党中央的领导权后，打着“反对立三路线”的旗帜，推行比立三路线更加“左”的机会主义路线。在土地政策上，他们反对过去特别是毛泽东同志制定的对中农、富农和地主的正确政策，采取“地主不分田，富农分坏田”，从肉体上消灭地主，从经济上消灭富农的过左政策。为了推行这个错误政策，他们以中共中央名义起草了《土地法草案》，刊登在1931年3月9日的中共中央机关刊物《红旗周报》第一期上，并准备提交全国工农兵苏维埃第一次全国代表大会通过，作为国家法律施行。这个《土地法草案》与过去的土地法规最大的不同点是：规定“被没收旧土地所有者，无权取得任何份地”，即“地主不分田”；“富农在被没收土地后，可以分得较坏的‘劳动份地’”，即“富农分坏田”；分配土地“可按照家庭有劳动能力者之多寡，或同时又按人口之多寡的混合原则，进行分配”，即采取劳动力和人口混合为分配标准。而且规定，这个土地法，不仅适用于苏维埃区域，而且应在非苏维埃区域和新开辟的苏区“立即施行”。①1931年4月，在王明路线代表的主持下，中央苏区中央局扩大会议作出决议，一面不得不承认红四军前委过去的路线“是一般正确的”，在土地问题上贡献了“许多宝贵的经验”，仍肯定以人口平分土地、抽多补少、抽肥补瘦、土地私有等原则，一面又规定地主家属等“没有分得土地的权利”，把地主不分田扩大到地主家属等。②8月，苏区中央局的《关于土地问题的决议案》进一步指出，“地主豪绅及其家属根本无权分得土地”，富农能自己耕地，“可以分得一份较坏的土地”，并且批评“抽多补少”，“抽肥补瘦”的原则是“不正确的”、“非阶级”的，要求革命根据地贯彻《土地法草案》。③由于王明机会主义者把持的党中央发现这个会议的决议案对过去正确的分配土地的方法和原则仍有所肯定，不少内容与“左”倾路线的土地政策“有很大实质上的不同”，于是在1931年11月10日向中央苏区中央局发出了《中央为土地问题致中央苏区中央局信》。信中批评中央苏区中央局8月的关于土地问题决议案“有很多非阶级路线的观点和方法”，指示“必须立

---

①《土地法草案》,《红旗周报》第1期，第2—3页。

②《第一、二次国内革命战争时期土地斗争史料选编》，第522—523页。

③《第一、二次国内革命战争时期土地斗争史料选编》，第558—559页。

即加以纠正”。信中强调指出：“地主阶级必须彻底消灭，绝对不能分田和租田给他及他的家属”；“凡是富农的土地都须没收，只有在他们自己耕种的条件下才分坏田给他们，富农的多余农具、耕牛，也须没收”；“贫农、雇农必须分得好田”；“巩固中农联盟要在不侵犯中农利益的条件下向他让步”，但“不能因巩固与中农的联盟，便要牺牲贫农、雇农的利益来迁就中农”；“分配土地大致以人口与劳动力混合为标准”。[①] 这封信，把王明“左”倾路线的土地路线理论化和具体化，成了全面推行这条错误路线的重要根据。

王明机会主义者不仅制定“左”倾的土地路线，而且派出他们的代表到各革命根据地强行贯彻，要求各地按这条错误路线“重新分配一切土地”。于是，许多革命根据地纷纷颁布重新分配土地的法规和有关决议。例如，1931 年 6 月闽西苏维埃政府的《重新分配土地的条例》、中共商城县委的《中共商城县委为重新分配土地告商城工农劳苦群众书》、1931 年 8 月的《中共鄂东南特委关于目前工作计划决议案》、10 月的《湘赣苏区重新彻底平均分配土地条例》等。1931 年 11 月，在瑞金召开的全国工农兵苏维埃第一次代表大会，根据王明机会主义者起草的《土地法草案》，通过了《中华苏维埃共和国土地法》，把“地主不分田、富农分坏田”的过左的土地政策用法律的形式加以确认并在全苏区强制执行。这是土地革命战争时期施行时间最长、贯彻地区最广、影响也最大的土地法。这个土地法颁行后，一些革命根据地根据它的基本精神，结合本地区的情况又颁布了一些地区性土地法规。例如，1931 年 11 月 29 日的《湘鄂赣省工农兵苏维埃政权第一次代表大会土地法》、1931 年 12 月的《江西省苏维埃政府对于没收和分配土地的条例》、《赣东北省苏维埃执行委员会土地分配法》、1933 年的《川陕省苏维埃政府关于土地改革布告》以及《西北革命军事委员会、军区政治部关于土地问题的布告》等。

为了检查当时中央和地方土地法令的执行情况，一些革命根据地在没收分配土地后组织查田，并为此发布了有关的决议和条例，如 1932 年 6 月的《江西省工农兵第一次代表大会土地问题决议案》、1932 年 7 月的《福建省苏维埃政府检查土地条例》、1932 年 8 月的湘赣省《土地法执行条例》等。为了在全苏区开展查田，中央工农民主政府于 1933 年 6 月 1 日发布了《关于查田运动的训令》，同时决定在全苏区内实行土地登记。查田运动的主要目的是清查漏

① 《中央为土地问题致中央苏区中央局信》（1931 年 11 月 10 日），《红旗周报》第 26 期，第 31、40、35、41 页。

划的地主、富农，按照当时的土地法令没收和分配他们的土地和财产。为了正确地解决查田和分田斗争中的问题，毛泽东同志起草了《怎样分析阶级》（后来改为《怎样分析农村阶级》）[①] 和《关于土地斗争中一些问题的决定》,[②] 经中央工农民主政府通过并用中央工农民主政府名义于 1933 年 10 月公布，作为划分农村各阶级成分的法律依据。从此，革命根据地有了科学划分农村各阶级的标准，解决了长期没有解决好的划分农村阶级的问题。

（四）土地政策重大转变阶段（1935 年 12 月至 1937 年 7 月）的土地立法

1935 年 1 月，党的遵义会议结束了第三次“左”倾路线的统治，事实上确立了毛泽东同志在全党的领导地位。中国共产党为了实现抗日民族统一战线的方针，逐步纠正了土地政策中的“左”倾错误。

首先改变对富农的政策。党中央在 1935 年 12 月 16 日作出的《关于改变对富农策略的决定》指出，由于政治形势的变化，过去“加紧反对富农的策略”“已经不适当了”。因此，在白区，“应该联合整个农民，造成广泛的农民统一战线。故意排斥富农（甚至一部分地主）参加革命斗争是错误的。”在苏区，对于富农“只取消其封建式剥削的部分，即没收其出租的土地，并取消其高利贷。富农所经营的（包括雇工经营的）土地、商业以及其他财产则不能没收，苏维埃政府并应保障富农扩大生产（如租佃土地，开辟荒地，雇用工人等）与发展工商等自由”，“除统一的累进税外，苏维埃地方政府不能加富农以特别的捐款或征发。”[③] 这些规定，纠正了王明“左”倾机会主义路线在反富农方针下实行“富农分坏田”的错误政策，采取给富农以经济出路的政策。1935 年 12 月，党的瓦窑堡会议规定了建立抗日民族统一战线的方针和政策。会议通过的《中央关于目前政治形势与党的任务决议》说明，“共产党与苏维埃一定要满足农民的土地要求，为彻底解决土地问题，解除农村封建压迫而斗争”。在抗日形势下，党解决土地问题的基本原则，“就是把土地革命同民族革命结合起来”。决议重申了改变对富农的政策，规定“富农的财产不没收。富农的土地，除封建剥削之部分外，不问自耕的与雇人耕的，均不没收。当农村中实

①《毛泽东选集》第一卷，人民出版社 1991 年版，第 127—129 页。

② 解放社编:《目前形势和我们的任务》，1948 年，第 92—112 页。

③《第一、二次国内革命战争时期土地斗争史料选编》，第 836 页。

行平分一切土地时，富农有与贫农、中农分得同等土地之权"[①]。为了贯彻党的新的富农政策，中华苏维埃共和国中央执行委员会于1935年12月15日发布了关于改变对富农的政策的命令。继之，中华苏维埃共和国中央政府西北办事处于1936年1月1日公布了《怎样分析阶级》和《陕甘苏区土地斗争中一些问题的决定》。同月19日作出关于确定苏区农民的土地所有权的决定，规定在已经分配了土地的地方，即进行土地登记，登记后发给农民土地证，确定农民的土地所有权。农民有了土地证后，可以出租，或雇长工经营，或自己耕种，或出卖给别人。[②]

其次，对地主的政策也作了改变。1936年7月22日，中共中央发出《中央关于土地政策的指示》，指出："为要使土地政策的实施能够实现清算封建残余与尽可能的建立广大的人民抗日统一战线的目的"，改变对地主的政策，对土地政策的其他某些部分也作了新的改变。主要规定："一切汉奸卖国贼的土地财产等全部没收"；"地主阶级的土地、粮食、房屋、财产，一律没收，没收之后，仍分给以耕种份地及必需的生产工具和生活资料"，"生活情况很坏的小地主"的土地不没收；自由职业者、小商人、手工业者等各种小业主的土地不没收；"一切抗日军人及献身于抗日事业者的土地"不没收；"富农的土地及其多余的生产工具（农具、牲口等），均不没收"；商人兼大地主，其土地按照一般地主办理，但不得侵犯他的商业部分。[③]根据党的这个新政策，苏维埃中央政府于1936年8月6日宣布了《土地政策新的改变》，使土地政策"具有更明确的人民性质与深刻的民族性质"[④]。

为了停止内战，推动国民党抗日，实现抗日统一战线的方针，党中央于1937年2月10日发出《中共中央给中国国民党三中全会电》，提出在国民党抛弃内战、独裁和对外不抵抗政策的前提下，中国共产党作出四项保证，其中一项是："停止没收地主土地之政策，坚决执行抗日民族统一战线之共同纲领"。以后又在《中央关于西安事变和平解决之意义及中央致国民党三中全会电宣传解释大纲》中指出，"在全国停止没收地主土地，并不能恢复苏区土地剥削制度，而要继续保障土地在农民手中。但在全国执行抗日民族统一战线之共同纲领，必须没收汉奸分子的土地。"上述重大方针政策的转变，说明了党中央已

---

①《第一、二次国内革命战争时期土地斗争史料选编》，第838—839页。

②《红色中华》1936年1月26日。

③《第一、二次国内革命战争时期土地斗争史料选编》，第852、853页。

④《陕甘宁革命根据地史料选辑》第二辑，第15—16页。

把八七会议决定的实行土地革命和武装推翻国民党政府的总方针，改变为实行抗日民族统一战线和与国民党联合抗日的总方针。这样，革命根据地的土地立法也相应地向抗日战争时期的土地立法过渡。

二、土地立法的基本内容及其演变

为了变革旧中国的封建的半封建的土地制度，把广大农民从封建的生产关系中解放出来，工农民主政权的土地法规，一般都规定了以下基本内容：

（一）土地财产没收的对象和范围

改变封建的土地所有制，自然必须没收封建主的土地财产。工农民主政权的土地法规，都规定了土地财产没收的对象和范围。

1. 土地财产没收的对象

地主。地主阶级是封建土地制度的代表。没收封建主的土地财产，理所当然首先要没收地主的土地财产。由于在土地革命战争时期党的土地政策内容前后有变化，所以工农民主政权土地法规对于没收地主土地财产的规定先后也不尽一致。例如，土地革命战争初期，由于党仍执行大革命后期的土地政策，主张只没收大地主的土地，所以南昌起义后农工委员会制定的《农民解放条例》规定“没收二百亩以上大地主土地”。也就是说，没收土地的对象，仅限于拥有200亩以上的大地主。由于中国大地主少，小地主多，所以规定只收200亩以上大地主的土地，显然不能满足农民对土地的要求。所以农民批评说：“如果是没收二百亩以上的大地主，便是耕者无其田。”[①] 党的八七会议规定的是“没收大地主及中地主的土地”，即没收土地的对象是大地主和中地主。1927年11月党中央临时政治局扩大会议则规定为没收“一切私有土地”亦即没收一切土地的政策。在此政策的影响下，《井冈山土地法》等早期土地法规都有没收一切土地的内容。规定没收一切土地而不是只没收地主的土地，这是一个原则的错误。因为：（1）党领导的民主革命要变革的是封建土地所有制，消灭地主阶级，并不是消灭一切私有制。没收一切土地的规定混淆了民主革命和社会主义革命的界限。（2）没收一切土地侵犯了中农甚至贫农的利益，不利于依靠贫农，团结中农，从而搞乱了农村的阶级阵线，削弱了土地革命斗争的力量。（3）模糊了农民对地主的阶级意识，以为土地革命的对象，不但反对地主，而

① 《李立三报告》，《第一、二次国内革命战争时期土地斗争史料选编》，第177页。

且也反对他们自己。1928 年党的六大根据反对帝国主义和“推翻地主阶级私有土地制度，实行土地革命”的革命任务，在其十大政纲中规定了“没收一切地主阶级的土地”的政策，改正了没收一切土地的错误。根据六大的土地政策，1929 年的《兴国土地法》、《鄂豫边革命委员会土地政纲实施细则》等都规定“没收地主阶级的土地”。然而，也有少数的土地法规没有贯彻六大的土地政策。例如，1930 年 3 月闽西第一次工农兵代表大会通过的《土地法案》，还是规定没收一切土地。之所以出现这个情况，这是因为，“闽西土地百分之七十五的田是在收租人手里，贫苦的自耕农占百分之二十，他们的土地不够自己耕种，在这样占绝大多数的贫农，是赞成没收一切土地的。”①1930 年 6 月前委、闽西特委联席会议所作的《富农问题》的决议进一步指出，不论什么时候，不论什么地方，都要执行“没收一切土地，废除一切债务”的口号。②尽管如此，大多数革命根据地的土地法规，包括第二、三次“左”倾路线统治时期的土地法规，一般都规定没收地主阶级的土地。如最有代表性的《中华苏维埃共和国土地法》规定：没收地主的土地及其他大私有主的土地。所以总的讲，工农民主政权的土地法规，一般都把地主规定为没收土地的主要对象。只是到了土地革命战争后期，为了实现党的建立抗日民族统一战线方针，1936 年 7 月 22 日的《中央关于土地政策的指示》，规定“生活情况很坏的小地主”的土地，不予没收。

富农。中国的富农，主要是剥削雇佣劳动，并大多兼出租一部分土地和放高利贷，对贫苦农民进行封建性半封建性剥削。所以富农用以进行封建性剥削的出租的土地，应当属于没收的范围。从这一点上讲，富农也是土地法规所规定的没收土地的对象之一。土地法规关于这方面的规定，主要表现为：（1）土地法规规定“没收一切土地”，富农自然是被没收的对象。（2）土地法规规定没收富农出租的土地。如 1930 年的《土地暂行法》的解释说明，富农占有的土地，除自己使用外，有出租土地给他人耕种者，出租部分的土地一律没收。1930 年 10 月湘鄂西的《土地革命法令》也规定“没收富农所余出佃的一部分土地”。没收富农出租的土地，是与党领导的民主革命任务相一致的，因而是一项正确的政策。（3）土地法规规定没收富农的所有土地。例如 1930 年中国革命军事委员会颁布的《苏维埃土地法》、1931 年 11 月的《中华苏维埃共和国

①《第一、二次国内革命战争时期土地斗争史料选编》，第 349、401—402 页。
②《第一、二次国内革命战争时期土地斗争史料选编》，第 349、401—402 页。

土地法》以及大多数革命根据地的土地法规和有关土地问题的决议，都有没收富农的所有土地的内容，把富农当作没收土地的重要对象。这些土地法规这样规定，主要有两个原因：一是“中国富农的特征，多兼有半地主半封建剥削，故没收他们的土地”；[①]二是富农一般占有数量较多和质量较好的土地，在南方各省，其数量仅次于地主，在反封建斗争中，大批贫农要求平分富农的土地，如果不没收富农的土地，就不能满足这部分贫农对土地的要求，就不能争取广大贫苦农民群众去反对封建主义，因此没收和平分富农的土地被作为农村斗争的重要策略加以肯定下来。1935 年 12 月 6 日的《中央关于改变对富农策略的决定》，才改定为：对富农“只取消其封建式剥削的部分，即没收其出租的土地，并取消其高利贷”。1936 年 7 月 22 日《中央关于土地政策的指示》进一步规定为“富农的土地及其多余的生产工具（农具、牲口等），均不没收”，如果在基本农民要求下，实行平分一切土地时，富农土地也应当拿出一起平分，富农应按照一般平分条件得到与一般农民得到同等的土地。

祠堂、庙宇、寺院、教堂以及其他公堂、会社和官产。由于祠堂、庙宇、寺院、教堂以及其他公堂、会社和官产等的土地，大都由地主、富农、族长、牧师和豪绅所掌握和垄断，特别是地主和富农，往往借公堂集中大量土地财产，进行封建性剥削，所以由他们掌握和垄断的这部分土地，土地法规一般都规定予以没收。

军阀官僚、土豪劣绅及反革命的组织者和积极参加者。旧中国的军阀、官僚，不但是军事上、政治上的统治者，而且本人往往也是土地占有者即地主。土豪劣绅是地主阶级和宗法封建势力的政治代表，同时一般又是地主或富农。反革命的组织者和积极参加者是土地革命的敌人。所以许多土地法规规定，对这些人的土地财产实行没收。例如《中华苏维埃共和国土地法》规定所有军阀、官僚、豪绅的土地，“无论自己经营或出租，一概无任何代价的实行没收”。规定“没收一切反革命的组织者及白军武装队伍的组织者和积极参加反革命者的财产和土地；但贫农、中农非自觉地被勾引去反对苏维埃，经该地苏维埃认可免究者，可在例外；对其头领则须无条件地按照本法令执行”。

拥有土地的大私有者。许多土地法规，如 1931 年 10 月的《湘赣苏区重新彻底平均分配土地条例》、1931 年 11 月 29 日的《湘鄂赣省工农兵苏维埃政权

① 《中央为土地问题致中央苏区中央局信》（1931 年 11 月 10 日），《红旗周报》第 26 期，第 34 页。

第一次代表大会土地法》和《中华苏维埃共和国土地法》以及其后的各革命根据地的土地法规，都规定大私有者的土地，亦实行没收。这个大私有者指的是什么人？许多土地法规没有作具体规定。只是《湘鄂赣省工农兵苏维埃政权第一次代表大会土地法》有这样的规定："凡封建地主豪绅及其他大私有主的土地，如大商家、高利贷者等的土地，无论自己经营或租佃，一概立即无代价的没收。"由此可以看出，所谓拥有土地的大私有者，就是占有土地的大商家、高利贷者等。所以，占有土地的大商家、高利贷者等，也是没收土地的对象。

2.土地财产没收的范围

工农民主政权土地法规规定的土地财产没收的范围，包括动产和不动产。动产包括牲畜、农具、谷子、衣物、银钱等；不动产首先是土地，其中最主要的是耕田，另有茶山、竹山、牧场等，此外还有房屋、仓库等。土地法规一般都规定地主、军阀、豪绅的上述土地财产都实行没收。如《中华苏维埃共和国土地法》规定没收上述人员的土地，没收他们的"动产与不动产、房屋、仓库、牲畜、农具等。"规定"富农在没收土地后，多余的房屋、农具、牲畜及水碓、油榨等，亦须没收。"鉴于民主革命阶段并不消灭资本主义经济，1933年10月10日中央工农民主政府公布的《关于土地斗争中一些问题的决定》规定："地主兼商人的：其土地及与土地相连的房屋财产没收。其商业及与商业相连的店铺、住房、财产等不没收。""富农兼商人的：其土地及与土地相连的房屋财产，照富农成分处理。其商业及与商业相连的店铺、住房、财产不没收。"根据这个政策精神，以后的土地法规也作了相应的规定。

（二）土地财产分配的对象、标准和方法

没收的土地财产，应该分配给谁？按什么标准和方法分配？这是政策性很强而又直接关系到土地革命胜利果实是否落入基本农民群众手中的重要问题。因此，各土地法规都规定了土地财产分配的对象、标准和方法。

1.土地财产分配的对象

在土地革命战争时期，关于土地财产分配对象的规定先后有所不同。例如，早期的《井冈山土地法》和《兴国土地法》，规定没收的土地分配给无地及少地的农民。也分给地主一份土地。对于外逃的地主，其家属并无反动表现，经工农民主政府批准居住而又无他种方法维持生活者，也分给土地。这个政策和做法，无疑是正确的。后来有的革命根据地把土地分配的对象进一步具体化。例如1930年1月的《鄂豫边革命委员会土地政纲实施细则》规

定:“凡没收之土地得照下列情形分配之:(一)无地之农民;(二)少地之农民;(三)愿安家耕种之雇农;(四)愿耕种之工人;(五)红军的官兵;(六)革命职业家;(七)退伍的兵士;(八)愿耕种之小贩及其他职业者;(九)凡豪绅反动派已经解决,其家属确经当地革命团体证明无反动嫌疑者。”

中华苏维埃共和国成立后,《中华苏维埃共和国土地法》规定有权分得土地的人有:贫农、中农以及雇农、苦力、劳动贫民、红军家属,并强调要选择最有利于贫农、中农利益的方法进行分配。工农民主政府没收来的财产,也根据贫农、中农的利益进行分配和使用。可见,土地财产分配的对象是贫农、雇农和中农等无地和少地的农民群众。

贫农和雇农是农村的半无产阶级和无产阶级,他们不仅人数众多,而且受帝国主义和封建主义剥削和压迫最重,因而反对封建土地制度最坚决,是土地革命的主力军。改变封建土地制度最基本的任务,就是要满足广大贫苦农民即贫农和雇农的要求。因此《中华苏维埃共和国土地法》关于分配给贫农、雇农等贫苦农民土地财产的原则是正确的。但是由于“左”倾路线的影响,在贫农、雇农分配土地问题上是有偏差的,主要是不适当地强调贫农和雇农的“特殊的利益”,规定贫农、雇农必须分好田。例如1931年11月10日《中央为土地问题致中央苏区中央局信》就规定:“好田必先给贫农、雇农”。在这个政策精神影响下,有的地方甚至出现了“中农分中田,贫农分好田,雇农分上田”的做法。这些规定和做法,似乎是照顾了贫农和雇农的利益,实际上是侵犯了中农的利益,使贫农、雇农在反对封建土地制度斗争中孤立,因而从实质上讲,并不符合贫农和雇农的根本利益。因此,1932年初中共苏区中央局宣传部编的《土地问题》把“中农分中田”、“贫农分上田”① 的主张作为反中农的倾向加以批评;经中央工农民主政府批准的1932年6月3日的《江西省工农兵第一次代表大会土地问题决议案》则把“中农分下田,贫农分中田,雇农分好田”当作“侵犯中农的左倾现象”而加以反对。② 后来,有的土地法规改正了上述错误的政策和做法。例如1934年12月1日《湘鄂川黔省革命委员会没收和分配土地的暂行条例》规定:“雇农、贫农、中农、农村工人、失业独立生产者,应依照人口,将田地好歹均匀、多少均匀的去分配。”③

①《第一、第二次国内革命战争时期土地斗争史料选编》,第648页。
②《第一、第二次国内革命战争时期土地斗争史料选编》,第692页。
③《第一、第二次国内革命战争时期土地斗争史料选编》,第817页。

中农是农村的小资产阶级，是自耕自足的小生产者，一般不剥削别人，有许多人因租入土地和借债还要受别人的剥削。中农与贫农、雇农一样，也受帝国主义和封建主义的剥削和压迫，能够参加土地革命。所以在土地革命中，中农是贫农、雇农应该联合的同盟者。能不能巩固地联合中农，直接关系到土地革命的成败。正如党的六大《关于农民问题决议案》所指出的："联合中农是保证土地革命胜利的重要条件。"[①] 因此，土地革命的重要任务之一，必须满足某些中农的要求。任何侵犯中农利益的做法，都会导致中农动摇，甚至被地主富农所利用来反对贫农、雇农，使贫农、雇农孤立。后来，党和工农民主政权不断总结这方面的教训，批评了侵犯中农利益的做法，并用法律的形式来维护中农的利益。例如 1934 年修正公布的《中华苏维埃共和国宪法大纲》专门将"同中农巩固的联合"，作为一项重要原则，增写在根本法中。此外，有些地方法规对此也作了具体规定。如在没收土地上，1932 年 8 月 1 日的湘赣省《土地法执行条例》规定："中农的土地以不动为原则，如中农有自愿平分者，仍给以平分的权利，不能机械的不得到中农同意而来平分一切土地。"[②]1934 年 5 月 7 日的《川陕省苏维埃政府关于没收条例说明书》不但规定"没收绝对不能加到中农头上"，而且规定："用没收来侵犯中农利益，破坏联合中农的政策，应当交苏维埃法令严厉处罚。"[③] 在分配土地财产上，有的土地法规规定对中农采取与贫农、雇农一视同仁的政策。1932 年 3 月 17 日《福建省苏维埃第一次工农兵代表大会关于土地问题决议》规定："中农、贫农、雇农同样分得土地，一切土地利益要落在中农、贫农、雇农身上。"[④]

关于地主、富农的分地问题。如前所述，在土地立法的第一和第二阶段，也分给地主和富农一份土地。到了土地立法的第三阶段，实行"地主不分田，富农分坏田"的过左的土地政策，并用法律的形式强制执行。不但规定地主不分田，而且地主的家属也"不得分配土地"，并且在执行中越搞越左，有的地区甚至把地主家属驱逐出苏区。众所周知，民主革命的任务，是要消灭封建剥削制度，消灭地主阶级，但并不消灭地主个人。规定地主及其家属不分田的政策，断绝了地主分子及其家属的生活出路，等于从肉体上消灭他们。实践证明，实行这个错误政策，给革命根据地造成了严重的后果：地主及其家属由于

---

① 中央档案馆编:《中国共产党第二次至第六次全国代表大会文件汇编》，第 253 页。

②《第一、二次国内革命战争时期土地斗争史料选编》，第 715 页。

③《第一、二次国内革命战争时期土地斗争史料选编》，第 790 页。

④《第一、二次国内革命战争时期土地斗争史料选编》，第 672 页。

生活无着，有的上山为匪，危害革命根据地的社会安宁；有的到处乞讨，扰乱社会秩序，增加农民的负担。这些情况，对革命事业都是不利的。至于富农，在民主革命阶段，应该消灭富农的封建剥削，但不是消灭富农经济。实行富农分坏田的政策和其他过左的经济政策，无异于在经济上消灭富农。执行这个政策的结果，不仅使得有些富农与工农民主政权更加对立，而且必然影响到中农的生产积极性。上述对富农过左的政策，到 1935 年 12 月党中央作出《关于改变对富农策略的决定》，才得到了纠正。

2. 土地财产分配的标准和方法

（1）分配土地的数量标准。土地法规规定的分配土地的数量标准，有以下三种：

一是以人口为标准分配土地。早期的土地法规，如《井冈山土地法》、《兴国土地法》等，都规定“以人口为标准，男女老幼平均分配。”并规定这一标准是几个标准中的主体。采取这个标准的理由是：第一，“在养老育婴的设备未完备以前，老幼如分田过少，必至不能维持生活”；第二，以人口为标准计算分田，比较简单方便，不但能满足多数人的要求，而且可以使农民迅速得到土地；第三，“没有老小的人家很少。同时老小虽无耕种能力，但在分得田地后，政府亦得分配以相当之公众勤务，如任交通等”。后来，1931 年 2 月 8 日《中共苏区中央局通告第九号——土地问题与反富农策略》中，曾否定过这个标准，认为按人口分配土地的办法“是非阶级的立场”，因为富农较贫农中农人口多，依照人口分配的结果，还是富农多得土地，所以这一办法是不妥当的。[①] 不久，1931 年 4 月 17 日中央苏区中央局扩大会议仍然肯定了以人口作为平分土地的办法。

二是以劳动力为标准分配土地。《井冈山土地法》、《兴国土地法》等土地法规，在规定分配土地一般以人口为标准的同时，规定有特殊情形的地方，得采用以劳动力为标准分配土地，能劳动者比不能劳动者多分土地一倍。1929 年 8 月《中共闽西第一次代表大会关于土地问题决议案》规定 14—60 岁能耕种者为一劳动单位即一个劳动力。1930 年 6 月南阳会议通过的《富农问题》决议案否定了以劳动力作为分配土地的标准。指出：“以劳动力为标准分配土地，劳力多的多分，劳力少的少分，这只于富农有利”，“因为他们不但有劳力还伴随着

①《第一、二次国内革命战争时期土地斗争史料选编》，第 495—496 页。

充足的牛力、农具与资本。”[①]1930 年 9 月党的六届三中全会决定分配土地以劳动力为标准（男女自 14—50 岁为一个劳动力单位），以人口为辅助。不久，又重新肯定以人口为分配土地的标准。

三是按人口和劳动力混合为分配土地的标准。早在 1928 年 5 月《中央通告三十七号——关于没收土地和建立苏维埃》中，已指出了按人口和劳动力混合为标准分配土地。《中华苏维埃共和国土地法》规定，要“选择最有利于贫农、中农利益的方法；或按照每家有劳动力之多寡同时又按人口之多寡——即混合原则来分配；或以中农、贫农、雇农按照人口平均分配，富农以劳动力（即按照人口平均分配土地的地方，富农每个有劳动力者，所得分田数量，等于按人口平均分配每一人所得分田数量）为单位，人口为补助单位去分配”。根据以上规定，有些革命根据地的土地法规，如 1932 年 8 月 1 日的湘赣省《土地法执行条例》、1934 年 12 月 1 日的《湘鄂川黔省革命委员会没收和分配土地的暂行条例》，规定贫农、雇农以人口为标准平均分配土地；中农的土地以不动为原则，中农自愿平分者，给以平分的权利；富农则按照劳动力与人口混合为标准，即有劳动力者，照当地每人分田数目分给坏田，无劳动力者分给较少的坏田，其数量不能超过当地每人分田数量的 2/3。

由此可见，土地法规关于分配土地的数量标准是几经变化的。这是因为，分配土地是一项很复杂的工作，而又没有现成的经验可资借鉴；上述各种规定，在施行中既有利也有弊，需要通过实践不断探索切实可行的具体办法。

（2）分配土地的区域标准。分配土地的区域标准，也有几种规定。1927 年 8 月 20 日的《湖南致中央函》中，提出以区为单位分配土地。1928 年 5 月 5 日《中央通告第三十七号——关于没收土地和建立苏维埃》则规定“土地之分配暂以一乡为单位，由乡苏维埃自己分配，区苏维埃指导帮助之”。1928 年 10 月信江特区苏维埃政府成立后所颁布的土地法规实行“以村为单位，平均分配土地”，[②]而同年 12 月的《井冈山土地法》及其后的《兴国土地法》规定的分配土地的区域标准是：第一种是以乡为单位分配；第二种是以几乡为单位分配；第三种是以区为单位分配。这三种标准，以第一种为主体。遇到特别情形时，得适用第二、第三两种标准。其后的土地法规规定的分配土地的区域标准，或以村、或以乡、或以区为分配土地单位，而大部分采取以乡作为分配土地的区

① 《中央革命根据地史料选编》下册，第 405 页。

② 方志纯：《赣东北苏维埃创立的历史》，第 37 页。

域标准。

以村为单位分配土地，这是农民比较愿意采用的分配土地的区域标准。因为，农民怕把本村的土地分出去，愿意本村的田完全为本村所得；分配的区域大，分得的田地隔远了，耕田不方便；农民乡土观念重，以村为单位分配土地，可以不迁移他乡。但是，以村为单位分配土地有它的弊病。主要是："（一）大村不肯拨田于小村。（二）单位太多，区乡政府不易督促，暗中生出许多弊病。（三）一村之内，容易被地主富农以姓氏主义蒙蔽群众，不去彻底平田，彻底打土豪。"[①] 所以大多数革命根据地的土地法规不采取以村为单位分配土地，只有少数土地法规规定，在大多数群众要求以村为单位分配土地时，亦可以村为分配土地的单位。

以区为单位分配土地，便于人口多的地区和人口少的地区、山区和平原的平分土地。但是这种分配方法有以下问题：一是农民群众一般并不欢迎；二是大范围分配土地，不易把土地情况调查掌握清楚，容易出现瞒田等现象，因而不易把土地分好。所以，后来大部分的土地法规不把区作为分配土地的区域标准，只有极少数的关于土地问题的决议案或土地法规仍有以区作为分配土地的单位。

以乡为单位分配土地，易于调查和分配土地。所以 1931 年 8 月 21 日的中央苏区中央局《关于土地问题的决议案》指出，"分配土地，最好以乡为单位。"以后的土地法规，大多数都规定以乡作为分配土地的区域标准。当然，规定以乡为单位分配土地的土地法规，并不排除在一定条件下，亦得以村、以区或者以几个乡为单位分配土地。例如中国革命军事委员会《苏维埃土地法》规定，"如有三四乡互相毗连的，内中几乡田多，几乡田少，若以一乡为单位分配，那田少之乡不能维持生活，又无他种生产可以维持生活的，则以三四乡合为一个单位分配，但须经乡苏维埃要求，得区苏维埃批准。"此外，由于农民的土地占有和使用情况很复杂，有些农民不仅在本乡有土地，在外乡也有耕田，对此，中国革命军事委员会《苏维埃土地法》规定："分田以乡为单位，由某乡农民将他们在本乡及邻乡所耕田地总合起来，共同分配。"其他的土地法规也有类似的规定。毛泽东同志把这个办法称之为"原耕总合分配"。他在《寻乌的土地斗争》一文中写道："'以乡为单位'，说的是人口单位，不是土地单位。土地是不能以区域限制的。甲乡的人在乙乡耕了田，乙乡的人也在甲乡

① 《毛泽东农村调查文集》，人民出版社 1982 年版，第 276 页。

耕了田，一乡的人在他的邻近各乡都有土地耕种关系。区与区的交界，县与县的交界，省与省的交界，农民都是互相交错地耕种土地。所以一乡的人拿了他们原在本乡及邻乡耕种着的土地，总合起来，平均分配，被认为是毫无疑义的。”[①] 可以看出，原耕总合分配充实了以乡为单位这一分配土地的区域标准的内容。

（3）分配土地的质量标准。耕田既有肥田、瘦田之分，又有水田、旱田之别，还有山田、平原田之异。分配土地时，需要有质量的标准，才能做到公平合理。1928 年 5 月 5 日的《中央通告第三十七号——关于没收土地和建立苏维埃》指出：“土地的分配以土地的肥瘠和人口的多寡为标准。”其中“土地的肥瘠”是分配土地的质量标准。《井冈山土地法》、《兴国土地法》，虽然没有专门规定分配土地的质量标准，但是在分配土地时，一般是按耕田的好坏搭配分配的。1929 年 7 月 27 日的《中共闽西第一次代表大会关于土地问题决议案》规定，“分田时，以抽多补少为原则”。所谓“抽多补少”，即根据各户原耕的土地多少，按人口平均应得的亩数为标准，有多的抽出来，不足的补进去。贯彻这个原则，被抽出土地的多半是富农，另外包括一部分自耕农。由于富农交出的土地多是瘦田，使贫农大为不满。这实际上是土地革命中贫农与富农的重要斗争。为了不使富农把持肥田，1930 年 6 月在长汀召开的南阳会议通过的《富农问题决议案》规定，在平分土地时，“应该于‘抽多补少’之外还加上‘抽肥补瘦’一个原则”。这是土地政策的重要发展。这个“双抽”原则不仅在闽西革命根据地实行，而且也为以后的其他土地法规所采用。如中国革命军事委员会《苏维埃土地法》、1931 年 5 月《江西省苏维埃政府关于土地问题的布告》等，都规定分田时必须贯彻抽多补少、抽肥补瘦的原则。但在第三次“左”倾路线时期，却批判“双抽”原则是“富农路线的办法”。[②] 所以《中华苏维埃共和国土地法》仅规定“分配土地时，不仅应计算土地的面积，而且应估计土地的质量（特别是收获量）”，不再提“双抽”原则。

至于山场，如茶山、柴山、竹山等的分配标准，土地法规规定得不详细，内容先后也不尽一致。例如《井冈山土地法》、《兴国土地法》规定按照分田办法，以乡为单位平均分配。后来的中国革命军事委员会《苏维埃土地法》则区别不同情况作出不同的规定。如对竹山、木梓山是按照其收成，折成田亩计

---

①《毛泽东农村调查文集》，人民出版社 1982 年版，第 174 页。

②《中央为土地问题致中央苏区中央局信》，《红旗周报》第 26 期，第 42 页。

算，合并田地分配；松杉等项山林，由苏维埃政府经营或出租；柴火山由苏维埃政府公禁公采。《中华苏维埃共和国土地法》规定一切森林、牧场、大山林等，由苏维埃管理，以便利于贫农、中农的公共使用；桑田、竹林、茶山等，如同耕田一样，依照当地农民群众的自愿，分配给他们使用。

关于土地以外的财产的分配标准，中共中央文件和土地法规中不像规定分配土地的标准那样详尽。1927 年 8 月八七会议的《最近农民斗争的议决案》只规定“应当明显的定出收取富豪财产，以救济贫民之政策。”早期的土地法规如《井冈山土地法》《兴国土地法》等，亦未规定分配财产的标准。到 1930 年春，监利县第一次工农兵代表大会通过的《土地问题决议案》、同年 5 月 1 日的《右江苏维埃政府土地法暂行条例》等才规定：没收的财产，归苏维埃政府处理，分配给无地、少地或其他的农民使用。许多土地法规还具体地规定了分配和使用没收来的财产的办法。例如 1931 年 6 月的《雩都县雩北区第六次工农兵代表大会决议案》规定：“凡豪绅地主、反革命的房屋和富农多余之屋及公堂之屋，除留出政府及其它革命团体公用一部分外，概行没收，分配给缺少房屋的居住”，“分屋范围，以村为单位，以原住为标准，抽多补少去分配”；关于耕牛、农具的分配和使用，规定“地主阶级的牛及富农多余的牛由政府没收，分配给无牛及少牛的贫、雇农民合组使用，地主农具及富农多余之农具分配给缺乏农具的贫、雇农民使用”。①1931 年 11 月 29 日的《湘鄂赣省工农兵苏维埃政权第一次代表大会土地法》规定分配房屋和耕牛、农具的对象，除贫、雇农外，还有中农、苦力、工人（耕牛、农具限得有土地的工人）、红军（不分耕牛、农具）及家属。②1931 年 6 月的闽西苏维埃政府的《重新分配土地条例》规定，“豪绅地主及反革命的家私、粮食、银钱、牲畜、烟纸等，应归本政府拨给红军作用费。”③后来《中华苏维埃共和国土地法》规定：没收来的财产，“经过当地苏维埃，根据贫农、中农的利益，将没收的房屋分配给没有住所的贫农、中农居住，一部分作学校、俱乐部、地方苏维埃、党及青年团委员会、赤色职工会、贫农团和各机关使用。牲畜和农具可由贫农、中农按组织（或）按户分配，或根据贫农意见，自愿的将各种没收农具办初步合作社，或在农民主张和苏维埃同意下，设立牲畜农具经理处，供给贫农、中农耕种土

①《第一、二次国内革命战争时期土地斗争史料选编》，第 535—536 页。

②《第一、二次国内革命战争时期土地斗争史料选编》，第 611 页。

③《第一、二次国内革命战争时期土地斗争史料选编》，第 540 页。

地的使用。经理处应由地方苏维埃管理，农民得按照一定规则，支付相当的使用金。”[①]由此可见，没收来的财产基本上分作两部分用：一部分归苏维埃政府和各机关团体公用，一部分则分配给需要这些财产的贫农、雇农、中农等农民群众使用。

（三）土地的所有权制度

在土地革命中，地主阶级的土地所有权被消灭后，应该规定什么样的土地所有权，是实行土地农民私有，还是土地国有？革命根据地经过了一段探索的过程。所以，土地法规关于土地所有权的规定，先后也有很大的不同。

大革命后期，中共中央根据共产国际关于中国问题的决议，规定土地国有是解决农民问题的一项基本原则。土地革命战争的最初几年仍然继续执行这一原则。如党的八七会议决定：“土地革命，其中包含没收土地及土地国有——这是中国革命新阶段的主要的社会经济之内容。”[②]1927 年 11 月的《中国共产党土地问题党纲草案》具体规定：“一切地主的土地无代价的没收，一切私有土地完全归组织成苏维埃国家的劳动平民所公有。”[③]这里所谓土地归苏维埃国家的平民所公有，亦即土地国有。由于土地归苏维埃政府所有，所以 1930 年以前的土地法规，虽然规定土地分配给农民，但农民没有土地所有权，只有土地使用权，因而禁止土地买卖和出租。

马克思曾说过，国有化是资产阶级最彻底的措施。列宁也指出：“国有化可以加速农奴制的死亡，可以使清除了一切中世纪废墟的土地上的纯粹资产阶级农场加速发展。”[④]土地国有被认为既可以加速消灭封建土地制度的进程，又可以加速资本主义的发展。所以马克思、列宁都讲过在资产阶级民主革命时期的土地国有。但是，马克思、列宁并不认为在任何情况下都必须实行土地国有。列宁指出：在把民主革命进行到底的时候，“在一般存在土地私有制的情况下，反对地主所有制，而拥护农民所有制。在一定的政治条件下，反对土地

---

①《第一、二次国内革命战争时期土地斗争史料选编》，第 618 页。

②《中共“八七”会议告全党党员书》，《中国现代史资料选编》第 3 编，第 17 页。

③《第一、二次国内革命战争时期土地斗争史料选编》，第 197 页。

④ 列宁：《十九世纪末俄国的土地问题》，《列宁全集》第 15 卷，人民出版社 1963 年版，第 113 页。

私有制，而拥护土地国有。”[①] 因此，无产阶级领导的民主革命，是实行土地国有还是实行土地农民私有，要视具体条件而定。在俄国，由于不仅地主土地占有制是中世纪的，而且农民份地占有制也是中世纪的，它把农民分为无数细小的中世纪式的类别和等级，并强迫农民参加中世纪式的共同占有份地的村社，所以农民私有制的观念不如其他国家那样深厚。农民为了摆脱中世纪式的村社和份地占有制，为了摆脱农奴制传统的小农业，建立资产阶级小农业，赞成土地国有。苏联在这种条件下实行土地国有，无疑是正确的。中国的国情与苏联并不完全相同。中国封建土地制度的特点是，土地所有权大部分集中在地主手中，而地主把土地又分散出租给农民耕种进行剥削。中国没有俄国那样的村社和共同占有份地制度，而是长期存在土地私有制，土地可以自由买卖和自由租赁，农民的土地私有观念根深蒂固，要求得到土地的愿望非常强烈，他们参加土地革命的目的，不仅要求取得土地的使用权，主要的还是要求取得土地的所有权。因此，土地国有的原则显然是与中国农民的这个要求相抵触的。实践说明，实行土地国有并不利于调动农民的生产和革命积极性。例如，革命根据地的土地法规规定土地国有，农民只有土地使用权，因而分得土地的农民死亡、外出、迁徙等，土地便由苏维埃政府收回，另行分配。有的土地法规规定，如果群众有要求，土地可以数年或一年分一次。结果，使得农民感到分到的土地还不是自己的，因而不安心耕种，更不愿意向地里增加投资，改良土壤，进行农田基本建设，影响了生产积极性的发挥和土地革命的深入。

1930 年 9 月党的六届三中全会决定：在目前革命阶段中，尚未到整个取消私有制度时，不禁止土地买卖和在苏维埃法律内的佃租制度，这是改变土地国有政策的开端。

根据上述政策精神，革命根据地土地法规改变土地国有政策和规定农民的土地所有权，大致经过两个过程：首先是在土地国有的口号下，允许土地买卖和出租。例如，湘鄂西特委于 1930 年 10 月作出的《关于土地问题决议案大纲》规定：“土地国有，此时只是宣传口号，还不是实行口号，所以土地不禁止买卖”，同时规定“不禁止雇佣耕种”。湘鄂西《土地革命法令》，用法律的形式规定“不禁止雇佣耕种，不禁止买卖”。尽管并未取消土地国有的口号，但是实际上承认了农民对土地的所有权。有些地区还制定了专门的法规。例如，

---

① 列宁：《修改工人政党的土地纲领》，《列宁全集》第 10 卷，人民出版社 1963 年版，第 153 页。

闽西苏维埃政府于1930年12月30日公布了《租田条例》，规定农民老弱残废无法维持生活者，红军士兵及贫苦农民因无人耕田、无耕牛农具而无法耕耘不能生活者，均得出租土地，并对田地的收租租额和出租田地的土地税作了规定。这就改变了过去不允许出租土地的政策，实际上也是改变土地国有政策的一种表现。其次是明确规定农民的土地私有权。毛泽东同志根据共产国际和党的六届三中全会关于土地问题的指示精神，总结了土地革命的实践经验和教训，在1931年2月28日以中央革命军事委员会总政治部主任的名义写给江西省苏维埃政府的信中，提出应该明确肯定农民的土地私有权。这是党的土地政策的一个重要发展。此后，各革命根据的土地法规，相继规定了农民的土地私有权。例如，1931年5月《江西省苏维埃政府关于土地问题的布告》决定，“一经分定的土地，即归农民所有，任其出租买卖，生的不补，死的不退。”此外，1931年6月闽西苏维埃政府公布的《重新分配土地的条例》、10月的《湘赣苏区重新彻底平均分配土地条例》、11月的《湘鄂赣省工农兵苏维埃政权第一次代表大会土地法》、1932年8月1日的湘赣省《土地法执行条例》等，都规定了农民的土地私有权，允许土地买卖、出租，湘赣省《土地法执行条例》还规定“土地分配后，实行家人继承”。[①]《中华苏维埃共和国土地法》指出，土地国有“必须在中国重要区域土地革命胜利与基本农民群众拥护国有条件之下，才有可能。在目前革命阶段上，苏维埃政府应将土地与水利国有的利益向农民解释；但现在仍不禁止土地的出租与土地的买卖”。1933年6月1日中华苏维埃共和国临时中央政府土地人民委员部《关于实行土地登记》的布告规定实行土地登记，“登记好了，苏维埃发给土地证与农民，用这个土地证去确定农民的土地所有权，确定某块土地归某人所有，他人不得侵占，政府不得无故没收”。这进一步说明，中央工农民主政府是确认农民的土地所有权的。根据我国国情，新民主主义革命阶段土地革命的任务，“是把土地从封建剥削者手里转移到农民手里，把封建地主的私有财产变为农民的私有财产，使农民从封建的土地关系中获得解放。”[②] 因此，土地法规对农民的土地所有权的确认，从法律上改正了早期土地法规中的土地所有权属于苏维埃政府，农民只有土地使用权和禁止土地买卖的原则性错误，为以后土地法规的土地所有权制度，确定了正确的原则。

---

①《第一、二次国内革命战争时期土地斗争史料选编》，第716页。

②《论联合政府》，《毛泽东选集》第三卷，人民出版社1991年版，第1074页。

（四）处理各种债务和借贷关系的原则

地租剥削和高利贷剥削相结合，是旧中国土地制度的特点之一。因此，在土地革命中，废除封建土地所有制的斗争和废除高利贷的斗争是同时进行的，废除高利贷成了土地法规的一项重要内容。

土地法规关于废除高利贷的规定是根据党的有关政策而定的。党的八七会议《关于最近农民斗争的议决案》中，就有“取消重利盘剥者的债务”的规定。不久《中国共产党土地问题党纲草案》把“一切苛约重债一概取消”和“组织低息的农业借贷，设立农业银行及农民之借贷合作社”，作为解决农民问题和土地问题的办法之一。党的六大《关于土地问题决议案》明确宣布：“一切高利贷的借约概作无效”。革命根据地的土地法规根据上述原则，大都作了相应的规定。主要有以下几方面内容：

关于废除高利贷。革命根据地的土地法规，均有废除高利贷的内容。例如《右江苏维埃政府土地法暂行条例》《湖南省工农兵苏维埃政府暂行土地法》湘鄂西《土地革命法令》《峡江县土地暂行条例》《湘赣苏区重新彻底平均分配土地条例》《湘鄂赣省工农兵苏维埃政权第一次代表大会土地法》《中华苏维埃共和国土地法》等，都宣布一切高利贷债务无效或禁止高利贷。

由于“左”倾机会主义路线的影响，在贯彻党的废除高利贷政策的过程中，有些革命根据地曾提出“废除一切债务”的口号。例如1930年6月南阳会议通过的《富农问题》决议，在提出“没收一切土地”的口号的同时，提出了“废除一切债务”的口号。1930年10月19日《总前委与江西省行委联席会议对土地问题决议》也规定“废除一切债务”。同年永定县苏维埃政府《关于土地问题草案》认为，“不取消一切债务及商家帐目”，“是富农路线”。不难看出，“废除一切债务”口号的出现，是与当时贯彻共产国际对富农的过左的策略分不开的。

在反封建剥削的土地革命中，废除地主、富农对农民的封建性高利贷剥削无疑是应该的和正确的。但是不区别不同性质，把那些不属于高利贷剥削的债务也一概废除的主张则是不妥当的。因为，第一，既然“废除一切债务”，那么，地主、富农欠农民的债务是否也一律废除？显然，这部分债务是不应该在废除之列的。第二，在革命根据地信用机构尚不健全的时候，劳动群众为了生产和生活，相互借贷是正常现象，废除一切债务，必然使人民借贷无门。第三，在革命根据地还存在金融周转和物资交易的情况下，利息、债务是不能完全取消的，取消了对革命根据地经济活动不利。因此，上述口号提出不久，1931 年 2 月 8 日《中共苏区中央局通告第九号——土地问题与反富农策略》指出："苏维埃政权下绝对不允许有高利贷剥削的存在，所以雇农贫农以致中农等所欠豪绅地主和富农以及其他带剥削性的债务均一概废除。至于豪绅地主、富农所欠雇农、贫农以及中农的债，则必须如数归还。在苏维埃区域内，如不是高利贷，而是一种苏维埃法令允许的极低利息的银钱周转，不必禁止。"[①] 这实际上是对"废除一切债务"口号的否定。

关于地主、富农欠农民群众的债务。为了维护农民的利益，土地法规一般规定，地主、富农及富商欠农民群众和公家的债务，不论新旧必须还清。

关于劳动群众之间的债务。土地法规一般规定，土地革命以前劳动群众之间来往之账，原则上不还；土地革命以后借的债则要还。借贷利息一般规定为一分至一分五厘，也有规定年利不得超过二分的。中国革命军事委员会《苏维埃土地法》则规定，利率由县苏维埃按照当地金融情形规定，"但不得超过普通资本在当地一般经济情形中所得利率之数。"

关于交易的债务。各革命根据地土地法规的规定不尽一致。大致有两种：一种是许多土地法规规定，劳动群众欠商家交易之账，仍旧要还，但是土地革命以前的老账原则上不还；一种是有的土地法规规定，劳动群众在土地革命前欠商家之老账，无论是否商业高利贷，或是否本身之账，一概不还。至于土豪存放商家生息者和商家借土豪的债，由苏维埃政府没收。

三、制定和实施土地法规的意义

土地革命是民主革命的基本内容。所以土地法规在革命根据地的法规中，居于十分重要和突出的地位，它的制定和实施也就具有十分重要的意义。

第一，开创了用土地法规推动和保障土地革命的新阶段。

中国共产党总结了大革命失败的教训，在土地革命战争时期，领导农民走工农武装割据的道路，把土地革命和武装斗争、革命根据地建设正确地结合起来，在革命根据地开展轰轰烈烈的土地革命斗争。党根据农民要翻身求解放的意志和愿望，制定了改革封建土地制度的方针、政策，并通过工农民主政权制定成土地法规，把农民的意志和愿望上升为革命法律。这样，农民解决土地问题不仅有法律的依据，而且得到法律的保障。所以，革命根据地的土地法规与

---

①《第一、二次国内革命战争时期土地斗争史料选编》，第 499 页。

国民党政府的维护地主买办阶级利益的所谓土地法根本不同，它是推动和保障土地革命，真正维护农民利益的法律武器。它的制定和实施，开创了革命土地法规建设的新阶段。

第二，摧毁了封建的土地制度，解放了农村生产力，极大地调动了农民的生产和革命积极性。

毛泽东同志在第二次全国工农兵苏维埃代表大会上指出："苏维埃土地政策的原则，就在于完全推翻地主阶级与国民党军阀一切封建与半封建的剥削与压迫。"[①] 土地法规宣布推翻封建土地所有制和土地剥削，废除高利贷，取消苛捐杂税，使农民成为土地的主人，把农民从地主阶级和国民党政府的剥削和压迫下解放出来。

农民的解放，激发了农民的生产积极性，促进了农业生产的发展。以闽西革命根据地为例，1929 年 7 月《关于土地问题决议案》通过后，"在很短的时间中，就在长汀、连城、上杭、龙岩、永定纵横三百多里的地区内，解决了五十多个区六百多个乡的土地问题，约有八十多万贫苦农民得到了土地。广大群众摆脱了千年的封建枷锁，获得了世代盼望的土地所有权，在欢欣鼓舞之中，大大发展了生产，改善了生活。"[②] 龙岩 1930 年分配土地后，"农民分得了土地，不交租、不还债，不纳捐税（当时土地税很轻），每家每户都在自己的土地上积极劳动、精耕细作、增施肥料，每个乡村都兴修水利，因此是年夏季水稻普遍丰收，农民收入增加，生活改善，农村中一片欢乐声，市场交易也日益繁盛。"[③]

革命根据地的农民，不但政治上翻身了，而且由于改革了旧的封建土地制度，生活上得到了改善，使得广大农民更加拥护工农民主政权和红军，积极支援土地革命战争。例如 1933 年 5 月一个月中，中央苏区的若干县，参加红军的工农群众就近两万人。未参加红军的农民群众，则纷纷参加赤卫军和少年先锋队等群众武装组织，平时维护地方治安，战时配合红军作战。如此深厚的群众基础，正是工农民主政权和红军力量的源泉所在。所以毛泽东同志指出："根据地虽小却有很大的政治上的威力，屹然和庞大的国民党政权相对立，军事上给国民党的进攻以很大的困难，因为我们有农民的援助。红军虽小却有强大的

---

①《苏维埃中国》，第 272 页。

② 张鼎丞：《中国共产党创建闽西革命根据地》，人民出版社 1983 年版，第 37 页。

③ 邓子恢：《龙岩人民革命战争回忆录》，福建人民出版社 1961 年版，第 33 页。

战斗力，因为在共产党领导下的红军人员是从土地革命中产生，为着自己的利益而战斗的，而且指挥员和战斗员之间在政治上是一致的。”①

第三，为以后的土地立法提供了重要的历史经验。

改革旧中国封建的半封建的土地制度，是一场尖锐的复杂的阶级斗争。由于没有经验和没有成法可援，加上共产国际某些错误的指导和党内出现三次“左”倾路线错误，使革命根据地的土地法规，既有成功的经验，也有深刻的教训。不论是经验还是教训，都是革命法制建设的宝贵财富。

土地法规建设的基本经验主要是：在土地革命中，探索出一条土地革命的路线，这就是：依靠雇农贫农，联合中农，限制富农，保护中小工商业者，消灭地主阶级。这是保证土地革命胜利发展的关键，也是工农民主政权在农村的具体政策和法规的基础。

雇农和贫农是农村中的无产者和半无产者。他们不但人数众多，而且是中国革命的最广大的动力，是工人阶级的天然的和最可靠的同盟者，是土地革命的主力军，是党在农村的依靠力量。因此，土地斗争的首要任务是满足他们对土地的要求。

中农是农村的小资产阶级。他们是农村中人数不少的群众。他们受帝国主义、地主阶级的剥削，政治上也是没有权利的。所以中农不但能够参加反对帝国主义的革命，而且也能够参加土地革命。因而中农也是重要的革命动力之一，是无产阶级的可靠的同盟军。不与中农结成巩固的联盟，雇农贫农就会陷于孤立。中农态度的向背就成了决定革命胜负的一个重要因素。因此党对中农必须坚决地采取联合的政策，在土地斗争和土地法规中，决不能损害中农的利益。

富农是农村的资产阶级，并带有封建性或半封建性剥削。但是富农一般都参加劳动，他们又不同于地主。富农的生产在一定时期中还是有益的。所以党在民主革命阶段不应把富农看成与地主一样，采取消灭政策，而只应该采取限制的政策，这就是给富农以经济出路，而只取消其封建的或半封建的剥削。对富农采取过左政策，是完全错误的。

保护中小工商业者。民主革命阶段并不消灭资本主义。革命根据地资本主义工商业经济力量较小，保护中小工商业者，对于打破国民党政府对革命根据

①《中国革命战争的战略问题》,《毛泽东选集》第一卷，人民出版社 1991 年版，第 190 页。

地的经济封锁和补充国营工商业和合作社经济之不足，都有其重要的作用。因此，党对中小工商业者，应该采取保护的政策。保护中小工商业，也就成为土地立法的一项重要原则。

地主阶级是封建生产关系的代表者。它是帝国主义统治中国的主要社会基础，是剥削和压迫农民的封建主阶级，是阻碍着中国社会发展的反动的没落的阶级。因此，作为阶级来说，它是革命的对象，对于这个阶级，必须采取消灭的方针，即消灭封建剥削的生产关系。但是对于地主个人，则应该采取给以生活出路的政策。第三次“左”倾路线统治时期，土地法规对地主实行不分田的政策，实质上等于从肉体上消灭地主个人。这样过左的政策，当然是不正确的。

上述土地革命路线不仅为土地斗争指明了正确的方向，解决了党和工农民主政权在农村进行土地革命中依靠谁、团结谁和打击谁的根本问题，而且为以后的革命根据地的土地立法，提出了宝贵的指导方针和具体的立法原则。

第三节　抗日民主政权的土地立法

一、抗日战争时期党的土地政策的改变和抗日民主政权的土地立法概况

在抗日战争时期，中国共产党为了实现抗日民族统一战线的基本方针，把土地革命战争时期实行的没收地主土地分配给农民的土地政策，改变为减租减息的政策，并领导各抗日根据地的农民开展减租减息运动。1942 年党中央总结了减租减息的实践经验，于 1 月 28 日作出了《中共中央关于抗日根据地土地政策的决定》，指出：减租减息政策是抗日民族统一战线的土地政策，是一方面减租减息，一方面交租交息的土地政策。这个政策，是根据以下三条基本原则制定的：

（一）承认农民（雇农包括在内）是抗日与生产的基本力量。所以党的政策是扶助农民，减轻地主的封建剥削，实行减租减息，保证农民的人权、政权、地权、财权，借以改善农民的生活，提高农民抗日的与生产的积极性。

（二）承认地主的大多数是有抗日要求的，一部分开明绅士并是赞成民主改革的。所以党的政策仅是扶助农民减轻封建剥削，而不是消灭封建剥削，更不是打击赞成民主改革的开明绅士。所以于实行减租减息之后，又须实行交租

交息，于保障农民的人权、政权、地权、财权之后，又须保障地主的人权、政权、地权、财权，借以联合地主阶级一致抗日。只是对于绝对坚决不愿改悔的汉奸分子，才采取消灭其封建剥削的政策。

（三）承认资本主义生产方式是中国现时比较进步的生产方式，而资产阶级、特别是小资产阶级与民族资产阶级，是中国现时比较进步的社会成分与政治力量。富农的生产方式是带有资本主义性质的，富农是农村中的资产阶级，是抗日与生产的一个不可缺少的力量。小资产阶级、民族资产阶级与富农，不但有抗日要求，而且有民主要求。所以党的政策不是削弱资本主义与资产阶级，不是削弱富农阶级与富农生产，而是在适当地改善工人生活条件之下，同时奖励资本主义生产与联合资产阶级，奖励富农生产与联合富农。但富农有其一部分封建性质的剥削，为中农贫农所不满，所以在农村中实行减租减息时，对富农的租息也须照减。在对富农减租减息后，同时须实行交租交息，并保障富农的人权、政权、地权、财权。一部分用资本主义方式经营土地的地主（所谓经营地主），其待遇与富农同。①

以上三条基本原则，乃是党的抗日民族统一战线及其土地政策的出发点。根据这三条基本原则和出发点，中共中央指出："政府法令应有两方面的规定，不应畸轻畸重。一方面，要规定地主应该普遍的减租减息，不得抗不实行。另一方面，又要规定农民有交租交息的义务，不得抗不缴纳。一方面，要规定地主的土地所有权与财产所有权仍属于地主，地主依法有对自己土地出卖、出典、抵押及作其他处置之权。另一方面，又要规定当地主作这些处理之时，必须顾及农民的生活，一切有关土地及债务的契约的缔结，须依双方自愿。契约期满，任何一方有解约之自由。"② 正如毛泽东同志所指出的，这是"要求地主减租减息又规定农民部分地交租交息的两重性的政策"。③ 这是在抗日战争时期，中日矛盾成为社会的主要矛盾的特定历史条件下的土地政策。只有实行减租减息政策，才能团结各阶层的人民，才能巩固抗日民族统一战线，才能正确处理土地问题，才能支持全民族的抗战，从而孤立和抵抗日本帝国主义。

为了正确实施减租减息政策，党中央在发布《中共中央关于抗日根据地土

① 《中共中央关于抗日根据地土地政策的决定》，《陕甘宁革命根据地史料选辑》第二辑，第 369—370 页。

② 《中共中央关于抗日根据地土地政策的决定》，《陕甘宁革命根据地史料选辑》第二辑，第 370—371 页。

③ 《〈农村调查〉的序言和跋》，《毛泽东选集》第三卷，人民出版社 1991 年版，第 793 页。

地政策的决定》的同时，还发布了《关于地租和佃权问题》、《关于债务问题》、《关于若干特殊土地的处理问题》等三个附件。其中规定：减租，“以减低原租额百分之二十五（二五减租）为原则，即照抗战前租额减低百分之二十五”。减息，抗战前的债务，“应以一分半为计息标准。如付息超过原本一倍者，停利还本，超过原来二倍者，本利停付”；抗战后的利息，则“以当地社会经济关系，听任民间自行处理”。对汉奸土地的处理原则是：“凡罪大恶极之汉奸的土地，应予没收”；“被迫当汉奸的土地不应没收，以示宽大，争取其悔过自新”。对逃亡地主土地的处理原则是：“凡逃亡地主，不论其逃至何处，其土地不得没收。”此外，还对地租、债务、特殊土地的其他问题和佃权，规定了具体的处理办法。① 这三个附件，把党的减租减息政策具体化，是各边区抗日民主政权制定土地法规的基本依据。

根据上述土地政策，各抗日民主政权相继制定了适合本地区的土地法规。由于各抗日革命根据地的情况不尽相同，各抗日民主政权制定减租减息的土地法规的进程也有所差别。

在老革命根据地，首先是制定停止没收地主土地和确保农民地权的法令、条例，然后才制定减租减息的土地法规。陕甘宁边区就属于这种情况。

陕甘宁边区的前身是陕甘宁苏区。这里的土地关系有两种情况：大部分地区彻底进行了土地革命，消灭了封建土地剥削制度；一部分新区，尚未变革旧的土地制度。为了贯彻党的抗日民族统一战线的土地政策，陕甘宁苏区工农民主政府于1937年4月26日发布了关于土地政策的布告，宣布“在没有分配土地的统一战线区域，地主豪绅的土地停止没收”，并且规定：“在已分配了土地的区域，地主豪绅回来，可在原区乡分配他以和农民一样多的土地和房屋”。但是，自边区政府规定上述政策后，许多过去因土地革命而外逃的地主、富农纷纷返回边区，有人不顾边区政府的法令，采取各种威胁利诱的手段强迫农民交还土地、地租、房屋和债务。这样，巩固土地革命的成果，保护农民的利益就成了边区政府的主要任务。于是，陕甘宁边区政府于1938年4月1日发出了《关于处理地主土地问题》的布告，宣布“在已分配土地的地区，已没收了的土地不应还原，分配了的房屋不得翻案，已取消了的租债不许再索取”。同年5月25日陕甘宁边区政府、八路军后方留守处、边区党委的联合训令重申

---

①《中共中央关于抗日根据地土地政策的决定》，《陕甘宁革命根据地史料选辑》第二辑，第373—376页。

了这个政策，并且规定：豪绅地主富农“已经用各种方式强迫农民交还者，其交还部分应收回归还原分得之农民”。为了确保农民的土地所有权，陕甘宁边区政府于 1937 年 9 月 24 日公布了《陕甘宁边区土地所有权条例》，确定了分配土地后农民所分得的土地所有权，并发放土地所有权证。至于在未分配土地的地区，则不再没收地主的土地，土地所有权仍属于地主。所有这些政策，后来都用施政纲领和土地法规的形式确定下来。例如 1939 年陕甘宁边区第一届参议会通过的《陕甘宁边区抗战时期施政纲领》宣布：“确定私人财产所有权，保护边区人民土地改革所得之利益。”① 同时通过的《陕甘宁边区土地条例》具体规定：“确定土地私有制，人民经分配所得之土地，即为其私人所有。土地改革以前之旧有土地关系，一律作废”。“土地出租时，业、佃双方须订合同，除保证业户利益外，须保证佃户使用土地之一定年限及租额之不至过高。”②

随着抗日战争进入相持阶段，在日本帝国主义诱降、英美帝国主义劝降下，国民党内汪精卫集团公开投降日本帝国主义后，蒋介石集团对抗战也动摇了，他们采取积极反共、消极抗战的反动方针，从 1939 年初开始大力从事反共反人民的活动，并在 1936 年底发动了第一次反共高潮。为了克服抗日民族统一战线内部出现的投降和反共危机，党中央于 1939 年 12 月 1 日作了《中央关于深入群众工作的决定》，要求各抗日革命根据地“必须实行减租减息”。并规定：“凡已经实行的，必须检查实行程度。凡尚未实行的，必须毫不犹豫的立即实行”。根据党中央这个决定的精神，陕甘宁边区从 1940 年开始，在未经分配土地的地区，相继作了减租减息的决议并制定相应的条例。例如，绥德分区临时参议会在 1940 年 7 月通过了减租减息案，并制定了减租减息条例。随后，边区的施政纲领和有关条例，也都规定了减租减息政策。例如 1941 年 5 月 1 日中共边区中央局提出的《陕甘宁边区施政纲领》，就规定了“在土地已经分配区域，保证一切取得土地的农民之私有土地制。在土地未经分配区域（例如绥德、鄜县、庆阳）保证地主的土地所有权及债主的债权，惟须减低佃农租额及债务利息，佃农则向地主缴纳一定的租额，债务人须向债主缴纳一定的利息，政府对东佃关系及债条关系加以合理的调整。”③1942 年边区政府公布的《保障人权财权条例》也作了类似的规定。

①《解放》第 68 期，第 23 页。

②《解放》第 68 期，第 29—30 页。

③《陕甘宁边区参议会文献汇辑》，第 105 页。

陕甘宁边区政府虽然明确规定了减租减息的土地政策，但是有些地方未认真贯彻执行。如有些地方地主用撤佃（收回租地或变更佃户）或侵犯农民的佃权等手段威胁农民不敢减租，由于农民担心减租后佃权无保障，农民也不敢轻易减租，出现了明减暗不减的现象。其他抗日根据地也发生类似的情况，有些地方只把减租减息当作宣传口号，既未发布法令，更未动手实行。有些地方则出现“左”的偏向，如农民不顾政策把租额减了又减或不交租不交息等。显然，这些右的和“左”的偏向都是不利于贯彻党的抗日民族统一战线方针和政策的。为使各边区抗日民主政权都认真地正确地贯彻党的土地政策，中共中央政治局于1942年1月28日通过了《中共中央关于抗日根据地土地政策的决定》及其三个附件。为了贯彻党中央的这个决定，中共中央西北局于1942年10月作出《关于彻底实行减租的指示》和《关于减租实施的补充办法》，1942年12月陕甘宁边区政府通过并公布了《陕甘宁边区土地租佃条例草案》，1944年12月陕甘宁边区第二届参议会第二次大会通过了《陕甘宁边区地权条例》和《陕甘宁边区土地租佃条例（附说明）》。

未经土地改革的各敌后抗日根据地，各抗日民主政权都先后制定了土地法规。

晋察冀边区于1938年1月成立边区政府后，于2月10日颁布了《晋察冀边区减租减息单行条例》。党中央在1939年11月1日发出《关于深入群众工作的决定》后，边区政府于1940年2月公布了经过第一次修正的《晋察冀边区减租减息单行条例》。同年8月30日中共中央北方分局公布的《晋察冀边区目前施政纲领》，把减租减息政策用纲领的形式规定了下来。1941年3月2日边区政府公布了经过第二次修正的《晋察冀边区减租减息单行条例》。1942年《中共中央关于抗日根据地土地政策的决定》发布后，1943年1月21日晋察冀边区第一届参议会通过了《晋察冀边区租佃债息条例》，同年2月4日由晋察冀边区行政委员会公布。

在晋冀鲁豫边区，1940年8月1日冀南、太行、太岳联合办事处成立后，于同年12月3日颁布了《减租减息条例》。1941年7月晋冀鲁豫边区政府成立后，于9月1日公布了根据中共中央北方局对边区目前的建设十五项主张制定的，并经晋冀鲁豫边区临时参议会通过的《晋冀鲁豫边区政府施政纲领》，明确规定在晋冀鲁豫边区实行减租减息政策。随后，同年11月1日边区政府公布了《晋冀鲁豫边区土地使用暂行条例》。1942年1月中共中央发布关于抗日根据地土地政策的决定后，边区政府于1942年10月11日公布了经修正的

《晋冀鲁豫边区土地使用暂行条例》。这个条例于 1943 年 9 月 29 日和 1945 年 5 月 16 日先后又作了两次修订。

在晋绥抗日根据地，1940 年 2 月成立了抗日民主政权。晋西北边区于 1940 年 2 月制定的晋西北六项行政实施大纲规定了减租减息政策。接着，晋西北边区行政公署于 11 月 4 日颁布了《晋西北边区减租减息条例》。1942 年 1 月中共中央作出关于抗日根据地土地政策的决定后，晋西北临时参议会于 1942 年 10 月通过了由中共中央晋绥分局提出的《对巩固与建设晋西北的施政纲领》，规定坚决执行中共中央的土地政策，同年通过了《晋西北减租交租条例》和《晋西北减息交息条例》。

山东抗日根据地在中共中央 1939 年 11 月发出《关于深入群众工作的决定》之后，于 1940 年 11 月公布了《山东省减租减息暂行条例》。根据 1942 年 1 月党中央《关于抗日根据地土地政策的决定》的精神，中共中央山东分局在 1942 年 5 月颁布了《山东省租佃暂行条例》和《山东省借贷暂行条例》。1944 年 2 月 28 日山东省战时行政委员会公布的《山东省战时施政纲领》，用纲领的形式规定要正确执行中共中央所提出的土地政策，并于 1945 年 2 月公布了《山东省土地租佃条例》。

在华中抗日根据地，各敌后根据地于 1941 年开始贯彻减租减息土地政策。党中央于 1942 年 1 月发出《关于抗日根据地土地政策的决定》后，各根据地都根据党中央的政策精神，制定了单行条例。如苏中抗日根据地于 1942 年颁布了《苏中土地租佃条例》。有的地区，如鄂豫边区行政公署结合本地区的情况制定了边区年度《减租办法》，把党中央的土地政策进一步具体化。

二、土地法规的主要内容

各根据地抗日民主政权制定的土地法规，其内容可谓大同小异。在这些土地法规中，具有代表性的有《陕甘宁边区地权条例》《陕甘宁边区土地租佃条例》《晋察冀边区租佃债息条例》《晋冀鲁豫边区土地使用暂行条例》。其主要内容有：

（一）关于土地所有权

土地法规规定的土地所有权有两种：一种是公有土地所有权，一种是私有土地所有权。《陕甘宁边区地权条例》和《晋冀鲁豫边区土地使用暂行条例》均规定军事设施之用地；公共交通之道路；公共需用之河流和其他水源地；不属于私有的矿产地、荒山、森林、名胜、古迹；依法没收归公的土地；未经人民依法取得私有地权的土地等，均为公有土地，其所有权属于边区政府，任何个人或团体不得侵占。

土地法规都确认和保护私人土地所有权。规定："依保证人民土地私有制的原则，凡合法土地所有人在法令限制范围内，对于其所有土地有自由使用、收益和处分（买卖、典当、抵押、赠与、继承等）之权。"根据这个规定，土地法规既保护农民的土地所有权，同时也依法保护地主的土地所有权。这个规定的要旨在于保护农民在土地革命中所取得的土地，使农民不因停止没收地主土地政策的施行而丧失已取得的土地。与此同时，在土地未经分配的区域，土地仍为原合法所有人所有。这是抗日民主政权的土地立法与工农民主政权的土地立法的最大区别之一。

（二）关于租佃与减租、交租

土地法规规定，承租人与出租人协议订立租佃契约后，即取得租地使用权，并须按约交纳地租。凡承租人在租期内交清租额，出租人不得任意收回租地。为了切实保障承租人的正当权益，土地法规规定：（1）只有以下情况之一者，始得收回租地：有期限之契约已经期满，或不定期之契约，由出租人收回确系自耕或雇人耕种者；承租人非因不可抗力，无故继续一年，不为耕种而又不交地租者；承租人将租地转租，从中图利者；减租后承租人力能交租而故意不交者；承租人死亡，无继承人者；承租人自动放弃租权者。而且规定，出租人依法收回租地时，应顾及承租人的生活。如承租人确系贫困而无力生活者，得延长佃期或只退佃一部分。对因契约期满或因出租人收回其地自耕或雇人耕种而收回租地时，必须于本年作物收获后次年作物耕种之前为之，并须于收获后一月内通知承租人。（2）禁止出租人侵害或剥夺承租人的佃权。如规定，禁止出租人借口自耕收回土地，暗行出租或任其荒芜以及假典假卖等行为。还规定，"累世承租承佃之土地，视为承租承佃人取得其永佃权，非承租承佃人自愿放弃其使用权者，出租人不得夺租夺佃"。（3）承租人有继续承租承佃之权。法律规定出租人典卖其租地于他人，如承买承典人非自耕和非雇人耕种者，原承租人有依原约继续承租之权；租佃契约满期，出租人仍将土地出租时，原承租人也有依原约继续承租之权；不定期限租佃之耕地，出租出佃人收回其租地自耕未满二年再行出租出佃时，原承租承佃人有依原租佃条件承租承佃之权。（4）承租人有承典承买承租承佃之优先权。法律规定，出租人典卖其租地时，原承租人依同一价格有承典承买之优先权；出租人出典出卖租地后，承典承买人如仍出租该土地，原承租人有继续租佃之优先权；出典人将赎回之典地出租出佃时，原土地使用人有依同等条件承租承佃之优先权等。

在抗日根据地里，为了保障农民的佃权而作如上规定，是完全必要的和正确的。因为，佃权与减租是联系在一起的。有些地主利用收回租地和更换佃户，或以假出典、假出卖、假自耕收回耕地，暗中又出租，或收回一块租地自耕，又将另一块地出租等办法，侵犯农民的佃权，威胁农民不敢去减租，以达到破坏减租的目的。同时还由于佃权不稳定，农民就不会有兴趣去发展农业生产。因此保障佃权就成为贯彻减租政策的关键。

土地法规规定的土地租佃形式大致有两类：一为租种类，一为伙种类。所谓租种类，即出租人只出土地，其他一切生产工具皆由承租人自备；所谓伙种类，则出租人除出土地外，还提供生产工具的一部或全部。

《陕甘宁边区土地租佃条例》把上述两类土地租佃形式分为四种：

1. 定租（亦称死租）：是按照土地面积计算决定地租之租额的地租形式。

2. 活租：是出租人只出土地，承租人自备生产工具，就地上收获正产物由双方按成分配的地租形式。活租也叫“指地分粮”。“指地”是地主只出土地；“分粮”是收获物由双方按成分配。

3. 伙种：是出租人除出土地外，还供给承租人各种生产工具之一部或全部，就地上收获按成分配的地租形式。

4. 安庄稼：是出租人除出土地和全部生产工具外，还借给承租人粮食、窑房等，就地上收获，双方按成分配的地租形式。

土地法规规定地主出租土地后，必须依法减租，即按法定减租额收租，不得多收或法外增租。地租的减租率，原则上实行“二五减租”，即按抗战前的原租额减收 25%。各地得根据实际情况再作灵活的规定。如《陕甘宁边区土地租佃条例》对不同的地租形式，分别规定了不同的减租率。定租，在未经分配土地区域，一般减租率不得低于 25%；活租，按原租额减 25%—40%，减租后，出租人所得最多不得超过收获量的 30%，土地副产物皆归承租人；伙种，按原租额减 10%—20%，减租后，出租人所得最多不得超过收获量的 40%，土地副产物分法依其约定，无约定者依习惯；安庄稼，按原租额减 10%—20%，减租后出租人所得最多不得超过收获量的 45%，土地副产物亦随正产物，由双方按成分配，出租人对所借粮食及窑房，不得收取利息及租金。

《晋察冀边区租佃债息条例》规定：“实行减租后之租额，或新订租佃契约之租额，均不得超过耕地正产物收获总额千分之三百七十五，超过者应减为三百七十五，不及者依其约定。”

为了维护农民的利益，各地土地法规规定：禁止地主在减租前以任何借口抬高地租原租额；地主不得预收地租或押租；地主除收规定的地租外，禁止向农民索取任何额外报酬和无偿劳动等。还规定，农民若因天灾人祸致收成减少或毁灭或因收获减少而确系极贫或遭遇意外无力清缴地租时，得商请减付、免付或缓付应交租额。对缓付之租额，地主对欠租不得作价行息。

以上减租办法，除适用地主、富农外，也适用其他出租土地的人，但是对贫苦抗日军人家属及孤儿寡妇则例外。如法律规定，贫苦抗日军人家属及孤儿因家中无劳动力而出租少量土地以维持生活者，不受上述减租办法之限制。

减租是抗日民主政权土地政策的第一个方面。抗日民主政权土地政策的第二个方面是交租。即农民在依法减租后，必须按减租后之租额交租。“其有力能交租而故意不交者，出租人有请求政府依法追缴之权。”

（三）关于借贷与减息、交息

抗日根据地的私人借贷有两种：一种是高利贷，一种是其他一般借贷。对于高利贷，抗日民主政权的法律是禁止的。如 1939 年的《陕甘宁边区抗战时期施政纲领》就规定“废止高利贷”。为了维护土地革命时期废除高利贷的成果，1938 年 6 月 15 日公布的陕甘宁《边区政府关于边区土地、房屋、森林、农具、牲畜和债务纠纷问题》规定，“凡是曾被废除之债务，放债主不得向欠债人取偿”。为了禁止高利贷剥削，《晋察冀边区租佃债息条例》明确规定，“现扣利、出门利、印子钱等高利贷一律禁止”。对于其他的一般借贷，则实行减息政策。

根据地法律规定的减息，大致有以下两个内容：（1）对旧债务的处理原则和标准。法律规定抗日战争前或债息条例公布前的旧债，其利率在年利一分以上者，一般按年利一分或一分半计算。债务人已付息超过原本一倍者，停利还本；其超过原本二倍者，视为借贷关系消灭，本利停讨。（2）维护债务人的正当利益。《中共中央关于抗日根据地土地政策的决定》的附件规定：“债权人不得因减息而解除借贷契约”，“凡抗战后成立借贷关系，因天灾人祸及其他不可抗拒之原因，债务人无力履行债约时，得请求政府调处，酌量减息或免息还本。”

同时，法律规定债务人依法减息后，应按减息后的利率交息。如债务人应偿付之本息到期不能偿还时，债权人有依法追诉，或依法、依约处理其物质或抵押品之权。

三、实施减租减息法规的意义和成就

减租减息法规的实施，具有很大意义和取得了很大的成就。

（一）减轻了农村的封建剥削，改善了农民的生活和经济地位

抗日民主政权实施减租减息的土地法规后，农村的封建剥削被削弱了。以晋察冀边区为例，由于绝大部分地区普遍实行了减租，并以年利一分为标准去清算过去的债务，取消了正租以外的额外剥削，农民所受的封建剥削减轻了。据二、五两个专区1940年6月的不完全统计，减租额达12290余石。又据四个专区的不完全统计，减息额达320600余元。另外据一、二、三、五4个专区的不完全统计，到1940年6月，农民抽回被抵押的土地有64900余亩。[①] 苏南抗日根据地各分区1944年普遍减租减息后，据4个分区的不完全统计，共减稻租8976万余斤，减息稻184万余斤，减息米41万余斤，款15万余元。[②] 其他抗日根据地情况大同小异。

由于实行减租减息和废除了苛捐杂税，农民的负担减轻了，生活也改善了，加上抗日民主政权实行鼓励发展生产的政策，广大农民对土地和扩大生产的愿望越来越高，因而购买和典入土地也越来越多。还以晋察冀边区为例，从土地买卖来看，据北岳区1943年对巩固区24个村庄的调查，抗战以来，农村在出卖土地中，地主占36.13%，富农占29.06%，中农以下各阶级、阶层卖地合计占34.81%，而且大部分是卖远地买近地，卖坏地买好地，或是卖旱地买水地。而在买地中，中农占54.1%，贫农占30.39%，雇农、工人和小工商业者占8.69%，地主只占1.59%，富农亦仅占5.16%，[③] 这个统计数字表明，抗战以后，地主、富农卖地多，而贫农、中农买地多。出现了土地，由集中在地主、富农手中逐渐分散到贫农、中农手里的趋势。再从典当情况看，抗战以来，典出土地者多属地主、富农，而典入土地者则主要是中农、贫农。据北岳区24个村的调查，从1937年至1942年，在834.57亩的典出土地中，地主、

---

①《解放日报》1944年12月23日。
②《解放日报》1945年3月30日。
③《解放日报》1944年12月23日。

富农共典出599.04亩，占全部典出土地的71.8%，中农、贫农、雇农典出土地合计235.53亩，不到全部典出土地的28.3%。而在典入土地1019.87亩中，地主、富农典入土地90.20亩，不到全部典入土地的9%，中农以下各阶级、阶层则典入土地929.67亩，占典入土地总数的90%以上。[①] 由此可见，抗战以后，农民典入的土地比地主、富农典入的土地也多得多。在其他抗日根据地里，减租减息后，农民买地的现象也是很普遍的。据晋绥边区19个县的不完全统计，从1943年冬到1945年10月，农民买地达165259亩[②]。华中抗日根据地盐阜区射阳县的6个区，1944年减租后，在7442户佃农中，有425户买了田，共买4760亩，有304户典进田，共典入3214亩[③]。

抗日根据地上述土地关系的变化，引起了农民经济地位和农村阶级结构的变化。据晋察冀边区北岳区、晋冀鲁豫边区太行区、晋绥边区、华中抗日根据地盐阜区和山东抗日根据地滨海区等五个区域的调查，抗战前后农村各阶级户数和土地占有情况如下表。[④]

总数＝100

类别 \ 时间 \ 阶级		地主	富农	中农	贫农	雇农	说明
户数	战前	3.6	7.2	28.4	54	5	其他阶层如小工商业者等都未列入，故百分比总和均不及100
	战后	2.4	6.7	38	47	2.5	
土地	战前	29.5	21	29.5	19	0.8	
	战后	13.5	17.5	42.5	22.5	0.6	

由此表可以看出，这五个区域战后与战前相比，地主户数减少了约1/3，占有的土地减少了一半多；富农户数和土地占有数均减少；中农户数增加1/3强，土地增加2/5以上，贫农户数减少1/5，土地约增加1/6；雇农户数减少一倍。这表明，抗日根据地农村各阶级的经济地位和阶级结构有以下变化：地主、富农削弱了，贫农、雇农也减少了，中农则迅速扩大，出现了两头小、中间大的趋势，中农成了乡村的重要成分。

①《解放日报》1944年12月23日。
②《解放日报》1945年10月26日。
③《解放日报》1945年1月8日。
④《解放日报》1945年5月22日。

（二）激发了农民的生产热情，促进了根据地经济的发展

毛泽东同志指出："土地制度获得改革，甚至仅获得初步的改革，例如减租减息之后，农民的生产兴趣就增加了。"① 事实正是如此。减租减息后，农民得到了实际利益，从而激发了巨大的生产积极性。为了发展生产，广大农民纷纷做农户计划和参加互助的劳动组织。据晋察冀边区 17 个县的不完全统计，1944 年 10 月，北岳区农民组织拨工、变工、包工组共 2.7 万组，参加的男女劳动力在 20 万人以上，占全区所有劳动力的 20%。② 这种建立在农民个体经济基础上的劳动互助组织的出现，不仅克服了敌寇摧残破坏根据地所造成的人力、畜力不足的困难，而且克服了由于土地日益分散到小农手中，土地的使用更趋分散致使生产下降的问题，使劳动生产率大为提高，农业产量也明显增加。据晋察冀边区北岳区 1944 年 10 月统计，农民在生产运动中，共开荒 33.5 万余亩，修成滩地 7.7 万余亩，耕地比 1943 年增加了 42.2 万余亩，变旱地为水地 9.5 万余亩，压绿肥 21900 万斤，增加肥料 1100 万担，土地普遍锄了三四遍。③ 太岳区从 1942 年秋到 1943 年春，共开垦荒地 7.5 万亩，开渠 1150 里长，变旱田为水田 1000 顷，每亩增收粮食 3 斗，即增收 3 万石粮食。④ 农业生产的发展，对于保证抗日部队的供给，满足人民对日常生活必需品的要求，坚持敌后长期抗战，无疑具有巨大的意义。

在减租减息之后，地主感到坐吃地租已不如转业或参加其他生产过程更为有利。于是有一部分地主典卖土地投资工商业和合作事业，有的自己参加劳动转化为富农的经营，或自己雇工经营一部分土地成为经营地主。据晋察冀边区北岳区 1942 年秋的调查，下降地主约有 3/5 转为富农，而且比重逐年增大。不少有资金的地主转向工商业和合作事业。⑤ 总之，减租减息的实施，调整了农村的阶级关系，不仅有利于团结地主抗日，而且对根据地经济的发展也是有益的。

（三）提高了农民的政治觉悟，激发了群众的抗日积极性

农民经济地位和生活的改善，调动了农民的抗日积极性，广大农民踊跃参

---

①《论联合政府》，《毛泽东选集》第三卷，人民出版社 1991 年版，第 1079 页。

②《解放日报》1944 年 12 月 23 日。

③《解放日报》1944 年 12 月 23 日。

④《解放日报》1943 年 7 月 3 日。

⑤《解放日报》1945 年 5 月 22 日。

加民兵和参战、参军。据晋冀鲁豫边区1941年统计，太行区到8月止，民兵有4.1万人，作战次数达3700次；太岳区民兵有28098人，作战次数1146次；冀南区民兵自卫队据不完全统计有102647人，作战次数共459次。[①]民兵们与正规军配合，粉碎了敌人的无数次大小“扫荡”，战胜了敌人，保卫了边区。经过减租减息，农民踊跃参军的事例也是很突出的。例如1945年春天，山东抗日根据地翻身农民形成了参军的热潮。“各战略区都完成了预定的计划，有的县份完成计划人数的两倍。”在参军热潮中，出现了一个村参军人数达一个连，以及许多母劝子、未婚妻支持未婚夫参军的生动事例。[②]农民如此踊跃参加自己的子弟兵，保证了抗日军队的不断发展，有力地支援了长期抗战。

第四节　解放区人民政权的土地立法

一、由减租减息向“耕者有其田”政策的转变

抗日战争胜利后，为了实现和平建国的方针，中共中央在1945年11月7日的《减租和生产是保卫解放区的两件大事》的指示中指出：“目前我党方针，仍然是减租而不是没收土地。”[③]根据党的这一政策，各解放区的施政纲领和宪法原则，如1945年9月26日的《晋察冀边区行政委员会施政要端》、1945年12月31日的《苏皖边区临时行政委员会施政纲领》、1946年4月23日的《陕甘宁边区宪法原则》、1946年8月11日的《东北各省市（特别市）民主政府共同施政纲领》等，都规定了实行减租减息政策。为了争取把减租减息办法推向全国，有步骤地、逐渐地实现“耕者有其田”，在1946年1月召开的旧政协会议上，中共中央在向会议提交的《和平建国纲领草案》里，就写进了减租减息政策。后来会议通过的《和平建国纲领》根据这个政策的精神规定：“实行减租减息，保护佃权，保证交租，扩大农贷，严禁高利盘剥，以改善农民生活，并实行土地法，以期达到‘耕者有其田’之目的。”

解放区从1945年冬开始开展反奸清算运动，没收敌伪汉奸的土地财产，

---

①《解放日报》1942年3月23日。

②《解放日报》1945年7月29日。

③《毛泽东选集》第四卷，人民出版社1991年版，第1173页。

追回勾结敌伪势力的恶霸土豪从农民手中巧取豪夺的土地财产，清算抗战期间不法地主的额外剥削和旧欠，把这些没收、追回和清算而来的土地分配给无地或地少的农民。随后发展为清理债务，回赎土地，清算地主转嫁给农民的负担，清查减租，清查黑地等运动。随着反奸清算、减租减息运动的深入，农民特别是贫雇农，已不满足于减租减息，而是迫切要求获得土地，彻底消灭封建剥削。在山西、河北、山东、华中各解放区，农民在斗争中不但夺回了被汉奸、恶霸霸占的土地财产，而且采取各种方式直接从地主手中取得土地，实现“耕者有其田”。

抗战胜利后，国内的阶级矛盾已成为主要矛盾，特别是到了1946年4、5月间，在全国内战即将爆发的形势下，为了充分发动农民群众，准备自卫战争，同时为了坚决拥护农民直接实行土地改革的正义行动，批准农民已经获得和正在获得的土地，中共中央于1946年5月4日发出了《关于土地问题的指示》，即“五四指示”，决定将减租减息政策改为没收地主土地分配给农民的土地政策。“五四指示”规定：“在广大群众要求下，我党应坚决拥护群众从反奸、清算、减租、减息、退租、退息等斗争中，从地主手中获得土地，实现耕者有其田。”该指示对农村各阶级各阶层的政策、解决土地问题的方式、分配胜利果实的原则以及其他有关的问题作了规定。

对中农：坚决用一切方法吸收中农参加运动，并使其获得利益，决不可侵犯中农土地，凡中农土地被侵犯者，应设法退还或赔偿。在整个运动中必须取得全体中农的真正同情和满意。

对富农：一般不变动富农的土地，如果由于广大群众的要求而不得不动时，亦不要打击得太重。应使富农和地主有所区别，应着重减租而保全其自耕部分。

对地主：对于中小地主的生活应给以相当照顾，对待中小地主与对待大地主、豪绅、恶霸应有所区别，应多采取调解仲裁方式解决他们与农民的纠纷。

对豪绅地主成分的抗日军人和抗日干部家属和开明绅士：对于抗日军人及抗日干部的家属之属于豪绅地主成分者，以及对于在抗日期间无论在解放区和国民党区与我们合作而不反共的开明绅士及其他人等，在运动中应谨慎处理，适当照顾。

对工商业：除罪大恶极的汉奸分子的矿山、工厂、商店应当没收外，一般富农及地主经营的工商业，不要侵犯，应予以保全。

解决土地问题的方式：采取群众已创造的办法：（1）没收分配大汉奸土地；

（2）减租之后，地主自愿出卖土地，而佃农则以优先权买得此种土地；（3）由于在减租后保障了农民的佃权，地主乃自愿给农民七成或八成土地，求得抽回二成或三成土地自耕；（4）在清算租息、清算霸占、清算负担及其他无理剥削中，地主出卖土地给农民来清偿负欠。

胜利果实的分配原则：对在运动中所获的果实，必须公平合理地分配给贫苦的烈士遗族、抗日战士、抗日干部及其家属和无地及少地的农民。在农民已经得到土地后，应巩固其所有权，发扬其生产热忱，使其劳动致富，以提高解放区生产。对于劳动致富者，均应保障其财权不受侵犯。

在边沿地区贯彻指示的做法：凡在人民政权不巩固，容易受到国民党反动派摧残的边沿地区，一般不要发动群众起来要求土地，就是减租减息亦应谨慎办理，不能和中心区一样，以免造成红白对立及受到摧残。但在情况许可地区，又当别论。

"五四指示"坚决支持农民要求土地的正当主张，批准农民在反奸清算、减租减息斗争中直接从地主手中取得土地，实现耕者有其田，无疑是正确的。其中规定，在土地改革中，不可侵犯中农的土地，对富农和地主、对地主中的中小地主和大地主、豪绅、恶霸应有所区别，保护工商业，保护农民分得土地后的土地所有权和劳动致富后的财权等，都是土地立法的正确内容，对以后的土地立法，提供了有益的经验。

但是，"五四指示"是在全国内战爆发前夕发布的，这就使它不能不带有过渡性、暂时性的特点，其内容必然有不彻底性和不完善的缺陷。例如没有明确规定废除封建土地制度，而是采用清算租息、清算霸占、清算负担等方式，使地主的土地转移到农民手中，没有明确采取彻底没收地主土地的办法；对地主、富农照顾过多，不能满足广大贫雇农的土地要求。这些不彻底性和不完善之处，容易被地主、富农钻空子来反抗土地改革，并且给那些思想不纯的干部留下侵吞多占的漏洞，从而影响土地改革的顺利进行。

二、《中国土地法大纲》的制定及其主要内容

（一）《中国土地法大纲》的制定

"五四指示"发布后，各解放区普遍开展了轰轰烈烈的土地改革运动，并取得了很大成绩。但是，各解放区土地改革的发展不平衡，有些解放区如晋冀鲁豫、苏北解放区比较彻底，而大部分解放区却不彻底，地主手里仍然占有大

量土地财产，富农土地一般未动，很多无地或少地农民的土地要求仍未得到满足，群众没有充分发动起来，即使在比较彻底的地方，也还有分配不合理的现象。造成这个问题的原因主要有三：一是指导土地改革的政策不彻底，影响了土地改革的彻底进行；二是党内不纯，即党的地方组织特别是党的农村基层组织混进了许多地主分子、富农分子和流氓分子，他们在农村中把持许多党的、政府的和民众团体的组织，作威作福，欺压人民，歪曲党的政策，使这些组织脱离群众，使土地改革不能彻底；三是领导上的官僚主义，包括强迫命令的官僚主义和“饱食终日，无所用心”的官僚主义。这些官僚主义者不去发动群众、组织群众、动员群众，不能正确执行土地改革的政策。另外，激烈的战争情况也是造成土地改革不彻底的一个重要原因。

为了解决土地改革中存在的问题，制定适应新形势的土地政策，进一步在各解放区深入地、彻底地实行土地改革，中共中央工作委员会于 1947 年 7 月至 9 月在河北省平山县西柏坡村召开了全国土地会议。会议详细地研究了中国土地制度的情况，总结了党 20 年来特别是“五四指示”以来领导的土地改革的经验，肯定了“五四指示”的方针，改正了其中的不彻底性，决定实行彻底平分土地的政策，并制定了《中国土地法大纲》。会议还详尽地讨论了解放区农村基层组织的成分不纯和作风不纯问题，决定在土地改革的同时整顿党和整顿作风，以保证土地改革任务的完成。

中共中央于 1947 年 10 月 10 日正式批准并公布了《中国土地法大纲》，建议各地民主政府、各地农民大会、农民代表会及其委员会采纳执行。之后，各解放区人民政权都接受了中共中央的建议，有些解放区还订出了实施《中国土地法大纲》的补充办法。这样，《中国土地法大纲》就成了各解放区实行土地改革的基本法律，成为保障土地改革运动的有力武器。

（二）《中国土地法大纲》的主要内容

《中国土地法大纲》共十六条。其主要内容有：

1. 废除封建性及半封建性的土地剥削和实行耕者有其田的土地制度

《中国土地法大纲》开宗明义第一条规定：“废除封建性及半封建性剥削的土地制度，实行耕者有其田的土地制度”。这是《中国土地法大纲》的总原则。这个总原则包括两个基本内容：一是消灭一切封建性及半封建性的土地剥削制度，也就是废除一切地主土地所有权，没收地主的土地、牲畜、农具、房屋、粮食及其他财产，征收富农多余的牲畜、农具、房屋、粮食及其他财产，其中最主要的是没收地主的土地，从而完成了从减租减息政策到彻底平分土地的政策的过渡。二是实行耕者有其田的土地制度。土地改革主要和直接的任务，是满足无地或少地的贫苦农民对土地的要求，把没收来的地主的土地财产和征收来的富农的多余财产分配给无地或少地农民，使土地成为农民的私产，农民分得土地后，不仅有土地使用权，而且有土地所有权，承认其有自由经营、买卖及在特定条件下出租的权利，真正实现耕者有其田。这两个基本内容所反映的没收封建阶级的土地归农民所有的原则，是与民主革命任务相适应并符合我国国情的最彻底的土地政策，是我国新民主主义革命的三大经济纲领之一。

2. 没收、征收土地财产的对象和范围

《中国土地法大纲》规定："废除一切地主的土地所有权"，"废除一切祠堂、庙宇、寺院、学校、机关及团体的土地所有权"，"废除一切乡村中在土地制度改革以前的债务"，"乡村农会接收地主的牲畜、农具、房屋、粮食及其他财产，并征收富农的上述财产的多余部分，分给缺乏这些财产的农民及其他贫民，并分给地主同样的一份"。1947 年 12 月 1 日东北行政委员会公布的《东北解放区实行土地法大纲补充办法》指出，《中国土地法大纲》废除乡村债务之规定，"系指在民国卅六年十一月以前农民对地主、富农等等一切债务而言，其贫农、雇农、中农之间的债务应由农民自己解决。而在民国卅五年七月以后，农村之间及农村与城市之间的买卖关系尚未清理者，不在此例"。由此可见，《中国土地法大纲》规定废除乡村中土地改革以前的债务，实际上是废除地主、富农等的高利贷。

从以上所有规定可以看出，《中国土地法大纲》规定的没收土地财产的对象主要是地主，即一切地主，不论是大中小地主，也不论其是否是革命军人、革命干部和革命烈士的家属，他们的土地财产，都实行没收。这就改正了"五四指示"中对地主照顾过多的不彻底性。

《中国土地法大纲》规定征收多余的财产的对象是富农。中国的富农，一般具有很重的封建和半封建剥削的性质。他们不但雇工剥削，而且多将多余的土地出租，并多放高利贷剥削农民，即使雇工，其雇佣条件也是半封建的。所以在土地改革运动中，广大贫雇农在反对地主阶级封建剥削的斗争中，也要求废除富农的封建及半封建剥削。同时，富农占有较多较好的土地、耕畜、农具及其他财产，不平分富农的土地和不把征收富农的多余的财产分给农民，就不能满足贫雇农的要求。因此《中国土地法大纲》规定对富农除土地实行平分外，采取征收富农多余的财产分给农民的政策，改变了"五四指示"关于一般不变动富农的土地的政策，使废除封建及半封建的土地制度的政策更加彻底。

关于没收、征收土地财产的范围，除了土地外，还有牲畜、农具、房屋、粮食及其他财产。把这些土地财产分给贫苦农民，目的在于使无地或少地的雇农、贫农获得必要的生产资料和生活资料，使他们彻底摆脱封建及半封建的剥削。

3. 土地财产分配的原则和方法

《中国土地法大纲》规定，除大森林、大水利工程、大矿山、大牧场、大荒地及湖沼等，归政府管理外，"乡村中一切地主的土地及公地，由乡村农会接收，连同乡村中其他一切土地，按乡村全部人口，不分男女老幼，统一平均分配，在土地数量上抽多补少，质量上抽肥补瘦，使全乡村人民均获得同等的土地，并归各人所有"。但为了巩固地团结中农，中共中央对《中国土地法大纲》所作的注指出：在平分土地时，应注意中农的意见，如果中农不同意则应向中农让步，并容许中农保有比较一般贫农所得土地的平均水平为高的土地量。这个分配土地的方法简单易行，便于迅速进行土地改革。

分配财产不采取平均分配的原则，而是采用填坑补缺的原则和方法。也就是只分给缺乏这些东西的农民及其他贫民，而不是人人分一份。具体的分法是坑深多填，坑浅少填，无坑不填，缺多多补，缺少少补，不缺不补，不一刀切。采用这个原则和方法可以使贫苦农民及其他贫农都能获得适当的生产资料和生活资料。

4. 若干特殊土地财产和特殊问题的处理办法

《中国土地法大纲》把一些土地及财产作为特殊的土地及财产看待，分别规定了不同的处理办法。例如，规定山林、水利、芦苇地、果园、池塘、荒地及其他可分土地，均按普通土地的标准进行分配；大森林、大水利工程、大矿山、大牧场、大荒地及湖沼等，则归政府管理；保护名胜古迹，被接收的有历史价值或学术价值的特殊图书、古物、美术品等，呈交各地高级政府处理；军火武器及满足农民需要后余下的大宗货币、资财、粮食等物，也呈交各地高级政府处理。

《中国土地法大纲》还对分配土地中的若干特殊问题规定了处理办法。如规定：只有一口或两口人的贫苦农民，得酌量分给等于两口或三口人的土地，一般的乡村工人、自由职业者及其家庭分给与农民同样的土地，但是如果其职业足以经常维持生活费用之全部或大部者，则不分土地或分给部分土地；家居乡村的一切人民解放军、人民政府及人民团体人员，其本人及其家庭分给与农民同样的土地及财产。对于地主，除少数汉奸及内战罪犯经法庭审判定罪者外，都分给一份的土地及财产，强迫他们劳动，改造他们成为自食其力者。此外还规定家居乡村的国民党军队官兵、国民党政府官员、国民党党员及敌方其他人员，其家庭分给与农民同样的土地及财产；汉奸、卖国贼及内战罪犯的家属，如果家在乡村，而未参与犯罪行为并愿自己耕种者，分给与农民同样的土地及财产。

5. 保护工商业者的财产及其合法营业

《中国土地法大纲》规定："保护工商业者的财产及其合法的营业，不受侵犯。"

由于新民主主义革命只消灭封建主义和官僚资本主义，不是一般地消灭资本主义；还由于中国经济的落后性，广大上层小资产阶级和中等资产阶级所代表的资本主义经济的存在对解放区的社会经济有益，即使革命在全国胜利以后，在一个时期内，这部分经济仍必须允许其存在，并且按照国民经济的分工，还需要其中一切有益于国民经济的部分有发展，这部分经济在整个国民经济中，还是不可缺少的一部分，因此，党的政策仅仅没收官僚资本和真正恶霸、反革命分子的工商业归国家或人民所有，对一般工商业采取保护的政策。为此，《中国土地法大纲》专门规定了对工商业的政策，明确规定保护工商业，即不但上层小资产阶级和中等资产阶级的工商业受到保护，就是地主、富农所经营的工商业，同样也受到保护。

6. 改革土地制度的执行机关和实施土地法大纲的保障措施

为了坚决地彻底地进行土地改革，《中国土地法大纲》规定："乡村农民大会及其选出的委员会，乡村无地少地的农民所组织的贫农团大会及其选出的委员会，区、县、省等级农民代表大会及其选出的委员会为改革土地制度的合法执行机关"。

《中国土地法大纲》规定各级农会有以下权力：

（1）接收和分配土地改革中没收和征收来的土地和财产。

（2）调剂分配土地的区域标准。分配土地，一般以乡或等于乡的行政村为单位。但是区或县农会有权根据需要在各乡或等于乡的各行政村之间作某些必要的调剂；在地广人稀的地区，得决定以乡以下的较小单位分配土地。

（3）选举人民法庭的组成人员。由农民大会或农民代表会所选举和由政府所委派的人员组成土地改革人民法庭，对一切违抗或破坏《中国土地法大纲》的罪犯，予以审判及处罚。

（4）保持土地改革的秩序和保护人民的财富。由乡村农民大会或其委员会指定人员经过一定的手续和采取必要的措施，负责接收、登记、清理及保管一切转移的土地及财产，防止破坏、损失、浪费及舞弊。农会有权禁止任意宰杀牲畜，砍倒树木，破坏农具、水利、建筑物、农作物或其他物品，以及进行偷窃、强占、私下赠送、隐瞒、埋藏、分散、贩卖这些物品的行为。违者要送交人民法庭审判及处分。

（5）批评、弹劾和选举、撤换一切干部之权。依照规定，农民及其代表有权在各种会议上自由批评及弹劾各方、各级的一切干部，有权撤换及选举政府及农民团体中的一切干部。

从上述各级农会的权力可以看出，各级农会不仅是改革土地制度的合法执行机关，而且实际上已是地方的临时政权机关。土地改革后成立的农村基层人民代表会议，就是在农会的基础上建立起来的。

三、划分农村阶级的标准和土地改革的总路线

《中国土地法大纲》颁布后，各解放区都召开了土地会议或干部会议，传达全国土地会议的精神和决定，总结检查本地区过去一段时间的土地改革，批判了党内各种错误的思想、作风和倾向，在解放区掀起了以平分土地为中心的土地改革运动。

根据全国土地会议的精神和土地法大纲的规定，各解放区大力纠正前一段时间土地改革中存在的各种右倾错误，把土地改革向前推进了一步。但是，由于全国土地会议在反对土地改革运动中的右倾错误的时候，没有注意检查和纠正已经出现的“左”倾错误，使得这个错误随着全国土地会议精神的贯彻而进一步发展，以致在贯彻土地法大纲后的一段时间里，成为妨害土地改革的主要错误。这个“左”倾错误的主要表现有：

一是侵犯中农利益，排斥中农的倾向。其表现是：错订了一些中农的成分，把中农订成地主、富农；在农民代表和农民委员会中，排斥中农代表；在负担上不但不照顾中农，反而增加中农的负担；在分配果实时，有的完全不分给中农等。这种侵犯中农，排斥中农，不照顾中农的“左”倾错误，必然会引起中农的不满和不安，造成中农与贫雇农的对立。

二是违反工商业政策，破坏和损害工商业。如有的地方不仅没收地主、富农的工商业，就连小商贩的财产也被没收；有的地方把非敌伪工商业当敌伪工商业没收；有的地方对工商业征过重的营业税等。这些做法给解放区的工商业

造成严重的破坏。

三是对地主、富农采取过左的斗争方法。表现在：对富农和地主用一样的方法去斗争，许多地方一度对地主甚至对富农采取一律“扫地出门”的做法；对地主富农中的恶霸与非恶霸不加区别，甚至对开明绅士也乱批乱斗、乱打乱杀。

四是土地分配中的绝对平均主义。例如，不顾已经基本平分土地的老区和基本上未解决土地问题的地区的区别，都一律平分土地。老区土地改革后，广大农民的经济地位上升，中农占大多数，贫农占少数，贫农的土地也已增多，有的甚至土地占有平均数已超过了中农。再一次平分土地的结果，实际是分了富农、富裕中农、中农的土地，有的还抽了土地量已超过中农的贫农的土地。这就不但侵犯了中农的利益，也使土地量较多的贫农的利益受到损害。

上述“左”倾错误的发展，极大地妨碍着党和人民政权的正确的土地政策的贯彻执行，使土地改革出现严重偏差，必然给革命事业带来很大危害。

为了纠正土地改革运动中出现的各种错误偏向，中共中央从1947年底至1948年上半年，先后发布了一系列重要指示和决定。例如1947年11月中共中央发出关于重发1933年中央工农民主政府公布的《怎样分析阶级》和《关于土地斗争中一些问题的决定》的指示，1948年1月中共中央发出《关于目前党的政策中的几个重要问题的指示》，1948年2月中共中央向党内发出《关于新解放区土地改革要点的指示》和《关于在老区半老区进行土地改革工作与整党工作的指示》，1948年5月中共中央发出《关于一九四八年土地改革工作与整党工作的指示》，1948年5月发出《关于一九三三年两个文件的决定》，以及1947年党中央十二月会议通过的毛泽东同志作的《目前形势和我们的任务》的报告和1948年1月12日任弼时同志关于《土地改革中的几个问题》的讲话。这些指示、决定和报告，不仅纠正了土地改革和整党工作中的各种错误，而且补充了《中国土地法大纲》之不足，发展了土地法规的内容，其中最主要的有以下几点：

（一）划分农村阶级的标准

为了纠正土地改革中错定阶级成分，正确划分农村各阶级的成分，中共中央重新发布了1933年中央工农民主政府公布的《怎样分析阶级》和《关于土地斗争中一些问题的决定》两个文件和关于划分阶级问题的指示。1947年12月31日《中共中央工委关于阶级分析问题的指示》指出，“划分阶级应只有一个标准，即占有生产手段（在农村中主要是土地）与否，占有多少及与占有关系相连带的生产关系（剥削关系）。”也就是说，在农村，“对土地、耕畜、农具、家屋等生产资料占有与否，占有多少，占有什么，如何使用（自耕、雇工或出租）而产生的各种不同的剥削被剥削关系，就是划分农村阶级的唯一标准。”① 根据这一标准，农村中各阶级成分的划分如下：

1. 地主：占有大量土地，自己不劳动，或只有附带的劳动，而靠剥削农民为生。地主剥削的方式，主要是收取地租剥削农民，此外或兼放高利贷，或兼雇工，或兼营工商业。但对农民收取地租是地主阶级剥削农民的主要形式。

2. 富农：占有较多土地，有自己所有一部分，另租入一部分的；也有自己全无土地，全部土地都是租入的。一般都占有比较优裕的生产工具和活动资本，自己参加劳动，但经常地靠剥削为其生活来源的一部或大部。富农的剥削方式，主要是剥削雇佣劳动（请长工），此外或出租一部分土地剥削地租，或兼放高利贷，或兼营工商业。

解放区的富农有旧式富农和新式富农的区别。在人民政权下，雇农、贫农、中农经过减租减息和劳动生产致富而上升为富农者为新式富农。对于老解放区的新式富农，在平分土地时，按照富裕中农对待，不得本人同意，不平分其土地。

3. 中农：占有土地，有些只占有一部分土地，另租入一部分土地；有些并无土地，全部土地都是租入的。中农都有相当的生产工具，其生活来源全靠自己劳动或主要靠自己劳动。一般不剥削别人，许多人还要受别人小部分地租债利等剥削。一般不出卖劳动力。有一部分富裕中农对别人有轻微剥削，但不是经常的和主要的。如剥削收入超过其总收入的25%而且连续三年者，则算富农。

4. 贫农：占有少量土地和不完全的工具；有些全无土地，只有一些不完全的工具。自己劳动。一般都须租入土地耕种，受人地租、债利和小部分雇佣劳动的剥削。贫农与中农的主要区别在于：贫农一般要出卖小部分的劳动力；中农则一般不要出卖劳动力。

5. 雇农：一般不占有土地和生产工具，有些有极小部分的土地和工具。全部地或主要地靠出卖劳动力为生。

---

① 任弼时：《土地改革中的几个问题》，《目前形势和我们的任务》，解放社1948年10月编印，第39—40页。

为了解决地主、富农由于经济地位下降而应该改变其阶级成分问题，还规定：在新解放区，在人民政权建立以前一年，地主、富农因受国民党统治、压榨已破产下降为中农或贫农者，即承认其为中农或贫农成分；但是由农民上升为地主或富农者，须上升三年以后，才算为地主或富农。在老解放区，地主、富农在人民政权下因合理负担、减租减息、清算斗争或其他原因而下降，凡是地主自己从事农业劳动，不再剥削别人，连续有五年者，应改变其成分，按实际情况评定为中农、贫农或雇农；凡富农已连续三年取消其剥削者，亦应改变其成分。

以上各项标准，为划分农村各阶级成分提供了明确的科学的依据。

（二）土地改革的总路线

解放战争时期规定的土地改革的总路线是："依靠贫农，团结中农，有步骤地、有分别地消灭封建剥削制度，发展农业生产。"[①]

贫雇农占中国农村人口的70%左右。土地改革的主要的和直接的任务，是满足贫雇农群众的要求。必须满足贫雇农的要求，是土地改革的一条基本原则。因此，土地改革所依靠的基本力量，只能和必须是贫农，这就要求"必须将贫雇农的利益和贫农团的带头作用，放在第一位。"[②]不依靠贫农，就会犯右的错误；孤立地宣传贫雇农路线，而不是宣传依靠贫雇农，巩固地联合中农，消灭封建制度的路线，就会犯"左"倾错误。

要消灭封建剥削制度，不能单靠贫雇农的力量。贫雇农还必须团结占农村人口20%左右的中农，与中农结成巩固的统一战线，才能消灭地主。否则，贫雇农就会陷于孤立，土地改革就会失败。因此，土地改革另一条基本原则，即必须坚决地团结中农，不要损害中农的利益。在划分阶级成分时，不能把富裕中农划成富农；在平分土地时，应注意中农的意见，如果中农不同意，则应向中农让步；必须容许一部分中农保有比较一般贫农所得土地的平均水平为高的土地量；办事一定要吸收中农参加。在农民代表大会的代表和农会委员中，在各级政权机构中，要有中农参加，使中农确实享受政治上的权利；在土地税和支援战争的负担上，必须公平合理，绝对不能因为地主、富农不能负担就转加

---

①《在晋绥干部会议上的讲话》，《毛泽东选集》第四卷，人民出版社1991年版，第1317页。

②《关于目前党的政策中的几个重要问题》，《毛泽东选集》第四卷，人民出版社1991年版，第1268页。

在中农身上。后来中共中央确定在新区实行“对中农土地完全不动”的原则。团结中农是一个战略任务。不团结中农，就会犯“左”倾错误。

土地改革的目的是消灭封建剥削制度，因此土地改革的对象，只能是和必须是地主阶级和旧式富农的封建剥削制度。因而不能侵犯民族资产阶级，也不能侵犯地主富农所经营的工商业，特别不能侵犯没有剥削或者只有轻微剥削的中农、独立劳动者、自由职业者和新式富农。消灭地主阶级并不是从肉体上消灭地主个人。因此，对地主必须分给和农民同样的土地财产，并使他们学会劳动生产，使他们成为社会生产力。消灭封建剥削制度是一场尖锐、复杂和艰巨的斗争，不可能在一个早上消灭全部的封建剥削制度。因此，消灭封建剥削制度应当有步骤，必须依据环境所许可的情况，农民群众的觉悟程度和组织程度，决定发动斗争的策略。在新区改革封建及半封建的土地制度必须分地区、分阶段进行。所谓分地区，就是集中力量在可以巩固的区域进行适当的合乎当地群众要求的土地改革工作；在暂时尚难于巩固的区域则不要忙于进行土地改革，而只做一些可以做的按照当时情况有利于群众的工作，以待情况的变化。所谓分阶段，是说在新解放的地区，因为群众尚未发动起来，国民党和地主、富农的势力还很大，党和人民政权尚无基础，因此不应当一下子就消灭封建剥削制度，而应当分阶段进行土地改革。第一阶段应当提出和实行中立富农和中立中小地主的策略，将打击面缩小到只消灭国民党的反动武装和打击豪绅恶霸分子。在解放后的相当时期内，实行减租减息和酌量调剂种子、口粮的社会政策和合理负担的财政政策。然后，在大块解放区的国民党反动派已被消灭，环境已经安定，群众已经觉悟和组织起来，再进入分浮财、分土地的消灭全部封建制度的阶段。消灭封建剥削制度还必须有分别地进行。所谓有分别地消灭封建剥削制度，就是说，必须分别地主和富农，分别地主中的大中小，分别地主富农中的恶霸分子和非恶霸分子，在平分土地、消灭封建剥削制度的大原则下，不是一律地而是有所分别地根据土地法和党、人民政府的政策规定决定和实行给予这些不同情况的人们以不同的待遇。

发展农业生产，这是土地改革的直接目的。土地改革不但要使农民获得土地，实现耕者有其田，而且要使农民发展农业生产，使社会生产力得到发展。因此，在任何地区完成了土地改革的任务之后，党和人民政府必须立即提出恢复和发展农业生产的任务，把农村中一切可能的力量转移到农业生产上面去。为了发展农业生产，在消灭封建剥削制度的斗争过程中，必须尽一切努力最大限度地保存一切可用的生产资料和生活资料，坚决反对破坏和浪费，反对大吃大喝，注意节约；必须劝告农民在自愿原则下逐步地组织为当时经济条件所许可的以私有制为基础的各种生产的和消费的合作团体。“消灭封建制度，发展农业生产，就给发展工业生产，变农业国为工业国的任务奠定了基础，这就是新民主主义革命的最后目的。”①

上述土地改革的总路线，是党和人民政权对农村的一切具体政策的基础，是土地改革工作中的总政策。任何违背这个总路线和总政策的做法，都会犯右的或“左”的错误。只有正确贯彻执行这个总路线和总政策，才能保证土地改革沿着正确的轨道胜利发展。

四、土地改革的伟大胜利和伟大意义

《中国土地法大纲》颁行后，党中央领导各解放区总结土地改革的经验，不断纠正和克服“左”的和右的各种错误偏向，使土地改革走上健康发展的轨道，并获得了具有伟大意义的胜利。

（一）消灭了解放区的封建及半封建的土地剥削，实现了耕者有其田制度，提高了农民的经济地位

据统计，到1949年上半年，东北、华北、西北和华东的山东、苏北等老区、半老区及其所包围的小块新解放区，即在拥有2.7亿人口、面积约230万平方公里的解放区（内蒙古自治区和华南不在内）里，在约1.51亿人口（其中农业人口约1.25亿）中，土地改革已全部完成。翻身农民从地主和旧式富农手中获得约2500万公顷的土地，约有1亿农民分得了土地。在土地改革中，不但贫雇农获得果实，中农也普遍得到了利益。分得土地的中农，约占得地农户总数的10%，占中农总户数的30%；分得财产的中农，占分得财产农户总数的15%，占中农总户数的50%以上。

封建及半封建土地制度消灭后，农民的生活得到了改善，经济地位普遍提高了。农民的收入和购买力都有不同程度的增长。

（二）提高了农民的政治觉悟，增强了农民的组织性，推进了农村的民主建政，巩固了解放区

通过土地改革运动，锻炼了广大农民群众，提高了农民的政治觉悟，培养

①《在晋绥干部会议上的讲话》，《毛泽东选集》第四卷，人民出版社1991年版，第1316页。

了一批积极分子和工作干部，为农村的民主建政打下了良好的基础。土地改革后，在贫农团和农会的基础上建立的村、区、县各级人民代表会议，是当地人民的权力机关，一切应有的权力都归于人民代表会议及其选出的政府委员会。农民选派自己的代表参加农村各级政权的管理，真正成为国家的主人，在政治上实现了彻底翻身。这就有力地推进了民主建政的进程，巩固了人民民主政权和解放区。

（三）激发了农民的生产热情，促进了农业和其他经济的发展

土地改革后，广大农民摆脱了封建及半封建的剥削，生产热情空前高涨。党和人民政府及时地组织、领导和扶助农民恢复和发展农业生产，使农村和经济面貌发生了明显的变化。据山西省壶关县五个村的调查，1949 年农民在每亩土地的施肥量已比战前增加了 12 担（战前每亩平均施肥量为 43 担），农民的农具的数量已与战前相等。[①] 据不完全统计，1949 年辽东省共增加耕畜 17.4 万余头，松江省增加耕畜 2.7 万多匹。[②]1949 年，华北人民政府发放了 5.82 亿元农业贷款和通过各地合作社向农民提供低价的总值为 1.07 亿斤小米的生产资料（包括种子、农具、牲畜等）。农民用政府的贷款买进大量的生产资料，改善了生产条件，使生产迅速发展起来。[③] 为了发展生产，农民还积极开荒扩大耕地面积。东北解放区自 1947 年土地改革后两年内，共扩大耕地面积 211 万公顷。在农民的辛勤劳动和精心经营下，农业的产量不断增长。据中共山西省委对武乡县六个典型村的调查，“一九四九年六个村的粮食生产共达一万九千二百零六石（原粮），超过战前一九三六年产粮一万七千六百二十三石的百分之八。”[④] 山西省太行山区平顺县西沟村抗战前每亩产量一石三斗，1949 年为两石一斗。壶关县十里村抗战前每亩产量一石二斗八升，1949 年为两石六斗。东北解放区农业单位面积产量的增长也很明显。例如，黑龙江省 1947 年每垧地平均产粮 1500 斤，1948 年产粮 1800 斤，1949 年虽然遇到旱灾，仍产粮 2000 斤。[⑤] 农业生产的发展，不仅改善了农民的生活，而且为解放战争的胜利提供了雄厚的物质基础。

---

① 中央农业部计划司编:《两年来的中国农村经济调查汇编》，第 81—82 页。
②《土改后的农村》，十月出版社 1955 年版，第 11 页。
③ 中央农业部计划司编:《两年来的中国农村经济调查汇编》，第 82 页。
④ 中央农业部计划司编:《两年来的中国农村经济调查汇编》，第 115 页。
⑤《土改后的农村新气象》，人民出版社 1951 年版，第 5 页。

（四）调动了农民的革命积极性，支援了人民解放战争

为了保卫土改的胜利果实，保卫家乡，翻身农民以很高的革命积极性，踊跃参加人民解放军。据统计，在解放战争期间，仅华北解放区就有近百万翻身农民参军，东北解放区参军的人数达160万人。翻身农民涌入解放军，使解放军拥有雄厚的源源不断的兵员。

翻身农民除了踊跃参军外，还大力支援前线。据不完全统计，在著名的辽沈、淮海、平津三大战役中，有539万民工支援前线。解放区翻身农民以如此高涨的革命热情，空前的规模支援前线，给人民解放军以巨大的物质力量和精神力量，保证了人民解放战争的胜利发展。

第十章
劳动立法的产生与发展

第一节 大革命时期工人运动中提出的劳动纲领

一、大革命前后旧中国无产阶级的悲惨地位

中国无产阶级是在中国沦为半殖民地半封建社会的历史条件下诞生的。鸦片战争结束不久，外国侵略者出于奴役和掠夺的目的，即在广州、上海等通商口岸开始经营近代工业企业，由此产生了中国最早一批近代产业工人。19 世纪 60 年代，清政府的一些大官僚打着所谓“自强”的旗号，极力推行洋务活动，先后办起了军事工业和民用工业，从而在早期官僚资本主义企业中产生了另一批近代产业工人。自 70 年代起，一部分商人、地主和官僚开始投资于新式工业，在他们创办的民族资本主义企业中产生了又一批近代产业工人。

进入 20 世纪，外国资本在中国设立的工厂不断增多，特别是第一次世界大战期间，中国民族工业有了比较迅速的发展，中国工人阶级的队伍随之显著壮大起来，1919 年产业工人的人数已达 200 万左右。

中国工人阶级自问世以来，即身受外国侵略势力和本国资产阶级和封建势力的剥削与压迫。这三重剥削与压迫的严酷性，使中国工人阶级陷入了举世少见的极端悲惨的境地。

（一）劳动时间极长

旧中国各种厂矿企业工人的劳动时间都很长，一般每天工作 11—12 小时，

有的长达14小时或16小时以上，所谓“日出而作，日落而息，尽日工程”。[①]工人大都没有休息日，1909年广东士敏工厂章程明文规定：“本厂窑炉终年不息火，不停工，无星期礼拜之说，每月亦无放工。”[②]在西方资本主义国家，矿工的工作时间普遍少于工厂工人，但中国矿工却与工厂工人相同，特别是那些设备简陋的土矿，矿工每天在地下竟要连续工作24小时。更有甚者如湖北应城石膏矿，矿工下窑后半个月才能出来。极长的劳动时间加给女工童工的危害尤烈。汉口纱厂的童工通夜工作，不准离开工厂，而许多纱厂的童工要站立着工作十几个小时。宁波通久源轧花厂的踏板轧花机，竟雇佣年仅八岁的童工操管。长时间的繁重劳动不仅夺去了孩子们生长发育的一切条件，而且劳累夭折的童工难以数计。至于女工在生理上则受到特殊的损害，她们在怀孕期间和临产前照样要从事长时间的紧张劳动，因而流产者很多，甚至来不及走出工厂大门就把孩子生了下来。[③]

马克思在《资本论》中指出：“资本由于无限度地盲目追逐剩余劳动，象狼一般地贪求剩余劳动，不仅突破了工作日的道德极限，而且突破了工作日的纯粹身体的极限。它侵占人体成长、发育和维持健康所需要的时间。它掠夺工人呼吸新鲜空气和接触阳光所需要的时间。它克扣吃饭时间，尽量把吃饭时间并入生产过程，因此对待工人就象对待单纯的生产资料那样，给他饭吃，就如同给锅炉加煤、给机器上油一样。”[④]旧中国的工人，正是被中外资本家剥夺了一切正常发展和正常活动的起码条件，变成“单纯的生产资料”。

（二）工资特别低微

在上述极长的劳动日里，工人们付出全部劳动力，但所得工资却少得可怜。根据19世纪下半叶部分史料的记载，普通男工工资每人每日一角五分至二角，技术工人较高的也不过二角七八分。普通女工工资每人每日一角至一角六分，最低者不足五分。按照当时的物价，每天收入二角左右连一个壮年男工自身的温饱都难于维持，根本谈不上养家糊口。

此后，工人的名义工资虽有所增加，但由于物价上涨，实际工资却明显下降。1920年10月3日上海《劳动界》对上海物价与工价变动情况的比较，深

① 参见孙毓棠：《中国近代工业史资料》第一辑下册，中华书局1962年版，第1221页。
② 参见汪敬虞：《中国近代工业史资料》第二辑下册，科学出版社1957年版，第1203页。
③ 参见唐海：《中国劳动问题》，光华书局1962年版，第261页。
④《资本论》第一卷，人民出版社1963年版，第271页。

刻地揭示了这一点。按该刊所载，1920 年前十年米每石 4 元，棉纱每包 40 元，工资最高 0.60 元，最低 0.10 元。到了 1920 年初，米每石 16 元，比十年前上涨三倍，棉纱每包 240 元，比十年前上涨五倍，而最高工资 0.80 元，比十年前只增加 30%，最低工资 0.14 元，比十年前只增加 40%。

物价上涨的幅度同工资增加的比例如此悬殊，使得本来就非常微薄的工资被压到最低限度。若是拿中国工人工资与当时资本主义国家工人工资加以比较，只有日本工人工资的 1/4，英国工人工资的 1/7，美国工人工资的 1/10。然而，就是这样低少的工资，资本家和工头还往往凭借权势长期拖延不付，或者巧立名目进行克扣盘剥。因此，尽管工人出卖自己全部的劳动力，换来的却是不得一饱的粗劣饭食、难于遮体的褴褛衣衫和恶劣不堪的居住条件。旧中国工人生活的极端贫困，实为世界所罕见。

（三）劳动条件异常恶劣

无论外资还是华资企业，都缺乏必要的卫生设备和安全设施，工人长年在污浊、危险的环境中从事紧张繁重的劳动。曾经参观过上海某外国造纸厂的一个外国人说："参观的人曾先被带到拣破布间，看见一大群老幼不同、褴褛贫苦的中国女工在拣选一捆一捆的肮脏的旧布。从这些旧布里发出的一种臭气，使参观的人急于想要走避。"① 在产丝最多、丝厂林立的苏州，年幼女工"终日将两手泡在热水当中，皮破血流，……每当夏天烈日炎炎似火烧的时候，也正是她们工作最忙的时候，终日熏蒸在炉灶热气之中"，还不时遭到监工的辱骂殴打。② 至于采矿工人的劳动条件就更加恶劣了。以开滦煤矿为例。据当时调查，"矿中的情状非去过的是想象不出的，……途中昏黑没灯火及种种设备，非常泥泞，路旁有水沟，水深过膝。路中设轨，用骡车运煤。小路阔只七尺，高只四尺半。走的须俯伏行走。顶和两旁用木柱上撑，身首偶触之，煤块纷纷从上下坠。工作的地方非常狭窄，且煤层向上作斜坡，矿工赤身涂炭，屈曲如猬，借一点灯光，在内工作。这种情状，看见的都要想这是宗教里的地狱，而非人间。"③ 开滦煤矿在当时是以"设备完善"著称的，情形尚且如此，其他采矿业的劳动条件就可想而知了。异常恶劣的劳动条件不但极大地危害了工人健

① 参见孙毓棠：《中国近代工业史资料》第一辑下册，中华书局 1962 年版，第 1231 页。

② 参见汪敬虞：《中国近代工业史资料》第二辑下册，科学出版社 1957 年版，第 1207 页。

③ 参见许元启：《唐山劳动者状况》，载《新青年》第 7 卷第 6 期，1920 年 5 月 1 日劳动节纪念号。

康，而且酿成了迭出不穷的工伤事故，使无数工人伤残乃至丧生。日本帝国主义控制的抚顺煤矿，1910 年至 1919 年发生灾害事故达 28540 多次，死伤人数 32730 余人。其中仅 1913 年一次瓦斯爆炸就夺走了 1500 多人的生命。中外资产阶级根本无视工人的死活，它们无情地把因公致残的工人赶出工厂大门，对于工伤死亡的工人也只给不及一头牲畜价格的“抚恤费”，工人的生命连牛马都不如。

（四）残酷的封建压迫和束缚

在封建势力很强的半殖民地半封建的中国，广大工人除了受着资本主义的剥削而外，还受着带有浓厚封建色彩的剥削制度的压榨与束缚。

1. 包工制。旧中国的包工制与封建把头制互为一体，盛行于外资和华资经营的厂矿企业和码头搬运等行业中。在这种制度下，作为资本家帮凶的包工头拥有招雇、开除工人和包揽工资发放等权力。他们采取多种手段对工人实行盘剥，大量吮吸工人血汗。例如萍乡煤矿，“窿内矿工，矿局所给工资，每人每日可合银洋二角七、八分，而工头给与工人，则每人每日只可合铜元二十六、七枚（安源洋价每一元可换铜元二百一十余枚），工头剥削所得，实在工人工资一倍以上。且当发给工资时，又得剥削其尾数，如工资在一元以上者给一元，不上一元者则仅以不足数之铜元付给之。他如歇工扣伙食，误事罚工资，重利盘剥等事，无所不用其极。是故工头每月收入有银洋七、八百元者，有上千元者”，而“窿外各种包头于工人之（工）资，皆有同等之剥削，间有剥削至工人工资三、四倍以上者。”① 类似情况也普遍存在于其他厂矿之中。

2. 包身工制。这是剥削少年工人的一种很残酷的制度。带工工头用诱骗方法，以低微的包身费与工人家庭订立包身契约，契约期限一般为三年。包身工多系农村贫苦少女，在资本家和包工头双重剥削和欺压之下，从事繁重的劳动，备受虐待凌辱。她们全部的工资收入都为包工头所有，包工头仅供给勉强维持她们自身吃穿的费用。包身工完全失去人身自由，本人既不能回家，也不准亲属看望，上下班由包工头押送，无异于卖身奴隶。其所受折磨之深，骇人听闻。

3. 养成工制。它首先实行于日本在华纱厂，1925 年华资纱厂相继采用，所

---

① 参见刘少奇、朱少连:《安源路矿工人俱乐部略史》（1923 年 8 月 10 日），转引自《安源路矿工人运动史料》，湖南人民出版社 1980 年版，第 145—146 页。

谓养成工，是厂方招收的七八岁至十多岁的少年男女，他们大都来自农村。入厂时须有铺保，在养成期间，只供膳宿，无任何工资或津贴。期满后必须留厂工作数年，工资极低。如中途离厂，保人需缴纳养成期间的膳宿费用。同包身工一样，养成工也没有人身自由，挨打受骂，境遇十分凄惨。

4. 学徒制。在近代工业出现以前，学徒制在中国封建社会的手工业作坊中早已存在。近代工业建立以后，资本家为最大限度地榨取剩余价值，不仅保留并且广为采用这种制度。例如，1927 年以前，上海民族机器工业雇佣的工人中，学徒竟占 70%—80%，学徒只有一点饭费，劳动基本上是无偿的，资本家从他们身上攫取的利润十分丰厚。大量使用徒工的上海大隆机器厂，1902 年资本额为 7500 两，到 1919 年剧增到 15 万两。其资本增值的速度如此之快，数量如此之大，一个重要原因，就在于对学徒实行残酷的剥削。按中国惯例，学徒习艺期限一般为三年，而资本家完全不顾由来已久的惯例，尽量延长学徒年限，五年、六年满师出徒的随处可见。

（五）政治上毫无民主自由

经济剥削同政治压迫总是相伴而行、密不可分的。中外资产阶级在极力剥削工人剩余劳动的同时，还同封建统治势力联成一气，在政治上对工人实行严密控制和暴力镇压。不少厂矿在自定的章程中明文规定，工人入厂须“开清年貌、姓名、住址，取具连环保结，填注簿册”，[①] 入厂后有的“给穿号衣，均住厂内。……日暮收厂，齐到卡房照册点名，逐一检收，然后各归住处”，工人如违反规例，“一概送局究办。”[②] 一些大的厂矿甚至驻扎军队，用以弹压工人，维持“秩序”。官僚资本企业还有为封建统治者特许的刑罚权，如开平矿务局除较大的案件移送地方官府审判外，一般“案犯”则由该局审讯究治，“枷责发落”。[③] 许多厂矿私设刑堂，以法外酷刑摧残工人的现象也相当严重。如萍乡煤矿“自矿长以至各下级职员及工头管班等，无不可以殴打工人，……工人有稍不如意者，即滥用私刑，如跪火炉、背铁球、带篾枷、抽马鞭、跪壁块等，或送警拘留，蛮加拷打。”[④] 中外资产阶级与封建势力相勾结肆无忌惮地压

① 参见汪敬虞:《中国近代工业史资料》第二辑下册，科学出版社 1957 年版，第 1220 页。
② 参见汪敬虞:《中国近代工业史资料》第二辑下册，科学出版社 1957 年版，第 1221 页。
③ 孙毓棠:《中国近代工业史资料》第一辑下册，中华书局 1962 年版，第 1243 页。
④ 刘少奇、朱少连:《安源路矿工人俱乐部略史》（1923 年 8 月 10 日），转引自《安源路矿工人运动史料》，湖南人民出版社 1980 年版，第 147 页。

迫工人，而工人反抗压迫的一切正当活动却均属非法，特别是罢工斗争更被视为触犯刑律的“犯罪行为”。1912 年 4 月，袁世凯公布的《暂行新刑律》第二百二十四条规定：“从事同一业务之工人同盟罢工者，首谋处四等以下有期徒刑、拘役或三百元以下罚金。余人处拘役或三十元以下罚金”。“聚众为强暴胁迫或将为者，依第一百六十四条至第一百六十七条之例处断”，即按“骚扰罪”论处，其刑罚从罚金、拘役、有期徒刑直至无期徒刑。除《暂行新刑律》而外，用以取缔和弹压工人罢工活动的还有 1914 年 3 月 2 日袁氏颁行的《治安警察条例》（同年 8 月 29 日改为《治安警察法》）。这个《条例》在所谓对“劳动工人之聚集”行使治安警察权的名义下，明文规定警察官吏有权禁止工人罢工（第二十二条），不听禁止之命者“处以五个月以下之徒刑或五元以上五十元以下之罚金。”（第三十八条）在实行司法镇压的同时，北洋政府还赤裸裸地使用武力镇压工人的反抗斗争。如 1913 年汉阳兵工厂工人和 1915 年安源煤矿工人的罢工斗争，都曾受到军阀军队的残暴镇压，罢工领袖惨遭杀害。

残酷的经济剥削和政治压迫，迫使中国工人阶级很早就开始了反剥削反压迫的英勇斗争。但是，由于当时中国工人阶级还没有自己的政党的坚强领导，因此尽管某些罢工具有明显的反帝反封建性质，而更多的罢工则是自发进行的经济斗争，并且常常遭受失败。这种情况表明，中国工人阶级迫切需要建立本阶级的政党——共产党，以引导工人运动走上胜利发展的轨道。

二、中国共产党保护工人利益的基本主张

中国共产党的建立，结束了中国工人阶级自发进行反抗斗争的历史，工人运动从此进入了一个全新的阶段。党从诞生之日起，就把领导工人运动作为自己的工作中心，并且以实现反帝反封建的民主革命总任务为基本出发点，适应工人运动的发展状况和不同时期政治形势的特点，提出了一系列旨在维护工人阶级政治权利和经济利益的政策主张。这些主张，主要反映在第一次国内革命战争时期党的历次代表大会的纲领、宣言和决议之中，它们既为当时的工人运动指明了奋斗方向，也为这个时期的劳动立法提供了重要依据。

1921 年 7 月，中国共产党第一次全国代表大会通过的《中国共产党第一个决议》，明确地阐述了党在工人运动中的任务、方针和政策。鉴于当时工人运动还没有自己的统一的阶级组织，各地工人尚处于缺乏紧密联合的分散状态，《决议》着重提出积极建立现代产业工会，以便把工人阶级组织起来。它明确指出：“本党的基本任务是成立产业工会。凡有一个以上产业部门的地方，均应

组织工会；在没有大工业而只有一两个工厂的地方，可以成立比较适于当地条件的工厂工会”。党应选派党员参加工会工作，“在工会里要灌输阶级斗争的精神”。为了加强全国工人运动的统一领导，1921 年 7 月，党在上海成立了公开指导工人运动的总机关——中国劳动组合书记部。按照《中国劳动组合书记部宣言》，它“是一个要把各个劳动组合都联合起来的总机关”，其任务是“发达劳动组合，向劳动者宣传组合之必要，要联合或改组已成的劳动团体，使劳动者有阶级的自觉，并要建立中国工人们与外国工人们的密切关系。”① 中国劳动组合书记部除在上海设置总部外，还先后在北京、汉口、长沙、广州、济南等地设立了分部（1922 年 8 月劳动组合书记部总部迁往北京后，上海设立了分部）。中国劳动组合书记部及其各地分部通过卓有成效的宣传工作和组织工作，大大提高了工人阶级的觉悟，培养出许多优秀的工人干部，涌现出大量的工人积极分子，在不长的时间里按产业组合原则建立起一批新型工会。据统计，1922 年全国主要工业城市和各产业部门建立的工会组织即有一百多处，拥有会员八九十万人。② 这样，就为 1922 年 1 月至 1923 年 2 月中国工人运动第一次高潮的形成，从思想上和组织上作了必要的准备。

中国共产党成立伊始，之所以如此重视建立现代产业工会，致力于工人运动的组织工作，决不是偶然的。如前所述，中国工人阶级在幼年时期就开始了反抗剥削与压迫的斗争，但是，早期的工人阶级由于刚刚从破产的农民和手工业者转化而来，在他们身上不可避免地带有小生产者的烙印，一下子还不可能摆脱地域观念和封建行帮的羁绊。他们在斗争中建立的各种组织具有相当浓厚的旧式行会和地方帮派的色彩，如帮口（同乡性质的组织，如上海工人中有安徽帮、宁波帮、湖北帮等）、行会（由业主把持的同业组织，具有封建垄断性质）、秘密结社（三合会、哥老会等）。当工人运动进入新的发展阶段以后，这些旧式组织不但完全不能适应新的斗争形势的需要，而且十分不利于工人阶级的团结统一，客观上起着分裂工人队伍的消极作用。只有打破行会和帮口对工人的束缚，建立新式工会以组织和团结全国工人，集中分散的力量于共同的斗争，工人阶级才能凭借强大的组织力去争取自身的合法权益。正因为如此，党的“一大”特别重视组织现代产业工会，并以决议的形式规定了相应的方针与原则。不言而喻，这是中国共产党初建时期为争取工人阶级的解放所采取的一

①《共产党》月刊 1921 年第 6 号。

②《中国工运史料》1958 年第 1 期。

个重大而必要的步骤。

1922 年 7 月，中国共产党第二次全国代表大会依据马克思主义原理和对国际国内形势的科学分析，制定了党的最低纲领和最高纲领。大公通过的《宣言》，首次把实现工人阶级的政治权利和改良工人待遇正式列入党的反帝反封建的民主革命纲领，明确提出了维护工人利益的各项主张：男女工人有“无限制的选举权，言论、出版、集会、结社、罢工绝对自由”；废除包工制；实行八小时工作制；建立工人医院和其他卫生设备；实行工厂保险；保护女工和童工以及失业工人，等等。由于这些主张是从党的民主革命纲领的角度提出来的，因而中国工人阶级争取自身合法权益的斗争便同党的纲领有机地联系起来，使工人运动的水准达到了一个新的高度。这次大会还专门作出了《关于“工会运动与共产党”的决议案》，除阐明工会工作的对象、工会的组织结构和党对工会的领导关系外，着重指出了工会保护工人利益的任务与作用。《决议案》特别指出：“工会进行劳动者的经济改良运动，必须进于为劳动立法运动”，要把“雇主们看作一个阶级来对抗，或对抗工头任意压迫工人的制度和包工制”，反对资本家利用“单独契约”随意进退工人和操纵劳动力的卖价，坚持团体契约和同工同酬的原则。这对于加强工人之间的团结，维护广大工人的实际利益，具有重要的意义。上述关于保护工人阶级政治和经济利益的主张，有力地推动了工人运动的发展。1923 年 2 月京汉铁路工人举行的震惊中外的大罢工，把始于 1922 年 1 月香港海员大罢工的中国工人运动第一次高潮推向了最高峰。

1923 年 6 月，党的第三次全国代表大会在集中讨论与孙中山领导的国民党建立革命统一战线的同时，鉴于二七惨案发生后工人权利横遭军阀的践踏，大会在通过的《中国共产党党纲草案》和《劳动运动决议案》中，强烈要求废止《治安警察条例》和压迫罢工的刑律，重申废除包工制，承认工会的团体契约权，实行八小时工作制和男女同工同酬，并且进一步提出工人星期日休息；女工生产前后休假 6 周，不扣工资；禁止雇用 14 岁以下的童工；14—18 岁的工人每日工作不能超过 6 小时；以法律规定工厂的卫生和劳动条件，工人有权监督其执行；救济失业工人，制定强迫的劳工保险法，工人有参与办理保险事宜的权利。

1924 年第一次国共合作的实现，使一度处于低潮的工人运动逐渐复兴起来。然而，在革命统一战线已经形成的形势下，如何保持工人运动的独立性，便成为关乎工人阶级利益的一个突出的问题。1925 年 1 月，在上海召开的党的第四次全国代表大会通过的《对于职工运动之决议案》，特别强调建立工人阶级强固的独立的阶级组织，努力发展各种工会，壮大本阶级的力量，积极参加并取得民族革命的领导权。在党的四大精神的指导下，各地工会组织迅速壮大，并于1925年5月召开第二次全国劳动大会，正式建立了中华全国总工会。依照《中华全国总工会章程》的规定，全国总工会作为中国工人阶级全国统一的工会领导机关，它的宗旨和任务是团结全体工人，保障工人利益，发展工人组织，统一全国工会运动，指挥各工会的行动，确定全国工人共同的奋斗目标，加强与国际工人的联合等。[①] 中华全国总工会成立不久，即掀起了声势浩大的“五卅”运动和省港大罢工，从而有力地支援了北伐战争，加速了工人组织的发展。1927年4月全国有组织的工人达到280余万，比1926年4月增加近160万。在工人运动深入发展的地区，工人通过斗争争得了某些政治权利，经济生活也有一定的改善。例如，武汉工人经过1926年10月至1927年4月的三百多次罢工斗争，在不同行业中取得了打破包工制，增加工资，实行八小时工作制和救济失业工人等胜利成果。这期间，各地在罢工斗争中普遍组织工人武装纠察队，重视建立工人武装，工人运动呈现出一种新的特征。尤其是1926年10月至1927年3月上海工人接连发动三次武装起义和创建上海市民政府的壮举，标志着中国工人运动已经从争取言论、集会、结社、罢工等项自由和改良经济待遇，进入要求武装自己、夺取政权的更高阶段。这是中国共产党保护工人利益的基本主张在实践中的丰富与发展，也是中国工人阶级解放斗争的必然发展趋势。

大革命时期，中国共产党关于保护工人政治经济权益的主张，在这个时期召开的四次全国劳动大会发布的有关文件中，也得到明确反映。例如，1922年5月第一次全国劳动大会通过了《罢工援助案》、《全国总工会组织原则决议案》以及《八小时工作制案》和《儆戒工界虎伥案》（“工界虎伥”即工贼）等十个决议案。[②]1925年5月第二次全国劳动大会在《工人阶级与政治斗争的决议案》和《经济斗争的决议案》中，提出工人阶级目前迫切的政治要求是实现集会、结社、言论、出版、罢工的自由和参加普选运动；经济上切近的要求是规定最低限度的工资，实行八小时工作制，取消包工制，反对一切虐待，改善女

①《中国工会历次代表大会文献》第一卷，工人出版社1984年版，第34页。
②《中国工会历次代表大会文献》第一卷，工人出版社1984年版，第2—12页。

工、童工的生活，实施劳动保护与社会保险。[①]1926 年 5 月第三次全国劳动大会通过的《劳动法大纲决议案》，比例全面地阐明了工人阶级在政治和经济方面的一般要求（后面将作详细说明）。大革命失败前夕，1927 年 6 月召开的第四次全国劳动大会通过的《经济斗争决议案》提出，必须立即规定全国工人法定的工作时间和最低工资标准，并按照物价的变动确定工资增加的比例；保障工人的生活条件，“对不可避免的疾病、死伤、失业、衰老等，实行社会劳动保险”；迅速颁布童工保护法，切实保障童工和女工的特殊利益，等等。[②] 在革命紧急阶段，第四次全国劳动大会提出的这些具有重大意义的维护工人利益的主张，尽管由于汪精卫集团的叛变和陈独秀右倾机会主义的严重干扰，没有能够付诸实施，但却对当时的工人运动产生了积极而深刻的影响。

三、工人运动中的劳动立法要求

1922 年 8 月，中国劳动组合书记部依据党的二大关于保护工人权益的政策主张，拟定了《劳动立法原则》和《劳动法案大纲》，并发布《通告》在全国发起劳动立法运动，从而在中国工人运动第一次高潮中，揭开了新民主主义劳动立法崭新的一页。

《劳动立法原则》和《劳动法案大纲》作为我国人民劳动立法史上的重要文献，是当时风起云涌的罢工斗争的产物。而以这两个文献为指导的劳动立法运动，则是中国共产党利用合法手段同反动军阀进行的一场特殊形式的斗争。1922 年 4 月，中国北方爆发了第一次直奉战争。在战争中打败奉系军阀张作霖而夺得北京政权的直系军阀吴佩孚，乘南方陈炯明发动政变，迫使孙中山离开广州，国会在广东无法立足的机会，为了欺世盗名，粉饰军事独裁统治，故作姿态，宣言恢复国会，制定宪法，“保护劳工”。中国共产党巧妙地利用这一点，通过中国劳动组合书记部提出了《劳动立法原则》和《劳动法案大纲》，不失时机地领导发动了全国性的劳动立法运动。

劳动组合书记部拟定的《劳动立法原则》，从中国工人阶级合法权益被剥夺殆尽的严酷现实出发，规定了全国工人力争实现的四项最低限度的要求。[③]

---

①《中国工会历次代表大会文献》第一卷，工人出版社 1984 年版，第 17—23 页。

②《中国工会历次代表大会文献》第一卷，工人出版社 1984 年版，第 244—246、251—256 页。

③ 王清彬等编:《第一次中国劳动年鉴》第二编，北平社会调查部 1928 年版，第 436—437 页。

第一，保障工人的政治自由。前面已经谈到，中国工人阶级自诞生之日起，就处于外国侵略者和本国资产阶级和封建势力的三重压迫之下，政治上毫无民主自由可言。1912 年 3 月 11 日，孙中山颁布的《中华民国临时约法》虽然宣布各族人民一律平等，享有言论、出版、集会、结社等项自由，但袁世凯上台后立即毁废《临时约法》，相继制定了一系列反动的法律、法令，肆意剥夺人民基本的民主权利与自由，致使“劳动界之言论与行动，已全无发展之机会”。《劳动立法原则》揭露了袁氏的倒行逆施，明确提出必须完全铲除压制劳动运动的各种反动法律、法令，保障工人的政治自由。同时，要求法律承认“劳动者之团体契约权”和“劳动者之国际的联合”。

第二，改良经济生活。《劳动立法原则》指出，中国工人“所受残酷之待遇，盖为世界所不经见”，劳动时间极长，休息期间无定，工资没有任何标准，至于失业救济和疾病保险更是“梦想所不及”。有鉴于此，它提出“参照西欧诸国之劳动法规，实现我劳动阶级之利益”，并提出要从法律上保障农业劳动者的生产品价格，“俾勿使之降于所费劳力之下”。

第三，参加劳动管理。《劳动立法原则》认为，“现时雇主所以毫不顾及劳动者之利益者，即缘劳动者对于关系自己之业务，无参加管理之权”。为保护劳动者利益，法律应当承认劳动者有参加经济机关、企业机关和国家劳动检查局之权，以“改良工厂管理制度，并匡正雇主之错误，一方促进劳动阶级之利益，他方则为将来无产阶级管理工厂之准备”。

第四，实行劳动补习教育。《劳动立法原则》指出：“政府每年支出巨额款项，专为资产阶级办教育，至无产阶级则毫未顾及”。据此，它申明必须“以法律保证男女劳动者有受补习教育之机会”。

中国劳动组合书记部在提出劳动立法四项原则的同时，还公布了十九条《劳动法案大纲》，[①] 具体规定了劳动立法运动的奋斗目标。其内容大体可以概括为如下几个方面：

第一，承认劳动者有集会、结社、同盟罢工、缔结团体契约和实行国际联合等项自由与权利。

第二，确定法定的工作时间。每天日工劳动不得超过 8 小时，夜工不得超过 6 小时，每星期应有连续 42 小时的休息。18 岁以下的男女工人和从事剧烈劳动的工人，每日工作时间不得超过 6 小时。如因特别事故需要延长法定工作

①《邓中夏文集 · 请愿书》，人民出版社 1983 年版，第 13—15 页。

时间，必须征得工会同意。至于农业劳动者的工作时间虽得超过 8 小时，但对于超过时间的工资，须以 8 小时制为标准加以计算。

第三，保障劳动农民的生产品价格，由农民代表提出，以法律规定之。

第四，保护女工、青工的特殊利益，不得让 18 岁以下之男女工人从事剧烈的有害卫生和法定工作时间以外的劳动。对于需要体力的女子劳动者，产前产后各给予 8 个星期的休假，其他女工各给予 6 个星期的休假，休假期间工资照发。禁止雇佣 16 岁以下的男女工人。

第五，为保障劳动者之最低工资，国家应制定保障法。制定此项法律时，须准全国总工会的代表出席。所有公私企业或机关的工资，均不得低于最低工资。

第六，各种劳动者有通过产业工会或职业工会选举代表参加政府的经济机关、企业机关以及政府所管理之私人企业或机关的权利。国家保障工人有完全参加国家所设劳动检查局之权。

第七，实施劳动保险。一切有关劳动保险事业的规章须由工人参加订立，以保障所有在政府的、公共的、私人的企业和机关内的工人之损失或危险。保险费完全由雇主或国家负担，不得转嫁于被保险者。

第八，各种劳动者每年应有一个月的休假，半年应有两星期的休假，休假期间有受领工资之权。

第九，国家以法律保障男女劳动者享受补习教育的机会。

为了向反动当局施加压力，特别是为了动员全国工人积极投入劳动立法运动，中国劳动组合书记部一方面于 1922 年 7 月致书国会请愿，指出："工人设立团体，又因未有相当法律保护，故国内一般操政权者，对于工人得任意摧残，且对于工人设立团体及一切正当行为，尤为十分蔑视"。因此，"为全国劳工请命计，为国家立法前途计，理合拟具劳动法案大纲十九条，依法请愿贵院尽量采纳通过，规诸宪法，并将暂行新刑律之第二百二十四条罢工骚扰罪及民国三年北京政府教令第二十八号之治安警察条例，正式提出议决取消，以甦工人之困。"[①] 劳动组合书记部致国会的请愿书，得到一部分议员的支持，童启曾等 22 位议员并以介绍人名义在请愿书上签名。

另一方面，中国劳动组合书记部在全国报刊上公开发布了《关于开展劳动

①《中国劳动组合书记部总部邓中夏等的请愿书》，《邓中夏文集》，人民出版社 1983 年版，第 13 页。

立法运动的通告》和《劳动法案大纲》，号召各地工会行动起来开展劳动立法运动。首先响应这个号召的是唐山铁路、矿山、纱厂、洋灰厂各工会。组织“唐山劳动立法大同盟”，举行大规模的游行示威，并通电全国各团体及国会，要求通过劳动组合书记部提出的十九条劳动法大纲。他们在通电中坚定地说：“誓必达到劳动法已列入宪法了，劳动法已完全采纳劳动组合书记部所提出的劳动法案了，那我们才能休止。”① 继唐山之后，郑州铁路工会通电全国工会采取一致行动，并通电国会，指出：“劳动法大纲为我等工人最小限度的要求，务须完全采入宪法中。”② 在湖南，中国劳动组合书记部湖南分部领导召开了劳动立法大会，组织劳动立法大同盟，并由湖南分部、新河粤汉铁路工人俱乐部、岳州粤汉铁路工人俱乐部和安源路矿工人俱乐部联合通电国会，表示“完全赞同中国劳动组合书记部总部提出之劳动法案大纲十九条”，要求“从速通过劳动法案。”③ 上海、武汉、广州、济南、天津等地工会，或通电国会请愿，或着手组织劳动立法大同盟，纷纷起而响应劳动组合书记部的号召。这样，就在全国造成了劳动立法运动的强大声势。

随着劳动立法运动的深入发展，中国劳动组合书记部又召集北方铁路工会代表在北京开会，并于9月3日开会招待国会议员和新闻记者，作广泛宣传。在有六十多名议员参加的招待会上，半数以上的议员对劳动立法持同情态度，几个在国会中曾提出与劳动组合书记部相抵触的“保护劳工法”的议员，受到书记部和工会代表的批评，不得不当面谢过，承认他们所提“保护劳工法系属仓猝所为，以致铸成大错，当加修正。”④

当然，劳动组合书记部拟定的体现工人阶级意志的劳动法案，不可能为封建军阀控制的国会所采纳。正如邓中夏同志指出的：“国会议员历年来的无恶不作，声誉狼藉，早为全国人民所齿冷。此次宣言制宪，无非为恢复已失之声誉，根本就无意制宪，书记部所提出之劳动法当然不能望其通过。虽然如此，而这十九条劳动法大纲却深入了工人群众之中，变成了罢工高潮中斗争的纲领。”⑤

继中国劳动组合书记部领导发动的劳动立法运动之后，1926年5月第三次

① 天津《益世报》1922年9月3日。
② 邓中夏：《中国职工运动简史》，人民出版社1979年版，第78页。
③ 长沙《大公报》1922年9月10日。
④ 长沙《大公报》1922年9月8日。
⑤ 邓中夏：《中国职工运动简史》，人民出版社1979年版，第78页。

全国劳动大会通过了《劳动法大纲决议案》。[①] 这是第一次国内革命战争时期工人运动中提出的另一个重要的劳动立法文献。这个《决议案》共十七条。就总的精神而言，它同上述《劳动法案大纲》完全一致，但在具体内容上，根据几年来工人运动的实践经验，对前者作了若干补充和修正。

第一，关于保障工人阶级的政治自由。它重申了《劳动法案大纲》提出的工人有集会、结社和罢工的自由，但鉴于广州国民政府是中国共产党在一定程度上领导的“联合政府”，因此，在维护工人罢工自由的前提下，相应补充规定:“在国民政府下，可经过劳资间或主管官厅之一度调解，方始罢工”。

第二，它肯定了《劳动法案大纲》关于实行八小时工作制、延长劳动时间须经工会同意的原则，同时又补充规定超过法定时间的劳动，要加倍付给工资。最低工资应以维持工人生活为尺度，“不及维持工人生活之工资，政府得强制增加之”。工资支付以银元为标准，“不得以物类代替及克扣”。

第三，在保护女工、童工利益方面，它修正了《劳动法案大纲》的某些规定。例如，把女工产前产后各休息 8 星期或 6 星期，改为产前产后共休息 8 星期或 6 星期。把不得雇佣 16 岁以下男女工人，改为不得雇佣未满 13 岁的童工，并且规定童工、女工以禁止夜工为原则。

第四，它取消了《劳动法案大纲》关于劳动者“每星期连续四十二小时休息”和一年应有一个月休假的过高要求，根据中国的实际情况，确定实行星期日和重要纪念日休假制度，工资照发。

第五，它没有就农业劳动者的工作时间和农产品价格单独作出规定，这是对《劳动法案大纲》的另一个修正。其所以如此，并不是忽视劳动农民的利益，而是因为与第三次全国劳动大会同时开幕的广东省第二次农民代表大会（有 11 个省的代表列席，实际上具有全国规模），专门作出了保护农业劳动者利益的多项决议。[②]

第一次国内革命战争时期工人运动中提出的劳动法案，除上述《劳动立法原则》、《劳动法案大纲》和《劳动法大纲决议案》而外，还有各省市劳工组织提出的一批有关保护工人权益的决议案。由于此类文献数量颇多，这里只能举例说明。

1926 年 4 月召开的有省港罢工工人代表参加的广州第一次工人代表大会，

① 《中国工会历次代表大会文献》第一卷，工人出版社 1984 年版，第 124—125 页。

② 参见《第一次国内革命战争时期的农民运动》，人民出版社 1953 年版，第 224—238 页。

依据全国第二次劳动大会确定的开展经济斗争的原则，通过了《经济斗争决议案》。《决议案》提出维护工人利益的16条要求，即：(1)规定工钱底价；(2)实行8小时工作制；(3)减少夜工时间；(4)危险工作补工；(5)划一计件工资并按物价比例增加；(6)铲除旧的包工制，实行群众包工；(7)由工会介绍职业，废除保证金、保证书；(8)反对工头以各种形式苛待工人；(9)打破工厂中的高利制度；(10)不得无故开除工人；(11)改善工厂卫生条件；(12)实行劳动保险；(13)学徒期限不得超过2年；(14)规定学徒工钱底价；(15)男女工人同工同酬；(16)女工分娩前后应有2个月休假，工资照发。[①]大会还接受了省港青工大会和省港女工大会关于保障青工利益、制定新工厂法和女工保护法的提案，[②]要求政府在工人代表参加之下从速制定劳动法。

1926年12月，湖南全省总工会第一次代表大会制定的《劳工保护法草案》（共三十七条），比较全面地规定了维护工人政治经济权益的各项条款，提交湖南省政府采纳颁布。该草案首先强调工人有集会、结社、言论、出版、罢工的权利，强调雇主应当承认工会是工人的代表。同时，对于工时、工资、工人的雇用与解雇、学徒习艺期限和待遇、女工与青工特殊利益的保护，以及工厂的劳动保险和工人的医疗抚恤等等，都作了具体规定。[③]这个劳动法案，既贯彻了《劳动法案大纲》和《劳动法大纲决议案》的基本精神，又充实了它们的内容。

1927年1月举行的湖北全省总工会第一次代表大会，针对资本家利用故意停业和任意裁汰等手段危害工人生活和就业的情况，在《为停业及辞歇工人问题决议案》中规定：重要工业或商业不许无故停业，无故停业者须给工人6个月工资的救济费；因折本停业者，工厂须给付工人3个月工资以上的救济费；辞歇业或裁减工人，依据工人做工时间的长短，按一定比例分别给予1个月至6个月工资的救济费。[④]

在上海工人举行武装起义过程中，1927年2月20日中国共产党上海市执行委员会发布的《为总同盟罢工告上海市民书》，提出了十二条政纲，其中第二条规定，上海工人和市内一切人民有集会、结社、言论、出版、罢工的绝对自由；第六条规定，颁布劳动保护法，中外工厂、商店均须一律强制执行。劳

①《第一次国内革命战争时期的工人运动》，人民出版社1954年版，第201—203页。
②《第一次国内革命战争时期的工人运动》，人民出版社1954年版，第210—213页。
③《第一次国内革命战争时期的工人运动》，人民出版社1954年版，第353—357页。
④《第一次国内革命战争时期的工人运动》，人民出版社1954年版，第422—423页。

动保护法应规定8小时工作制，依物价提高工资，限制童工年龄，女工产前产后优待，改善童工、女工工作条件，改良工厂卫生，确定工人死伤疾病的抚恤和保险办法，承认团体契约权等。[①] 与此同时，上海总工会在《总罢工宣言》中也提出了上海工人最低限度总要求十七条。其主要内容是：肃清一切反动势力，建立真正保护人民利益的政府；承认工会有代表工人之权；增加工人工资，限制物价高涨；实行8小时工作制，星期日和节假日休息，工资照发；恢复失业工人工作，雇主不得借罢工关闭工厂；不准打骂工人，滥罚工资和任意开除工人；改良女工、童工待遇；改善工厂设施；工人生病或因公伤亡厂主负责医治和给予抚恤金，等等。[②] 这些要求，对于当时上海工人阶级的英勇斗争起了巨大的推动作用，并且为随后建立的上海市民政府纳入施政纲领而产生法律效力。可惜，上海市民政府诞生不到一个月即被资产阶级右翼所扼杀，它刚刚着手创建的革命法制也随之遭到彻底破坏。

第二节　工农民主政权的劳动立法

一、劳动立法概述

工农民主政权建立后，为了巩固工人阶级经过长期奋斗取得的成果，党和苏维埃政府十分重视劳动立法。早在政权创建的最初年代里，一些地区在武装起义胜利后即把保障工人的政治经济权益庄严地载入革命政纲之中。1927年12月11日《广州苏维埃宣言》公开宣告："应该即刻给工人八小时工作制"，"没收一切大资本家的公馆洋楼做工人的寄宿舍"。同时，"苏维埃政府应该维持失业工人的生活，其需要若干，先由各自工会制定预算，呈报苏维埃核发。"[③]1929年9月，湘鄂赣边革命委员会颁布的《革命政纲》明文规定：保障工人罢工、结社、集会、言论、出版之绝对自由；增加工人工资，实行8小时工作制和劳动保险及失业救济；废除包工制；实行男女同工同酬；保护童工、

---

①《上海工人三次武装起义》，上海人民出版社1983年版，第128—129页。

②《上海工人三次武装起义》，上海人民出版社1983年版，第196—197页。

③ 韩延龙、常兆儒：《革命根据地法制文献选编》第一卷，中国社会科学出版社1981年版，第19—20页。

女工，严禁压迫学徒店员。[①]1930年湖南省工农兵苏维埃政府也把实行8小时工作制和同工同酬，禁止女工、童工从事危险工作，以及女工生产前后休息2个月等列入革命政纲，并且明确提出制定劳动法。[②]

除了用政纲形式确认工人阶级的政治权利和经济利益而外，这个时期某些苏区结合本地区的具体情况还制定了若干单行劳动法规。1929年10月闽西上杭县第一次工农兵代表大会通过的《上杭县劳动法》和1930年2月闽西永定县第二次工农兵代表大会通过的《永定县劳动法》，是目前见到的颁行最早的两个劳动法规。前者九条，后者十三条。它们的内容和形式尽管简略，但却不失为红色区域早期劳动立法的重要文件。1930年3月，闽西第一次工农兵代表大会根据闽西特委第二次特委扩大会议《工人运动决议案》的精神，通过并颁布了适用于闽西苏区全境的《闽西劳动法》。这个劳动法相对于上杭和永定两县劳动法而言，内容与形式比较充实、完备。它共有九章八十二条，第一章为总纲，其余八章分别对工厂工人、商店工人、工场作坊工人、自由手工业工人、运输工人、女工、青工的工作时间、工资福利、劳动保护、社会保险以及失业工人的安置与救济，作出了比较详细的规定。闽西根据地制定颁行的上述3个劳动法令，在维护工人利益，取缔封建性剥削，确立男女同工同酬原则方面，具有重要的意义。但是，它们的某些条款也规定了不切实际的过高要求和不恰当的做法。如“店东不得无故辞退工人，否则除将全年薪金发给外，另以路途远近酌发川资”（《上杭县劳动法》第二条），“老板不得无故歇业，致工人失业，如有借故无故歇业者，须将存货盘算，归工人经营，分期算还资本，不得取利”（《永定县劳动法》第九条），“东家无故停工半年以上者，其工具由工人没收使用”（《闽西劳动法》第四章第十三条）。所有这些，都反映出“左”的思想倾向。

1930年5月全国苏维埃区域代表大会制定、同年6月以后在红色区域一度付诸实行的《劳动保护法》，是中华苏维埃共和国成立前影响较大的劳动立法文件。该法关于取消包工制、包工头制和一切类似的制度，禁止罚工制和储金制，[③]对女工和未成年工人给予特殊保护，以及建立社会保险和劳动监察制度等

①《工农兵》第2期，1929年10月。

②《革命根据地法制文献选编》第二卷，中国社会科学出版社1981年版，第131页。

③ 罚工制是旧中国厂矿企业十分盛行的一种制度，工人因罚工常常失去大部分应得之工资。储金制是指资本家强迫工人每月存一定数额的工资，故又称存工制，工人储金（存工）多被资本家任意没收。

项规定，体现了工人阶级的意志和愿望。正像《劳动保护法解释书》所说："本法是中国劳动者的权利宣言，是代表千百万在帝国主义与国民党反动统治下工钱劳动者的反抗呼声。"[①] 然而，由于"左"倾冒险主义的影响，《劳动保护法》包含有不少过左的条文，提出了许多超越客观实际的过高要求。因此，它在实施过程中曾经给根据地的经济建设和刚刚起步的劳动立法造成了危害。举例来说，1930 年 9 月，闽西第二次工农兵代表大会依据《劳动保护法》修正了前述《闽西劳动法》，重新发布《修正劳动法令》。《修正劳动法令》一方面保留了原劳动法有关保护工人利益的正确内容，另一方面则发展了原劳动法的"左"的错误倾向，增加了一些更"左"的条文。如"工厂须津贴工人午膳"，工场作坊"工人被盖均由东家供给"，工人因病回家雇主要给予川资和负担"医药费，并不得克扣工资"，"东家因亏本倒闭者，须照发三个月工资"，"女工在月经期内，五天不做工，工资照给"，"女工带有小孩者，其小孩由东家娘负责照顾"，等等。从这些规定中，不难看出，《劳动保护法》对当时苏区劳动立法所产生的消极有害的影响。

1931 年 11 月，中华苏维埃第一次全国代表大会通过了《中华苏维埃共和国劳动法》。它以《中华苏维埃共和国宪法大纲》的下述规定为立法基础，即"中国苏维埃政权以彻底改善工人阶级的生活状况为目的，制定劳动法，宣布八小时工作制，规定最低限度的工资标准，创立社会保险制度与国家的失业津贴，并宣布工人有监督生产之权。"[②] 按照 1931 年 12 月 1 日《中华苏维埃共和国中央执行委员会关于实施劳动法的决议案》，该法自 1932 年 1 月 1 日起生效，其适用范围为中华苏维埃共和国领土全境，"自本劳动法实施之后，以前各级政府所颁布的一切劳动法令及关于劳动问题决议都不发生效力"。这表明，以《中华苏维埃共和国劳动法》的颁行为起点，红色区域的劳动立法开始走向统一。此后，各地制定的劳动法令尽管带有某些地方色彩，但总的说来，都是依据并为了执行该法的基本原则和主要条文。1932 年 6 月江西省苏维埃第一次代表大会通过的《实行劳动法令的决议案》，同年 8 月湘赣省第二次苏维埃代表大会《关于劳动法执行条例的决议》和 1933 年 4 月闽浙赣省苏维埃第二次工农兵代表大会通过的《实行劳动法令决议案》等，均属于这种情况。

《中华苏维埃共和国劳动法》以十二章七十五条的篇幅明确地规定了雇用

---

①《红旗》1930 年第 107 期。

②《苏维埃中国》第一集，中国现代史资料编辑委员会 1957 年翻印，第 18 页。

工人的手续，集体合同与劳动合同成立的条件，工作时间，工资制度，女工、青工、童工的保障，劳动保护，社会保险，工会的地位与职权以及解决劳资冲突的机构和方式。综观该法内容，一方面，它确定了维护工人阶级权益的若干原则与措施，例如，保障工人的政治权利，废除封建性剥削和陈规陋习，反对无故解雇工人，改善劳动条件，提高工人工资，坚持同工同酬，实行劳动保护和社会保险，等等。这些原则与措施，鲜明地标志了它与1929年12月国民党政府颁布的名为保护工人实为桎梏工人的《工厂法》，有着迥然不同的本质区别。另一方面，在第三次“左”倾路线直接的严重的干扰之下，这个劳动法却存在着明显的“左”的错误偏向。以王明为代表的“左”倾机会主义者坚持“把反资产阶级和反帝反封建并列，……实行了许多超民主主义的所谓‘阶级路线’的政策，例如消灭富农经济及其他过左的经济政策、劳动政策”，[①] 并且极力把过左的错误的政策用法律形式固定下来，以达到在经济上消灭资产阶级的目的。正是基于这种“左”的指导思想，当时在劳动立法中“不以发展生产、繁荣经济、公私兼顾、劳资两利为目标，而以近视的片面的所谓劳动者福利为目标。”[②] 同时，脱离中国国情和根据地实际，硬性照搬大城市的做法和别国的模式，既不区别城市与乡村，也不顾及企业的大小和性质，以及手工业生产、农业雇佣劳动和辅助劳动的特殊情形，主观划一地规定过高的劳动条件和过高的物质福利待遇，并强令各地贯彻实行。历史证明，这种过左的劳动政策使根据地的经济事业乃至政治关系招致很大损害，在实践中酿成了一系列严重后果。

《中华苏维埃共和国劳动法》经过一年半的实施，日益显露出它在许多方面并不适合根据地的农村环境，它的过左规定造成了实际危害，遭到许多同志和工农群众的批评。1933年4月陈云同志尖锐地指出，在领导苏区工人的经济斗争中，存在着一种极端危险的“左”的错误倾向，“这种倾向，表现在只看到行业的狭小的经济利益，妨碍了发展苏区经济、巩固苏维埃政权的根本利益。例如，在许多城市的商店、作坊中提出了过高的经济要求，机械地执行只能适用于大城市的劳动法，使企业不能负担而迅速倒闭”，“这种‘左’的错误，非但不能提高工人阶级的觉悟和积极性，相反地，只能发展一部分工人不正确的浪漫生活。而且，这种“左”的错误，使许多企业和作坊倒闭，资本家乘机提高物价，并欺骗工人，使工人脱离党和工会的领导。所以，这种‘左’

---

①《关于若干历史问题的决议》，《毛泽东选集》第三卷，人民出版社1991年版，第973页。

②《目前形势和我们的任务》，《毛泽东选集》第四卷，人民出版社1991年版，第1255页。

的错误领导，是破坏苏区经济发展，破坏工农联盟，破坏苏维埃政权，破坏工人阶级的彻底解放的。”[①] 张闻天同志当时也指出：“为了大都市大生产所订立的《劳动法》，在经济上比较落后的苏维埃区域内，是不能完全机械执行的”。他提出应当根据实际情形修改劳动法，“新的劳动补充法令的订立与旧的《劳动法》的修改，不但不会引起工人的不满意，而且更能够引起工人对于党、工会与苏维埃政府的信仰。”[②]

1933 年 3 月 28 日，中华苏维埃临时中央政府人民委员会第 38 次例会决定修改劳动法，并于同年 4 月组成修改劳动法的起草委员会。在广泛吸收各地工农群众意见的基础上，起草委员会用五个月的时间拟定了新的劳动法草案，经中央执行委员会审查修订，于 1933 年 10 月 15 日重新颁布了《中华苏维埃共和国劳动法》，并宣告 1931 年 12 月 1 日公布的劳动法无效。[③] 与此同时，还发布了《中华苏维埃共和国违反劳动法令惩罚条例》，作为处罚违反新劳动法各项规定的法律依据。

修改后的劳动法与原劳动法比较，具有两个颇为显著的特点。其一，结构形式更加完整。它共有 15 章 121 条，设置了学徒制度和企业内部管理规则等专章，同时在新增加的 46 个条文中，对有关问题作了比原劳动法更为详细具体的规定。其二，修改或删除了原劳动法某些过左的条文，降低了经济要求，特别是对于雇用辅助劳动力的中农、贫农、小船主、小手工业者和手工业生产合作社在执行劳动法时规定了变通办法，增加了必要的灵活性。因此，修改后的劳动法尽管还没有完全摆脱过左的劳动政策的影响，但比之原劳动法毕竟是前进了。

二、劳动立法的主要内容

（一）集体合同与劳动合同

规定集体合同与劳动合同的签订、执行、变更和解除程序，是劳动立法的

---

①《苏区工人的经济斗争》，《陈云文选》（1926—1949 年），人民出版社 1984 年版，第 9 页。

②《五一节与〈劳动法〉执行的检阅》，《张闻天选集》，人民出版社 1985 年版，第 21、28 页。

③《中华苏维埃共和国中央执行委员会关于重新颁布劳动法的决议》（1933 年 10 月 15 日），载 1934 年 7 月《苏维埃法典》第二集。

一项重要内容。早期各地工农民主政府颁行的劳动法规一般都没有涉及这方面的内容。正式对此作出规定的是在中华苏维埃临时中央政府成立以后。1931年12月颁布的《中华苏维埃共和国劳动法》(以下简称1931年《劳动法》)和1933年10月重新颁布的《中华苏维埃共和国劳动法》(以下简称1933年《劳动法》),均就这个问题作了专章规定。

集体合同，系指一方由工会代表工人和职员与另一方雇主所缔结的集体契约。它主要规定“各企业、各机关、各商店中的雇佣劳动者的劳动条件与雇佣条件，并确定将来各个人订立劳动合同的内容。”[①]集体合同以书面为之。按照1931年《劳动法》第十三条的规定，有期限的集体合同有效期不得超过一年，1933年《劳动法》对合同期限则未作明文规定，而是授权中央劳动部会同中华全国总工会确定。[②]一般说来，情况很少变动的企业，合同期限通常为一年，情况经常变动的企业，合同期限相应缩短。[③]

集体合同的内容必须符合劳动法和其他现行劳动法令所规定的条件，这是签订集体合同需要严格遵循的基本原则。如果集体合同所订条件比劳动法和其他现行劳动法令规定的条件恶劣时，即不发生效力。集体合同有无法律效力，还取决于是否履行法定的登记手续。在苏区，负责办理集体合同登记的是劳动部所属机关，它有权取消合同中与现行劳动法令相抵触、不利于工人和职员的部分条款，其余合于劳动法令的条款，如果缔约双方声明愿意登记，则准予登记。按规定，集体合同一经登记便具有法律效力，当事人双方日后若发生与合同有关之争议，该合同即为解决争议的重要根据。至于未向有权机关登记的集体合同，则不具有这种法律意义和作用，缔约双方有关合同争议事项，“其解决办法不以该合同为根据，而以现行各项劳动法令为根据解决之。”[④]

经过登记的集体合同，自双方签字之日起或依合同规定的日期，开始生效。其效力作用的范围为：第一，适用于该企业、机关、商店除拥有录用与开除工人权力的管理人之外的所有工作人员，无论他们是否为缔结合同之工会会员。第二，不仅适用于签订合同的原业主，而且在该企业、机关、商店发生业主转移时，同样适用于新业主。就是说，在合同有效期间不因业主转移而失却其固有的法律效力。当然，在业主交替的情况下，缔约的任何一方均有权在两

---

①《中华苏维埃共和国劳动法》(1933年10月15日)第七十九条。

②《中华苏维埃共和国劳动法》(1933年10月15日)第八十一条。

③ 刘少奇:《在改订合同中应注意的几个问题》，载《苏区工人》1933年第2期。

④《中华苏维埃共和国劳动法》(1933年10月15日)第八十六条。

星期前向对方声明重新审议已订合同，但在新合同未成立之前，原合同依然有效，任何一方不得擅自终止。第三，无论私人雇主还是国营、合作社企业的管理人，违反业经登记的集体合同，一律按违犯劳动法论处。

劳动合同，是一个或几个工人与雇主订立的契约。它的内容虽由集体合同确定，但它的签订并不以有无集体合同为前提。劳动合同不同于集体合同，它不规定劳动者的集体劳动条件，而只规定劳动者个人的劳动条件。依照法律规定，劳动合同的条款以双方当事人协商同意而定，但双方协商一致的条款，第一必须合法，第二不能有限制劳动者公民权利的内容。符合这两项原则的劳动合同，即为有效合同。相反，如果合同所订条件恶劣于现行劳动法令、集体合同以及企业内部管理规则所规定的条件，则不发生效力。同样地，如果合同包含有限制劳动者公民权利的条款，因其直接同革命法律保护劳动者政治权利的精神相抵触，也自然归于无效。

苏维埃区域劳动合同主要有三种：

1. 有一定期限的劳动合同；

2. 没有期限的劳动合同；

3. 以完成某项工程为期限的劳动合同。

以上不同种类的劳动合同，一旦成立，合同双方当事人都必须认真履行。就雇主一方来说，不得要求被雇人从事与合同规定无关的其他工作，更不得让被雇人从事危及生命安全和违反劳动法令的工作。当然，在法律特别规定的情况下，例如合同所订工作暂时无法进行，或遇有预防危险和公众灾难的特殊情形，雇主亦得要求被雇人担负与其职业性质相同甚至根本不同的其他工作，但不能因此减少被雇人原有之工资。如上述临时工作应得工资高于被雇人原有工资时，须给付较高工资。此外，企业变更业主或者迁移地址，雇主不得废止已订合同。就被雇人一方来说，应当遵守由工会参与制定并经劳动行政机关批准的企业内部管理规则，违反者须负相应的责任。例如损坏器械、制造品和原料，要负赔偿损失之责（赔偿数额不超过违章人 1 个月工资的 1/3）。法律禁止被雇人不经雇主同意自行将自己担负的工作让给他人。只有下述两种情况，即：（1）劳动合同为多数工人共同承揽工作者；（2）被雇人丧失劳动能力确因当时环境无法通知雇主者，才作为例外而不受法律的限制。[①] 另外，凡系长期性质的工作，在订立劳动合同之前，对被雇人须有一定试验期，普通工人试验

① 参见《中华苏维埃共和国劳动法》（1933 年 10 月 15 日）第九十二条。

期不超过 6 天，办事员和技术人员不超过半个月，负责人不超过 1 个月。经过试验，决定雇用与否，并将结果呈报当地劳动部门。不被雇用者，雇方应给付被雇人试验期间以酬金。

劳动合同的订立标志着合同双方当事人之间权利义务关系的发生，而它的解除则意味着这种权利义务关系的消灭。关于劳动合同的解除，1931 年《劳动法》只赋予工会以合同解除权，而没有确认私人雇主或用人单位也有此项权利。这是不恰当的。1933 年《劳动法》纠正了这种片面性，它一方面规定了劳动合同得以废止的一般法定条件，如双方同意废止；合同期满（期限已满的合同，如果双方当事人均未声明要求废止，合同仍以原订条件继续有效，且期限不予限制）；合同规定的工作已经完成，等等。另一方面，它在确认各种劳动合同经工会要求均得解除的同时，明确规定被雇人和雇主都享有合同解除权。该法第一百零三条载明，有限期的劳动合同虽未期满，但有下列情形之一者，被雇人得自行解除之：（1）不能按期取得应得之劳动报酬；（2）雇主违反合同规定的责任和劳动法令；（3）雇主或管理人或他们的家属对被雇人施以无理待遇；（4）变更劳动条件使之恶劣者；（5）具有法律规定的其他情形。除此之外，未成年人的父母和负有监督执行劳动法令职责的机关与人员，发现某些合同有损于未成年人身体健康，尽管合同尚未期满，亦得要求解除。至于无限期的劳动合同，被雇人随时可以要求解除，但普通劳动者须于一星期前、负责人和技术人员须于两星期前预告雇主。

雇主对于无限期合同和期限未满的有限期合同，有下列情形之一者，亦得行使合同解除权：（1）各企业、机关、商店全部或一部歇业或缩减工作者；（2）因不可克服的经济原因，停止工作在 1 个月以上者；（3）发现被雇人对工作没有能力担负者；（4）被雇人没有充分理由不履行合同以及工厂、机关内部管理规则规定的责任者；（5）被雇人犯有刑事罪，而犯罪行为与其担负的工作有直接关系并经法庭判决确定者，或者受监禁处分在 3 个月以上者；（6）被雇人无故旷工连续满 5 日以上，或 1 个月内无故旷工 7 日以上者；（7）被雇人暂时丧失劳动能力，自丧失之日起逾 3 个月仍不到工，或妇女因怀孕、生育失却劳动能力，在法定休息时间外又过 3 个月仍不到工者。依雇主要求解除劳动合同时，被雇人如系工厂支部委员会委员或其他相当机关之委员，以及属于上述（3）、（4）两项情形者，须经工会同意才能解除合同。因（1）、（2）、（3）等项情形解除合同者，须给付相当于被雇人两星期工资的退工津贴。

除却基于法律认可的一方得单独行使解除合同的权利而外，在特定情况下，缔约双方对劳动合同同时享有废止之权。例如，前述因合同规定的工作暂时无法进行，雇主要求被雇人担负他项工作，若被雇人拒绝承担时，无论任何一方均可声明解除合同，只是雇主需给付被雇人两星期工资的退工津贴（如系零工给付当日工资，月工给付5天工资）。再如，企业、机关迁址，被雇人不愿随同转移时，双方都有权声明废止已订合同（雇主需给付被雇人两星期工资的津贴）。

集体合同与劳动合同制度的推行，对于调整苏维埃区域的劳动关系起了一定的积极作用。但是，由于《劳动法》规定的劳动条件过高，一些地区订立合同时又不考虑企业的大小、特点和实际状况，不区分雇主对象及其经济能力，千篇一律地照抄劳动法。这样做，不仅使得合同的内容反映不出地方性、企业特殊性和不同行业工人最迫切的要求，而且把过高的条件与要求强加于本来已经衰落的私人工商业，使之陷入难以为继的困难境地。

鉴于推行以固定过高劳动条件为特征的集体合同与劳动合同引起的不良后果，1933年5月10日，中国店员手艺工人工会第一次全国代表大会在其通过的《苏区店员手艺工人在经济斗争中的任务》的决议中，明确提出，应当按照企业的实际情形“规定每个企业的一般的要求标准”，并“按照这个标准有伸缩性地去进行与每个店铺、作坊、资本家谈判订立各个企业的劳动合同”，“对于确实因为敌人经济封锁而长期无货可售，或者确实因工人要求过高而使企业在目前情形下不能担负者，……规定暂时的适合于目前情形的短期合同”。接着，一些地区开始对过去订立的合同重新进行审查修订。这期间修订的合同，降低了某些过高的经济要求，比较符合实际，并且带有一定的弹性和临时性。1933年6月福建汀州就签订过这种合同。当时，汀州京果业因为敌人经济封锁货源缺乏，生意清淡，经营困难。根据这种特殊情况，该市京果业工人在党和工会的领导下，同各家店铺老板签订了带有弹性的临时性合同。这些合同没有简单重复劳动法的条文，而是按照工人的实际需要和京果业的具体情况，规定了适合于当时当地的内容。1933年《劳动法》颁布后，各地工会普遍开展了改订集体合同运动。这次改订合同，既强调保护和增进工人群众的利益，同时提出“要纠正工人中某些过高的要求，狭隘的习惯和行会的偏见”。因为“新的劳动法也是为了在工业中实行的，在农业及小手工业中许多还是属于‘例外’的。机械地执行，可以同样是错误的。”[①]

---

① 刘少奇:《在两条战线斗争中来改订合同》，载《苏区工人》1933年第2期。

（二）工作时间和休假制度

在苏维埃区域早期的劳动立法文件中，有关劳动者的工作时间，或者没有明确规定（如1929年10月《上杭县劳动法》和1930年2月《永定县劳动法》），或者根据不同工作性质仅对某几类工人的劳动时间作了规定（如1930年3月《闽西劳动法》规定工厂工人和自由手工业工人每日工作时间不得超过8小时）。由中共中央和中华全国总工会发起、1930年5月在上海召开的全国苏维埃区域代表大会通过的《劳动保护法》第一条统一规定："实行八小时工作制"。中华苏维埃共和国成立后，以根本法的形式肯定了8小时工作日制度，①并且在1931年《劳动法》中作了具体规定。其主要之点包括：

1. 18岁以上的成年工人，通常每日工作时间不得超过8小时；16—18岁的青工，每日工作时间不得超过6小时；14—16岁的童工，每日工作时间不得超过4小时。

2. 成年工人在危害身体健康的工业部门中工作（如地下、铅锌和其他带有毒性的工作），每日工作时间须减至6小时以下。

3. 所有在夜间做工的工人，每日工作时间较通常工作时间少1小时（如通常8小时减为7小时，7小时减为6小时，……）。

4. 非经劳动检查机关或工会的特别允许，无论工业还是季候工作，均不得让工人从事法定工作时间以上的额外劳动。

关于休息时间和休假制度的规定是：

1. 工人每周经常须有继续不断的42小时的连续休息（即星期六工作半天，停止夜间工作，星期天日夜休息）。

2. 任何企业的工人继续工作6个月以上，至少须有两个星期的例假。在危害工人身体健康的工业部门，工人每年至少有4个星期的例假。工人和职员因生病或生育小孩的休假，不计入例假之内。

3. 全苏区性的法定节假日即：列宁逝世纪念日（1月21日）、"二七"纪念日、巴黎公社纪念日（3月18日）、"五一"国际劳动节、"五卅"惨案反帝纪念日、苏联十月革命和中华苏维埃共和国成立纪念日（11月7日）、12月11日广州暴动纪念日和1月1日，一律停止工作。同时，各级劳动部商同当地工会得按照本地情况，确定地方纪念日作为特别休息日。

---

① 参见《中华苏维埃共和国宪法大纲》（1931年11月7日中华苏维埃第一次全国代表大会通过），载《苏维埃中国》第一集，中国现代史资料编辑委员会1957年翻印，第18页。

4. 休息日与法定节假日的前一天，工作时间至多不得超过 6 小时。

这些规定，在大城市的工厂企业中，对于限制资本家任意延长工作时间，保证工人的休息与健康，有其积极方面的意义。但是，在经济落后又处于游击战争环境中的农村革命根据地，上述有关工作时间和休假制度的规定，显然不符合根据地的实际情况。因为在苏维埃区域内，除中小城镇存在一些微弱的资本主义工业而外，主要是规模不大的手工业和中、小商业。在这样的经济条件下，机械地推行 8 小时工作制，无疑是行不通的。正因为如此，在劳动法颁布后的相当一段时间里，江西的寻邬、永丰、公略、赣县、兴国、胜利等县，多数没有或者完全没有执行 8 小时工作制。[①] 在湘赣省和闽浙赣省，8 小时工作制也只是部分地实行。[②] 而前述福建汀州京果业 1933 年上半年则完全没有实行 8 小时工作制。[③] 类似以上各地的情形，在其他苏区也同样存在。至于工人每周有连续 42 小时的休息、节假日和休息日的前一天只做不超过 6 小时的工作，以及工作半年以上至少有两个星期的例假等等，在当时的农村环境和战争条件下，显然也是不合时宜的过高要求。

1933 年《劳动法》，在总结实践经验的基础上，对工作时间作了若干具有灵活性的规定。它在坚持实行 8 小时工作制的同时，提出生产合作社及其他有特殊情形的劳动人员，不受该法规定的工作时间的限制（第十六条）；原则上禁止超过法定工作时间以外的工作，但必要时经过工人与工会的同意和当地劳动部批准，可以增加额外工作的时间（第十九条）；在农业和其他季候工作中，得到工人的同意和有关方面的批准，可以酌量延长法定工作时间，进行额外工作（第二十条）。该法对夜间工作时间[④] 也作了补充性的规定，即在连续生产或轮班工作的情况下，夜间工作时间与白天工作时间相同（第十七条）。此外，还规定作为特别休息日的地方纪念日每年不得超过 2 天，工人选择例假时间以不妨碍其所在单位的工作进行为限。

（三）劳动报酬

劳动报酬是劳动者参加社会劳动取得生活资料的一种形式，是劳动立法的

---

①《红色中华》1932 年第 42 期。

②《湘赣省第二次苏维埃代表大会关于劳动法执行条例的决议》（1932 年 8 月 1 日）、《闽浙赣省苏第二次工农兵代表大会实行劳动法令议案》（1933 年 4 月 24 日）。

③《怎样订立劳动合同》，《陈云文选》（1926—1949 年），人民出版社 1984 年版，第 15 页。

④ 夜间工作时间，系指下午 10 时起至第二天上午 6 时止。

重要内容之一。在苏区，劳动报酬制度经历了一个由分散到统一的发展过程。1931年11月以前，各根据地本着提高工人工资，改善工人待遇的精神，按照本地区的实际情况，分别确定各自的劳动报酬制度。我们从1930年3月《闽西劳动法》的有关规定中，大体可以看出这个时期各地劳动报酬制度的概貌。

在闽西，劳动报酬的形式，当时主要有计时工资和计件工资两种。工厂工人、作坊工人和商店店员实行计时工资制，自由手工业工人和运输工人实行计件工资制。各业工人的最低限度工资由各工会确定，工资随生活费用增长而相应递加。工资增加幅度和工资支付期限，也由工会决定。工人工资必须按期用现金支付，不准雇主或工头从中克扣、抽收，工人预支工资不得折扣利息。为保障女工和青年工人的利益，实行男女工人、青年工人与成年工人同工同酬的原则。①

1931年11月以后，随着中华苏维埃临时中央政府的成立和劳动法的颁布实施，苏维埃区域开始建立了相对统一的劳动报酬制度。概括地说，这一制度主要包括以下几个方面的内容。

第一，关于最低工资额。所谓最低工资额，按照1931年11月项英同志在《关于劳动法的报告》中所作的解释，就是“根据社会生活情形和工人家庭必须费用作标准，由政府随时颁布，社会生活增高，最低工资也随着增高，任何工厂的工资都不能少于这一个数目。”② 临时中央政府成立不久，中央劳动部即发布训令，规定苏区工人的最低工资每月为大洋7元（包括伙食在内），“任何工人的工资只有高于此数，不能低于七元，……如有低于此数者，由劳动部或劳动科令其照数增加。”③ 至于零工、短工、苦力和农村雇工的最低工资，有些地区也专门作了规定。在闽浙赣苏区，零工、苦力、短工和雇农每日最低工资为大洋0.05元（伙食由雇主供给），农村长年雇工每年工资为大洋36元，每月最低4元，长年牧童每月工资为大洋0.80元，月工每月最低为大洋1元。④ 江西苏区的情况与此大体相仿。湘赣苏区规定，日工工资高于月工，月工工资高于季工，季工工资高于年工的一季工资。⑤

---

①《闽西第一次工农兵代表大会宣言及决议案》（1930年3月25日印）。

② 许毅主编:《中央革命根据地财政经济史长编》上册，人民出版社1982年版，第632页。

③《中华苏维埃临时中央政府劳动部第一号训令》（1932年4月），《红色中华》1932年第19期。

④《闽浙赣省苏第二次工农兵代表大会实行劳动法令决议案》（1933年4月24日）。

⑤《湘赣省第二次苏维埃代表大会关于劳动法执行条例的决议》（1932年8月1日）。

由于确定最低工资主要以保障劳动者的生活为依据，因此劳动法明确规定，工人的最低工资由劳动部门每3个月至6个月审定一次，其具体数额在集体合同与劳动合同中加以规定。

第二，关于劳动报酬的形式。依照法律规定，苏区工人取得劳动报酬的主要形式是工资制。工资制分为计时工资制和计件工资制。计时工资制是根据劳动者职业的工资等级和与之相适应的工资标准以及实际工作时间支付劳动报酬的制度。它首先实行于私人企业，1932年初，随着临时中央政府将国营工厂工人的供给制改为工资制，这种劳动报酬制度才在国营工业企业普遍实行。当时，国营工厂依据工人技术水平的高低，把工资划分为三个等级。计件工资制是按照劳动者完成合格产品的数量（或工作量）和预先规定的计件单价计算并支付报酬的制度。这种工资形式在苏区国营和私营工厂企业中都曾采用。具体做法是，在集体合同、劳动合同内规定按件工作的工资，并且根据每日的生产，规定每日的标准工资。①

无论实行计时工资制还是计件工资制，按规定，都要由企业的管理部门或私人雇主同工会协议确定生产率的标准。如果工人因为自己的过失，在正常的工作条件下（如机械完整、原材料供应及时足敷使用、工作环境有适宜于卫生和身体的设备），不能达到生产率的标准时，只按其完成的工作给付工资，但不得少于原定工资额的2/3。如果屡次不能完成生产率的标准，用人单位或私人雇主有权解除合同。至于生产合作社的劳动报酬形式，有的按件付酬，实行计件工资制，有的计时与计件并用，工资等级由工人自行评定，具有不同于国营和私营企业的特点。

除了计时工资和计件工资以外，法律还规定了特殊情况下支付工资的若干办法。这些办法是劳动者取得劳动报酬的补充形式，主要包括：

1. 超过法定工作时间以上的额外工作，发给额外工资，即加班工资。1931年《劳动法》规定，工人进行额外工作一律加倍给付工资。1933年《劳动法》改为“起首两小时以内的额外工作，其工资应比通常工资增加50%，超过两小时以外的额外工作，即应加倍给付工资”（第三十二条）。

2. 休息日、法定节假日和例假，工资照发。在休息日或节假日继续工作者，加倍给付工资。

3. 非因劳动者自身原因而停工（如机器损坏、原料缺乏等）以及企业因故

① 《中华苏维埃共和国劳动法》（1933年10月15日）第三十九条。

停工但未声明解除合同者，工资照发，不准克扣。

4. 职工履行国家或社会职务，如参加苏维埃代表大会和工会代表会议期间，有支领工资的权利。担任法庭陪审员、鉴定人或出庭作证，领取工资的期限在 1933 年 10 月以前没有限制，“无论时间之久暂都不得克扣工资。”[①]1933 年《劳动法》在时间上作了必要的限制，规定不得超过一个星期。[②]

此外，法律还确认在下述两种情况下实行津贴制度：一是职工因应征到红军中服役或被派到苏维埃、工会及其他社会团体服务，而取消其原来工作时，应预先发给一定数额的工资，作为津贴（1931 年《劳动法》规定预发 3 个月平均工资，1933 年《劳动法》减为预发 1 个月工资）；二是基于特定原因解除劳动合同，需给予被雇人以退工津贴（一般给付两星期的工资）。

第三，关于工资的支付。工资支付的首要原则是按期，不得以任何方式积欠。其具体期限视工作性质不同而有所差异。如长期工作，工资分期支付，至多每半个月支付一次，但如系按月、按季或按年计算工资者，经被雇人和工会同意，则不受此种支付时间的限制。临时的或不满两星期以上的工作，于工作完成时付清工资。对于有支付能力而故意拖欠工资的雇主，要依法追究责任。若雇主确因财力缺乏积欠工资时，其所欠工资应优先于其他债务尽先给付。按规定，工资给付应在工作地点行之，且须直接交给工人本人或其委托的代表。

关于工资支付方式，各地在较长时间里普遍实行以现金支付，禁止用实物抵算，直到 1933 年 10 月以后这种单一的货币支付方式才发生变化。依照 1933 年《劳动法》，工资原则上以当地通用货币支付，但在被雇人同意的情况下，可用实物代替一部分工资，以实物代替工资的数额和实物计算办法，由劳动合同、集体合同加以规定。

坚持同工同酬是苏区劳动报酬制度的一项重要原则。劳动法规定，男女工人做同样工作应得同等工资，这是完全正确的。但同时它又规定，未成年工人与成年工人做同样工作，虽然童工每天工作 4 小时，青工每天工作 6 小时，他们的工资却按照该职业的工资等级以全日计算，这显然是不恰当的。同时，由于“左”的思想影响，片面强调劳动者利益，当时工人的工资福利待遇普遍偏高，超过企业的负担能力，造成私人企业倒闭。张闻天同志 1933 年 4 月在《五一节与〈劳动法〉执行的检阅》一文中，曾经用实际例证说明了这种情况。

---

①《中华苏维埃共和国劳动法》（1931 年 12 月 1 日）第五十条。

②《中华苏维埃共和国劳动法》（1933 年 10 月 15 日）第五十四条。

如汀州一家烟店，“共有资本毛洋四千角，曾由工会介绍二个半工人去做工。其中刨烟工人李振光，从头年十一月八日起至次年四月二十日止每月工资大洋二十元，又年关双薪二十元，年关鞋袜大洋五元，特别要求大洋三元等等，老板共计付洋一千四百五十八毛”，而这个工人却长期参加苏维埃政府会议或其他社会活动，没有在店内做过一天工。不但如此，在一些地方还往往添加许多花样，如年关发双薪和过年费，工人若是少先队队员，老板还要发给雨衣、梭标、制服和套鞋等，“结果老板当然因为不能负担而关闭他的企业。”[①]

（四）劳动保护

保护劳动者在生产过程中的安全与健康，历来为党和苏维埃政府所特别关注。尽管由于客观历史条件的限制，当时没有制定单独的劳动保护规程，但中央和地方颁行的劳动法规却无一不包括劳动保护的内容，1931 年《劳动法》和 1933 年《劳动法》更以专章对劳动保护作了较为详细的规定。

第一，任何工厂企业非经劳动检查机关的许可，不得开设或复业。已经开工投产的工厂企业，如果存在有立即危害工人身体健康或生命的不安全、不卫生因素，劳动部门得依法予以封闭。

第二，各工厂企业必须改善卫生条件，并采用适当之设备（如机器设置防护器等），以消灭或减轻工人劳动时的危险，预防事故发生。依照 1932 年 4 月 20 日人民委员会批准发布的《中华苏维埃各级劳动部暂行组织纲要》，关于工厂建筑、机器装置和卫生设施等是否符合安全卫生的要求，分别由各级劳动部的技术检查科和卫生检查科（在非工业区之县市为技术检查员和卫生检查员）负责进行检查监督。

第三，发放劳动保护用品，尤其是危害工人身体健康的企业（如温度异常、潮湿或有毒气等），须发给工人特制的工作服、眼镜、面具、呼吸器、肥皂以及消毒药水和特别食品。同时要定期检查工人身体，在工作过程中患职业病者，全部抚恤。

第四，对女工、青工、童工实行特殊保护。法律规定，凡属工作特别劳苦笨重或有害工人身体健康以及需要在地下工作的部门，均不得雇用女工、青工和童工；禁止怀孕和哺乳婴儿的女工以及 18 岁以下的未成年工做夜间工作；女职工生产前后各休息 6 周或 8 周（从事体力劳动者休息 16 周，从事脑力劳

---

①《张闻天选集》，人民出版社 1985 年版，第 24—25 页。

动者休息 12 周），工资照发；女工受孕 5 个月以上，非经本人同意不得派往他地工作，其在生产前 5 个月内雇方不得辞退，生产后 9 个月内除法律规定的特殊情况外（即产假期满逾 3 个月仍不到工者），亦不得辞退；给哺乳女工以一定的哺乳时间，哺乳时间计入工作时间内，不扣工资。此外，为改革旧式学徒制度，有关法律也作了相应的规定。其要点为：

1. 关于学徒的学习期限。根据 1932 年 4 月《中华苏维埃临时中央政府劳动部第一号训令》的规定，学徒学习“普通技术及商业者，学习年限一年，特别技术者不得超过二年”。① 各地按照中央劳动部第一号训令，普遍把学徒的最高学习期限定为 2 年，最低学习期限有的地区定为半年（江西苏区），有的地区定为半年至 1 年（湘赣苏区）。在一般情况下，不允许突破法定的最高学徒期限，只有学徒本人在学满两年后，自认技艺没有学好，要求继续学习时，才可以延长。1933 年《劳动法》考虑到各种职业的不同性质，授权中央劳动部会同中华全国总工会和中央教育部分别确定各业学徒的学习期限，但最长不得超过 3 年（第四十八条）。

2. 关于学徒学习技艺的保证。规定不得强令学徒担负与本人所学技艺无关的杂务和从事过于繁重的劳动；学徒每天应有固定的学习技艺的时间，师傅要切实指导和传授，并负有督促检查之责，但严禁打骂与虐待；创办工厂或商业学校，尽量吸收学徒学习技术和有关业务，以提高他们的技术与文化水平，解决学徒找不到师傅带的困难。

3. 关于改良学徒待遇。废止征收学徒寄宿金和储蓄金制度，根据学徒年限和技术高低给予一定数额的津贴或工资。在江西苏区，学徒学习期间的津贴，一般为每月大洋 1—2 元。1933 年《劳动法》规定，学徒在学习技艺 3 个月以后，须得相当工资，然后再按学习期限和生产率标准，逐步增加工资，提高学徒待遇。

革除旧式学徒制度的陋规，改善学徒待遇，体现了党和苏维埃政府对青年工人的关怀。然而，当时在保护学徒利益方面也存在着“左”的错误。如过高的增加学徒工资（有的行业学徒每月工资竟高达 19 元），学徒吸烟、理发、医药费以及生病期间的工资都要师傅负担，如果参加苏维埃机关工作，师傅要发给 1 个月平均工资，参加红军要发给 3 个月平均工资，甚至提出“反对师傅”的口号。结果引起师徒对立，师傅不愿也不敢带徒弟，而许多学徒则陷于失

①《红色中华》1932 年第 19 期。

业。这种状况持续到1933年下半年才逐步有所扭转。

（五）社会保险

社会保险是苏维埃区域劳动立法的重要组成部分。依照法律规定，凡属国营、合作社和私营企业的劳动者，不论其工作性质、工作久暂以及工资支付形式如何，均适用社会保险。就是说，他们在年老、疾病或者丧失劳动能力的情况下，毫无例外地享有获得物质帮助的权利。

苏维埃区域社会保险制度的重要原则之一，就是社会保险基金完全由用人单位和私人雇主缴纳，而不得向被保险者征收或者从其工资中扣除。至于用人单位和私人雇主缴纳社会保险基金的数额，在不同时期略有差别。1931年《劳动法》规定："由雇主于应付的工资之外，支付全部工资额百分之十至百分之十五的数目，做为社会保险之基金"（第六十九条）。1933年《劳动法》把社会保险基金缴纳的比例改为"全部工资总数的百分之五至百分之二十"（第六十七条）。此外，社会保险基金的征收与管理，先后也有所变化。1932年底以前，各级劳动部没有设置社会保险工作的专管机构，中央劳动人民委员部曾委托各地工会负责征收与管理社会保险基金，由劳动部所属失业工人介绍所（科）进行指导和监督。由于各地工会缺乏经验，加以劳动部指导监督不力，社会保险基金在征收特别是在管理使用上曾出现过一些问题。如有些地方把社会保险基金移作他用，有些地方把社会保险基金全部缴到上级工会，没有用来解决当地工人的实际困难。有鉴于此，1932年12月30日中央劳动人民委员部专门发布命令，明确指出："为实施社会保险及保障工人利益起见，立即建立社会保险局，专负其责。"[①] 此后，省、县、区、市劳动部相继设立社会保险局，专责管理社会保险基金的征收、管理和使用，社会保险工作逐步走上轨道。

大体说来，苏维埃区域的社会保险主要包括下述几个方面：

1. 免费的医疗帮助。实行免费的医疗帮助，在当时被列为社会保险的首位。根据1931年《劳动法》，工人无论患一般的病还是因公致病或遇险受伤，均由社会保险基金中支付医药费。工人家属患病也享受同样的医药帮助。工人或其供养之家属死亡时，付给不超过工人本人一个月工资的丧葬费。在社会保险局成立以前，一些苏区（如江西和闽浙赣）采取变通办法，即患病或受伤工人的医药费临时由雇方供给。

---

① 《红色中华》1933年第47期。

2. 暂时丧失劳动能力时的津贴。工人因疾病、受伤、怀孕、生育以及其他事故而暂时不能劳动的，一般从丧失劳动能力之日起至复原或确定残废时止，按照其在企业工作所得的工资数额付给津贴。如果社会保险基金不足，“得相当减少付给暂时丧失劳动能力者之津贴的数额”。[①] 对基于上述原因而暂时不能劳动的工人，应保留其原有的工作岗位，“但病者以三个月为限”，怀孕及生育者除法定的休假之外，“以再经过三个月为限”。[②]

3. 失业津贴。在业工人失业时，须付给失业津贴。1933 年以前，工会会员工作一年以上、非工会会员工作二年以上，才具有领取失业津贴的条件，但未成年工人则不受任何条件的限制，他们无论工作时间长短和从事何种工作，一旦失业即可领取失业津贴。1933 年 10 月以后，失业工人领取津贴的条件，在工作年限上有所放宽，即工会会员工作半年以上、非工会会员工作一年以上，均可领取。按规定，领取失业津贴的工人，事先要在失业劳动介绍所登记，并领取失业证书，如系工会会员，还须有工会会员证作为凭证。至于支付失业津贴的期限，则根据当地实际情形和社会保险基金状况加以限制。

4. 永远丧失劳动能力时的优恤金。工人因疾病或遇险致成残废，或者由于年老不能工作时，可以领取优恤金。领取优恤金要经过专门委员会审查确定，其数额视残废程度与性质以及工人本人家庭的具体情况而定。

5. 对死亡或失踪工人的家属的补助金。工人因死亡或失踪致其家属无从取得生活资料时，经过专门委员会审查属实，付给补助金，付给数额及方式由当地社会保险机关依据工人家属的年龄和财产状况决定。中华苏维埃临时中央政府成立初期，领取此项补助金的法定资格是有半年以上工龄工人的家属。后来对领取补助金的家属的法定资格作了如下具体规定：（1）未满 16 岁的子女、兄弟及姐妹；（2）无劳动能力的父母和妻子；（3）上述家属虽有劳动能力，但被保险人有未满 8 岁的子女者。[③]

6. 职工生育子女的补助津贴。按照 1931 年《劳动法》，工人生育子女均得领取补助津贴，用来购买小孩十个月内所必需的物品和食物，津贴数额以不超过本人二个月工资为准。1933 年《劳动法》对此项补助津贴的发放范围作了适当限制，即女职工或职工之妻生育子女而缺乏抚育能力者，才发给不超过职工

---

①《中华苏维埃共和国劳动法》（1933 年 10 月 15 日）第七十一条。

②《中华苏维埃共和国劳动法》（1933 年 10 月 15 日）第五十八条。

③《中华苏维埃共和国劳动法》（1933 年 10 月 15 日）第七十六条。

本人二个月工资的补助津贴。

以上各项规定，主要适用于公私企业的职工，至于农业工人、苦力、家庭工人和零工的社会保险，则按照中央劳动部制定的特别章程办理。

（六）工会的地位与职权

土地革命战争时期，无论中央还是地方工农民主政府发布的劳动法规，对于工会的地位和作用都作了明确的规定。苏维埃区域的工会作为中国共产党领导建立的工人阶级的群众组织，是苏维埃政权坚强的社会支柱，是党联系工人群众的纽带，是广大工人“学习联合的学校，学习团结的学校，学习保护自己的利益的学校，学习主持经济的学校，学习管理的学校”。[①] 为了促进工会组织的发展，保证其顺利履行自身的职责，党和工农民主政府从立法上采取一系列措施。例如：确认工人有组织和参加工会的权利，凡以强力恐吓或收买利诱等手段阻止工人加入工会者，按违反劳动法令治罪；[②] 工会的工作与活动受法律保护，阻碍或妨害工会行使法定职权者，依法予以惩罚；[③] 除苏维埃政府向工会提供必要的物质帮助外，各企业须付出相当于本企业工资总额的3%作为工会的办公和文化教育经费，用以保证工会工作的正常开展。

苏维埃区域的工会在调整劳动关系中占有重要的地位，拥有广泛的职权。早期各地颁布的劳动法规有关工会地位与作用的规定尽管十分简单，但都赋予工会以较大的权力。如1930年3月《闽西劳动法》规定，工会的权力是：确定最低限度工资，并决定工资递增幅度和给付期限；非经工会同意，雇主不得雇用或辞退工人；企业店铺停业，须经工会审查；工人疾病死伤，雇主供给医药费与抚恤金的数额，由工会确定；工会负责职业介绍，安置与救济失业工人，等等。中华苏维埃共和国成立后，为了充分发挥工会在劳动法律关系调整中的作用，对工会的职责权限作了更加全面具体的规定。概括起来，主要有：代表职工同各企业的管理部和私人雇主签订集体合同；协助劳动检查机关监督劳动法令的贯彻执行；宣布并领导罢工；向苏维埃政府提议颁布各种劳动法令，推荐劳动部所属机关的工作人员；参与企业内部管理规则的制定和劳动争议的处理；保护劳动者的政治经济权益，改善职工的物质与文化生活；代表职

① 《再论工会、目前局势及托洛茨基和布哈林的错误》，《列宁选集》第4卷，人民出版社1960年版，第455页。

② 《中华苏维埃共和国违反劳动法令惩罚条例》（1933年10月15日）第六条。

③ 《中华苏维埃共和国违反劳动法令惩罚条例》（1933年10月15日）第五条。

工参加国营企业的生产管理，在私营企业中成立特别机构监督生产。同时，工会要教育工人遵守政府法令和企业内部管理规则，发扬劳动热忱，完成生产任务。

在上述职权中，监督劳动法令的贯彻实施和参加生产管理，是苏区工会特别重要的职权。为此，法律专门就这些职权的行使作了具体规定。比如，为使监督劳动法令的执行有组织上的保证，1931 年《劳动法》规定，工会在企业中的基层组织——工厂委员会或店铺委员会，要从活动工人中选出 3—7 人组织劳动保护特别委员会，实际负责检查劳动法令和集体合同的执行情况，以及劳动检查机关关于执行劳动法令的提议是否付诸实施。再如，为使工会行使参加生产管理之权，有关法律根据国营企业和私营企业的不同情况，分别规定了不同的方式与途径。在国营企业，由厂长、党支部代表、工会代表、团支部代表、工厂其他负责人以及工人代表组成工厂管理委员会，讨论解决工厂内的重大问题。在工厂管理委员会中，由厂长、党支部代表和工会支部代表组织“三人团”，共同处理工厂的日常事务。① 在私营企业，则由工厂委员会或店铺委员会对私人企业的生产和经营实行监督。

（七）解决劳动争议和处理违反劳动法案件的机关

在苏区，劳动关系当事人之间因劳动条件问题而发生的争议，一般通过协商、调解、仲裁和法庭审理等程序解决。但具体做法 1933 年前后不尽相同。1933 年以前，解决劳资纠纷大致采取三种形式：（1）由劳资双方代表组成评判委员会，通过协商途径解决；（2）由劳动行政机关（劳动部）设立的仲裁委员会进行裁决；（3）劳资评判委员会和仲裁委员会解决不了的纠纷，以及违反劳动法令和集体合同的案件，由司法机关依法判决，强制执行。

随着实践经验的积累，1933 年以后有关劳动争议的解决程序逐步趋于完备。主要表现在：（1）增加了调解这一重要方式。法律规定，各级劳动行政机关在当事人双方同意的情况下，得就因劳动条件引起的争执进行调解；（2）各级劳动行政机关既可以在当事人双方同意的情况下进行仲裁，也可以在没有当事人双方同意的情况下进行仲裁。但后一种情况的仲裁，一般只在发生重大争议时采用；（3）专门规定了国营企业和合作社企业解决劳动争议的方式，即由企业管理部和工会工厂支部委员会各派同等数目的代表，组织工资争议委员会，解

① 《苏维埃国有工厂管理条例》（1934 年 4 月 10 日），载《红色中华》1934 年第 175 期。

决本企业管理部与工人、职员之间因执行劳动法令和集体合同发生的争执，但其决定须得到双方同意始能执行。工资争议委员会不能解决的争议，按规定，须提交劳动部所属机关或劳动法庭处理。[①]

关于违反劳动法令和集体合同的案件，中华苏维埃共和国成立初期虽曾规定由司法机关审理，但在实践中却由工人和工会自行解决，司法机关不加过问。[②]这显然不利于劳动法令的贯彻实施，不利于保障工人的合法利益。针对这种情况，1933 年 4 月 12 日，中华苏维埃临时中央政府司法人民委员部发布命令，决定市裁判科和区裁判部均设置劳动法庭（未设裁判科之市，其审判工作由县裁判部兼理的，由县裁判部指定专人组织劳动法庭），作为处理有关劳动问题案件的专门机构。根据 1933 年 10 月 15 日《中华苏维埃共和国违反劳动法令惩罚条例》的规定，凡违反劳动法令和集体合同的案件，无论发生在国营企业、合作社企业还是私营企业，统归劳动法庭按照该条例的原则审理。国营企业、合作社企业与私营企业的不同之处在于，前两者发生此类案件，可先由劳动部、国民经济部和工会共同组织的特别委员会加以解决，不能解决时，再提交劳动法庭判决强制执行；而资本家、工头、老板违反劳动法令和集体合同与劳动合同的案件，则直接由劳动法庭审理。劳资双方如对判决不服，均得提起上诉，但资方上诉后，在上级裁判部未予复审前，仍须执行原判；工人不服判决而提起上诉，必须经过上级裁判部复审之后，劳动法庭作出的判决才能执行。[③]

一般地说，违反劳动法令和集体合同的行为，依照情节轻重及危害大小，都要受到一定的惩罚。惩罚分为罚款、强迫劳动或监禁。但有一个例外情况，就是中农、贫农、手工业者以及小船主，因自身劳力不足而使用他人劳动力以为补助时，如果征得工人和工会的同意而没有执行劳动法令的规定者，则并不机械地依照《违反劳动法令惩罚条例》予以处罚。

三、劳动法的实施

土地革命战争时期，劳动法的制定与实施在苏维埃区域的法律建设中占有

---

①《中华苏维埃共和国劳动法》（1933 年 10 月 15 日）第一百二十一条。

②《中华苏维埃共和国临时中央政府司法人民委员部命令第九号——为组织劳动法庭的问题》（1933 年 4 月 12 日），载《红色中华》1933 年第 71 期。

③《中华苏维埃共和国临时中央政府司法人民委员部命令第九号——为组织劳动法庭的问题》（1933 年 4 月 12 日），载《红色中华》1933 年第 71 期。

重要地位。从中央到地方各级工农民主政府为贯彻实施劳动法进行了大量的工作，取得了明显的成绩。

首先，劳动法的贯彻实施，改善了苏维埃区域广大工人的经济地位，各业工人的实际工资普遍有所提高，工人群众的生活获得了必要的保障。1934 年 1 月，毛泽东同志代表中央执行委员会和人民委员会向第二次全国苏维埃代表大会所作的报告中，以汀州市和赣县田村区为例，对苏区工人革命前后的工资收入作了详细比较。根据《报告》引用的材料，在汀州，1934 年初各业工人的工资比革命前均有较大幅度的增加。其中纸业工人、油业工人、染业工人、酒业工人、布业工人、京果业工人最高月工资增加 2 倍以上，最低月工资增加 3 倍以上。在赣县田村区，1934 年初农业工人最高日工资比革命前增加近 15%，中等日工资增加了 1 倍，最低日工资则增加了 2 倍多。同时，国营企业工人的工资也有不同程度的提高，如中央直属的若干企业，1933 年至 1934 年初工人工资一般增加了 20%，最高增加了 40%。[①]

在贯彻执行劳动法的过程中，工农民主政府不仅注意改良在业工人的生活条件，而且对失业工人的救济尤其是就业问题也十分重视。面对由于敌人军事“围剿”和经济封锁造成大量工人失业的严重情况，为解决当时劳动关系方面十分突出的就业问题，党和政府采取了一项重要法律措施，就是严格取缔私营“工作介绍所”或“雇佣代理处”，由国家劳动部门设立劳动介绍所，统一管理失业登记和职业介绍事宜。法律规定，凡欲寻找工作的人，须向当地劳动介绍所登记；凡欲招雇劳动者的企业与雇主，除法定的特殊情形外，[②]须按照一定手续，请求劳动介绍所介绍。这就改变了以往由私人操纵劳动市场的局面，为有组织地安置失业工人，实现他们的劳动权利提供了法律保障。当然，在实行劳动介绍的统一管理中，不少地区也发生过强迫介绍的现象，即雇主本来不需要雇用工人也强令其雇用，致使一些私人企业因此而倒闭。1933 年 5 月 1 日在瑞金召开的中国店员手艺工人第一次代表大会，正式作出停止向雇主强迫介绍失业工人的决议，逐步纠正了这种错误做法。

---

①《苏维埃中国》第二集，中国现代史资料编辑委员会 1957 年翻印，第 268—270 页。

② 根据 1933 年 10 月 15 日《中华苏维埃共和国劳动法》第十条的规定，遇有下列情形。即“（一）需用负政治上的责任或其他与被雇人身份有关的专门家和经理人、管理人时；（二）劳动介绍所从雇主请求之日起，在劳动介绍所章程所规定的日期内，不能代为招到该项工作人时”，用人单位和私人雇主可以不经过劳动介绍所自行招雇所需人员，但须在该管劳动介绍所登记。

除了用法律手段保障工人的劳动就业权利以外，当时还采用多种办法解决失业工人的生活与就业问题。如发放救济金，分配土地给失业工人，特别是帮助他们组织生产合作社，政府从财政、信贷、税收、运输、用房等方面给予特殊照顾。生产合作社的建立，不但促进了苏区经济的恢复和发展，而且把一大批失业工人组织到生产中来，为解决工人就业问题开辟了广阔的途径。

其次，劳动法的贯彻实施，大大提高了苏区工人的组织程度。由于党和工农民主政府的大力支持和革命法律的切实保障，工会组织在各根据地得到迅速发展，并逐渐形成了一套比较完整的组织体系。1931 年成立的中华全国总工会苏区中央执行局（简称全总苏区执行局），是当时整个苏维埃区域工会的最高领导机关，[①] 其下为省总工会、县工会联合会、区工会联合会，工会的基层组织为支部，分设于工厂、企业和乡村。此外，在全总苏区中央执行局的领导下，还成立了按生产部门组织的产业工会，如农业工人工会、店员手艺工人工会、苦力运输工人工会和纸业工人工会。地方工会和产业工会的建立与发展，吸引和团结了广大工人群众，组成了一支日益壮大的有组织的工人队伍。据中华全国总工会的统计，1934 年初，仅中央苏区和湘赣、湘鄂赣等苏区即有工会会员 22.9 万人。在中央苏区的大多数县份，参加工会的工人占工人总数的 95%以上，部分地区（如兴国）竟高达 98%。[②]

第三，劳动法的贯彻实施，激发了工人的生产热情和参军参政的革命积极性。随着工人阶级地位的改善及其组织程度和阶级觉悟的提高，广大工人在生产战线上发扬了高度的劳动热忱和主动精神。这种情形在国营企业中表现得尤为突出。例如 1933 年 2 月至 3 月，中央兵工厂的工人开展了轰轰烈烈的生产竞赛，工人们除法定工作时间外，“自动做义务工三小时，星期六及星期日也做工十一小时，不受额外工资”。[③] 接着，他们又“用冲锋的战斗的英勇精神，组织第三次两个月的革命竞赛，结果在提高劳动纪律上、节省材料上、提高生产数量与质量上，超过了原定计划百分之八十”。[④] 枪炮厂的工人也通过生产竞赛努力增加生产，“每天早晨未打钟前半点钟，就有十分之八上了工；吃中饭时，食饱饭一丢开饭碗就做工，……该厂在（1934 年）四月份的生产超过到

① 1927 年大革命失败后被迫转入地下的中华全国总工会，于 1933 年初也从上海转移到江西中央革命根据地。

②《苏维埃中国》第二集，中国现代史资料编辑委员会 1957 年翻印，第 270—271 页。

③《红色中华》1933 年第 76 期。

④《红色中华》1933 年第 84 期。

百分之一百零四，有着惊人的进步”。[①] 为了革新技术，提高劳动生产率，有的工厂如造币厂还组织了“改良技术研究会”，定期讨论如何革新技术。经过研究和试验，工人们改革了绞银机，产量从每天 2800 两增加到 4000 两，提高了 43%，每班人数由 6 人减至 5 人，节省人力 16%以上。[②] 第二被服厂的工人在提高产品数量与质量的同时，十分注意节省原材料。他们精打细算，制作一套单衣即可省布 8 寸，每月全厂用节省下来的布可多做单衣 360 套，每套 5.50 元，共合 1980 元，节约数目相当可观。[③]

苏区工人不但积极投身根据地的经济建设，而且在革命战争和政权建设中也作出了重要贡献。他们带头响应扩大红军的号召，同翻身农民一起潮水般地涌进红军。1933 年 3 月第四次反“围剿”胜利后，中华全国总工会苏区中央执行局专门组建了工人武装队伍——工人师。同年 8 月 1 日工人师整师加入中国工农红军，正式编为中央警卫师。1934 年 1 月，毛泽东同志在第二次全国苏维埃代表大会上对苏区工人在革命战争和苏维埃建设方面的贡献，给予高度评价，指出他们起了“伟大的作用”，并以中央根据地的实际情况对此作了具体说明。根据中央苏区公略、万太、龙冈、兴国、胜利、西江、雩都、寻邬、上杭、宁化、长汀、新泉 12 县的统计，截至 1934 年初，28%的工会会员（19960 人）参加了红军和游击队，10%的工会会员（6752 人）参加了政权机关和革命团体的工作，并且大部分担任负责工作。参加红军和游击队的工人英勇作战，建树了无数可歌可泣的光辉业绩，参加政权机关工作的工人在极端艰苦的环境里，积极组织与领导群众支援革命战争和进行各项建设事业。没有参军参政的工人，除坚守生产岗位，努力创造物质财富以外，在贯彻苏维埃政策法令和开展各项政治活动中，也发挥了工人阶级的领导作用。

土地革命战争时期，红色区域贯彻实施劳动法虽然取得了值得肯定的成绩，但是，无可讳言，劳动法的实施因为受到来自“左”倾冒险主义的干扰，也发生过严重的“左”倾错误，曾经给根据地的经济生活和政治关系造成很大危害。

1931 年《劳动法》规定的过高的劳动条件和过高的物质待遇，由于不符合农村根据地经济落后的客观现实，大大超越了当时经济发展的实际水平，因而执行的结果不但阻碍了国营经济的发展，也妨害了合作经济的成长，在一段时间里不少合作社因亏本而倒闭，“群众觉得，与其加入合作社贴本，还不如

①《苏区工人》1934 年第 17 期。

②《红色中华》1934 年第 209 期。

③《苏区工人》1934 年第 17 期。

摆些小摊子的好。”[①] 至于私人工商业因难于承受过高的经济要求，不能维持生产和营业，许多也纷纷倒闭，引起工人失业。不仅如此，农业生产也受到了严重影响。由于农业工人工资过高，一些缺乏劳力的农民在收获季节无力雇人收割，以致丰产不能丰收。邓子恢同志在《龙岩人民革命斗争回忆录》中曾谈到这样的情况：“当年龙岩夏季丰收，但各区都出现粮食跌价现象，有时农民出售一担稻谷，所得款价还不够支付割禾工资……有些地方的农民甚至稻子黄了无力雇人收割，也不愿意雇人收割，宁愿让金黄的稻子掉在田里，这对农业生产是一个很大打击。”过左的劳动政策既然使苏区经济蒙受多方面的损失，这就不可避免地影响了当时的社会供应、群众生活、红军的物质供给和革命战争的顺利进行。

劳动法过左条文的实施，还增加了工农矛盾，不利于工农联盟的巩固。1931年《劳动法》对中农和贫农雇用辅助劳动力同资本家、富农雇用工人不加区别地实行同样的政策，提出同样过高的要求。例如，赣东北横峰县某贫农雇用一个16岁的辅助劳力，劳动合同规定的条件是：“每日工作六小时，不担四十斤以上的担子，工钱从八元增到十六元。”[②] 另一位贫农雇用一个15岁的牧童，“每日工作四小时，工资由四元增到十元，挑担子不得超过三十斤”。[③] 如此之高的劳动条件和工资待遇，显然为农民所无力负担，必然引起他们的不满，导致工农之间发生矛盾。同时，一些资本家为补偿其执行劳动法规定的过高劳动条件和物质福利待遇所受的损失，便用提高甚至哄抬工业品价格的办法，使农民在购买工业品时增加开销，从而把损失转嫁到农民身上。这样，农民不仅对资本家不满，也对工人工资过高不满，在一定程度上影响了工农联盟的巩固与加强。

为强制推行过左的劳动政策而错误地采取总同盟罢工的斗争方式，也给苏区的经济秩序乃至革命战争带来了不良后果。“左”倾机会主义者不顾红色区域与白色区域的根本区别，教条式地把在反动统治区域使用的总同盟罢工方式照搬到革命根据地，动辄发动总同盟罢工。如在1932年的年关斗争中，许多地方相继举行总同盟罢工，以此向资本家施加压力，实现工人的要求。十分明显，这种做法是错误的。因为在工农劳动群众已经掌握政权的情况下，工人完全可

---

①《五一节与〈劳动法〉执行的检阅》，《张闻天选集》，人民出版社1985年版，第27页。
②《五一节与〈劳动法〉执行的检阅》，《张闻天选集》，人民出版社1985年版，第22页。
③《五一节与〈劳动法〉执行的检阅》，《张闻天选集》，人民出版社1985年版，第22页。

以通过革命政权的力量维护自身的利益，搞所谓总同盟罢工无论在经济上还是政治上都是有害无益的。正如1933年4月陈云同志指出的："在苏维埃政权之下，经济斗争中举行总同盟罢工，不但妨碍商品流通，妨碍红军的作战行动，而且会被资本家利用来反对工人的斗争，对苏维埃政权实行经济怠工。因此，这种总同盟罢工，不但是斗争方式上的错误，而且是政治上的极大错误。"①

上述错误，主要发生在执行1931年《劳动法》的过程中。1933年10月重新修正公布的《劳动法》，鉴于实际的经验教训，对原劳动法中部分过高的经济要求作了适当的限制，删除了若干脱离农村根据地实际的条款，因此，在它颁布实施之后，某些过左的偏向得到纠正，情况有所改变。然而，由于"左"倾冒险主义在当时依然占据统治地位，因而过左的劳动政策没有、也不可能完全得到扭转。这个问题的彻底解决，是在具有伟大历史意义的遵义会议以后。

1935年12月，中共中央政治局瓦窑堡会议确定了抗日民族统一战线的方针和人民共和国的纲领，并据以提出了适合于民主革命性质与任务的劳动政策。毛泽东同志当时对此作了深刻的阐述，指出："人民共和国在资产阶级民主革命的时代并不废除非帝国主义的、非封建主义的私有财产，并不没收民族资产阶级的工商业，而且还鼓励这些工商业的发展"，"在民主革命阶段，劳资间的斗争是有限度的。人民共和国的劳动法保护工人的利益，却并不反对民族资本家发财，并不反对民族工商业的发展，因为这种发展不利于帝国主义，而有利于中国人民。"② 这就从根本上否定了"左"倾冒险主义的劳动政策，为新民主主义劳动立法提供了科学的指导思想和政策依据，使之得以沿着正确的方向健康地向前发展。

第三节　抗日民主政权的劳动立法

一、劳动立法基本方针的变化和立法概况

抗日战争时期，中共中央总结了土地革命时期实行过左劳动政策（过高的劳

①《苏区工人的经济斗争》，《陈云文选》（1926—1949年），人民出版社1984年版，第11页。

②《论反对日本帝国主义的策略》，《毛泽东选集》第一卷，人民出版社1991年版，第159页。

动条件，过高的工资待遇，片面、近视的福利要求，以及错误的斗争方式，如发动总同盟罢工等）的严重经验教训，切实端正职工运动的方向，从抗日根据地的实际情况出发（经济落后工业缺乏的农村，敌人反复扫荡的战争环境，新民主主义政治经济的特点），提出了制定劳动立法的正确指导思想和政策依据。

1940 年 12 月 25 日，党中央在《论政策》中指出："关于劳动政策，必须改良工人的生活，才能发动工人的抗日积极性。但是切忌过左，加薪减时，均不应过多。在中国目前的情况下，八小时工作制还难于普遍推行，在某些生产部门内还须允许实行十小时工作制。其他生产部门，则应随情形规定时间。劳资间在订立契约后，工人必须遵守劳动纪律，必须使资本家有利可图。否则，工厂关门，对于抗日不利，也害了工人自己。至于乡村工人的生活和待遇的改良，更不应提得过高，否则就会引起农民的反对、工人的失业和生产的缩小。"[①] 并于同年 12 月 3 日专门发布了《中央关于各抗日根据地劳动政策的初步指示》，针对当时职工运动中出现的一些倾向性问题，作了原则指示。

1941 年 4 月 19 日，毛泽东同志在总结十年内战时期的经验时也指出："那时，对于农民和城市下层小资产者以外的一切社会成份，执行了所谓'一切斗争'的政策，这个政策无疑是错误了"，"现在的政策，是综合'联合'和'斗争'的两重性的政策。在劳动政策方面，是适当地改善工人生活和不妨碍资本主义经济正当发展的两重性的政策。"[②]1941 年 11 月 21 日，毛泽东同志在陕甘宁边区参议会发表演说，进一步指出："在劳资关系上，我们一方面扶助工人，使工人有工做，有饭吃；另一方面又实行发展实业的政策，使资本家也有利可图。所有这些，都是为了团结全国人民，合力抗日。这样的政策我们叫做新民主主义的政策。这是真正适合现在中国国情的政策。"[③]

1942 年 4 月 21 日和 24 日，中共中央接连发布《关于五一节的指示》和《对晋东南抗日根据地职工运动的指示》，纠正了职工运动中由于未能充分认识抗日根据地的基本特点而产生的缺点，例如硬将产业城市职工运动的一套办法照搬到根据地，不管有无工人及有多少工人，在农村普遍建立工会，有的地方甚至建立各种产业和职工总会，同时对抗日根据地的工资、工时和农村劳资关系问题作出了原则规定。明确指出：只能依据战争环境及各地生产和生活水平

---

①《毛泽东选集》第二卷，人民出版社 1991 年版，第 766 页。

②《毛泽东选集》第三卷，人民出版社 1991 年版，第 792—793 页。

③《毛泽东选集》第三卷，人民出版社 1991 年版，第 808 页。

的不同来规定工资。“农村成年工人，一般以维持本人生活外，还能养活一个人为原则。”由于公营工厂的生产主要不是为了营利，而是为了战争需要，职工的劳动是一种抗战义务性的光荣劳动，他们的物质生活只能在可能的范围内改善，为了“减少工资问题的纠纷，最好采用物品本位的工资制”，一切公私工厂作坊，必须根据中央的指示，实行十小时工作制。至于农村雇工和手艺工人，只能按照原来的生产习惯，酌量减少一二小时，工会开会及举办短期训练班，应于例假休息时间举行，不得占用生产时间。还需遵守劳动纪律和劳动合同，以利发展生产，维护劳资双方友好关系，保障团结抗战。为了调节农村劳资关系，必须以劳资双方均能获益为原则，适当改善工人生活，照顾各阶级利益，坚决克服狭隘的行会思想。总之，使雇主、资本家有利可图，同时又使工人生活有所改善，这是抗日根据地劳动政策的基本出发点。

中共中央制定的劳动政策，为各地抗日民主政府的施政纲领所确认，并以法律的形式固定下来。1941 年 5 月 1 日中共边区中央局提出、中共中央政治局批准的《陕甘宁边区施政纲领》第十二条规定：“调节劳资关系，实行十小时工作制，增强劳动生产率，适当地改善工人生活。”[①]《晋冀鲁豫边区政府施政纲领》第七条在“调节劳资双方利益，巩固阶级团结”的标题下，明确规定：“为了调节劳资双方利益，资方应适当改善工人生活，增加工人工资，减少工作时间。工资应以实际能养活一个至一个半人为标准，工作时间除公营企业已实行八小时外，其他一般以十小时为原则。”“劳工应遵守劳动纪律，自动增加生产。职工会除保护劳工利益外，应从政治上教育工人，提高生产热忱。”“在劳资合同有效期间，劳资双方均应遵守，不得随意破坏”，“保护青工、女工、童工，不得使其担负足以妨碍其健康与发育之工作，并实行同工同酬。”[②] 其他抗日根据地民主政府在其施政纲领中也作出了大体相同的规定。

各地抗日民主政府先后制定了调整劳动关系的单行法规，早期的劳动法规有《陕甘宁边区劳动保护条例（草案）》。[③] 中共中央 1940 年 12 月在《论政策》

①《陕甘宁边区第二届参议会汇刊》，1942 年。

② 晋冀鲁豫边区冀鲁豫行署《法令汇编》上册，1944 年。

③ 注：现在广泛流传的《陕甘宁边区劳动保护条例（草案）》，乃是 1940 年 12 月《论政策》发布以前，由陕甘宁边区总工会草拟的、未经正式公布实行的草案。这个草案仍有某些过左政策的残余（如“无论城乡一律实行八小时工作制”）。因而不宜作为抗战时期劳动立法的代表文献。抗战时期具有代表性的劳动立法，应是 1941 年以后制定的《晋冀鲁豫边区劳工保护暂行条例》等法规。

中发布劳动政策之后，各地制定的劳动法规主要有:《陕甘宁边区关于公营工厂工人工资标准之决定》(1941年9月修订)、《陕甘宁边区战时公营工厂集体合同准则》(1942年5月)、《晋冀鲁豫边区劳工保护暂行条例》(1941年11月2日公布施行，1942年12月10日修正公布，1944年1月17日再次修正公布)、《晋西北工厂劳动暂行条例》(1941年4月1日)、《晋西北改善雇工生活暂行条例》(1941年4月1日)、《晋西北矿厂劳动暂行条例》(1941年8月1日)、《山东省改善雇工待遇暂行办法》(1942年5月15日)、《苏中区改善农业雇工生活暂行条例草案》(1944年7月)、《晋察冀边区行政委员会关于保护农村雇工的决定》(1944年9月20日)等。此外，各地抗日民主政府颁布的《优待生产技术人员暂行办法》，以及各抗日根据地工会组织发布的文件，也都包含有调节劳动关系的内容。

二、劳动立法的基本内容

(一) 工人权利

各地抗日民主政府依据各自的施政纲领，对于工厂工人和农村雇工的民主自由权利，在其颁布的劳动保护条例中，作出了具体的规定，其主要内容有:

1. 参军参政的权利。参军参政是一切抗日人民不容侵夺的权利，也是工人群众的神圣职责。各地抗日民主政府的劳动保护条例都规定，工人享有参军参政及抗日的自由。为了确保工人参军权、参政权的行使，妥善处理劳资关系，《山东省改善雇工待遇暂行办法》规定:“雇工有参加抗日军队之自由，雇主不得阻止。其在劳动契约有效期间内，因参加抗日军队或行政工作必须退工时，工资即在离工之日停付。如已预支工资，工人须负责偿还或找人代工，其不能一次偿还者，得由双方协议，订立字据，分期偿还之。”(第十七条)①

由于工人参军参政权受到法律的切实保护，各抗日根据地都有不少工人(包括农村雇工)参加八路军、新四军、抗日游击队和工人自卫队，也有大批优秀工人被选为参议员和政府委员。在陕甘宁边区参议会中，有工人参议员23人，陕甘宁边区21个县的参议员中，有农业工人65人，手艺工人32人。另外，在各级机关团体以及公营工厂中，都有相当数量的工人干部担任各种领导工作。

---

①《山东省改善雇工待遇暂行办法》，《山东省胶东行署法令汇编》，1944年。

2. 组织工会、农会的权利。抗日战争时期，各革命根据地颁布的劳动保护条例大都明确规定工人有组织工会的权利，如《晋冀鲁豫边区劳工保护暂行条例》第三十七条规定："工人有组织职工会之权利。"《山东省改善雇工待遇暂行办法》规定："雇工在工会、农会担任工作者，因参加会议或受训需要请假者，雇主须允许之，但在半年内不得超过半月，农忙时间，一般不应请假。"这项规定既维护了雇工组织与参加工会、农会的权利，同时又妥善地解决了雇主与雇工之间的关系，有利于发展生产。因为在抗日战争初期有些地区一度出现过农村雇主不愿雇用工会积极分子的现象，这一方面是由于某些雇主对工人斗争怀有恐惧心理，同时也是因为工会积极分子"各种会议活动时间过多，耽误生产，甚至恃势凌人，要求过高。此种现象若不改正，不仅雇主不雇工会会员及积极分子，而且将降低农村生产，妨害工人团结，养成工人惰性，造成工人失业，工会脱离群众等危险。"①

各抗日根据地的职工，依据革命法律提供的保障，在党的领导下，先后成立了各级工会组织。在陕甘宁边区，早在1938年4月，就召开了边区工人代表大会，通过了《陕甘宁边区总工会抗战时期工作纲领》、《陕甘宁边区总工会章程》、《陕甘宁边区店员手艺工人工会章程》、《陕甘宁边区农业工人工会（雇农工会）章程》，并对地方工会组织进行了整顿，规定凡以出卖劳动力为生产资料的唯一来源或主要来源的，不论年龄、性别、民族、派别、信仰均可参加工会。工会的任务为：广泛动员本地区的工人积极参加抗战，提高工人劳动热忱，改良生产技术，提高生产效率和质量，积极参加战时经济建设，普及抗战知识，提高工人的政治认识和文化水平，改善工人生活，加强劳动保护，安置失业工人，组织工人参加肃清奸特的工作，巩固抗日后方。

至于工会的组织形式，各抗日根据地不尽相同。抗战初期，有的地区曾把城市产业工会的组织形式机械地搬到农村，在地方总工会之下成立各业总工会，一县之内设有矿工工会、产业工会等，直属各业总工会领导。中央指出，这种做法显然不适用于地区辽阔、工人稀少的农村。在陕甘宁边区，经过整顿后的工会组织系统是：边区总工会、分区工会、县工会、区工会和乡工会，共五级。据陕甘宁边区总工会的统计，截至1945年1月，全边区共有产业工会会员12538人（其中公营工厂中的会员6174人，私营工厂中的会员6364人），交通运输业会员3000人，城市手工业、店员和农村雇工中的会员45418人，

① 《中央对晋东南抗日根据地职工运动的指示》（1942年4月24日）。

总计有组织的工人约60950人。其他抗日根据地也都建立了工会组织，到抗日战争胜利前夕，各抗日根据地的工会会员达80万人以上。

除参军参政、组织工会的权利而外，抗日根据地的工人还依法享有参加文化教育活动、不受人身虐待和无理解雇等权利。《晋西北工厂劳动暂行条例》规定："厂方应提倡并保证工人每日学习一小时至二小时，学习所必须之书报用具由厂方供给，但私营工厂得酌情供给"，"工厂应设文化教员一人，负责工人文化教育，如因环境或经济关系不能专设时，可由厂方职员或请当地工会干部兼任之"，"厂方应提倡工人在工余时间之文化娱乐活动，并给以物质之帮助"，"厂方不得打骂与扣押工人，并不得无故解雇工人"。晋冀鲁豫边区政府还规定："绝对禁止打骂、虐待、侮辱工人，资方并不得因工人之过失，私自惩处或扣除工资"，"资方如有打骂、虐待、侮辱工人等情事，职工会得代表工人提出抗议及解决办法"。

（二）工时和工资

各地抗日民主政府根据党的劳动政策和各类工人的不同工作性质，分别作出工时的规定。一般情况是，农村雇工、牧畜工人和家庭雇工的工作时间，概依当地习惯，法律不作硬性规定；手艺工人、商店店员、运输工人和学徒的工作时间，劳资双方有协议者依协议，无协议者依习惯；公私工厂、矿场和作坊工人，每日工作时间以10小时为原则，可以适当延长。晋西北抗日民主政府规定，因抗战急需，在工人自愿原则下，可以自愿增加工作时间，但最多不能超过12小时；厂方如因工作过忙，需要工人在规定时间外做额外工作时，须另发给工资，以6小时作一全工计算。① 采用昼夜轮班制度的工厂，班次应经常轮换，夜工以8小时为限，夜工时间是指下午10时起至第二天上午6时止。各抗日根据地均以12岁以上16岁以下为童工，16岁以上18岁以下为青工。晋冀鲁豫边区政府规定，青工和童工每日工作时间较成年工人减少1—2小时。在晋西北，童工每日工作时间不得超过8小时，不到12岁者不准雇用。

各地抗日民主政府对于节假日的规定不完全相同，一般情况是，凡逢"五一"、"七七"、"双十"等节日，工厂工人和农村雇工均放假一日；工厂、作坊、矿厂、运输业工人，在"二七"纪念日放假一日；女工在"三八"妇女节、童工在"四四"儿童节、青工在"五四"青年节、雇工在农民节（八月

---

①《晋西北工厂劳动暂行条例》第十、十一条。

二十日）各放假一日，其他旧历年节以及新年元旦，各依习惯行之。在节日内，如雇工同意工作的，发给工资。

婚丧病假，一般依当地习惯，有的抗日民主政府对私营工厂作出限制性的规定，以利调节劳资关系，促进生产发展。在晋冀鲁豫边区，“工人结婚或直系亲属婚丧重病等，得向资方请假，但每次不得超过五日，全年不得超过十五日。在请假期间，工资照发，超过十五日者，其超过之假日不发工资。”①

工资是劳动者参加劳动而取得的报酬。由于工厂工人（包括矿场、作坊工人）和农村雇工的劳动方式不同，各地抗日民主政府对于他们领取工资的数量和形式分别作出不同的规定。

1. 农村雇工的工资。成年雇工每年工资除本人食宿外，以能维持当地农民生活一个人至一个半人为原则（每年做工 8 个月以上者，以一年计），其具体数目由雇主和雇工双方协议规定。在山东抗日根据地，雇工工资最低额不得少于通用食粮（高粱或玉米）300 斤；在晋察冀边区，以当地生活水平和劳力供求情况确定最低工资额；其他抗日根据地未做明确规定。女工、童工的工资，各地计算方法不同。在晋察冀边区，女工、童工的工资按其工作轻重和工作成效的大小确定；在山东抗日根据地，女工、童工的工资以成年男工的工资为标准按比例计算，但成年女工最低工资不得低于成年男工 1/2，童工不得低于成年男工的 1/3。而在晋西北，童工的工资最低应等于成年男工的 1/2。短工的工资，有市价者依市价，无市价时，由工会、农会与雇工雇主按期商定。

为了保障雇工的生活，农村雇工的工资均以实物计算，有的地区以小米为标准，有的地区以高粱或玉米为标准。如果雇工、雇主双方同意，也可以采取货币工资的支付形式。

根据晋冀鲁豫边区和山东抗日民主政府的规定，工资的支付时间，除劳动合同另有规定者外，年工（以年计工者分上工、麦收、下工）三次支付。季工（以季计工者）分上工、下工两次支付。月工（以月计工者）分上工、下工两次支付。日工（以日计工者）按日支付。雇工的工资必须定期发给，雇主不得无故拖欠，如果雇工及其家属有婚丧疾病及其他意外情事而需工资时，可以预支一部分。

此外，雇主对于雇工的饮食应当改善，一般以当地大多数农民的生活程度为准，不得降低。至于衣被及其他日用品的供应，以及过节的犒劳和馈赠，均

① 《晋冀鲁豫边区劳工保护暂行条例》第十四条。

依当地习惯。①

2. 工厂工人的工资。各抗日根据地的劳动法规对工厂、矿场、作坊工人的工资规定得比较原则，虽然工人的实际工资，除本人饮食外，一般也以能够维持一个至一个半人的最低限度的生活为标准，但由于工厂劳动有着不同于农业劳动的特点，在实际执行中产生许多复杂情况，需要不断改进，更由于敌人封锁，物价波动幅度较大，只有使工人的实际工资与物价上涨指数相适应，才能切实保障工人的生活。以陕甘宁边区为例，在抗日战争时期，公营工厂的工资体制曾数度发生变化，大体上可以划分为以下三个阶段：

第一阶段，从抗日战争开始到1941年9月，实行全面性的货币工资制。工人的工资均以货币支付，工厂按月在工资中扣除其伙食及衣服等项费用。在物价不断上涨的情况下，实行这种工资制，各厂必须拨款贴补，才能保障工人生活不受物价波动的影响。1939年以后，陕甘宁边区的物价一直处于不断上涨的状态。1938年每斗米价3元，工人每月最高工资为18元，合小米六斗；最低工资10元，合小米3.33斗。1941年2月，每斗米价涨至19元，工人最高工资为55元，仅合小米2.89斗；最低工资为35元，仅合小米1.84斗。工人的伙食衣服仍照过去折价扣除，其不足部分则由厂方贴补。因此，这种工资体制实际上是一种货币工资加贴补的制度，并且需要不断地进行调整。例如，1941年5月，边区政府考虑到物价上涨的因素，宣布实行新工资标准（分轻重工业两类），轻工业工人最高月工资提高到90元（合小米4.71斗），最低工资提高到65元（合小米3.42斗），比1941年2月的工资增加了85.8%。

第二阶段，从1941年9月到1942年5月，实行实物和货币的混合工资制。1941年9月，陕甘宁边区颁布了《关于公营工厂工人工资标准之决定》，以每个工人生活所需为最低工资，工资之高低依工人的技术程度和劳动强度而定，工资的支付采用实物与货币混合制，实物部分分食物和衣物两类，厂方按月供给工人的食物包括小米（45斤）、盐（1斤）、油（12两）、肉（1斤）、柴（10斤）、调和碱及普通蔬菜，均按当时当地市价，以货币形式发给。此外，厂方每年四月发单衣一套，七月发衫衣一套，十月发棉衣一套，折合棉布5.5尺发给，并发棉花一斤半。

除上述实物工资外，轻工业工人每人每月发给货币工资15—55元，重工业工人每人每月发给货币工资25—75元，工厂普通工作人员每人每月发给

---

①《晋察冀边区行政委员会关于保护农村雇工的决定》（1944年9月20日）。

15—30 元，会计人员每人每月发给货币工资 20—30 元，技术人员每人每月发给货币工资 30—100 元。

《决定》对工人家属的生活也有妥善安排。按规定，工人家属在工作过程中生产子女的，已婚工人入厂时厂方允许携带妻子的，政府送交工厂工作的革命军人或其家属带有子女的，均由厂方按保育条例的规定负责供给。工人妻子如有 3 个 6 岁以下的子女，可以脱离生产，专门抚育小孩，由厂方供给衣食住，不发零用钱。工人子女在 7 岁以上而不送学校读书的，厂方不予任何补助。

实行实物和货币的混合工资制，使得工人的衣食住有了切实的保障，物价的上涨对于他们的基本生活不致造成重大威胁。

第三阶段，1942 年 5 月以后，陕甘宁边区尽管依然实行实物和货币的混合工资制，但货币工资部分改以小米折合。这是因为实物工资虽然保证了工人的衣食住，但货币工资依然受到物价波动的影响。为了克服这种影响，全面保障工人生活，边区政府决定，工人工资中的货币工资部分也以实物（小米）折算，除实物工资照发外，轻工业工人每人每月发给等于小米 8 升至 1 斗 6 升的货币工资，学徒每人每月发给等于 4—6 升的货币工资。这种形式的实物与货币的混合工资制，从 1942 年开始实行，直到 1947 年才为一律以小米折算的全面工资制所代替。其他抗日根据地的公营工厂，基本上实行与陕甘宁边区类似的工资制度。

至于私营工人的工资，虽然支付方式也分为实物与货币两种，但需经劳资双方协议规定。在晋冀鲁豫边区，“不同部门之工人，其工资应依当地当时生活状况，以及技术劳动效率条件，由劳资双方协议订定之。”[①] 在晋西北，由劳资工会三方组成的估价委员会，根据工人技术的高低、生产数量的多寡以及物价的涨落估定工人的工资；无估价委员会的，由劳资双方协同工会共同决定，厂务会议公布执行。[②]

3. 对专门技术人员的津贴。为了网罗技术人才，加强抗日根据地的经济建设，晋察冀边区、晋冀鲁豫边区、晋西北等解放区先后颁布优待专门技术人才的办法，对于农业、造林、牧畜、农村副业、冶金、采矿、水利、制药、无线电制造和其他工业部门的技术人员以及医生、会计师等，实行正常物质待遇

---

①《晋冀鲁豫边区劳工保护暂行条例》第五条。

②《晋西北工厂劳动暂行条例》第三条。

外加津贴的制度。津贴的多少以技术人员的学历、经历、技术水平及其对抗日根据地经济建设的贡献为标准。一般划分为三级或四级，具体做法各地略有差异。

在晋察冀边区，按上述标准，把技术人员划分为技正、技士（或技佐）、技术员三级，由边区行政委员会核定。技正每月津贴60元，技士、技佐每月津贴30—40元，技术员每月津贴20元。此外，技术人员还可享受困难补助费，技正每年300—500元，技士每年200—400元，技佐每年100—300元，技术员每年80—200元。此项补助费须由本人申请，经所在单位审核，报边区政府批准。

晋冀鲁豫边区和晋西北的情况大体相同，都把技术人员划为工程师、技正、技士和技术员四级。现任工程师系大学毕业、有丰富学识并曾担任技术指导的，或抗战前任工程师、技师及有所发明的，以及具有同等学历的，每月发给津贴40—50元；现任技正系大专毕业或大学肄业二年以上而且有实践经验和技术指导能力的，或在技术界服务多年具有同等学历的，每月发给津贴30—40元；现任技士曾在中等技校或职业学校毕业并从事技术工作的，或在大专肄业二年以下虽无实践经验但有中专同等学历的，或未曾受过学校教育而有同等学历的，每月津贴20—30元；现任技术员曾在相当于初中的技术学校毕业并有实际经验的，或在高中职业学校肄业成绩优良有同等学历的，每月发给津贴15—20元。会计师和医生视其技术程度，每月津贴15—50元。

（三）劳动保护和劳动保险

劳动保护是各地抗日民主政府劳动立法的重要组成部分，但其内容因地而异，繁简不同。劳动保护和劳动保险，概括起来有以下几个方面：

1. 注意安全生产与卫生。晋冀鲁豫边区政府规定："工厂、矿场应切实注意清洁卫生，如工作有碍工人健康及安全者，须有必要之卫生防护设备。"[①] 晋西北抗日民主政府也规定："在可能范围内，厂方应尽力办理工厂之安全设备与卫生设备。"[②]

2. 对女工、未成年工和特殊工种劳动者的保护。晋冀鲁豫边区政府规定："女工在分娩前后，应给以两个月之休假，工资照发。""女工带有哺乳婴孩者，

①《晋冀鲁豫边区劳工保护暂行条例》第二十条。

②《晋西北工厂劳动暂行条例》第二十一条。

每日应给以适当之哺乳次数与时间。”“凡年在十六岁以上十八岁以下之青工及童工（十二岁以上十六岁以下者为童工），其工作须以不妨害其身体之健康与教育为原则。”[①]晋西北规定，童工每日工作时间不得超过8小时，女工和童工均不得从事夜工、笨重工及有危险性的工作。

3. 对患病工人的物质保障。各地抗日民主政府对于患病工人规定了一定的物质保障。晋冀鲁豫边区政府规定，工人患病经医生证明需要休息，其全年病假在1个月以内的，除工资照发外，并由资方出医药费，但最多不能超过相当于2市斗小米的市价；全年病假超过1个月的，医药费可以停止补助，工资续发与否，按当地习惯办理，由劳资双方协议规定。[②]晋西北抗日民主政府规定，工厂工人因重病暂时不能工作时，医药费由厂方负责（自请医生、自购药品者不在此限），病假在1个月以内的，工资照发，病假在3个月以内的仅发伙食，3个月以上的，伙食停发，但应保留其原工作岗位。工厂工人工作满1年的，才能享受以上待遇，不满1年的酌情决定。矿工因劳致病时，矿方应补助医药费和生活费。农村雇工因劳致病时，雇主补助医药费，工资照发，但不超过1个月。

4. 工人因公致伤残时的物质保障。在晋冀鲁豫边区，工人因工作而致伤，除工资照发外，其治疗费全部由资方负担；因伤致残能做轻微工作的，厂方除为之治疗外，增发1个月至3个月（后改为2个月）的工资作为抚养金；工人因伤致残不能继续工作的，厂方得按其工作时间长短、技能高低和残废程度，发给3个月至1年（后改为1个月至3个月）的工资作为抚养金。晋西北抗日民主政府规定，工人因工作受伤而不能工作时，厂方除负责医药费外，应发给原有之工资，至伤愈时为止，但至多不能超过3个月；因伤致残的，由厂方发给工资的1/2；矿工因工作受伤的，矿方应负责医疗，并照发工资，但以3个月为限，伤愈应即复工；矿工因伤致残时，矿方应依残废程度，给予1个月至3个月的生活费作为抚恤金。在山东和苏中区，雇工因做工受伤，除工资照发外，医疗费也完全由雇方负担。

5. 工人因工作受伤死亡时的物质保障。在晋冀鲁豫边区，工人因工作致死的，资方除给以埋葬费外，并须给死者家属以抚恤金，此项抚恤金以3个月至6个月的工资为限，如当地习惯超过上述规定，应依习惯办理；工人因工作

①《晋冀鲁豫边区劳工保护暂行条例》第二十九条。

②《晋冀鲁豫边区劳工保护暂行条例》第二十一条。

致遭敌奸捕捉或杀害的，资方得酌予其家属以救济费或抚恤金。晋西北抗日民主政府也规定，雇工因工作受伤死亡时，雇主应酌量情形抚恤其配偶或直系亲属；矿工因工作死亡的，矿方除负担其棺木费外，续发1个月至3个月的工资，以抚恤其直系亲属和配偶。

6. 农村雇工年老时的物质保障。苏中区抗日民主政府对于在一个雇主家工作15年以上，年龄在50岁以上而体质衰老的长工规定了养老办法。老长工没有家的或家里无法生活的，雇主应保障他的生活直到老死为止，死后衣棺埋葬等费用全部由雇主负担。长工在雇主家养老时，在不妨碍健康的条件下，应帮助雇主照料家务或做些轻便工作，雇主应给予必需的零用费，数目多寡应经工抗会同意。老长工自愿回家养老的，除发给3年养老费外，死亡时的衣棺费也由雇主负担。养老费和衣棺费可以一次付清，也可分期付给。

7. 工厂不因雇主原因被迫停产时工人生活的保障。在晋冀鲁豫边区，工厂、矿场、作坊因战争停工在7日以内的，工资照发；停工在7日以上1个月以内的，工资发半数；停工超过1个月的，工资停发。实行计件工资的，依照每个工人平时每日可得工资的平均数额折发。资方如因敌灾、天灾或其他变故无力继续经营的，应于7日前通知工人另找工作，有支付能力的资方应发给工人解雇金，其数额以半个月至1个月的工资为限。

（四）劳动纪律和奖惩办法

劳动纪律是保证生产劳动得以顺利进行的必要手段，它有助于劳动关系的调节和生产事业的发展。遵守劳动纪律是一个劳动者应尽的义务。

在陕甘宁边区，凡有5个工人以上的企业商店，都要依法制定内部管理规则，明确工人和管理人员的职责范围以及违反规则应负的责任，经工会同意后，宣示于工人，认真执行。晋察冀边区政府在《保护农村雇工的决定》中明确规定，雇工应遵守劳动纪律，努力生产，爱护牲畜、农具及粮食财物。晋西北抗日民主政府反对雇工和矿工无故怠工、停工和故意减少生产的行为，责成各级工会负责提高工人生产热忱。它还对雇用15人以上的公私营工厂的工人规定了具体的奖惩办法。

根据《晋西北工厂劳动暂行条例》的规定，凡工人在厂工作2年以上工作积极成绩优良者，节省原料、爱护机器堪称模范者，技术文化有迅速进步者，改进发明新的生产方法提高产品数量和质量者，其他对工厂的生产或营业有特殊贡献者，厂方应给以增加工资、发给奖金、荣誉奖励或提升为干部等各种不同的奖励。对于偷窃原料公物者，故意损坏机器或原料者，消极怠工、迟到早退、无故停工或不遵守复工通知者，违反劳资双方契约和劳动纪律者，其他对工厂生产或营业有损害之行为者，厂方可以酌情给予警告、申斥、罚工及开除等不同处分。厂方处罚工人，应当事先通知他所参加的工会。

（五）集体合同和劳动合同

契约自由这一"调节劳资关系的水平仪"既可以促使资本家发展生产，强制他们改善工人的生活，也可以使工人把暂时的利益服从于长远的利益，局部的利益服从全局的利益。所谓"契约自由"，就是资本家有雇用工人的自由，工人有出卖劳动力或退工的自由。"只要允许契约自由，则破坏或不遵守劳动纪律的工人或生活改善到资本家根本不能继续维持其生产的工人，必然会被解雇，促起工人的反省。而虐待或过分剥削工人的雇主，就会雇不到工人或受到工人的反抗。这样我们可以一面教育工人，一面领导工人的斗争。"因此，契约自由"对于新民主主义社会，对于今天敌后抗日根据地的经济建设，仍有它的作用。"①

从契约自由的政策出发，各地抗日民主政府大都把劳资双方缔结合同视为本地区劳动立法的重要内容之一，甚至把它推及于公营工厂企业。1940 年 11 月 1 日，陕甘宁边区总工会还印发了《陕甘宁边区战时工厂集体合同暂行准则》，供公营工厂参考使用。因此，抗日战争时期，签订合同的双方不限于私营工厂的资方和劳方，也不限于农村的雇主和雇工，而且包括公营工厂的工人和厂方。就合同的形式而言，有集体合同和劳动合同两种。集体合同由工会代表工人为一方，与公营工厂的厂方或私营工厂的资方签订；劳动合同则由公营工厂的厂方、私营工厂的资方或农村雇主，与工厂工人或农村雇工个别签订。

签订集体合同和劳动合同的基本原则是：

1. 双方自愿，公平合理。合同的缔结以双方自愿为原则，期满以后，任何一方均有宣布解除契约的权利。在契约期满以前，非经双方同意不得解除。如果一方坚持解除合同而另一方不同意，则必须报告工会或农会调解，调解无效的，要呈请政府处理。为了保障合同的顺利执行，有的抗日民主政府还规定，雇工与雇主自愿订立合同时，必须由乡长或工抗会作为合法中人，如因特殊情

---

① 彭真：《关于晋察冀边区党的工作和具体政策报告》，中共中央党校出版社 1981 年版，第 107—108 页。

况需要中途解除合同，雇主应照顾雇工的生活，雇工应照顾雇主的利益，并要根据实际情况，会同工抗会给受损失的一方以退雇金或补偿。[①]

2. 必须以抗日民主政府的劳动法规为依据。《陕甘宁边区战时工厂集体合同暂行准则》规定："厂方及工会代表双方会同签订合同时，须根据本准则为原则即得有效"（第四十三条）。晋察冀边区也有类似的规定。因为各地抗日民主政府颁布的劳动法规对于工时、工资、劳动保护等均有明确规定，与这些规定相抵触的合同，自然归于无效。

3. 双方必须认真履行已订合同，照顾工人的特殊利益。在陕甘宁边区，雇主除事先征得工人同意外，不得要求工人做与合同所规定的工作无关的其他工作；各企业变更业主时，不得废止原订的合同，但双方可以提出重新审议原订合同的要求，在新合同未订之前，原订合同仍然有效。在苏中区，工人增加工资后，雇主不能违背合同的规定，加重雇工的工作或减少原有的待遇。如有故意违犯者，雇工可以报告政府处理。晋冀鲁豫边区政府规定，劳资之一方有不履行合同者，他方有提出解除合同之权，但不得无故退工或解雇；资方因天灾、敌灾或其他变故无力继续其经营的，应于 7 日前通知工人另找工作，如资方有支付能力，应支给工人一定数量的解雇金；在合同有效期间，工人要求参加抗日军队或因参加行政工作必须退工时，资方不得留难，其工资发至离工之日为止。苏中区规定，劳动合同解除后，雇主仍需雇工时，原来的雇工有优先受雇权，但有重大过失者，不在此例。

（六）处理劳资争议的方式

各地抗日民主政府解决劳资争议的方式分为调解、仲裁和法庭审理，具体做法因地而异。

调解，是解决劳资纠纷的基本形式。在陕甘宁边区，调解又分政府调解和团体调解两种形式。各企业商店与被雇人之间由于劳动条件问题发生的争执，各级政府只要得到双方当事人的同意，就可进行调解。这就是政府调解。而在公营企业和合作社中，由工厂管理部和职工会各派同等数量的代表所组成的劳资争议委员会有权解决本企业管理部与职工之间所发生的一切争执，但其决定须经双方同意才能执行。这种形式的调解称作团体调解。晋察冀边区主要倡导政府调解，雇主和雇工发生劳动争议，按照《晋察冀边区行政村调解工作条

---

① 《苏中区改善农业雇工生活暂行条例草案》（1944 年 7 月）。

例》，由各村公所民政委员会负责调解，区公所一般不进行调解工作，但在游击地区，区公所应当事人的要求，也得进行调解。村公所进行调解时，受村长的监督，并可邀请本村干部及当地公正人士协助。

仲裁，是解决劳资纠纷的另一种重要形式。仲裁与调解不同。调解可以成立也可以不成立，争议双方中的任何一方只要持有不同意见，调解即不能达成协议，调解机关或调解人无强制执行权。而仲裁机关对于自己所为之裁决，则有强制争议双方或一方执行的权力。在晋察冀边区，凡调解不成的劳资争议，一律经由仲裁解决，仲裁机关的组织及其工作程序由条例规定。[①] 晋察冀边区的仲裁机关为仲裁委员会，设于县，受县政府领导，由县政府代表一人（县民政科长）、县抗联会代表及司法机关代表组成，县政府代表为主席。在游击区、接敌区或特殊情况下，县政府得授权区公所设立仲裁委员会分会。区仲裁委员会分会由区公所代表（区民政助理员）和抗联会代表组成，区公所代表为主席。县仲裁委员会处理劳资争议案件时，县政府代表应事先征求县长的意见，遇有重大争议案件且需经县务会议讨论，然后由县代表提交仲裁委员会。仲裁委员会及其分会对于它们所受理的争议案件，由全体委员合议解决，少数服从多数。争议双方当事人，在仲裁委员会或其分会进行仲裁时，必须莅场陈述事实，提出自己的意见，如因故不能莅场，应委托他人代理。

在区仲裁的争议案件，如仲裁结果双方当事人均表同意，由区公所制定仲裁书，当场发给当事人，并报县政府备案。如当事人一方对区仲裁持有不同意见，得当场声明不服，向县请求重行仲裁。在这种情况下，区公所应立即把仲裁经过和结果报请县政府核办。县政府接到请求后，于 3 日内决定由区或县重行仲裁。重行仲裁以一次为限。

至于在县仲裁的争议案件，仲裁终结后，2 日内作出仲裁书，加盖县印，送达当事人。当事人一方如不同意，得于 5 日内声请不服，向专署请求复裁。专署接到请求后，5 日内发回原仲裁机关复裁，或者作出维持原仲裁的决定，但复裁以一次为限。

法庭审理，是司法机关处理劳资案件的方式。陕甘宁边区政府明确规定，凡违反劳动法令和集体合同的案件，均归法院审理；劳资争议委员会不能解决的案件，也可提交法院处理。《山东省改善雇工待遇暂行办法》和《晋冀鲁豫

① 《晋察冀边区租佃债息条例》（1943 年 1 月 21 日）和《晋察冀边区行政委员会关于仲裁委员会的工作指示》（1943 年 4 月 9 日）。

边区劳动保护暂行条例》则规定:“主雇双方发生争议时，得由工会、农会会同双方调解。如调解无效时，得呈请政府处理之。”

第四节 解放区劳动立法的新发展

一、劳动立法的总方针和劳动立法概况

1947年12月，中国人民的革命战争转入了大反攻的阶段。面对迅速发展的革命形势，争取解放战争的彻底胜利，中共中央及时提出了发展解放区国民经济的总方针。毛泽东同志在《目前形势和我们的任务》一文中明确指出:“新民主主义国民经济的指导方针，必须紧紧地追随着发展生产、繁荣经济、公私兼顾、劳资两利这个总目标。一切离开这个总目标的方针、政策、办法，都是错误的。”[①] 而“发展生产、繁荣经济、公私兼顾、劳资两利”的总目标，也就是解放战争时期各解放区劳动立法的根本指导方针。

为了正确地贯彻执行这一方针，避免在实际工作中可能出现左的或右的错误倾向，中共中央和毛泽东同志正确地分析了中国新民主主义革命的性质和任务，指出这个革命所要消灭的对象只是封建主义和垄断资本主义，只是地主阶级和官僚资产阶级即大资产阶级，而不是一般地消灭资本主义，不是消灭上层小资产阶级和民族资产阶级。“由于中国经济的落后性，广大的上层小资产阶级和中等资产阶级所代表的资本主义经济，即使革命在全国胜利以后，在一个长时期内，还是必须允许它们存在；并且按照国民经济的分工，还需要它们中一切有益于国民经济的部分有一个发展；它们在整个国民经济中，还是不可缺少的部分。”因此，“对于上层小资产阶级和中等资产阶级经济成份采取过左的错误的政策，如像我们党在一九三一年至一九三四年期间所犯过的那样（过高的劳动条件，过高的所得税率，在土地改革中侵犯工商业者，不以发展生产、繁荣经济、公私兼顾、劳资两利为目标，而以近视的、片面的所谓劳动者福利为目标），是绝对不许重复的，这些错误如果重犯，必然要损害劳动群众的利益和新民主主义国家的利益。”[②]

---

①《毛泽东选集》第四卷，人民出版社1991年版，第1256页。

②《毛泽东选集》第四卷，人民出版社1991年版，第1355页。

1948 年 1 月，针对一些地区在土地改革中发生的侵害工商业的错误，毛泽东同志在为中共中央起草的党内指示中又再次强调“必须避免对中小工商业者采取任何冒险政策”，“在公营企业中，必须由行政方面和工会方面组织联合的管理委员会，以加强管理工作，达到降低成本，增加生产，公私两利的目的。私人资本主义企业也应当试行这种办法，以达到降低成本、增加生产、劳资两利的目的。工人生活必须酌量改善，但是必须避免过高的待遇。”①

同年 2 月，鉴于某些地方的党组织违反中央的工商业政策造成了严重破坏工商业的情况，中共中央在《关于工商业政策》中强调指出：要“将发展生产、繁荣经济、公私兼顾、劳资两利的正确方针同片面的、狭隘的、实际上破坏工商业的、损害人民革命事业的所谓拥护工人福利的救济方针严格加以区别。”再次强调“应当引导工人和资本家在当地政府领导下，共同组织生产管理委员会，尽一切努力降低成本，增加生产，便利推销，达到公私兼顾、劳资两利、支援战争的目的。”②

在批评和纠正了损害资本主义工商业和左倾冒险主义的错误以后，在恢复和发展城市生产中，某些地区又出现了右的错误倾向，其主要表现是：不懂得或不善于依靠工人阶级团结其他劳动人民和革命知识分子，共同致力于建设城市的艰巨事业，只重视私人企业而不重视公营企业，无原则地，不加区别地扶植一切私人资本主义，不了解对私人资本主义中不利于国计民生的方面必须在活动范围、税收政策、市场价格、劳动条件等方面给予恰如其分的、必要的限制。针对以上错误倾向，毛泽东同志明确指出，在城市斗争中，“我们必须全心全意地依靠工人阶级，团结其他劳动群众，争取知识分子，争取尽可能多的能够同我们合作的民族资产阶级分子及其代表人物站在我们方面，或者使他们中立，以便向帝国主义、国民党、官僚资产阶级作坚决的斗争，一步一步地去战胜这些敌人。同时即开始着手我们的建设事业。”同时又说：“关于恢复和发展生产的问题，必须确定：第一是国营工业的生产，第二是私营工业的生产，第三是手工业生产。”③

根据中共中央制定的劳动立法的总方针和各项政策，各解放区相继颁布了一系列单行法规或指示，用以调整各该地区的劳动关系。这一时期颁布的具有

①《毛泽东选集》第四卷，人民出版社 1991 年版，第 1269 页。
②《毛泽东选集》第四卷，人民出版社 1991 年版，第 1285 页。
③《毛泽东选集》第四卷，人民出版社 1991 年版，第 1428 页。

代表性的重要劳动法规按其性质划分有以下几类：

第一，关于职工参加企业管理的法规。如1949年8月《华北人民政府同意华北第一届职工代表会议关于在国营、公营企业中建立工厂管理委员会与工厂职工代表会议的决定》等。

第二，关于劳动工资的法规。如1945年10月26日《晋察冀边区行政委员会关于张家口、宣化公营工厂工资标准的通知》，1945年11月16日《晋察冀边区行政委员会关于改定中小学教职员待遇标准的决定》，1948年3月10日《东北行政委员会关于统一公营企业及机关学校战时工薪标准的指示》等。

第三，关于劳动保险的法规。如1946年5月《苏皖边区保护工厂劳动暂行条例》，1948年12月27日《东北公营企业战时暂行劳动保险条例》，1949年7月5日《太原国营公营企业劳动保险暂行办法》等。

第四，关于处理劳资关系的法规。如1949年7月全国工会工作会议通过的《关于劳资关系暂行处理办法》《关于私营工商业劳资双方订立集体合同的暂行办法》《劳资争议解决程序的暂行规定》等，以及1949年8月19日《上海市军事管制委员会关于复工复业纠纷处理暂行办法》和《上海市军事管制委员会关于私营企业劳资争议调处程序暂行办法》。

二、国营企业中的工厂管理委员会和职工代表会议

1948年8月1日，第六次全国劳动大会在东北解放区哈尔滨召开，大会通过的《关于中国职工运动当前任务的决议》，明确规定了中国工人阶级的首要任务，就是要尽一切的努力，紧密地团结全国人民，在各方面坚决地支援人民解放军，尽可能迅速地在全国范围内战胜美帝国主义及国民党政府，解放全中国的人民，统一全中国。解放区职工要遵循“发展生产，繁荣经济，公私兼顾，劳资两利”的方针，振兴工业，巩固解放区，支援前线，保证革命战争的最后胜利。

为了贯彻第六次全国劳动大会的决议，依靠全体职工办好人民企业，1949年召开的华北第一届职工代表会议通过了《关于在国营、公营工厂企业中建立工厂管理委员会与工厂职工代表会议的实施条例》，作为对各国营、公营工厂企业主管机关的建议。同年8月10日，华北人民政府经过研究，认为此项建议“为发展生产和进行经济建设所必需”，决定予以公布，在全区国营、公营工厂企业中施行。同年10月陕甘宁边区政府也颁布了《国营、公营企业中建立工厂管理委员会与工厂职工代表会议的组织规程》。

建立企业或工厂管理委员会与职工代表会议的实质是保障劳动者直接行使对国营公营企业的民主管理权，其目的在于实现企业管理的民主化，增进职工群众企业主人翁思想，发扬职工群众的积极性和创造性，自觉地有组织有纪律地改进业务，提高企业的劳动生产率，培养职工管理生产的能力。

（一）工厂管理委员会

根据《实施条例》的规定，凡属国营工厂企业，一律成立管理委员会，由厂长（或经理）、副厂长（或副经理）、总工程师（或主要工程师），以及其他生产负责人和相当于以上数量的职工代表组成。厂长、副厂长、总工程师和工会主席为当然委员。参加管理委员会的其他生产负责人，由厂长报请上级机关决定。参加管理委员会的职工代表，由工会召集全体职工大会或职工代表会议选举产生。管理委员会的名额，视工厂企业的大小而定，一般为5—17人。如果大工厂、大企业设有分厂或类似分厂的下属机构，也要相应建立管理委员会，其组织办法与总厂管理委员会相同。管理委员会中由职工民主选举的委员，每半年或一年改选一次，连选得连任，其中如有不称职的，可以随时改选。小厂或分厂管理委员会每周开会一次，大厂的总管理委员会每两周开会一次，必要时，可随时召集。

管理委员会是在上级工厂企业管理机关领导下的对本工厂企业实行统一领导的行政机构，其任务是根据上级制定的生产计划和各项指示，结合本单位的实际情况，讨论与决定有关本单位的生产和管理的重大问题，如生产计划，业务经营，管理制度，生产组织，人事任免，工资福利等，并定期进行检查和总结。管理委员会以厂长（或经理）为主席，它的决议以厂长的命令发布施行。对于管理委员会多数委员通过的决议，如果厂长认为与该厂利益抵触或与上级指示精神不符，有权停止执行，但必须立即报告上级，请求指示；管理委员会的多数委员对于厂长的上述做法或对其向上级的报告持有异议，可将自己的意见同时报告上级，一并请求指示，在未接上级指示前，仍应执行厂长的决定。遇有紧急情况，来不及召开管理委员会时，厂长有权处理和决定问题，事后报告管理委员会，请求追认。

在大工厂、大企业中，为了便于执行管理委员会的决议，及时督促检查各项工作，可由厂长、工会主席和管理委员会推选的一名委员组成管理委员会的常务委员会，厂长为当然主席，根据管理委员会的决议，处理一切比较重大的有关生产、管理、人事、工资、福利等问题和其他日常工作。在新解放区实行军事管制的工厂企业中，驻厂军代表也是管理委员会及其常务委员会的当然委员。

实践表明，职工代表参加工厂管理委员会及其常务委员会，是工厂职工当家做主，参加企业管理，实现其对企业的民主管理权的有效方式，也是解放区人民政府依靠职工群众办好人民企业、促进企业管理民主化的重要途径。在当时，对于发展生产、繁荣经济、支援人民解放战争起了重要的作用。

（二）工厂职工代表会议

工厂职工除选举代表参加工厂管理委员会而外，还通过工会组织参加企业管理。依据《实施条例》的规定，华北解放区所有的国营公营工厂，凡有职工200人以上的，都要组织工厂职工代表会议；200人以下的工厂虽然不组织职工代表会议，但每月由工会主席召开全厂职工大会一次或两次。

工厂职工代表会议的代表，以基层生产组织（班组）为单位选举产生，每年改选一次，连选得连任，对于不称职的代表，可以随时撤换。这些代表直接对自己所代表的职工负责。职工代表会议每月召开一次或两次，一般在公休日或工余时间举行，每次不得超过半天时间。职工人数甚多的大工厂、大企业，在总厂之下设有分厂的，职工代表会议可以分为两级，总厂代表会议的代表可由分厂职工代表会议选举产生，也可由职工群众直接选举产生。

工厂职工代表会议拥有广泛的职权，它有权听取和讨论管理委员会的工作报告，检查管理委员会对工厂的经营管理和领导作风，对管理委员会的工作进行批评并提出建议。工厂职工代表会议关于工厂及企业行政上的一切决议，须经管理委员会批准，由厂长以命令公布后方为有效。

就其性质而言，工厂职工代表会议是该厂工会组织的代表会议。因此，该厂工会委员会对于职工代表会议作出的有关工会事务的一切决议，都必须贯彻执行，未经上级工会决定，不得擅自改变。

三、劳动工资

抗战胜利后，各解放区国营公营工矿企业职工和学校教职员工，一律改行以实物折算的货币工薪制。在晋察冀边区，以小米折算。按规定，童工、女工、学徒，每月100—200斤；普通工人，每月200—280斤；熟练工人，每月

250—330斤；技术工人，每月300—450斤。[①]农村初小教员，每月120—180斤；城市初小教员，每月150—200斤；农村高小教员，每月150—220斤；城市高小教员，每月200—250斤；中学教职员按其工作年限、文化程度和工作成绩，每月250—450斤。[②]每类分若干级，每级差额10—20斤。工资按每斤小米市价折合边币实发，随米价波动，以保证职工生活不受影响。自实行以单一实物折算的货币工薪制以后，职工住房一律缴纳租金，所有煤炭、纸烟等配给者即取消。

1948年8月，中国第六次全国劳动大会总结了各解放区劳动工资工作的经验，考虑到战时工资既要保障职工的最低生活水平（维持包括职工本人在内的两个人的生活），又能促进职工的劳动热情和技术进步，因而在《关于中国职工运动当前任务的决议》中提出了调整解放区职工工资的以下原则：

1. 工厂工人的工资应采取交叉累进等级制度，即依据职工在生产过程中的分工和技术程度规定若干等级，同级工资也保留若干差别。在确定工资级别时，实行评议制度，对管理人员和技术人员依其职责能力和学识经验，对工匠依其技术水平，对熟练工人依其熟练程度，对单纯体力劳动者依其劳动强度，切实克服严重妨害职工生产积极性的平均主义。

2. 工资形式可以是计时的，也可以是计件的，视具体情况而定。但在实行计件工资时，要防止原料浪费、工具损坏及损害健康的过度劳动，并应切实掌握成品标准和成品检验。

3. 在物价波动太大、工资调整困难的地区，采用职工生活补贴办法加以调剂。生活补贴应分若干等级，但其差额不宜太大。

4. 工资计算应以几种必需实物为计算基础（在华北称之为“饻”。东北称之为“分”），采用货币和实物混合支付的形式。

5. 农业工人、手工业工人和店员的工资制度依其习惯，但必须以实物为计算基础，保证实际工资和名义工资的一致。

6. 国营公营工厂除工资外，可以定时发放奖金，但应由政府规定或批准。私人企业、作坊、商店中的分红、馈赠及其他奖赏习惯，凡对提高职工生产积极性和技术进步有利的，均应保留。

---

①《晋察冀边区行政委员会关于张家口、宣化公营工厂工人工资标准的通知》（1945年10月26日）。

②《晋察冀边区行政委员会关于改定中小学教职员待遇标准的决定》（1945年11月16日）。

7. 实行男工、女工、青工、童工同工同酬原则。[①]

以上原则的提出，既是对各解放区劳动工资制度及其实施情况的总结，同时又对此后的劳动工资工作具有重要的指导意义。各解放区民主政府依据上述原则，结合本地区的实际情况，相应地颁布单行文件，具体规定各该地区的劳动报酬制度。

这里仅以东北解放区为例进行考察。早在1948年3月，即第六次全国劳动大会之前，东北行政委员会就颁布了《关于统一公营企业及机关学校战时工薪标准的指示》，[②]本着适应全区战时生活的必需和战争胜利发展的要求，在统一规定的标准之下，对全区公营企业、机关、学校的工资待遇进行了切实的调整，实行以五种实物计算的货币工资制，即工资分制。这种劳动报酬制度曾在各解放区广为推行，一直沿用到建国初期。

所谓工资分制，就是凡属国营公营企业、机关、学校的干部和职工的劳动报酬均按记分法以粮、布、油、盐、煤五种实物折合货币支付，原则上保证职工的货币工资在当时当地能够购买到应得的实物数量。工资的计算单位为"分"，每分之值等于粮1.6斤，布0.06尺，油0.025斤，盐0.025斤，煤3.4斤，由东北行政委员会以命令规定，任何单位不得擅自变更。职工每人所得工资按经过评议的分数多少计算。如技术工人最高工资之值为110分，即每月为粮176斤，布6.6尺，油2.75斤，盐2.75斤，煤374斤。一般重工业工人每月最高工资之值为100分，一般轻工业工人每月最高工资之值为90分，大学校长、教授及专门技术人员每月最高工资之值为110分，职工每月最低工资之值不得少于40分，学徒的工资不得少于30分，其实物计算方法均与技术工人同。

每个职工工资分的多少，由群众性的民主会议根据其技术水平、熟练程度、学术专长、劳动强度、工作成效以及工龄长短具体评定，并经所在单位行政会议逐一审核。各省市以上民主政府设立工薪考核委员会，负责审查本地区内各企业、机关、学校工资评定情况。工资评定以后，一切额外补贴均行取消。

《战时工薪标准》经过半年施行，东北行政委员会及时总结经验，参照第六次全国劳动大会确定的原则，于1948年9月7日发布了修正《战时工薪标

---

①《关于中国职工运动当前任务的决议》，《人民日报》1948年11月10日。

②《东北行政导报》第二卷第一期。

准》的指示[①]。依据该指示的规定，战时最低最高工资标准均有所提高，各企业普通职工的最低工资值由原来的40分增至60分；技术人员每月最低工资值不得少于75分，最高可达300分；企业管理人员厂长、经理每月最低工资值不得少于100分，最高可达300分；产业技术工人每月最高工资值可达180分，其他职工的工资值也相应增加。

东北行政委员会特别重视技术人员和技术职工的工资待遇问题，各企业技术职工如有特殊技能，可以超过最高工资分的规定，按其实际水平，累进增加报酬。技术人员受聘时，如有议定书，得按议定书发给工资，如其调任为企业管理人员，不得减低其工资。

为了鼓励技术进步，提高劳动生产率，东北行政委员会在其指示中强调，要认真做好划分工资等级的工作，实行交叉累进等级工资制，由各产业最高主管机关组织的工薪审核委员会按照所属企业的内部分工，以交叉法分别规定各类职工每月最低和最高工资标准，并以累进法分别规定每类职工的等级，定出各等级适当工资标准，其交叉累进程度和等级多少，依各类职工具体情况而定，然后报请东北行政委员会工业部工薪审核委员会批准。各企业单位由行政和工会共同组成的工薪评判委员会，则按照工业部下达的交叉累进等级，分别定出该企业各类职工应得等级的草案，领导群众进行民主评议，呈报上级批准后，由厂长颁布施行。

职工工资的支付方式，采用实物定量计口配给制度，以保证职工的收入不受物价的影响。其具体做法是，由各企业设立供给商店，供应粮、油、布、盐、煤五种实物，职工及其家属定量计口配给的实物价格在支付货币工资时扣除，或以支领实物证代替。

1949年4月，东北行政委员会发布补充指示，实行新的支付方式，即按职工所得工资分数，以50%支付货币，50%支付工薪实物券。由职工持工薪实物券，到国营商店或职工合作社购买粮、油、布、盐、煤五种实物，或按工薪实物券的实物折价（即每分之值）自由购买其他物品。工薪实物券由东北行政委员会商业部印发，只能在指定地区（东北全区划分为21个地区）内的国营商店和职工合作社购货，不能跨地区使用，不准在市面流通，也不能用作纳税或其他用途，过期作废，遗失不补。实行工薪实物券的支付方式，有利于克服工薪工作中的被动现象和平均主义的支付办法，便利职工多样性的需求，减少劳

①《东北行政导报》第二卷第四期。

动力的流动，也有利于消除因发实物而遭受的生产损失，解除各企业部门领发实物的繁忙事务，使企业领导人员能够集中精力从事经济建设工作。工薪实物券的采用，说明工资分制度开始了向直接用货币规定工资标准的过渡。这种过渡是在全国解放以后逐步完成的。

在其他解放区，在干部中一般实行供给制度，在职工中实行与东北解放区类似的工资分制度。

四、国营企业战时劳动保险

抗日战争时期各地抗日民主政府颁布的劳动保险条例在解放战争时期继续适用，不过由于解放区的迅速扩大，大解放区政府的相继成立，特别是大批官僚资本企业转入人民手中而成为国营企业，劳动保险问题更加为解放区人民政府所重视，陆续颁布了一批单行条例，以确保国营企业职工在人民解放战争正在进行的条件下，遇有年老、残疾或其他法定情况时获得物质帮助的权利。

东北地区是我国当时最重要的工业基地，拥有一支庞大的职工队伍。1948年11月，东北全境获得解放。东北行政委员会为了保护公营企业中工人与职员之健康，减轻其战时生活困难，于1948年12月27日和28日先后颁布《东北公营企业战时暂行劳动保险条例》及其《试行细则》。它们对劳动保险基金的征集、管理和监督，以及劳动保险的适用范围，都作出了全面而具体的规定。

东北解放区各公营企业劳动保险基金，由各企业自行筹集。按规定，各企业每月拨出相当于本企业工资全部支出额的3%作为劳动保险基金，其中的30%缴存于东北行政委员会劳动总局委托的国家银行或地方银行，作为东北劳动保险总基金，70%存留本企业会计处，作为本企业开支的劳动保险基金。

东北劳动保险总基金和各企业劳动保险基金各有其不同的管理方法和使用范围。

缴存于指定银行的劳动保险总基金，由东北总工会使用，主要用于全区职工的福利事业，如创办职工疗养院、职工残疾院、职工子弟保育院、老年职工休养所等。

各企业会计处存留的劳动保险基金，由各该企业劳动保险委员会支配，劳动保险审核委员会监督，主要用于支付本企业职工应得的劳动保险金，其使用范围是：

1. 职工因公负伤或因公致残的物质保障。职工因公负伤，在治疗期间的全部医疗费，由所属企业支付，并照发工资，直至医疗证明已能复工或确定为残疾时为止。

职工因公致残，依其丧失劳动能力的程度，划分三个等级。完全丧失劳动能力的为一等残疾，部分失去劳动能力而能改做其他轻便工作的为二等残疾，仍能做原先工作或一般工作的为三等残疾，依据医院确定的残疾等级和致残的具体原因，分别享受不同的物质保证。此项恤金由企业劳动保险基金支付。

凡在工作中因违反劳动纪律而负伤致残者，一律不发恤金。

2. 职工因公死亡时的物质保障。职工因公死亡，其丧葬费由所属企业行政全部负担，但最多不超过本人两个月的工资。此外，还要根据因公死亡职工的工龄以及因公致死的具体原因，从劳动保险基金中拨付死者供养的直系亲属以不同数额的抚恤金。此项抚恤金以十年为限，一般每三个月支付一次。

职工因公负伤致成一等残废，退职后死亡，如领取残废恤金已满十年，则一次发给三个月的残废恤金作为丧葬费；如领取恤金不满十年，除一次发给三个月残废恤金作为丧葬费外，并发给死亡抚恤金，直至致残后十年为止。

3. 职工患病和非因公伤残的物质保障。职工患病和非因公伤残，凡在本企业医疗所及指定医院治疗者，其医疗费全部由所属企业负担。在三个月以内，依据职工工龄长短，发给一定数额的工资补助金，此项补助金也由所属企业负担。职工患病和非因公负伤，超过三个月仍不能工作的，停发工资补助金，改由劳动保险基金项下，按月发给一定数额的救济金，直至本人恢复工作时为止。

职工直系亲属患病时，可在本企业设立的医疗所免费治疗，药费酌减。

4. 职工及其直系亲属死亡时的物质保障。职工本人病殁，由劳动保险基金付给相当于本人一个月工资的丧葬补助金，并付给死者供养的直系亲属一定数量的救济金。此项救济金按月付给，如有特殊需要，可一次或分期发给。

职工供养的直系亲属死亡，由劳动保险基金付给相当于本人一个月工资的1/3的丧葬补助金。

5. 有一定工龄的老年职工的物质保障。解放战争时期，无职工年老退休的制度。东北解放区对于在职和退职的具有一定工龄的老年职工实行生活补助金制度。按规定，职工年满60岁、工龄在25年以上的，以及下井工人和化工工人年满55岁、工龄在20年以上的，女工年满55岁、工龄在20年以上的，均可享受由劳动保险基金支付的养老生活补助金。

上述职工，凡能继续工作的，如在本企业工作满一年，每月领取相当于本人工资10%的补助金，工龄每增加一年，则补助金增加工资的1%，至工资的20%为止。

上述职工，凡不能继续工作而退职的，如在本企业工作满一年以上，每月领取原工资30%的补助金，本企业工龄每增加一年，则补助金增加原工资的2%，至原工资的60%为止。此项补助金发至本人老死为止，并一次发给3个月的补助金作为丧葬费。

6. 女职工生育儿女的物质保障。女职工生育儿女产前后给假45天，工资由所属企业行政照发。另外，在产前一个月内，由企业劳动保险基金内发给补助金一份，如是双胎，得于产后再补发一份。

7. 特等劳动英雄、特等功臣或立有特殊功绩者，得享受优异劳动保险条件，其在因公负伤治疗期间，除照发工资外，由所属企业供给本人生活费；因公致残和因公死亡的恤金、非因公患病负伤的补助金和救济金，以及养老补助金，较一般职工加倍发给，以本人工资100%为限。因公死亡丧葬费，本人及其直系亲属死亡时的丧葬补助金，本人病殁时的救济金和生育儿女的补助金，均较一般职工加倍发给。

以上各项规定适用于加入职工会的公营企业职工，未加入职工会的职工因公负伤时，享有与加入职工会的职工同等的恤金，但疾病、养老、死亡、丧葬、生育儿女的补助金，只能领取相当于职工会会员应领额的半数。

东北解放区采取渐进的方式实行劳动保险制度，先在国营铁路、矿山、军需、邮电、电气、纺织等企业试办，然后逐步推广于其他公营企业。其他公营企业根据本企业的需要与可能要求兴办劳动保险时，得由该企业的主管机关和职工会共同提出实施意见，呈请东北行政委员会和东北总工会批准。

其他解放区为了保护职工健康，减轻职工战时生活困难，也实行了与东北解放区类似的战时劳动保险制度。①

五、私营企业劳资争议的处理办法

鉴于正确处理私营企业中劳资争议问题对恢复和发展城市生产具有重要意义，中华全国总工会在1949年7月召开的全国工会工作会议上，依据第六次

① 《太原国营公营企业劳动保险暂行办法》（1949年7月5日），载太原军事管制委员会《政策法令汇集》第二册；《苏皖边区保护工厂劳动暂行条例》（1946年5月），载1946年5月21日《新华日报》。

全国劳动大会确定的原则，又制定并通过了关于处理劳资关系问题的三个规范性文件，即《关于劳资关系暂行处理办法》《关于私营工商企业劳资双方订立集体合同的暂行办法》《关于劳资争议解决程序的暂行规定》。同年 8 月 19 日，我国最重要的工商业中心城市上海，结合该市的情况把上述文件的规定具体化，而由上海市军事管制委员会颁布了《关于复业复工纠纷处理暂行办法》和《关于私营企业劳资争议调处程序暂行办法》。这些文件的总精神就是在人民政府的领导下，采取各种有效方式，实现劳资两利、发展生产的目的。它们涉及调整劳资关系的多方面内容，是当时处理劳资争议的基本依据。

1. 劳资双方订立集体合同和劳动合同的基本原则和程序。为了正确处理劳资关系，解决劳资争议，发挥职工的劳动热忱和资方经营生产的积极性，依据中华全国总工会 1949 年 7 月全国工会工作会议制定的《关于私营工商企业劳资双方订立集体合同的暂行办法》的规定，城市中各行各业的劳资双方，都要按照平等、自愿、协商的原则，签订集体合同和劳动契约。

集体合同就是一行业的劳资双方，经由各自组织的团体，按照既定的原则和程序，而签订的规定双方在一定期限内的权利和义务的书面协议。这种合同称为行业或产业总集体合同。在同一行业的同一企业中，劳资双方也可以订立单独的集体合同。所谓劳动契约是指规定同一企业中部分劳动者或某个劳动者与资方订立的有关劳动条件的书面协议。

订立集体合同必须遵循的原则，也就是正确处理私营企业中劳资关系的原则，这些原则是：劳方有参加工会和政治活动的自由，资方不得干涉；劳方有受雇解约的自由，资方不得强迫受雇；企业管理规则和劳动规程由资方拟定，其内容不得与政府法令相抵触，经劳动局批准后，劳方必须切实遵守，如有违反，资方有处分和解雇之权；资方为了生产上的需要有权雇用和解雇职工，但必须按照集体合同和劳动契约的规定办理，工会认为对职工处分或解雇不当，有权向资方提出抗议；资方复业招雇职工时，应优先录用因参加革命活动而被解雇的职工，在该城市解放前六个月被辞退的职工也应尽先补用。资方经政府批准停工歇业时，如无力偿还所欠职工债务，应报请劳动局召集劳资双方协商处理，资方所有的房屋、机器、原料、家具等，均不得交劳方或工会处理。职工每日劳动时间以 8—10 小时为原则，最多不得超过 12 小时。节假日依人民政府规定，无规定的依习惯；职工参加工会会议或其他活动，均不得占用生产时间；工会负责人占用生产时间要取得资方同意，每月不得超过两个工作日，工资照发。职工当选人民代表或团体代表，在参加会议期间，其工资由会议召集单位发给；在新解放城市中，资方要保持职工在解放前三个月的平均实际工资水平，如有增加或降低，须经劳动局批准；男女职工有同等技术，做同等工作，效率相同的，得享受同等报酬；女职工在生育前后休息45天，工资照发；职工因公致伤，在治疗期间，由资方照发工资并负担医药费；因公致残或死亡，由资方发给一定数额的恤金；职工病假期间的待遇和因病死亡的抚恤费，照企业旧章办理。

订立集体合同要按照一定程序有步骤地进行，首先订立各行业的总集体合同，总集体合同由该行业的工会代表劳方（工会未成立前由该行业的职工代表会议推选代表）与资方的同业公会代表根据平等、自愿、协商的原则协议签订，然后属于该行业的各工商企业的劳资双方再依据总集体合同订立各自的集体合同。

集体合同的内容包括：雇佣与解雇手续，制定厂规、铺规的手续和内容，工资、工时和假期，童工、女工的特殊待遇，以及劳动保护和职工福利等问题。

在议订集体合同时，先由劳资双方所组织的团体（工会和同业公会）各自召开全体会议或代表会议，选举各自的专门委员会，拟定各自的集体合同草案，交由劳资双方各自推选的同等数量的代表逐条研究，具体协商，在协商时，应邀请当地人民政府劳动局的代表参加。双方代表对合同内容初步达成协议后，带回各自的代表会议或全体会议修改，修改意见交由双方代表再次协商，这次达成的协议仍应送交劳资双方各自召开的代表会议或代表大会讨论，通过后双方代表签字，报劳动局批准施行。

总集体合同签订并经当地劳动局批准后，在有效期限以内，适用于该行业的所有工商企业，劳资双方均应认真执行。合同有效期满后，根据双方意愿可以延长，并由双方推举代表签订合同延期协定，报劳动局备案。

各私营工商企业的劳资双方根据本行业总集体合同单独签订的本企业集体合同，不得与总集体合同的内容相抵触，并且要取得该行业的工会和同业公会的同意，在有效期满、企业停办、转产或缩小生产规模时，即行宣告废止。

2. 处理复工复业纠纷的基本原则。解放战争时期，新解放城市中的私营工商企业一般都存在复工复业问题，复工复业过程中发生的劳资纠纷在当时整个劳资纠纷中占有相当大的比例，妥善解决这类纠纷对于恢复和发展生产具有重要意义，党和人民政府对此十分重视。以上海市为例，该市军事管制委员会于1949年8月19日发布《关于复业复工纠纷处理暂行办法》。该《暂行办法》虽是地方性法规，但由于上海是我国最重要的工商业城市，因而具有一定的代表性，它所规定的处理复业复工的基本原则既反映了其他城市处理同一问题的经验，对此后解放的城市也有参考意义。

关于私营企业开工复业的规定。凡已开工复业的私营工商企业，劳资双方都要根据劳资两利、发展生产的方针，共同克服困难，改善劳资关系，加强劳动纪律，搞好本企业生产。凡未开工复业或未全部开工复业的私营工商企业，如无重大困难，资方不得借故拖延开工复业。如果确有困难不能开工复业或需要歇业、转产的，必须得到市人民政府主管部门的批准。

关于私营企业职工复工的规定。私营工商企业于上海解放前四个月内（1949 年 2 月至 5 月）全部停业或暂时停业已将全体或部分职工遣散的，资方应视复业程度，分别情况，准予复工。凡全部复业的，应予全部复工，资方为此要通知职工在法定期限内（10 天）到厂报到，逾期不到，资方才能招雇新工。凡部分复业的，资方得按复业部分的需要，通知该部分职工复工，其他未能复工的职工，资方应于生产逐渐恢复时尽先录用，在相同技术条件下，不得招雇新职工。在企业开工复业时，离厂职工中因曾犯过失或技术低劣而被解雇的不得要求复工；解放前因战争关系自行离厂两个月以上的，也不得要求复工，但可向该厂工会登记，俟该厂增雇新职工时尽先录用；凡解放前曾经办理正式解雇手续或已领取解雇金而离厂的，只能向该厂工会登记，在该厂增雇职工时，由资方按生产需要和职工离厂先后分别录用，后离厂的先复工，先离厂的后复工，同时离厂的以抽签方式确定。离厂职工在他处已另有职业的，一律不得向原厂要求复工。凡属不得复工的失业职工，不得聚众进驻工厂，强迫复工，以免妨碍生产。

关于资方行使雇佣和解雇权的规定。资方为了生产和工作的需要，有权雇佣和解雇职工，但不得挟嫌报复或因职工参加工会及其他政治活动而借故解雇职工。解雇职工时，有劳动契约的，依契约规定办理；无劳动契约的，应于解雇前一个月通知劳方，并酌予解雇金，其数额最低不少于一个月的实际工资，最多不超过三个月的实际工资，其因过失而解雇的，不受以上规定的限制。

3. 处理私营企业劳资争议的基本程序。1948 年 8 月中国第六次全国劳动大会通过的《关于中国职工运动当前任务的决议》提出了处理劳资争议的基本方式为协商、调解和仲裁。翌年 7 月中华全国总工会召开的全国工会工作会议根据以上原则制定和颁布了《劳动争议解决程序的暂行规定》，作为各解放区一体遵行的规范性文件。有的解放区还结合本地区情况颁布了专门法规，如上海市军事管制委员会 1949 年 8 月 19 日颁布的《关于私营企业劳资争议调处程序暂行办法》就是对《劳动争议解决程序的暂行规定》的具体化。这些文件明确规定了解决劳资争议的基本程序。

劳资争议包括广泛的内容，其中有工时、工资、福利待遇、劳动保险、职工的任用、解雇、奖惩，企业内部工作规程，以及其他一切涉及劳动争议的事项。这些问题均应按照一定程序予以妥善解决，解决属于劳资争议范围的问题一般分为三个步骤。

协商：这是解决劳资争议的首要步骤和基本方法。按规定，属于一厂范围的劳资争议，应由该厂劳资双方各派代表直接协商，以求合理解决。属于同一行业或产业的劳资争议，应以行业或产业为单位，由劳资双方的团体（工会和同业公会）分别召开代表会议，推选同等数量的代表进行协商。如果协商成功，由双方代表签订协议，报劳动局备案。

调解：劳资争议在本企业或本行业内部虽经协商未能达成协议的，则应填写申请书，报请劳动局予以调解。劳动局审查申请书后，通知劳资双方各派代表来劳动局进行调解。调解如能成立，劳资双方的代表签具调解书，并在劳动局备案。

仲裁：劳资争议虽经劳动局调解，如果仍未达成协议，则由劳动局组织劳资争议仲裁委员会予以仲裁。根据上海市的规定，劳动争议仲裁委员会由劳动局、市总工会和同业公会各出代表一人组成，以劳动局的代表为主席。仲裁委员会的决定，由担任该委员会主席的劳动局代表签署，经劳动局长批准后，通知双方执行。经劳动局仲裁后，如果当事人一方表示不服，可于五日内通知劳动局并向人民法院起诉，在法院判决前，仍应执行仲裁决定。

劳资争议发生后，在协商、调解和仲裁过程中，劳资双方均应维持生产原状，资方不得关厂、停资或采取其他降低职工待遇的措施，劳方也应遵守劳动纪律，照常生产，不得有怠工或采取其他妨碍生产的举动。劳动局在调解和仲裁时，如发现有违反情况，得移送法院处理。

第十一章
婚姻立法和婚姻家庭制度

第一节 旧中国的婚姻家庭制度和中国共产党关于改革封建婚姻家庭制度的基本主张

一、旧中国的婚姻家庭制度

婚姻家庭制度，归根到底是由社会制度决定的。旧中国的婚姻家庭制度，是半殖民地半封建社会制度的产物。它的最后表现形式，是由国民党政府 1931 年 5 月开始施行的民法亲属编确立下来的。民法亲属编，是我国半殖民地半封建社会的婚姻家庭制度在法律上的集中表现。它确立的婚姻家庭制度，虽受西方资产阶级某些影响，但是，与两千多年来的封建婚姻家庭制度，相去无几。由于时代的变化和人民革命斗争的压力，国民党政府民法亲属编，一方面用“男女平等”、“一夫一妻制”等许多漂亮而空洞的词句，掩盖和粉饰现实，同时变相地默认了封建婚姻家庭制度。

旧中国，实行买卖婚姻，子女终身大事，由父母包办。国民党政府民法第九百七十一条、九百八十一条都规定，“未成年人”订婚与结婚，须“得法定代理人之同意”。这在流行早婚习俗的中国，肯定了强迫、包办婚姻的合法性，剥夺了子女婚姻自主的权利。为了防止子女不遵“父母之命、媒妁之言”自由相爱，规定了“结婚应有公开之仪式及二人以上之证人”，不具备这种形式者，婚姻无效。对封建婚姻的消极反抗者，实行报复，规定“因奸经判决离婚或受刑之宣告者，不得与相奸者结婚”，使有情人，终生不得为伴侣。法律固守封建婚姻堡垒，煞费苦心，四处设防，真可谓到了无以复加的境地。

旧中国的家庭，推行夫权统治。在家庭中妻子处于从属地位，男女不平等。妻子依附丈夫，姓要冠以夫姓。妻子对丈夫绝对负有同居之义务，以夫之住所为住所，完全失去了独立人格与人身自由。由于种种条件的限制，妇女本来就参加劳动少，因此，在法定家庭经济问题上，发言权乃至决定权是微乎其微的。国民党政府的民法亲属编，明文规定丈夫对夫妻共有财产有管理权，对妻子的个人财产也有“使用、收益之权”，如为管理上所必要时，还有处理权。在家庭领域，丈夫主宰一切，为所欲为，妻子如同奴隶，逆来顺受。

旧中国的婚姻家庭，确认蓄婢纳妾的合法性。有钱有势的地主、官僚、买办过着一夫多妻的腐朽生活。他们不以支配劳动人民的妻女、嫖妓宿娼、互相诱奸妻子为满足，还极力追求妻妾成群的封建贵族生活。适应他们的无耻要求，国民党政府民法亲属编规定：“虽非亲属而以永久共同生活为目的同居者，视为家属”，这样，就以“家属”的名义，把蓄婢纳妾行为合法化。如果这一规定还有点隐晦的话，那么，1931年司法院第六百四十七号解释例，就暴露无遗了。“娶妾并非婚姻，自无所谓重婚”，完全撕掉了“妾之制度，亟应废止”的假面具。

旧中国的封建家庭，实行家长制，漠视子女的利益。国民党政府民法亲属编规定，“家置家长”，同家之人，除家长之外，均为家属，家长管理家务。家长由亲属中最尊辈者为之，同辈者，以年长者为之。家长视子女为私有财产，子女从父姓，子女未成年者，以其父之住所为住所，以其父为法定代理人。家长有权管理和处置子女的特有财产，必要时，还可惩戒子女。这样，子女失去了人格，成为家长任意处置的对象。

旧中国的婚姻家庭制度，是地主买办阶级反动统治的支柱，是套在劳动人民特别是妇女脖子上的枷锁。因此，摧毁封建婚姻家庭制度，是中国共产党领导全国人民进行民主革命必须完成的重大历史任务。

二、中国共产党关于解放妇女和改革封建婚姻家庭制度的基本主张

中国共产党成立后，以她的民主革命纲领为指导，先后在党的二次、三次、四次全国代表大会上，制定了《关于妇女运动的决议》《妇女运动决议案》和《对于妇女运动之决议案》。这些重要文献，集中地体现了中国共产党提出的解放妇女、改革封建婚姻家庭制度的主张。

首先，这些文献在中国历史上第一次阐明了妇女解放的科学含义。决议认为，妇女的解放，就是广大妇女与劳动人民一起，从地主买办阶级的压迫和

剥削下解放出来，取得与男子一样的平等自由的权利，进而摆脱家务奴隶的地位，参与改造社会的工作。这个科学定义，揭露了地主买办阶级愚弄妇女的说教的反动本质，与资产阶级的“解放妇女”的主张划清了界限，为无产阶级领导的妇女运动指明了前进方向。

其次，这些文献分析了妇女受压迫的根源，指出只有消灭私有制，建立社会主义制度，妇女解放才能得以实现。资产阶级鼓吹解放妇女，男女平等，这对处于社会最底层的广大劳动妇女来说，是莫大的讽刺。正如中国共产党第二次全国代表大会通过的《关于妇女运动的决议》所指出的：“可是在他的制度之下，经济即不平等，妇女是得不到一切平等和自由的。他们不但成为资本家用以操纵劳动市价更廉贱的生产奴隶，并且负担资本主义社会组织中家庭的和母性的负担。所以在资本主义生产制度之下，妇女是得不到解放的。”

再次，这些文献论证了妇女解放与劳动解放的关系，指出“妇女解放是要伴着劳动解放进行的，只有无产阶级获得了政权，妇女们才能得到真正解放”。妇女解放，说到底是一个阶级问题。妇女受压迫的根源，获得解放的道路，同无产阶级是完全一致的。她们只有在无产阶级领导下，通过革命手段，摧毁地主买办阶级的统治，建立起无产阶级领导的人民民主政权，才能走上彻底解放的道路。

最后，这些文献要求，妇女运动应以工农妇女为骨干，切实代表她们的利益，提高工农妇女的地位，使她们成为妇女运动中的主要成分。但是在旧中国社会状况中，一般妇女解放运动也是一种革命力量，应该加以团结，作为党领导的妇女运动的重要组成部分。党的口号是：“全国妇女运动大联合”，“打破奴役女子的旧礼教”，“男女教育平等”，“男女职业平等”，“女子应有遗产继承权”，“男女社交自由”，“结婚离婚自由”，“保护母性”，“赞助劳动女同胞”。这些口号都统一在“打倒军阀”、“打倒外国帝国主义”的总口号之下，以引导占人口半数的妇女参加民主革命运动，求得自身解放。

三、大革命时期工农运动中关于解放妇女和婚姻问题的决议案

大革命时期，在工农运动中总是把解放妇女、改革封建婚姻制度放在重要位置上，视其为摧毁封建剥削制度的重要组成部分。因此，在各地的工会、农会代表大会上，中国共产党的地方党组织都以党的主张为指导，引导这些群众团体，制定并通过了关于保护妇女问题的决议案。如 1927 年 1 月湖北全省总工会第一次代表大会《女工童工问题决议案》和同年 3 月江西第一次全省农民

代表大会《农村妇女问题决议案》。前者反映了城市妇女解放的要求，后者体现了农村妇女摆脱封建婚姻家庭制度的愿望，它们的共同内容是：

1. 妇女都有参加工会、农会的权利。在工会、农会中，男女平等，妇女有选举权与被选举权。

2. 保障妇女在政治、经济、社会、教育上与男子有平等权利。

3. 反对一夫多妻制，禁止虐待妇女，禁止童养媳，严禁买卖人口和溺婴行为。

4. 实行婚姻自由，禁止买卖婚姻，取消聘金制度，结婚必须男女双方同意，允许寡妇再嫁。

5. 男女同工本酬，女子享有财产权和遗产继承权。

这些决议案，反映了广大妇女争取解放、改革旧的婚姻家庭制度的要求与愿望。尽管它还是不成熟的、萌芽状态的，但是，却对后来的工农民主政权的婚姻立法，提供了宝贵经验，可以说，它是新民主主义婚姻家庭制度的萌芽。

第二节　工农民主政权的婚姻立法和婚姻家庭制度

一、工农民主政权婚姻立法概述

土地革命战争时期，随着红色区域的开辟，特别是工农民主政权的建立和土地革命的发展，封建主义的婚姻家庭制度，受到了沉重的打击。由于劳动群众在政治上的翻身和经济上的解放，崭新的婚姻家庭关系孕育成熟。工农民主政府顺应了这种要求，进行了婚姻家庭立法工作。以 1931 年 12 月《中华苏维埃共和国婚姻条例》的颁布为标志，红色区域的婚姻家庭立法，分为前后两个时期。前期的婚姻立法，主要的有：1930 年 3 月的《闽西第一次工农兵代表大会婚姻法》，同年 4 月的《闽西苏维埃政府关于婚姻法令之决议的命令》，以及 1931 年 7 月的《鄂豫皖工农兵第二次代表大会婚姻问题决议案》等。[①] 这些法规的特点是，着重摧毁封建婚姻制度，草创和确立新的婚姻制度的基本原则，法律形式比较简单，条文也很抽象和概括，多由各地工农民主政府或其代表机关决定和颁布，在其管辖区内施行。后期的婚姻立法是中华苏维埃临时中央政

①《革命根据地法制文献选编》第四卷，中国社会科学出版社 1981 年版，第 796—801 页。

府，根据《中华苏维埃共和国宪法大纲》确立的解放妇女、婚姻自由、妇女脱离家庭束缚、参加社会活动的原则制定的。在总结前期各个工农民主政权立法成绩和经验的基础上，中华苏维埃共和国在 1931 年 12 月制定了《中华苏维埃共和国婚姻条例》。经过几年的贯彻执行，在 1934 年 4 月加以修订，以《中华苏维埃共和国婚姻法》的形式加以公布。[①] 后者补充和丰富了前者的内容，其主要表现是：一是在《总则》部分，增加了禁止"一妻多夫"的条文；二是在《结婚》部分，把"禁止男女在五代以内亲族血统的结婚"，改为"禁止男女在三代以内亲族血统的结婚"；三是在《离婚》部分，增添了"红军战士之妻要求离婚，须得其夫同意"的条文，并把"离婚后，女子如未再行结婚，男子须维持其生活"的规定，修改的更为合理化。与前期相比，这两个婚姻法突出的特点是：统一适用于共和国所属各个根据地，其内容、原则、条文都更为完备。

二、工农民主政权婚姻法的主要内容

（一）基本原则

中华苏维埃共和国《婚姻条例》和《婚姻法》确立的婚姻基本原则是：

第一，男女婚姻"以自由为原则"。工农民主政权确认的婚姻自由原则，不论结婚还是离婚，都需出自双方当事人的自由意志和愿望，任何一方或第三者，不得干涉。在承认结婚自由的同时，也承认离婚的自由。这个原则，是作为否定封建婚姻制度的对立物而出现的。在旧中国，盛行包办、强迫和买卖婚姻，排除了男女两性的自由意志，完全剥夺了婚姻当事人的自由权，是造成婚姻问题上无数惨剧的主要根源。用婚姻自由原则取代封建的强迫包办和买卖的婚姻，是解放妇女摧毁封建制度的重要措施。

从工农政权制定婚姻立法的那天起，就坚持这一原则。闽西第一次工农兵代表大会于 1930 年 3 月起草的《婚姻法》第一条规定："男女结婚以双方自愿为原则，不受任何人干涉。" 1931 年 7 月，鄂豫皖工农兵第二次代表大会在其《婚姻问题决议案》中也明确宣告，"男女享有离婚结婚之完全自由权"。中华苏维埃共和国颁布的《婚姻条例》和《婚姻法》第一条都"确定男女婚姻以自由为原则"。

① 《革命根据地法制文献选编》第四卷，中国社会科学出版社 1981 年版，第 788—795 页。

为了贯彻婚姻自由的原则，从前期的各工农民主政府的婚姻法令、决议到后期的中华苏维埃共和国婚姻法，都严禁强迫、包办、买卖婚姻，废除童养媳和强迫守寡，违者依法论处。比如，鄂豫皖工农兵第二次代表大会婚姻问题决议案第四条规定："父母所代订之婚，在法律上一概无效，无论男女，对其父母所代订婚约，随时得提出废除之"。闽西第一次工农兵代表大会婚姻法第三条也规定："寡妇任其自由结婚，有借端阻止者严办"。

第二，男女婚姻实行"一夫一妻"制的原则。工农民主政权确立的男女婚姻实行一夫一妻制的原则，包含下列意义：任何人只能有一个配偶，不能同时有两个或更多的配偶；一切公开的或变相的一夫多妻或一妻多夫的婚姻，都是非法的和不允许的。

在旧中国，法律虽然宣布实行一夫一妻制，但却以蓄婢纳妾为补充，不影响丈夫过公开的或秘密的多妻生活。

为了有效的保证一夫一妻制原则在红色区域里的贯彻执行，促进妇女解放事业的发展，中华苏维埃共和国在其颁行的《婚姻法》中，首先宣告任何形式的多偶婚为非法，明确规定严禁"一夫多妻或一妻多夫"制。各地工农民主政府也本着这一精神，作出了具体规定。1932 年 2 月湘赣苏区的婚姻条例规定："禁止多妻制，实行一夫一妻制"。严禁蓄婢纳妾，"有妻妾者，无论其妻或妾都可提出离婚，政府得随时批准之"。此外，红色政权宣布：妇女沦为娼妓者，即行解放，恢复其自由，其馆主和鸨母的财产分与妓女，绝对禁止贩卖妇女为婢妾娼妓，违者枪决。

（二）结婚和离婚的规定

工农民主政权的婚姻法令规定，男女婚姻关系，必须具备实质要件和形式要件，始能成立。

工农民主政府颁布的婚姻法令确定的男女结婚必须具备的实质要件是：

第一，必须双方自愿。为了充分体现婚姻自由的原则，从地方到中央的工农民主政府，都把男女双方自愿列为结婚实质要件的首要内容。《中华苏维埃共和国婚姻法》第四条规定："男女结婚须双方同意，不许任何一方或第三者加以强迫。"根据这个规定，结婚必须出于男女双方自愿，不准许一方对他方有丝毫强迫，不准许包括父母在内的第三者或任何人对双方当事人的婚姻进行干涉，凡违反这一规定的婚姻，法律一概禁止。已成婚的，当事人可请求政府依法处理。

第二，必须达到法定年龄。为了限制早婚的恶习，以利于青年一代的健康成长，《中华苏维埃共和国婚姻法》第三条规定："结婚的年龄，男子须满二十岁，女子须满十八岁。"

第三，必须无禁止结婚的血亲关系。《中华苏维埃共和国婚姻法》第五条规定："禁止男女在三代以内亲族血统的结婚。"

第四，必须无禁止结婚的疾病。《中华苏维埃共和国婚姻法》第七条规定："禁止患神经病及疯瘫者的结婚。"第六条也规定，"禁止患花柳病、麻疯、肺病等危险性传染病者结婚。但经医生验明认为可以结婚者，不在此例。"根据这个规定，凡是患有神经病和危险性传染病的人，不得结婚。只有在确已痊愈，经医生检查证明者，方得为婚。

工农民主政府颁布的婚姻法令确定的男女结婚必须具备的形式要件是，"男女结婚须同到乡苏维埃或市区苏维埃举行登记，领取结婚证。"根据这个规定，凡是男女结婚必须到法律规定的机关进行登记，领取结婚证，婚姻关系才能成立，这是男女结婚必须履行的法定手续。工农民主政府规定这个法定手续的目的，是帮助双方当事人同婚姻关系上的封建习俗和传统作斗争，审查和监督双方当事人婚姻关系成立是否符合法律规定的实质要件，以保证结婚自由原则的贯彻执行。《中华苏维埃共和国婚姻法》在确认实行婚姻登记制度的同时，对早先存在的婚姻，也给予法律地位。该婚姻法第九条规定："凡男女实行同居者，不论登记与否，均以结婚论。"

工农民主政府婚姻法令对离婚的原则和程序，也做了具体规定。《中华苏维埃共和国婚姻条例》第九条规定："确定离婚自由，凡男女双方同意离婚的，即行离婚；男女一方坚决要求离婚的，亦即行离婚。"这个规定，在当时摧毁封建婚姻家庭制度，保证妇女的婚姻自由中起过重要作用，对于因感情破裂或没有感情的婚姻的终止而各自重新建立幸福的新家庭，也是一个重大的措施。工农民主政府在具体处理离婚问题上持慎重态度，对离婚当事人提出的理由和条件，进行认真审查，把解除封建婚姻制度强加于婚姻当事人的精神枷锁和夫妻感情的破裂作为终止婚姻关系的基本原则。在离婚程序上规定，"男女离婚，须向乡苏维埃或市区苏维埃登记"。一经登记，婚姻关系即为废除。

（三）保护红军婚姻

为了保证革命战争的胜利，工农民主政权在婚姻问题上对红军官兵从法律上给以特殊保护。

鄂豫皖工农兵第二次代表大会婚姻问题决议案规定，要提高红色战士的政治地位，加强对红军家属的教育工作，使红军家属自觉的免除向红军战士离婚，还要使一般妇女自愿地同红色战士结婚。苏维埃政府须积极帮助红军家属改良生活状况，坚决反对和处罚对红军家属的勾引行为。《湘赣苏区婚姻条例》第三条也规定："男子出外二年没有音信回家的，女子可宣布与其出外之夫离婚，但当红军官兵者，须在四年以上没有音信回家者，才许宣布离婚"。中华苏维埃共和国成立后，中央临时政府吸收了前期工农民主政府颁布的婚姻法令有关保护红军官兵婚姻的规定，加以总结和提高，写进了中华苏维埃共和国婚姻条例和婚姻法之中，具体地规定了红军官兵离婚的条例。按照《中华苏维埃共和国婚姻法》第十一条的规定：红军战士之妻要求离婚，须得其夫同意。在通信便利的地方，经过两年其夫无信回家者，其妻才可向当地政府请求登记离婚。在通信困难的地方，经过四年其夫无信回家者，其妻才可向当地政府请求登记离婚。这个规定的贯彻执行，稳定了军心，鼓舞了红军官兵英勇杀敌，努力作战，保卫和巩固了工农民主政权和土地革命的胜利成果，同时，也符合妇女解放的根本利益。

（四）离婚后财产处理原则和子女抚养的规定

男女离婚，导致夫妻身份关系的消灭，也终止了他们之间的财产关系。因此，工农民主政府的婚姻法令，必须对他们原有和共有财产分割、债务清偿以及子女抚养等问题作出规定，其处理原则是：第一，共同财产的分割，实行平等的原则。离婚后，男女原来的土地、财产、债务，各自处理。在结婚满一年，男女共同经营所增加的财产，男女平分。离婚后，女方如果移居到别的乡村，得依照新居乡村的土地分配率分得土地。如新居乡村已无土地可分，则女方仍须领有原有的土地，其处置办法，或出租，或出卖，或与别人交换，由女方自己决定，男方不得干涉或没收。第二，因离婚而引起的义务和责任，由男方负担的原则。离婚后，男女同居时所负的共同债务，归男方负责清偿，女方如未再行结婚，并缺乏劳动力，或没有固定职业，因而不能维持生活者，男方须帮助女方耕种土地，或维持其生活，但男方自己缺乏劳动力，或没有固定职业，不能维持生活者，不在此例。

工农民主政府认为，儿童是新社会的主人，尤其在过去社会习惯上不注意看护他（她）们，因此，关于儿童的看护有特别的规定。离婚后，家庭共有土地和共有财产，按人口平分，子女得一份，子女归母或归父抚养，可以带走。

离婚前所生子女及怀孕的小孩，均归女方抚养，如女方不愿抚养，则由男方抚养。但年长的子女，由谁抚养，应尊重子女的意见。所有归女方抚养的子女，男方须担负小孩必需生活费的 2/3，直至 16 岁为止，其支付办法，或支现金，或为小孩耕种分得的土地。女方再行结婚，其新夫愿抚养者，小孩的亲父才可不负担小孩生活费。但领养小孩的新夫，必须向乡苏维埃或市苏维埃登记，一经登记后，即须负责抚养成年，不得中途停止或虐待。

（五）禁止虐待抛弃非婚生子女

针对旧中国鄙视私生子的恶习，工农民主政府十分关怀他（她）们的生活，非常重视保障非婚生子女的合法权益。中华苏维埃共和国成立后，在其婚姻条例和婚姻法中明确宣告，非婚生子女，享有婚生子女的一切权利，严禁虐待和遗弃。

婚姻法的制定和实施，是中国历史上的一场伟大变革。它给广大妇女带来了幸福和切身利益，对于调动广大妇女的革命积极性，努力生产，动员和支持自己的丈夫参加革命战争，巩固工农民主政权，有着无法估量的意义。

婚姻法的制定和实施，给国民党统治区的广大妇女，指出了革命的道路，带来了解放的希望。全国妇女从苏区的革命实践中认识到，只有在共产党的领导下，推翻地主买办阶级的反动统治，建立人民的政权，提高妇女的政治地位，实行土地革命，才有妇女的解放和婚姻自由。

第三节　抗日民主政权的婚姻立法和婚姻家庭制度

一、婚姻立法概况

抗日民主政权先后制定和颁布了许多婚姻条例、命令和决定。具有代表性的如：1939 年的《陕甘宁边区婚姻条例》、1941 年的《晋察冀边区婚姻条例草案》和《晋绥边区婚姻暂行条例》、1942 年颁布的《晋冀鲁豫边区婚姻暂行条例》、1943 年制定的《晋察冀边区婚姻条例》、1944 年通过的《修正陕甘宁边区婚姻暂行条例》以及 1945 年公布的《山东省婚姻暂行条例》。[①]

此外，为了保护抗日军人的婚约和婚姻，各抗日民主政权还单独发布命令、决定和制定单行条例。这些法律主要有：1943 年的《陕甘宁边区抗属离婚处理办法》和《山东省保护抗日军人婚姻暂行条例》、1944 年的《修正淮海区抗日军人配偶及婚约保障条例》以及 1945 年的晋冀鲁豫边区关于保障军婚的通令等。[②]这些法律，体现了民族利益高于一切的精神，使保护抗日军人婚姻成为抗日民主政权婚姻立法的重要原则之一。

二、婚姻法内容的新发展

抗日民主政权在继承苏维埃时期婚姻立法内容的基础上，适应抗战的需要，结合各个根据地的实际，总结新鲜经验，大大地丰富和发展了工农民主政权的婚姻立法，其主要内容是：

（一）婚姻立法原则的发展

工农民主政权确立的婚姻立法原则，是婚姻自由，一夫一妻制。这些原则在抗日民主政权的婚姻条例中，又得到进一步的补充和发展。例如，1941 年 7 月 7 日晋察冀边区行政委员会发布的指示信《我们的婚姻条例》，指出：婚姻条例的基本精神之一，是“男女在社会上、政治上、经济上、家庭地位上，一律平等，实行严格的一夫一妻制”。1942 年 1 月《晋冀鲁豫边区婚姻暂行条例》第一条规定：“本条例根据平等、自愿、一夫一妻制之婚姻原则制定之。”1945 年《山东省婚姻暂行条例》第一条规定：“本条例根据山东省战时施政纲领男女平等、婚姻自由及一夫一妻之原则制定之。”

为了实现上述原则，抗日民主政权的婚姻立法规定，废除一切强迫、包办和买卖的封建婚姻形式。如陕甘宁边区存在的童养婚，晋察冀边区存在的奶婚、代娶婚，山东抗日根据地存在的抢婚等。同时宣布废除纳妾、蓄婢、兼祧、伙妻等一夫多妻或一妻多夫的各种封建婚姻形式，并对几种存在较多、影响较大的一夫多妻制的封建婚姻形式，作了具体的处理规定。如婚姻条例颁布以前所纳之妾，可随时向对方要求离去，并得要求生活费用，其数量之多

---

①《革命根据地法制文献选编》第四卷，中国社会科学出版社 1981 年版，第 804—807、808—811、847—852、838—842、826—829、808—811、858—862 页。

②《革命根据地法制文献选编》第四卷，中国社会科学出版社 1981 年版，第 807—808、857—858、871—874、845—847 页。

寡，发生争执时，由司法机关酌定。婚姻条例颁布以前所蓄之婢，得随时要求离去，主方不得索还身价。兼祧之妻也得随时要求离去，并得要求相当之赡养费。

（二）改革订婚制度

工农民主政府认为，订婚往往由父母或他人为未成年人代订，是强迫、包办和买卖婚姻的表现形式，违反男女婚姻自由的原则，不利于消灭封建婚姻制度，所以工农民主政权的法律，不承认订婚这种形式，并且宣布，取消聘金聘礼，已订婚约而未结婚者，如一方不同意，即可解除。抗日民主政权吸收了这方面的经验教训，把婚姻自由的原则与根据地的实际情况结合起来，认为订婚这种习俗，深种在广大人民群众之中，不是靠颁布一个法律或短时间所能根除的。应该在反封建的斗争中，启发和教育广大人民群众，并通过法律，加以正确疏导，使订婚行为纳入婚姻自由的轨道。因此，抗日民主政权的婚姻法律，一方面规定“婚姻不以订婚为必经手续”，另一方面确立了新式的订婚制度。

第一，订婚原则。抗日民主政权确立的订婚原则有三：

1. 双方自愿的原则。1942 年的《晋冀鲁豫边区婚姻暂行条例》第三条规定：“订婚须男女双方自愿”。订婚，男女双方以本人之自愿为原则，他方不得强迫，任何人不得干涉。订婚男女双方，有一方不愿继续婚约者，均得请求解除婚约。已订婚之男女，在结婚前，如有一方不同意者，也得解除婚约。

2. 当事人自订的原则。1945 年的《山东省婚姻暂行条例》在第二章《订婚》中规定“订婚应由男女当事人自行订定。”这项原则要求，男女订婚，必须由男女双方亲自签订婚约。废除代订婚约制度，非自愿而他人代订之婚约，无论男女任何一方，坚持不同意或不愿履行者，均可解除。

3. 不得索取金钱和物质报酬的原则。为了反对买卖婚姻，坚持自愿、自订婚约制度，各地抗日民主政府的婚姻立法，都确认了这一原则。比如 1942 年的《晋冀鲁豫边区婚姻暂行条例》第五条规定：“订婚时，男女双方均不得索取金钱或其他物质报酬。”按照婚姻条例的规定，婚约解除后，曾收对方之金钱、财物者，应如数退还。如一次不能退还时，得订定契约，分期偿还，倘确实无力偿还而他方也非常贫穷者，不在此限。条例实施后，男女双方订婚，一律不得索要金钱、物质报酬及其他财物。已订婚之男女，在结婚前，如有一方不同意者，解除婚约时，应退还互送之订婚礼物，但纯系纪念性质之物品交换，不在此限。

第二，订婚年龄。为了限制早婚陋习，各地抗日民主政权的婚姻条例，都对订婚年龄做了具体规定。晋冀鲁豫边区、晋绥边区、淮海等地规定，男不满17岁，女不满15岁，不得订婚。山东抗日根据地则规定，男不满17岁，女不满16岁，不得订婚。违反年龄规定者，政府不予登记，并宣布婚约无效。

第三，订婚手续。为了严肃订婚制度，审查婚约是否符合自愿、自定、年龄和不要金钱财物的规定，各地抗日民主政权的婚姻立法，都对订婚确立了法定手续。其法定手续，有两种形式：一是向政府登记方为有效。这种方式，以晋冀鲁豫边区为代表。《晋冀鲁豫边区婚姻暂行条例》规定，订婚时，男女双方在区级以上政府登记为有效。违反自愿、年龄、索要金钱物质报酬者，不得登记。订婚男女双方，有一方不愿继续婚约或结婚者，得请求解除婚约，解除婚约时，须向区级以上政府声明备案。一是须有婚约及证人者方为有效。这种方式，以山东抗日根据地和淮海区抗日根据地为代表。山东省和淮海区婚姻条例都规定，订婚时，须有婚约及证人者，方为有效。

第四，解除婚约的条件。有的婚姻条例，规定了解除婚约的具体条件。比如晋绥边区的婚姻条例规定，有下列情形之一者，他方得提出解除婚约：（1）婚约订定后，再与其他人订婚或结婚者；（2）故违结婚期约者；（3）生死不明已满二年者；（4）患花柳病或其他恶疾者；（5）婚约订定后，成为残废，或残废情形严重者；（6）受二年以上徒刑之宣告者；（7）有汉奸行为，经讯证属实者；（8）有其他重大事由者。凡依（1）（2）之规定，婚姻解除时，无过失之一方，得向有过失之一方，请求赔偿其因此所受之损失。婚约当事人之一方，无上述之理由而故违婚约者，对于他方因此所受之损失也应负赔偿之责。

（三）结婚规定的新变化

在结婚问题上的新变化表现在，一是婚龄的规定趋向低龄化；二是结婚的法定手续比过去复杂化；三是限制亲属间结婚的规定更为严格化。

抗日民主政权婚姻条例规定的结婚年龄，概括起来，分为三种。第一种，是陕甘宁边区和晋察冀边区，男满20岁，女满18岁，始得结婚；第二种，是晋绥边区、晋冀鲁豫边区、淮海区，男不满18岁，女不满16岁不得结婚；第三种，是山东抗日根据地，男须满18岁，女须满17岁，方能结婚。同苏维埃时期相比，抗日民主政权婚姻立法规定的婚龄有所下降。其主要原因是历史遗留的早婚恶习，依然禁锢着人们的头脑，广大群众需要有一个认识早婚危害性的觉悟过程。如果硬性规定超出群众觉悟水平的婚龄，势必难以实现。只能因势利导，规定最低婚龄，以限制早婚恶习。

抗日民主政权婚姻条例规定的结婚法定手续，一方面继承了苏区时期的好传统，这就是结婚男女双方须到政府进行登记，领取结婚证，方为合法。有的规定，请求结婚之男女，必须到乡（市）、村政府进行登记（如陕甘宁边区、晋绥边区）。有的则规定，结婚之双方，须到区以上政府进行登记（如晋察冀边区、晋冀鲁豫边区）。进行登记的目的，都是为了审查结婚是否符合法定条件。另一方面，也照顾旧的结婚习惯，如陕甘宁边区的修正婚姻条例规定，结婚须有二人之证明。山东抗日根据地的婚姻立法规定，结婚须有公开之仪式。晋察冀边区和淮海区则规定，结婚须有公开之仪式及二人以上证明。

抗日民主政权的婚姻条例关于禁止结婚条件的规定，有的与苏区时期大致相同，如禁止花柳病、麻疯病、疯瘫病、重肺病等不治之恶疾者结婚，禁止有生理缺陷、不能人道者结婚，禁止有配偶者、未离婚而重为结婚。但在限制亲属间结婚的范围上，规定更为严格了。抗日民主政权婚姻条例禁止亲属间结婚的规定，分为三种，一是陕甘宁边区，禁止直系血统关系者结婚。二是山东抗日根据地，禁止本族五服内血亲结婚，亲姑表姨亦应尽量避免缔结婚姻。三是晋察冀边区进一步地规定，与下列亲属不得结婚：（1）直系血统及直系姻亲；（2）八亲等以内之旁系血亲，但表兄弟姊妹不在此限；（3）五亲等以内之旁系姻亲辈分不相同者。从总的方面来看，这与苏区禁止男女三代以内亲族血统者结婚，显然是一种更为严格的限制。

（四）离婚规定的具体化

抗日民主政权婚姻条例规定的离婚有两种形式，一是双方自愿离婚，又称两愿离婚或协议离婚。双方自愿离婚，是指感情意志根本不合，不愿同居，以双方当事人各自的自由意志为基础，共同协议而要求解除夫妻关系的法律行为。为了贯彻离婚自由和严肃男女关系起见，对这种婚姻关系的解除，抗日民主政权都规定了严格的法律手续。陕甘宁边区规定，双方自愿离婚者，须到乡（市）政府进行登记，领取离婚证，方为有效。晋绥边区规定，自愿离婚的双方，要到区公所申请，转县政府，领取离婚证，方为合法。晋察冀边区规定，两愿离婚者，须到县（市）司法机关请求登记，并有二人以上证人之签字，方得解除婚姻关系。山东抗日根据地则规定，合意离婚者，一要有二人之证明，写出离婚协议书，二须向县政府提出请求，经审查属实，领取离婚证，始得离婚。二是单方提出的离婚。对于单方提出的离婚，抗日民主政权从离婚自由和现存婚姻关系的实际出发，采取十分慎重的态度。非具备一定条件者，不准离婚。抗日民主政权婚姻立法确定的主要离婚条件是：（1）充当汉奸者或被判处三年以上徒刑者；（2）有重婚之行为者；（3）感情意志根本不合，无法继续同居者；（4）与他人通奸者；（5）虐待他方者；（6）以恶意遗弃他方者；（7）图谋陷害他方者；（8）生死不明已过三年者；（9）患不治之恶疾或不能人道者；（10）男女一方不务正业，经劝解无效，影响他方生活者；（11）有其他重大事由者。

此外，各地抗日民主政权的婚姻条例还一致规定，女方在怀孕及生育期，男方不得提出离婚。对具备离婚条件者，有的规定，须于分娩后三个月提出，有的规定在一年后提出，以保证婴儿和母亲的身心健康。

有的抗日民主政权则规定了特殊离婚条件。如晋绥边区规定，离婚三次，不得再离婚。晋冀鲁豫边区规定，吸食毒品或有其他不良嗜好者，经屡次劝解不改者，他方可以提出离婚。淮海区抗日民主根据地规定，违反抗战利益，夫妻严重对立，不能维持夫妻关系者，也可离婚。

（五）离婚后财产处理规定的合理化

关于离婚后财产的处理问题，抗日民主政权继承了苏维埃时期的规定。离婚前，双方各自原有之私产及其婚后所得之增益，原则上各自取回。但以某种契约或双方自愿变为共同财产的，不在此限。女方原有私产之减少，不因生活必须时，其减少部分，经证实后，由男方补偿。但减少之原因，非归责于男方者，不在此例。双方因过共同生活而已享用者，任何一方不得追求赔偿。婚后共同经营所获得之财产，除留给子女的外，以平分为原则，但须互得同意。

关于离婚后债务的处理问题，抗日民主政权的婚姻立法，一方面规定，婚前各自债务，各自偿还。另一方面规定，婚后共同经营生产和生活所负的债务，原则上在离婚后共同负责处理，只在离婚后女方确无私产而又无劳动能力时，才由男方单独负担。这就改变了苏区一律由男方负担的规定。这是抗日民主政权的婚姻立法强调男女平等和妇女经济能力提高的必然结果。

关于离婚后男方给予女方赡养费的问题，抗日民主政权的婚姻立法比苏区的规定也更趋向合理性。这从抗日民主政权婚姻条例和《中华苏维埃共和国婚姻法》的不同规定中，便可看得很清楚。《中华苏维埃共和国婚姻条例》规定："离婚后，女子如未再行结婚，男子须维持其生活，或代种田地，直至再行结婚为止。"这一规定的缺点是，没有考虑到是否完全必要和可能等复杂情况，因而在执行中曾发生某些不必要的纠葛。1934 年的《中华苏维埃共和国婚姻法》将其改为“离婚后，女子如未再行结婚，并缺乏劳动力，或没有固定职业，因而不能维持生活者，男子须帮助女子耕种土地或维持其生活，但如果男子自已缺乏劳动力或没有固定职业不能维持生活者，不在此例。”而抗日民主政权的婚姻立法则做了三个限制性的规定：（1）《陕甘宁边区婚姻条例》提出了年限规定：“离婚后，女方未再结婚，因无职业、财产或缺乏劳动力，不能维持生活者，男方须给以帮助，至再婚时为止，但最多以三年为限。”（2）《晋察冀边区婚姻条例》提出了区分过失与无过失的规定，“妻方无过失因判决离婚而生活陷于困难者，夫方纵无过失，亦应给予相当赡养费，但无力支出此项费用者，不在此限。”（3）《晋冀鲁豫边区婚姻暂行条例》则规定了男方给予女方帮助或不予帮助的具体条件，如离婚后，女方无职业、财产或缺乏劳动力，不能维持生活者，得由男方给予相当之赡养费，至再婚时为止。但女方被处三年以上之徒刑者，充当汉奸者，吸食毒品或有其他不良嗜好经屡劝不改者，不适用前项之规定。

对于赡养费问题，抗日民主政权之所以这样规定，是为了使一切可能的离婚者，脱离物质之限制，真正做到离婚自由。

（六）离婚后子女抚养教育规定的新变化

抗日民主政权同工农民主政权一样，十分关心离婚后子女的抚养教育问题，因此，婚姻条例都设有专章加以具体规定。但同苏维埃时期相比，也有一些新变化。

第一，根据子女年龄的特点，确定抚养人。

综观抗日民主政权关于子女年龄的规定，大体分为五种情况：一是《晋冀鲁豫边区婚姻暂行条例》规定：“男女离婚前所生之子女，离婚后尚未满四周岁者，由女方抚养，已满四周岁者，由男方抚养。其另有约定者，从其约定。”二是《晋察冀边区婚姻条例草案》规定：“男女未离婚前所生子女，离婚后尚未满五周岁者，归女方抚养，已满五周岁者，应尊重子女之意思，随父随母，不得强迫。”三是《山东省婚姻暂行条例》规定：“男女离婚时，有子女未满六岁者，由女方抚养，已满六岁者，由男方抚养。其另有约定者，从其约定。”四是《修正陕甘宁边区婚姻暂行条例》规定：“男女离婚前所生之子女，未满七岁者，由女方抚养，已满七岁者，随父随母，得尊重子女之意见，父母不得强迫，但得承认父母与子女之关系。”五是《晋绥边区婚姻暂行条例》规定：“离婚前所生之子女，抚养有约定者，从约定。无约定者，由母方抚养至十三岁为止，十三岁后，从父从母，由子女决定。”

子女依法或依约定抚养，如发生争执，子女年幼而男方不适合抚养者，归女方；年龄较大者而女方不适合抚养者，归男方。如双方拒绝抚养者，由司法机关判归有适合教养条件之一方。

第二，根据抗日斗争的条件，确定子女抚养费。

苏区的婚姻立法具体规定，一般由男方承担子女抚养费 2/3，至 13 岁为止。抗日民主政权改变了这种硬性的规定，一般是子女由男女一方抚养时，如无力维持其生活，任何一方必须帮助抚养子女之生活费。有的抗日民主政权还规定，女方未再婚，归其抚养之子女，男方给女方抚养子女费，至再婚时为止。晋绥边区规定，由女方抚养子女时，男方承担子女抚养费至 13 岁为止。

第三，根据传统的家庭观念，确定新夫的抚养责任。

抗日民主政权的婚姻立法规定，女方再婚，所带之子女，由母和新夫共同负责抚养。只有约定子女长大归其生父者，抚养子女费，才由其生父继续承担。这就改变了苏区时期只有在新夫愿意抚养的条件下，才由其抚养的规定，更加符合中国传统的家庭观念，以保证子女的抚养落到实处。

第四，确保非婚生子女合法权利，严禁杀害私生子。

抗日民主政权一方面继承了工农民主政权婚姻立法的精神，规定非婚生子女得享受婚生子女的一切权利，非婚生子女与婚生子女的法律地位一律平等，任何人不得歧视，不得抛弃。经生母提出证据，证实其生父者，得强制其生父认领或负责供养其抚养费。另一方面明确规定，严禁抛弃私生子，因抛弃致死者，或杀害私生子者，以杀人论罪。

三、保护抗日军人的婚姻

抗日民主政权的法律所规定的保护抗日军人婚约和婚姻的主要内容有：

（一）关于抗日军人婚约的法律规定和保护抗日军人婚约的措施

抗日民主政权为了能够依法正确地保护抗日军人的婚约，对婚约的内容作了具体的规定。如《修正淮海区抗日军人配偶及婚约保障条例》第四条指出：“婚约，指入伍前已订定之婚约。”

抗日民主政权的法律规定，抗日军人之未婚妻，请求解除婚约，须经本人同意，否则，不得解除。但是，超过法定年限者，经查证属实，在当地政府登记后，准予解除婚约。对于年限的规定，各地抗日民主政权有两种不同的规定，一是陕甘宁边区等根据地，规定凡是其未婚夫三年无音讯，或有音讯而女方已超过结婚年龄五年以上者，可以解除婚约。二是晋冀鲁豫等根据地，规定凡是未婚夫两年无音讯，或有音讯不能回家结婚而女方已超过20岁者，再延长一年，方可解除婚约。

山东抗日民主政权颁布的《保护抗日军人婚姻暂行条例》对违犯婚约的行为作了具体的规定。该条例第四条规定，不依本条例，而与抗日军人解除婚约者，抗日军人或其家属得声请恢复其婚约关系。第五条还规定，违犯本条例与抗日军人之未婚妻订婚，其婚约无效，其因此所受之任何损失，概不予以法律上之保障。

淮海抗日民主政权制定的《修正淮海区抗日军人配偶及婚约保障条例》，还对破坏抗日军人婚约的犯罪行为作了处刑的规定。

（二）关于“抗日军人”、“配偶”的法律概念和保护抗日军人婚姻的措施

抗日民主政权对抗日军人和抗日军人配偶的概念，作了法律规定。所谓“抗日军人”是指现在抗日部队、军事机关或军事学校服务之指挥员、战斗员、政治工作员、供给人员、卫生人员、教员、学员及其他军事服务人员而言的。抗日军人的“配偶”是指已结婚之夫妻。这两个概念的法律化，不仅为贯彻执行优抗条例指明了范围，而且为保护抗日军人的婚姻关系也规定了明确的对象。

抗日民主政权的法律规定，抗日军人之配偶，除确知其夫已经死亡、逃跑和投敌之外，未经抗日军人之同意，不得离婚。妻子请求离婚时，政府或司法机关应尽力说服。坚决不同意时，则照年限的规定，准予离婚。对于年限的规定，由于各个抗日民主政权所处的情况不同，做法也不一样。有的抗日民主政权规定，五年以上不得其夫音讯者，可提出离婚请求，经政府查证属实，书具亲属凭证，方可离婚。有的抗日民主政权开始规定，抗日军人四年以上毫无音讯者，女方得另行改嫁。后来，以“战争环境，交通阻塞，抗日军人远离家乡，邮寄困难”为由，改为五年。有的抗日民主政权规定，抗日军人生死不明四年以上者，配偶方得请求离婚。有的抗日民主政权规定，在抗战中，其夫三年无音讯者，其配偶方可另行改嫁。有的抗日民主政权则规定，抗日胜利后，过一年再无其夫音讯者，始准离婚。此外，晋冀鲁豫、晋察冀和山东等抗日民主政权，还特别照顾荣誉军人的离婚问题。这些地区的法律都规定，配偶一方，如系荣誉军人，他方不得因残废而提出离婚，但生殖器官受伤完全无生殖

机能者，不在此限。

抗日民主政权还运用法律手段，同违法和犯罪行为作斗争，以确保抗日军人的婚姻。《山东省保护抗日军人婚姻暂行条例》规定，不依本条例而与抗日军人离婚者，抗日军人或其家属得声请恢复其婚姻关系。违反本条例，与抗日军人之配偶结婚者，其婚姻无效，其因此所受之任何损失，概不予以法律上之保护。《晋冀鲁豫边区妨害婚姻治罪暂行条例》则规定，“煽动抗日军人家属离婚成为事实者，要处五年以下一年以上之徒刑，并科1000元以下之罚金。”《修正淮海区抗日军人配偶及婚约保障条例》规定得更为全面和具体。该条例第七条规定：“娶抗日军人配偶者，处三年以下有期徒刑。”从中说和或主持这种非法婚姻者，处一年以下有期徒刑。第十一条还规定：“与抗日军人配偶通奸，或和诱略诱其脱离家庭者，各依普通刑法加重处刑。”但本条例公布以前，娶抗日军人之配偶的犯罪行为，须告诉乃论，得减轻处罪。

抗日民主政权的法律还明文规定，抗日军人不在家乡，其诉讼行为，除抗日军人本人得委托其亲族代理外，其直系尊亲属或兄弟，或部队政治部派员，或区村优抗委员会，均得代表行之。

四、男女平等的遗产继承制度

抗日民主政权的继承制度，与一切剥削阶级的继承制度有着本质的不同，它根源于新民主主义经济制度，以男女平等为基本出发点。

（一）继承制度的基本原则

第一，男女平等的原则。《山东省女子继承暂行条例》第一条规定：“本条例以男女平等之原则制定之”。第二条规定：“女子有遗产继承权，除自愿放弃外，任何人不得妨碍或限制之。”这一原则的确立，有利于妇女社会地位的提高。

第二，奉养父母的原则。各抗日民主政权的继承法规定，夫或妻死亡后，其夫或妻之遗产，由其夫或妻与子女同等继承，在财产分析后，其夫或妻有生活困难时，其子女有奉养之义务。抗日民主政权法律确立的继承，是权利与义务的统一。继承人不仅有继承父母遗产的权利，而且还有奉养老人的义务。奉养父母的原则，反映了新民主主义家庭经济职能的要求，也是无产阶级社会道德观的体现。

（二）遗产继承的形式

各地抗日民主政权规定的继承形式有两种，即法定继承和遗嘱继承。《陕甘宁边区地权条例草案》第二十二条规定："地权之继承权，得依被继承人之意志或遗嘱支配之，如被继承人无上项决定或遗嘱时，得依下列规定配合边区内习惯法施行之：（1）夫妻有相互继承权；（2）嫡系卑亲属有同等继承权；（3）养子女之继承权与婚生子女同。如无前项情形者，即依边区内习惯法办理。"1941年11月《晋冀鲁豫边区土地使用暂行条例》规定了对于"绝户土地"的处理办法："绝户土地"依土地所有人之遗嘱处理。无遗嘱者，依其最近亲属继承；无最近亲属者，由政府宣布为本族公产，或本村公产，兴办公益事业。

（三）对女子继承权的保护

抗日民主政权对于贯彻女子继承权中遇到的各种问题，作了下列具体规定。

第一，被继承人生前有女无子，他（她）的全部遗产，都归其女（不论一女、多女、已嫁、未嫁）继承，任何人不得阻止或强作嗣子，以分他（她）的遗产。但是，生前承养的养子或嗣子，取得其应继份额。

第二，被继承人只有一子一女，或一子数女，其子在他（她）死后，已经占有他（她）的财产，而有继承权的已嫁女子，并未提出分割遗产要求时，其继承权视为抛弃，不能回复。但由于参加抗战，或经营其他事业，背井离乡，不知被继承人死亡，或已知死亡而事实上不能返归本籍，实行继承者，不在此限。以上视同抛弃继承权之已嫁女子，生活确系贫困者，得要求其兄弟接济一部分生活费用。遇有争议时，由村公所或抗联会调解。

第三，被继承人在世时，已把他（她）的财产分给或赠予一部分继承人，其他继承人只能对于被继承人死亡时留下来的未曾分给或赠予的财产行使继承权；对于已经分给或赠予的一部分财产，不得请求回复继承权。

第四，寡妇再嫁，如无子女者，其在夫家继承之财产，准其全部带走，任何人不得妨害与限制。如有子女者，其在夫家继承之财产及其个人之财产，均须留一部分给其子女，如其子女随走，财产可全部带走。

五、贯彻婚姻法的成绩和经验

抗日民主政权贯彻和执行婚姻立法取得了巨大成绩。据晋察冀边区统计，从1942年初，大规模地贯彻婚姻条例以来，北岳区的平山县，1月至5月婚姻案件达196起，占该县民事案件的56%。同一时期，该县两愿离婚经政府登记的，就有268起。唐县1月至5月，婚姻案件也有91起之多。冀中区，从1941年至1942年的两年中，婚姻案件占民事案件的1/2以上。这说明，旧的婚姻制度已经开始瓦解和动摇。合理的严肃的婚姻关系已在日益发展。1941年6月至1942年8月，北岳区的1492起离婚和解除婚约的案件中，由女方提出的就有974起，占65%，而且绝大多数理由是"感情意志根本不合，以致不能同居。"① 再据陕甘宁边区的统计，1942年全边区婚姻案达224起，占民事案件828起的29.2%；1943年婚姻案发生203起，占民事案件780起的26%；1944年上半年婚姻案87起，占民事案件287起的30%。② 婚姻案件之所以这样多，除了证明边区的婚姻条例深得民心和拥有巨大威力外，还证明广大妇女已在冲破封建婚姻枷锁，为建立自愿结合、幸福、和睦、团结的新家庭而积极斗争。

抗日民主政权在贯彻执行婚姻法的过程中，创造了丰富的经验。这些经验闪烁着延安精神，体现了党的优良传统与作风，是值得我们继承和发扬的宝贵遗产。

（一）加强边区政治经济建设，奠定新婚姻制度的基础

抗日民主政权在马列主义、毛泽东思想指导下，通过贯彻执行婚姻法的实践，深刻地认识到，男女平等、婚姻自由和一夫一妻制的新婚姻制度，不是仅靠法律的规定便能做到的，主要靠加强边区的经济建设，创造政治条件和物质基础，才能得以实现。毛泽东同志早就说过："至于家族主义，迷信观念和不正确的男女关系之破坏，乃是政治斗争和经济斗争胜利以后自然而然的结果。"③

据此，各个抗日民主政权，一方面制定婚姻立法，大力宣传，努力贯彻执行。另一方面，抓紧政治经济与文化建设，为其实现提供基础。在政治上，发动妇女积极参加选举。规定妇女在参议会和各级政府成员中，要有适当比例。妇女享有与男子一样的政治自由和民主权利，以提高妇女的社会与政治地位。在经济上，采取各种措施，使广大妇女挣脱家务的束缚，参加工农业生产和社会工作，造成妇女某些经济独立能力，以保证她们在婚姻和家庭问题上有发言

①《晋察冀边区行政委员会工作报告》（1938—1942年），第113页。
②《陕甘宁边区高等法院工作报告》（1948年12月），第18页。
③《毛泽东选集》第一卷，人民出版社1991年版，第33页。

权乃至决定权。在文化上，扫除文盲，普及教育，多办女子学校、夜校、识字班，凡女子能入学的，均须入学，提高她们的文化。陕甘宁边区的经验证明，绥德分区，妇女文化比较高，买卖包办婚姻比较少，其他分区，妇女文化低，女子不上学，买卖包办婚姻比较多。这就说明提高妇女文化，也是做到婚姻自由，禁止买卖包办婚姻的主要措施之一。

（二）正确处理保护劳苦群众利益与离婚案件的关系，确保妇女的婚姻自由

各地抗日民主政权在调节各抗日阶级的利益时，首先保护劳苦群众的利益，这是抗日民主政权法律本质的体现。但遇到贫苦人家离婚，怎样处理保护劳苦群众利益与婚姻自由的关系，却是一个复杂的问题。在这个问题上，既有经验，也有教训。前期，把保护劳苦群众利益与离婚自由统一起来，辩证地加以处理，不顾此失彼，因而案件的审理没有发生倾向性的错误。后期，有的地区为了纠正侵犯工农利益的偏向，突出地强调了要保护劳苦群众的利益。因此，在处理贫苦人家离婚时，认为“这些人家娶个媳妇很不容易，一但离婚，人财两空”，于是就压抑女方的合理要求。女方提出离婚，虽合条件，也不准离婚，或者准予离婚，但女方须给男方贴钱赔米。这样，就助长了买卖强迫包办婚姻，限制了妇女的婚姻自由，甚至发生了许多人命案件。上述现象，经过边区政府和高等法院的大力工作，才逐步纠正过来。

（三）法律教育与适当处罚相结合，保证婚姻立法的贯彻和执行

抗日民主政权婚姻立法贯彻执行得好，是与它把婚姻条例群众化紧密联系在一起的。抗日民主政权认为实行新婚姻法，遇到的最大阻力是封建礼教思想和习惯，因此，它是一个十分复杂反复曲折的教育过程。历史经验证明，婚姻法普及的广度和深度，是与它的成就与结果成正比的。各地抗日民主政权把婚姻法群众化的做法有：第一，举办婚姻条例学习班，编写教材，培训干部，分发各县、区、乡进行宣讲，使广大群众受到系统的边区婚姻法律常识教育；第二，抓住典型案例，广为宣传，发挥它在反对旧婚姻制度，创造新婚姻制度中的示范作用；第三，发动群众，运用调解形式，调解一般性婚姻家庭纠纷，实行自己教育自己；第四，开办冬校、夜校、识字班，以边区《妇女解放识字歌》、《妇女婚姻法识字歌》为教材，向广大妇女进行专门教育；第五，通过报刊、书籍、漫画以及话剧、秧歌等各种文艺形式，把典型案例或婚姻法的内

容，上升为艺术形象，进行生动的男女平等、婚姻自由的启蒙教育。这些宣传和教育，对于新婚姻法的贯彻执行，起了无法估量的作用。

但是，实行新婚姻法毕竟是新旧两种制度的斗争，旧婚姻制度的代表势力和中毒极深的人，面对封建婚姻制度的灭亡，必然会进行挣扎和反抗，因此，必须给他们以应得的惩罚，才能保卫新的婚姻制度。有些抗日民主政权的婚姻立法本身就规定了罚则。有些抗日民主政权则在婚姻条例之外，专门制定和公布了妨害婚姻治罪暂行条例。前者，以《晋察冀边区婚姻条例草案》为代表，该条例专门列有罚则，规定："本条例公布后，凡有买卖婚姻之行为者，除将买卖身价没收外，并处以六个月以下之徒刑。"[①]后者，以《晋冀鲁豫边区妨害婚姻治罪暂行条例》为代表，这个条例规定：凡是贩卖妇女者，霸占他人妻女者，煽动抗战军人家属离婚或退婚成为事实者，勒索财物妨害寡妇再嫁者，虐待妇女有据者，抢亲者，蓄婢或纳妾者，重婚者，处五年以下一年以上之徒刑，得并科千元以下之罚金。凡是买卖婚姻者，勒索财物妨害婚姻者，妨害寡妇再婚者，挑拨他人夫妇不和鼓动而离婚者，与有配偶之人通奸者，租妻或合伙娶妻者，强迫不到结婚或订婚年龄之男女结婚或订婚者，不经本人同意而强迫其结婚或订婚者，妨害成年男女自愿结婚或订婚者，处一年以下徒刑，并科三百元以下之罚金。[②]

上述规定，对于反对封建婚姻制度，实行男女平等、婚姻自由和一夫一妻制的新婚姻制度，起了重大法律保障作用，是十分宝贵的经验。

（四）司法机关与群众相结合，依法合理处理离婚案

抗日民主政权的经验证明，要做到依法合理处理婚姻案，关键是司法机关相信与依靠群众，走群众路线。各地抗日民主政权的司法机关依靠群众处理离婚案件的做法是：

第一，依靠群众，查清案情。离婚之一方，为了达到目的，往往扩大事实，甚至制造假证据，以混淆事实真相。因此，司法机关审理案件就不能单靠当事人双方的口诉、状诉和言词辩论，而须走出法庭，深入调查研究，通过群众，查证案情。要向群众了解两造婚姻的历史与现状，感情意志是否根本不合，离婚证据的真伪，以及双方矛盾的症结何在，以便弄清案件真相，奠定审

---

①《革命根据地法制文献选编》第四卷，中国社会科学出版社 1981 年版，第 815 页。

②《革命根据地法制文献选编》第三卷，中国社会科学出版社 1981 年版，第 118 页。

理的客观基础。

第二，组织群众，做好双方当事人的思想工作。离婚双方，开始情绪激愤，感情对立，达到和解是一个反复的思想斗争和教育的过程。面对这种情况，在战争环境，司法人员少，农村交通不便的条件下，不依靠群众进行思想工作，是不堪设想的。抗日民主政权的司法机关，依靠群众，进行思想工作的形式机动灵活，多种多样，其中最有效的是两种，一是发动有过失的一方向另一方承认错误，提出保证等；二是组织当事人最相信或最要好的亲友进行规劝，发扬双方思想上的积极因素，克服消极因素，采用实际办法，解决具体问题，运用各种措施，增进双方感情。

第三，依靠群众，进行和解。其办法是，发动群众，帮助双方明辨是非。

（五）坚定正确地贯彻婚姻条例，反对错误倾向

抗日民主政权婚姻条例的颁布与执行具有除旧布新的意义，在破坏旧制度、建设新制度的过程中，不可避免地会发生某些混乱现象。为了严防混乱，就要坚定地正确执行婚姻条例，反对“左”的或右的错误倾向。

第一，要反对操之过急，乱施离婚的倾向。对于条例公布前早已存在的强迫、包办和买卖婚，不算旧账，只要当事人不提起诉讼，任何人不得强迫离异。条例公布后，由于过去不合理婚姻现象的大量存在，离婚案件增多，不能视为坏事。对于离婚案件，不能滥用条文，割裂条文，更不能只要起诉，就准离婚。一定要坚持原则和条件，根据充分证据谨慎处理。坚决反对挑拨、胁迫以及捏造事实，以造成离婚“口实”的行为。对于这种情形，要考查清楚，予以严厉批评。对于某些不择手段，企图陷害他方者，要追究刑事责任。对于有的妇女，嫌贫爱富，厌恶劳动，以及误解“自由”、“解放”，也以“感情意志根本不合”为借口，提出离婚者，要加以教育和解释。

第二，要反对屈服礼教，不执行条例的倾向。坚决反对助长封建婚姻的一切行为，禁止让符合离婚条件的妇女贴钱赔米才准离异的错误做法，严禁把妇女当成优待品，纵容公务人员和军队干部出钱买老婆的非法行为。严厉处罚徇私情、不执行婚姻条例的司法人员。

为了克服在婚姻问题容易发生的错误偏向，严肃男女关系，培育健康的下一代，建设革命的社会秩序，许多抗日民主政权还创立了离婚的犹豫期制度，有的规定为半年，有的规定为二个月；有的在实践中加以运用，还有的写进了婚姻立法。如 1942 年的《山东省胶东区修正婚姻暂行条例》规定：“凡男女

之一方根据第十二条（离婚的十个条件）理由，请求离婚，经县政府考查属实后，应通知他方，并给以考虑答复时间，他方接到通知后，无异议表示者，方得发给离婚证。他方有异议表示时，则由政府（司法科）审查其异议，判定准予离婚与否。本条所称通知，应以书面为之，特殊情形者，须通知两次。考虑答复的时间，以一个月至二个月为原则，但往返路程所需时间不在内。”[①] 这个制度的执行，在实践中起了很好的作用，不失为一条好经验。

此外，在抗日战争时期实行国共合作的条件下，抗日民主政权有原则地使用国民党政府的某些法律，是完全正确的。但是有的地区在制定婚姻条例时，也受了国民党政府某些旧法的影响。如有的婚姻条例规定：“未经举行公开结婚仪式的不予登记，不生婚姻效力”，并由司法机关按“防害风化”罪论处，这显然是错误的。而“因奸经判决离婚或受刑之宣告者，不得和相奸者结婚”的规定，则表现了国民党政府法律的封建报复思想。

第四节　解放区人民政权婚姻家庭立法的新发展

一、解放区人民政权婚姻立法概况

解放战争时期，各解放区人民政权制定的有关婚姻法规，前期主要有：1946 年 2 月《晋察冀边区行政委员会命令——在外工作人员声请离婚程序》，1946 年 4 月《陕甘宁边区婚姻条例》，1946 年 4 月晋绥边区《关于保障革命军人婚姻问题的命令》，同年 7 月冀南行署《关于处理婚姻问题的几个原则》。后期主要有：1948 年 3 月《关东地区婚姻暂行条例（草案）》，1949 年 4 月《旅大市处理婚姻案件办法草案》，1948 年 12 月华中行政办事处《关于孀妇带产改嫁问题》的指令，1949 年 4 月华中行政办事处、苏北支前司令部联合发布的《关于切实保障革命军人婚姻的通令》，同年 7 月《修正山东省婚姻暂行条例》，同年 8 月绥远省《关于干部战士解除婚约及离婚手续的通令》。此外，还有《辽北省关于婚姻问题暂行处理办法（草案）》、华北人民政府司法部《关于婚姻问题的解答》，等等。[②]

①《革命根据地法制文献选编》第四卷，中国社会科学出版社 1981 年版，第 864 页。

②《革命根据地法制文献选编》第四卷，中国社会科学出版社 1981 年版，第 875—983 页。

这些婚姻法规，基本上沿用抗战时期的规定，但也针对新出现的问题，作了许多重要补充。

二、婚姻立法的基本内容

（一）提出了处理城市婚姻问题的基本政策

进入城市之后，有人错误地理解婚姻自由政策，出现了一些背离婚姻立法的违法行为。因此，华北人民政府司法部重申：前《晋冀鲁豫边区妨害婚姻治罪暂行条例》和晋察冀边区、晋冀鲁豫边区制定的婚姻条例，继续有效。凡挑拨他人夫妇不和而鼓动离婚者，或与有配偶之人通奸者，如一方告发，证据确实，得处一年以下徒刑，并酌科罚金。如经正式离婚，根据婚姻自由原则，和任何人订婚与结婚，不能加以限制。同时，对城市离婚带产和赡养费问题，也做了具体规定。男女结婚前，各自的财产，包括互相赠予部分在内，在离婚后，仍归各人所有。结婚后共同积蓄的财产，一般应各分一半，但也可依所出劳动力多少，多分或少分。结婚后，共同欠的债务，离婚时，一般应由男方负责偿还，但也得依双方经济情况及生产能力，分别负责偿还。男方提出离婚，经判准离婚后，女方无私人财产或分得共有财产不能维持生活时，男方应依家庭经济情况，酌给一部分赡养费。这些规定的执行，在刚解放的城市，对于解放妇女，端正婚姻关系，稳定社会秩序，粉碎反动派的造谣，起了重要作用。

（二）强调了离婚的政治条件

解放区人民政权婚姻立法的一个突出特点，是把“感情意志根本不合”这一离婚条件，上升为最根本的原则，把它作为离婚准否的标准。在摧毁封建剥削制度和彻底推翻国民党反动统治的斗争中，男女的阶级成分、社会地位、政治思想和立场观点，往往是造成感情意志根本不合的重要原因。因此，解放区人民政权的婚姻立法，在离婚中增加了政治条件。如规定夫妻一方是恶霸、地主、富农或有反革命活动者；政治思想、立场、观点发生对立，不能维持夫妻关系者，他方得向当地司法机关提出离婚。

（三）重申保障革命军人的婚姻问题

华中地区通令规定：凡系革命军人妻室，不论已婚未婚，在未得其丈夫同意正式宣布离婚或解除婚约前，任何人均不得与其非法结合；过去造成既成事实者，在法律上一概无效，并须追究责任。如有故意违犯，应科以刑事处分。干部如有违犯，更应从严加倍论处。对于此类案件，各县区政府应立即处理，不受亲告之限制。

晋绥边区规定：各级民政、司法机关遇有抗属请求离婚者，应耐心说服，非经丈夫本人同意，不准离婚。敌伪人员霸占抗属者，除退还外，并予以法律制裁。干部与抗属结婚或从中做媒者，亦予以处罚。凡挑拨抗属离婚或污辱抗属者，应加以制止并受批评处分。

（四）规定了干部离婚的原则和程序

抗战胜利后和解放战争后期，干部离婚居于突出地位。为了正确处理此类案件，各地区制定了专门的法规，其主要内容是：（1）规定了干部离婚的手续。凡干部单方提出的离婚，不论男方或女方，均须直接向被告所在地之县政府提出。其形式，一是个人到县提出，二是个人不能直诉者，可用书面形式。提出离婚时，应详细向政府申诉其充分理由。如双方自愿离婚者也得共同向县政府声请，经政府发给离婚证，方为有效，不得私下了结。

政府受理干部离婚声请时，应根据双方当事人所持之理由及条件决定。双方当事人必须服从县政府之判决，不得无理取闹，以势压人。如对判决不服，可依法声请上诉。政府应迅速处理，不得无故推诿或拖延。但是，任何干部，在未取得正式离婚手续前，不得用任何形式或借口，擅自结婚，违者以重婚论罪。（2）规定了干部离婚的原则。干部离婚，同群众离婚一样，必须坚持“夫妻感情意志是否根本不合”的基本原则，同时考虑其他一些条件。但是，由于干部离婚的复杂性，故在运用这一原则和条件时，应针对具体问题，区别对待。当时，干部离婚多是一方提出非离不可，另一方坚决不离。针对这种情况，司法机关都是依据双方争执的所在，加以分析研究，适当地进行调解。在调解中，对任何一方不正确的思想行为，给予适当的教育与批评，在双方自愿之下，能够不离婚的，就不判决离婚。对以威胁、利诱、欺骗等手段，制造离婚理由和条件的，原则上不准离婚。如事实上已构成感情意志根本不合，无法同居而不得不离者，经尽量动员说服无效后，即使一方不同意，仍应判决离婚。

三、关于与婚姻有关的土地所有权和遗产继承问题的处理原则

解放区实行土地改革后，男女所分得的土地皆归个人所有。妇女结婚时，有权将土地带走。

华北人民政府司法部对于遗产继承问题作出了以下规定：

（1）新民主主义革命时期的继承权，同封建宗法社会的继承权不同。宗法社会的继承权是由父系直系血亲享有，如无直系血亲，则归旁系血亲享有。在革命根据地里，特别是经过土地改革按人口平分土地之后，土地财产是以家庭为单位，组成家庭成员所共有的经济生活。家庭成员不分男女老少都有一份土地财产的所有权。因此继承权应属于家庭共有经济中每个成员所共有，而该家庭以外的亲属，均不应享有继承权（遗嘱继承例外）。（2）既然土改中按人口分配土地财产，无论男女或已婚未婚，在分家析产时，自应按人口分，不能按股分。妇女在土改中分得的土地财产，无论出嫁或离婚，原则上应准许带走，任何人不得干涉。至于具体做法，可根据实际情况协商解决。同时还规定在分家时也必须给老人留下足够的生活份额，使其生活得到必要保障。（3）土改中女儿在娘家计算人口并分得土地财产，与母亲的财产共同经营。母亲死亡后，其女儿不仅有权处理自己分得的土地财产，并有权继承其母亲的遗产，本族近属无权继承。

华中行政办事处《关于孀妇带产改嫁问题》的指令专门对孀妇改嫁后的土地问题作了具体规定：土改后，无论发给土地执照与否，其产权已经宣布最后确定者，按该户田亩每人平均数分给孀妇本人一份，听其自由处分。如尚未确定者，新夫家亦未确定，可由政府转移其户籍到新夫家重分。同时，在其原夫家于最后确定产权时，减去一人应得的土地。如新夫家已确定者，得由孀妇向原管区乡政府声请，保留其产权，待确定后再分析带走。孀妇改嫁后，如离原夫家不远，也可继续耕种其原分得之土地；如距离太远，不便耕种者，可听其出卖、互换或合法出租，但不准有抛荒减产及侵权行为。

我国婚姻制度的改革，自中国共产党成立提出基本指导原则后，在土地革命战争时期的工农民主政权下，得以初步实施，经抗日战争时期使婚姻立法和婚姻家庭制度有了进一步的丰富和发展，到解放战争时期，又对婚姻法的内容作了必要补充，并在更大范围内取得了良好的成效。从而说明，随着新民主主义革命的伟大胜利，消灭了半殖民地半封建的剥削制度，也就消除了中国历史上长期形成的以男尊女卑、婚姻不自由、一夫多妻和漠视子女利益为特征的旧婚姻制度赖以存在的经济基础。从而使男女平等、婚姻自由、一夫一妻、互敬互爱、尊老爱幼的新型的婚姻家庭关系，在广大解放区逐步确定下来。这便为在全国范围内进行婚姻家庭制度的改革，树立了光辉的榜样，并为制定社会主义的婚姻立法提供了丰富的历史经验。

结束语

中国革命法制史即新民主主义法制史，发端于中国共产党成立后和大革命时期，在当时蓬勃发展的工农群众运动中，产生了第一批反映革命人民意志的规约禁令，有的甚至采用法律的形式，并在革命斗争中发挥过积极的作用。但从整体看来，它们只是在革命土壤中滋生出的新民主主义法制的最初幼芽，而构成新民主主义法律主要内容的，则是土地革命战争开始后由人民武装开辟的革命根据地的法制建设。

土地革命战争时期，随着实行武装割据的红色区域的开辟和红色政权的建立，新民主主义法制应运而生，进入了它的初创时期。初创时期的新民主主义法制，以其鲜明的阶级特质和中国共产党的独立领导表明了自己同历史上一切剥削阶级法制的根本分野，在炽热的革命战争年代，发挥了破坏旧制度、建设新秩序的巨大威力，在中国法律制度的发展历史上，树起了划时代的界碑。这个时期的新民主主义法制建设，是在彻底抛弃全部旧法的基础上，从革命的实际需要出发，摸索前进的，走过了曲折发展的道路。当时无产阶级领导的人民革命政权还处于幼年时期，需要在革命斗争的实践中锤炼自己，不断积累从事法制建设的经验。当时曾经出现的照搬别国现成模式的做法，客观上虽然是不可避免的，但毕竟不能适应经济文化都很落后的中国半殖民地半封建社会的农村。特别是土地革命战争的中后期，“左”倾路线对立法和司法工作产生过严重的干扰，造成了严重的后果。尽管如此，初创时期的新民主主义法制仍然取得了重大成就。在保卫红色政权，维护革命秩序，以及确保以工农为主体的劳动群众在革命战争中赢得的民主自由权利方面起了重要的作用。它的成功经验和历史教训都为此后的新民主主义法制建设提供了宝贵的财富。

抗日战争时期是新民主主义法制的形成时期，也是它成熟发展的时期。这个时期的法制建设坚持了从抗日根据地实际情况出发的根本原则，既反对了轻视法制的法律虚无主义，也反对了脱离抗日根据地实际的法律教条主义。在不与党的抗日民族统一战线的政策和抗日根据地的社会性质相抵触的情况下，注意有鉴别地吸收旧法中的可用成分，从而使包括立法和司法在内的这一时期的法制建设多有创造，形成了一套内容比较广泛、形式灵活多样、具有抗日根据地特色的法律制度和法律举措，对后来新民主主义法制的不断完善和发展奠定了坚实的基础。

解放战争时期的法制建设，可以划分为两个阶段。1946 年 6 月全面内战爆发以前，各解放区基本上沿用抗日根据地的法律制度。在这以后，由于国内阶级关系的急剧变化，法制建设的任务和锋芒也相应发生变化。在此期间，以抗日根据地的法制建设为基础的各解放区立法和司法的重大举措，主要表现在新的政权组织法规、刑事法规、土地法规和经济法规的颁行上，在法制建设的其他领域也有重大发展。它们对于确保人民解放战争的胜利，建立和维护解放区的革命秩序，促进各项革命和建设事业的发展，起了极其重要的作用。

新民主主义法制建设的历史进程表明，能否实现马克思主义一般法学原理同革命根据地的实际情况的紧密结合，是新民主主义革命时期人民民主法制成熟的标志。在这个带有全局性的根本问题上，党和革命根据地民主政府，经过长期的艰苦探索，积累了丰富的历史经验，发现了新民主主义革命时期法制建设的基本规律，并用以指导革命根据地立法和司法的伟大实践。

那么，什么是新民主主义时期人民民主法律建设的基本规律和特点呢？毛泽东同志指出："新民主主义的法律，一方面，与社会主义的法律相区别，另一方面，又与欧美日本一切资本主义的法律相区别"[①]。新民主主义革命时期人民民主法制建设的基本规律和特点，是在立法和司法两个方面通过对以下几对关系的正确处理而体现出来的。

第一，法制建设同党的民主革命总任务和总路线的关系

旧中国是一个半殖民地半封建的社会，外国帝国主义和本国封建主义相勾结以压迫中国人民，是中国社会贫困落后的主要根源，中国新民主主义革命的基本任务就是要反对帝国主义、封建主义和官僚资本主义三位一体的反动统治。因此，新民主主义法制建设，必须紧密地围绕并切实地服务于以中国共产党为领导的人民大众的反帝反封建的民主革命总任务的实现，这是贯穿于新民

①《毛泽东书信选集》，人民出版社 1983 年版，第 280 页。

主主义法制建设的一条红线，也是当时的法律建设所坚持的基本方向和最高准则。从当时的国内外阶级斗争的客观实际情况出发，牢牢把握这个基本方向，一刻也不偏离这一最高准则，是新民主主义法律建设取得伟大成就的根本原因。恰恰在这里，充分表现出了这个时期法律建设的明显的时代特色。

关于反对帝国主义的侵略和奴役，革命根据地的法律文件都有明确的规定。早在 1927 年 4 月《上海特别市临时市政府政纲草案》就提出：废除不平等条约，收回租界，要求撤退外国海陆军。第二次国内革命战争时期，《中华苏维埃共和国宪法大纲》明确宣布："中国民族的完全自主与独立，不承认帝国主义在华的政治上、经济上的一切特权"，宣告一切不平等条约无效。抗日战争时期，民族危机严重，革命的任务主要是反对侵入国土的日本帝国主义。如《陕甘宁边区施政纲领》规定："团结边区内部各社会阶级、各抗日党派，发挥一切人力、物力、财力、智力，为保卫边区，保卫西北，保卫中国，驱逐日本帝国主义而战。"解放战争时期，中国人民解放军于 1947 年 10 月发布宣言，反对任何外国帮助蒋介石打内战，要求撤退其威胁中国独立的驻华军队，废除一切卖国条约。

关于反对封建主义，革命根据地的法律主要从两个方面作出了详尽的规定，一方面要彻底摧毁封建地主阶级在广大农村中的反动统治，另一方面根据民主革命时期不同阶段的要求，实行土地改革或减租减息，以逐步废除封建地主阶级的土地所有制，实现"耕者有其田"。

关于反对官僚资本主义，解放战争时期的革命法律宣布：没收官僚资本归新民主主义的国家所有，是新民主主义革命三大经济纲领的重要组成部分。

新民主主义法制建设虽然经历了不同的发展阶段，由于它始终坚定不移地以实现人民大众的反帝反封建的民主革命总任务为目标，因而根据地的立法和司法充分反映了无产阶级和人民群众的革命意志，代表了他们翻身求解放的切身利益，得到了他们的热诚拥护，成为他们自觉进行革命斗争的有力武器。

第二，法制建设同革命战争的关系

在我国，武装的革命反对武装的反革命，是革命斗争的主要形式，它贯穿于新民主主义革命的全过程。而由革命战争所创造，并伴随着革命战争的胜利而得到巩固和发展的革命根据地，是革命战争"赖以执行自己的战略任务，达到保存和发展自己、消灭和驱逐敌人之目的的战略基地。”① 因而党中央明确规定：“一切服从战争是统一领导的最高原则。”“假若军队削弱，假若战争失败，则根据地无法存在，党政军民都会塌台。”所以，“党委、政府、民众团体以及全体人民，都有巩固军队，加强其战斗力的义务。军队的人员补充，粮食、服装、弹药的供给与运输，营舍的让予，伤病残废人员的输送、看护与保养，抗日军人家属的优待等等，党委及政府、民众团体，都有随时加以解决的责任，一切漠不关心的现象，都是极端错误的有害的。”同时党中央也要求部队“做到能爱惜根据地，爱惜人力物力，尊重党政，加强军纪，给党政民以必要的帮助。军队的人员与物质补充、运输、优抗等等，必须依照政府法令、规章去做。”② 根据上述规定，各抗日民主政府先后颁布了人民战时服勤办法、拥护军队的决定、优待军属条例、伤残死亡抚恤办法、保护军婚及抗属离婚处理办法、动员壮丁牲口条例、民兵自卫队组织条例，等等。此外，还有大量的财政经济法规，也都是直接间接为支援战争服务的革命法规。

在我国民主革命时期，由于游击战和带游击性的运动战是人民革命战争的主要形式，而没有固定的作战线是游击战争的特点。因此，在民主革命的大部分时间里，形成了革命根据地和敌占区之间犬牙交错以及各革命根据地之间互相分割的状态。基于上述原因，自革命根据地创建以来，民主政权辖区虽然总的说来是在不断扩大，但就一定时期一定地区而言，则反复呈现出扩大、缩小、再扩大的局面，并有巩固区、边缘区、游击区的区别。因此，在革命进程中，战争的因素始终影响和规定着革命根据地的立法和司法的具体方向，并使各革命根据地民主政权颁布的法律文件不可避免地带有战时性质。除开常规性的法律文件之外，适应战时需要的临时法律措置占有重要的地位。即使常规性法律的制定和施行，也不能不受到特定战争形势的影响。就审理案件的方式来说，当时除实行机关审判而外，还可以根据实际需要，斟酌案件情况，采取就地审判、巡回审判和人民公审等多种形式。被法庭判处徒刑的犯人，原则上应当收监执行，但是为了适应敌后战争环境，减少囚粮负担，开展群众性的对犯人的改造工作，依照法律规定，也可以监外执行。而监外执行又有回村执行、调外服役、保回耕作、战时遣散、易科罚金等多种形式。再如选举法，原则上实行普遍、平等、直接、无记名的选举制度，但在具体做法上，有的用投票

---

①《抗日游击战争的战略问题》，《毛泽东选集》第二卷，人民出版社 1991 年版，第 418 页。

② 解放社编：《整风文献》，1949 年 6 月，第 143—144 页。

法，有的用举手法，有的用投豆法，等等。这些颇具特色的制度，也许其本身并不完备，但在当时却适应了战争环境的需要，符合广大农村经济文化发展不平衡的客观现实，因而在当时具有强大的生命力。

第三，法制建设同党的政策的关系

在新民主主义革命时期，革命根据地民主政权采取的一切法律措施，都是以党的民主革命总任务和为实现这一总任务而提出的各项政策为依据的。一般说来，法律和政策的关系，可以作如下概括，即政策是法律的生命和灵魂，法律是由革命政权机关颁布的贯彻党的政策的重要手段。因此，在人民的法律还不完备的情况下，司法机关的办事原则是：有纲领、法律、命令、条例、决议规定者，从规定；无规定者，从新民主主义的政策。

政策与法律的关系问题，又是同党和政府的关系以及中央与地方的关系紧密相联的。如何正确处理这些关系，1942 年 9 月党中央在《关于统一抗日根据地党的领导及调整各组织间关系的决定》中确定了以下基本原则：

（一）确定党的领导一元化的原则。“党是无产阶级的先锋队和无产阶级组织的最高形式，它应该领导一切其他组织，如军队、政府与民众团体。”“各根据地领导机关在实行政策及制度时，必须依照中央的指示。在决定含有全国全党全军的普遍性的新问题时，必须请示中央，不得标新立异，自作决定，危害全党领导的统一（凡带地方性质的不违反上级及中央决定的不在此例）。”[①]

（二）明确规定党和政府的正确关系。“政权系统（参议会及政府）是权力机关，他们的法令带有强制的性质。”因此，“党对政权系统的领导，应该是原则的、政策的、大政方针的领导，而不是事事干涉，代替包办。”“党委包办政权系统工作、党政不分的现象，……都必须纠正。”同时还规定：“下级党委无权改变或不执行上级参议会及政府的决定与法令，党的机关及党员应该成为执行参议会及政府法令的模范。……党的干部和党员违反参议会及政府法令时，党的组织应给以严厉的处分。”[②]

（三）原则性与灵活性相结合。上述决定指出：“各根据地的领导机关根据本决定的原则，根据各地具体情况，制定与此有关的各种细则，以政府法令、

① 解放社编：《整风文献》，1949 年 6 月，第 136、142 页。

② 解放社编：《整风文献》，1949 年 6 月，第 139—140 页。

军队条例、党团规则、民众团体章程等等方式规定之。”[①] 即实行原则性和灵活性相结合的方针。带有全局性的重大政策路线问题，必须实行中央集中统一领导，但在具体问题上，各地区各系统可以因地制宜地制定地方法规和具体施行办法。

上述原则体现在革命根据地的法制建设方面，大体上有以下两种基本做法：

一种是关于宪法或施政纲领之类带有根本法性质的文件，一般是由党中央或中央分局拟定基本原则或提出草案，作为建议，提交权力机关审议通过，然后由政府机关颁布实施。例如第二次国内革命战争时期的《中华苏维埃共和国宪法大纲》，是以中共中央提出的《中华苏维埃共和国国家根本法（宪法）草案》为基础，由起草委员会拟定宪法大纲条文，于 1931 年 11 月提交全国第一次工农兵代表大会讨论通过，由中央执行委员会公布实行。抗日战争时期的《陕甘宁边区施政纲领》是 1941 年 5 月 1 日中共边区中央局提出，经中央政治局批准，交由全民讨论，于同年 11 月边区第二届参议会讨论通过，由边区政府公布实行。解放战争时期的《华北人民政府施政方针》也是如此，它是根据中共华北局对施政方针的建议，经 1948 年华北临时人民代表大会通过公布的。

另一种情况是根据革命形势和任务发展变化的需要，由党中央制定某一方面的方针政策，然后各根据地的民主政府依照这一基本政策，结合本地区的实际情况，制定单行条例或实施办法。以土地政策为例，抗日战争时期党中央总结了抗战以来各地实行减租减息的经验，于 1942 年 1 月 28 日由政治局通过了《关于抗日根据地土地政策的决定》，并附有处理各类土地问题的三个附件。各地抗日民主政权即根据这一决定的基本精神，制定或重新修订了各项土地法令。如陕甘宁边区政府 1942 年 12 月制定了《土地租佃条例草案》，1943 年 9 月又制定了《土地典当纠纷处理原则及旧债纠纷处理原则》。解放战争时期，中共中央于 1946 年发布了《关于土地问题的指示》，将减租减息改变为消灭封建土地制度，实行“耕者有其田”的政策，山东省根据这一指示在 1946 年 10 月颁布了《土地改革暂行条例》，陕甘宁边区政府于同年 12 月制定了《征购地主土地条例草案》。党中央在 1947 年 10 月发布《中国土地法大纲》后，各解放区政府先后制定了《实行中国土地法大纲补充办法》。

综上所述，不难看出，党的方针政策与政府法律是紧密相联的。一旦党中央的政策依照革命形势的发展作出相应调整时，各地民主政府立即修订相关的

① 解放社编：《整风文献》，1949 年 6 月，第 144 页。

各项革命法规。可见党的方针政策居于十分突出的主导地位，而政府的法律则是以党的政策作为出发点和归宿的。但这并不是说革命根据地的法制建设，是无足轻重，可有可无的。恰恰相反，如果只有原则性的方针政策，而没有切实可行的具体法律和实施办法，再好的方针政策，也是难以落实的。历史事实表明，凡是党的正确路线占主导地位的时候，法制建设一直受到党中央和各地民主政府的高度重视。因此，在新民主主义革命时期的根据地里颁布了数以千计的法律文件，几乎包括了调整各类社会关系的所有法律部门。从而雄辩地证明，即使在激烈的革命战争年代，虽然主要是依靠党中央的政策来调节处理各种社会关系，但也并未忽视对法律手段的运用。那种认为革命战争时期无法可依的观点，只有政策没有法律的观点，或者只依靠政策而不依靠法律的观点，是与历史事实不符的。

第四，法制建设同革命群众运动的关系

在新民主主义革命时期，法制建设和群众运动的关系完全不同于社会主义建设时期。如果说建国以后，特别是实现了对农业、手工业和资本主义工商业的社会主义改造以后，接连不断的群众政治运动是阻碍和破坏社会主义法制建设的因素，那么，在民主革命时期急风暴雨般的阶级斗争中，革命群众运动不仅同法制建设并行不悖，不相矛盾，反而是相辅相成的，甚至可以认为，新民主主义法制是在革命群众运动中诞生和发展的，其本身就是革命群众运动的产物和表现。因为在民主革命时期，革命群众运动就其实质说来就是中国共产党领导的广大人民群众同帝国主义、封建主义和官僚资本主义进行激烈阶级斗争的普遍形式，故而每一次革命群众运动都为革命法制的建设提供了有益的经验，丰富了它的内容，促进了它的不断完善和发展。而新型法律制度的制定和施行，反转过来，又保证了革命群众运动沿着健康的轨道发展，成为人民群众同外国帝国主义和本国反动派作斗争的犀利武器。

例如，大革命时期，《湖北省惩治土豪劣绅暂行条例》和《湖北省审判土豪劣绅委员会暂行条例》，就是1927年3月在农民运动高潮中制定的具有代表性的法律文件。土地革命战争时期、抗日战争时期和解放战争时期的立法情况也大抵如此。此外，在法律的实施方面，也采取了适当的方式以适应革命群众运动的需要。1942年晋冀鲁豫边区群众运动蓬勃开展，同年9月边区政府和边区高等法院“为了配合群众运动的发展，巩固群众运动的成果，进一步发动群众起见”，联合发出《关于司法工作在扶植群众运动及适应战争环境的几点指示》，要求司法工作者克服“三权分立”的思想影响，实行政权工作一元化，对于经过群众斗争的案件（与减租减息有关的案件，贪污案件等），在处理时要倾听群众团体的意见，组织陪审和公审，反对单纯引用法条，并要同行政首长商讨解决办法。

当时的法律建设和群众运动之所以存在这种关系，从根本上说来，是因为法律建设不能脱离特定的历史时代和这个时代所提出的任务，必须反映这个时代所固有的特征和需要。新民主主义革命时期，自 1927 年大革命失败以后，中国共产党及其领导下的中国人民同国民党反动派为代表的封建法西斯专制独裁政权进行了长期的以武装斗争为主要形式的反复较量，这是革命阶级反对反动阶级的政治大革命。正如恩格斯所说：“在阶级反对阶级的任何斗争中，斗争的直接目的是政治权力。”中国共产党要夺取民主革命的彻底胜利，除开坚持和发展人民武装斗争而外，必须广泛地依靠和发动人民群众进行各种形式的斗争，运用群众运动的强大威力，甚至依靠人民群众的直接革命行动，不断地冲击和破坏反动阶级确立的统治秩序，震撼和动摇其统治基础，涤荡陈腐的阻碍生产力发展的社会关系，只有这样才能确立、巩固和发展人民的政权和法制。这就是民主革命时期，革命群众运动和革命法制建设相辅相成的历史依据。但应指出，到了解放战争后期，面临全国胜利的局面，为了巩固解放区的革命秩序加强法制建设，发展社会生产力，华北人民政府曾明文规定，禁止任意发动与生产无益的群众运动，规定：“农忙季节，应全力领导和组织群众进行生产，停开对于生产无益的群众会议，停止对于生产无益的各种‘运动’。”①

到了社会主义时期，由于无产阶级已经由被统治阶级上升为执掌全国政权的领导阶级，天下是人民自己的天下，不再是被推翻了的反动统治阶级的天下，特别是社会主义改造完成以后，国内阶级关系发生了不同于民主革命时期的根本变化，这时在全国范围确立的新型社会关系，尽管还有需要改进和完善之处，并且需要促使它们向更高级的阶段发展，但这只有通过政权的力量，严格按照民主与法制的途径和方法，有计划、有步骤、有秩序地进行。在社会发展的这个阶段，民主革命时期那种给整个社会造成剧烈震颤的、急风暴雨式的群众运动和群众斗争同法制建设相辅相成的规律就失去了它的存在的客观依据和社会价值。

当然，社会主义时期的法制建设，也需要贯彻群众路线，但已不需要采用

---

①《华北人民政府施政方针》，《华北人民政府法令汇编》第一辑。

群众运动的方式，而只能是在宪法和法律允许的范围内，充分发扬社会主义民主，进一步调动人民群众对法制建设的积极性。

第五，法制建设中民主与专政的关系

在民主革命时期，区分敌我是革命的首要问题，自然也是法制建设中的首要问题。在阶级斗争十分激烈的新民主主义革命时期，与消灭了剥削阶级的社会主义社会不同，民主是阶级的民主，专政是对阶级的专政，只有分清作为阶级的敌与我，才有可能明确革命法制的锋芒所向，摆正这个时期民主与专政的关系，完成法制建设自身担负的任务。

然而，即使在民主革命时期，作为阶级的人民和敌人的概念也不是一成不变的。在土地革命时期，一切勾结帝国主义的官僚、买办和地主阶级以及它们在政治上的代表国民党新军阀都是人民的敌人，一切反对这些敌人的以工农为主体的阶级、阶层都是人民；在抗日战争时期，一切抗日的阶级、阶层和社会集团都属于人民的范围，而帝国主义、汉奸、亲日派都是人民的敌人；在解放战争时期，美帝国主义和它的走狗即官僚资产阶级、地主阶级以及代表这些阶级的国民党反动派都是人民的敌人，一切反对这些敌人的阶级、阶层和社会集团都属于人民的范围。从政治、军事、经济和文化各方面，对民族的、阶级的敌人实行专政，对人民实行广泛的民主，是新民主主义法制的直接任务。这就是新民主主义法制建设中的人民民主原则和对敌专政原则。

贯穿于新民主主义法制的人民民主原则，在立法上和司法上表现为确认人民在斗争中已经取得的各项民主和自由，确认人民当家做主、享有管理国家事务的最高权利，重视对人权、财权的切实保障，任何侵害公民权利的行为都是错误的，均应依据情节轻重，依法制裁。

贯穿于新民主主义法制建设中的对敌专政原则，表现在立法和司法上，就是对民族的和阶级的敌人实行区别对待的方针。在抗日战争时期，坚决镇压那些坚决的汉奸分子和坚决的反共分子，但决不多杀，决不牵连任何无辜的分子，对反动派的动摇分子和胁从分子，给予宽大处理。在解放战争时期，实行首恶必办，胁从不问，立功受奖的方针，不论在民主革命的哪个阶段，党和革命根据地民主政府都反复强调，对任何犯人，均实行坚决废止肉刑，严禁逼供信，重证据而不轻信口供的原则，凡因违背这一原则而造成严重后果的，必须依法惩处，不容宽贷。

在民主革命时期，人民民主原则和对敌专政原则是紧密联着的，民主是专政的基础，专政是民主的保障，因为如果不坚决打击民族的和阶级的敌人，人民的民主权利就会丧失。从这个意义上说来，对人民实行民主，对敌人实行专政，就构成新民主主义法制建设相互联系、不可分割的内容。然而镇压阶级敌人决不意味着要从肉体上消灭敌对阶级中的每一个人，而惩罚犯罪也并不是实行恐吓主义、报复主义和惩办主义。自苏区创建以来，党和革命根据地民主政府一贯采取惩办与教育相结合的方针，实行革命人道主义，通过感化教育和劳动改造，促使罪犯转变思想，改恶向善，重做新人，新民主主义狱政建设的伟大成就就是有力的证明。

通过对以上几对基本关系的正确处理而体现出来的新民主主义法制建设的固有规律性，带有强烈的时代特征，这种特征归根结底是由这个时代特定的阶级关系和阶级斗争形势，以及由此而产生的民主革命的总任务决定的。随着民主革命总任务的胜利实现，帝国主义、封建主义和官僚资本主义三位一体的反动统治的被彻底推翻，具有鲜明时代特色的新民主主义法制也就完成了它所负担的历史使命，进而跨入了社会主义法制建设的崭新的历史时期。

由于党对民主革命和社会主义革命的统一领导，由于民主革命的胜利就是社会主义时期的开始，又由于社会主义时期的总任务根本不同于民主革命的总任务。这就决定了新民主主义法制与社会主义法制既有必然联系的一面，同时又有原则的区别。

如果只看到二者必然联系的一面，而忽视其原则区别的一面，就会抹杀新民主主义法制建设的固有规律性及其鲜明的时代特色，就会漠视或忽略新民主主义法制和社会主义法制在性质和任务上的不同，就会在社会主义条件下，在我国社会发展的新的历史时期和新的历史任务面前，机械地、习惯地照搬或挪用早已不适应时代要求的新民主主义革命时期法制建设的经验。而在这些经验当中，既有正面的、成功的经验（这是主要的），也有像土地革命战争时期曾经出现过的某些反面的、失误的经验。即使是正面的、成功的经验，对于我们今天的社会主义法制建设来说，也只能依据社会主义建设的总任务的需要和社会主义社会的客观发展规律加以总结，合理地吸收和利用。

但是，如果只看到新民主主义法制和社会主义法制原则区别的一面，忽视其必然联系的一面，就会抹杀新民主主义法制和社会主义法制的一般规律以及它们之间的历史承袭关系，就会在社会主义法制建设过程中，拒绝借鉴和吸收党在新民主主义革命时期领导法制建设的经验。在这些经验当中，不管是正面的、成功的经验，还是反面的、失误的经验，对于我们今天的社会主义法制建设都是有用的。正面的、成功的经验，应当经过改造继承下来，并要进一步发扬光大，而那些反面的、失误的经验，则应在社会主义法制建设中竭力避免。

当然，在探讨新民主主义法制同社会主义法制的关系时，除开揭示新民主主义法制的特殊规律外，对新民主主义法制和社会主义法制的一般规律性（或称共同性）也应予以充分注意，这种一般规律性决定于党的统一领导和新民主主义革命与社会主义革命的内在联系，即前者是后者的必经阶段，后者是前者的必然发展。新民主主义法制和社会主义法制之无可置疑的承袭关系，恰恰寓居于这种一般性之中。

那么，什么是新民主主义法制和社会主义法制的一般规律性（即共同性）呢？这种一般规律性自然不是表现在法制建设的性质和任务上，也主要不是表现在某些法律制度的具体规定上，而是表现在立法和司法的基本精神和原则上，具体说来就是：

第一，党的路线和政策正确与否是决定法制建设成败的关键。

第二，法制建设必须服务于一定历史时期战略任务的实现，促进生产力的发展。

第三，法制建设必须实事求是，从实际出发，正确总结和吸收一切有益的经验。

第四，充分发扬人民民主，坚决和紧密依靠广大人民群众，是法制建设的根本路线。

第五，有法必依，执法必严，各级干部特别是领导干部带头执法守法，才能树立革命法制的权威。

随着时代的变迁，新民主主义革命时期的法制文献已变成珍贵的革命文物，成为新民主主义法制建设的历史见证，失去了原有的效力，但体现在这些文献中的上述立法和司法的基本精神和原则却依然放射着马克思主义的光辉。因此，研究新民主主义法制史不仅可以使我们了解在艰苦的战争年代，人民法制的产生及其各项制度在民主革命的各个不同时期发展变化的规律，以及它们在人民革命事业中所起的作用，而且可以为当前的社会主义法制建设提供有益的经验。这就是我们研究中国革命法制史即新民主主义法制史的重要意义之所在。